PORTWEIN

INHALT

Einleitung 7

Der Autor 7
Anstelle eines Vorworts 8
Einführung 12
Basisvokabular

Wo alles beginnt – das Douro-Tal 16
Herstellungsprozess 28
Arten und Hierachien 48
Genuss, Kauf & Lagerung 78
Portwein, Sherry & Madeira 98
Douro DOC-Weine 106
Gestern, heute, morgen 114
Jahrgangsbewertungen 164
Erzeuger von A bis Z 189
Wissenswertes 363

Das Factory House 364
Das Portweininstitut 366
Die Portweinbruderschaft 372
Portwein als Investment 376

Anhang 380

Statistiken 380
Die „Port Bucket List" 390
Glossar 394
Erzeuger- und Markenübersicht 406
Danksagung 412
Impressum 415

Der Autor

Im Spitzen-Vintage Port-Jahrgang 1970 geboren, ist Axel Probst in seiner militärfliegerischen Ausbildung in England früh mit Portwein in Kontakt gekommen. Der Rheinländer ist Mitglied der Portweinbruderschaft und schreibt Artikel in allen wesentlichen deutschsprachigen Fachzeitschriften. Seit 2010 ist er Botschafter des Portweininstitutes IVDP für den deutschen Markt, hält Vorträge und führt alle wesentlichen Portweinveranstaltungen in Deutschland durch. Axel Probst ist verheiratet und hat zwei Kinder.

Anstelle eines Vorworts

August 2015, Quinta da Romaneira, Douro-Tal. 35 Grad und keine Wolke am Himmel. Ich treffe zwei ganz besondere Persönlichkeiten der Portweinszene und erfahre ihre Meinung über den deutschen Markt, den deutschen Portweintrinker und Deutschlands Potential, mehr und besseren Port zu trinken. Dirk Niepoort ist einer der wohl bekanntesten Winzer Portugals. Immer für eine gute Idee zu haben, kennt Dirk nicht nur portugiesische Weine und Portweine, er besitzt außerdem ein Weinwissen und -verständnis wie kaum ein Zweiter. Christian Seely, Managing Direktor aller AXA-Weingüter weltweit (u.a. Quinta do Noval, Chateau Pichon Baron, Chateau Suduiraut und viele andere) ist gebürtiger Engländer, kennt durch seine Tätigkeit in allen Teilen der Erde die meisten Weinregionen und verwaltet ein unvergleichliches Weinportfolio. Das Interview wurde von einer Flasche Niepoort Colheita 1969 und einer Flasche Noval Vintage Port Nacional 2000 begleitet.

Deutschland trinkt von allen westeuropäischen Ländern pro Kopf am wenigsten und fast nur „Entry-level"-Portweine. Warum ist das so?

Dirk Niepoort: Ich sehe das nicht als Problem sondern als Chance. Der Konsument in Deutschland hat wenig Kenntnis vom Portwein und daher auch wenig Gewohnheiten. Die Deutschen sind sehr offen und entdecken das Douro-Tal gerade.

Christian Seely: Das sehe ich auch so. Die Deutschen beschäftigen sich aktuell immer mehr mit dem Thema und widmen sich auch den gehobenen Qualitäten wie einem Late Bottled Vintage Port. Hier erhalten sie einen sehr guten Wein zu einem fairen Preis. Ich sehe in Deutschland einen riesigen Markt, der gerade von den portugiesischen Herstellern entdeckt wird. Bisher gab es wenig Produzenten, die Deutschland als Markt geschätzt und dort viel investiert haben. Ich denke, es gibt sehr gute süße Dessertweine aus Deutschland, daher ist das Interesse vielleicht in der Vergangenheit nicht so groß gewesen.

Ist der deutsche Markt wirklich so schwierig? Worin unterscheidet er sich von anderen westeuropäischen Märkten?

Dirk Niepoort: Der deutsche Markt weist definitiv Unterschiede zu den meisten anderen westeuropäischen Ländern auf. In Deutschland wird die Weinwelt weniger von großen Supermarktketten wie Carrefour oder Marks & Spencer beherrscht. Man muss mehr Zeit investieren, um die kleineren Händler von den Qualitäten zu überzeugen. Daher ist Deutschland ein anspruchsvollerer und zeitintensiverer Markt als z.B. Frankreich, Spanien oder England.

Was muss eurer Meinung nach ein gutes Portweinbuch beinhalten?

<u>Christian Seely</u>: Ich denke, das „große Buch über Portwein" ist noch nicht geschrieben worden. Die Region und die Weine geben ein solches „großes Buch" über Portwein auf jeden Fall her. Versuche, soviel Zeit wie möglich im Douro zu verbringen, trinke so viele Portweine wie möglich und unterhalte dich mit möglichst vielen Menschen hier. Dann versuche, die ganze Vielfalt des Douro-Tals, der Menschen und der Portweine in diesem Buch wiederzugeben. Wenn man das Buch gelesen hat, muss man den großen Wunsch haben, das Douro-Tal zu besuchen. Wenn man mal hier gewesen ist, wird man über Portwein nie wieder so denken wie früher.

<u>Dirk Niepoort</u>: Da kann ich nur zustimmen. Nach dreißig Jahren intensiver Reisetätigkeit habe ich jetzt den Anspruch, dass die Wein-Interessierten aus der Welt, definitiv aus Europa, zu mir kommen und das Douro-Tal kennen ler-

nen. Ein gutes Buch muss diesen Wunsch generieren. Wir müssen nur aufpassen, dass wir keinen Massentourismus erzeugen sondern uns auf die hochwertigen Touristen konzentrieren. Dein Buch muss die Schönheit und die Vielfalt des Douro-Tals herausarbeiten. Es gibt keine vergleichbare Weinregion auf der Welt. Das Douro-Tal macht mir schon fast Angst, weil es so schön ist.

Warum ist Portwein so kompliziert und wie kann man das Thema einfacher erklären?
Christian Seely: Auf jeden Fall ist das die schwierigste Aufgabe deines Buches. Was mich am Vintage Port anfänglich immer geängstigt hat, sind die Formalitäten, die angeblich mit dem Wein zusammenhängen. Meine Horrorvorstellung ist ein Banquet in der Guilt Hall in London im Smoking. Am Ende des Abends wird der Vintage Port in viel zu kleinen Gläsern serviert, so dass der Port sich überhaupt nicht entwickeln kann. Alles ist diplomatisches Protokoll – der Port ist nicht nur in den viel zu kleinen Gläsern, sondern auch in den Köpfen der (englischen) Konsumenten gefangen. Dabei ist Vintage Port einer der unkompliziertesten Weine der Welt. Die Traditionen sind ein großer Spaß, aber mehr auch nicht – sie sollten dem Genuss nicht im Weg stehen. Ich trinke meinen Vintage Port zu Hause in einem recht großen Glas und trage dabei alles andere als einen Smoking.

Dirk Niepoort: Schreibe alles einfach und in der Sprache, die die Leute verstehen. Versuche bloß nicht, irgendeine detailverliebte, technokratische Sprache anzuwenden. Setze möglichst wenig voraus und versuche dich in eine Situation hineinzuversetzen, in der du nichts über die Region und die Weine weißt.

Kennt ihr ein Portweinbuch, welches umfassende Verkostungsnotizen enthält und wie wichtig sind euch diese?
Christian Seely: Ich kenne nur das von James Suckling und die Portweinteile von Michael Broadbent. Beide Bücher sind schon sehr alt. Sie haben zu diesem Zeitpunkt sehr viel Sinn gemacht, aber müssten heute anders geschrieben werden. Ein umfassendes Portweinbuch sollte aber auf jeden Fall auch Weinbeschreibungen enthalten.
Dirk Niepoort: Vielleicht solltest du zwei Bücher schreiben. Verkostungsnotizen sind genau die technokratische Sprache, die eigentlich kein Anfänger lesen möchte. Der Fokus muss auf der Schönheit der Region, den Produzenten, der Geschichte, der Landschaft und den Menschen liegen. Wenn du die „Portweinbibel" schreiben willst, darf das den Lesefluss nicht stören – unterteile das Buch. Es ist aber auf jeden Fall jetzt richtig und wichtig, ein Buch mit Verkostungsnotizen zu schreiben. Viel Glück und viel Spaß dabei!

Einführung

Portwein ist Leidenschaft, meine Leidenschaft, die Sie hoffentlich spätestens bei Beendigung dieses Buches teilen werden. Portwein ist Geschichte. Bereits 1756 wurde das Gebiet im Norden Portugals abgesteckt, in dem die Trauben für den Portwein heranwachsen dürfen. Diese Geschichte können Sie beim Portwein erleben, denn kaum ein anderer 100 Jahre alter Wein schafft es, Sie derart in seinen Bann zu ziehen. Portwein ist Tradition. Viele Arbeitsgriffe im Produktionsprozess haben sich seit Generationen wenig oder gar nicht verändert und wenig andere Weinregionen besitzen Relikte wie die Portweinzange oder eigens für den Wein gebaute Boote, die barcas rabelos. Aber zu allererst bieten Portweine atemberaubende Genüsse, denn unbestritten gehören gereifte Portweine zu den erhabensten und größten Weinen auf dieser Welt.

Ich kann mich nicht mehr erinnern, wie oft ich gefragt wurde, welches deutschsprachige Portweinbuch ich empfehlen kann. Meist war meine Antwort, dass es in unserer Sprache kein wirklich lesenswertes und aktuelles Buch mehr gibt. Godfrey Spences Buch „Portwein" ist ausgezeichnet, wurde aber letztmalig 1999 übersetzt und Richard Maysons Buch „Port and the Douro" ist leider nur in Englisch erhältlich.

Daher habe ich im Jahr 2010 begonnen, ein neues, hoffentlich unterhaltsames und dennoch informatives Buch zu schreiben. Mein Anspruch an das Ihnen vorliegende Portweinbuch ist es, sowohl den Anfänger in die Materie einzuführen als auch dem versierten Portweinfreund einige Details genauer zu erklären.

Weinbücher veralten im Wesentlichen durch das Alter der Verkostungsnotizen und die Veränderungen im Herstellerportfolio. Wenn man einmal ein Buch gedruckt hat, können Änderungen nur noch bei einer Neuauflage eingefügt werden. Daher habe ich mich entschlossen, ihnen eine online-Datenbank anzubieten, die alle ergänzenden Verkostungsnotizen enthält. Sollten Sie eine Verkostungsnotiz über einen Portwein in diesem Buch nicht finden, schauen Sie bitte online nach: www.worldofport.de/Verkostungsnotizen

Ein Buch kann natürlich niemals den Kontakt zu den Winzern, zum einzig-

artigen Douro-Tal und den Portweinen ersetzen. Bevor Sie weiterlesen, sollten Sie möglichst zwei Dinge zur Hand haben: Eine gute Flasche Portwein und ein adäquates Portweinglas. Hierbei empfehle ich Ihnen eine Flasche „Late Bottled Vintage Port - LBV" eines beliebigen Herstellers, denn vom Lesen alleine wird die Faszination des Portweins nicht auf Sie überspringen.

Zu guter Letzt beginnen wir im ersten Kapitel direkt mit den Terroir-typischen Besonderheiten des Douro-Tals und nicht mit der mehr als 300-jährigen und hochspannenden Geschichte des Portweins.

Achtung: Bevor Sie jetzt aber losprobieren, noch ein Wort zur Temperatur vorab: Trinken Sie bitte niemals Rotwein und Portwein bei Zimmertemperatur. Diese Empfehlung stammt aus früheren Jahrhunderten, als die Raumtemperatur bei ungefähr 16 Grad Celsius lag und das ist genau die Temperatur, bei der Sie bitte den erworbenen Late Bottled Vintage Port probieren. Und nun Saude, e muito gosto a ler este livro! (Prost und viel Spaß beim Lesen dieses Buches). Ein wenig Portugiesisch sollen Sie ja auch noch lernen.

Basisvokabular

Um Ihnen den Einstieg in die Portwein-Welt ein wenig zu erleichtern, werden hier die grundlegenden Begriffe erwähnt. Zum Nachschlagen verwenden Sie aber bitte das umfangreichere Glossar im Anhang.

Colheita [KOLL-YÄIH-TAH] - (port.) für Ernte. Bezeichnet einen Tawny Port aus einem einzigen Jahrgang, der mindestens 7 Jahre lagern muss, meist jedoch wesentlich länger in den Fässern reift. Die englischen Häuser benutzen auch den Begriff Single Harvest Tawny.

Lagar (LAGAAR) - (port.) für das Granit- oder Steinbecken, in denen die Portweine meist mit den Füßen getreten werden. Im Unterschied zu diesem manuellen lagar gibt es den Robotic lagar.

Late Bottled Vintage Port - LBV (engl.) - Mittelklasse der Rubies. Portweine aus einem einzigen Jahrgang, die nach 4-6 Jahren gefiltert oder ungefiltert abgefüllt werden.

Lodge (engl.) - Lagerhaus eines Portweinherstellers in Vila Nova de Gaia, heute meist auch ein Ausstellungsraum mit Besucher-, Verkaufs- und Verkostungsbereich.

Pipa (PIPPA) - (port.) Bezeichnung für das Portweinfass mit einem Fassungsvermögen von ca. 550 Liter.

Robotic Lagar (engl.) - im Robotic lagar erfolgt das Stampfen der Trauben maschinell.

Ruby/Ruby Port (engl.) - Oberbegriff für alle flaschengereiften Portweine, also die Standard Rubies, die Premium Rubies, die → Late Bottled Vintage Ports (LBV) und die → Vintage Ports. Ruby steht für die rubinrote Farbe der (jungen) Ruby-Portweine.

Quinta [KINTA] - bitte niemals [KWINTA] oder [KUINTA] - (port.) für Weingut, ähnlich dem franz. Chateau. Muss nicht unbedingt ein Gebäude beinhalten.

Tawny/Tawny Port (engl.) - Oberbegriff für alle fassgereiften Portweine aus roten Trauben, also die Standard Tawnies, Reserve Tawnies, Tawnies with indication of age und Colheitas. Der Begriff Tawny steht für die bernstein-braune Farbe der Portweine.

Vintage (engl.) - Als Vintage wird der Jahrgang bezeichnet.

Vintage Port (engl.) - Die Königsklasse der Ruby-Ports, eigentlich der Portweine überhaupt. Die besten 1-2% eines Jahrgangs, die nach 2-3 Jahren ungefiltert abgefüllt werden und dann noch Jahrzehnte weiter reifen. Vintage Ports werden nur in besonders guten Jahren hergestellt. Die letzten Top-Jahrgänge waren 2015, 2011, 2003 und 2000.

Wo alles beginnt – das Douro-Tal

"…o Douro é o rio, o vinho e o homem que, ao longo de séculos, foi erguendo milhares de quilómetros de muros de xisto…"

„… der Douro ist der Fluss, der Wein und die Männer, die über die Jahrhunderte tausende Kilometer Schiefermauern errichtet haben …"

Alte, von Hand erbaute Steinmauern stützen ein- oder zweizeilige Rebstock-Reihen mit bis zu 80 Prozent Hangneigung. Der karge Schieferboden erweckt optisch den Eindruck, dass hier überhaupt nichts wachsen kann. Zur Hochsommerzeit wochenweise vierzig Grad im Schatten, im Winter ein paar Grad über Null und feucht. Einsame Hütten und gefühlt die gleiche Anzahl von Wohnhäusern und kleinen Kapellen. Eine Gastfreundlichkeit wie aus einem anderen Jahrhundert – allerdings wird außer portugiesisch hier nicht viel gesprochen. Sollte man während eines Besuches im Douro-Tal ähnlich dem Film „Zurück in die Zukunft" zwanzig oder dreißig Jahre in der Zeit zurückversetzt werden, würde man es gar nicht merken.

Das Douro-Tal ist ein touristisch immer noch wenig erschlossenes Weinanbaugebiet. Zum einen, weil es nur eine überschaubare Menge buchbarer Beherbergungsmöglichkeiten gibt, zum anderen, weil es eine immer noch recht umständliche Anreise erfordert. Entweder versucht man es mit dem Auto oder setzt sich in den extrem preisgünstigen, aber nicht übermäßig komfortablen Zug, der mehrmals täglich von Porto nach Pocinho nahe der spanischen Grenze fährt. Massentourismus ist hier nicht möglich und auch nicht gewünscht. Man ist aber mehr als willkommen, wenn man die einzigartige Weinwelt auf eigene Faust erkunden will. Die Grenzen des Gebietes, in der die Trauben für den Portwein heranwachsen dürfen, wurden lange vor der Klassifikation in Bordeaux abgesteckt. Bereits um 1756 definierte der Marques de Pombal die bis heute nahezu unveränderte Region. Ein Auftrag, für den er fast zwei Jahre benötigte. Seit dieser Zeit entstammen die Trauben für den Portwein exklusiv dieser Region.

Das für den Portwein abgesteckte Gebiet (Douro Demarcated Region „DDR") liegt rund 100 bis 250 km östlich von Porto. Im Westen beginnt es in etwa auf der

▌ Douro World Heritage

World Heritage Area – 24 600 ha

Lower Corgo

Area – 45.000 ha

Upper Corgo

Area – 95.000 ha

Area under
Total are

Upper Douro

Area - 110.000 ha

Höhe der Stadt Régua, verläuft entlang des Flusses Douro und endet nahe an der spanischen Grenze. Wein wird auf knapp 45.000 der insgesamt 250.000 Hektar angebaut, wobei der bepflanzte Anteil von Westen nach Osten abnimmt. Es gibt mehr als 22.000 Weinbauern im Douro-Tal, so dass im Durchschnitt jeder nur etwas mehr als zwei Hektar bearbeitet. Natürlich stellt nicht jeder Landwirt auch Portwein her. Viele verkaufen ihre Trauben zum Teil seit Generationen an die gleichen Hersteller und besitzen weit weniger als die durchschnittliche Fläche.

Seit der ursprünglichen Einteilung im Jahr 1756 ist das Portweingebiet in drei Zonen eingeteilt, den – von Westen nach Osten – unteren Corgo (Baixo Corgo), den oberen Corgo (Cima Corgo) und den höheren Douro (Douro Superior). Das Baixo Corgo erstreckt sich von den Marão-Bergen bis zur Mündung des Corgo in den Douro nahe der Stadt Régua. Hier ist fast die Hälfte aller Rebflächen beheimatet. Das Cima Corgo dehnt sich von der Corgo-Mündung bis zum Cachão de Valeira nahe dem Örtchen Ferradosa. Das Gebiet des Douro Superior umfasst die Fläche von Ferradosa bis zur spanischen Grenze im Osten. Der Douro Superior war nicht in der ursprünglichen Gebietsabsteckung durch den Marques de Pombal 1756 enthalten. Erst durch die Sprengung des Felsens bei Ferradosa 1789 wurde der Schiffsverkehr östlich dieses Ortes möglich. Nach und nach wurden ab dem späten 18. Jahrhundert dort neue Quintas erschlossen. Zu den Bekanntesten zählen die Quinta do Vesuvio, Taylors Quinta de Vargellas, Cockburns Quinta dos Canais und die Quinta da Senhora da Ribeira von Dow.

"Novo meses de inverno e tres meses de inferno " ist die gebräuchliche Beschreibung, wenn man nach dem allgemeinen Klima im Douro-Tal fragt. Ein wenig übertrieben meint man damit die neun Monate feuchte Kälte im Winter und die drei Monate Gluthitze im Sommer. Wer im April, Mai, September oder Oktober das Douro-Tal bereist, dem bietet sich eine wunderbare Landschaft bei durchaus gemäßigten, sommerlichen Temperaturen. Im Winter ist die Landschaft verlassen und karg. Im Hochsommer sind wochenlange Hitzeperioden keine Seltenheit. Daher haben sich im Douro-Tal auch nur extrem belastbare und widerstandsfähige Rebsorten durchgesetzt.

Nicht nur in den Makro- sondern auch in den Mikroklimata unterscheiden sich diese drei Regionen erheblich. Zum Teil hat schon die Nachbar-Quinta einen völlig anderen Boden, im Schnitt eine zwei Grad geringere oder höhere Durchschnittstemperatur und aufgrund des sehr kurvenreichen Douros eine völlig andere Sonneneinstrahlung. Während es im Baixo Corgo vergleichsweise feucht und ein wenig kühler ist, regnet es im Cima Corgo etwa ein Drittel weniger. Im Douro Superior findet man eine eher subtropische Vegetation, und der karge Boden wird noch karger. Daher ändern sich die Reife-, Säure- und Tanningrade der Trauben. Das ist der Hauptgrund, warum Vintage Ports, deren Trauben von verschiedenen Quintas stammen, oft komplexer und länger lagerfähig sind. Die Winzer verfügen über mehr Möglichkeiten, den für sie perfekten Wein herzustellen.

„Portweintrauben müssen leiden (können)" erklärt Antonio Magalhães von Crofts Quinta da Roeda: „Damit sorgen sie für die natürliche Selektion und wir können diese besten Trauben für unsere Portweine verwenden." Der Pflanzenfreund in uns würde beim Anblick dieser optisch fast vertrockneten Rebstöcke sofort eine Gießkanne holen, doch der Portweinfreund lässt es besser. Nur eine Pflanze, die Mangel erfährt, konzentriert die Aromen in den oft nur in geringer Anzahl verbleibenden Trauben auf ein Maximum und erzeugt somit das Ausgangsprodukt der hochwertigen Portweine. Im Douro-Tal herrscht daher seit 1756 die Maxime Qualität vor Quantität.

Ein Weingut in Portugal heißt Quinta [KINTAH]. Ähnlich der Châteaux im Bordeaux existiert keine Voraussetzung, ab wann man ein Gebiet Quinta nennen darf. So sind zum Teil Bretterbuden oder auch Gebiete, auf denen gar kein Gebäude steht, mit dieser Bezeichnung versehen. Wenn beim Portwein der Begriff „Quinta do/da mit dem zugehörigen Namen" auf dem Etikett vermerkt ist, müssen die Trauben für den Portwein ausschließlich von dieser Quinta stammen. Bei der Nennung der Häuser (z.B. Dow, Fonseca oder Niepoort) haben die Hersteller mehr Flexibilität und können sich verschiedener Lagen bedienen.

Das Douro-Tal ist seit 2001 Weltkulturerbe und bei einer Fahrt mit der Eisenbahn oder dem Boot von Régua nach Pocinho wird offensichtlich warum. Nicht nur bieten sich unvergleichliche Eindrücke der verschiedenen Weingüter, sondern auch eine abwechslungsreiche Landschaft mit extrem steilen Hängen, die oft bis an das Flussufer heranreichen. Man merkt die klimatischen Unterschiede je weiter man in Richtung spanische Grenze kommt. Das anfängliche Grün wird mehr und mehr zu einem verblichenen Gelb und statt grüner Orangenbäume wachsen Kakteen. Von Pinhão ausgehend Richtung Osten gibt es nur noch die Möglichkeit, mit dem Zug oder mit dem Boot am Douro entlang zu fahren, da die Parallelstraße zum Fluss zwischen Régua und Pinhão dort endet. Für Besuche der einzelnen Quintas westlicher als Pinhão sind daher mehr Zeit und eine höhere navigatorische Fähigkeit notwendig, die in der heutigen Zeit nur bedingt dem Navigationssystem überlassen werden kann. Teilweise liegen gerade kleinere Hersteller so versteckt, dass man auch mit Navi lange suchen muss.

Im Douro-Tal wird man automatisch „entschleunigt". Das liegt zum einen an der wunderbaren Art der Gastgeber, bei denen ein gemeinsames Essen oft Stunden dauern kann, zum anderen an den köstlichen Speisen und Weinen, die man oft in perfekter Kombination gereicht bekommt. Wenn man einem Terminplan folgt und mehrere Termine an einem Tag wahrnehmen möchte, ist man daher chronisch zu spät. Viele Hersteller rechnen aber gar nicht damit, dass man den Treffpunkt zur angegebenen Zeit erreicht.

Schon früher hat man für alle Tätigkeiten rund um den Portwein viel Zeit benötigt. Je nach Wind und Wetter dauerte der Weg nach Porto mit dem Barca Rabelo zwischen drei und zwölf Tagen, der Rückweg ein Vielfaches länger. Auch heute gibt es innerhalb des Weingebietes nur wenige zusammenhängende Straßen direkt am Fluss. Die Fahrt von der Küste in das Portweingebiet unternimmt man am besten mit der Eisenbahn, die zwar knapp drei Stunden benötigt, aber mit ca. 30 Euro sehr günstig ist. Je näher man Richtung Régua kommt, desto enger und kurviger werden die Straßen. Gerade zur aufregenden Erntezeit gibt es aufgrund der zahlreichen Traubentransporte und des erhöhten Tourismus oft Engpässe auf den Straßen. Alternativ kann man den Douro von Régua aus Richtung Osten perfekt mit dem Boot erkunden. Man muss mehrere zum Teil dreißig Meter hohe Staustufen überwinden und erhält atemberaubende Ausblicke auf die Weinberge.

Will man einige Tage im Douro-Tal verbringen und mehrere Produzenten besuchen, sollte man versuchen so zentral wie möglich zu wohnen. Hier bieten sich die beiden Städtchen Régua und Pinhão an, die eine gewisse Auswahl an Hotels und Restaurants bieten. Wie bei allen Weingebieten ist die Erntezeit von Anfang September bis Mitte Oktober die betriebsamste Zeit.

Bewässern darf man die Trauben im Portweinanbaugebiet nur innerhalb der ersten zwei Jahre nach Anpflanzung. Einzige Ausnahme ist das Douro Superior, in dem generell bewässert werden darf. In außergewöhnlich heißen Jahren kann das IVDP eine Bewässerungsgenehmigung erteilen. Das grundsätzliche Bewässerungsverbot führt dazu, dass die Rebstöcke leiden, was man ihnen nach ein paar heißen Sommerwochen durchaus ansieht. Besonders die Rebsorte Tinta Roriz leidet optisch sehr. Ihre Blätter zeigen dies bei Wassermangel als erste der zahlreichen Rebsorten. Das Portweinanbaugebiet besteht hauptsächlich aus Schiefer- oder Granitboden. Die Granitflächen sind eher unbebaut bzw. naturbelassen, während die Rebstockwurzeln im Schieferboden die Möglichkeit haben, auch in große Tiefen vorzudringen. An der Mosel heizt sich der Schiefer am Tag auf, gibt die Wärme in der Nacht wieder ab. Im viel heißeren Douro-Tal, in dem die Rebstöcke tagsüber leiden, verwehrt

der Schiefer ihnen die nächtliche Erholung und sorgt zusätzlich für eine natürliche Ertragsreduzierung.

Da das Schiefergestein perfekt längsspaltbar ist, können auch junge Reben zügig in tiefere Schichten vorstoßen und mit den Jahren mehr als zehn Meter lange Wurzeln entwickeln. Damit die im Sommer vorherrschenden warmen Temperaturen nicht zu einem Wasser-Engpass für den Rebstock führen, ist die Regenmenge in den Monaten November bis April wichtig, um die unterirdischen Wasserspeicher zu füllen. Werden diese nicht ausreichend gefüllt, erhalten auch ältere Rebstöcke mit langen Wurzeln nicht genug Wasser. Steigt die Temperatur dann über längere Zeiträume über die kritischen Werte, können die Reben ihre Produktion im schlimmsten Fall komplett einstellen, so dass es zu Ernteausfällen kommt.

Die traditionellen Weinberge sind – anders als in den Steillagen der Mosel – mehrheitlich parallel zum Fluss angelegt. In diesen Lagen wurden in der Vergangenheit zahllose Reihen von Trockensteinmauern gebaut, die meist nur ein bis zwei Rebstockreihen Platz bieten. Im portugiesischen nennt man diese Weinberge Socalcos. Bei starken Regenfällen wird neben den Wassermengen viel Erdreich abgespült und gegen die Mauern gedrückt. Daher benötigen diese Steinmauern eine sehr arbeitsintensive Instandhaltung, die mit steigenden Lohnkosten in Portugal ebenfalls teurer wird. Die heutzutage verwendete Methode zur Neuanlegung eines Weinbergs wird im Douro nur noch mit Erdbewegungen durchgeführt. Die Befestigung des Bodens erfolgt hier durch die Wurzeln der Reben und des wilden Bewuchses. Rebflächen, die so befestigt werden, nennt man Patamares. Bei diesen ist allerdings zu beachten, dass sie immer mit einem Gefälle angelegt werden, um den Wassermassen keinen Angriffspunkt zu bieten. Weinbau an den Steilhängen am Douro kann nicht günstig sein. Ähnlich des Weinbaus an der Mosel, können größere Maschinen nicht zum Einsatz gebracht werden. Deshalb werden die meisten Arbeiten von Hand erledigt. Von der Pflege bis zur Ernte kostet das viele Arbeitsstunden. 1970 überstieg erstmals die Nachfrage nach Arbeit das Angebot. Viele ältere Winzer berichten, dass sie damals gerne mehr geerntet hätten, doch die „Leute waren einfach nicht aufzutreiben". Hinzu kommt, dass es in den Dörfchen rund um das Portweinanbaugebiet außerhalb der Landwirtschaft wenig andere Arbeit gibt. Das führt dazu, dass immer mehr jüngere Menschen diese Region Richtung Porto, Coimbra oder Lissabon verlassen. Obwohl viele Erntehelfer (ältere) Portugiesen sind, die seit Jahrzehnten für die Monate September und Oktober im Douro-Tal arbeiten, wäre eine Ernte ohne zusätzliche ausländische Arbeiter fast nicht mehr vorstellbar.

Wie wird Portwein hergestellt?

Wenn Sie nun meinem Rat gefolgt sind und sich tatsächlich eine Flasche Late Bottled Vintage Port gekauft und in der richtigen Temperatur genossen haben, werden Sie sich gewundert haben, wie es Portwein schafft, eine spürbare Restsüße bei 20 Prozent Alkohol zu enthalten.

Das Geheimnis nennen die Engländer „Fortification"; ein sehr schönes Wort, zu dem es in Deutschland keine wirklich positiv klingende Übersetzung gibt. Schaut man im Wörterbuch, erscheinen abgesehen von der militärischen Definition der Befestigung die Begriffe „Bereicherung" oder „Anreicherung". Gemeint ist beim Portwein die Hinzugabe von fast geschmacks- und geruchsneutralem Branntwein, der während der Gärung hinzugefügt wird. Diese Hinzugabe stoppt die Gärung durch das Abtöten der Gärhefen und hat zur Folge, dass mehr Zucker im Most verbleibt und sich der Alkoholgehalt erhöht. Dies wird seit Jahrhunderten so durchgeführt und bewirkt, dass Portwein wesentlich langsamer reift als nichtverstärkte Rotweine. Beispielsweise ist ein 1834er Ferreira Vintage Port, ein 1863er Burmester Novidade oder ein Niepoort Colheita des Jahrgangs 1900 immer noch mit großem Genuss trinkbar.

Die Branntweinzugabe wurde Ende des 18. Jahrhunderts notwendig, da England als Exportland immer wichtiger wurde. Die Weine hatten damals allerdings nicht die Qualität, eine mehrtägige oder gar mehrwöchige Seereise unbeschadet zu überstehen und wurden daher mit Branntwein haltbar gemacht. Seit Ende des 19. Jahrhunderts verwendet man in etwa das heutige Verhältnis von einem Teil Branntwein und fünf bis sechs Teilen Wein. Dieses Verhältnis variiert je nach Hersteller.

Aber jetzt der Reihe nach: Nachdem die Trauben im wunderschönen Douro-Tal heranreifen durften, beginnt die Erntezeit in der Regel Ende August. Das Ernten im Weinberg ist schwere körperliche Arbeit. Zwar wurden die historischen 40 kg-Erntekörbe seit einigen Jahren gegen die neuen, „nur noch" 25 kg schweren Körbe ausgetauscht, man steht aber immer noch über Stunden in terrasierten Hängen und muss bei Temperaturen um 40 Grad den Rebstöcken zu Leibe rücken. Der Einsatz von Maschinen verbietet sich häufig aufgrund der Tatsache, dass nur eine

oder zwei Rebstockreihen auf einer Stufe stehen, die entweder von Steinen gestützt wird oder mit Erde aufgeschüttet wurde. Lediglich der Abtransport der Trauben wird mit Lastwagen vorgenommen.
Nach der Ernte werden die Trauben im Empfangsbereich (engl. reception) der Quinta angeliefert. In besonders heißen Perioden müssen diese dann gekühlt werden, da andernfalls die Gärung bereits in der Beere einsetzt. Nach einer sorgfältigen, meist manuellen Auswahl am Sortierband, werden die Trauben für die hochwertigen Portweine fast immer „angedrückt" (engl. crushed) in einen Lagar gepumpt. Beim Andrücken wird die Traubenhaut verletzt, es ensteht ein Gemisch in dem sämtliche Traubenteile enthalten sind. Dieses Andrücken der Trauben erleichtert das Verteilen und das erste Treten ungemein. Im Lagar werden die Trauben gleichmäßig verteilt und ruhen ungefähr einen halben Tag. Durch den Gärprozess bei kontrollierten Temperaturen um 28 Grad setzen sich die Beerenhäute an der Oberfläche ab. Da diese Beerenschalen einen Großteil der Farbe und Tannine enthalten, ist es notwendig, den Kontakt der Schalen mit dem Saft zu intensivieren. Zeit für die Rogas, die Erntehelfer, die nach stundenlangem Pflücken bei 40 Grad in den steilen Lagen am Douro noch ein paar Stunden diese Traubenschalen wieder heruntertreten. Durch das gleich- und regelmäßige Treten im Lagar werden die Häute nach unten gedrückt und durch den Fuß gequetscht, ohne dabei die Traubenkerne zu beschädigen und deren Bitterstoffe freizusetzen. Natürlich waschen sich die Rogas vorab die Füße!
Wenn der für den Önologen richtige Zeitpunkt gekommen ist, wird 77%-tiger, nahezu geschmacksneutraler Branntwein hinzugefügt. Je nach Stil des Hauses wird im Verhältnis 1 Teil Branntwein und 5-6 Teile Most gemischt. Das kann noch im Lagar oder danach außerhalb des Lagars vorgenommen werden. Nach knapp 12 Stunden hat der Branntwein die Hefen abgetötet und somit den Gärprozess vollständig gestoppt. Der gesamte Prozess von Hineinpumpen der angedrückten Trauben bis zum Ablassen aus dem Lagar dauert etwa 3-4 Tage.
Der Portwein wird jetzt in sehr große Edelstahltanks oder Holzfässer abgelassen und kommt zur Ruhe. Die Hinzufügung des Branntweins ist der Grund, dass Portwein mit ca. 20% Alkohol mehr Alkohol enthält als unverstärkter Wein und durch die Unterbrechung des Gärprozesses mehr Restsüße verbleibt. Letztere schwankt je nach Zielrichtung des Produzenten und der Portweinkategorie. Hierzu erfahren Sie mehr im nächsten Kapitel.

DAS TRAUBENTRETEN
Die traditionelle Portweinherstellung erforderte harte menschliche Arbeit in jeder Stufe der Produktion. Nach der Lese müssen die Arbeiter noch stundenlang im Lagar treten. Dieser Arbeitsschritt ist für

die hochwertigen Portweine jedoch notwendig, um die einzigartige Aromenvielfalt zu gewährleisten. Da das Traubentreten sehr personalintensiv ist, hat man sich seit den 1990er Jahren nach Alternativen umgesehen. Eine der vielversprechendsten Lösungen ist der Robotic Lagar, der von der Familie Symington entwickelt wurde. Lange wurde am Fuß des Roboters experimentiert, da dieser ähnliche Ergebnisse erzielen sollte, ohne dabei die Kerne zu zerstören. Heute ist dieser Robotic Lagar herstellerübergreifend im Einsatz. Das Granitbecken des Lagars wurde weitestgehend gegen Edelstahl eingetauscht und die „Roboterfüße" werden aus speziell angefertigtem Kunststoff hergestellt.

Allerdings existiert bei vielen Herstellern auch heute noch das traditionelle Traubentreten in den Lagares. Einerseits, weil das menschliche Treten für viele Firmen immer noch das Optimum aus den Trauben hervorbringt. Andererseits, weil sich gerade kleinere Hersteller die Investition eines Robotic Lagars nicht leisten können. Sollte das Treten der Trauben im Lagar einmal völlig aufgegeben werden, verliert die Portweinproduktion einen der traditionellsten und ungewöhnlichsten Arbeitsschritte. Sollte man unbedingt mal gemacht haben!

Das Traubentreten im Lagar ist natürlich auch eine sehr kostspielige Angelegenheit. Dieser Arbeitsgang findet nur bei den

teureren „special category"-Portweinen, oft nur bei den Vintage Port-Qualitäten Anwendung. Für die Entry-Level- oder Einstiegsportweine wie Fine Ruby oder Fine Tawny sowie die White und Rose Portweine verwerdet man meist das Remontage-System. Der Saft wird maschinell aus großen Edelstahltanks nach oben gepumpt, damit er wieder in Kontakt mit den Schalen kommt.

Die Rebsorten

Auf der iberischen Halbinsel hat man sehr früh angefangen, Rebsorten zu unterscheiden. Die ältesten Dokumente gehen in das erste Jahrhundert unserer Zeitrechnung zurück. Zuerst waren es hier die Römer, die sich um die Differenzierung bemühten, dann um 1.000 nach Christus die Araber und schließlich ab dem 16. Jahrhundert auch die Europäer. Der Portugiese Rui Fernandes beschrieb bereits 1553 die verschiedenen Rebsorten.

Alle bisherigen Erkenntnisse gehen davon aus, dass Portugal bereits im Mittelalter über ein sehr umfangreiches Portfolio an einheimischen (autochthonen) Rebsorten verfügte. Gemäß der offiziellen Rebsortenliste sind in Portugal über dreihundert Rebsorten registriert. Im Douro-Tal alleine sind über einhundert Rebsorten für den Portwein zugelassen. Es besitzt einen Schatz von roten und weißen Rebsorten, deren Namen für Nicht-Portugiesen schwer zu merken und noch schwerer auszusprechen sind.

Für die Herstellung der Portweine und der Weine der Region (Douro DOC-Weine) werden identische Rebsorten verwendet. Je nach Anspruch des Hauses werden für die Portweine eventuell andere Reifegrade mit mehr oder weniger Zuckergehalt, Säure oder Tanninen benötigt. Portweine sind nie reinsortig. Gemäß einer Regelung des Portweininstitutes müssen sie ein Verschnitt mehrerer Rebsorten sein. Beim Portwein existieren die „famous five" Rebsorten, ohne die die Herstellung roter Portweine nicht denkbar ist. Diese sind:

- Touriga Franca
- Tinta Roriz
- Tinta Barroca
- Touriga Nacional
- Tinta Cão

Die „famous five" sind perfekt an die klimatischen und bodentypischen Besonderheiten angepasst. Sie sind die Top-5 vom Portweininstitut IVDP zur Portweinproduktion empfohlenen Rebsorten. Glücklicherweise konnte ich einmal mit dem ehemaligen Direktor von Ramos Pinto, João Nicolau de Almeida, eine Verkostung von zu Studienzwecken abgefüllten reinsortigen „Vintage Ports" des Jahrgangs 1983 durchführen um so zu verstehen, welchen Beitrag die einzelne Rebsorte zum finalen Vintage Port leistet:

Touriga Franca ist die mit über 20 % am häufigsten angebaute Rebsorte im Douro-Tal. Mit überdurchschnittlich großen Erträgen von zwei Kilogramm pro Rebstock ist Touriga Franca eine wenig schädlingsanfällige Rebsorte, die viel Farbe, Frucht und Gerbstoffe in den Wein abgibt.

Tinta Roriz stammt von der spanischen Tempranillo-Traube ab und ist über das Alentejo-Anbaugebiet in Südportugal in das Douro-Tal eingewandert. Sie verfügt über eine dicke Schale und liefert mit 2 bis 2,5 kg pro Rebstock hohe Erträge. Tinta Roriz ist mit über 10 % Rebfläche die zweihäufigste im Douro-Tal angebaute Rebsorte, allerdings sinkt ihre Anbaufläche seit ein paar Jahren. Sie gibt dem Portwein eine eher leichte, dunkelrote Farbe, verfügt über kräftige Tannine und wenig Säure. Sie ist als „Rückgrat-Rebsorte" ein sehr zuverlässiger Mengenlieferant und reift am besten bei durchschnittlichen Temperaturen.

Tinta Barroca reift früh und verfügt über mittelgroße Beeren. Sie ist relativ fäulnis- und schädlingsanfällig, bringt aber mit 2,5 kg pro Rebstock hohe Erträge. Sie ergibt einen dunkelvioletten Wein mit einer intensiven Tanninstruktur. Portweine, die mit einem hohen Prozentsatz Tinta Barroca hergestellt werden, verfügen ebenfalls über eine gewisse Finesse.

Touriga Nacional ist die derzeit die wohl bekannteste Rebsorte Portugals, da mit ihr die meisten reinsortig ausgebauten Douro-DOC Weine hergestellt werden. Portweine mit einem hohen Anteil Touriga Nacional zeigen frisch-florale Aromen und eine erkennbare Cassis-Note. Ihr Most ist tanninhaltig und von sehr intensiver, violettroter Farbe. Mit 1 bis 1,5 Kilogramm Trauben pro Rebstock ist Touriga Nacional unterdurchschnittlich ergiebig.

Tinto Cão heißt übersetzt roter Hund. Diese Rebsorte wurde lange Zeit ausschließlich in den Mischpflanzungen (vinhas velhas) angepflanzt, wird aber heutzutage auch wieder reinsortig angebaut. Tinto Cão liefert wenig farbintensiven, sehr würzigen Wein. Sie ist anfällig gegen Mehltau und leidet stark unter Wasserentzug. Am heißen Douro, an dem es wochenlang nicht regnet, reduziert und konzentriert sie bei geringem Niederschlag ihren Ertrag auf etwas mehr als ein Kilo pro Rebstock. Tinto Cão enthält ausgereift eine moderate Säure und verleiht Portweinen eine lange Lagerfähigkeit.

THE ART OF BLENDING – DIE KUNST DES VERSCHNEIDENS

Wenn man einem Kind einen Baukasten und den Auftrag gibt, nur mit Dreiecken ein Gebäude zu bauen, limitiert man es erheblich. Gibt man ihm allerdings die Möglichkeit, das Gebäude mit diversen Formen zu bauen, wird es wahrscheinlich ein schöneres und stabileres Gebäude errichten. Ähnlich verhält es sich bei den Portweinen. Gibt man dem Winzer die Möglichkeit, verschiedene Trauben aus verschiedenen Lagen und eventuell sogar aus verschiedenen Jahrgängen zu verschneiden, erhöht man die Anzahl seiner „Bausteinformen" und kommt wahrscheinlich dem gewünschten Ergebnis näher.

In Deutschland ist im Weinbau eine Mischung der Jahrgänge völlig undenkbar. Man möchte gerade im hochpreisigen Segment die Besonderheiten des Terroirs auch im Wein wiederfinden.

In Deutschland hat man mit dem Wort Verschnitt ein Problem, da in unserer Weinkultur meist minderwertige Weine verschnitten wurden. Weltweit sind viele große Weine Verschnitte verschiedener Rebsorten, wie z.B. die großen Bordeaux-Weine. Daher produzieren Winzer mit Quintas in verschiedenen Lagen oft die besten Portweine. Portwein ist diesbezüglich auch mit Champagner zu vergleichen. Die Basisqualität sind sogenannte Non-Vintage-Qualitäten, die aus verschiedenen Jahrgängen stammen. Bei diesen werden die Jahrgänge gemischt, um eine zuverlässige und gleichbleibende Basisqualität sicherzustellen. Bei den Portweinen verhält sich das sehr ähnlich. Dies wird im nächsten Kapitel verdeutlicht. Festzuhalten bleibt, dass Portwein immer ein Verschnitt von Rebsorten ist, meist auch von Lagen und gerade bei den Grundqualitäten häufig auch von verschiedenen Jahren.

DAS TERROIR IST ALSO NICHT WICHTIG?

Bei den Ports ist die Stilrichtung des Herstellers von diversen Faktoren abhängig und das Terroir ist wie bei allen anderen Weinanbaugebieten ein entscheidender Faktor. Nur ist es oft nicht ein einzige Lage, sondern mehrere Lagen, aus denen sich der „winemaker" bedienen kann. Des Weiteren gibt es im Douro-Tal Misch-Parzellen, sogenannte „vinhas velhas". Wörtlich übersetzt bedeutet dies „alte Weine". Obwohl diese Mischpflanzungen teilweise ein Jahrhundert und älter sein können, bezeichnet dieser Ausdruck eigentlich Parzellen, auf denen viele Rebsorten scheinbar bunt gewürfelt durcheinander stehen. In den 70ern hat man aus Unkenntnis viele dieser vinhas velhas durch reinsortige Parzellen ersetzt. Seit den frühen 1990er Jahren wurden Studien in Auftrag gegeben, die belegen, dass die „vinhas velhas"-Parzellen systematisch angelegt wurden und die einzelnen Rebsorten nicht zufällig gepflanzt wurden. Vorhandene „vinhas velhas" _Parzellen werden nun gehegt und gepflegt, und sollten einzelne Reben absterben, werden diese durch die gleichen Rebsorten ersetzt, um den Charakter dieser Parzellen zu erhalten.

Was passiert nun mit dem Portwein nach der Gärung?

Der Portwein wird nach dem Abschluss des Gärprozesses in großen Behältern gelagert. Diese können aus unterschiedlichem Material sein. Für die „special category" Ports sind es meist sehr große Fässer mit 50.000 und mehr Litern Kapazität, wobei auch viel in Edelstahl gelagert wird. Für die Einstiegsqualitäten nimmt man auch balãos (Ballons), große, meist weiße, externe Lagerbehälter aus Beton oder interne große Behälter aus Edelstahl, Holz oder Beton. Der Portwein soll darin zur Ruhe kommen, wird stabilisiert und vom önologischen Team analysiert und immer wieder verkostet. Die verschiedenen Portweintypen lernen Sie im nächsten Kapitel kennen.

ZUR VERTIEFUNG

Traubentreten

Das Treten der Trauben ist eine durchorganisierte Arbeit. Es sieht zwar in Phasen so aus, als ob da nur bedingt motivierte Arbeiter im Lagar stehen, doch die Arbeitsabfolge ist stets die gleiche. Als Daumenregel benötigt man pro Pipa (je 550 Liter) zwei Personen im Lagar. Diese treten dann in Reihe oder im Stern für ungefähr zwei Stunden in Formation, so dass sichergestellt wird, dass alle Bereiche des Lagars gleichmäßig bearbeitet werden. Erst danach wird die Formation aufgelöst und es herrscht meist mit (live) Musik eine gelöste Atmosphäre, bei der man sich gemäß dem Chef-Önologen João Nicolau de Almeida Dinge erzählt, die man sich normalerweise im geschäftlichen Alltag nicht erzählen würde (ähnlich dem Bartalk). Meines Wissens kommen nur noch auf Ramos Pintos Quinta do Bom Retiro die Trauben komplett in den Lagar. Das anfängliche Traubentreten bei kompletten Trauben ist wesentlich anstrengender, so dass die Rogas (die Treter) dafür eine Zulage erhalten. De Almeida ist der Ansicht, dass man dadurch eine Frucht-Finesse erhält, die durch das Andrücken der Trauben verloren geht.

Die Entscheidung, wann der Brandy zugeführt wird, ist sowohl eine philosophische als auch eine finanzielle Frage. Viele Hersteller stoppen die Gärung im Lagar bzw. im Stahl- oder Betontank, in dem sie den Branntwein hier zufügen. Dadurch wird sowohl die Farb- als auch die Aromenintensität erhöht. Allerdings verbleibt ein recht umfangreicher Teil des Branntweins im Traubentrester, so dass wesentlich mehr Branntwein zugefügt werden muss. Manche Hersteller pumpen den Saft nach der Gärung erst ab und fügen dann den Branntwein hinzu. Die unterschiedlichen Techniken tragen im Resultat dazu bei, dass Portweine unterschiedlich intensive Aromen entwickeln.

Der Robotic Lagar bietet einige Vor- und Nachteile gegenüber dem manuellen Treten der Trauben. Der Hauptvorteil des Roboters ist die Bearbeitung der Trauben zu jeder Tages- und Nachtzeit. Sie können sich sicherlich vorstellen, das ein Traubentreten um drei Uhr nachts nach einem langen Tag im Weinberg bei den Arbeitern nicht unbedingt Begeisterungsstürme entfacht – für den Roboter ist dies kein Problem. Bei der Anwendung von Edelstahlbecken sind diese leichter sauber zu halten als Granit. Letzterer hat allerdings den Vorteil, dass durch die raue Oberfläche beim Treten mehr Extrakt aus der Schale gepresst wird, so dass der Wein intensiver wird. Hier muss jeder Hersteller abwägen. Manche verwenden ausschließlich Roboter, manche aus Philosophiegründen nur manuelles Treten, leider oft unzureichend, da die notwendige Menge an Tretern im Lagar nicht vorhanden ist. Einige wiederum kombinieren beide Vorgänge.

Der Branntwein (port. aguardente) wird vom Portweininstitut genau so strikt kontrolliert, wie der Portwein selbst. Die Qualität des zugefügten Branntweins ist für das Endprodukt sehr wichtig. Ein Fehler, den ich in Portweinen in der Vergangenheit festgestellt habe, und lange Zeit nicht erklären konnte, resultiert aus der Verwendung von minderwertigem Branntwein bzw. Branntwein, der für diese Kategorie nicht geeignet war. Erst als ich vom Chef-Verkoster des Portweininstitutes Bento Amaral zu einer Branntwein-„Verkostung" im IVDP eingeladen wurde, klärte sich dieser Fehler auf. Seit das Portweininstitut auch die Branntweine überprüft und zertifiziert, sind diese Fehlaromen sehr selten geworden. Des Weiteren ist es immens wichtig, den adäquaten Branntwein für die jeweilige Portweinkategorie zu verwenden. So muss man beispielsweise für elegant-fruchtigen Rose-Port einen weniger intensiven Branntwein wählen, als für einen intensiven Vintage Port. Der Chefönologe der Taylor Fladgate Partnership, David Guimaraens, ist ein besonderer Verfechter der Aguardente-Qualität. Er hat im Rahmen seines Studiums in Australien diesem Thema seine Diplomarbeit gewidmet. Diese besondere Sorgfalt hat dazu geführt, dass sein „Pink Port" nicht nur der erste auf dem Markt, sondern auch einer der saubersten und besten dieser Kategorie ist.

Es existieren beim Branntwein zwei Grundqualitäten, Aguardente Vinica, ein Branntwein, der nur aus Traubensaft hergestellt wird und Aguardente Viticula, bei dem zusätzlich Stile, Kerne und die Haut verwendet werden. Bis einschließlich 2012 war für Portwein nur der erste, reinere und geruchsneutralere Aguardente Vinica erlaubt. Heute darf auch der zu ungefähr 30% günstigere Aguardente Viticula beigemischt werden. Eine Maßnahme, die gerade die Einstiegsqualitäten günstiger machen sollte, allerdings nicht selten zu einem qualitativ weniger optimalen Ergebnis führt.

Des Weiteren ist das Verschneiden von Lagen oder Rebsorten im Lagar eine Philosophiefrage. Man kann bei einer entsprechenden Produktionsgröße entweder die Einzellagen und/oder die Rebsorten einzeln im Lagar bearbeiten oder bereits vorab im vom „winemaker" festgelegten Verhältnis mischen. Fladgates Chef-Önologe David Guimaraens schwört darauf, vorher zu mischen. Im Lagar entstehen seiner Meinung nach Synergien der Rebsorten, die gerade für die Vintage Ports sehr wichtig sind. Wenn man sich allerdings einmal festgelegt hat, wird das Mischen des perfekten Verhältnisses nach dem Gärprozess anspruchsvoller.

Eine weitere Philosophiefrage ist das Abbeeren oder Entrappen (die Rappen sind die Stilgerüste der Weintraube) bevor die Trauben im Lagar getreten werden. Es gibt hier viele Alternativen bei der Portweinherstellung. Manche schwören auf 100% Stile, da diese viel Gerbstoff im Lagar abgeben. Andere wiederum auf völliges Entrappen, da sie gerade die eventuell grünen Tannine der Stile nicht im Wein wünschen. Die meisten Produzenten verwenden für ihre hochwertigen Portweine je nach Beschaffenheit der Trauben 30-70% Stile im Lagar. In Jahren, bei denen die Trauben bereits mehr Gerbstoffe enthalten, tendenziell weniger Stile.

Bei der Preisfindung ist in fast allen europäischen Ländern eine „Zwischenerzeugnissteuer" zu berücksichtigen, die in Deutschland fast 1,15 Euro pro 0,75-Literflasche Portwein beträgt. Ein Portwein in ähnlicher Qualität ist daher immer teurer als ein Rotwein.

Die Rebsorten des Portweins

Wie bereits im ersten Teil dieses Kapitels besprochen, stellen die „famous five" die Majorität der Fläche im Douro-Tal. Zu diesen Rebsorten gibt es zu ergänzen:

Touriga Franca [TURIHGAH FRANKA] - ist eine relativ neue Rebsorte, die erst Ende des 19. Jahrhunderts aus Touriga Nacional und Mourisco gekreuzt wurde. Trotz des Namens hat diese Rebsorte weder französischen Ursprung noch irgendetwas mit Frankreich zu tun. Sie ist sehr hitzebeständig und kann daher perfekt in Südlagen gepflanzt werden. Touriga Franca ist eine sehr arbeitsintensive Rebsorte, da die Tannine und die Farbe aus den dicken Beerenschalen nach der Anlieferung manuell (Lagar) oder maschinell (Roboter) herausgearbeitet werden müssen. Sie verlangt recht hohe Maischestandzeiten, um optimale Ergebnisse zu liefern. In Jahren, in denen die klimatischen Bedingungen nicht optimal sind und in höheren Lagen über 500 Meter, produziert sie Trauben mit geringeren Zuckerwerten. Eine ältere, nicht mehr verwendete Bezeichnung ist Touriga Francesa. Bitte nicht mit Tinta Francisca verwechseln – das ist eine völlig andere Rebsorte.

Tinta Roriz [TINTAH RRORISCH] - heißt im Anbaugebiet Alentejo „Aragonez" und war seit dem frühen 19. Jahrhundert eine vielgepflanzte Rebsorte am Douro. Sie ist eine recht früh reifende Rebsorte (Tempranillo: Temprano – früh) und daher für Aprilfrost anfällig. Optisch leidet Tinta Roriz oder umgangssprachlich nur „Roriz" bei Trockenheit am meisten. Sie ist auch anfällig gegen zu starke Regenfälle im September. Tritt dies auf, verliert ihr Most zügig Farbe und Konzentration. Große Vintage Port-Jahrgänge sind in der Regel auch sehr gute Jahrgänge für Tinta Roriz.

Tinta Barroca [TINTAH BARROKKA] - besitzt erst seit 1941 diese Bezeichnung. Zuvor war sie unter anderem unter Tinta Gorda oder Boca Mina bekannt. Sie ist ursprünglich eine Kreuzung aus den Rebsorten Mourisco und Touriga Nacional. Tinta Barroca verfügt über mittelgroße Beeren mit einer dünnen Haut, die sie recht anfällig für Schädlingsbefall werden lässt. Barroca produziert hohe Zuckerwerte und wird daher meist auf nördlich ausgerichteten Parzellen, gerne auch etwas höher angebaut. Tinta Barroca wird bei den Douro-DOC Weinen nicht reinsortig hergestellt, da sie nach einigen Jahren einen großen Teil ihrer Farbe verliert.

Touriga Nacional [TURIHGAH NASSIONAL] - ist die teuerste Traubensorte der „famous five". Mit etwas über drei Prozent Anbaufläche am Douro steigt ihre Rebfläche von Jahr zu Jahr. Sie ist in der Blütezeit sehr anfällig und produziert daher neben geringen auch noch wenig verlässliche Erträge. In der Vergangenheit wurde sie ausschließlich in den gemischten „vinhas velhas"-Parzellen angebaut und war in den späten 1970er aufgrund ihrer geringen Erträge fast verschwunden. Cockburns früherer Direktor Miguel Corte-Real führte sie Anfang der 1980er Jahre als einer der ersten wieder in reinsortigen Rebflächen am Douro ein. Seitdem wächst ihr prozentualer Anteil stetig. Touriga Nacional ist mittlerweile auf Rang sechs der Anbaufläche. Ein Vintage Port mit einem großen Anteil Touriga Nacional ist in der Jugend verführerisch, verfügt aber mittel- und langfristig oft nicht über ausreichend Komplexität.

Tinto Cão [TINTOH KAOH] - wird nur in geringen Mengen meist hochwertigen Portweinen zugefügt. Sie reift am besten an kühleren Standorten. Ähnlich Touriga Nacional war sie Ende der 1970er Jahre aufgrund ihrer geringen Erträge fast aus den Weinbergen verschwunden. Gerade im Gespräch mit erfahrenen Önologen wurde oft erwähnt, dass Tinto Cão für die Lagerfähigkeit unersetzlich sei und man daher in der Vergangenheit sehr hohe Preise für diese Rebsorte bezahlte. In der Jugend sind Portweine mit einem merklichen Anteil Tinto Cão eher kantig und weniger verführerisch.

Über diese „famous five" Rebsorten hinaus sind noch folgende Rebsorten bei der Portweinherstellung von Bedeutung:

Tinta Amarela [TINTAH AMMARELLA] war früher eine der Top-5 Weintrauben am Douro. Ihre Rebfläche beträgt ca. 6% im Portweinanbaugebiet, womit sie im Douro-Tal an vierter Stelle gelistet wird. Besonders häufig wird sie im Baixo und Cima Corgo angepflanzt, seltener im Douro Superior. Aufgrund ihrer sehr dichten Traubenstruktur ist sie gerade bei feuchtem Wetter extrem anfällig für Fäulnis und Krankheiten. Offiziell wird die Rebsorte unter Trincadeira geführt. Sie produziert Weine mit intensiver Farbe und einer leicht würzigen Note. Am liebsten steht diese Rebsorte auf ca. 200m Höhe und kann sehr gut vertikal gepflanzt werden, „vinha ao alto" genannt.

Rufete [RUFFETT] war mit etwas weniger als einem Prozent Anbaufläche doch essentieller Bestandteil alter „vinhas velhas"-Parzellen und somit in vielen älteren Vintage Ports vorhanden. Rufete reift früh und erzeugt wenig farbintensive, elegante Weine. Rufete mag weder ebene Anbauflächen noch zu viel Sonne. Die Real Companhia Velha baut Rufete reinsortig als Douro DOC Wein unter ihrem Etikett „Quinta do Cidro" aus.

Bastardo [BASSTARDOH] produziert am Douro ertragreiche, aber nicht sonderlich intensive Weine mit hohem Zuckergehalt. Nach wenigen Jahren verliert die Rebsorte ihre Farbe, was sie eher für die Herstellung von Tawny-Ports interessant macht. Sie ist anfällig für feuchtes Wetter.

Sousão [SSOUHSAOH] Im 18. und 19. Jahrhundert war die dunkle Farbe des Weines das Qualitätsmerkmal für Weine und Portweine. Da die Beimischung von Holunderbeersaft (baga) vom Marques de Pombal bereits im späten 18. Jahrhundert verboten wurde, suchten die Winzer Rebsorten, die dunkelroten Most produzieren. Im heiligen Gral des Portweins, dem Quinta do Noval Nacional macht Sousão mengenmäßig bis zu einem Viertel des „final blends" aus. Zwar sagt man dieser Rebsorte nach, dass sie nur in der Jugend Frucht und Frische mitbringt, die schnell vergeht. Durch eine Verkostung gerade älterer Noval Nacional Vintage Ports lässt sich dies nicht bestätigen. Die Rebfläche steigt von Jahr zu Jahr und einige Hersteller produzieren schon reinsortige Sousão Douro DOC Weine, allen voran Alves de Sousa.

Tinta Francisca [TINTAH FRANTSCHISKAH] Anders als bei der ähnlich klingenden Touriga Franca oder Touriga Francesa soll die Rebsorte Tinta Francisca tatsächlich ihren Ursprung in Frankreich haben, wobei dies nicht abschließend geklärt ist. Tinta Francisca ist spätblühend, was sie gegen Aprilfröste schützt. Sie liebt Sonne und Hitze und sollte daher immer an den heißesten und sonnigsten Plätzen gepflanzt werden. Tinta Francisca produziert Most mit einer eher hellen Farbe und hohen Zuckerwerten. Zusammen mit Tinto Cão ist Francisca die Rebsorte, der mit zunehmender Klimaerwärmung besondere Beachtung geschenkt wird. Nebenbei bemerkt ist Tinta Francisca auch eine der Schönsten, wenn sie blüht und hat knackige, schwarzblaue Trauben.

Tinta da Barca [TINTAH DAH BARKA] offiziell wird die Rebsorte als Barca gelistet, jedoch umgangssprachlich immer als Tinta da Barca bezeichnet. Barca ist eine Kreuzung zwischen Mourisco, Touriga Franca und Touriga Nacional. Sie wird im Douro-Tal und im nördlich benachbarten Anbaugebiet Trás-os-montes angebaut. In den 1920er und 1930er Jahren wurde Tinta da Barca hauptsächlich von der Familie Yeatman in den „vinhas velhas"-Parzellen angepflanzt, um die Phylloxera-Schäden zu beheben. Zusammen mit Touriga Franca, Tinta Roriz und Tinta Barroca ist Barca eine der wichtigsten Rebsorten auf Taylors Vorzeige-Quinta de Vargellas.

Alicante Bouschet [ALLIKKANTE BUSCHEH] ist eine zweiblütige, selbstbefruchtende Rebsorte. Daher müssen keine unproduktiven männlichen Weinreben gepflanzt werden. Alicante Bouschet produziert

farbintensiven Saft in verlässlich großen Mengen. Sie ist eine der neuesten, vom Portweininstitut zugelassenen Rebsorten.
Mourisco [MURRISCHKOH] ist in älteren Quellen und außerhalb des Douro-Tals als Marufo bekannt. Mourisco ist eine sehr alte Rebsorte, die aufgrund ihrer Widerstandsfähigkeit gegen Phylloxera im 19. Jahrhundert große Beliebtheit erlangte und im Douro-Tal weit verbreitet war. Extrem selten reinsortig angebaut, steht sie fast immer als Misch-Pflanzung in den „vinhas velhas"-Parzellen. Mourisco liefert halbsüßen Most mit wenig Farbe. Sie eignet sich daher eher für Tawny als für Ruby-Ports. Cockburns Ex-Direktor Miguel Corte Real und Taylors Weinberg-Manager Antonio Magalhães sind große Verfechter dieser Rebsorte. Sie sind der Meinung, dass Mourisco auf jeden Fall als genetisches Erbe bewahrt werden muss, weil sie die Lösung für viele zukünftig auftretenden Herausforderungen sein kann. Mit Mourisco-Kreuzungen wurden bereits Touriga Franca, Barca und viele andere hergestellt.

Weisse Rebsorten

Weiße Rebsorten gibt es nicht ganz so viele im Douro-Tal. Die wichtigsten sind:
Codega [KODEGAH] ist mit mehr als fünf Prozent Anbaufläche die am meisten verbreitete weiße Rebsorte im Douro-Tal. Sehr hitzebeständig, ist Codega anfällig für echten Mehltau produziert aber mit zwei bis drei Kilogramm Trauben pro Rebstock verlässlich große Erträge. Ihr Most enthält wenig Säure und würde reinsortig recht uninteressante, frühreifende Weine ergeben. Daher wird sie nur als Mengengerüst für trockenen Portwein verwendet.
Malvasia Fina [MALVASIAH FINA] belegt mit fast fünf Prozent Rebfläche den zweiten Rang unter den weißen Trauben. Auf Madeira ist Malvasia Fina eine fünf der offiziell zugelassenen Rebsorten. Sie ist sehr anfällig für Fäulnis und Krankheiten wie den echten Mehltau und produziert sehr unzuverlässige zwei Kilogramm Trauben pro Rebstock. Malvasia wird immer verschnitten, da sie reinsortig einen zu eleganten Wein mit dezenten Honignoten produzieren würde.
Rabigato [RABBIGATTOH] wird auf ungefähr drei Prozent der Rebfläche am Douro angepflanzt. Die Rebsorte ist mittelspät reifend und produziert bei hohen Erträgen von etwa drei Kilogramm pro Rebstock alkoholreiche Weine. Rabigato heißt übersetzt „der Schwanz der Katze".
Gouveio [GOUVEIOH] besitzt viel Ähnlichkeit mit der auf Madeira zugelassenen Verdelho Rebsorte, die dort die halbtrockenen Madeira-Weine hervorbringt. Gouveio ist aber eine völlig eigenständige Rebsorte. Sie ist früh reifend und daher frostanfällig und produziert Most mit viel Alkohol und mittlerer Säure. Mit nur einem bis 1,5 Kilogramm produziert sie wenig Ertrag.

Viosinho [VIOSSINJOH] trifft man in Portugal sowohl im Douro-Tal als auch im Anbaugebiet Trás-os-montes an. Viosinho ist mit einem guten Kilogramm pro Rebstock eine wenig ertragreiche Rebsorte, die außerdem in tiefen Lagen über nur mittelmäßige Säurewerte verfügt. Daher muss sie in höheren Lagen angebaut werden, um überhaupt im Portwein verwendet werden zu können, aber nicht zu hoch, da das Portweininstitut eine maximale Höhe für den Anbau von Trauben vorschreibt. Wenn sie über die notwendigen Säurewerte verfügt, kann Viosinho Weißweine mit einer erstaunlichen Klasse und Finesse ergeben.

Arinto [ARRINTOH] wäre prinzipiell eine recht wenig geschätzte Rebsorte im Douro-Tal, wenn sie nicht über hohe natürliche Säurewerte verfügen würde, die sie speziell für den Portwein interessant macht. Gerade in Jahren, in denen andere weiße Rebsorten weniger Säure aufweisen, steigen die Preise für Arinto sprunghaft.

Moscatel [MOSCHKATELL] Es gibt über 200 gelistete Variationen der Rebsorte Muskateller oder Moscatel. Im Douro-Tal trifft man Moscatel Galego Branco an, die sowohl für reinsortige, verstärkte Muskateller sowie für weiße Portweine, vereinzelt und in geringen Mengen auch für Tawny Ports verwendet wird. Die Rebsorte ist sehr anfällig gegen Oidium und Boytritis. Daher benötigt sie warme, luftige Lagen und verfügt über recht variable, mittelhohe Erträge. Moscatel-Trauben liefern würzige Weine mit hohem Zuckergehalt. Rui Walter-Cunha stellt einen hervorragenden (reinsortigen) 40y old Moscatel her.

Malvasia Rei [MALVASIAH REIH] – im Sherry als Palomino bekannt – wird hauptsächlich wegen ihres verlässlich hohen Ertrags geschätzt. Malvasia Rei wurde erst spät nach Portugal eingeführt und produziert reinsortig eher uninteressante Weine. Ähnlich Codega ist sie eher eine Mengengerüst-Rebsorte.

Wer noch weiter in die Welt der Rebsorten einsteigen möchte, dem sei das Buch „Rebsortenatlas Spanien und Portugal" von Hans Jörg Böhm oder „Rebsorten und ihre Weine" von Jancis Robinson empfohlen.

Das Douro-Tal ist ein sehr bergiges und heißes Gebiet („Mountain viticulture in hot climate"). Direkt am Douro liegen sehr steile Weinberge, die von 60 Höhenmeter auf Flussniveau schnell auf 600 bis 700 Meter ansteigen. Bei der Auswahl und der Anpflanzung der Rebsorten muss in diesem Zusammenhang besonders beachtet werden, dass aufgrund der sich schnell verändernden Höhe folgende klimatische Veränderungen auftreten: Bei jedem Anstieg von 100m Höhe nimmt die Durchschnittstemperatur um 0,6 Grad Celsius ab und die Niederschlagsmenge um 45mm zu. Des Weiteren variiert die Durchschnittstemperatur abhängig von der Ausrichtung der Parzelle um bis zu zwei Grad Celsius. Auch im Douro-Tal wird es immer heißer. Bei identischer bzw.

sehr ähnlicher Ausrichtung und Höhe der Rebfläche müssten einige Flächen aus wirtschaftlichen Gründen in naher Zukunft aufgegeben werden oder künstlich gekühlt werden. Durch den Rebsortenreichtum der Region und die Möglichkeit, gerade beim Portwein, verschiedene Lagen und Rebsorten mischen zu können, hat der Produzent ein erheblich höheres Repertoire, durch Rebsortenwechsel oder der Anpassung der Verschnitt-Technik, diesen klimatischen Herausforderungen zu begegnen. Bereits 1948 hat Guerra Tenreiro auf diese Besonderheiten und hervorragenden Bedingungen hingewiesen, im Douro-Tal Portwein herzustellen: "There is a special feature of the Douro climate that can be recognized and is reflected in the special attributes of Port Wine".

Die Entscheidung, im Douro-Tal neben den Portweinen auch Rot- und Weißweine herzustellen, ist eine eher philosophische. Außer der Fladgate Partnership mit ihren Marken Taylor, Fonseca, Krohn und Croft kenne ich nur wenige Hersteller, die sich aus philosophischen Gründen auf das eine oder andere beschränken. Meist sind es betriebswirtschaftliche Gründe oder die Markteintrittsbarriere der 150.000 Liter, die potentielle Produzenten von der Herstellung des Portweins abhalten. Die Fladgate Partnership begründet ihre „Nur-Portwein"-Philosophie mit der Notwendigkeit, ihre besten Trauben ausschließlich für ihre besten Portweine zu verwenden. Viele andere Hersteller sind der Ansicht, dass man für Douro DOC-Weine und Portweine unterschiedliche Anforderungen an die Trauben hat und sehen keine Probleme. Weiterführende Informationen hierzu erhalten Sie in Kapitel 7.

THE ART OF BLENDING

Es gibt einige Önologen, die die Rebsorten bereits im Lagar mischen, da ihrer Ansicht nach dadurch bereits Synergie-Effekte entstehen. Auch werden die „vinhas velhas"-Parzellen häufig gemeinsam im Lagar verarbeitet. Damit verbinden sie allerdings bereits in einer frühen Phase der Weinherstellung Bausteine, die sie später nicht mehr trennen können. Beim Portweininstitut ist der Begriff „vinhas velhas"-Parzellen nur bei den Douro-DOC Weinen geschützt bzw. wird auch nur bei diesen auf dem Etikett verwendet. Sind die verwendeten Rebstöcke älter als 25 Jahre, darf der Begriff verwendet werden.

BENEFICIO UND CADASTRO-SYSTEM

Alle Parzellen im Douro-Tal, auf denen Trauben für Portwein heranwachsen, sind beim Portweininstitut registriert und nach dem Cadastro-System klassifiziert. Das Cadastro System kennt die Klassen A bis I, wobei A die Spitzenklasse darstellt. Diese Einteilung wird nach Punkten vergeben. Bei einem Weingut mit der Kategorie A muss man mehr als 1.200 Punkte erreichen, bei B mehr als 1.000 usw. Die Punkte werden nach folgenden Kriterien vergeben:

- Produktionsmenge, Steilheitsgrad der Parzelle, Bodenbeschaffenheit
- Höhe, Exposition der Rebstöcke
- Vielfalt und Art der Rebstöcke, Alter der Reben, Pflanzdichte

Alljährlich treffen sich in Vila Nova de Gaia die verantwortlichen Gremien und verhandeln über die maximale Menge des herzustellenden Portweins für das kommende Jahr. Auf der einen Seite stehen die Produzenten (Interprofessional Council), die meist möglichst viel produzieren möchten – auf der anderen Seite die Händler (Negociants), die auch möglichst hohe Preise realisieren wollen. Bei Differenzen ist die Stimme des IVDP-Präsidenten entscheidend.

Die Jahresproduktionsmenge des Portweins wird über das sog. Beneficio-System reguliert. Nach der Festlegung der Gesamtmenge wird diese über den Cadastro-Schlüssel auf die Besitzer dieser Böden aufgeteilt. Zum Beispiel kann sich daraus ergeben, dass Eigentümer von Kategorie A-Böden das 0,95-fache ihrer maximalen Produktionsmenge Portwein herstellen dürfen, Kategorie C das 0,75-fache und die Kategorien H und I in den meisten Jahren keine Zuteilung erhalten. Aus den verbleibenden Trauben darf kein Portwein, wohl aber Weiß- und Rotwein produziert werden. In 2015 umfasste die Gesamtmenge 24 Mio. Liter Branntwein und 134 Mio. Liter Portwein.

Arten und Hierarchien des Portweins

Nun sind wir schon beim dritten Kapitel und Sie haben die anfangs gekaufte Flasche Late Bottled Vintage Port schon ins Herz geschlossen. Das sage ich nicht (nur), weil ich den Portweinkonsum ankurbeln möchte, sondern weil man ja auch kein Buch über Schwimmen liest und keine Badebekleidung hat. Die Faszination Portwein wird nur auf Sie überspringen, wenn Sie viele Portweine probieren. Um den Hauptunterschied innerhalb der roten Portweine zu entdecken, erwerben Sie jetzt eine Flasche 10 year (für etwa 20 Euro) oder einen 20 year old Tawny (für etwa 40 Euro) eines beliebigen Herstellers. Mit dieser „Gegenverkostung" zum Late Bottled Vintage Port erschließt sich das nun vor uns liegende Kapitel erheblich einfacher. Ziel dieses Kapitels ist es, dass Sie die Portweine treffsicher den Arten zuordnen können. Neben den aus roten Trauben hergestellten Portweinen, die mit ungefähr 90% den Löwenanteil im Markt darstellen, gibt es noch zwei andere Portweintypen: Weiße Portweine und Rose bzw. Pink-Ports.

Die weissen Ports

Weiße Portweine (White Ports) wurden erst ab dem frühen 20. Jahrhundert zu kommerziellen Zwecken hergestellt. Es gibt einzelne ältere Weiße, die hauptsächlich als „family Reserve" für den privaten Verbrauch der Hersteller dienten.

Die weißen Portweine werden ausschließlich aus weißen Rebsorten hergestellt und in vielen Variationen von sehr trocken (seco) bis sehr süß (lagrima) angeboten. Ihren heutigen Stellenwert haben die White Ports erst seit ungefähr dreißig Jahren. White Ports sind in der Regel Einstiegsqualitäten, die oft in Supermärkten für unter 10 Euro zu haben sind. Sie bieten meistens ein gutes Preis-Leistungs-Verhältnis.

Seit ungefähr zehn Jahren bieten einige Hersteller auch ältere White Ports an, die oft sehr gut gemacht sind. Obwohl diese weißen Portweine eine Altersangabe wie zum Beispiel „10y old" oder „Colheita 1991" aufweisen, fallen sie nicht in die Kategorie der Tawny Ports, da dieser Begriff ausschließlich den Portweinen aus roten Trauben vorbehalten ist. Man sagt stattdessen „White Ports with an indication of age" oder „Dated White Ports", also gealterte weiße Portweine. Der

Begriff Colheita kann für rote und weiße Portweine verwendet werden. Alte weiße Portweine lagern in Pipas, Fässern mit 550 Litern Inhalt. Je älter diese weißen Portweine werden, desto mehr nähern sie sich farblich den roten Tawnies an, da der Holz- und Oxidationseinfluss immer wesentlicher wird und sie mit zunehmender Lagerung im Fass dunkler werden. White Ports trinkt man fast ausschließlich als Aperitif, stark gekühlt, pur oder als Mischgetränk mit Tonic. Nur die älteren White Ports (Reserve White Ports und die 10-40y White Ports oder weiße Colheitas) eignen sich als Nachspeisenbegleiter, da sie über die nötige Tiefe und Komplexität verfügen.

TIPP: Probieren Sie im Sommer folgendes aus: Kühlen Sie eine Flasche White Port und eine Flasche Tonic auf Kühlschranktemperatur und probieren Sie zunächst den White Port pur, dann in der Mischung 1/3 Port, 2/3 Tonic mit Eis, Minzblättchen und Zitronenscheiben, den sogenannten PORTonic.

Die Rose oder „Pink-Ports"

Eine so traditionelle Branche wie die der Portweinhersteller erfährt selten wirkliche Neuerungen. Daher war die Überraschung besonders groß, als im Jahr 2007 die Firma Croft ihren PINK Port als ersten Rose Port auf dem Markt präsentierte. Von vielen zunächst belächelt, war vor allem der Kaufmann in mir von Anfang an Fan dieser Richtung. Ein neuer Port, der eine neue Zielgruppe anspricht, jüngere Leute und Frauen.

Die Rose-Ports liegen im ähnlichen Preissegment wie die einfachen White Ports bei ungefähr zehn Euro. Da sie eiskalt genossen werden sollten, sind der Hersteller und die Qualität nicht ganz so entscheidend wie bei den roten Portweinen. Rose Ports weisen süße, elegante, fruchtige, manchmal auch fast bonbonartige Aromen auf. Aufgrund der Aromen und der Farbe sind sie für die Erstellung für Longdrinks und Cocktails perfekt geeignet. Hier gibt es über die Einsteiger-Qualitäten hinaus noch keine älteren Portweine. Ein großes Lob an die Fladgate Partnership, die anfänglich allen Spott ertragen hat, aber nicht vom Kurs abgewichen ist. Mit derzeit mindestens zwanzig Nachahmern hat sich diese Stilrichtung als spannende Ergänzung erwiesen.

Die roten Ports

„The first duty of a Port is to be red and the second is to be drunk"
„Die erste Pflicht des Portwein ist es, rot zu sein und die zweite, getrunken zu werden" hat schon Ernest Cockburn (1888-1945) treffend vermerkt. Damit hat er neben einem Witz wohl auch seine Abneigung gegen „andersfarbige", also weiße Portweine, zum Ausdruck bringen wollen, die in der Zeit des Zitatursprungs am Markt eingeführt wurden. Man unterscheidet die roten Ports in flaschengelagerte Ruby Ports und fass-

gereifte Tawny Ports (Rubies und Tawnies). Beide Portweinarten sind nach der für sie typischen Farbe benannt. Während Rubies meist violett oder tiefdunkelrot sind, weisen Tawnies eher eine braun-orange oder bernstein-braune Farbe auf.

Am Anfang sind alle roten Portweine tiefdunkelrot mit mehr oder weniger ausgeprägten violetten Reflexen. Während Rubies nach der Lagerung in sehr großen Fässern, die hauptsächlich zur Stabilisierung und Beurteilung der Weine dienen, früh in Flaschen abgefüllt werden, reifen Tawnies in kleineren Fässern und ändern durch den oxidativen Ausbau ihre Farbe und ihre Aromen. Die großen Fässer (oft 50.000 Liter und mehr) nennt man „balseiro" (port.) oder „vats" (engl.). Sie sind meist aus sehr altem Holz, können aber auch aus Beton oder Edelstahl gefertigt sein. Die kleineren Fässer, in denen die Tawnies reifen, nennt man Pipas. Diese haben in der Regel ein Fassungsvermögen von 550 Litern. Da auch die Pipas viele Jahrzehnte im Einsatz sind, schwankt ihr Fassungsvermögen gelegentlich. Einige Hersteller haben noch eigene Küfer, die beschädigte Fässer überarbeiten oder neue herstellen.

Die Ruby Ports

Die Ruby Portweine sind sogenannte flaschengelagerte Portweine. Diese Bezeichnung ist ein wenig irreführend und soll hauptsächlich die Ruby Ports von den fassgelagerten Tawny-Ports definitionsgemäß abgrenzen. Eine wirkliche Flaschenlagerung erfährt nur die Spitzenklasse der Ruby-Ports, die Vintage Ports. Diese sind die einzigen in dem ersten Teil dieses Kapitels besprochenen Portweine, die sich nach dem Abfüllen weiterentwickeln und verbessern. Alle anderen Portweine sind zum direkten Verbrauch abgefüllt und verbessern sich durch zusätzliche Flaschenlagerung nicht mehr. Bei den Ruby-Ports werden drei Kategorien unterschieden:

- Standard Ruby Port
- Reserve Ruby Port/Late Bottled Vintage Port
- Vintage Port

Standard Ruby Port

Die Standard Ruby Ports stellen die „Entry-Level"-Kategorie dar. Auf dem Etikett steht meist Ruby, Ruby Port oder Fine Ruby. Diese Art der Portweine wird nach ca. 2-3 Jahren stark gefiltert abgefüllt und ist zum direkten Verzehr geeignet. Standard Rubies sind vollfruchtige und sehr zugängliche Portweine. Es handelt sich immer um Verschnitte von mehreren Jahrgängen.

Die Standard Rubies profitieren nicht von einer weiteren Lagerung in der Flasche und verlieren 2-3 Jahre nach der Abfüllung einen Teil ihrer Frische und Frucht. Standard Rubies kosten beim Händler ungefähr 8 bis 10 Euro.

Reserve Ruby Ports/ Late Bottled Vintage Port (LBV)

Die zwei Arten der Mittelklasse unterscheiden sich wesentlich. Bei den Reserve Ruby Ports werden – ähnlich den Reserve Champagnern – Jahrgänge verschnitten, um den Stil des Hauses beizubehalten und dem Konsumenten eine verlässliche Qualität zu liefern. Die Trauben für den Late Bottled Vintage Port müssen hingegen aus einem einzigen Jahrgang stammen und weisen daher die jahrgangstypischen Besonderheiten auf. Beide Arten eignen sich perfekt, wenn man Portwein kennenlernen möchte, da sie eine intensiv fruchtig-frische Note und eine ansprechende Komplexität zeigen.

Die Reserve Ruby Ports sind meist Verschnitte aus zwei bis drei Jahrgängen und lagern drei bis fünf Jahre in großen Fässern. In diesen Fässern mit bis zu 100.000 Liter Inhalt nehmen sie aufgrund des Fassvolumens weder Holzaromen an noch oxidieren sie merklich. Durch die Lagerung in diesen Fässern werden die Portweine runder und gefälliger. Reserve Ruby Ports haben viele unterschiedliche Bezeichnungen auf ihren Etiketten. Während manche sie als Reserve Ruby oder schlicht als Reserve bezeichnen, haben andere Hersteller besondere Namen, wie zum Beispiel Grahams Six Grape oder Fonsecas BIN 27, die meist auf besondere Fässer oder Orte im Keller hinweisen, in denen die Portweine

in der Vergangenheit lagerten.
Late Bottled Vintage Ports (LBV) sind jahrgangsreine Portweine und weisen komplexe frisch fruchtige Noten auf. Wenn man Fan fruchtiger Rotweine ist, fällt es schwer, einen LBV nicht zu mögen. Bei den LBVs wurden herstellerübergreifend in der letzten Zeit die größten Qualitätssteigerungen erreicht. Heutzutage findet man selten einen fehlerhaften oder oberflächlichen LBV. Late Bottled Vintage Ports müssen nach vier bis sechs Jahren abgefüllt werden. Beide Portweinarten kosten im Handel ca. 20 Euro.

Vintage Port

Die Königsklasse der Ruby-Portweine sind die Vintage Ports. Die Vintage Ports werden in der Regel nur drei Mal pro Dekade abgefüllt. Es sind jahrgangsreine Portweine, die nach 2-3 Jahren Fasslagerung ungefiltert abgefüllt werden. Wie große Rotweine sind auch Vintage Ports anfänglich eher fruchtig und zeigen ihre Komponenten (wie Tannine, Frucht, Säure etc.) nebeneinander. Sie sollten mindestens 20 Jahre, je nach Jahrgang und Hersteller noch wesentlich länger gelagert werden. Mit den Jahrzehnten bildet sich ein zum Teil erhebliches Depot, so dass Vintage Ports dekantiert werden sollten.
Ähnlich den großen Bordeaux durchleben die Vintage Ports mehrere Phasen. Zunächst beginnen sie mit der Fruchtphase (Flaschenabfüllung bis ca. 4 Jahre danach). Hier weisen sie die oben beschriebenen primär frisch-fruchtigen Charakteristika auf. Danach setzt die sog. Verschlussphase ein, bei der die Portweine nicht attraktiv sind. Hier bietet sich das Verpuppungsstadium einer Schmetterlingslarve als Vergleich an. Die Ports verlieren ihre Frucht, zeigen aber noch keine balancierten Aromen. Die Verschlussphase dauert 5-20 Jahre ab dem Erntezeitpunkt. Die Engländer haben für dieses Phänomen eine Redewendung: „After 19 years you can tell the men from the boys". Danach ist relativ leicht zu erkennen, ob es sich um einen langlebigen oder eher frühreifenden Vintage Port handelt.
Die abschließende Genussphase ist in zwei Abschnitte unterteilt. Im ersten Teil dieser Phase zeigen die Vintage Ports schon ihre komplexen, tiefen Noten und werden hauptsächlich durch rote Beerennoten, Kirschen und Schokolade geprägt. In dieser Phase sind die Ports fast blickdicht und dunkelrot. Im zweiten Teil dieser Phase wandeln sich diese Aromen in Malz-, Honig- und Toffeearomen, die Farbe wird erheblich heller. Hier zeigt ein Vintage Port, was er tatsächlich kann und es entsteht die legendäre „Magie" in der Flasche. Ein gereifter Vintage Port gehört zu den größten Weingenüssen, die man auf diesem Planeten finden kann. Die Altersangabe dieser zwei Phasen variiert stark vom Hersteller und Jahrgang. Nach ungefähr einem Jahrhundert werden selbst die großen Vintage Ports müde. Derzeit perfekt zu genießen sind fast alle

großen Hersteller der großen Jahrgänge zwischen 1927 und 1970.
Vintage Ports sind die einzige Portweinart, die sich nach dem Erwerb durch Lagerung in der Flasche verbessert. Ihr Marktpreis liegt zum Zeitpunkt der Einführung bei rund 40-100 Euro. Ihr Wert steigt je nach Jahrgang und Hersteller. Generell sind Vintage Ports eine Domäne der englischen Portweinhäuser, jedoch gibt es auch bei den portugiesischen Häusern einige sehr gute Hersteller.

Tawny Ports

Zuerst lagern alle roten Portweine zwei Jahre oder länger in sehr großen Fässern, bis entschieden wird, ob sie zwischen 2-3 Jahren (Vintage Port) und 4-6 Jahren (Late Bottled Vintage Port) in der Ruby-Kategorie abgefüllt werden oder in die für Tawny sehr typischen 550 Liter-Fässer umgefüllt werden. Tawny Ports sind fassgelagerte Portweine. Sie werden immer zum direkten Verbrauch abgefüllt und ihr Abfülldatum ist meist als Jahreszahl auf dem Etikett vermerkt. Sie werden immer gefiltert abgefüllt und müssen daher nicht dekantiert werden. Die 550 Liter-Fässer nennt man Pipas [PIHPASCH]. Sie werden aus gut abgelagertem Holz hergestellt und nur wenn sie nicht mehr dicht oder sehr alt sind ersetzt, so dass viele Fässer Jahrzehnte im Einsatz sind. Die Frage nach dem „Prozentsatz neuen Holzes" ist somit in der Portweinwelt überflüssig. Man möchte keine frischen Holzaromen, sondern die intensiven, über die Jahrzehnte konzentrierten Nuss-, Rosinen-, Feigen-, Kaffee- oder Orangennoten in den Tawny-Ports entdecken. Im Fass reifen Tawny-Ports unter oxidativem Einfluss, so dass angebrochene Flaschen nicht direkt konsumiert werden müssen. Je nach Intensität des Tawnies kann man diesen 2-4 Wochen geöffnet lassen, ohne dass er merklich an Frische verliert. Auch bei den Tawny-Portweinen existieren drei Kategorien:

- Standard Tawny Port
- Reserve Tawny Port/ 10, 20, 30, 40 Jahre alte Tawny Ports
- Colheita

Standard Tawny Port

Ähnlich den Standard Rubies sind auch die Standard Tawnies die Einsteigerklasse dieser Portweinart. Nach rund drei Jahren Lagerung in den Pipas werden sie gefiltert abgefüllt und sind zum direkten Genuss geeignet. Standard Tawnies sind in der Farbe etwas heller als die Standard Rubies und zeigen erste Noten von Nüssen und Trockenfrüchten, besitzen aber auch noch viel Frucht. Sie sind immer Verschnitte mehrerer Jahre und kosten ca. 10 bis 12 Euro. Der im Vergleich zu den Standard Rubies geringfügig höhere Preis ergibt sich aus der personalintensiven und längeren Lagerung.

Reserve Tawny Port / 10, 20, 30, 40 Jahre alte Tawny Ports

Die Reserve Tawny Ports führen ähnlich zu den Reserve Ruby Ports die Philosophie der „Entry Level" Portweine auf höherem Niveau weiter. Es sind immer Verschnitte von mehreren Jahrgängen, die meist 6-7 Jahre nach der Ernte abgefüllt werden. Sie sollen den Stil des Hauses repräsentieren und eine verlässliche Größe für den Konsumenten darstellen.

Anders als bei den Ruby Portweinen, existieren bei den Tawny Ports auch die Kategorien 10, 20, 30 und 40 Jahre alte Tawnies. Die Altersangabe gibt das Mindest-Durchschnittsalter der für den Verschnitt verwendeten Portweine an. Mit der längeren Lagerung in den Pipas weisen diese Weine die Tawny typischen Aromen von Nüssen, Trockenfrüchten und Karamell auf. Durch die Verdunstung der Weine während der Lagerung intensivieren sich die Aromen erheblich. Bei den Tawnies mit Altersangabe versuchen die Portweinhäuser durch geschicktes Verschneiden der Portweine, die Qualität und den Stil über die Jahre konstant zu halten. Hier kann man die haustypischen Charakteristiken meist sehr gut erkennen. Im Durchschnitt altern die Reserve Tawny Ports 6-7 Jahre, wobei das gesetzliche Minimum 6 Jahre sind.

Die 10y old Tawnies sind als jüngste Kategorie eine logische Weiterentwicklung der Reserve-Tawnies mit höherem Alter. Ihnen wird oft nicht genug Zeit gegeben, die tawny-typischen Aromen herauszubilden. Manche Hersteller verwenden daher etwas ältere Portweine zur Herstellung dieser Kategorie und steigern das Durchschnittsalter ihrer 10y old Tawnies auf bis zu 15 Jahre. Dirk Niepoort hat einmal gesagt, dass die 10y old Tawnies „weder Fisch noch Fleisch" sind, da sie bereits Noten der Fasslagerung, oft aber immer noch Restfruchtaromen aufweisen. Die 10y old Tawnies kosten 20-25 Euro.

20y old Tawnies sind meine Preis-Leistungs-Sieger in der Kategorie der Tawnies mit Altersangabe. Nach zwanzig Jahren zeigen sie die Charakteristika dieser Portweinart hervorragend. 20y old Tawnies zeigen komplexe Aromen von Mandeln, Marzipan, Trockenfrüchten und Nüssen auf, ohne dabei zu schwer und zu intensiv zu wirken. Ein 20y old Tawny findet man in Deutschland je nach Hersteller zwischen 35 und 50 Euro.

Die 30y old Tawnies werden nicht von jedem Hersteller produziert. Sie intensivieren die Noten der 20y old Tawnies. Da sie noch konzentriertere Portweine sind, müssen die Hersteller auf das stimmige Süße-Säure-Verhältnis besonderen Wert legen, da sie sonst vordergründig süß, evtl. sogar zu süß wirken würden. Die 30y old Tawnies kosten meist etwas weniger als 100 Euro.

Die Premier League der Tawnies mit Altersangabe erhält man mit den **40y old Tawnies**. Hier hat man Konzentration pur. Diese Ports zeigen oft den für die lange Fasslagerung typischen grünen Rand und tiefe volle Noten von Datteln, Feigen, Mandeln, allerlei Nüssen und Trockenfrüchten. Das Geheimnis eines guten 40y of age ist es, bei all dieser Konzentration die Balance nicht zu verlieren und nicht „zu fett" zu wirken. Für diese Kategorie muss man über 100 EUR bezahlen.

COLHEITA [KOLLYÄIHTA] sind die einzigen jahrgangsreinen, fassgelagerten Portweine. Sie müssen gemäß der Verordnung des Portweininstitutes mindestens sieben Jahre lagern, bevor sie verkauft werden dürfen. Meist lagern sie aber erheblich länger. Die Trauben für die Colheitas stammen aus einem einzigen Jahrgang, so dass sie die für den Jahrgang typischen Ecken und Kanten zeigen. Sie unterscheiden sich sensorisch von Jahr zu Jahr. Das macht sie für Weinkenner interessanter als gleichaltrige 10-40y old Tawnies.

Sonderbarerweise sind die Colheitas nicht nur interessanter, sondern auch günstiger als gleichaltrige Tawnies mit Altersangabe, meist ca. 20-30%. Alte Colheitas sind großartig und sollten ohne Speisen genossen werden. Die ältesten immer noch im Fass lagernden Colheitas liegen in den Kellern von Krohn in Vila Nova de Gaia. Sie sind aus den Jahrgängen 1863 (rot), sowie 1895 (rot und weiß).

Der große Vorteil von Colheitas gegenüber Vintage Ports ist das geringere Risiko einer „bad bottle", da Colheitas frisch abgefüllt werden und somit noch vor kurzem vom Önologen begutachtet wurden. Obwohl bei dieser Portweinart häufig Korken verwendet werden, existieren zumindest in meiner persönlichen Statistik wesentlich weniger Ausfälle durch Korkschmecker (TCA). Auch Colheitas werden meist gefiltert abgefüllt und müssen somit nicht dekantiert werden.

Man sollte beim Kauf darauf achten, dass die Hersteller den Portwein tatsächlich unter ihrem Namen vertreiben. Die sogenannten „buyer's own brand-Portweine" (BOB) werden immer beliebter. Dabei versuchen Importeure entweder aus Preis- und/oder Exklusivitätsgründen, Portweine bekannter Hersteller unter anderem Etikett zu importieren. Oftmals handelt es sich aber nicht um die Originalqualitäten, die dann unterhalb des regulären Preises vertrieben werden. Die BOB-Portweine existieren in allen Portweinkategorien, vom Standard Ruby bis zum Vintage Port. Wenn Sie den Namen des Portweins nicht im Hersteller- und Markenverzeichnis finden, sollten Sie sich die Etikettierung genauer ansehen. Oft ist der eigentliche Hersteller klein auf der Rückseite vermerkt.

In der Regel sind alle wesentlichen und für die Identifizierung des Portweins notwendigen Angaben auf den Etiketten der Flaschen vorhanden. So sind immer der Name des Herstellers, die Art des Portweins, der Alkoholgehalt und die Füllmenge vermerkt. Eventuell sind noch Zusatzangaben enthalten.

ZUR VERTIEFUNG

Möchte ein Produzent einen Portwein herstellen und verkaufen, muss er Proben davon an das IVDP senden. Dort werden alle Portweine analytisch geprüft und blind verkostet. Die Prüfer wissen nicht, um welchen angestrebten Typ Portwein es sich bei dem Verkostungsmuster handelt. Das Portweininstitut vergibt seine Punkte dann nach einem 10 Punktesystem, die wie folgt erfüllt werden müssen:

Punkte	Portweinart
9 Punkte und mehr	Vintage Port
8 Punkte	Colheita (unabhängig vom Alter) 10 – 40 jährige Tawnies 10 – 40 jährige White Ports Crusted Port Garrafeira
7 Punkte	Reserve Ports (Ruby und Tawny)
5-6 Punkte	Alle anderen Portweine
4 Punkte und darunter	Ablehnung durch das IVDP, hier darf das Wort Port oder Portwein nicht verwendet werden

Damit man nicht die Probe A an das Portweininstitut schickt und die Probe B vertreibt, kauft das Portweininstitut regelmäßig Portweine vom Markt und vergleicht diese mit den eingesandten Proben.

DIE WEISSEN PORTS

Man kann alte White Ports relativ gut erkennen und von den alten Tawnies unterscheiden. Während alte Tawny Portweine durch die 2-4% Verdunstung pro Jahr ihre Aromen teilweise so stark konzentrieren, dass man „Messer und Gabel verwenden muss", wirken auch sehr alte White Ports nie zu stark konzentriert. Sie verfügen stattdessen auch im hohen Alter oft über Balance, Eleganz und Finesse. Als wirklichen Fehler können alte White Ports zu viel Säure aufweisen, die sie zwar stabilisiert und hervorragend altern lässt, doch bei sehr eleganten Portweinen stark hervortreten kann. Den ältesten White Port habe ich blind, in dem Fall aus einer 0,2 Liter Luso-Plastikflasche auf der Quinta de Napoles angeboten bekommen. Ich habe zwar nicht erkannt, dass es ein 1865er Colheita war, aber erahnt, dass er aus weißen Trauben gemacht wurde. Dieser Colheita wurde zur 150-Jahr-Feier der Firma BASF geöffnet.

Als Zwischenstufe zwischen den Entry-Level Qualitäten und den 10-40y old White Ports bzw. weißen Colheitas bieten mehrere Hersteller Reserve White Ports an, die längere Zeit im Fass liegen und mit mindestens sechs Jahren Lagerung die Vorstufe zu den 10-40y old White Ports bilden. In dieser

Kategorie ist der Collors Collection White Reserve von Rozès besonders zu empfehlen. Einer der besten Hersteller für aged White Ports, also 10, 20, 30 und 40 Jahre alte White Ports ist die Sogevinus Gruppe mit ihren Premiummarken Burmester, Kopke und Barros. Bei den weißen Colheitas sind die Dalva Portweine hervorragend. Neben der Top-Qualität verfügen sie auch noch über ein interessantes Konzept. Chef-Önologe José Manuel Sousa Soares wählt aus jeder Dekade einen Jahrgang aus, aus dem ein Colheita hergestellt wird. Premiere-Jahrgang war der leider komplett ausverkaufte 1952, aber auch die Nachfolge-Jahrgänge 1963 und 1971 sind sehr gut gemacht. Nächster Jahrgang wird 1982.

Die Rose oder „Pink" Ports

Die Rose-Ports werden aus den identischen Trauben hergestellt, die auch für die roten Portweine verwendet werden. Während bei roten Portweinen die optimale Temperatur während der Gärung 28 Grad beträgt, liegt sie bei den Rose-Ports bei 16-18 Grad.

Bei den Rose Ports muss man ganz klar zwischen der Perspektive des Weinliebhabers und der des Kaufmanns unterscheiden. Rose Port ist kein Genießer-Portwein! Es gibt zwar gut gemachte Rose-Ports, jedoch sind diese, ähnlich wie Entry-Level Ruby- oder Tawny-Ports eher leichte, frische, fruchtige Portweine mit wenig Komplexität. Der Portweinliebhaber in mir würde keine Flasche Rose Port öffnen, um damit jemanden zu begeistern. Der Kaufmann in mir sieht allerdings ein enormes Potential, den Staub vom Portwein-Image zu wischen. Geschmacklich und farblich eignet sich der Rose Port perfekt, im Sommer ein Publikum anzusprechen, die sich ohne PINK PORT erst einmal nicht für Portwein interessiert hätten. Leider fehlt bisher das „follow-up" der Hersteller. Rose Port ist quasi der Türöffner. Im Raum bleibt man aber nur, wenn man anschließend auch weiter in die Welt der roten Portweine eingeführt wird. Diese sind komplexer und intensiver lösen dadurch die Faszination für den Portwein aus.

Wie schon im Kapitel 2 beschrieben, erfahren gerade die eleganteren, weniger komplexen Portweine durch einen sensorisch (zu) intensiven Branntwein eine erhebliche Veränderung. Auch bei den frisch-fruchtigen Rose Ports ist die Auswahl des Branntweins sehr wichtig. Gerade kleinere Hersteller haben in der Anfangsphase den Fehler gemacht, ihren „normalen" Aguardente für die Produktion der Rose-Ports zu verwenden, die dadurch zu stark vom Branntwein dominiert wurden. Leider werden manche Rose-Ports mit hohem Restzucker bzw. zu wenig Säure hergestellt, wodurch sie nur noch vordergründig süß, zum Teil sogar pappig wirken.

Die roten Ports
Ruby Port
Standard Ruby Port

"Entry Level"-Portweine im Ruby und Tawny Bereich sind als Basisqualitäten in den letzten Jahren auf immer höherem Niveau hergestellt worden. Doch sie sind genau das was sie sein sollen, nämlich "Entry Level"-Portweine. Da wir aus Genussgründen auch keinen Whisky ohne Altersangabe mehr trinken, investieren Sie bitte etwas mehr Geld und kaufen im "special category Port"-Bereich lieber einen LBV oder einen 10y oder 20y old Tawny. Die Verkostungsnotizen, die Sie im Kapitel 9 finden, beziehen sich fast ausschließlich auf die höherwertigen Portweine.

Reserve Ruby Ports/ Late Bottled Vintage Port (LBV)

Bei den Reserve Ruby Ports ist die Qualität durchgängig höherwertiger als die der Standard Qualitäten. Bei ihnen bestehen die Hauptunterschiede in der Verwendung von höherwertigem Traubengut und geringfügig längerer Lagerung. Die Herausforderung bei dieser Portweinart ist oft die Identifikation als Reserve Ruby über die Namensgebung auf den Etiketten. Zur besseren Orientierung befindet sich hier eine Übersicht der bekanntesten Hersteller und ihrer Bezeichnungen der Reserve Kategorie:

Hersteller	Ruby Reserve	Tawny Reserve
Burmester	Sotto Voce	Jockey Club
Cockburn	Special Reserve	-
Croft	Distinction	-
Dow	Trademark	-
Ferreira	-	Dona Antonia
Fonseca	BIN 27	-
Graham	Six Grapes	-
Krohn	Rio Torto	Governador
Niepoort Fabelhaft	Max	Moritz
Nova	Clá	-
Noval	Black	-
Ramos Pinto	Collector Reserva	Adriano Reserva
Sandeman	Founders Reserve	Imperial Reserve
Taylor	Special Select	-
Warre	Warrior	-

Churchill ist der einzig mir bekannte Hersteller, der zwei Reserve Rubies herstellt, den "Reserve Port" und den "Finest Reserve Port". Late Bottled Vintage Ports werden sowohl "filtererd" als auch "unfiltered" abgefüllt. Der Begriff "unfiltered" ist nicht wirklich zutreffend, da alle Portweine aufgrund von Hygienevorschriften grob gefiltert werden müssen, um z.B. Blattrückstände aus dem Wein herauszufiltern. Es existieren verschiedene Filterstufen. Daher sind "unfiltered" LBV wie Vintage Ports weniger intensiv gefiltert, so dass sie mit zunehmender Lagerzeit ein Depot bilden.

Genießt man einen LBV jung, d.h. innerhalb der ersten fünf Jahre nach der Abfüllung, muss man nichts weiter beachten. Sollten ungefilterte LBV bereits mehr als fünf Jahre in der Flasche gelegen haben, sollte man sie dekantieren, um das Depot vom Wein zu trennen. Der Filtrierungsgrad bei LBV entscheidet über ihre Lagerfähigkeit. Obwohl ich Eingangs aus Vereinfachungsgründen gesagt habe, dass nur Vintage Ports in der Flasche weiter reifen, gilt dies auch für ungefilterte LBV. Diese besitzen zwar in der Regel ein nicht so umfangreiches Lagerungspotential wie Vintage Ports, doch ein hochqualitativer, ungefilterter LBV aus den 1990er Jahren kann „blind" gerne mal mit einem Vintage Port aus einem durchschnittlichen Jahrgang verwechselt werden. Gefilterte LBV verlieren nach einigen Jahren einen Teil ihrer Frucht. Sie sollten daher innerhalb der ersten fünf Jahre nach der Abfüllung getrunken werden.

Die Late Bottled Vintage Ports sind bezüglich ihres Filtrierungsgrades leider immer noch nicht einheitlich gekennzeichnet. Bei manchen Herstellern ist auf dem Etikett keine Indikation vermerkt, die Angaben darüber enthält (z.B. bei Graham und Niepoort). Andere Hersteller verweisen mit Bezeichnungen wie „traditionally matured", „bottle matured" oder „bottle aged" auf eine ungefilterte Abfüllung hin (z.B. bei Warre). Vorbildlich ist hier die Quinta do Noval, die beide Arten herstellt und dies mit dem Zusatz „filtered" bzw. „unfiltered" klar und eindeutig auf dem Etikett vermerkt.

Eine eher philosophische Frage im Zusammenhang mit LBV ist, ob man besser einen LBV aus einem Jahrgang kauft, in dem Vintage Port abgefüllt wurde oder aus den anderen Jahren? Die Frage zielt darauf ab, dass man im ersten Fall nicht die „erste Wahl" erhält, da die besten Trauben für die Vintage Ports verwendet werden. Dafür erhält man bessere Qualitäten, da die Vintage Ports nur in Jahren mit hervorragender Traubenqualität abgefüllt werden. Ich würde zum ersten Fall tendieren und dies aus folgendem Grund: Erstens produzieren viele Hersteller in den meisten Jahren heutzutage einen Vintage Port, dann zwar kleinere Mengen und/ oder einen Single-Quinta-Vintage-Port, aber die Top-Trauben stehen daher nicht für den LBV zur Verfügung. In Jahren mit optimalen Traubenqualitäten werden nur ca. ein bis drei Prozent für den Vintage Port verwendet. Da optimale Jahrgänge aber oft mehr als zwei Prozent Top-Trauben hervorbringen, werden mit diesen dann die LBV hergestellt.

Bei Rotweinen bemerkt man den Unterschied einer gerade geöffneten oder einer am Vortag geöffneten Flasche. Portweine reagieren auf den Sauerstoff aufgrund des höheren Zucker- und Alkoholgehaltes nicht so schnell wie Rotweine, doch auch hier stellt man Unterschiede fest. Sollten Sie es nicht schaffen, die Flasche Ruby-Reserve oder LBV mit Freunden am gleichen Abend auszutrinken, dann holen sie dies bitte spätestens innerhalb einer Woche nach.

Vintage Port

Auch die Vintage Ports kann man in Unterkategorien einteilen:
- Früh reifende Vintage Ports
- Single-Quinta-Vintage Ports/ Second label Vintage Port
- (klassische) Vintage Ports
- Premium Vintage Ports

Früh reifende Vintage Ports (Early maturing Vintage Ports)

In dieser Kategorie gibt es nur zwei Hersteller, Sandeman und die Quinta do Portal. Während letzterer seinen früher reifenden Vintage Port „Portal+" ausschließlich im Jahrgang 2003 hergestellt hat, produziert Sandeman den früher reifenden „Vau" Vintage Port regelmäßig. Das Konzept dieser Portweine ist die Verwendung von sehr hochwertigen, oftmals jüngeren Reben, die dem Port dann zwar nicht die Lagerfähigkeit des großen Bruders mitgeben, aber auch keine 20 Jahre plus benötigen, um die Genussreife zu erlangen. Diese Portweine sind, vor allem bei Sandeman, erheblich günstiger als die klassischen Vintage Ports.

Die Quinta do Portal hat im Jahrgang 2003 auf ihrer Quinta dos Muros derart frische und verführerische Touriga Nacional-Trauben gelesen, dass sich Eigentümer

Pedro Branco und Önologe Paulo Coutinho spontan dazu entschlossen haben, einen Vintage Port im neuen Stil zu produzieren. „Portal+" stammt von relativ jungen Rebstöcken, die dem Portwein viel Kraft, Frucht und Frische mitgeben. Für Freunde junger Vintage Ports ein Genuss! Bei der Vau-Linie von Sandeman hatte ich lange Zeit angenommen, dass es sich um Single-Quinta-Vintage-Ports der Quinta do Vau handelt, die die Trauben für die Portweine von Sandeman liefert. Allerdings wurde 1996 eine komplett neue, für die damalige Zeit revolutionäre Vintage Port-Linie entwickelt. Unter dem Slogan „Sandeman Vau – the Vintage for now" wurden die zahlreichen Portweinfreunde angesprochen, die ihre klassischen Vintage Ports (viel zu) jung trinken. Da der Vau für knapp 2/3 des Preis-Niveaus des klassischen Sandeman Vintage Ports angeboten wird, ist er exakt für diese Zwecke eine hervorragende Alternative. Produziert in den Jahren 1996, 1997, 1999, 2000, 2003 und 2011 ist der 2000er Vau Vintage Port derzeit mein absoluter Favorit. Der einzige wirkliche Single-Quinta-Vintage Port der Quinta do Vau stammt aus dem Jahrgang 1988.

Single Quinta Vintage Ports/Second Label Vintage Ports

Was sich kompliziert anhört, ist es leider auch: In Jahren, in denen keine optimalen, aber immer noch sehr gute Erntebedingungen vorliegen, werden häufig sog. Single-Quinta-Vintage-Ports (SQVP) hergestellt. Direkt übersetzt sind dies Einzellagen-Vintage-Ports. So wird zum Beispiel von der Firma Taylors in außergewöhnlich guten Jahren stets ein Taylors Vintage Port hergestellt (z.B. 2009 und 2011), der in der Regel Trauben von verschiedenen Quintas enthält. In sehr guten, aber nicht außergewöhnlichen Jahren oder in Jahren, in denen nur auf einzelnen Quintas perfekte Traubenqualitäten entstanden sind, werden SQVP der Quintas de Vargellas und/oder Quinta de Terra Feita produziert. Die Ports unterscheiden sich hauptsächlich durch ihre Komplexität und ihr Alterungspotential, die bei den SQVP in der Regel nicht so groß bzw. lang ist. Die SQVPs kosten bei Markteinführung meist 60-75% der klassischen Vintage Ports. Abgrenzungsschwierigkeiten stellen sich bei allen Herstellern, die den Begriff „Quinta" im Namen führen. So sind Vintage Ports der Quinta do Noval oder der Quinta do Cotto definitionsgemäß immer „Single-Quinta-Vintage Ports". Sie dürfen nur Trauben enthalten, die vom Gebiet der Quinta stammen. Spitzenjahre bei z.B. Taylor kann man also daran erkennen, ob unter dem Taylors Logo der Schriftzug Quinta de Vargellas oder Quinta de Terra Feita vermerkt ist. Wenn er abgedruckt ist, handelt es sich um einen SQVP, anderenfalls enthält die Flasche einen klassischen Vintage Port. Bei der Quinta do Noval wird sowohl in außergewöhnlich guten Jahren als auch in den klassischen

Single-Quinta-Vintage Port Jahrgängen das gleiche Etikett verwendet. Nur wenn man die großen Jahrgänge am Douro kennt, ist man in der Lage, diese Jahrgänge zu unterscheiden. Eine Übersicht über die Jahrgänge finden Sie in Kapitel 8. Second label Vintage Port wird nur von wenigen Herstellern produziert. Der Unterschied zu den SQVP besteht darin, dass das Selektionskriterium nicht die Trauben einer Quinta sondern die Qualität der Trauben insgesamt sind. Hier sind die Hersteller der Ansicht, dass es sich zwar um Vintage Port Qualitäten handelt, jedoch diese von den klassischen Vintage Ports abgegrenzt werden sollten. Beste Beispiele für die Second label Vintage Ports sind der Silval von der Quinta do Noval, der Secundum von Niepoort und Fonsecas Guimaraens.

(Klassische) Vintage Ports

Als klassische Vintage Ports werden Vintage Ports aus generell deklarierten Jahren bezeichnet. Die klassischen Vintage Ports sind die Aushängeschilder der Hersteller. Über sie wird am meisten geschrieben, berichtet und diskutiert. Da nur ungefähr drei Mal pro Dekade eine generelle Deklaration vorgenommen wird, in der mindestens die Hälfte der zugelassenen Hersteller einen Vintage Port produzieren, sind diese Jahrgänge immer etwas Besonderes.
Aufgrund einer alten Tradition geben die englischen Häuser immer am St. Georges Day (23.04.) bekannt, ob sie einen Vintage Port herstellen. Leider werden dort auch schon die ersten Verkostungen organisiert und Probeflaschen an Journalisten verschickt. Vintage Ports dürfen erst im zweiten und dritten Jahr nach der Ernte abgefüllt werden. Da sich die Vintage Ports im Zeitraum zwischen dem St. Georges Day und der Abfüllung auch im großen Fass weiter entwickeln und der ein oder andere Hersteller sogar die Zusammensetzung ändert, sind die frühen Bewertungen der Presse häufig nicht wirklich aussagekräftig. Hinzu kommt, dass die Bewertung junger Vintage Ports für jeden eine wirkliche Herausforderung ist. Beschäftigt man sich mit dem Thema Portwein nur nebenbei, ist eine längere und umfangreichere Verkostung und Bewertung eine sehr große Herausforderung. Das Portwein-Institut hat beispielsweise den hervorragenden Jahrgang 2011 in einer Blindverkostung ausgewählten Journalisten der ganzen Welt vorgestellt. Dort konnte man innerhalb von fünf Stunden in 9er flights blind 56 verschiedene Vintage Ports verkosten. Danach habe ich erst einmal ein Bier getrunken.
Junge Vintage Ports sind Larven oder Raupen eines Schmetterlings. Sie zeigen nebeneinander alle Komponenten in der jeweiligen Ausprägung. Wenn man diesen Portweintyp jung trinkt, sollte man vor allem auf Balance achten. So sollten Säure, das Tanningerüst und die Frucht

ähnlich stark ausgeprägt und mögliche Fehler wie grüne Tannine oder Fehlaromen nicht erkennbar sein. Wenn beispielsweise hohe Säurewerte bei eleganter Frucht vorherrschen, wird der Vintage Port auch im Alter nie balanciert sein können. Obwohl manche Jahrgänge in der Jugend verführerisch sind, ist es die Magie in der Flasche, die ein gereifter Vintage Port über Jahrzehnte entwickelt und die die Herzen der Weinfreunde auf der ganzen Welt höher schlagen lässt.

„Tawnies werden im Keller gemacht und Vintage Ports im Weinberg." Diese Redewendung weist darauf hin, dass die Qualität der Trauben die allesentscheidende Voraussetzung darstellt, ob man einen Vintage Port produzieren kann. Da alle Portweine die analytische und sensorische Prüfung des Portweininstitutes bestehen müssen, kann der Winzer nicht allein entscheiden, ob er einen Vintage Port herstellen möchte oder nicht. Vintage Ports müssen beim Portwein-Institut die höchste Bewertungsstufe mit 9 von 10 möglichen Qualitätspunkten erreichen.

Premium Vintage Ports

Obwohl Vintage Port die Königsklasse der Portweine darstellt, ist diese Königsklasse zumindest im Vergleich mit anderen großen Weinen bei Markteinführung noch recht erschwinglich. Da ist es nur logisch, für die solventere Käuferschicht einen höherwertigen, besonderen Portwein anzubieten. In dieser Kategorie existieren derzeit Vintage Ports der folgenden Hersteller:

QUINTA DO NOVAL NACIONAL

Die höchsten Preise innerhalb eines Jahrgangs werden fast ausnahmslos von den Quinta do Noval Nacional Vintage Ports erzielt. Früher wurden diese bei Abnahme einer gewissen Menge der „regulären" Noval Vintage Ports dazugegeben. Da sich mit den Nacionals aber schnell ein Sekundär-Markt entwickelte und diese dann zu hohen Preisen auf Auktionen verkauft wurden, hat Noval sie seit den 1960er Jahren selbst vertrieben. Die Nacionals entstammen einer 1927 angelegten und ungefähr zwei Hektar großen Parzelle auf dem Gelände der Quinta do Noval, welche über ein ganz besonderes Mikroklima verfügt. Der Noval Nacional wird immer dann deklariert, wenn die Qualität entsprechend ist, völlig unabhängig davon, ob der Quinta do Noval Vintage Port produziert wurde oder ob es ein generell deklarierter Jahrgang war. Spitzenjahrgänge des Nacionals sind 1931, 1963, 1966, 1967, 1970, 1994, 1997, 2000, 2003 und 2011. Da Nacional nur in homöopathischen Mengen von 200 bis 300 Kisten hergestellt wird, ist er meist Stunden nach erster Ankündigung vergriffen und erfährt Preissteigerungen von nicht selten mehreren 100% bereits im ersten Jahr. Im Falle des 1931er Nacionals teilt sich die Portweinliebhaberschaft in die auf, die diesen Portwein schon verkosten durften und die, die es gerne wollen. Leider sind die Flaschen so selten geworden, dass die zweite Hälfte viel Glück und Geld benötigt, um sich diesen Wunsch noch zu erfüllen.

Taylor's Quinta de Vargellas Vinha Velha

Der Taylors Quinta de Vargellas Vinha Velha Vintage Port wird von alten Rebstöcken der Taylor Vorzeige-Quinta hergestellt. Erstmals 1995 produziert, gibt es diesen Portwein noch aus den Jahrgängen 1997, 2000, 2001, 2004, 2007, 2009 und 2011. Ähnlich wie beim Noval Nacional ist das Mikroklima der designierten Parzellen auf Vargellas entscheidend, so dass es auch in manch nicht voll deklarierten Jahren diesen Portwein gibt, wie beispielsweise 1995, 2001 und 2004. Die Ports kosten bei Markteinführung 200 bis 300 % eines klassischen Vintage Ports von Taylor, wenn beide Arten produziert werden.

Niepoorts Pisca bzw. Bioma

Obwohl die Trauben des Pisca-Weinberges schon seit 2003 für die Niepoort Vintage Ports verwendet werden, hat Dirk Niepoort sich erst 2007 entschlossen, einen Einzellagen-Vintage Port „Pisca" herzustellen. Unter dem Namen „Pisca" wurde er aber aufgrund eines Rechtsstreits über den Ursprung der Bezeichnung nur in 2007 hergestellt. 2008 wurde der Pisca dann in Bioma umgetauft und in den Jahren 2008, 2009, 2011 und 2013 hergestellt. Niepoorts Pisca bzw. Bioma erfüllt die Kriterien des Premium Vintage Ports auf jeden Fall qualitativ, zum Glück aber nicht monetär.

Obwohl er in allen Jahrgängen in dieser Liga mitspielen kann, ist er preislich oft wesentlich erschwinglicher.

Capela da Quinta do Vesuvio

Touriga Nacional, Touriga Franca und Sousão wurden als Rebsorten für den Capela da Quinta do Vesuvio verwendet, jede Sorte von sehr alten Weinreben ausgewählter Lagen auf der über 100 Hektar großen Quinta. Der Capela wurde bisher in den Jahren 2007 (3.000 Flaschen) und 2011 (2.400 Flaschen) produziert. 2007 hat mich nicht wirklich begeistert, 2011 ist wesentlich besser. Ob er aber tatsächlich besser ist, als der Vesuvio Vintage Port, bleibt abzuwarten. Capela da Vesuvio kostet ca. 50% mehr als der reguläre Vesuvio Vintage Port.

Graham „The Stone Terraces"

Auch der in 2011 erstmals mit 3.000 Flaschen produzierte „The Stone Terraces" Vintage Port von Graham stammt von einer bestimmten Lage innerhalb einer Quinta, hier Grahams Premium-Quinta dos Malvedos. Die „Stone Terraces"-Lage umfasst auf zwei Parzellen insgesamt 1,8 Hektar. Mehrheitlich von Steinmauern umgeben und hauptsächlich von Touriga Nacional dominiert, gehörten diese zwei Parzellen bisher zum Rückgrat der Grahams Vintage Ports. Bei Markteinführung war der „The Stone Terraces" Vintage Port etwa doppelt so teuer wie der Grahams Vintage Port. Aufgrund der geringen Stückzahl und der Reputation des Hauses hat er seinen Einstandspreis bereits verdoppelt.

Neben der IVDP-Prüfung müssen alle Vintage Ports zwei „deadlines" einhalten. Verpasst man eine, kann man den Portwein nicht mehr als Vintage Port etikettieren. Bis Ende Februar des zweiten auf die Ernte folgenden Jahres müssen die Probeflaschen beim Portweininstitut eingetroffen sein. Die zweite Frist betrifft die Abfüllung der Flaschen. Vintage Port muss im zweiten oder dritten Jahr nach der Ernte abgefüllt werden.

Tawny Port

Die Qualität des Portweins entscheidet, wie lange er im Fass bleibt bzw. bleiben kann. Ein Portwein mit durchschnittlicher Qualität wird keine 30 Jahre oder mehr unter oxidativem Einfluss im Pipa überstehen. Die Qualitätskriterien sind jedoch andere als bei den Ruby Ports. Während bei den Rubies die möglichst dunkle Farbe, eine spürbare Tanninstruktur und rote Fruchtnoten wichtig sind, bevorzugt man für die Tawny Portweine ausreichend Säure und weniger Farbe.

Wenn man gleichalte Tawnies mehrerer Hersteller im Glas hat, wird man - ganz besonders bei den 10y old Tawnies - feststellen, dass diese unterschiedlich weit gereift sind bzw. die einen mehr und die anderen weniger stark ausgeprägte Tawny-Noten aufweisen. Ganz besonders entscheidend ist die Auswahl der Trauben und der Lagerungsbedingungen seitens der Hersteller. Nimmt man sehr farbintensive, fruchtige Rebsorten für Tawnies,

benötigen diese länger, um die tawny-typische helle Farbe anzunehmen und die Fruchtaromen aufzugeben.

Bei der Lagerung sind die Umgebungstemperatur und -luftfeuchtigkeit entscheidend. So verdunsten die Tawnies in den nicht-klimatisierten Räumen im Douro-Tal vielfach schneller als in den kühlen Lagerräumen in Vila Nova de Gaia. Von diesen Faktoren abhängig, versuchen die Hersteller Voraussetzungen zu schaffen, dass ungefähr 2 bis 4 % der Gesamtmenge jedes Jahr verdunsten. Dadurch konzentrieren sich die Aromen und die Tawnies werden intensiver. Alkohol und Volumen entschwinden etwa im gleichen Anteil, so dass auch sehr alte fassgelagerte Portweine immer noch ca. 20 % Alkohol enthalten. Daher gibt es keine „cask strength" Portweine. Veranschaulicht heißt das, dass man für einen 100-jährigen Colheita bei einer durchschnittlichen 3 % Verdunstungsquote mit 15,8 Liter anfangen muss, um mit einer 0,75 Literflasche zu enden. Nicht mitgerechnet sind hier die Verluste durch das Umfüllen in andere Fässer („racking"). Die Anfangsmenge halbiert sich bei 2 % Verdunstung nach 45 Jahren, bei 3 % nach 29 Jahren und bei den nicht seltenen 4 % bereits nach 22 Jahren.

In nicht-klimatisierten Lagerräumen im Douro-Tal ist die Gefahr sehr hoch, dass sich innerhalb der Räume hohe Temperaturen über einen längeren Zeitraum bilden. Dadurch können im Portwein sogenannte Douro-Bake-Aromen („gebacken im Douro") entstehen. Mit diesem Ausdruck beschreibt man Lakritze-, Süßholz-, Teer- und verbrannte Aromen, die sonst im Portwein nicht häufig und nicht intensiv vorkommen. Bei Vintage Ports sind Douro-Bake Aromen sehr selten und nicht gewünscht, da sie nicht zur Struktur des Portweins passen. Bei den Tawnies kann ein geringes Douro-Bake-Aroma zum Gesamtbild passen und diesen interessanter werden lassen.

Da auch die Tawnies grundsätzlich ihre ersten Jahre in großen Vats verbringen und erst später in Pipas umgefüllt werden, variiert die Lagerzeit in den Pipas je nach Hersteller. Je länger die Ports in kleinen Fässern reifen, desto intensiver sind die Tawny-Aromen ausgeprägt. Darüber hinaus ist die Grundqualität des Portweins ausschlaggebend. Wenn man einen hochqualitativen Portwein in einem Pipa reifen lässt, wird dieser länger für die „Tawnyfication" benötigen als ein Portwein mit geringerer Qualität. Die Hersteller können also durch die Wahl des Umfüllzeitpunkts, aber auch durch den Füllstand innerhalb der Pipas die Geschwindigkeit beeinflussen, mit der die Tawnies die intensiven Aromen entwickeln. Füllt man die Pipas nicht ganz voll, entsteht eine größere Sauerstoff-Reaktionsfläche und es verdunstet mehr. Die Folge ist eine beschleunigte Konzentration der Aromen.

Standard Tawny Port

Die Standard Tawny Ports haben leider nicht ausreichend Zeit, um die für diese Portweinart typischen Aromen zu entwickeln. Meist sind sie zwar nicht mehr blickdicht, aber noch recht dunkel. Es sind zum Teil grundsolide Portweine, doch die „Faszination Tawny" können sie durch den Genuss dieser Qualitätsstufe nicht erwarten.

Reserve Tawny Port – 10, 20, 30, 40 Jahre alte Tawny Ports

Die Reserve Tawny-Ports werden meist aus Trauben älterer Rebstöcke hergestellt und etwas länger gelagert. Daher besitzen sie mehr Komplexität als die Einstiegs-Tawnies. Hier gibt es bereits erhebliche Unterschiede innerhalb der Hersteller. Abhängig von den Lagerungsbedingungen variieren Farbe und Aromenkonzentration enorm.

Besonders ausgepürägt sind die Unterschiede in der "Tawnyfication" bei den 10y old Tawny Ports. Hier gibt es Hersteller, bei denen die tawny-typischen Noten schon sehr stark ausgeprägt sind und andererseits Hersteller, bei denen die Portweine noch sehr viel Restfrucht in einer vergleichsweise dunkelroten Farbe besitzen. Bei den 10y old Tawnies lohnt sich in jedem Fall ein Vergleich.

Den 20y old Tanwy Ports gibt man ausreichend Zeit, die typischen Aromen sehr gut herauszuarbeiten und durch die Zeit im Pipa die Aromen zu konzentrieren, ohne dabei fett zu wirken. Obwohl die 20y old Tawnies in der Regel doppelt so teuer sind wie die 10 Jahre alten, ist dies meiner Meinung nach gut investiertes Geld. Einige Hersteller haben bei den 10y und 20y old Tawnies zusätzliche Bezeichnungen auf den Etiketten. Diese sollten aber nicht weiter verwirren, da sie zusätzlich angebracht sind, also immer die Altersbezeichnung ebenfalls zu lesen ist. Beispiele hierfür sind:

Hersteller	10y old Tawny	20y old Tawny
Andresen	Century	Royal Choice
Borges	Soalheira	Roncão
Delaforce	His Eminem's choice	Curious and Ancious
Ferreira	Quinta do Porto	Duque de Bragança
Rozes	Infanta Isabel	-
Ramos Pinto	Quinta da Ervamoira	Quinta do Bom Retiro
Warre	Otima	Otima

Bei den 30y und 40y old Tawnies bieten nicht selten die 30y old Tawnies den größeren Genuss, da diese eine hervorragende Komplexität und Aromendichte bei perfekter Balance präsentieren. Die 40y old Tawnies sind in einigen Fällen zu konzentriert oder besitzen in seltenen Fällen nicht ausreichend Säure, um die massive Konzentration dieser Tawnies zu stabili-

sieren. Die Kategorie der 40y old Tawnies heißt korrekt „over 40 years of age", man muss also Portweine für den Verschnitt verwenden, deren Durchschnitt über 40 Jahre alt ist.

Als Daumenregel kann man sich merken, dass die 10-40 Jahre alten Tawnies ihren Preis bei jedem Übergang in die ältere Kategorie verdoppeln. Ein 10y old Tawny kostet ungefähr 20 Euro, ein 20y old 40 Euro usw.

Colheita

Sehr alte Colheitas werden von den Herstellern „on demand" abgefüllt. Wenn man z.B. 24 Flaschen Kopke Colheita 1937 erwerben möchte, wird Kopke diese Menge voraussichtlich eigens aus dem Fass abfüllen. Es gibt folglich von einem Colheita-Jahrgang eines Hauses immer mehrere Abfülldaten. Der Chef-Önologe einer Firma entscheidet, wann Schluss ist – wann also der Port voraussichtlich seine Lebensdauer im Fass erreicht hat und die Restmenge abgefüllt wird. Beim Niepoort Colheita 1937 wurde das letzte Fass im Jahr 1995 abgefüllt.

Colheitas einiger Hersteller entwickeln sich gut in der Flasche, andere verlieren die Frische und werden stumpf und ausdruckslos. Da Colheitas auch zum direkten Verbrauch abgefüllt werden, ist die Lagerfähigkeit in der Flasche kein Qualitätskriterium, sondern eine relativ neutrale Eigenschaft, über die man aber Bescheid wissen sollte, wenn man Colheitas mit älterem Abfülldatum kauft. Alle Colheitas mit vielen Jahren Lagerung in der Flasche verlieren an Intensität. Als Daumenregel können Colheitas (und 10-40 Jahre alte Tawnies) etwa ein Viertel der Zeit in der Flasche liegen, die sie vorab im Fass gereift sind. Ein 20y old Tawny kann also fünf Jahre nach Abfülldatum noch mit wenig sensorischen Einbußen getrunken werden. Liegen die Tawny-Ports länger in der Flasche, ist der Filtrierungsgrad entscheidend. Je stärker die Colheitas filtriert werden, desto weniger Zeit sollten sie in der Flasche verbringen. Besonders gute Exemplare, die sich lange nach der Abfüllung noch sehr gut präsentieren, sind die Colheitas von Andresen, Krohn, Niepoort und der Quinta do Noval. Diese sollte man bei mehr als 20 Jahren in der Flasche dekantieren, da sie ein Depot bilden. Der Filtrierungsgrad wird nie auf dem Etikett vermerkt.

Nach einem Mittagessen in London durfte ich zwei unterschiedliche Abfülldaten des Colheita 1937 der Quinta do Noval verkosten. Der ältere war bereits 1986 abgefüllt, während die andere Abfüllung aktuell war. Beide Colheitas waren sensationell auf ihre Art, doch sensorisch hat sie wenig bis gar nichts miteinander verbunden. Die Verkostungsnotizen finden sie im Kapitel 9 unter Quinta do Noval. Die farbliche Unterscheidung von alten Colheitas und alten Vintage Ports ist recht einfach, wenn die Colheitas relativ frisch abgefüllt sind. Während alte fassgelagerte

Portweine nahezu immer grüne Reflexe am Rand aufweisen, zeigen alte Vintage Ports hier eher einen dünnen, recht farblosen Rand. Auch verdichten sich Colheitas farblich im Zentrum, sie bilden optisch einen Farbkern, der zum Rand hin ein wenig heller, aber nie farblos wird. Sensorisch ist die Unterscheidung meist recht einfach. Marzipan- und Nussnoten sind immer ein Indikator für Colheitas, malzige Noten eher für Vintage Ports. Je nach Alter sind die Colheitas meist im Bouquet und am Gaumen intensiver, ohne die für große alte Vintage Ports charakteristische balancierte Eleganz mitzubringen.

Premium Tawny Ports

Wie bei den Pink Ports war es auch wieder die Fladgate Partnership (Taylor, Fonseca, Krohn und Croft), die vor einigen Jahren mit einem ganz besonderen, exklusiven Portwein aufwartete, dem „Scion". Mit einer Preisempfehlung von ca. 2.500 EUR und einer sensationellen Verpackung ist der Scion nicht nur sensorisch, sondern auch optisch „großes Kino". Kurz danach haben in diesem Premium-Tawny-Bereich noch Niepoort mit einer Neu-Auflage des VV, die Quinta do Vallado mit dem Tributa und Wine&Soul mit dem 5G nachgezogen. In Auflagen zwischen 1.000 und 2.000 Flaschen und immer vierstelligen Preisen will man den hochpreisigen Markt nun nicht mehr ausschließlich den anderen Weingebieten überlassen. Aufgrund der Produktion der renommierten Hersteller stellen immer mehr kleinere Produzenten diese Kategorie her, teilweise leider ohne jegliches Konzept, aber mit sehr hohen Preisvorstellungen.

Das Portweininstitut hat eine vollständige Zählung und Kategorisierung aller Portweinvorräte in Vila Nova de Gaia und im Douro-Tal vorgenommen, die zu diesem Zeitpunkt noch nicht abgefüllt waren. Dabei hat sie den Herstellern nach analytischen und sensorischen Prüfungen Papiere über die Vorräte ausgestellt. Wer also über registrierte Vorräte verfügt, ist berechtigt, den Jahrgang der Portweine auf dem Etikett zu vermerken. Hat man diese Dokumente nicht, darf man auf dem Etikett keinen Jahrgang sondern nur den Vermerk „Very old Tawny" oder „Very old Port" angeben.

Anschließend finden Sie eine Übersicht der mir derzeit bekannten Premium Tawnies:

Taylor - Scion

Scion bedeutet sowohl „Setzling einer Pflanze" als auch „Nachkomme". Die Fladgate Partnership entdeckte im Douro zwei Fässer mit sehr altem Tawny aus dem 19. Jahrhundert, die nach kurzen Verhandlungen gekauft wurden. Da allerdings keine Papiere mitgeliefert wurden, darf der Port nicht als Colheita verkauft werden, jedoch weist der Hersteller mehrfach darauf hin, dass es sich um einen Port aus 1855 handeln soll, auf jeden Fall „pre-Phylloxera", also von nicht aufgepfropften Reben.

Niepoort VV

Dirks Vater Rolf Niepoort hat in den 1970er Jahren in der urigen Potta-Flaschenform einen VV (Vinha Velha – alte

Reben) abgefüllt. Dieser Tawny ist ein Verschnitt aus sehr alten Jahrgängen, den meisten aus dem 19. Jahrhundert. Nach dem Genuss eines alten VV kann man eigentlich nur noch Madeira oder Kaffee trinken, da er über extrem intensive Aromen verfügt, ohne dabei fett oder unbalanciert zu wirken. Die Neuauflage des VV wurde zum 170. Geburtstag der Firma Niepoort 2012 abgefüllt. Niepoort hat von dieser neuen Abfüllung nur ca. 1.000 Flaschen hergestellt, die zur Hälfte den 1863er Colheita enthalten.

Quinta do Vallado - Tributa

Der Tributa ist ein Tribut an die „Grande Dame" des Portweins, Dona Antonia Adelaide Ferreira. Der direkte Nachkomme und Eigentümer der Quinta do Vallado, Francisco Ferreira, kaufte – wie die Fladgate Partnership – ein Fass mit einem sehr alten Tawny und füllte diesen in eine atemberaubende Verpackung. Ebenfalls ohne „paperwork" soll dieser Port aus dem Jahr 1866 stammen.

Wine & Soul - 5 G

Der 5 G „five Generations" von Wine & Soul wurde aus drei Fässern abgefüllt, die aus dem 19. Jahrhundert stammen und allesamt über fünf Generationen aufbewahrt wurden. Nach sorgfältiger Analyse hat sich Winemaker und Eigentümer Jorge Borges entschlossen, aus diesen drei Fässern einen sehr hochwertigen Tawny herzustellen.

Sandeman - Cask 33

Zum 225. Jubiläum der Firma wurde von Sandemans Chef-Önologen Luis Sottomayor ein besonderes Fass ausgewählt, dessen Portwein über Jahrzehnte in Ruhe reifen durfte. In nur 685 Flaschen punktet Sandeman nicht mit Aromenkonzentration sondern Finesse.

Vasquez de Carvalho – Vellisimo

Eine Familienreserve, die seit jeher zu besonderen Anlässen geöffnet wird. 880 Flaschen werden von diesem „1880er" ohne Papiere hergestellt und hochpreisig verkauft.

Real Companhia Velha – Seculo Velho XIX

Seculo Velho heißt übersetzt „altes Jahrhundert". Ein Blend aus verschiedenen Jahrgängen des 19. und 20. Jahrhunderts. Sehr gut gemacht von RCVs Önologen Jorge Morreira.

Graham - Ne Oublie

Der Luxus Tawny von den Symingtons wurde aus Fässern abgefüllt, die die Firma in den 1920er Jahren gekauft hatte. In 2014 haben sie 656 Flaschen abgefüllt. Ne oublie (vergiss nicht) ist eine Hommage der jetzigen Symingtons an ihre Vorfahren.

Weitere Arten
Garrafeira (mit Jahrgangsangabe)

Garrafeira ist eine alte Bezeichnung und steht bei älteren Flaschen auf den Etiketten, wenn der Portwein nicht innerhalb von zwei bis drei Jahren nach der Ernte auf die Flasche abgefüllt wurde. Als einziger Hersteller produziert Niepoort auch heute noch Garrafeiras, mit erstaunlichem Ergebnis. Die Niepoort Garrafeiras werden einige Jahre im Pipa gelagert, um dann für mehrere Jahrzehnte in 12-Liter-Demijohn-Flaschen umgefüllt zu werden. Sensorisch bewegen sich die Garrafeiras von Niepoort perfekt zwischen den Vintage Ports und alten Tawnies, sie haben „the best of both worlds".

Novidade (mit Jahrgangsangabe)

Der Begriff „Novidade" wurde um die Jahrhundertwende vom 19. auf das 20. Jahrhundert hauptsächlich von Burmester verwendet. Es handelt sich um Colheitas, die zu diesem Zeitpunkt eine Neuheit „Novidade" waren. Bekannteste und weitverbreitetste Jahrgänge mit dieser Bezeichnung sind 1863, 1890, 1920 und 1934.

Frasqueira

Obwohl Frasqueira ein vom Madeira-Weinbau stammendes Wort ist, wird es auch beim Portwein verwendet. Wörtlich übersetzt entstammt es dem portugiesischen Wort frasco (Flasche). Vor einigen Generationen wurde das Wort als Synonym für den Weinkeller verwendet. Der Begriff Frasqueira wird durch das Portweininstitut IVDP nicht reguliert. Persönlich habe ich noch nie einen Frasqueira gesehen, der nach 1950 abgefüllt wurde. Oft werden die besonderen Family-Reserve Portweine mit handgeschriebenen Etiketten als Frasqueiras beschriftet.

Crusted Port

Bei den Crusted Ports handelt es sich um eine Portweinart, die ursprünglich exklusiv für den englischen Markt hergestellt wurde. Der Name „Crusted" resultiert aus der ungefilterten Abfüllung, welche nach längerer Lagerung zur Bildung eines Depots führt (engl. Crust). Bei den Crusted Ports wird nur das Abfülldatum auf der Flasche vermerkt. Hier handelt es sich um einen Verschnitt mehrerer Jahrgänge, der qualitativ zwischen einem LBV und einem Single Quinta Vintage Port angesiedelt ist. Ich habe auch schon Engländer gesehen, die sich die beim Dekantieren verbleibende „Crust" am nächsten Morgen auf ein Frühstücksbrot streichen. Einige Crusted Ports weisen ein erstaunliches Alterungspotential auf. Meine älteste Verkostungsnotiz bei Crusted Ports stammt von einem Graham Crusted Port, der 1927 abgefüllt wurde. Derzeit produzieren fast alle englischen Häuser und Niepoort Crusted Ports.

LB - Late Bottled

LB Portweine werden zwischen drei und sechs Jahren nach der Ernte meist ungefiltert abgefüllt. Im Unterschied zum LBV ist der LB immer ein Verschnitt mehrerer Jahrgänge. Der bekannteste Hersteller dieser Art waren Delaforce und die Quinta do Noval. Letztere war 1954 der erste Hersteller, der diesen Typ abfüllte. Leider wird diese Art auch von Noval mit dem Wechsel zum „Noval Black" seit 2010 nicht mehr hergestellt. Die Exemplare der LBs, die ich bisher verkostet habe, waren alle von guter bis sehr guter Qualität. Aus Kuriositätsgründen lohnt es sich, eine gut erhaltene LB Flasche zu kaufen und zu verkosten. Derzeit ruht diese Bezeichnung – ich kenne keinen Hersteller, der noch unter der Bezeichnung LB produziert.

Vintage Character

Vintage Character ist eine alte Bezeichnung der Ruby-Reserve Ports. Mit dem Zusatz „Vintage" wollten die Hersteller die sensorische Nähe zum Vintage Port herstellen. Gemäß einer Änderung in den Regularien des Portweininstitutes in den 1990er Jahren darf das Wort „Vintage" nur noch bei Ruby Ports Anwendung finden, deren Trauben aus einem einzigen Jahrgang stammen, also nur noch beim LBV und beim Vintage Port. Demnach darf die Bezeichnung Vintage Character nicht mehr verwendet werden. Delaforce hat auf seinen Portweinen vormals „Vintage Character – Late Bottled" vermerkt.

Hersteller können abgefüllte Vintage Ports und Colheitas im Fass oder in der Flasche auch von anderen Herstellern kaufen und mit ihrem Etikett versehen. Das ist in der Kategorie der älteren Tawny-Ports gängige Praxis, bei den Vintage Ports wurde es – abgesehen vom Jahrgang 1989 – relativ selten gemacht.

Genuss, Kauf & Lagerung

Genuss

Um Ihnen jegliche Berührungsängste vor Portwein vorab zu nehmen: Sie benötigen keinen weißbehandschuhten Butler, keine Portweinzange und auch keinen Bridgeabend mit älteren Damen, um Portwein genießen zu können! Beim Kapitel Genuss sollten Sie sich aber drei Fragen stellen:

Warum, wann und wie sollte man Portwein trinken?

Warum trinkt man Portwein?
Warum soll man sich nun für Portwein interessieren, wenn man schon Erfahrung in anderen Weinregionen gesammelt hat?
Erstens, weil Portwein ein besonderer Wein ist. Alte Vintage Ports und lange im Fass gereifte Colheitas gehören zu den größten Weinen dieser Welt, sind aber (in Deutschland) von der heutigen Wein-Generation in Vergessenheit geraten.
Zweitens, weil Portwein besonders gut altern kann. Einen Wein seines Geburtsjahrgangs zu einem runden Geburtstag zu öffnen, ist bei den meisten Weingebieten mit einem erheblichen Risiko verbunden. Sollte man in Jahren geboren sein, in denen alte Colheitas oder Vintage Ports existieren, kann man diese fast risikolos öffnen und genießen. Drittens, weil Portwein die nichtverstärkten Weine perfekt ergänzt. Nach einem intensiven Rotwein zum Essen serviert man am besten einen Portwein zum Dessert.

Wann trinkt man Portwein?
Im Wesentlichen ist Portwein ein Digestif - war er immer und wird er immer bleiben. Hartgesottene Portweinfans werden eventuell versuchen, ihnen einen jungen, kräftigen LBV zu einem kurzgebratenen Pfeffersteak zu empfehlen, doch gibt es zu Hauptgerichten viele, meist besser passende Weiß- und Rotweine, als dass man hier Portwein trinken sollte bzw. müsste. Die einzige Ausnahme zur Dessertbegleitung wäre Portwein als Aperitif. Hier werden meist andere Portweine verwendet als nach dem Essen.
Dies spiegelt auch die unterschiedlichen Traditionen in unseren europäischen Nachbarländern wieder. In Frankreich trinkt man nur Tawny-Ports ausschließlich vor dem Essen, während man in England ausschließlich Rubies, meist LBV oder Vintage Ports zum Nachtisch genießt. Belgier lieben sowohl Tawnies vor- als auch Rubies nach dem Hauptgang und sind daher Pro-Kopf-Portweinkonsum-Weltmeister.

In den deutschsprachigen Ländern gibt es derzeit wenig nennenswerte Traditionen im Umgang mit Portwein. Daher ist alles erlaubt, was schmeckt. Es bietet sich so eine wahre Vielfalt von Möglichkeiten.

Meine Empfehlungen als Aperitif:

- Ein Entry-Level White Port, je nach Geschmack sehr trocken bis halb-süß. Sollten Sie einen PorTonic mixen, empfehle ich hierzu immer trockenen oder halb-trockenen White Port zu verwenden.
- Einen Rose Port, gerne auch mit einem Eiswürfel und einer tiefgefrorenen Erdbeere oder Himbeere.
- Einen leicht gekühlten Reserve Tawny oder 10y old Tawny (bei ca. 12 bis 14 Grad).

Im Dessertbereich hängt die Wahl des Portweins von der Kombination mit der Nachspeise ab. Folgende Kombinationen haben sich als sehr beliebt herausgestellt:

Nachspeise	Portweinart
Fruchtige Nachspeisen dominiert von gelben Früchten	White Reserve Ports, 10 oder 20y old White Ports, weiße Colheitas
Karamellhaltige Nachspeisen, z.B. Creme Brulée	20y old Tawny
Schokoladenhaltige Nachspeisen	LBV oder junge Vintage Ports
Leichte Käsesorten	Mittelalte Vintage Ports
Starke Käsesorten, z.B. Stilton	LBV oder junge Vintage Ports

Gereifte Vintage Ports oder alte Colheitas genießen Sie bitte ohne Dessertbegleitung. Diese Weine sind so faszinierend, dass Sie mit einer Nachspeise erstens nicht unterstützen müssen und zweitens die Speise-Kombination sehr schwierig ist. Gerade alte Colheitas konzentrieren ihre Aromen durch die lange Fasslagerung, so dass die meisten Nachspeisen sensorisch nicht kombinierbar sind.

Bei Portwein und Schokolade-Kombinationen haben sich durch langjährige Recherche in Zusammenarbeit mit der Firma Lindt folgende sehr gute Kombinationsmöglichkeiten ergeben:

Portweinart	Schokoladensorte
Weiße Portweine	Weiße Mousse au Chocolat
Tawny Ports (bis 10y old)	Edel Nougat
Tawny Ports (ab 20y old)	Excellence Intense Orange
Ruby Reserve, LBV	Edelbitter Mousse Blaubeer-Lavendel
Vintage Port	Excellence 70 % Edelbitter Mild

Auch die Kombination Portwein und Zigarre kann passen, muss aber nicht. Zigarren verbreiten ihre Aromen hauptsächlich durch den Rauch. Die Restsüße des Portweines kann die durch Nikotin entstehenden Bitterstoffe sehr gut ausgleichen. Besondere Vorsicht sollte man auf die Intensitäten legen.

So können zu intensive, besonders scharfe Zigarren auch hochwertige Portweine recht einfach erscheinen lassen. Der Fachmann für Portweine und Zigarren Christian Duske empfiehlt hier folgende Kombinationen:

Portweinart	Empfohlene Zigarre
Weiße Reserva Port	Montechristo Open Regatta oder Hoyo de Monterrey Epicure Especial
10y old Tawny	Romeo y Julieta Short Churchills oder Wide Churchills
20y und 30y old Tawny	Montechristo Edmundo oder Montechristo Double Edmundo
40y old Tawny oder alte Colheitas	Ramon Allones Specially Selected oder Ramon Allones Gigantes
LBV	Partagas Serie E No. 2 oder Bolivar Royal Coronas
Junge Vintage Ports	Partagas Serie D No. 4 oder Serie P No. 2
Gereifte Vintage Ports	Hoyo de Monterrey Double Coronas oder Romeo y Julieta Churchills

Wie trinkt man Portwein? Bei dem Genuss von Portweinen gibt es – wie bei allen anderen Weinen – neben der Speisenkombination nur wenige, dafür aber wesentliche Dinge zu beachten.

Wie eingangs erwähnt, ist die Temperatur bei Portwein sehr wichtig, noch wichtiger als bei Rotweinen. Grund dafür ist der mit 20 % höhere Alkoholgehalt des Portweins. Wenn Sie Rotwein zu warm (bei 22 Grad und mehr) servieren, nehmen Sie verstärkt den Alkohol und weniger die Aromen des Weines wahr. Da Portwein mit etwa 20 % Alkohol in der Regel 5 bis 8 % mehr Alkohol enthält, verstärkt sich dieser Effekt. Die optimale Trinktemperatur:

Portweinart	Temperatur Grad Celsius
Weiße Portweine (Entry Level)	Kühlschranktemperatur (8C)
Weiße Portweine (Reserve und 10-40 Jahre alt, weiße Colheitas	10-12C
Rose Port	Kühlschranktemperatur (8C), auch kälter und/oder mit Eiswürfeln
Alle Ruby Ports	16-18C
Alle Tawny Ports	14-16C

Der Einfachheit halber merken Sie sich bitte, dass Sie White und Rose Ports direkt aus dem Kühlschrank nehmen und die roten Portweine 1-2 Stunden vor dem Genuss in den Kühlschrank stellen. Neben der Beachtung der Temperatur ist die **Auswahl der Glasform** wichtig, da sich der Portwein sonst nicht optimal entfalten kann. Stellen Sie sich vor, dass Sie als Gastgeber in einer größeren Runde nach Weiß- und Rotweinen nun einen Portwein einschenken möchten. Da aber intensive Gespräche stattfinden, beachten nicht viele Gäste den Wein, trinken ihn aber. Wenn Sie nun das Rotweinglas stehen lassen und einen Portwein einschenken, wird der Portwein eventuell nicht als alkoholstärkerer Wein wahrgenommen. Sollten Sie kein Portweinglas zur Hand haben, verwenden Sie bitte Weißweingläser. Erstens unterstützen diese den Portwein sensorisch besser und zweitens setzen Sie damit ein visuelles Zeichen, dass nun ein anderer Wein serviert wird. Als Portweinglas empfehle ich Ihnen das Schott Alvaro Siza Glas für ca. 7 Euro oder von Riedel das Portweinglas aus der Vinum Serie für ca. 20 Euro.

Dekantieren ist nur bei Vintage Ports notwendig. Da (fast) alle anderen Portweine stark filtriert zum direkten Gebrauch abgefüllt werden, brauchen Sie sich um dieses Thema tatsächlich nur bei der Königsklasse zu kümmern. Zusätzlich müssen selbst Vintage Ports auch nur dann dekantiert werden, wenn sie ungefähr 10 Jahre und älter sind. Neben der Trennung des Portweins vom Depot, bilden einige ältere Portweine auch Fehlgerüche (bottle stink), die bei einer halben Stunde in einer Dekantierkaraffe meist verschwinden. Am einfachsten kann man einen Portwein mit einem Trichter, einem gewöhnlichen Kaffeefilter und einer Dekantierkaraffe dekantieren. Letztere kann auch durch eine leere Flasche gleichen Inhalts ersetzt werden. Sie öffnen den Portwein, gießen ihn langsam durch das Filterpapier im Trichter in die andere Flasche. Damit haben Sie in jedem Fall das Depot getrennt. In einer möglichst bauchigen Karaffe kann der Wein mit dem Sauerstoff reagieren. Trinken Sie direkt nach dem Dekantieren einen kleinen Schluck, um den Portwein zu beurteilen. Geschmacklich ist das Depot in keinem Fall bedenklich. Sollten Sie aber einen älteren Vintage Port nicht dekantieren, wird der Gast mit dem letzten Glas automatisch mit Kaubewegungen anfangen. Denken Sie beim Portweingenuss immer daran, dass es sich um Wein handelt, der mit dem direkten Kontakt von Sauerstoff reagiert. Leider sieht man immer wieder Portweine, die in gut sortieren Bars in der Spirituosenabteilung stehen und schon Wochen geöffnet sind. Ein solcher Portwein kann keine Trinkfreude bereiten.

Kauf

Früher gestaltete sich der Portweinerwerb in den deutschsprachigen Ländern recht schwierig und aufwändig, da selbst gut sortierte Weinhändler vor Ort oft nur Entry-Level Qualitäten und dann auch meist nur von einem Hersteller vorrätig haben. Leider trauen sich immer noch nicht viele Einzelhändler an ein umfangreicheres Portweinsortiment heran. Der Hauptgrund liegt oft darin, dass sie sich selbst wenig mit Portwein auskennen und daher nur unzureichend beraten können.

Durch das Internet wurden die Suche und der Portweinerwerb erheblich vereinfacht. Mit der Eingabe des Produktes in (Wein) Suchmaschinen können Sie den gewünschten Portwein relativ leicht aufstöbern. Einige, vor allem kleinere Hersteller sind allerdings in Deutschland nicht präsent, so dass man entweder in Portugal oder anderen europäischen Ländern bestellen muss, um den gewünschten Port zu erhalten. Die Portokosten werden aber häufig durch ein gutes Preis-Leistungs-Verhältnis im Ausland wettgemacht.

Haben Sie allerdings das Glück, einen gut sortierten und versierten Weinhändler in Ihrer Umgebung zu finden, dann unterstützen Sie diesen bitte. Die persönliche Beratung sollte Ihnen einen eventuellen Preisaufschlag wert sein.

Sind Sie nur an den Entry-Level Qualitäten der roten Portweine interessiert oder möchten für bestimmte Anlässe einen White Port oder Rose Port trinken, können Sie diese bei großen Supermärkten bzw. Handelsketten kaufen, da hier wenig Beratung notwendig ist. Aufgrund der Mengen, die diese Ketten einkaufen, können Sie fast immer günstiger anbieten als der Einzelhändler. Achten Sie aber bitte darauf, dass Sie keine BOB-Produkte („buyers own brand") erhalten, sondern die Produkte mit der Nennung des Herstellernamens vorne auf dem Etikett. Finden Sie den Hersteller nicht in der Herstellerübersicht in Kapitel 9, rate ich Ihnen, diesen Portwein nicht zu kaufen. Dann wird es sich voraussichtlich um einen BOB-Portwein handeln, bei dem die Hersteller oft nicht ihre optimalen Qualitäten für diesen Portweintyp einsetzen. Zu beachten ist, dass auf Portwein in Deutschland die sogenannte „Zwischenerzeugnissteuer" in Höhe von knapp 1,15 Euro pro Flasche erhoben wird. Genauso wie bei Schaumwein (Schaumweinsteuer 1,02 Euro), kann ein Portwein unter fünf Euro Ladenpreis keine besonderen Qualitäten besitzen.

Möchten Sie alte Colheitas oder alte Vintage Ports kaufen, besteht immer das Risiko der schlechten Lagerung. Meiner Erfahrung nach reagiert von allen „Weinen" der Champagner am empfindlichsten auf schlechte Lagerung, Portwein am wenigsten empfindlich und Rotwein irgendwo dazwischen. Bei online angebotenen alten Vintage Ports können Sie leider nie sicher sein, welche Historie dieser Port hat, aber Indikatoren wie der Füllstand, der Zustand der Kapsel und des Etikettes können einigen Aufschluss geben. Ihr Weinfachhändler kann Ihnen meist über die Lagerungsbedingungen der von ihm angebotenen Flaschen Auskunft geben. Bestenfalls hat er sie direkt vom Hersteller erworben. Bei Colheitas gestaltet sich der Kauf etwas leichter. Versuchen Sie erst einmal das Abfülljahr in Erfahrung zu bringen. Je länger der Colheita in der Flasche liegt, desto eher würde ich Ihnen davon abraten, diesen zu kaufen. Ist er relativ frisch abgefüllt (innerhalb von 5 Jahren), können Sie ihn bedenkenlos kaufen.

Lagerung

Die Informationen dieses Kapitels gelten nur für Vintage Ports. Nahezu alle anderen Portweine profitieren nicht von einer weiteren Lagerung und sind zum direkten Verbrauch abgefüllt worden. Meist sind sie mit einem einem „T-Cork" oder Korkstopper verschlossen, wie sie im Whisky-Bereich verwendet werden.

Meine erste Erinnerung an die Verkostung eines alten Vintage Ports, war ein Noval Vintage Port des Spitzenjahrgangs 1963 in den frühen 90er Jahren. Diese Flasche lag bei dem Vater eines Freundes oben auf dem Garderobenschrank im Flur unter einer Neonröhre. Jedes Mal, wenn der Garderobenschrank geöffnet wurde, wurde der Portwein bewegt. Im Sommer reifte er bei 30 Grad – im Winter auch mal bei 20. Gemäß allen gängigen Bedingungen zur Lagerung von Wein hätte dieser Port nicht schlechter gelagert werden können. Beim Öffnen stellten wir aber trotz der vielen

Jahre auf dem Garderobenschrank fest, dass er zwar weiter gereift war als vergleichbare Flaschen bei guten Lagerungsbedingungen, aber keineswegs schlechter war. Vintage Ports wollen mit einer „ordentlichen" Flaschenreife getrunken werden. Unter 20 Jahren macht es aus sensorischer Sicht unabhängig von Jahrgang und Hersteller nur Sinn, die Flaschen innerhalb der ersten fünf Jahren nach Abfüllung zu öffnen und auch nur dann, wenn Sie ein Fan von kräftigen, fruchtigen, komplexen Portweinen sind. Zwischen fünf und zwanzig Jahren nach der Abfüllung verschließen sich viele Vintage Ports, so dass Sie enttäuscht sein könnten, sollten Sie ihn in dieser Phase öffnen. Erst nach zwei Jahrzehnten und bis zu einem Jahrhundert kann ein großer Vintage Port begeistern. Meine Favoriten liegen derzeit bei den großen Jahrgängen zwischen 1927 und 1970. Ältere sind meist schon im Begriff des Abbaus und jüngere haben oft ihr volles Potential noch nicht erreicht. Um diese lange Lagerphase möglichst optimal zu durchlaufen, müssen einige Voraussetzungen geschaffen werden. Wie alle anderen großen Weine sollten auch Vintage Ports wie folgt gelagert werden:

Liegende Lagerung - Ich bin ein großer Fan, Flaschen liegend zu lagern. Da der Korken dann zumindest von einer Seite feucht gehalten wird, trocknet er nicht bzw. wesentlich langsamer aus und wird daher weniger brüchig und durchlässig. Liegend gelagerte alte Vintage Ports erkennt man nach dem Öffnen an einem evtl. vollständig durchtränkten Korken.

Temperatur – Eine gleichmäßige Temperatur von 12 Grad Celsius garantiert eine gleichmäßige Reifung. Ist der Lagerort kälter, verzögert sich die Reifung, ist er wärmer, beschleunigt sich diese. Eine sehr warme Lagerung ist nicht optimal, eine dauerhafte Temperatur über 20 Grad Celsius sollte vermieden werden. Ein sehr kühl gelagerter älterer Vintage Port kann allerdings höchst interessant sein, da man bei seiner Verkostung erahnen kann, wie sich dieser Wein vor Jahren bzw. Jahrzehnten präsentiert hat. Ich habe die Erfahrung gemacht, dass eine Schwankung von einigen Grad akzeptabel ist, solange diese Veränderungen über einen längeren Zeitraum, also saisonal über mehrere Wochen auftreten.

Erschütterungsfrei - Hierzu habe ich persönlich noch keine Experimente durchgeführt. Da in den wenigsten Weinregalen ständige Erschütterungen vorherrschen, ist dieser Aspekt wohl relativ vernachlässigbar. Vermeiden Sie aber Lagerorte zum Beispiel auf oder in (älteren) Kühlschränken, da mit den Erschütterungen bei Anspringen des Motors die Bildung des Depots beeinträchtigt wird.

Dunkle Lagerung - Vintage Port-Flaschen werden in der Regel in Flaschen aus sehr dunklem Glas oder sogar völlig blickdichten Flaschen abgefüllt. Das hat den

Vorteil, dass selbst bei permanentem Licht im Weinkeller der Portwein in der Flasche kaum direktes Licht erfährt. Leider sind gerade ältere Portweinflaschen auch recht schwer, so dass man beim erwartungsfrohen Einschenken erst beim Drehen der Flasche um 180 Grad feststellt, dass diese bereits leer ist.

Denken Sie bitte bei allen oben angegebenen Informationen daran, wie und warum Portwein überhaupt entstanden ist: Wein sollte für die Seereise nach England haltbarer gemacht werden. Durch den erhöhten Alkohol- und Zuckergehalt reifen Portweine daher generell langsamer als vergleichbare Rotweine und sie leiden auch bei nicht optimalen Lagerungsbedingungen weniger.

Bei den übrigen Portweinarten gilt folgendes:
- Entry-Level Qualitäten, also Ruby Port, Tawny Port, White Port und Rose Port besitzen keinerlei Lagerungspotential. Bitte verbrauchen Sie diese Portweine innerhalb von maximal drei Jahren. Sie verlieren alle mit zunehmender Lagerzeit Frucht und Frische.
- Reserve Ruby, Reserve Tawny Ports und (filtrierte) LBV haben ähnliche Eigenschaften. Bitte trinken Sie diese innerhalb von drei bis maximal fünf Jahren.
- Die aged Tawnies, also die 10, 20, 30 und über 40 Jahre alten Tawnies und die Colheitas sind ebenfalls stark filtriert und zum direkten Verbrauch abgefüllt. Bitte verbrauchen Sie diese zügig.

ZUR VERTIEFUNG

Genuss

Beim Genuss des Portweins beachten Sie bitte, dass gerade ältere Vintage Ports eine zum Teil erhebliche „bottle variation" aufweisen. Damit bezeichnet man den geschmacklichen Unterschied von identischen Portweinen aufgrund der unterschiedlichen Lagerungsbedingungen. Daher kann es vorkommen, dass zwei an unterschiedlichen Stellen gelagerte Vintage Ports zwar Ähnlichkeiten aufweisen, sich aber geschmacklich deutlich unterscheiden. Wie im Abschnitt Lagerung beschrieben, ist gerade die Lagertemperatur entscheidend. Da die in England abgefüllten Vintage Ports voraussichtlich ihr ganzes Leben im kühleren England gelagert wurden, präsentieren sich diese Flaschen meist jünger und fruchtiger als die in Portugal bei höheren Temperaturen gelagerten Flaschen.

Das Öffnen der Portweinflasche sollte so einfach wie möglich zu bewerkstelligen sein. Flaschen bis zum Jahrgang 1977 einschließlich sollten Sie recht problemlos öffnen können. Die Hersteller verwenden meist sehr gute Korken für ihre Vintage Portweine. Ältere Portweine öffnen Sie am besten mit der „Zwei Seelen Methode". Hierzu benötigen Sie zwei Korkenzieher mit möglichst langen Seelen, am besten in der T-Form oder nur die Seelen von mehrteiligen Korkenziehern. Es gibt leider noch massive Seelen, die bei alten Korken meist den unteren Teil des Korkens abtrennen, der dann in den Portwein fällt. Um herauszufinden, ob ihre Seele bzw. ihr Korkenzieher geeignet ist, sollten Sie ein Streichholz längs durch die Seele stecken können. Drehen Sie nun langsam beide Korkenzieher in den Korken und stellen Sie die Flasche zwischen ihre Füße. Fixieren Sie die Flasche nun zwischen beiden Füßen und ziehen beide Korkenzieher mit den Händen heraus.

Eine andere, romantischere, aber aufwändigere Methode ist der Gebrauch der Portweinzange. Erhitzen Sie eine Portweinzange über dem offenen Feuer, bis ihre Enden rot glühen. Drücken Sie nun für ca. 20 Sekunden mit dem heißen Ende der Zange unterhalb des Korkens auf beide Seiten des Flaschenhalses. Entfernen Sie die Zange und umwickeln Sie die heiße Stelle des Flaschenhalses mit einem feuchten, kühlen Tuch und wischen Sie vorsichtig um den Hals. Sie hören nun ein sehr hochfrequentes Geräusch und können dann den kompletten Flaschenhals oberhalb der Bruchstelle abnehmen (siehe Foto Seite 81). Dann können Sie vorsichtig den Korken in einem Stück herausdrücken. Diese Methode hat den Vorteil, dass Sie die Beschriftung auf dem Korken lesen können, um zu verifizieren, welcher Portwein sich in der Flasche befindet. Gerade bei Flaschen ohne Etikett ist dies eine sinnvolle Variante, die Flasche zu öffnen.

Dekantieren

Über das Dekantieren und die Dekantierzeiten könnte man wohl ein eigenes Buch schreiben. So ist die Dekantierzeit immer vom Zustand der Flasche, der grundsätzlichen Qualität des Portweins und dem Alter abhängig. Wie Sie bereits wissen, müssen nur Vintage Ports, Crusted Ports und LBV mit einem Alter von 5-10 Jahren und mehr dekantiert werden. Alte Colheitas nur, wenn ein sichtbares Depot in der Flasche erkennbar ist.

Die einfachste Variante des Dekantierens ist die Verwendung eines Trichters und eines Filterpapiers (sog. „no-brainer-Methode"). Ein wenig aufwändiger, aber stilvoller ist die „Pure-Dekantier-Methode": Sie stellen den Vintage Port für mindestens zwei Tage aufrecht, so dass sich das Depot vollständig am Flaschenboden absetzen kann. Öffnen Sie die Flasche vorsichtig und säubern den Flaschenhals. Gießen Sie nun in einer flüssigen, aber langsamen Bewegung ungefähr 90% des Inhalts in eine Dekantierkaraffe. Die letzten 10% verbleiben in der Flasche und werden entweder mit Depot probiert oder mit der „no-brainer-Methode" dekantiert. Die Verkostung mit Depot ist intensiver und gibt oft mehr Aufschlüsse über das weitere Entwicklungspotential des Portweins.

Vor einiger Zeit haben sechs recht erfahrene internationale Verkoster einen Test mit einer Magnumflasche Vintage Port Dow 1977 durchgeführt, die mit fünf verschiedenen Dekantiermethoden (Pure/ durch Filterpapier/ mit Metallsieb/ mit Leinenfiltrierung/ mehrfach durch Filterpapier) dekantiert wurde. Sensorisch konnte keiner der Teilnehmer einen Unterschied im Portwein feststellen. Bezüglich der Dekantierzeit empfehle ich als Daumenregel zwei Stunden. Die erste von mir dekantierte Flasche Vintage Port war ein Graham 1980 im Jahr 2000. Diesen habe ich sorgfältig und vorsichtig dekantiert, um ihn dann mit Gästen innerhalb von zwei Stunden auszutrinken und festzustellen, dass das letzte Glas bei weitem besser war als das erste. Besonders vorsichtig sollten Sie mit sehr alten, fragil wirkenden Vintage Ports sein. Diese können innerhalb von einer Stunde jegliche Komplexität verlieren, wenn sie einmal mit Sauerstoff in Berührung gekommen sind. Auf der anderen Seite kann es sinnvoll sein, auch Dekantierzeiten von 12 Stunden und mehr bei alten und sehr kräftigen Jahrgängen wie zum Beispiel 1966 vorzunehmen. Wenn Sie von der Zwei-Stunden-Regel abweichen möchten, beachten Sie bitte, dass die Dekantierzeit länger wird, je besser der Jahrgang ist und je intakter der Wein wirkt (Farbe, Struktur etc.).

Beispiele für Dekantierzeiten:

Fonseca Vintage Port 2000	12 Stunden
Niepoort Vintage Port 1992	2-3 Stunden
Grahams Vintage Port 1985	6-8 Stunden
Fonseca Vintage Port 1977	6-8 Stunden
Dow Vintage Port 1966	10-12 Stunden
Taylor Vintage Port 1927	4-6 Stunden

Geben Sie im Weiteren aufgrund von Fehlgerüchen niemals einen Vintage Port zu früh auf. Mir sind noch zwei Erfahrungen mit einem Warre 1945 und einem Graham 1948 geläufig, die beide anfänglich intensive Fehlnoten in der Nase zeigten, diese aber nach ca. 6 Stunden völlig verflogen. Wenn es kein Korkfehler ist, würde ich einen Vintage Port immer bis zu 12 Stunden beobachten.

Gläser

Das perfekte Glas für Portwein sollte sich nach oben verjüngen (Tulpenform), mindestens 200 ml Inhalt fassen und aus möglichst hochwertigem Glas gefertigt sein. Das Glas kann größer sein, sollte aber nicht kleiner sein. Wie bei allen Weinen schenken Sie den Wein bitte maximal bis zur breitesten Stelle des Glases ein, damit der Gast den Wein eventuell ein wenig schwenken kann, ohne ihn dabei zu verschütten. Spezielle Portweingläser gibt es vor allem von Schott und Riedel. Das offiziell vom Portweininstitut empfohlene Schott-Glas wurde vom portugiesischen Star-Architekten Alvaro Siza entworfen und besitzt neben sehr hochwertigem Glas ein sehr ansprechendes Design. Mit sieben Euro pro Glas ist dieses Glas zum täglichen Gebrauch hervorragend geeignet.

Auch die österreichische Firma Riedel setzt das Thema Portwein sehr hochwertig um. Bei den nachfolgenden Gläsern sollte jeder Portweinliebhaber fündig werden: Punkte wurden für die Qualität und das Design des Glases sowohl für die Sensorik bei den unterschiedlichen Portweinen vergeben.

Glas	UVP	Bemerkung
Schott Basic Bar Collection Port - 118746	6,50 Euro	Gutes, robustes Allroundglas
Schott Weindegustation Alvaro Siza - 113427	6,95 Euro	Preis-Leistungs- und Design-Sieger
Riedel Bar 0446/60	ca. 10 Euro	"Weinbecher" für die Bar cool, sensorisch ok
Riedel Vinum Port 6416/60	ca. 18 Euro	Sehr gutes Allround-Glas
Zalto Water 11851	ca. 32,50 Euro	Perfektes Portglas für alle Portweine
Zieher Fresh	ca. 35 Euro	Perfektes Portglas für alle Portweine
Schott The First Port - 114842	43,95 Euro	Perfektes Portglas für alle Portweine
Riedel Sommelier Vintage Port 4400/60	55 Euro	Perfektes, klassisches Portweinglas für alle Portweine
Riedel Collector 4100/60B	ca. 70 Euro	Schwarzes Glas. Interessant für Blindverkostungen

Weniger für Portwein geeignet:

Glas	UVP	Bemerkung
Stölzle Destilat 205 00 30	ca. 2,50 Euro	Zu klein
Stölzle Destilat 154 00 31	ca. 2,50 Euro	Zu klein
Stölzle Destilat 220 00 04	ca. 2,50 Euro	Zu klein
Spiegelau Vinho Grande Südweinkelch	ca. 5 Euro	Zu klein
Eisch Vinezza Portwein	ca. 8 Euro	Sehr gut verarbeitetes Allroundglas, oben zu breit
Eva Solo Portwein	ca. 20 Euro	Tolles Design, zu klein
Zalto Sweet Wine 11601	ca. 31 Euro	Für Sauternes sehr gut. Für Port weniger geeignet
Zieher Rich	32,50 Euro	Zu schmal zur optimalen Aromenentfaltung

Eine wichtige englische Persönlichkeit sollten Sie bei der Verkostung von Portweinen in England bzw. mit Engländern noch kennen: den „Bishop of Norwich". Portwein wird immer in Richtung des linken Sitznachbarn weiter gereicht. Man schenkt sich ein und gibt den Portwein weiter. Verpasst man das Weiterreichen, wird man eventuell gefragt, ob man den Bishop of Norwich kennt („Do you know the bishop of Norwich?"). Das ist das Zeichen dafür, dass der Fragende Sie auffordert, den in ihrer Nähe zum Stillstand gekommenen Portwein weiter zu reichen. Dieses recht ulkige Relikt geht zurück auf den Anfang des 19. Jahrhunderts aktiven
Bishop of Norwich, Herny Bathurst. Bathurst ist meist nach dem Genuss von viel Portwein am Tisch eingeschlafen und konnte daher die Karaffe nicht weiter reichen.

Kauf

In den meisten anderen europäischen Ländern wird mehr und hochwertigerer Portwein getrunken als in Deutschland. Gerade beim Einkauf älterer Jahrgänge kann eine Recherche für alte Colheitas und Vintage Ports in den BeNeLux-Ländern sinnvoll sein, für alte Vintage Ports ist England die erste Adresse. Lassen Sie sich vor dem Erwerb in jedem Fall Fotos über den Füllstand sowie den Zustand des Etikettes und der Kapsel zusenden und überzeugen Sie sich davon, dass Sie diesen Portwein mit genau diesen Eigenschaften erwerben möchten.
Eine wirklich lohnenswerte Alternative zu den regulären Geschäften sind die europäischen Online-Auktionshäuser, von denen es eine ganze Menge gibt. Gerade in Ländern, in denen viel hochwertiger Portwein getrunken wird, ist ein Blick in die

Auktionskataloge sinnvoll und man kann das eine oder andere Schnäppchen machen. Je mehr das Auktionshaus auf Weine spezialisiert ist, desto eher ist die sorgfältige Abwicklung nach dem Kauf gewährleistet. Bevor Sie allerdings voller Enthusiasmus loslegen, sollten Sie sich zunächst mit dem Aufschlagsystem der Auktionshäuser vertraut machen. Meist gibt es einen Aufschlag und eine Versandpauschale. Der Aufschlag kann je nach Auktionshaus verschiedene Bezeichnungen haben und sich aus mehreren Positionen wie Provision, Lotgebühr, „Handling Gebühr" usw. zusammensetzen. Lesen Sie die Passagen über die Aufschläge gründlich, um eventuelle Enttäuschungen zu vermeiden. Die Weine werden meist netto angeboten, so dass zusätzlich die Umsatzsteuer addiert wird. Das englische Zollsystem kennt weiterhin die Bezeichnung „in bond" (i.b.), was bedeutet, dass zu den oben angegebenen Kosten noch eine Verbrauchssteuer erhoben wird.

Flaschenformate

Darüber hinaus sollten Sie sich mit den Flaschenformaten auseinandersetzen. Beim Portwein war bis zum Jahr 2007 der Verkauf von Flaschen mit mehr als 1,5 Litern Inhalt verboten. Diese Flaschen wurden zwar von den Herstellern produziert, durften aber nur zu Werbezwecken geöffnet werden. Erst eine Anfrage von einem sehr guten englischen Freund an das Portweininstitut hat dieses Verbot aufgehoben, so dass man seit dem Vintage Port-Jahrgang 2007 auch sehr großformatige Flaschen mit 3 Litern und mehr erwerben kann. Folgende Flaschenformate sind bei Portwein gängige Größen:

Inhalt	Bezeichnung	Bemerkung
0,375l	Demi, Half, halbe Flasche, Schöppli	-
0,75l	Bottle	-
1,5l	Magnum	-
2,25l	Tappit Hen, Tregnum	Seltenes Format in unterschiedlichen Flaschenformen
3l	Doppelmagnum	-
5l		Wird nur von Niepoort und O-Port-Unidade verwendet
6l	Imperial, Methusalem	-

Darüber hinaus gibt es noch Flaschenformate mit 9, 12, 15 und 18 Litern Inhalt. Portweinflaschen mit mehr als 6 Litern Inhalt habe ich bisher noch nicht gesehen, was aber nicht heißt, dass es sie nicht geben kann. Zum Öffnen und Genuss einer solchen Flasche benötigt man aber schon eine umfangreiche Fangemeinde. Beachten Sie bitte im Weiteren, dass sehr alte Flaschen selten genormt sind. So kann der Inhalt bei

Vintage Ports aus dem 19 Jahrhundert gerne von 0,65 Litern bis 0,75 Litern bei sehr guten Füllständen schwanken. Leider habe ich noch keine Flasche geöffnet, in der mehr als 0,75 Liter enthalten waren. Wie bei allen Weinen reifen große Formate langsamer, kleine Formate zum Teil wesentlich schneller. Für die Verkostung junger Vintage Port sind die halben Flaschen praktisch, für die Reifung eignen sie sich nicht. 0,375 Liter-Flaschen Vintage Port mit einem Alter von mehr als 20 Jahren würde ich nicht empfehlen.
Eine weitere wichtige Eigenschaft für alte Flaschen sind deren Füllstände. Hier gilt die Regel: je höher, desto besser. Wenn ein Füllstand je nach Alter unter „mid shoulder" gesunken ist, lässt man besser die Hände davon. Bei Großflaschenformaten wird in der Regel der Abstand vom unteren Ende des Korkens zum Füllniveau der Flasche angegeben.

Eigenschaften

Außerdem werden über die weiteren Eigenschaften der Flaschen bei Auktionen vielfältige Abkürzungen verwendet. Eine Übersicht über die wichtigsten international gängigen Abkürzungen gibt die Tabelle unten.

Leider werden auch zunehmend Portweinflaschen gefälscht. In der Regel sind die Fälschungen ausschließlich in der Königskategorie Vintage Port zu be-

INT/DE	Ausgeschrieben	Bedeutung
DL	Damaged Label	Beschädigtes Etikett, evtl. nicht vollständig lesbar
DP	Duty paid (UK)	Verbrauchssteuer ist bereits entrichtet
EB	English bottling	Englischer Abfüller
IB	In Bond (UK)	Verbrauchssteuer noch nicht entrichtet
NEUW.	Neuwertig	Flasche wie am ersten Tag
OC	Original Carton	In Original-(Papp)Karton, Versand kann teurer sein, wenn Karton separat mitversendet wird.
OWC/OHK	Original Wooden Case/ Original Holzkiste	In Original Holzkiste, Versand kann teurer sein, wenn Kiste separat mitversendet wird.
SL/VER.	Stained label	Verschmutztes, fleckiges Etikett
SSL	Slightly stained label	Leicht fleckiges Etikett
ST/ZER	Slightly torn/ Zerrissen	Leicht eingerissenes Etikett, nicht komplett, aber vollständig lesbar
SDL	Slightly damaged label	Beschädigtes Etikett, vollständig lesbar
VDL	Very damaged label	Stark beschädigtes Etikett, evtl. gar nichts lesbar
WC/HK	Wooden case/ Holzkiste	Holzkiste ohne Beschriftung

obachten. Für die Identifikation dieser Fälschungen kommt erschwerend hinzu, das bis 1974 häufig Portweinfässer mit Vintage Port nach England exportiert und dort unter vielfältigsten Bedingungen mit zum Teil recht abenteuerlich wirkenden Etiketten abgefüllt wurden. Daher existieren bei identischen Vintage Ports verschiedene Etiketten, zum Teil auch unterschiedliche Flaschenformen. Es gibt dennoch einige Möglichkeiten, eine Fälschung zu identifizieren bzw. mit höherer Wahrscheinlichkeit auszuschließen:

- Bei alten Vintage Ports ist sowohl der Hersteller als auch der Jahrgang häufig in der Wachskapsel eingestanzt. Bislang hatte ich bei einer solchen Kennzeichnung noch keine Fälschung.
- Ein IVP Siegel des Portweininstitutes bei einer englischen Abfüllung ist ein Indikator für eine Fälschung. Da hat jemand Flaschen umetikettiert.
- Ein alter Vintage Port muss ein Depot enthalten. Drehen Sie die Flasche um 180 Grad und leuchten Sie mit einer Taschenlampe gegen den Flaschenhals. Hier müssen nach drei bis fünf Sekunden Teile des Depots im Flaschenhals sichtbar werden.
- Schauen Sie sich die Flaschenform und -qualität genau an. Wirkt die Flasche zu neu, lassen Sie die Finger davon.

- Füllstände können auch Rückschlüsse über die Authentizität des Portweins geben. Ein Vintage Port mit 50 und mehr Jahren Flaschenreife hat auch bei perfekter Lagerung selten Füllstände wie am ersten Tag.

LAGERUNG

Abweichend zu dem bisher gesagten, bleibt zu ergänzen, dass sich tatsächlich auch noch drei andere Arten Portwein weiter entwickeln. Wie bereits im vorherigen Kapitel beschrieben, sind dies die ungefilterten Late Bottled Vintage Ports, die Crusted Ports und weniger mit Intention der Hersteller die alten Colheitas. Bei den Late Bottled Vintage Ports haben die ungefilterten LBVs ein zum Teil erhebliches Lagerpotential. So habe ich kürzlich einen 1981er LBV von Niepoort verkostet, den ich blind auf einen Vintage Port aus den 80ern getippt habe. Auch die LBVs der Quinta do Crasto aus den 90ern sind allesamt sehr gut – selbst der LBV aus dem katastrophalen Jahrgang 1993. Älter als 25 Jahre Flaschenreife würde ich allerdings auch bei sehr guten LBV nicht empfehlen. Crusted Ports von hoher Qualität besitzen hingegen eine nahezu ähnlich lange Lagerfähigkeit wie Vintage Ports. Da über alte Crusted Ports leider wenig berichtet wird, kaufen Sie in dieser Kategorie ein paar Flaschen mehr und probieren alle 5-10 Jahre, um die weitere Lagerfähigkeit zu beurteilen. Die besten Crusted Ports produzieren heute Churchill, Fonseca, Niepoort und Dow. Meist bei älteren Vintage Ports kann man eine zum Teil sehr prominente weiße Farbmarkierung am unteren Rand der Flasche erkennen. Diese Markierung wurde in der Vergangenheit von Herstellern angebracht, die ihre Flaschen ohne Etikett gelagert haben. Sie konnten dann sicherstellen, dass die Flaschen auch ohne Etikett immer gleich lagerten und sich somit das Depot an der gleichen Stelle am Flaschenboden entwickelt. Bei einem zukünftigen Verkauf werden die Flaschen dann „frisch" etikettiert.

Portwein, Sherry und Madeira

In diesem Kapitel werden Sherry und Madeira vorgestellt und zum Portwein abgegrenzt.

Sherry

Der dem Portwein ähnlichste Süßwein ist der Sherry. Der Vergleich ist naheliegend, da auch Sherry aus Haltbarkeitsgründen mit Branntwein angereichert wird. Wie beim Port ist auch das Herkunftsgebiet der Namensgeber des Weines: Jerez in Südwest-Spanien. Sherry Weine dürfen – bis auf den Moscatel – ausschließlich im Kontrollbereich DO des „Sherry-Insitutes" (Consejo Regulador) heranwachsen. Altern dürfen sie nur im Dreieck der Städte Jerez, Sanlucar de Barrameda und El Puerto de Santamaria. Sherries werden bis auf Moscatel und Pedro Ximenez (PX) ausschließlich aus der weißen Palomino-Traube hergestellt. Sie reifen entweder biologisch unter dem Schutz einer Hefeschicht (Flor) oder ähnlich den Tawny Ports unter Oxidationseinfluss in Fässern. Einige Arten reifen erst biologisch, dann oxidativ. Mit 99,5 % stellt die Rebsorte Palomino Fino den Löwenanteil der Rebfläche im Sherry-Anbaugebiet (DO Jerez). Palomino liebt die dort vorherrschenden, sehr kalkhaltigen Böden. Der Kalkanteil speichert den heftigen, kurzen Regen hervorragend und bildet in den 300 Sonnentagen bei extrem heißen Temperaturen oberflächlich eine Art Kruste und hält so die Wasservorräte im Boden.

Der Hauptunterschied zum Port besteht im Solera-System. Solera bezeichnet sowohl das gesamte Alterungssystem, als auch die Reihe der Fässer mit dem ältesten Wein, aus denen die Abfüllmengen (sacca) entnommen werden. Die Solera-Reihe wird ausschließlich mit dem jüngeren Wein aus der Reihe darüber (Criadera) aufgefüllt, welche ihre Auffüllung wieder aus der Reihe darüber erfährt usw. Die jüngste Criadera-Stufe wird mit dem Jungwein des aktuellen Jahrgangs (Sobretabla) aufgefüllt.

Auch beim Sherry gibt es verschiedene Arten. Sie werden danach unterschieden, ob sie ausschließlich oder teilweise unter dem Schutz der Hefeschicht oder oxidativ ausgebaut werden. Ausschließlich unter dem Schutz der Hefeschicht werden die Finos und Manzanillas hergestellt. Amontillados und Palo Cortados reifen sowohl unter der Hefe und werden danach weiter oxidativ ausgebaut und Olorosos ausschließlich oxidativ. Im Weiteren werden Moscatel und Pedro Ximenez reinsortig ausgebaut und zum Verschnitt der sog. Cream Sherries verwendet. Die Creams gibt es in den Stufen Pale Cream, Medium und Cream.

Ein Fino ist ein blassgelber, sehr trockener Sherry, der ausschließlich unter der Hefeschicht heranreift. „Finos" aus Sanlucar de Barrameida nennt man Manzanillas (spanisch für Kamille). Diese reifen im besonderen Mikroklima nahe an der Küste heran und bilden oft eine leicht salzige Kamille-Note. Der zu den Finos ähnlichste Portwein ist ein Dry White Port, wobei der Fino noch trockener und direkter ist.

Der Amontillado reift zunächst unter der Hefeschicht, die dann entweder natürlich oder durch die Zugabe von Branntwein abstirbt. Danach entwickelt er sich unter Sauerstoffeinfluss weiter. Obwohl es auch wenige gesüßte Varianten gibt, sind Amontillado klassisch trocken. Die Aromen sind einem gleichalten Tawny-Port durchaus ähnlich, doch die fehlende Restsüße verrät seine Herkunft.

Olorosos reifen ausschließlich oxidativ. Auch diese Sherry Art ist ein eher trockener Vertreter, wirkt aber durch intensivere Haselnuss- und Karamellnoten insgesamt runder und komplexer. Olorosos sind dem Tawny Port sensorisch noch näher als Amontillados.

Sehr selten sind Palo Cortados. Durch das spontane, nicht gewollte Absterben der Hefe der ursprünglich als Finos ausge-

bauten Sherries wird aus diesem ein Palo Cortado. Sie enthalten in der Regel die Frische eines Olorosos und die Komplexität eines Amontillados.

Eine eher untergeordnete Rolle spielen die Rebsorten PX und Moscatel, die beide reinsortig ausgebaut werden oder in den Cream-Sherries zum Verschnitt benötigt werden. Den PX-Trauben wird zunächst im Soleo-Verfahren (Sonnentrocknung) Wasser entzogen, so dass sie rosinenähnlich gepresst werden. Mit mehr als 225g Restzucker pro Liter (gerne auch mal über 400!) ist der reinsortige PX eine vollständige Nachspeise, wenn nicht sogar „eine ganze Mahlzeit".

Cream-Sherries werden hauptsächlich aus Palomino mit einem geringen Anteil PX oder Oloroso-Sherry verschnitten. Dadurch sind sie sehr gefällige Sherries. Sie sind ebenfalls den Tawny Ports ähnlich, da sie –je nach zugefügter Menge der anderen Rebsorte – über eine spürbare Restsüße verfügen.

Sherries sind hervorragende verstärkte Weine. Gegenüber dem Port haben sie den Vorteil, dass man mit geschickt ausgewählten Speisekombinationen, vor allem mit unterschiedlichen Tapas, einen kulinarisch sehr hochwertigen Abend gestalten kann. Allerdings sind Sherries „stand alone" den Portweinen sensorisch meist unterlegen, da sie nie die „Magie" eines gealterten Vintage Ports oder die Ausgewogenheit eines alten Tawnies entwickeln.

MADEIRA

Der portugiesische Bruder des Portweins ist Madeira. Auch Madeira ist ein alkoholverstärkter (fortified) Wein, der von den Briten „erfunden" wurde. Madeira gibt es von sehr trocken bis sehr süß. Auf der Insel Madeira (port. für Holz) wachsen die Trauben ca. 900 km südlich von Lissabon auf vulkanischem Boden und enthalten den für die Madeira-Weine typischen hohen Säuregehalt. Entdeckt wurde die Art der Weinproduktion zufällig bei einer Schiffsreise nach Indien, bei der man festgestellt hat, dass in den Fässern versehentlich verbliebener (verstärkter) Wein nach 2 bis 3 Monaten Hitze auf Deck aromatischer und gehaltvoller war als bei der Abfahrt. Um diese Reifebedingungen nachzustellen, werden Madeiras in einem frühen Stadium Hitze ausgesetzt. Hierzu gibt es zwei Möglichkeiten. Im Estufagem-Verfahren werden die Weine für ca. 3 Monate auf bis zu 50 Grad erhitzt und konstant auf dieser Temperatur gehalten. Im Canteiro-System reifen die jungen, in Fässer abgefüllten Madeiras zunächst im höchsten Stockwerk der Lagerhalle und werden dort im Sommer bis zu 45 Grad ausgesetzt. Mit der Zeit werden die Madeiras dann in immer tieferen Stockwerken gelagert, um dann am Ende in verhältnismäßig kühlen Kellern zu liegen. Es erklärt sich von selbst, dass die Estufagem-Methode weniger zeitaufwändig und somit günstiger ist und daher meist für die Einsteiger-Qualitäten der Madeiras verwendet wird.

Für Madeira werden mehrheitlich fünf Rebsorten verwendet. Die am häufigsten angebaute Rebsorte ist die rote Tinta Negra-Traube und wird als solche erst seit ein paar Jahren auf den Etiketten vermerkt. Die meisten Einsteiger-Madeiras werden reinsortig aus Tinta Negra hergestellt. Die anderen vier Rebsorten zeigen die Ausbauart der Madeiras. So ist ein Sercial immer trocken, ein Verdelho immer halbtrocken, ein Bual oder Boal immer halbsüß und ein Malvasia (Malmsey) immer süß. Diese Stufen variieren allerdings je nach Hersteller. So ist ein Verdelho von Justinos extrem süß, während sich die gleiche Kategorie von Cossart Gordon eleganter präsentiert. Für die sensorische Wahrnehmung der Süße spielt nicht der (analytische) absolute Restzucker pro Liter sondern die Balance zwischen Säure und Zucker die Hauptrolle.

Durch die Kombination von Hitze, Sauerstoff während der Reifung und dem hohen Säuregehalt sind Madeiras fast unsterblich und wirken selbst nach 100 bis 200 Jahren noch verhältnismäßig frisch. Bei den Herstellern gibt es große qualitative Unterschiede, die sich durch die gesamte Bandbreite ziehen. Herausragende Qualitäten im gesamten Spektrum bieten Blandys und Barbeitos.

Vorsicht bei Solera: Das Solera-System auf Madeira erlaubt, aus einem Fass ein Zehntel zu entnehmen und mit einem (jüngeren) Wein der gleichen Qualität aufzufüllen. Dies darf man maximal 10 Mal durchführen. Beim letzten Mal sind die Fässer dann komplett abzufüllen. Soleras beinhalten daher meist nur einen Bruchteil des angegebenen Jahrgangs und sollten daher günstiger sein als Vintage Madeiras. Ich habe einige gute, aber auch wenig gut strukturierte Soleras verkostet. Das Solera System war eine Weile in der Diskussion, ist aber in der aktuellen Gesetzgebung (Portaria Nr. 38/2015) weiterhin berücksichtigt.

Der sehr große Vorteil, den Madeiras gegenüber allen anderen Weinen (auch Port) haben, ist die lange Lebensdauer an der Luft. Man kann sehr alte Madeiras monatelang geöffnet lassen und daher auch in der Gastronomie perfekt glasweise anbieten. Ich habe während des gesamten Jahres 2014 einen 100 Jahre alten Bual von Cossart-Gordon getrunken, der sich sensorisch während des gesamten Jahres kaum verändert hat.

Gereifte Madeiras sind alten Tawny-Ports nicht unähnlich, allerdings enthalten diese fast immer mehr spürbare Säure und einen leicht salzigen Geschmack. Der Nachteil bei Madeiras ist dieser hohe Säuregrad, der die Weine sehr speziell macht. Auf jeden Fall sind Madeira und seine Weine eine Reise wert.

ZUR VERTIEFUNG

SHERRY

Jahrgangsreine Sherries (Añada oder Vintage) sind die absolute Ausnahme. Neben diesen wenigen Vintage Sherries werden die gealterten Sherries in den Kategorien 12 Jahre, 15 Jahre, 20 Jahre und 30 Jahre hergestellt. Den 20 jährigen Sherry ziert dann das VOS (vinum optimum signatum/ Very old Sherry), den 30 Jährigen das VORS (vinum optimum rare signatum/ Very old rare Sherry)-Emblem des Consejo Regulador. Durch diese Begrenzung in den Kategorien kann Sherry leider die Jubiläen von mehr als 30 Jahren nicht bedienen. Meiner Meinung würde dies den Umsatz nicht unwesentlich steigern, da alte Jahrgangsweine immer eine besondere Aufmerksamkeit erzielen und Sherry, Port und Madeira ein ähnliches Alterungspotential besitzen.

MADEIRA

Madeiras tragen hinter der Jahreszahl das Wort „Colheita", wenn sie zwischen fünf und 20 Jahren nach dem Erntejahr abgefüllt werden, sonst werden sie wie die Portweine als „Vintage" bezeichnet. Da der Begriff „Vintage" durch das Portweininstitut geschützt ist, wird in der Amtssprache Frasqueira verwendet. Im Unterschied zum Portwein handelt es sich bei Colheitas und Vintages/ Frasqueiras um identische Weine, nur die Lagerzeit variiert. Leider hat sich erst seit ein paar Jahren der Vermerk des Abfülldatums auf der Flasche durchgesetzt, so dass man bei alten Flaschen oft nicht weiß, wie viele Jahre diese anteilig im Fass und in der Flasche verbracht haben und in welchem Jahr abgefüllt wurde. Madeiras entwickeln sich in der Flasche zwar nicht weiter, verlieren aber aufgrund der oxidativen und warmen Lagerung wesentlich langsamer ihre Aromen und Frische.

Über die bereits erwähnten Arten hinaus gibt es bei Madeira noch einige Möglichkeiten der Qualitätsangabe:

- Aged Madeiras mit Altersangabe. Erlaubt sind 5, 10, 15, 20, 30 und über 40 Jahre
- Reserva (ou velho) – mindestens 5 Jahre alt
- Reserva Velha (ou muito velho) – mindestens 10 Jahre alt
- Reserva Especial – mindestens 10 Jahre alt und höhere Punktzahl als Reserva Velha
- Seleccionado – mindestens 3 Jahre alt
- Rainwater – Madeira mit goldener oder halbgoldener Farbe
- Seco/Trocken – Zuckergrad/Baumé unterhalb von 1,5°
- Meio Seco/Halbtrocken – Zuckergrad/Baumé zwischen 1° und 2,5°
- Meio Doce/Halbsüß – Zuckergrad/Baumé zwischen 2,5° und 3,5°
- Doce/Süß – Zuckergrad/Baumé über 3,5°

Alte Madeiras sollten sehr lange dekantiert werden. So hat mir Chris Blandy berichtet, dass die optimale Dekantierzeit eines 1795er Madeiras gut zwei bis drei Wochen beträgt. Obwohl man selten Madeiras mit diesem Alter öffnet, sollte man der Dekantierzeit bei Madeiras mit mehr als 40 Jahren doch besondere Aufmerksamkeit schenken.

Douro DOC-Weine

Die Rotweine des Douro-Tals werden von den Herstellern als „Douro DOC" bezeichnet, um sie treffsicher von den Portweinen zu unterscheiden. DOC steht dabei für Denominação Origem Controlada: kontrollierte Herkunftsbezeichnung.

Obwohl der Barca Velha bereits seit 1952 produziert wird, dauerte es noch knapp ein halbes Jahrhundert, bis sich eine erkennbare Rotweinszene im Douro-Tal etablierte. Jedoch besitzen bis auf alte Jahrgänge dieses Ikonenweines nur wenige der Rotweine aus den 1990ern und davor das Alterungspotential der heutigen Weine und sind noch mit großer Freude genießbar. Neben dem Barca Velha (port. altes Schiff) haben hauptsächlich João Nicolau de Almeida von Ramos Pinto, Domingos und Tiago Alves de Sousa, die Roquettes von der Quinta do Crasto, Miguel Champalimaud von der Quinta do Côtto und Dirk Niepoort das Potential des Rotweinanbaus in der einst dem Portwein vorbehaltenen Region früh erkannt und umgesetzt.
Nach der Jahrtausendwende begannen immer mehr Hersteller, Douro-DOC-Weine zu produzieren. Zum Teil wird dies so nachhaltig betrieben, dass bei einigen Herstellern Portwein zum Stiefkind verkümmert. Nur wenige Häuser produzieren keine Douro-DOCs, allen voran die Fladgate Partnership mit den Hauptmarken Taylor, Fonseca, Krohn und Croft. Anfänglich haben einige Winzer Rotweine hergestellt, in dem sie mehr oder weniger die Produktionsverfahren der Portweine angewendet und lediglich den Gärungsprozess nicht mit Branntwein unterbrochen haben. Gerade in heißen Jahren wie 2003 wirken diese Weine heute fett und wenig balanciert und werden wohl nie eine wirkliche Genussphase erreichen. Erst in den eleganteren Folgejahrgängen 2004 und 2005 haben die Mehrzahl der Hersteller sehr gute Rotweine hergestellt und ab den Jahrgängen 2011/2012 gibt es große, tiefe, erhabene Rotweine am Douro. Die Weißweine folgen dieser Logik einige Jahre zeitverzögert. Auch die Pioniere der Douro DOCs haben erst Rotwein und zum Teil wesentlich später Weißwein produziert. Daher ist die Erfahrung mit den Weißweinen bei vielen Herstellern noch nicht so weit fortgeschritten.
Ähnlich wie die Deutschen Weine (z.B. Spätlese, Ürziger Würzgarten, Lange Gold-

kapsel) führen auch die portugiesischen Weiß- und Rotweine Bezeichnungen, die für Nicht-Portugiesen schwer auszusprechen sind und sich nicht selbst erklären. Ähnlich wie die Portweine müssen auch die Douro DOCs eine analytische und sensorische Qualitätsprüfung beim Portweininstitut IVDP durchlaufen, die allerdings nicht ganz so differenziert abläuft.

Es gibt nur eine Unterscheidung der Level 1-3. Wird der eingereichte Wein auf Level 3 festgelegt, können die Hersteller Bezeichnungen wie Grande Escolha (Große Auslese), Grande Reserva oder Colheita Especial verwenden, bei Stufe 2 Reserva, Seleção (Selektion) oder Escolha.

Kategorie	Reserva	Escolha	Colheita
Level 3	Grande Reserva	Grande Escolha	Colheita Especial
Level 2	Reserva	Escolha	Seleção
Level 1	Tinto	Tinto	Colheita

Hersteller	Wein	Preis ab (EVP)	Bemerkung
Casa Ferreirinha	Barca Velha	ca. 300 Euro	ca. 30.000 Flaschen (in guten Jahren)
Sogrape Vinhos	Legado	ca. 200 Euro	4.500 – 5.5000 Flaschen
Quinta do Crasto	Vinha Maria Teresa	ca. 150 Euro	5.500 – 7.000 Flaschen
Quinta do Crasto	Vinha do Ponte	ca. 150 Euro	ca. 3.500 Flaschen
Niepoort	Turris	ca. 120 Euro	ca. 2.500 Flaschen
Quinta do Vallado	Adelaide	ca. 120 Euro	ca. 2.000 Flaschen
Quinta do Vale D. Maria	Vinha do Rio	ca. 100 Euro	ca. 2.000 Flaschen
Quinta do Portal	Auru	ca. 75 Euro	ca. 1.500 Flaschen
Niepoort	Batuta	ca. 75 Euro	ca. 12.000 Flaschen
Niepoort	Charme	ca. 75 Euro	ca. 8.000 Flaschen
Niepoort	Robustus	ca. 75 Euro	ca. 2.000 Flaschen
Vale D. Maria	Vinha da Francisca	ca. 75 Euro	7.000 – 8.000 Flaschen
Vale D. Maria	CV	ca. 75 Euro	5.000 – 6.000 Flaschen
Wine & Soul	Pintas	ca. 75 Euro	ca. 5.000 Flaschen

Stand der Preise Anfang 2016 - Bei allen hier angegebenen Weinen fehlt der Kategorie-Vermerk (Level 1-3)

Sortenreine Weine spielen am Douro derzeit noch eine untergeordnete, aber immer wichtigere Rolle. Sind die portugiesischen Önologen als „Master of blends" bekannt und können auch bei den Rotweinen aus einem reichhaltigen Portfolio von über hundert vorhandenen Rebsorten wählen, werden für einzelne Märkte sortenreine Weine immer wichtiger. Der am häufigsten produzierte sortenreine Wein wird aus der Rebsorte Touriga Nacional hergestellt. Auch aus Sousão, Tinta Roriz und neuerdings Touriga Franca werden sehr gute sortenreine Weine hergestellt. Wie bei den großen Bordeaux ist aber die Cuvée aus mehreren Traubensorten immer komplexer, intensiver und tiefgründiger.

Einige Winzer stellen im Weiteren einen Vinhas Velhas her. Übersetzt bedeutet das „alte Reben", doch neben dem teils erheblichen Alter der Rebstöcke sind dies alte Misch-Anpflanzungen (gemischter Satz), bei denen gerne mal bis zu 30 Rebsorten völlig bunt auf einer Parzelle stehen und gemeinsam geerntet und weiterverarbeitet werden. Dieses Vorgehen soll dem Wein – wie beim Port – eine zusätzliche Komplexität verleihen und bereits früh Synergien während der Gärung nutzen. Bei den Douro-DOCs darf der Begriff „Vinhas Velhas" auf dem Etikett vermerkt werden, wenn die Rebstöcke älter als 25 Jahre sind.
Die Weißweine stehen im Douro-Tal im Schatten der Roten. Qualitativ ha-

ben sie in den letzten Jahren ordentlich zugelegt. Oft zeigen sie eine ansprechende Würz-Frucht-Kombination auf, die sie von vielen eher oberflächlichen Weißweinen anderer Weingebiete deutlich unterscheiden. Ohne Fassausbau sind es frische, authentische, würzige Weine, die gerade im Sommer durchaus eine Probierempfehlung sind und über ein ansprechendes Preis-Leistungs-Verhältnis verfügen. Mit Holzausbau sind es oft hervorragende Weißweine in perfekter Balance und erkennbarem Alterungspotential. Sehr gute Vertreter der weißen Douro DOCs mit Holzausbau sind Niepoorts Coche, Real Companhia Velhas Carvalhas, Wine & Souls Guru sowie der Mirabilis Grande Reserva der Quinta Nova.

ZUR VERTIEFUNG

Douro DOC-Weine

Obwohl die grundlegenden Voraussetzungen wie ein atemberaubendes Portfolio an Rebsorten, Kenntnisse über die Bepflanzung und Pflege der Weinberge sowie grundsätzliche Kellertechniken seit über drei Jahrhunderten im Douro-Tal vorhanden sind, müssen für die Herstellung von Rot- und Weißweinen teilweise zusätzliche Kenntnisse erlernt werden. Bei vielen Winzern entscheidet daher der Anfangszeitpunkt der Herstellung der Douro DOCs maßgeblich über die jetzige Qualität der Weine. So zählen alle Hersteller, die seit den 1990er Jahren bereits Douro-DOCs produziert haben, heute zu den Spitzen-Erzeugern. Viele Winzer, die 2003 noch fette und wenig balancierte Weine produzierten, haben aus ihren Fehlern gelernt. In den letzten Jahren sind die Weine in atemberaubendem Tempo besser geworden, so dass man fehlerhafte Weine am Douro selbst im Entry-Level-Bereich fast nicht mehr findet.

Weinherstellung im Douro-Tal kann nicht günstig sein. Nicht beim Portwein und auch nicht bei den Douro-DOCs. So werden nahezu identische Rebsorten in fast gleichen Lagen verwendet, deren Produktion ähnlich viel kostet. Auch werden viele hochwertige Douro-DOCs im Lagar bearbeitet, was wiederum zu Mehrkosten führt. Ähnlich wie bei den Portweinen muss man also bereit sein, etwas mehr für einen Douro DOC auszugeben als für Weine aus Regionen mit mehrheitlich maschineller Pflege und Ernte. Man erhält dafür dann aber auch hundertprozentig authentische und im Top-Bereich faszinierende Weine.

Bei den Douro-DOCs sind 66 rote und 44 weiße Rebsorten zugelassen. Verwendet man andere als diese zugelassenen Rebsorten, darf man den Wein nicht mehr Douro DOC nennen.

Beim Portwein ist Syrah beispielsweise nicht zugelassen und Rotweine aus dem Douro-Tal mit Syrah müssen als „Vinho Regional Duriense" bezeichnet werden. Übrigens können die Garantiesiegel (selo) des IVDP bei den Douro DOCs sowohl als traditionelle Selo auf dem Flaschenhals angebracht oder alternativ auf dem Rückenetikett abgedruckt werden.

Große Jahrgänge bei den Douro DOCs sind 2004, 2005, 2008, 2010, 2011 und 2012. Vor 2004 ist es schwierig von großen Jahrgängen zu sprechen, da es damals nur eine Handvoll Produzenten gab, die einen Wein hergestellt haben. 2008 und 2010 ergaben frische, sehr gut balancierte Weine. Die letzten Jahrgänge für die Douro Weine:

2013 – Ein durchwachsener Jahrgang. Da Ende September eine längere Regenperiode vorherrschte, waren die Winzer im Vorteil, die ihre Trauben vorab geerntet haben.

2012 – Sehr guter Jahrgang. Die Weine werden im Vergleich zum Vorgängerjahrgang etwas früher trinkbar sein und sind mehrheitlich frischer und besser balanciert als die 2011er.

2011 – Perfekt für Portwein, sind 2011 die Winzer im Vorteil, die maskuline und tanninhaltige Douro DOCs herstellen. Diese benötigen allerdings viel Zeit, um die optimale Trinkreife zu erreichen.

2010 – Ein kühler, recht feuchter, frischer Jahrgang, der die Douro DOCs den Portweinen gegenüber bevorzugt. Sehr gut strukturierte, frische Weine.

2009 – Durchwachsener Jahrgang. Obwohl die klimatischen Bedingungen in 2009 sehr gut waren, gibt es neben hervorragenden auch einige wenig gut strukturierte Weine.

2008 – Ein sehr kühler, frischer Jahrgang. Relativ früh trinkbar mit meist nicht zu intensiver Struktur, aber oft sehr guter Balance.

2007 – Ein Jahrgang, der die Portweine und die Douro DOCs gleichermaßen bevorzugte. Weine mit mittlerer Tanninstruktur und schon früh ansprechender Frucht.

2006 – kein guter Jahrgang für die Douro DOCs. Zu kalt und zu feucht. Alle Weine dieses Jahrgangs sollten zügig getrunken werden.

2005 – Ein sehr guter Jahrgang. Viele der Top-Weine sind jetzt im optimalen Trinkfenster, das aber noch anhalten wird. Dichter als 2004.

2004 – Durchwachsener Jahrgang mit vielen sehr guten Einzellagen-Weinen. Balancierte Weine mit viel Finesse. Nur wenige Hersteller haben ihre großen Gewächse hergestellt.

2003 – Ein sehr heißer Sommer hat mehrheitlich tanninhaltige, massive Weine hervorgebracht. Hier trennt sich schnell die Spreu vom Weizen: Wer noch wenig Erfahrung mit Weinen hatte, hat oft unstrukturierte, fette Weinen mit einem intensiven Tanningerüst hergestellt. Die Könner haben schwere, aber balancierte Weine produziert. Die meisten benötigen noch Zeit.

Der Douro – gestern, heute und morgen

„There is no future without knowing and respecting the past and trying to understand the present and doing something about it." (Dirk Niepoort)

Gestern am Douro - Die Geschichte des Portweins

Nun habe ich Sie lange genug verschont, aber hier ist sie endlich: Die Geschichte des Portweins. Für die teil-interessierte Leserschaft habe ich eine tabellarische Übersicht vorangestellt. Wer mehr erfahren möchte, der findet anschließend den ausführlicheren Bericht. Nach der geschichtlichen Darstellung folgen zwei weitere Abschnitte. Der erste gibt einen Überblick über die heutige Situation am Douro und der zweite wagt einen Blick in die Zukunft.

Jahr	Event
v. Chr.	Zur Bronzezeit gab es bereits Weinreben am Douro
7. Jh. n. Chr.	Erwähnung des Weinbaus im Douro-Tal im Westgotischen Codex
1128	Gründung des Königreichs Portugal
13. Jh.	Tributzahlungen in Form von Wein an den König finden erstmals Erwähnung
13. Jh.	Erste Weinexporte vom Douro-Tal nach Frankreich
1386	Vertrag von Windsor zwischen England und Portugal wird geschlossen. Es ist das älteste noch gültige diplomatische Bündnis Europas
1498	Entdeckung des Seeweges nach Indien – Portugal steigt zu Europas führender Seemacht auf und kolonialisiert Teile Ost-Indiens

1502	Entdeckung und Inbesitznahme Brasiliens – Portugal steigt zu Europas führender Handelsmacht auf
Im 16. Jh.	Wirtschaftlicher Aufschwung am Douro durch starke Zunahme des Weinbaus. Die ersten ausländischen Händler siedeln sich in Porto an
Um 1650	Übernahme der ostindischen Kolonien durch die Holländer. Brasilien ist jetzt Portugals wichtigste Kolonie
1659-1668	Krieg zwischen Spanien und England/Portugal
1668	Völlige Unabhängigkeit Portugals von Spanien
1678	Erste Zollregistrierung des „Vinho do Porto"
Anfang 18. Jh.	Hohe qualitative und quantitative Verbesserung des Vinho do Porto, Export hauptsächlich nach England
1703	Vertrag von Methuen – Grundlagenvertrag über die privilegierte Warenlieferung zwischen England und Portugal
1727	Gründung der „Factory" – Zusammenschluss der engl. Portweinproduzenten als „British Association"
1. Hälfte des 18. Jh.	Umfangreiche Neuanpflanzungen im Baixo Corgo
Ab 1750	Offizielle Qualitätseinbußen beim Portwein durch die Beimischung von Holunderbeeren („baga") und die Beimischung minderwertiger Trauben
10.09.1756	Gründung der Companhia Geral da Agricultura das Vinhas do Alto Douro, des Vorläufers des heutigen Portweininstitutes IVDP
1756-1758	Strukturierung des Portweinhandels und Abgrenzung des Portweingebietes durch Marques de Pombal

1780-1791	Abtragung des Felsens bei Ferradosa, dem Cachão de Valeira. Erst dadurch wurde der „Douro Superior" für den Portwein erschlossen
1799	Portweinhandel macht 50% des portugiesischen Bruttoinlandproduktes aus
Ende 18. Jh.	Erste Vintage Ports, die allerdings nur wenig mit den heutigen Vintage Ports gemein haben
1808-1811	Briten kämpfen mit den Portugiesen in Portugal gegen Napoleon
1811	„Kometen-Jahrgang". Der erste Vintage Port Jahrgang nach heutigen Maßstäben
1815	„Waterloo-Jahrgang". Der zweite Top-Jahrgang in kurzer Folge (sowohl für Vintage Port als auch Colheitas)
1815-1822	Zweite große Gründungswelle ausländischer Hersteller
1832-34	Bürgerkrieg, anschließend völlige Deregulierung der Portweinproduktion und des -handels
1848	Joseph James Forrester zeichnet die erste akkurate Karte vom Douro-Tal
Ab 1851	Echter Mehltau bedroht die Ernten
Ab 1863	Die Reblaus Phylloxera wird am Douro-Tal entdeckt und beginnt ihren zerstörerischen Feldzug
1873-1887	Bau der Eisenbahnlinie Porto – Barca d'Alva
1887	Fertigstellung der Eisenbahnlinie Porto – Barca d'Alva (span. Grenze)
1909	Jahrtausendflut in Porto – große Mengen Portwein werden zerstört durch Überflutung der Keller

1919	Erster internationaler Namenschutz für Portwein
1932–1974	Errichtung des Ein-Parteien-Staates unter Salazar, der über drei Jahrzehnte das Land regiert
1933	Errichtung des Portweininstitutes IVP mit umfangreichen Kontrollfunktionen
1964	Die traditionellen Portweinboote auf dem Douro werden außer Dienst gestellt. Ab sofort übernehmen Straßentransporte und größere Schiffe den Transport
1973	Verbot, Portwein außerhalb von Portugal in Flaschen abzufüllen
1974	Nelken-Revolution in Portugal. Führt mittelfristig zu großen Umstrukturierungen in Portugal
Ende 1970er Jahre	Übernahme großer Portweinhäuser durch multinationale Konzerne, allen voran Cockburn und Sandeman
1982	Gründungsjahr der Portweinbruderschaft Confraria do Vinho do Porto
1986	Eintritt Portugals in die EG, in der Folge wurde der „Direktverkauf ab Hof" möglich. Viele Farmer begannen, Weine zu produzieren und zu verkaufen
1988	Aufgabe der letzten 30km der Bahnstrecke Porto – Barca d'Alva. Die Strecke endet nun in Pocinho
1990	Beginn der Rotweinpioniere. Vorher gab es nur vereinzelt Rotweine aus dem Douro-Tal, allen voran Barca Velha seit 1952 und Quinta do Cotto seit den 1980er Jahren
1994	Großer Jahrgang beim Portwein. Vielbeachtet von der Fachwelt. Erster Portwein-Hype-Jahrgang. Führt gerade auf dem nordamerikanischen Markt zu hohen Exportzuwächsen

2001	Die Region Douro Superior wird UNESCO Weltkulturerbe
2006	Umbenennung des IVP in das IVDP (+ Douro DOC). Seit dem regelt das IVDP die Portweine und die Weiß- und Rotweine aus dem Douro-Tal
2011	Erster gemeinsamer großer Jahrgang der Vintage Ports und Douro DOCs
2015	Zweiter gemeinsamer großer Jahrgang der Vintage Ports und Douro DOCs

Einleitung

Wenn man sich die großen Portweinhäuser und viele Begriffe in der Portweinwelt anschaut, wundert man sich über die zahlreichen englischen Bezeichnungen und Namen, obwohl Portwein doch ein portugiesisches Produkt ist. Hersteller wie Taylor, Graham, Fonseca oder Warre und Begriffe wie Late Bottled Vintage Port legen die Vermutung nahe, dass die Engländer die Portweinwelt wesentlich beeinflusst haben. Und das über viele Jahrhunderte.

Schon bei den Römern hieß der knapp 900 km lange Fluss Durius und bildete während der Herrschaft Kaiser Augustus die natürliche Grenze zwischen den zwei römischen Provinzen Callætia im Süden und Lusitanien im Norden. Bis zum ca. 625 km von der Quelle entfernten Grenzübertritt von Spanien nach Portugal heißt er heute im spanischen Teil Duero und in Portugal Douro. In historischen Quellen findet man Vermutungen, dass der Name aufgrund von umfangreichen Goldfunden entstanden ist. Ein weiterer Erklärungsversuch könnte sein, dass sich die untergehende Sonne golden im Douro spiegelt. Als dritte Erklärung hat der Fluss den Anbau und Vertrieb von Agrarprodukten jeder Art ermöglicht und somit der Region Wohlstand gebracht. Da sich die Sonne so ziemlich in jedem Gewässer in ähnlicher Farbe spiegelt, sind meines Erachtens die erste und die letzte Erklärung am wahrscheinlichsten. Beide Faktoren trugen maßgeblich zur Steigerung des Wohlstands im Douro-Tal bei. Nachdem allerdings das Gold seit langem abgebaut ist, sorgt der Fluss als Transportweg und der Tourismus rund um dieses landschaftlich abwechslungsreichste Weinanbaugebiet der Welt für einen gewissen Wohlstand. Flußläufe sind für viele Weinbauregionen die notwendige Bedingung, wie zum Beispiel an der Mosel, im Rheingau oder in Bordeaux. Gerade im infrastrukturell wenig erschlossenen Norden Portugals wäre Weinbau ohne die Wasserstraße Douro nicht vorstellbar gewesen. Noch in den 1960er Jahren hat die 150 km lange Reise von Porto in das Douro-Tal aufgrund fehlender bzw. schlecht passierbarer Wege gut fünf Stunden in Anspruch genommen.

Die Anfänge des Weinbaus im Douro-Tal

Der Weinbau im Douro-Tal geht bis in prähistorische Zeiten zurück. In Fundstätten der Bronzezeit fanden sich bereits verkohlte Weinreben im Douro-Tal. Erstmals wurde der nordportugiesische Weinbau im Westgotischen Codex des 7. Jahrhunderts erwähnt. Aus der anschließenden maurischen Besatzung vom 8. bis 11. Jahrhundert existieren aufgrund des islamischen Alkoholverbotes wenig Aufzeichnungen über den Weinbau am Douro.

Erst in den Freibriefen der Stadt Sao João da Pesqueira im Zentrum des heutigen

Portwein-Anbaugebietes wurde im 11. und 12. Jahrhundert von Tributzahlungen in Form von Wein berichtet. Da der Weinanbau und der Schiffsverkehr auf dem Douro in dieser Zeit stark zunahm, erließ König D. Alfonso II. Anfang des 13. Jahrhundert einen Zoll für alle Schiffe mit Ziel Vila Nova de Gaia, der in Wein zu entrichten war.

Mit der Übernahme der Regentschaft durch Alfonso III. (1245-1278) begann der Weinexport nach Frankreich. Nachdem Dinis I. 1279 als burgundischer Herrscher im 13. Jahrhundert das portugiesische Zepter übernahm, wurde der Weinexport in sein französisches Mutterland erheblich ausgebaut. Das Blatt wendete sich allerdings, als im 14. Jahrhundert der 100jährige Krieg zwischen Frankreich und England ausbrach und Portugal sich für eine Seite entscheiden musste. Obwohl der Krieg nicht im Sinne der Engländer verlief, entschieden sich die Portugiesen für eine Allianz mit England. Ferdinand I. bekundete 1386 dies auch offiziell im Vertrag von Windsor. Neben der gegenseitigen Treuebekundung waren hauptsächlich Handelsbeziehungen Inhalt des Vertrags. Hier wurden der Textil- und Wollexport von England und der Weinexport von Portugal erstmalig mit gegenseitigen Einfuhr-Privilegien ausgestattet. Der Vertrag von Windsor ist das älteste noch gültige diplomatische Bündnis Europas. Mit dem Tod Ferdinand I. erlosch auch die Blutlinie der burgundischen Könige in Portugal. Um den langfristigen Frieden zwischen Portugal und Kastilien sicher zu stellen, hatte Ferdinand seine Tochter Beatrix bereits 1382 mit dem König Kastiliens verheiratet. Die Portugiesen hatten zu diesem Zeitpunkt genug von ausländischen Herrschern und wollten vor allem nicht als Anhängsel des spanischen Königreiches enden. Der folgende Krieg zwischen Kastilien und Portugal endete mit einem überragenden Sieg der Portugiesen gegen das zahlenmäßig überlegen spanische Heer bei Batalha 1385. Nach diesem Sieg heiratete König João I. die englische Prinzessin Philippa von Lancester, was das Bündnis mit England weiter vertiefte. João I. begründete die portugiesische Herrscherlinie des Hauses Avis (Dinastia de Avis), die bis 1588 andauerte.

Unter dem Haus Avis lösten die Portugiesen im 15. Jahrhundert die Engländer als führende Seemacht ab und vervielfachten ihre Handelsbeziehungen zu anderen Ländern. Der Vertrag von Windsor sicherte den Portugiesen die englische Unterstützung zu und Portugal stieg zur führenden Wirtschaftsmacht Europas auf. Neben der Entdeckung der Seeroute nach Indien im Jahr 1498 und der Kolonialisierung von Teilen Ost-Indiens war die Entdeckung und Inbesitznahme Brasiliens ab 1502 das wesentliche Ereignis, das Portugal langfristig großen Reichtum sicherte.

Über umfangreichen Weinbau im 15. Jahrhundert ist wenig bekannt. Die erste historisch gesicherte Mengenaufzeichnung über den Weinanbau stammt aus dem Jahr 1548, allerdings wird nur wenig über die Qualität und Art des Weins berichtet. Die Vereinigung der Königreiche Spanien und Portugal unter dem Habsburger Phillip II. ab 1580 ging recht spurlos am Weinbau im Douro-Tal vorbei, wahrscheinlich hat dort noch nicht einmal jemand bemerkt, dass Portugal in dieser Zeit von einem spanischen König regiert wurde.

Im 16. Jahrhundert wurden rund um das Gebiet von Lamego etwa 10.000 Pipas Wein (ca. 5.5 Mio. Liter) hergestellt, von denen behauptet wird, dass sie zu den besten im Königreich Portugal gehören und besser wurden, je mehr sie reiften. Die Reifezeit war damals mit maximal 4-6 Jahren angegeben. Der größte Teil dieser Weine wurde mit Schiffen nach Porto und Lissabon transportiert. Auch wird bereits im 16. Jahrhundert der Export zu den portugiesischen Inseln Azoren und Madeira und der Kolonie Angola berichtet. Der Schriftsteller João Barros berichtet bereits 1548, dass „es in Nordportugal sehr gute Weine gibt. Vor allem die, die am Douro und am Rio Pinhão gelesen werden. Von dort aus werden sie nach Porto transportiert". In seinen Aufzeichnungen wurden bereits einzelne Rebsorten explizit erwähnt und als besonders anpassungsfähig für diese Region beschrieben.

Um 1650 verliert Portugal nahezu seinen gesamten Einfluss in Ost-Indien. Im Verlauf führt der Seekrieg gegen die Holländer sogar dazu, dass die gesamten ostindischen Kolonien an Holland übergehen. Brasilien ist nun wichtigste koloniale Einkommensquelle Portugals, die neben Rohrzucker hauptsächlich Gold und Diamanten liefert. Im Jahr 1659 erklärte Spanien schließlich Portugal den Krieg mit der Absicht, den portugiesischen Thron für die Habsburger zurückzugewinnen. Im sogenannten Restaurationskrieg war aber wieder das britisch-portugiesische Heer siegreich, so dass die geschlagenen Spanier im „Frieden von Lissabon" die portugiesische Unabhängigkeit schließlich anerkennen mussten.

Der „Vinho do Porto"

Ohne ausländische Handelsfirmen hätte sich der Portweinhandel kaum in dieser Geschwindigkeit entwickelt. Als einer der ersten Ausländer erreichte Cristiano (Christian) Kopke aus Hamburg die Hafenstadt Porto und errichtete 1638 die gleichnamige Portweinhandelsgesellschaft. Kopke war ein tüchtiger Kaufmann. Er hatte zunächst das Ziel, die Hansestädte mit Wein zu beliefern und weitete dann seinen Absatzmarkt auf fast ganz Zentral- und Nordeuropa aus. Kopke galt bis vor kurzem als das älteste Portweinhaus. Im Jahr 2013 wurden allerdings Unterlagen der Familie Thompson gefunden, die einen Weinhandel bereits 1588 belegen, so dass Croft als Rechtsnachfolger des Thompson-Famlienunternehmens nun diesen Titel beansprucht.

Festzuhalten bleibt, dass Anfang des 17. Jahrhunderts die ersten großen ausländischen Handelsfirmen in Porto gegründet wurden und diese Firmen einen für den Export geeigneten Wein einkaufen oder herstellen mussten. Weitere Firmengründungen folgten, allen voran Warre im Jahr 1670, Quarles Harris 1680, Taylor 1692 und die Morgan Brothers 1715. Diese Gründungen wurden wesentlich durch die Vermählung des englischen König Charles II. und der portugiesischen Prinzessin Katarina von Bragança begünstigt. Als direkte Folge dieser Hochzeit erhielten alle Engländer, die in Portugal Handelsfirmen eröffneten, einen Diplomaten-Status.

1678 wurde die erste Zollregistrierung mit dem Namen „Vinho do Porto" dokumentiert. Die damaligen Weine waren trocken und alkoholisch. Zwar wurde auch damals schon Branntwein während verschiedener Phasen des Gärprozesses zugefügt, doch außer der dunkelroten Farbe hatten diese Weine nur sehr wenig mit den heutigen Portweinen gemeinsam. Die Anreicherung mit Branntwein hatte einzig zum Ziel, den Wein für die lange Seereise zu stabilisieren. Da die unverstärkten Weine zu dieser Zeit nicht sonderlich robust waren, führten einige Tage oder gar Wochen direkter Sonneneinstrahlung oft zur völligen Ungenießbarkeit. Bis zur „pombalinischen Ära" in der zweiten Hälfte des 18. Jahrhunderts ist wenig über die Qualität der damaligen Weine bekannt. Da es gerade in den nordeuropäischen Ländern vor dieser Zeit eher um Wirkungs- als um Genusstrinken ging, mussten die Weine lediglich das Zielland intakt erreichen. Erst ab der zweiten Hälfte des 18. Jahrhunderts wurde die Hinzugabe des Branntweins in etwa so vollzogen, wie wir es heute kennen.

DAS 18. JAHRHUNDERT VOR POMBAL

Während die dokumentierte Ausfuhr zwischen 1680 und 1689 jährlich durchschnittlich 700 Pipas (385.000 Liter) erreichte, vervielfachte man diese Mengen in den Folgejahrzehnten bis sie 1715 den damaligen Höchststand von über 10.000 Pipas (5,5 Mio. Liter) erreichte. Das englische Königreich war traditioneller Handelspartner und wurde durch den Vertrag von Methuen im Jahr 1703 auch größter Absatzmarkt, vor allem für Wein. Die Portugiesen importierten im Gegenzug Fertigprodukte und Textilien aus England. Darüber hinaus beinhaltete der Vertrag gegenseitige militärische Bündnisverpflichtungen. Da Frankreich und England zu den europäischen Großmächten aufgestiegen waren, bestätigte Portugal mit der Unterzeichnung des Methuen Vertrages seine Bruderschaft mit dem englischen Königreich und erhielt dadurch eine Versicherung, die im kommenden Jahrhundert nicht mit Gold hätte aufgewogen werden können.

Der Vertrag von Methuen beinhaltete im Weiteren umfangreiche gegenseitige Steuererleichterungen. So wurden die portugiesischen Weine nur mit 2/3 der Steuer belegt, die für französische Weine erhoben wurde. Damit war der englische Exportmarkt für portugiesische Weine für die nächsten Jahre gesichert. Zwar hatte der Vertrag von Methuen zunächst Vorteile für Portugal, wie die mehr oder weniger gesicherte Abnahme landwirtschaftlicher Produkte, jedoch verzögerte er die industrielle Revolution in Portugal erheblich. Die Verarbeitung der Waren erfolgte ausschließlich in England und Portugal blieb somit ausschließlich Lieferant von Rohstoffen und Agrarprodukten. Die Ungleichbehandlung der französischen Weine durch den Vertrag von Methuen wurde erst in den 1840er Jahren abgeschafft. Langfristig hat der Methuen-Vertrag dazu beigetragen, dass England auch heute Hauptabsatzmarkt hochkarätiger Portweine ist, allen voran der Vintage Ports. Obwohl die Engländer mengenmäßig nur rund zehn Prozent am Portweinmarkt halten, importieren sie auch heute noch über 20% der Premium-Portweine (Stand 2015).

Der starke Anstieg des Portweinexports führte zu Rivalitäten zwischen den englischen Handelshäuser. 1727 wurde die „Factory" gegründet. Die Factory ist ein Zusammenschluss der Handelsfirmen im Ausland, die eine gemeinsame Vorherrschaft sichern sollen. Zwischen 1785 und 1790 ließ der britische Konsul das „Factory House" als Clubhaus der britischen Portwein-Handelsfirmen bauen, das auch heute noch diesem Zweck dient. Die Engländer entwickelten bereits früh eine Vorliebe für die schweren Weine vom Douro. Aufgrund der stark gestiegenen Ausfuhren verwandelte sich das Baixo Corgo-Gebiet in der ersten Hälfte des 18. Jahrhundert in einen „einzigen Weinberg". Doch selbst die umfangreiche Produktionssteigerung konnte die ausländische Nachfrage nicht befriedigen. Wie bei allen Märkten stieg der Preis für die „Douro Weine" gerade im Hauptabsatzland England in dieser Zeit erheblich.

Die steigenden Preise verleiteten die einfallsreichen Portugiesen zu allerlei Betrügereien. So wurden beispielsweise minderwertige Trauben teilweise aus entlegenen Gebieten Portugals in die Douro-Weine gemischt. In anderen Fällen wurde die damals als Qualitätskriterium betrachtete dunkelrote Farbe mit Holunderbeersaft (baga) aufgefrischt. Das daraus entstandene Überangebot und die minderwertige Qualität der Weine hatte zur Folge, dass der Preis quasi über Nacht um nahezu 80% fiel. Aufgrund der gefährlich niedrigen Reputation der Weine brach der Export bis 1750 auch zu den geringeren Preisen um mehr als 30% ein und schnell wurde der Ruf nach einer regulierenden Organisation laut.

DIE ÄRA DES MARQUES DE POMBAL

Sebastião José de Carvalho e Mello war Premierminister unter König D. José I. Carvalho. Ihm wurde schnell klar, dass nur eine effiziente Organisation und drastische Maßnahmen dem Douro-Gebiet mittelfristig wieder zu Wohlstand verhelfen konnten. So rief er im Jahr 1755 die Hauptproduzenten zusammen und gründete eine Organisation, die den Douro-Weinen zu alter Größe verhelfen sollte. Ende des Jahres 1755 legte Carvalho die Ergebnisse dem Königshaus zur Absegnung vor, doch es dauerte weitere neun Monate, bis eine überarbeitete Fassung zur Gründung der Companhia Geral da Agricultura das Vinhas do Alto Douro (Allgemeine Gesellschaft des Weinbaus am oberen Lauf des Douro) führte. Oberstes Ziel dieser Organisation war – in einer sehr generellen Formulierung – die Kontrolle und Organisation der Weinberge, der Herstellung sowie die Kontrolle des Handels mit dem „Vinho do Porto" zu regulieren.

Die Gesellschaft wurde als Aktiengesellschaft gegründet, die Weinbauern sollten die Aktionäre sein, wobei die Hälfte der Einlage in Geld, die andere in Wein eingebracht wurde. Neben der Sicherstellung der Produktion und des Handels sollte die Gesellschaft als Versicherung für in Not geratene Weinbauern dienen – ein zur damaligen Zeit überaus fortschrittlicher Ansatz. Darüber hinaus wurden unabhängig von der Marktsituation garantierte Preise für Weine und Trauben festgelegt. Diese neue monopolistische Gesellschaft regulierte die gesamte Portweinproduktion von der Anpflanzung der Reben bis zum Export der Fässer. Diese Gesetze bewirkten einen extremen Eingriff in den Weinmarkt. Viele Bauern und Weinhändler waren damit nicht einverstanden, konnten sich aufgrund königlicher Absegnung aber nicht dagegen wehren.

Die Qualität der Weine wurde danach unterschieden, ob sie nach „Amerika oder in andere fremde Reiche" (vinhas de feitoria = hohe Qualität) oder im Inland und auf dem brasilianischen Markt konsumiert werden sollten (vinhos do ramo = geringere Qualität), damit „die Minderwertigkeit der „ramo"-Weine nicht den Ruf derer zerstört, die ihn aufgrund ihrer natürlichen Güte verdienen". Um dieses Ziel zu verfolgen, wurden die jeweiligen Produktionsmengen für die Hersteller festgelegt. Wer über die Produktionsmenge an der Companhia vorbei verkaufte, bezahlte hohe Geldstrafen und wurde einem Export-Verbot belegt.

Weitere drakonische Strafen für die Nicht-Einhaltung der neuen Regeln wurden festgeschrieben. Wer beispielsweise der Beimischung von Holunderbeersaft zur Farbintensivierung überführt wird, wurde beim ersten Vergehen mit 20 Stockhieben bestraft. Im Wiederholungsfall wurde man aus Portugal und all seinen Kolonien verbannt. Darüber hinaus wurden alle Holunderbeersträucher innerhalb des Portweinanbaugebietes herausgerissen und ihr Anbau für die Zukunft verboten.

Die Regularien unterschieden Douro-Weine von Weinen außerhalb der Region, so dass

die Gesellschaft schnell die Notwendigkeit einer sorgfältigen Abgrenzung erkannte. Kurz nach der Eröffnung der Büros in Régua im Jahr 1757 wurde damit begonnen, das Douro-Tal zu kartografieren und eine exakte Planung vorzunehmen, in welchem Gebiet die Anpflanzung von Rebstöcken für den Portwein erlaubt wurde. Zwischen 1758 und 1761 wurden zur sichtbaren Kennzeichnung dieses Gebietes 335 Grenzsteine (marcos de feitoria) gesetzt, von denen heute noch über Hundert existieren, zum Teil auf den Quintas, zum Teil in Museen oder offiziellen Gebäuden, wie dem Portweininstitut. Von diesen 335 Grenzsteinen wurden die ersten 201 Exemplare in den Monaten Oktober und November 1758 gesetzt. Da einige Weinbauern mit dieser Gebietseingrenzung nicht zufrieden waren, wurde von April bis Mai 1761 mit weiteren 134 Grenzsteinen nachgebessert.

Die damalige Gebietseingrenzung besteht prinzipiell auch heute noch, allerdings wurde der Douro-Superior komplett ausgespart. Grund für die Begrenzung des Gebietes auf den Baixo Corgo und den Cima Corgo war ein großer Felsen bei Ferradosa, der den Schiffsweg in den Douro Superior versperrte. Der Felsen - Cachão de Valeira – wurde nach und nach gesprengt und abgetragen und der Douro Superior 1789 für den Portwein erschlossen. Die Erweiterung auf den Douro Superior führte zu einer zweiten Gründungswelle von Portweinhandelsgesellschaften, vor allem 1790 von Sandeman und Martinez sowie von Dow im Jahr 1798.

Die Eingrenzung des Gebietes zum Zwecke der Produktionserlaubnis war zur damaligen Zeit einzigartig. Damit ist die Douro Demarcated Region (DDR) das erste abgesteckte Weinanbaugebiet der Welt. Die UNESCO ernannte es 2001 zum Weltkulturerbe.

Für den Hauptabsatzmarkt England änderte sich durch den „pombalinischen Eingriff" der Markt grundsätzlich, da nur noch über das Monopol zu festgelegten Preisen Portwein gekauft werden konnte. Dieser vermeintliche Nachteil wurde schnell durch die Qualitätssteigerungen der pombalinischen Organisation ausgeglichen. In England führte die höhere Qualität zu einem wahren „Portweinhype". Während zur Gründungszeit der Companhia Geral da Agricultura das Vinhas do Alto Douro 1756 jährlich nur 12.000 Pipas (ca. 6,6 Mio. Liter) exportiert wurden, explodierte diese Menge bis zum Ende des Jahrhunderts auf knapp 60.000 Pipas (ca. 33 Mio Liter). Besonders trinkfeste Engländer nannte man „three bottle men", da sie pro Tag drei Flaschen Portwein konsumierten.

Ende des 18. Jahrhunderts hatte sich der Portwein-Exportmarkt hauptsächlich unter den britisch dominierten Firmen aufgeteilt. Allerdings waren die meisten großen Namen nicht ausschließlich auf Portwein ausgerichtet, sondern nutzten anfänglich den leeren Transportraum der Schiffe auf ihrem Weg zurück nach England. Fast alle damaligen Firmen wie Sandeman, Croft, Taylors, Warre und Kopke haben neben Portwein mit Textilien oder Agrarprodukten Handel betrieben.

1799 wurde die Hälfte des portugiesischen Bruttoinlandproduktes durch den Portweinhandel erwirtschaftet.

Die ersten Vintage Ports

Auch die Entwicklung der Vintage Ports wurde im Wesentlichen durch die Engländer und das Verhältnis der Engländer und der Franzosen zueinander beeinflusst. Aufgrund des kurzen Lieferweges über den Ärmelkanal bevorzugten die Engländer zunächst französische Weine. Erst als das Verhältnis zwischen Frankreich und England ab Ende des 17. Jahrhunderts als eine Art „Dauerfehde mit Unterbrechungen" beschrieben werden konnte und der Handel in Kriegszeiten vollständig zum Erliegen kam, benötigten die Engländer einen neuen Weinmarkt, um ihren großen Durst verlässlich stillen zu können. Portugal hatte sich bereits als zuverlässiger Handelspartner etabliert, verfügte über eine lange Tradition im Weinbau und ausreichend Menge und Qualität, um ab dem 18. Jahrhundert als Weinlieferant einzuspringen.

Wann wurden nun Weine produziert, die man mit heutigen Portweinen vergleichen kann?
Obwohl die Portweinhersteller zahlreiche Regeln beachten mussten, wurde der Branntweingehalt nicht durch das pombalinische System reguliert. Die „fortification", wie die Engländer die Hinzugabe von Branntwein nennen, wurde einerseits aus Haltbarkeitsgründen vorgenommen, damit die Weine die Seereise nach England unbeschadet überstanden, andererseits durch die Notwendigkeit, sich von den französischen Weinen geschmacklich abzugrenzen. Die Anreicherung mit Branntwein war für den englischen Markt perfekt, da die englischen Weintrinker als sehr trinkfest eingestuft wurden. Der englische Gelehrte Samuel „Dr." Johnson prägte in dieser Zeit den Spruch „Claret for the boys and Port for the men". Sandeman hat schon immer behauptet, dass sie im Jahr der Ankunft von George Sandeman I. 1790 in Portugal den ersten Vintage Port hergestellt haben, der dann ein paar Jahre später fassweise nach England verschifft wurde. Auch andere Hersteller geben für ihre ersten Vintage Ports gerne einen Zeitraum um die Jahrhundertwende vom 18. auf das 19. Jahrhundert an. Es wurden auch schon Portweine aus den Jahren 1775 oder 1787 als Spitzenjahrgänge in der Literatur erwähnt. Wie dem auch sei, ich denke persönlich eher an den Anfang des 19. Jahrhunderts, wenn man eine gewisse Bandbreite an Herstellern von Vintage Ports voraussetzt. Besonders die hochqualitativen Jahrgänge 1811 (Kometen-Jahrgang) oder 1815 (Waterloo-Jahrgang) sind sicherlich die ersten, bei denen man von einer „Deklaration" mehrerer Häuser sprechen kann. Da es bei diesen ersten Vorläufern aber noch keine Regularien bezüglich des Abfülldatums gegeben hat, variiert der Zeitraum der Fasslagerung nicht unerheblich, bevor sie dann auf die Flasche abgefüllt wurden. Auch der Export von Vintage Port in Fässern nach England lässt ein einheitliches Abfülldatum kaum zu. Meist haben vermögende

Engländer ganze Fässer erworben und diese in ihre Keller liefern lassen. Dort wurden sie dann vom Chef-Butler abgefüllt. Umso erstaunlicher sind es genau diese unter abenteuerlichen Umständen abgefüllten Flaschen ohne Etikett, die heute noch begeistern. Erst seit 1974 müssen Portweine ausschließlich in Portugal auf die Flasche abgefüllt werden, so dass bis zum Jahrgang 1970 einschließlich mehrere Abfüllungen existieren können. Hat man die Wahl zwischen zwei Flaschen unterschiedlicher Abfüllorte, meist Portugal und England, würde ich immer die englische Abfüllung bevorzugen. Die Abfüllbedingungen waren in England meist weniger kontrolliert, doch mit großer Wahrscheinlichkeit wurde der Portwein einen großen Teil seines Lebens im kühlen England gelagert und wird sich dadurch frischer und jugendlicher präsentieren. Ein weiteres Verfahren, das zur qualitativen Variation der Portweine im frühen 19. Jahrhundert beigetragen hat, war das sogenannte „fining" der Weine in England. Beim „fining" oder Schönen wird dem Wein flüssiges Eiweiß zugefügt, das Schwebeteilchen aufnimmt und sich mit ihnen am Boden des Fasses absetzt, wo es dann ausgeleert werden kann. Die Schönung stabilisiert den Wein und sorgt dafür, dass der Wein nicht trüb wird. Da die meisten Engländer mit dieser Methode nicht viel Erfahrung hatten, wurde das leider teilweise so exzessiv angewendet, dass viele Weine einen Großteil ihrer Substanz und Farbe dadurch einbüßten.

Mitte des 19. Jahrhunderts verschnitten viele englische Händler die jungen Portweine mit geringen Mengen älterer Jahrgänge, da diese vom englischen Publikum besser angenommen wurden. Eine weitere, unbedingt notwendige Voraussetzung für die Entwicklung der Vintage Ports war die Verwendung einer einigermaßen uniformen, zylindrischen Flasche, die Ende des 18./Anfang des 19. Jahrhunderts eingeführt wurde. Etwa zur gleichen Zeit wurde auch der Korkverschluss weiträumig eingeführt, so dass die Flaschen mehrere Jahre oder sogar Jahrzehnte horizontal gelagert werden konnten. Obwohl Korkverschlüsse schon in römischen Amphoren verwendet wurden, hat man dieser Verschlussform lange Zeit keine größere Beachtung geschenkt.

Das 19. Jahrhundert

Anfang des 19. Jahrhunderts war Frankreich mit vielen Nationen Europas im Krieg, so auch mit Portugal und England. Da französische Schiffe die englische Küste belagerten, wurde kaum Portwein nach England exportiert. Erst die Schlacht bei Trafalgar brachte 1805 die Wende. Die französische Flotte wurde vernichtend besiegt und Portwein konnte erstmals seit nahezu zwei Jahren wieder sicher auf die Insel transportiert werden. Mit dem Sieg bei Trafalgar begann eine nahezu 100-jährige Vorherrschaft der englischen Marine auf den Weltmeeren und Napoleons Invasionspläne gegen England wurden endgültig eingestellt. Admiral Nelson soll vor der Schlacht seinen Zeigefinger in Portwein gedippt haben, um damit seinen Stabsoffizieren den Ablauf zu skizzieren. Nach der Niederlage bei Trafalgar konzentrierte sich Napoleon auf seine kontinentalen Vorhaben. Der französische Feldzug auf der iberischen Halbinsel (1807 bis 1814) verstärkte den britischen Portweinkonsum indirekt. Spanien gewährte den Franzosen im Jahr 1807 Durchmarschrechte und Napoleon versuchte drei Mal, Portugal zu besetzen. Nachdem die Franzosen zweimal 1808 und 1809 von einem britischen Expeditionscorps zurückgeschlagen wurden, gab man Ende 1809 eine umfangreiche Befestigungslinie in Auftrag, die Linien von Torres Vedras. 1810 wurden die Franzosen letztmalig bei der Schlacht von Buçaco geschlagen und ultimativ bei Sabugal aus Portugal zurückgedrängt. Die ersten zwei Siege 1808 und 1809 wurden unter dem britischen Kommandeur Sir Arthur Wellesley errungen, dem späteren Lord Wellington, der nicht nur die britischen Truppen bei Waterloo anführte, sondern wegen eines außergewöhnlich hohen und hochqualitativen Portweinkonsums bekannt wurde.

Viele der englischen Firmen hatten ihren Firmensitz während des Krieges in das sichere London verlegt, doch einige Hersteller waren direkt an Schlachten beteiligt. William Warre war als Sohn des 1670 gegründeten Portweinhauses bekanntester Repräsentant der Port-Gilde. Warre wurde in England ausgebildet und bekleidete sowohl im portugiesischen als auch im englischen Heer Dienstgrade. Er war bei mehreren Schlachten gegen die Franzosen beteiligt und wurde schließlich als 3 Sterne-General pensioniert. Warre versorgte das portugiesisch-englische Heer während des Krieges mit Portwein. Der Portweingenuss wurde von den englischen Soldaten in ihre Offizier-Clubs transportiert und kurze Zeit später in die zahlreich gegründeten Militärclubs Londons eingeführt.

Nach dem Ende der Kämpfe gegen Napoleon entstand in Portugal ein Machtvakuum. Die französische Besatzungszeit pflanzte die ersten revolutionären Keime in das portugiesische Volk. Während sich das Königspaar noch immer in Brasilien im Exil befand feierte der Liberalismus im benachbarten Spanien bereits erste Erfolge.

1817 wurden in Porto die ersten Hinrichtungen gegen Aufständische vollzogen, was dann in der Folge 1820 zur Revolution führte. Im Verlauf dieser Unruhen wurden die Engländer komplett entmachtet und 1822 die erste portugiesische Verfassung erarbeitet. König João VI. kehrte 1824 widerwillig aus Brasilien nach Portugal zurück, verstarb allerdings nur zwei Jahre später und hinterließ den Thron seinem Sohn Pedro. Porto selbst wurde ab 1820 von zahlreichen Unruhen heimgesucht. So wurden Kämpfe um Vorherrschaften und Besitztümer ausgetragen, die 1832 in bürgerkriegsähnlichen Zuständen ihren Höhepunkt fanden. In der Hauptsache kämpften die Royalisten um Pedro gegen seinen jüngeren Bruder Miguel, der die Miguelliten anführte. Die Lage verschlechterte sich zunehmend als Porto von

Miguel belagert wurde. In einem der heftigsten Kämpfe wurden auch die Portwein-Lagerhallen unter Beschuss genommen. Mehrere Hallen gingen in Flammen auf und vernichteten rund 30.000 Liter Portwein, die in den Douro flossen. Auch im entfernten Douro-Tal wurden Quintas von bewaffneten Milizen geplündert und vielfach zerstört. Gerade Weingüter im Besitz der Kirche wurden von den Miguelitten annektiert und zu teilweise lächerlichen Preisen versteigert. Nach dem Bruderkrieg zwischen Pedro und Miguel, aus dem Pedro siegreich hervorging, wurden die Zeiten außenpolitisch für Portugal zunächst ruhiger. Durch zahlreiche Neugründungen englischer Firmen, allen voran Cockburn 1815, Graham 1820 und Fonseca 1822, wurde wieder Portwein vermehrt und in höherer Qualität hergestellt und genossen. Viele aufeinanderfolgende mäßige Jahrgänge in der ersten Hälfte des 19. Jahrhunderts führten zu vermehrter Armut und Hunger in der Douro-Region. In diesem Zuge wurden die Regularien des pombalinischen Monopols von den englischen Firmen zunehmend in Frage gestellt. Erste Bestrebungen eines freien Handels wurden lautstark formuliert und kurz nach Beendigung des Bürgerkrieges umgesetzt. Portwein war wieder weitestgehend dereguliert.

Mitte des 19. Jahrhunderts wurden viele namhafte Gesellschaften gegründet, allen voran 1842 Niepoort, 1845 Andresen, 1855 Rozés, 1859 Cálem, 1865 Wiese & Krohn und 1868 Delaforce. Mit einem solch starken Anstieg der Firmen vervielfachte sich auch die Anbaufläche am Douro, allerdings zunächst fast ausschließlich quantitativ, da die vormals geltenden Regularien vollständig außer Kraft gesetzt wurden. Nicht nur wurde erheblich mehr angepflanzt als vor Außerkraftsetzen der alten Regeln, es wurde auch wieder minderwertiger Portwein in die Douro-Region geschmuggelt und als solcher verkauft. Obwohl die Zeiten der regulierenden Companhia Geral da Agricultura das Vinhas do Alto Douro nicht optimal waren, ohne eine regulierende Behörde lief alles aus dem Ruder. 1838 wurde sie wieder mit alten Rechten installiert, kontrollierte allerdings nie wieder so strikt wie kurz nach ihrer Gründung. Die direkte, sehr positive Folge war ein drastischer Rückgang der kurz vorher angestiegenen Produktionsmenge. Die wirtschaftliche Lage der Portweinhäuser wurde durch eine Reihe sehr durchschnittlicher Ernten mit der Ausnahme der beiden sehr guten Jahrgänge 1837 und 1844 nicht besser. Ab 1851 wurde zusätzlich der echte Mehltau eine immer größere Plage im Douro-Tal. Obwohl schwefelhaltige Mittel schnell als Gegenmittel angewendet wurden, sank die Produktionsmenge – hauptsächlich im Douro Superior – drastisch. Die beiden bekanntesten Quintas der damaligen Zeit im Douro Superior, Vesuvio und Vargelas (damals noch mit einem „l") produzierten Mitte der 1850er Jahre nur noch 20 bis 30 % der Mengen vor den Zeiten des Mehltaus. Auch in den Aufzeichnungen der Firma Sandeman ist zu lesen, dass 1855 nur noch ein Zehntel der üblichen Portweinmenge hergestellt wurde. In der Folge dieses Niedergangs wurde auch die pombalinische Companhia wieder entmachtet – diesmal aber so final, dass sie nur noch ein „gewöhnlicher Hersteller" (Real Companhia Velha) war und keinerlei übergeordnete Befugnisse mehr hatte.

Die zweite Phase des unbeschränkten Portweinhandels ab Mitte der 1860er Jahre hätte ungünstiger nicht starten können. Nicht nur waren die meisten Produzenten in einer schlechten finanziellen Ausgangslage sondern es wurde 1863 die Reblaus Phylloxera zum ersten Mal im Douro-Tal entdeckt und begann ihren zerstörerischen Siegeszug durch die Weinberge in den drei Sub-Regionen. Obwohl der Jahrgang 1863 fantastische Qualitäten hervorbrachte und sich die Produktion zwischen 1860 und 1870 fast verdoppelte, war den Produzenten klar, dass die Schäden durch Phylloxera langfristig die Produktion stark beeinträchtigen werden. Manche Weinberge wurden komplett vernichtet. Zusätzlich zu dem zerstörerischen Wirken der Reblaus gesellte sich zum Ende des 19. Jahrhunderts der falsche Mehltau. Durch die Kombination von Mehltau und Reblaus, die von vielen Herstellern nicht als unterschiedliche Bedrohung erkannt wurde, wurden nahezu 50 % der Rebfläche im Douro-Tal zerstört bzw. für die Erzeugung von Wein unbrauchbar.

In den 1880er Jahren wurde den Produzenten klar, dass sie ihre teilweise 100 Jahre alten Rebstöcke gegen neue, veredelte Reben ersetzen müssen. Die Exportmärkte bemerkten den qualitativen Einbruch der „neuen" post-phylloxera Portweine und nahmen diese wesentlich schlechter an, wodurch der gewünschte Preis für Port sank. Auch wurde der Name „Port" mehr und mehr durch Plagiate aus dem Ausland gefälscht, so dass die Notwendigkeit eines Namenschutzes immer wichtiger wurde. Trotz aller genannten Widrigkeiten entstanden im 19. Jahrhundert einige der wohl feinsten Vintage Port Jahrgänge überhaupt. Portweine aus den Jahren 1811, 1815, 1834, 1847, 1863, 1870 oder 1896 können bei entsprechender Lagerung heute noch Hochgenüsse sein und zeigen den Weinkennern aus aller Welt, wozu Top-Cuvees aus dem Douro-Tal in der Lage sind.

Die Plagen des 19. Jahrhunderts

1845 wurde der echte Mehltau (port. oidio) in Europa entdeckt und verbreitete sich schnell in fast allen Ländern. Der ursprünglich aus Amerika stammende Pilz (US-Rebsorten sind resistent) ist durch ein weißgraues Geflecht gekennzeichnet. Mehltau ist ein sog. Ektoparasit, der sich ausschließlich von lebendem pflanzlichem Gewebe ernährt und sich darauf fortpflanzt. Dabei wächst er auf der Pflanzenoberfläche und entzieht ihr die Nährstoffe. Befallene Trauben können den Wein sensorisch negativ beeinflussen (muffige Noten). Die Winzer ersetzten damals die befallen Rebsorten oft durch hybride US-Rebsorten und importierten damit unwissentlich die zweite Plage, die Reblaus Phylloxera.

Die Reblaus (Phylloxera) ist ein kleines, aus Nordamerika stammendes Insekt. Sie ist mit der heimischen Blattlaus verwandt. Die Wurzelreblaus befällt die nicht reblausresistente Weinrebe in dem sie diese an der Wurzel ansaugt. Durch Monokulturen verbreitet sie sich leichter und kann bei Massenbefall das Wachstum der Rebe

JOSEPH JAMES FORRESTER

Der 1806 in Hull geborene Joseph James Forrester begann seine Karriere in Porto im Jahr 1831, als er in die Firma Offley, Forrester & Webber eintrat. Mit seiner wenig britischen und unkonventionellen Art begeisterte er sich schnell für den Douro, die Landschaft und die Personen vor Ort. Anders als die meisten Engländer der damaligen Zeit sprach Forrester fließend portugiesisch und pflegte zahlreiche Freundschaften sowohl mit den Aristokraten in Porto, als auch mit den Weinbauern am Douro. Während sich die meisten englischen Weinhändler ausschließlich in Porto und Vila Nova de Gaia aufhielten, bereiste Forrester den Douro intensiv.

Mit zunehmender Zeit entwickelte Forrester eine immer größere Leidenschaft für die Region und die Menschen vor Ort. Er kartografierte das Douro-Tal als erster vom Grenzübertritt in Spanien bis zur Flussmündung bei Porto. Bei seinen Reisen auf dem Douro übernachtete Forrester oft auf der Quinta da Boa Vista auf der Nordseite des Douro. Die Quinta gehörte bis vor kurzem zur Marke Offley. Mitte des 19. Jahrhunderts schrieb Forrester zahlreiche Bücher, die bekanntesten 1844 „A word or two on Port wine", „The prize essay on Portugal" 1854 und sechs Jahre später „Portugal and it's capabilities". Sein Meisterwerk „A word or two on Port wine" wurde achtmal aufgelegt und war jedes Mal zügig vergriffen.

Als einer der wenigen englischen Kaufleute wurde Forrester nie als Mitglied in das britische Factory House eingeladen, wohl hauptsächlich aufgrund seiner rüden Art und der Eigenschaft, selten Konfrontationen aus dem Weg zu gehen und immer klare Worte zu finden. Joseph Forrester erhielt viele Auszeichnungen, Medaillen, Titel und Anerkennungen. So wurde er 1855 zum Baron Forrester (Barão de Forrester) ernannt. Er war Kartograph, Künstler und später sogar Fotograf. Auch verband ihn eine enge Beziehung mit der „Grande Dame des Portweins" Dona Antonia Ferreira. Forrester soll des Weiteren auch einer der ersten gewesen sein, der den Mehltau mit Schwefel bekämpft hat, das ist allerdings nicht historisch belegt. Forrester starb 1861 bei einem Schiffsunglück auf dem Douro. Der Legende nach wurde er von seinem schweren Goldgürtel nach unten gezogen, während alle anderen Passagiere das Unglück überlebten. Seine Leiche wurde nie gefunden.

Dona Antonia Adelaide Ferreira

Die „Grande Dame des Portweins" wurde im Kometen-Jahr 1811 in einer reichen portugiesischen Familie in Régua geboren. Schon zu Lebzeiten wurde ihr der Kosename „Ferreirinha" als Auszeichnung für ihre Sorge um den lokalen Weinbau und der beteiligten Personen gegeben. Ferreirinha ist eine Verniedlichung ihres Nachnamens. Dona Antonia erbte früh zahlreiche Quintas von ihrer großen und vermögenden Familie. Ihr Vater arrangierte ihre erste Hochzeit mit Antonias Cousin Antonio Bernardo Ferreira II. Nach dem plötzlichen Tod ihres Ehemanns übernahm Dona Antonia die Firmenleitung. Antonia Ferreira war zu dem Zeitpunkt erst 33 Jahre alt und heiratete kurze Zeit später den ebenfalls vermögenden Francisco Torres.
Dona Antonia war eine Frau mit Weitblick. So vermutete sie, dass Ende des 19. Jahrhunderts die Eisenbahn bis Pocinho gebaut würde und erwarb neben vielen anderen Quintas die im Douro Superior befindliche Quinta do Vale Meão als Filetstück der Firma Ferreira und Rückgrat-Quinta der Barca Velhas im 20. Jahrhundert. Viele Quintas gerieten in diesen wirtschaftlich sehr angespannten Zeiten durch schlechte Jahrgänge, Misswirtschaft und Reblaus unter Druck. Dona Ferreira wurde häufig vorgeworfen, eine „Krisengewinnlerin" zu sein, da sie angeschlagenen Grundbesitzern teilweise sehr günstig Besitz abkaufte. Über die Jahre hat Dona Anontia mehr als vierzig Quintas erworben, von denen heute viele die Vorzeige-Quintas bedeutender Portweinunternehmen sind. Zu ihnen zählen u.a. Burmesters Quinta do Arnozelo, Taylors Quinta de Vargellas, Ferreiras Quinta do Porto sowie die Quintas Avidagos (nur für Wein), Passadouro, Vesuvio, Vallado und Vale Meão. Viele von ihnen zeigen heute noch die Buchstaben "DAAF" über den Metall-Eingangspforten für Dona Antonia Adelaide Ferreira.
Als Antonia Ferreira im Spitzenportweinjahrgang 1896 verstarb, hinterließ sie Quintas mit einer Jahresproduktion von mehr als 1.500 Pipas Portwein. Allein in den Lagern ihrer Marke A.A. Ferreira reiften nahezu 8 Mio. Liter Portwein.

stoppen bzw. diese sogar absterben lassen. Des Weiteren kann die Rebe durch sekundäre Infektionen von Pilzen und Bakterien geschwächt werden. Über London und Südfrankreich verbreitete sich dieser Schädling dann schnell über ganz Europa und erreichte 1876 die iberische Halbinsel. Bereits 1885 erkannte man, dass auf amerikanische Rebsorten aufgepfropfte heimische Sorten nicht von der Reblaus befallen wurden. Heute haben nahezu 100 % der Weinreben im Douro amerikanische Unterlagen.

Das 20. Jahrhundert bis zum Beginn des Zweiten Weltkriegs

Anfang des 20. Jahrhunderts wurde den Produzenten bewusst, dass die Regularien rund um den Portwein erneuert werden

müssen, wollten sie seine Reputation retten. Diese Angelegenheit wurde schnell in die Politik getragen, so dass der Ministerpräsident João Franco bereits 1907 verfügte, dass Portwein als portugiesisches Produkt nur im Douro-Tal in der geschützten Region hergestellt und vermarktet werden durfte. Um diese Regularien umzusetzen, gründete er zwei neue Behörden, die Comissão de Viticultura Região Duriense und das Oporto Customs House. Letzteres erhielt bewusst eine englische Bezeichnung, da die britische Insel der wichtigste Exportmarkt für Portweine war.

1908 wurde die politische Lage Portugals durch die Attentate auf den König und seinen Kronprinzen instabiler. Während in Lissabon durch die Attentate Unruhen entstanden, blieb es im Norden Portugals verhältnismäßig ruhig, jedoch wurden die versprochenen Änderungen der Regularien rund um den Portwein nicht umgesetzt. 1909 stieg darüber hinaus der Douro so stark an, dass die unteren Lagerhallen von Vila Nova de Gaia unter Wasser standen. Mit 27 Meter über der Normalhöhe verlor Sandeman fast die Hälfte seines Portweinbestands.

Erst im Frühjahr 1914 beruhigte sich die politische Lage in Lissabon. Zur gleicher Zeit brachen die Unruhen in Zentraleuropa aus, die in der Folge zum ersten Weltkrieg führten. Obwohl Portugal nicht direkt von Kampfhandlungen betroffen war, mussten zahlreiche deutschstämmige Familien, die teilweise seit vielen Generationen in Portugal beheimatet waren, das Land verlassen. Die bekanntesten unter ihnen war die Familie Burmester. Während der Kampfhandlungen zwischen 1915 und 1918 wurde kaum Portwein exportiert, unter anderem, weil die Seewege immer gefährlicher wurden. Als 1919 der Vertrag von Versailles unterschrieben wurde, konnte Portugal in Folge des von den Franzosen eingeführten Namenschutzes für Champagner und Cognac auch den Namenschutz für Portwein europaweit einführen.

Die ersten Dekaden des 20. Jahrhunderts waren turbulente Zeiten in Portugal. So hatten die Portugiesen seit der Einführung der Republik im Jahr 1910 in den ersten 16 Jahren exakt vierzig Regierungen, die selten nachhaltige Maßnahmen durchsetzen konnten. Für den einstigen Finanzminister António de Salazar war es somit ein Kinderspiel, 1932 die Macht an sich zu reißen, die sein Regime bis 1974 innehielt. Salazar regierte nahezu diktatorisch und setzte einen Ein-Parteien-Staat durch. Seine Partei unterdrückte politische Gegner mit großer Härte. Für die Portweinhäuser begann mit dem Salazar-Regime eine Zeit der Kontrolle und Organisation. Salazar trennte die Herstellung und den Handel und gründete die Federação dos Viticultores da Região do Douro für die Produzenten (später bekannt als Casa do Douro) und das Grémio dos Exportadores de Vinho do Porto als Interessenvertretung der Händler. Das Portweininstitut Instituto do Vinho do Porto wurde ein Jahr später gegründet und sollte als Mittler und Kontrollorgan fungieren. Für die Portweinproduzenten war die Mitgliedschaft im Casa do Douro Pflicht und während der Sitzungen war stets ein Mitglied der Regierung als eine Art „Politoffizier" anwesend. Die Produktion und der Absatz von Branntwein war strikt vom Portwein getrennt und durch das neugegründete Juncta Nacional do Vinho repräsentiert.

Die erste Aufgabe des Casa do Douro bestand in der Festlegung der jährlichen Produktionsmenge und der Einteilung der Bodenqualitäten innerhalb der Douro-Demarcated Region (DDR). Mit dieser Bodenklassifizierung in die Kategorien A bis H wurde die Zuteilung der jährlichen Höchstmenge Portwein reguliert. Diese als Cadastro-System bekannte Zuteilung war Anfang des 20. Jahrhunderts revolutionär und besteht bis heute. Mit dieser kompletten Neuordnung begann eine wirtschaftlich sehr erfolgreiche Zeit der Portweinhäuser. Mit dem Spitzenjahrgang 1927 und den Top-Jahrgängen 1931, 1934 und 1935 waren die Lager mit hochwertigem Portwein prall gefüllt. Da sich das europäische Ausland nach der Weltwirtschaftskrise 1929 zügig erholte, erzielten die Produzenten mit über 75.000 Pipas jährlich die höchsten Produktionsmengen der letzten Jahrzehnte.

Der zweite Weltkrieg und die Nachkriegsjahre

Portugal hat als eines der wenigen europäischen Länder den zweiten Weltkrieg recht unbeschadet überstanden. Es gab nur einige freiwillige portugiesische Soldaten und ein paar zum Kriegsdienst eingezogene Engländer, die meist für mehrere Jahre fort waren, aber kaum Kriegsversehrte oder –geschädigte. Zu Kriegsende schlummerte der Jahrhundertjahrgang 1945 in den Kellern, doch die traditionellen Absatzmärkte hatten zu dieser Zeit wenig Interesse an hochwertigen Weinen, mussten sie zunächst die heimische Wirtschaft auf Friedensproduktion umstellen und in Gang bringen.

Man freute sich bei Kriegsende auf eine ähnliche Boom-Phase wie nach dem Ende des letzten Weltkriegs, doch die Realität sah erschreckend anders aus. Aufgrund der fehlenden Absatzmärkte wurden einigen Firmen übernommen, andere stellten den Betrieb ganz ein. In den Aufzeichnungen der Firma Cockburn wurde festgehalten, dass Ende der 1940er Jahre nur sehr wenig Portwein exportiert wurde, selten mehr als eine Pipa pro Monat und das mit den Top-Jahrgängen 1945, 1947 und 1948 in den Lagerhallen. Da die Kunden der meisten traditionellen Absatzländer nach Kriegsende kein Geld mehr hatten, teure Vintage Ports zu kaufen, versuchten die Produzenten ähnliche, günstigere Arten zu produzieren, ohne die Reputation der Vintage Ports zu gefährden. Produkte wie der Fonseca Guimaraens Vintage Port als Zweitlabel, Single-Quinta-Vintage Ports von Vargellas oder Malvedos, LBV, Crusted Ports und „Vintage Charakter" Portweine wurden hergestellt.

Nicht nur die Nachkriegszeit, auch die gesellschaftlichen Änderungen gerade der

UÇÃO
A 1939
PIPAS

westeuropäischen Länder hatten enormen Einfluss auf den Portweinabsatz. Fast immer waren nun Frauen an den festlichen Tafeln zugegen, die sowohl dem Zigarrenrauchen, als auch den Wein- und Portweingelagen nicht so zugänglich waren wie reine Männerrunden. Es wuchs eine Generation heran, die gemütliche Portweinrunden nicht kannte und es daher auch nicht vermisste. Wurden in den 1930er Jahren noch fast die Hälfte aller Portweine in das englische Königreich exportiert, ersetzten nun andere Länder den britischen Konsum. Allen voran Frankreich, die ab den frühen 1960er Jahren die Briten als Mengenweltmeister ablösten. In den 1960er Jahren wurden einige der größten Portweine des 20. Jahrhunderts hergestellt, doch diese fanden erstaunlicherweise wenig Beachtung im Ausland. Immer noch litten die wesentlichen Absatzmärkte von einst unter den Kriegsfolgen. Auch innenpolitisch wurde die Lage im salazaristischen Portugal instabiler. Portugiesische Truppen erhielten Marschbefehle in die afrikanischen Kolonien, um die Unruhen dort zu beenden. Ende der 60er Jahre wurde dieser Waffengang so teuer, dass er nahezu die Hälfte des Bruttoinlandsproduktes Portugals verschlang. Nach den verlustreichen Kämpfen in Afrika rebellierten ab 1968 die heimkehrenden Truppen. Salazar verstarb nach 36 Jahren an der Macht im Jahr 1968. Sein Nachfolger Marcelo Caetano führte die Geschäfte noch sechs Jahre in seinem Sinne fort, bis die Regierung 1974 in der Nelkenrevolution nahezu unblutig gestürzt wurde.

Lediglich vier regimetreue Polizisten, die auf eine friedliche Menschenmenge feuerten, wurden im anschließenden Feuergefecht getötet. Portugal verliert in Folge seine letzten beiden Kolonien Angola und Mosambik, die sich 1975 für unabhängig erklären.
Am Douro wurden in den 1970er Jahren mit enormen Krediten der Weltbank mehrere Staudämme gebaut, um die Region weiträumig mit Strom zu versorgen. Als Folge wurde der Douro stark beruhigt und bis zur spanischen Grenze schiffbar gemacht. Für Quintas mit Rebzeilen nahe am Ufer brachte dies zum Teil beträchtliche Verluste, da der Douro nun mehr Wasser führte. So wurde auf Taylors Quinta de Vargellas einmalig neben der Deklaration des Jahrgangsports 1970 auch ein Single Quinta Vintage Port Vargellas hergestellt, der ausschließlich von den Rebstöcken produziert wurde, die in der Folge des Dammbaus aufgegeben werden mussten. Ab 1970 besserten sich die Zeiten für die Produzenten. Nicht nur war 1970 einer von vielen Spitzenjahrgängen am Douro und komplettierte die Reihe der Top-Jahrgänge 1960, 1963 und 1966, auch hatten die Menschen in Europa wieder mehr Geld, das sie gerne für Luxus-Produkte ausgaben. 1970 erreichte die Produktionsmenge die der 1930er Jahre wieder und wurde zum Ende der 1970er Jahre sogar nahezu verdoppelt.
Ein Dorn im Auge der Portweinproduzenten waren allerdings Länder, die den Namenschutz des Portweins nie umsetzten, allen voran Australien und die USA. Als Ende der

1960er Jahre die Mengen der ausländischen „Portweine" zunahm, sah man sich gezwungen, zumindest die komplette Produktion inklusive der Abfüllung nur noch innerhalb Portugals zu erlauben, genauer im Bereich des „Entreposto", des zollfreien Lagers in Vila Nova de Gaia. Damit wurde die jahrhundertealte Tradition des Exports von Portwein im Fass unterbunden und ab 1974 nur noch portugiesische Abfüllungen zugelassen. Der letzte umfangreiche Vintage Port-Jahrgang, bei dem ausländische Abfüllungen erlaubt waren, ist somit 1970. Als weitere Folge dieser neuen Abfüll-Regularien lagerten die Portweinhäuser immer größere Mengen Vintage Port in Flaschen ein, um diese später mit hohen Aufschlägen zu verkaufen. Die teilweise recht atemberaubenden Gewinnspannen wollte man nicht nur dem Sekundärmarkt und den Auktionen überlassen.

Das späte 20. Jahrhundert

Die Nelkenrevolution wurde mehr oder weniger am 25. April 1974 begonnen und am gleichen Tag beendet. Der Regierungssturz führte zu tiefgreifenden Veränderungen in Portugal, sowohl politisch als auch in der Portweinwelt. Das Grémio dos Exportadores de Vinho do Porto wurde größtenteils und das Casa do Douro teilweise entmachtet. Nach dem Linksruck der Regierung 1975 wurden große Bereiche der portugiesischen Industrie enteignet und in staatliche Hand überführt. Die britischen Portweinfirmen entwarfen bereits Pläne, das Kerngeschäft von England aus zu leiten, sollten die Kommunisten auch die Shipper enteignen und die Portproduktion übernehmen. Glücklicherweise kühlte sich die aufgeheizte Stimmung des heißen Sommers 1975 im kühlen und regenreichen Herbst wieder ab. Eventuell vorhandene Pläne, auch die Portweinfirmen zu verstaatlichen, wurden nie umgesetzt.

Ende der 1970er Jahre gab es bei einigen Produzenten Zweifel, ob die Portweinproduktion im Familienbesitz weitergeführt werden sollte oder ob man sich für Fremd-Investoren öffnet. Zahlreiche Namen wurden Ende der 70er/ Anfang der 80er Jahre von Großkonzernen übernommen (sog. „multi-nationals"). Durch diese Übernahmen wurden häufig General Manager eingestellt, die mehr an kurzfristigen Gewinnsteigerungen als an langfristigen Strategien interessiert waren. Besonders konnte man die qualitativen Einbrüche bei den Firmen Sandeman, Cockburn und Delaforce nach den Übernahmen bemerken. Während diese bis in die 1970er noch zu den Top-Produzenten gehörten, glitten sie in den 1980ern qualitativ in die Durchschnittsränge ab. Auch gab es zahlreiche Abfüllungen, bei denen die hygienischen Voraussetzungen nicht mit der erforderlichen Sorgfalt eingehalten wurden. Vor allem Cockburn war nach der Übernahme durch Allied Domecq in den Jahren 1983 und 1985 davon betroffen. Um eine gute Flasche dieser Jahrgänge zu erwischen, muss man oft eine ganze Kiste öffnen. Die Übernahmen durch Fremdinvestoren erzeugten durchaus auch positive Effekte.

Herausragendes Beispiel ist die Übernahme der Quinta do Noval durch den AXA-Konzern. Noval war besonders in den 1960er Jahren mit atemberaubenden Abfüllungen seines Vintage Ports Nacional der Spitzenproduzent in der Portwein-Branche und erzielte mit Abstand die höchsten Preise auf Auktionen. In den späten 1970ern und 1980er Jahren wurden eine Reihe von Fehlentscheidungen getroffen und die Qualität der Portweine ging merklich zurück. Erst die Übernahme 1993, dem wohl schlechtesten Jahrgang des 20. Jahrhunderts, brachte mit dem neuen Generaldirektor Christian Seely die Wende. Seit 1994 produziert Noval wieder Spitzen-Portweine und konnte die Reputation der 1960er Jahre sogar noch steigern. Auch die Übernahmen von Graham und Smith Woodhouse durch die in den Nachkriegsjahren finanziell noch stark angeschlagenen Symingtons kann als Erfolg gefeiert werden. Wussten die Symingtons doch seit jeher, dass man eine erfolgreiche Stilrichtung in jedem Fall beibehalten sollte. Qualitativ änderte sich gerade an der Top-Marke Graham nach der Übernahme im Jahr 1970 wenig. Graham gehört bis heute zu den Spitzenproduzenten.

Die 1980er Jahre sollten somit differenziert betrachtet werden. Mit 1980, 1982, 1983 und 1985 gab es eine Reihe sehr guter Jahrgänge. Auch 1987 müsste in diese Reihe aufgenommen werden, doch haben sich die Produzenten einheitlich dazu entschieden, nur Single-Quinta-Vintage Ports herzustellen. Innerhalb der Produzenten variierten die Qualitäten in der Dekade erheblich. Während die englisch dominierten Häuser, allen voran die Symingtons (Graham, Dow, Warre) und die Fladgate Partnership mit den Marken Taylor und Fonseca durchweg hervorragende Qualitäten abfüllten, haben viele Abfüllungen portugiesischer Produzenten ihr Genussfenster bereits überschritten. In den 1980er Jahren brach die Portweinproduktion alle Rekorde. Wurden 1979 erstmalig mehr als 110.000 Pipas produziert, erreichte man zehn Jahre später mit nahezu 216.000 Pipas fast die doppelte Menge und einen neuen Produktionsrekord. Aber nicht nur die Quantität, auch die Qualität der Portweine stieg erheblich. Die neuen Techniken in den Kellern erzeugten nahezu jedes Jahr Vintage Port Qualitäten. Seit dem Ende der 80er Jahre entschieden sich daher auch immer mehr Hersteller, jedes Jahr Single Quinta Vintage Ports zu produzieren, wenn die Trauben sehr gut, aber nicht herausragend waren. Bis auf den Jahrgang 1993, in dem lediglich ein einziger Hersteller Vintage Port anmeldete, wurde die Königsklasse seitdem jedes Jahr abgefüllt, wenn auch in weitaus geringeren Mengen.

1982 war neben einem sehr guten Vintage Port-Jahrgang auch das Gründungsjahr der Confraria do Vinho do Porto, der Portweinbruderschaft. Eigentlich wurde diese Idee bereits während des Salazar-Regimes angedacht, doch der damalige Ein-Parteien-Staat hätte eine solche private Vereinigung wohl nicht zugelassen. Bei der ersten Versammlung und der Ernennung der Mitglieder wurde sowohl der Tradition rund um das Thema Portwein als auch dem „Public-Relations-Gedanken" ähnlich viel Rechnung getragen. Die Aufnahme der Mitglieder findet in der Regel um den Feiertag São João am 24. Juni eines jeden Jahres statt. Zu diesem Anlass wird auch die traditionelle Regatta der Portweinboote durchgeführt. Die Confrares kleiden sich in die traditionellen bordeaux-farbenen Gewänder und haben als Hut eine Mischung eines Graduationshutes und dem von Heinrich dem Seefahrer auf. So wurden schon früh hochgestellte Persönlichkeiten ausländischer Regierungen zu Mitgliedern (Cancelário) ernannt, um ein möglichst breites Presse-Echo zu erhalten. Bekannteste Mitglieder sind der spanische König D. Juan Carlos (1989), der Bundespräsident Richard von Weizsäcker (1994), Kubas Präsident Fidel Castro (1998) sowie nahezu alle portugiesischen Ministerpräsidenten. Auch Persönlichkeiten des öffentlichen Lebens werden mit der Mitgliedschaft geehrt, so zum Beispiel der portugiesische Fußballer Luis Figo 2010. Durch das Nachsprechen „Vereidigungsformel" der Confraria und bei einem Glas Portwein wird man in dem ehrwürdigen alten Börsenpalast „Palacio da Bolsa" inthronisiert:

For Port Wine - For the Confraria -
For the Confrares

Aufgrund der seit den frühen 1980er Jahren an den Universitäten in Porto und Vila Real vorherrschenden Lehre wurden nahezu alle Neupflanzungen reinsortig vorgenommen. Man sah aufgrund der neuartigen Pflanzenschutzmittel nur die Vorteile dieser Anpflanzungsmethode ohne zu versuchen, die Systematik und Logik der Mischpflanzungen zu verstehen. Wein wurde steriler, akademischer und immer weniger aufgrund von Erfahrungen der vorangegangen Generationen hergestellt. Stattdessen dominierten computerisierte Aufzeichnungen und immer mehr theoretische Werte die Portweinherstellung. Diese Entwicklung ging nicht spurlos an den Portweinen vorbei, hatte allerdings einen sehr langsamen, aber langfristigen Einfluss auf die Weine. Seit ca. 10 Jahren schenkt man diesem Thema auch akademisch sehr viel Aufmerksamkeit und versucht, die Anpflanzungslogiken vergangener Generationen zu verstehen und bei Neuanpflanzungen miteinzubeziehen. Auch werden wieder verstärkt alte Werke gelesen und über alte Aufzeichnungen Doktorarbeiten geschrieben. Man versucht nun, die überlieferten Erfahrungen mit den neuen Technologien zu verbinden.

Im Jahr 1986 trat Portugal zusammen mit Spanien der Europäischen Gemeinschaft (EG) bei. Wenig beachtet, hatte dieser Beitritt doch umfangreiche Auswirkungen auf den Portweinhandel. So konnten nun kleinere Quintas direkt ab Hof verkaufen und mussten nicht mehr über den „Entreposto" in Vila Nova de Gaia die Portweine zwischenlagern. Die alte Regelung war mit den Regularien der EG nicht vereinbar und wurde daher sofort geändert. Quintas wie La Rosa, die zuvor ihre Trauben an Sandeman verkauften, oder

die Quinta do Infantado produzierten zügig unter eigenem Namen. Da viele Produzenten überschüssige Trauben von hoher Qualität besaßen, war auch die klassische Weinproduktion der Weiß- und Rotweine im Douro-Tal nur noch eine Frage der Zeit. Gleichzeitig wurden zinslose EU- und Weltbank-Kredite in Anspruch genommen, mit denen die Infrastruktur im Douro-Tal, die Weinverarbeitungs-Anlagen und die Rebflächen umfangreich erneuert wurden und bereits in den 1990er Jahren zu weiteren Produktions- und Qualitätssteigerungen führten.

1989 kam es aufgrund einer Rekordproduktion des Vorjahres zu einem Eklat und zu großen Spannungen zwischen den Produzenten und dem Casa do Douro. das immer noch die Gesamtproduktion festsetzte und den Branntwein importierte und zuteilte. Im gleichen Jahr wurde gegen den Willen der Produzenten eine sehr umfangreiche Portweinproduktion zugelassen. Aufgrund der mäßigen Qualitäten des Jahrgangs führte diese Politik sowohl 1989 als auch im Folgejahr zu einer Überproduktion. Darüber hinaus erhöhte das Board des Casa do Douro den Bezugspreis für den Branntwein willkürlich um über 20%. Die Überproduktion wurde in den ersten Jahren der 90er Jahre fortgeführt, so dass die Produzenten auf immer größeren Lagermengen saßen. 1993 lief darüber hinaus die Zinsfreiheit für die ersten Weltbank-Kredite ab, so dass einige Hersteller in massive Liquiditätsengpässe gerieten.

Der tatsächliche Bruch zwischen dem Casa do Douro und den Produzenten wurde durch den Kauf einer 40 % Beteiligung an der Real Companhia Velha vollzogen. Die Rolle der staatlichen Kontroll-Instanz und eines maßgeblichen Mitbewerbers konnte nicht in die gleichen Hände gelegt werden. In der Folge musste Mesquita Montes, der für 23 Jahre diese teilweise recht zwielichtig agierende Behörde leitete, den Deal rückgängig machen und kurze Zeit später zurücktreten. Die Außenwirkung dieser Vorgänge waren verheerend – gerade potentielle Fremdkapitalgeber scheuten sich in der ersten Hälfte der 1990er Jahre aufgrund der bananenrepublikartigen Verhältnisse als Investoren einzusteigen und die Portweinbranche, wenn nicht sogar ganz Portugal, verlor viel Vertrauen und Ansehen.

Nach den hervorragenden Jahrgängen 1991 und 1992 setzte um den Jahrgang 1994 ein wahrer Hype ein. Hauptsächlich Nordamerika sorgte für eine wahre Preisexplosion der Vintage Ports. Als die ersten Weinbewertungen den Jahrgang in den Himmel lobten, überstieg die Nachfrage bei den Top-Produzenten Taylor, Fonseca und Noval schnell das Angebot. Eine Rekordzahl von 46 Herstellern produzierte in 1994 einen Vintage Port. Nachdem die Vorräte der „Top 3" ausverkauft waren, schwappte die Hysterie auf die anderen Häuser über. Nicht selten wurden Preissprünge von 30 bis 50 % gegenüber den Vorjahres-Jahrgängen 1991/1992 beobachtet. Das hohe Preisniveau vieler großer 1994er Vintage Ports ist geblieben. Der Jahrgang ist noch immer der teuerste jüngere Vintage Port Jahrgang. Der sehr gute Nachfolgejahrgang 1995 wurde nicht generell deklariert. Die Vintage Ports von 1997 behielten das Preisniveau der 1994er Portweine bei, verfügten aber in der Breite nicht über die Qualitäten des Jahrgangs 1994. Durch die Begeisterung für die Portweine des Jahrgangs 1994 ist Portwein wieder in den Fokus der Weinliebhaber auf dem ganzen Planeten gerückt. Der Jahrgang 2000 konnte den Siegeszug der hochqualitativen Portweine fortführen.

In den 1990er Jahren stellten viele Hersteller erstmals auch (unverstärkte) Rot- und Weißweine her, die sogenannten Douro-DOCs. Obwohl der Ikonenwein Barca Velha bereits 1952 abgefüllt wurde, gab es wenig Nachahmer. Erst zum Ende des 20. Jahrhunderts begannen Hersteller wie die Quinta do Cotto (seit 1982), Ramos Pinto und Niepoort (seit 1990) und danach Alves de Sousa, die Quinta do Crasto und andere, Wein herzustellen. Glücklicherweise gab es zu diesem Zeitpunkt wenig wirkliche Neugründungen, so dass diese im Portweinbereich sehr erfahrenen Produzenten ausschließlich autochthone Rebsorten verwendeten und nicht Allerwelts-Trends wie in der Toskana erlagen. Ein Trend, der sich im neuen Jahrtausend mit großem Erfolg fortsetzen sollte.

Trend oder Tradition – Der Scheideweg des frühen 21. Jahrhunderts

Der Jahrgang 2000 musste deklariert werden. Von den drei Nullen geht eine unbestrittene Magie aus. Vintage Port wird jedoch nur in besonders guten Jahren hergestellt. Beim Jahrtausendjahrgang waren glücklicherweise alle qualitativen Voraussetzungen vorhanden. Zusammen mit 2003 sorgten der 2000er Jahrgang für viel Aufsehen und eine kontinuierliche Erwähnung in der in- und ausländischen Fachpresse. Obwohl Portwein Anfang des 21. Jahrhunderts mengenmäßig von Jahr zu Jahr geringfügig zurückging, wurde ein immer größerer Anteil der „special category"-Portweine getrunken.

Durch die Ernennung des Douro-Tals zum UNESCO-Weltkulturerbe im Jahr 2001 kam auch der Tourismus mehr in Fahrt. Von Massentourismus zu sprechen wäre selbst im Jahr 2016 noch völlig verfehlt. Waren aber bis zur Jahrtausendwende mehrheitlich Fachbesucher vor Ort, verirrten sich zunehmend Naturliebhaber in die wohl schönste Weinregion der Welt und wurden erst in der Folge versiertere Portwein-Konsumenten. Immer mehr Weingüter öffneten ihre Tore für Touristen, zunächst nur für Verkostungen, später auch für Übernachtungen. Heute gibt es nur noch wenig Produzenten, die keine Zimmer vermieten und dies auch nicht in naher Zukunft vorhaben.

Neben den Portweinen rückten die Douro DOCs ab dem Jahrgang 2003 immer mehr in den Fokus der Hersteller. Im heißen Jahrgang haben fast alle großen Hersteller bereits Rotweine hergestellt. Die mit wenig Erfahrung allerdings noch recht fette, schwere Weine produzierten. Die Folgejahre waren erfolgreicher, da sie aufgrund der klimatischen Verhältnisse für die Rotweinpro-

duktion nicht so schwierig waren wie 2003. Im Jahr 2006 reagierte das Portweininstitut IVP und änderte seine Bezeichnung in IVDP und war nunmehr das Kontrollorgan für Portwein und die Douro-DOC Weine (Instituto dos Vinhos do Douro e do Porto).
Der Konzentrationsprozess der Hersteller setzte sich auch Anfang des 21. Jahrhundert weiter fort. Große Häuser kaufen immer mehr Land im Douro oder direkt komplette Marken inklusive Quinta und Vorräten auf. So hat die Fladgate Partnership die großen und bekannten Marken Croft und Krohn samt Quintas und Portweinlager in ihr Unternehmensportfolio aufgenommen. Cockburn wurde über mehrere Jahre samt der Quinta dos Canais von den Symingtons übernommen und kürzlich hat Gran Cruz die Quinta do Ventozelo erworben. Die meisten dieser Übernahmen wurden getätigt, um die Produktion erweitern zu können und schon im Weinberg Einfluss auf die Qualität nehmen zu können. Das einzige große aktive Haus, das sich kürzlich von Landbesitz trennte, war Sogrape mit dem Verkauf der Quinta da Boa Vista.
Den große Durchbruch des frühen 21. Jahrhunderts läutete der Jahrgang 2011 ein, sowohl bei den Douro-DOC Weinen als auch bei den Vintage Ports. Nahezu jeder Hersteller füllte in die Flasche, was er ernten konnte und der Markt nahm es fast süchtig auf. Doch waren nicht nur die hervorragenden Qualitäten des Jahrgangs entscheidend für die Marktreaktionen. Zunächst hagelte es Top-Bewertungen der Wein-Journalisten.

Als dann die ersten Hersteller ihre Vintages mit sehr vorsichtigen Preisvorstellungen in den Markt entließen, waren viele in den ersten Wochen ausverkauft. Da ein Vintage Port eines Top-Jahrgangs mit einem Einstandspreis von 35 Euro für wenig mehr als ein Cru Bourgeois gehandelt wird, wurden viele Kisten von Wein-Investment-Fonds aufgekauft. Clevere Hersteller kopierten das Negociant System aus Bordeaux und kategorisierten ihre Mengen in Tranchen. Sobald die erste Tranche verkauft war, wurde die zum Teil erheblich teurere nächste Tranche angeboten. Ich kann mich erinnern, einige Kisten Ramos Pinto Vintage Port zu 32 Euro pro Flasche (wohl aus der ersten Tranche) gekauft zu haben. Bei einer weiteren Nachfrage beim Importeur wurde mir der Wein zum doppelten Preis angeboten.
2011 hat dem Douro-Tal in jedem Fall gut getan. So hat jeder Weininteressierte von den Weinen und Portweinen bereits gehört und beim Klang des Namens „Douro" schwingt in der Weinwelt eine gewisse Qualitätserwartung mit. Die aktuellen Jahrgänge konnten leider nicht ganz an die Gesamt-Qualität des Jahrgangs 2011 anschließen. Zwar gibt es 2012 große, balancierte und leider zu wenig beachtete Weine im Douro-Tal, aber die Vintage Ports der Jahre 2012 und 2013 sind eher auf einer sehr soliden Single-Quinta-Qualität. Mit großer Erwartung blicken alle auf den Jahrgang 2015. Es bleibt allerdings abzuwarten, ob er eine ähnliche Euphorie entfesselt wie 2011.

Heute am Douro – die Gegenwart

Steht man heute auf der Quinta do Vesuvio und blickt auf den Douro, fühlt man sich in der Zeit zurückversetzt. Vor 30 Jahren werden die Impressionen vom gleichen Standort sehr ähnlich gewesen sein und auch vor einem Jahrhundert nicht viel anders.

Man genießt die Ruhe, die Natur, die Landschaft und die Portweine von Dona Antonia Ferreiras ehemaliger Vorzeige-Quinta. Michael Broadbent schrieb vor einiger Zeit, dass das Douro-Tal eine der liebenswürdig-altmodischsten Weinregionen der Welt sei. Genau diesen Charme versprüht die Region besonders im spärlich besiedelten Douro Superior noch heute. Wenige Straßen, nur sehr vereinzelt Beherbergungsmöglichkeiten und außer Portugiesisch werden hier nur wenig Sprachen gesprochen. Das ändert sich zwar gerade, aber nur sehr langsam. Mehr Schiffstouristen, mehr Wohnmobile und mehr Fachinteressierte bereisen heute das Douro-Tal. Aufgrund der sehr begrenzten Infrastruktur bemerkt man diesen „Ansturm" sofort. In der Neben-Saison führen die zusätzlichen Besucher noch nicht zu Engpässen, doch während der Erntezeit sind die Hotels und Quintas bereits immer früher ausgebucht.

Einerseits haben im frühen 21. Jahrhundert immer mehr neue, kleinere Hersteller Portwein produziert oder Bestände aufgekauft und vermarktet. Andererseits konzentriert sich das „big business" des Portweins auf immer weniger Produzenten. Heutzutage verkaufen die Top 5 Produzenten mehr als 4/5 aller Portweine. Zu diesen fünf Produzenten gehören die Symingtons (vor allem mit Graham, Cockburn, Dow, Warre und Vesuvio), die Fladgate Partnership (vor allem mit Taylor, Fonseca, Croft und Krohn), Gran Cruz (u.a. mit Cruz und Dalva), Sogrape (u.a. mit Sandeman, Ferreira und Offley) und Sogevinus (vor allem mit Burmester, Kopke, Calem und Barros). Auch qualitativ bekannte Hersteller wie Niepoort oder die Quinta do Noval spielen im Portweingeschäft eine eher untergeordnete Rolle, wenn es um die großen Mengen geht. Die Mehrzahl aller eingetragenen Produzenten verkaufen weitaus weniger als ein Prozent der jährlich rund 80 Millionen Liter Portwein. Fast alle Hersteller haben mittlerweile verstanden, dass sie Schwerpunkte setzen müssen, um langfristig am Markt zu bestehen. So hat Gran Cruz den Fokus auf Entry-Level Portweine gelegt und ist seit einiger Zeit Marktführer in Frankreich, dem Land mit dem weltweit größten Portweinkonsum. Die Symingtons, die Fladgate Partnership, Sogevinus und Sogrape verfügen zwar auch über ein reichhaltiges Entry-Level „Port-Folio". Ihre Marketingstrategie konzentriert sich aber auf den Aufbau hochwertiger Marken. Es sieht derzeit so aus, als ob die Portweinhersteller aus dem „Sherry-Desaster" gelernt haben. In der Portweinbranche gibt es in Bezug auf die Marktausrichtung wenige Hausaufgaben, die noch erledigt werden müssen.

Seitdem neben dem Portwein große Mengen Douro-DOC Weine hergestellt werden, stehen die Regularien des Portweininstitutes vor einer besonderen Herausforderung. Sie wurden zu einer Zeit erstellt, zu der man ausschließlich Portwein produziert hat. Zwar ist das Regelwerk vom Portweininstitut im Jahr 2006 in mehreren Schritten insoweit ergänzt worden, dass die Verantwortlichkeiten auch für die Weine festgelegt wurden. Weiterhin gibt das IVDP heutzutage auch die analytische und sensorische Kontrolle und Klassifizierung vor. In Bezug auf die Traubenpreise und die Mengenregulierung gibt es aber noch einigen Anpassungsbedarf. Wie bereits zuvor erwähnt, legt das Beneficio-System über die Kategorisierung der Weinberge den Prozentsatz der maximalen Produktionsmenge fest, die vom Eigentümer für Portwein genutzt werden darf. Hat man also eine Kategorie A-Quinta, die 10 Tonnen Trauben produziert mit einem Produktionsschlüssel von 0,9, darf man aus 9 Tonnen Trauben (0,9 x 10t) Portwein herstellen und mit der verbleibenden Tonne Douro-Weine produzieren. Mengenbegrenzungen durch das Beneficio-System gelten aber ausschließlich für den Portwein. Gerade in sehr guten Jahren verknappen sich durch die bestehenden Regularien die Mengen und die Preise steigen entsprechend. Heute können die Hersteller eine Tonne hochqualitativer Trauben für die Portweinproduktion nur noch für mehr als 1.000 Euro aufkaufen, während die identische Qualität ohne die Portwein-Produktionserlaubnis für etwa ein Drittel des Preises zu haben ist. Auf der anderen Seite können die Spitzen-Rotweine eines Herstellers oft für höhere Preise ab Hof verkauft werden als seine Vintage Ports. Diese Regularien müssen zügig angepasst werden, da sie den Portwein nicht unwesentlich benachteiligen. Aktuell laufen hierzu Gespräche zwischen den Herstellern und dem Portweininstitut.

Weitere, explizit für den Portwein geltende Regelungen erschweren gerade jungen Winzern den Markteintritt,

dabei wären gerade diese für das Image sehr wichtig. So müssen Hersteller, die Trauben oder Portweine zukaufen und nicht nur selbst herstellen, ein Lager mit 150.000 Litern Portwein besitzen, bevor sie sich als Hersteller beim Portweininstitut registrieren lassen dürfen. Gerade kleine Familienbetriebe produzieren aus diesem Grund ausschließlich nicht-verstärkte Weine. Ich konnte bislang noch nicht in Erfahrung bringen, warum diese recht willkürliche Markteintrittsbarriere noch nicht durch das EU-Recht aufgehoben wurde. Die Kritik an den Regularien soll nun nicht bedeuten, dass das Portweininstitut aufgelöst werden soll oder das ganze System verändert werden muss. Das IVDP sorgt mit all seinen Angestellten und seinem umfangreichen Regelwerk dafür, dass in seinem Aufgabenbereich die weltweit am besten regulierten und kontrollierten (Port-)Weine hergestellt werden. Lediglich eine Anpassung durch die Produktion der Douro DOCs ist unbedingt erforderlich.

Weltweit wurden im Jahr 2015 ganze 27,5 Milliarden Liter Wein hergestellt. Das Douro-Tal ist aufgrund der steilen Terrassierung, der mäßigen Infrastruktur und des weitreichenden Bewässerungsverbotes kein Ort, an dem man preisgünstig produzieren kann. Um erfolgreich zu verkaufen, benötigt man aber nicht nur herausragende Weinqualitäten und Alleinstellungsmerkmale, sondern in mindestens ähnlichem Umfang ein professionelles und konsequentes Marketing, um die Welt davon zu überzeugen, Douro Weine und Portwein zu kaufen. Gerade kleinere Hersteller haben dies nun verstanden, verfügen aber oft nicht über die notwendigen finanziellen Mittel und Mengen, um ihre Produkte weltweit anzubieten. Aufgrund vieler Zusammenschlüsse kleinerer Hersteller in Marketing- oder Absatzgemeinschaften wie zum Beispiel der Fine Wine Alliance ist derzeit ein sehr positiver Trend zu erkennen. Dieser muss konsequent weiter geführt werden. Dachorganisationen wie das Portweininstitut oder Viniportugal leisten hier sehr gute Unterstützung.

Der seit ungefähr fünf Jahren zu beobachtende Trend, verstärkt Douro Weine auf Kosten der Portweine zu „promoten", geht auch heute ungebremst weiter. Dies geschieht aus mehreren Gründen. Zuallererst ist Portwein kompliziert. Begriffe wie Single-Quinta-Vintage Port oder Crusted werden nur von einem kleinen Teil des Fachpublikums verstanden. Wein ist einfacher. Hier finden sich fachfremde Journalisten oder Sommeliers ohne viel Einarbeitungszeit zügig zurecht und können eine gewisse Handlungssicherheit aufbauen. Vor allem aber steigt die Qualität der Douro-DOCs in atemberaubendem Tempo. Jedes Jahr lernen die

Winzer dazu und setzen die neuerlernten Kenntnisse schnell um. Die starke Bewerbung der Weiß- und Rotweine mag kurzfristig sinnvoll und erfolgsversprechend sein – grundsätzlich ist und bleibt das Douro-Tal jedoch die Geburtsstätte des Portweins. Meiner Meinung nach sollten die Hersteller konsequent beide Produkte mit ähnlicher Intensität bewerben, auch wenn man bei der Erklärung der Portweine immer ein wenig mehr Zeit ansetzen muss. Da sich Portweine und Douro DOC Weine perfekt ergänzen, werden beide Kategorien langfristig davon profitieren.

Nach dem amerikanischen Ansturm auf den Jahrgang 1994 wurde der PR-Schwerpunkt einiger Hersteller auf Nordamerika verlagert ohne dabei die anderen Länder zu beachten. Gerade die traditionell Süßwein bevorzugenden Länder Russland und China sind bei einer geeigneten Strategie eine sehr lohnende Kundschaft. Nun gibt es gerade in diesen Ländern zahlreiche sprachliche und kulturelle Herausforderungen, die erst seit wenigen Jahren von den Herstellern am Douro angegangen werden. Hier wird aktuell mehr Zeit aufgewendet, obwohl sich der Markt in Russland aufgrund der politischen und finanziellen Anspannungen gerade verändert.

Eine politische Herausforderung stellt sich durch die Nicht-Abwicklung des Casa do Douro. Derzeit mit sehr hoch bewerteten alten Tawny-Reserven als Sicherheit in den Büchern der Banken müssten hier mehrere Millionen schwere Verluste schon lange abgeschrieben worden sein. Einige clevere Produzenten haben in den letzten Jahrzehnten die höherwertigeren Vorräte aus den vielen Millionen Litern herausgekauft. Der verbleibende Rest der aktuell dort lagernden Vorräte ist größtenteils minderwertig. Da aber keine Regierung diesen Vorgang bearbeiten will, wird diese Zeitbombe wohl noch ein wenig länger ticken.

Abschließend noch ein paar Worte zum Alkoholgehalt des Portweins. Schwere, tiefe, alkoholreiche Weine lagen in den 1990er Jahren voll im Trend, sind es heute aber nicht mehr. Je gesünder und ausgewogener sich die Bevölkerungen der Welt ernähren, desto mehr achten sie auf den Umgang mit Alkohol – ein sehr guter und gesunder Trend. Die alten „three-bottles-a-day-drinker" sind ausgestorben. Viele Hersteller bewerben aktiv das Programm „wine in moderation" und versuchen, die Konsumenten zu einem moderaten und vernünftigen Umgang mit Portwein anzuleiten.

Morgen am Douro – Ein gewagter Ausblick

In Zukunft werden am Douro immer mehr Hersteller Portwein produzieren, der Gesamtmarkt wird sich weiter zugunsten der Top-5-Produzenten verschieben. Die großen fünf Hersteller sind einfach zu gut organisiert und nutzen Synergieeffekte bei weiteren Aufkäufen. Ist das nun gut oder schlecht?

Nun, war es in der Vergangenheit gut oder schlecht? Brauchen wir eine große Diversifikation oder kontrollieren die wenigen großen Hersteller die Gesamtqualitäten besser als viele kleine? Fakt ist, dass mit der zunehmenden Konzentration der Mengen auf die großen fünf Häuser die Gesamtqualität in den letzten Jahren gestiegen ist. Da die Häuser weitgehend die Stilistik ihrer Marken beibehalten, hat dieser Trend auch nicht zu einer Uniformierung der Portweine geführt. Portwein wird gemäß Umfragen hochwertiger wahrgenommen als noch vor Jahren. Vier der Top-5 Produzenten werden ihre qualitätsbetonte Strategie beibehalten und auch der fünfte, Gran Cruz, wird zukünftig seine Marketingaktivitäten mehr auf Qualität ausrichten. „Im Windschatten der großen Pferde laufen auch die kleinen gut mit" hat mir vor langer Zeit ein Chateau-Besitzer eines Cru-Bourgeois-klassifizierten Weinguts in Bordeaux berichtet. Im Douro haben die Hersteller genau das verstanden und werden auch in Zukunft noch mehr Wert auf das qualitative Marketing legen.

Portwein wird weiter vereinfacht. Obwohl in jedem Weingebiet gewisse Grundvokabeln wichtig sind, sind sie beim Portwein unerlässlich. Das Portweininstitut wird gemeinsam mit den Produzenten einen Weg finden, die Hierarchien transparenter zu gestalten und den Produzenten weniger Freiheit bei der Beschriftung und Gestaltung der Etiketten gewähren. Ein Trend, der bereits mit den Late Bottled Vintage Ports angefangen hat, bei denen man Zusatzbegriffe wie „traditionally bottled" nicht mehr verwenden darf. Ob man das in Zukunft durch Sterne, Punkte, eine Anzahl von Weinreben oder was auch immer einführt, Portwein wird einfacher werden.

Die Hersteller haben bereits erfahren, dass fruchtbetontere Weine gerade in der englischsprachigen Weinpresse fast automatisch höhere Bewertungen einfahren. Dieser Trend ist leider auch an den Portweinen nicht vorbeigegangen. Bereits im frischen und leichteren Vintage Port Jahrgang 2007 verwendeten einige Produzenten einen sehr großen Anteil der fruchtig-floralen Rebsorten in Kombination mit Trauben von jüngeren Rebstöcken. Als Resultat zeigten sich die Portweine jung sehr verführerisch. Diese Kombination nimmt ihnen aber einen nicht unwesentlichen Teil ihres Alterungspotentials. Im Jahrgang 2011 wurde wieder „klassischer" produziert und viele der Portweine zeigen die für die Jugendphase notwendigen Ecken und Kanten, die sie sehr gut altern lassen. Dieser Stil wird sich langfristig durchsetzen und die kurzfristige Jagd nach Punkten beenden.

Bei den Douro DOC-Weinen werden einige wenige Hersteller der Versuchung erliegen, Allerwelt-Cuvees herzustellen, also bekannte, nicht autochthone Rebsorten beizumischen. Allerdings dürfen diese Weine nicht als Douro-DOCs verkauft werden, sondern tragen die Bezeichnung „Vinho Regional Duriense". Auch in Zukunft wird sich daran nichts ändern. Zu Toskana-ähnlichen Zuständen (Super Tuscans) wird es am Douro aber nie kommen, dafür haben die Hersteller den einzigartigen Schatz der über einhundert zugelassenen Rebsorten verstanden und sind sich der Unverwechselbarkeit ihrer Weine voll bewusst. Es wird aber in Zukunft mehr Cuvées aus den zugelassenen und nicht-zugelassenen Rebsorten geben. Gut oder Schlecht? Ich denke, bei der verfügbaren Anzahl braucht niemand zusätzliche Rebsorten, zumindest nicht aus rein-önologischen Gründen. In den auch zukünftig geringen produzierten Mengen ist der Trend aber nicht negativ, da mehr Weinfreunde dadurch Douro-Weine trinken werden. Weiterhin werden die autochthonen Douro-Weine immer die maßgebliche Menge darstellen. Ich prophezeie, dass die Gesamtmenge der Vinhos Durienses immer unterhalb eines Zehntels der Menge der Douro DOC Weine bleiben wird.

Die Hersteller am Douro sind wie eine große Familie – wie üblich mit teilweise nicht immer identischen Interessen, aber sie verhalten sich wie eine Familie und denken wie eine Familie. Derzeit sind aber Tendenzen erkennbar, dass sich einige wenige Hersteller von dieser Familie abspalten und ihren eigenen Weg gehen wollen, sprich ausschließlich ihre Marke bewerben wollen. Diese Hersteller werden aber schnell einsehen, dass nur sehr wenige Weinfreunde von München nach Hamburg oder von Paris nach London reisen, wenn es nur zwei oder drei Vintage Ports aus dem aktuellen Jahrgang zu verkosten gibt. Dieser Trend wird sich daher bald wieder legen. Wenn 50 und mehr Portweine zur Verkostung angeboten werden, ist das Fachpublikum vor Ort. Der Douro ist kein sonderlich großes Anbaugebiet, aber ein hochqualitatives. Immer mehr Hersteller werden das in naher Zukunft verstehen. Nur der Zusammenhalt und die gemeinsame Promotion der Weine und Portweine verspricht langfristig Erfolg.

Wie entwickeln sich in Zukunft die Portweinpreise? Ich habe kürzlich ein tolles Abendessen mit einer Flasche Pol Roger Winston Churchill 2002 begonnen und mit einem Fonseca Vintage Port 1970 beendet. Nachdem ich also mit ein paar Weinfreunden die letzten Tropfen des Vintage Ports genoss, wurde ich gefragt, wie viel denn so ein Fonseca 1970 derzeit kostet. Nach meiner Antwort wurde mir klar, dass der 14 Jahre alte Champagner und der 46 Jahre alte Portwein (beide aus Top-Jahrgängen und unter den jahrgangsbesten Herstellern) ungefähr den gleichen Preis am Markt erzielen. Warum erzähle ich Ihnen das? Portwein ist noch zu günstig. Ich erhalte nach vielen Artikeln über Portwein immer wieder Sticheleien von Weinfreunden, dass spezielle Ports, über die ich im Artikel berichtet habe, nun auf Auktionen im Preis gestiegen sind, doch meine Grundaussage bleibt bestehen: Portwein, vor allem alte Vintage Ports und Colheitas sind zu günstig. Das wird sich in naher Zukunft in jedem Fall ändern. Vor allem Top-Jahrgänge von bekannten Herstellern werden preislich anziehen. Wenn wir in zehn Jahren erzählen, dass wir einen Fonseca Vintage Port 1970 für unter 200 Euro erworben haben, wird man uns ähnlich neidisch angucken, wie bei der Erwähnung der in den 1980er Jahren vorherrschenden Preise für die Premier Grand Crus in Bordeaux.

JAHRGANGSÜBERSICHT SEIT 1900

Jahr	Bewertung	Persönliche Favoriten*	Bemerkungen
2015		Noch keine	Wird auf jeden Fall ein großes Jahr mit einer generellen Deklaration.
2014	**	Noval (17)	Gute Bedingungen bis zum Regen, höchstwahrscheinlich geringe Mengen SQVP.
2013	***	Noval (17), Dow Senhora da Ribeira (17)	Kein einheitlicher Jahrgang, wenig Hersteller.
2012	***	Noval (17), Vallado (17), Vesuvio (17)	Gutes, solides Jahr, geringe Deklaration.
2011	*****	Noval Nacional (20), Taylors Vargellas Vinhas Velhas (19), Vesuvio (19), Vista Allegre (19)	Sehr großes Jahr am Douro. Generell deklariert. Extrem langlebig.
2010	*	Keine	Unterdurchschnittlicher Jahrgang, wenig Deklarationen.
2009	****	Taylor Vargellas Vinhas Velhas (18+), Niepoort Bioma (18), Taylor (18), Warre (18)	Fladgate Partnership voll deklariert, sonst meist SQVP, Warre-Jubiläum.
2008	**	Niepoort Bioma (17+), Noval (17)	Frisches SQVP-Jahr, keine Klassiker.

Jahr	Bewertung	Erzeuger	Beschreibung
2007	****	Taylor Vargellas Vinhas Velhas (19), Noval (18+), Quarles Harris (18), Warre (18), Niepoort Pisca (17+),	Sehr gutes Jahr, fruchtig, früh trinkbar, elegante Portweine.
2006	*	Keine	Unterdurchschnittliches Jahr, wenige Vintage Port-Abfüllungen.
2005	***	Niepoort (18), Vesuvio (17), Taylor Vargellas (17), Croft da Roeda (17)	Typisches „Single Quinta-Jahr", fruchtige, balancierte Ports.
2004	***	Noval Nacional (18), Vale Meão (17), Noval (17)	Von wenigen Herstellern deklariert. Hohe Qualität.
2003	*****	Noval Nacional (19), Taylor (19), Croft (19), Cockburn (19), Niepoort (18)	Großes, klassisches Jahr, Portweine benötigen viel Zeit.
2002	*	Keine	Unterdurchschnittlich, wenig Deklarationen.
2001	***	Noval Nacional (17+), Vale Meão (17), Vesuvio (17)	Typisches „Single Quinta-Jahr".
2000	*****	Noval Nacional (19), Niepoort (19), Fonseca (18+), Ramos Pinto (18)	Großes Jahr mit allen Komponenten. Perfekt balancierte Ports.
1999	**	Vesuvio (17), Portal (17), Taylor Terra Feita (17)	Fruchtige Vintage Ports mit begrenztem Alterungspotential.
1998	**	Fonseca Panascal (17), Graham Malvedos (17)	Typisches „Single Quinta-Jahr", es fehlt Komplexität.

Jahr	Bewertung	Portweine	Kommentar
1997	*****	Noval Nacional (20), Noval (19), Ramos Pinto (18+), Ferreira (18), Vesuvio (18)	Klassisches Jahr, viel Charakter. Portweine mit Finesse.
1996	**	Vesuvio (17), Fonseca Guimaraens (17)	Leichte Portweine, wenig Zukunft. Teilweise destrukturiert.
1995	****	Warre Cavadinha (17+), Taylor Vargellas (17+), Noval (17)	„Single Quinta-Jahr", Portweine mit teilweise sehr guter Qualität.
1994	*****	Noval Nacional (20), Taylor (19), Fonseca (19), Vesuvio (19), Dow (18)	Das beste Jahr seit 1977. Ganz klassische, balancierte Ports.
1993	-	Keine	Katastrophale Bedingungen, nur ein Hersteller hat deklariert.
1992	****	Delaforce (17+), Taylor (17), Fonseca (17), Vesuvio (17)	Split declaration 1991/92. Fladgate hat 92 voll deklariert. Gute Entscheidung.
1991	***	Niepoort (18), Warre (17), Graham (17)	Split declaration 1991/92. 1991 ist ein gutes, aber kein großes Jahr.
1990	*	Keine	Elegante Portweine, kurzlebig.
1989	*	Keine	Ähnlich den 1990ern. Elegant, für den kurzfristigen Verbrauch.
1988	***	Fonseca Guimaraens (17+), Graham Malvedos (17)	Gut strukturierte Single-Quinta-Vintage Ports.
1987	****	Niepoort (18), Fonseca Guimaraens (17), Martinez (17)	Mit das beste „Single Quinta-Jahr", Weine mit viel Potential, günstig. Langlebig.

1986	**	Grahams Malvedos (17), Niepoort Colheita (17), Warre Colheita (17)	Eher elegante Vintage Ports, Graham sehr gut. Sehr gute Colheitas.
1985	****	Fonseca (18+), Taylor (18), Graham (18), Warre (18)	Zwar ein klassisches Jahr, hier ist aber strikte Selektion erforderlich.
1984	*	Messias (17), Kopke Colheita (17)	Austrinken, kein weiteres Lagerungspotential bei den Vintage Ports. Gut strukturierte Colheitas.
1983	***	Ramos Pinto (17+), Taylor (17), Graham (17)	Gutes, kein großes Jahr, noch relativ günstig.
1982	**	Andresen Colheita (18), Ferreira (17), Sandeman (17)	Elegante, aber schon weit gereifte Vintage Ports, gut strukturierte Colheitas.
1981	-	Niepoort LBV (17)	Unterdurchschnittliches Jahr.
1980	****	Dow (18), Graham (18), Ramos Pinto (18), Niepoort (18)	Generelle Deklaration, unterschätzter Jahrgang, „Symington-Jahrgang".
1979	*	Keine	Trinkfenster verlassen, nur noch aus Magnums trinkbar.
1978	**	Kopke Colheita (18)	Elegante Single-Quinta-Vintage-Ports. Austrinken.
1977	*****	Fonseca (19), Niepoort Garrafeira (19), Niepoort (18), Taylor (18)	Sehr gut strukturierte Portweine, klassisches Jahr, auch Ausfälle bei kleineren Herstellern.
1976	**	Fonseca Guimaraens (18), Noval Colheita (18)	Leichte, elegante Vintage Ports. Austrinken. Sehr gute Colheitas.

1975	**	Croft (17), Fonseca (17)	Generelle Deklaration aus politischen Gründen, eher elegant. Viel Säure.
1974	*	Kopke Colheita (18), Barros Colheita (18)	Gut strukturierte Colheitas. Vintage Ports haben die Trinkreife überschritten, viel Säure.
1973	-	Keine	Unterdurchschnittliches Jahr.
1972	-	Keine	Unterdurchschnittliches Jahr.
1971	-	Dalva Golden White Colheita (18)	Unterdurchschnittliches Jahr. Nur Dalva Colheita gut.
1970	*****	Niepoort (19), Graham (19), Taylor (19), Noval Nacional (19)	Perfektes, klassisches Jahr. Große, langlebige Vintage Ports bei den englischen Häusern und Niepoort.
1969	-	Keine	Durchschnittliches Jahr.
1968	*	Noval Colheita (18), Andresen Colheita (18), Messias Colheita (18)	Durchschnittliches Jahr, einige gute Colheitas. Vintage Ports derzeit eher elegant.
1967	***	Noval Nacional (19), Cockburn (17), Noval (17), Sandeman (17)	Unterschätztes Jahr. Gut strukturierte Vintage Ports. In den nächsten 10 Jahren austrinken.
1966	*****	Dow (19) Fonseca (19), Noval Nacional (19), Graham (19), Taylor (18), Warre (18), Niepoort (18)	Klassisches, großes Jahr, noch relativ günstig. Sehr langlebig.
1965	**	Kopke Colheita (18), Graham Malvedos (17)	Unterdurchschnittliches Jahr.

Jahr	Bewertung	Weine	Kommentar
1964	**	Noval Nacional (18), Niepoort Garrafeira (17)	Unterdurchschnittliches Jahr.
1963	*****	Noval Nacional (20), Fonseca (20), Graham (19), Dow (19), Taylor (19)	Perfektes klassisches Jahr, teilweise reifen die Vintage Ports schneller als 1966 oder 1970. Die englischen Häuser haben noch 40+ Jahre Potential.
1962	**	Niepoort Colheita (19), Noval Nacional (18)	Unterdurchschnittliches Jahr.
1961	*	Kopke Colheita (18), Krohn Colheita (18)	Unterdurchschnittliches Jahr. Besser Bordeaux kaufen. Gute Colheitas.
1960	****	Niepoort (18), Graham (18), Delaforce (18), Sandeman (18), Cockburn (17)	Elegante Vintage Ports mit weiterem Entwicklungspotential, unterschätzt.
1958	***	Warre (17), Constantino (17), Dow (17)	Heterogene Qualitäten, z.T. noch gut.
1955	*****	Niepoort (19), Taylor (19), Fonseca (19), Graham (19)	Perfektes, klassisches, großes Jahr mit viel Potential. Keine Ausfälle.
1950	*	Barros Colheita (18)	Unterdurchschnittliches Jahr.
1948	*****	Fonseca (19), Sandeman (19), Graham (19), Taylor (18), Niepoort Garrafeira (18)	Klassisches Jahr, Schwankungen bei den Herstellern. Große Portweine.
1947	****	Constantino (18), Dow (18), Ferreira (18)	Wenig Hersteller haben produziert. Einige sehr gut.

Jahr	Bewertung	Hersteller	Beschreibung
1945	*****	Niepoort (20), Taylor (20), Dow (20), Croft (19), Graham (19)	Perfektes Jahr. Klassische Portweine. Langes Lagerungspotential.
1943	***	Sandeman (17)	Guter Jahrgang, die meisten Vintage Ports haben ihren Höhepunkt überschritten.
1942	****	Niepoort (19), Fonseca Guimaraens (17)	Großer Jahrgang, von wenig Herstellern deklariert.
1937	*****	Nur Colheitas: Warre (19), Noval (19), Niepoort (18), Kopke (18)	Klassisches Colheita-Jahr, sehr wenige Vintage Ports, aber atemberaubende Colheitas.
1935	*****	Taylor (19), Sandeman (19), Cockburn (19), Cálem (18), Ramos Pinto (18)	Sehr gutes, unterschätztes Jahr mit guten, z.T. noch frischen Ports.
1934	***	Sandeman (18), Ramos Pinto (18), Martinez (18), Warre (18)	Wenige Hersteller haben deklariert. Eleganter als 1935, bis 2030 austrinken.
1931	*****	Noval Nacional (19), Noval (19), Niepoort Garrafeira (19), Cálem (19)	Großes Jahr, wenig Deklarationen.
1927	*****	Taylor (19), Dow (19), Cockburn (19), Constantino (19), Ramos Pinto (19)	Perfektes, klassisches Jahr. Alles noch voll auf der Höhe.
1924	****	Taylor (18), Ramos Pinto (17)	Heterogenes Jahr. Gute, aber auch weniger gute Vintage Ports. Selektieren!

1922	****	Warre (18), Martinez (18), Sandeman (17)	Sehr gutes, völlig unterschätztes Jahr.
1920	****	Fonseca (18), Sandeman (18), Taylor (18)	Ähnlich 1922 kann man alles noch sehr gut trinken, z.T. sogar sehr frische Ports.
1912	*****	Cockburn (19), Niepoort Colheita (19)	Großes, klassisches Jahr. Vintage Ports mit weiterem Potential.
1908	*****	Constantino (19), Cockburn (18), Guedes (18)	Großes, klassisches Jahr.
1904	****	Croft (18)	Elegantes, klassisches Jahr, wenig Produktion.
1900	****	Sandeman (19), Niepoort Colheita (19), Kopke Colheita (19), Andresen Colheita (19)	Klassische, große Portweine, viele noch frisch und jugendlich. Super Jahrgang für Colheitas und Vintage Port.

Legende

*****	ausgezeichnetes Jahr. Generelle Deklaration. (Fast) jeder Hersteller hat einen (sehr guten) Vintage Port produziert
****	Hervorragendes Jahr. Generell sehr gute Qualitäten, eventuell einzelne Ausnahmen
***	Gut bis sehr gutes Jahr. Hier ist Selektion gefragt.
**	Mäßiges Jahr, nur in Ausnahmefällen kaufen
*	Finger weg, kein Lagerungspotential vorhanden oder von vornherein schlechte Grundqualitäten
−	Die wenigen Ports auf dem Markt sind alle nicht mehr zu genießen

Anmerkungen zur Tabelle

- Bei den Empfehlungen handelt es sich stets um Vintage Ports, es sei denn es sind andere Kategorien vermerkt.
- Vor 1960 sind nur Jahrgänge erwähnt, die überdurchschnittliche Qualitäten hervorgebracht haben.
- Empfohlen werden ausschließlich Portweine mit Bewertungen von 17 Punkten und mehr.
- SQVP – Single Quinta Vintage Port
- Stand der Information: 2016

ZUR VERTIEFUNG

Vintage Ports durchlaufen in Ihrem Leben mehrere Phasen. Ein perfektes Beispiel dafür sind die Jahrgänge 1970 oder 1927. Beide Jahrgänge zeigten sich in den ersten zwanzig Jahren ihres Lebens nicht überragend, sind aber heute zwei der besten Jahrgänge des 20. Jahrhunderts. Auch der schwierige Jahrgang 1985 durchläuft bei den großen Häusern (z.B. bei Fonseca, Taylor, Graham und Warre) gerade den Wechsel von der fruchtigen zur gereiften Phase. In ca. 10 Jahren werden auch diese Portweine perfekt zu trinken sein, derzeit wirken sie teilweise nahezu verschlossen – man merkt aber das Potential, welches in ihnen schlummert.

Die voranstehende Tabelle gibt einen ersten Überblick über die wichtigsten Informationen. Möchte man aber ein wenig in die Tiefe einsteigen, sind 3-4 Sätze schon von Nöten. Allerdings wird auf die Darstellung der einzelnen Wetterphänomene verzichtet. Bei diesbezüglichem Interesse wird auf die Symington-Seite www.thevintageportsite.com verwiesen.

Vintage Ports wurden in der Regel zwei bis drei Mal pro Dekade hergestellt. Diese Regel trifft heute nicht mehr zu. Vintage Ports werden seit rund zwanzig Jahren fast in jedem Jahr hergestellt. Eine generelle Deklaration gibt es allerdings nur zwei bis drei Mal pro Dekade. Von ihr spricht man, wenn mehr als die Hälfte der Produzenten einen Vintage Port herstellt. Hier meint man nicht die Single Quinta Vintage Ports.

Ein „split-declaration-year" bedeutet, dass sich einige Hersteller für das eine, andere für das andere zweier aufeinanderfolgender Jahre entschieden haben. Beispiele hierfür sind: 1991/1992 oder 1982/1983.

2015 – Voraussichtlich: Generelle Deklaration. Ein Super-Jahr. Bislang habe ich noch von keinem Hersteller etwas Negatives gehört. Bleibt abzuwarten, was dann ab 2017 abgefüllt wird. Mit Sicherheit wird der Jahrgang 2015 generell deklariert.

2014 ** – Große Enttäuschung im Douro-Tal. Bis Mitte September sah alles nach einem großen Jahrgang aus. Leider regnete es dann von Mitte bis Ende September fast durchgehend. Wenige Hersteller produzieren auf SQVP-Niveau. Geringe Mengen. Favoriten: Quinta do Noval (17).

2013 *** – Ein durchaus solides Jahr, welches durch eine lange Regenperiode Ende September zweigeteilt wurde. Einige Hersteller haben mit guten Qualitäten deklariert. Zum ersten Mal in der Geschichte hat Noval drei aufeinanderfolgende Jahrgänge deklariert. Favoriten: Quinta do Noval (17), Dow Senhora da Ribeira (17).

2012 *** – Zunächst von vielen Herstellern als gut bis sehr gut empfunden, auch wenn die Mengen gegenüber dem Vorjahr geringer ausfielen. Die meisten Hersteller haben dann aber keine Vintage Ports abgefüllt. Steht im Schatten des großartigen 2011. Favoriten: Quinta do Noval (17), Quinta do Vallado (17), Quinta do Vesuvio (17).

2011 ***** – Generelle Deklaration. Schon kurz vor der Ernte war allen Herstellern klar, dass dies ein grandioses Jahr wird. Hier konnte man große Vintage Ports anfänglich zu günstigen Preisen erwerben. Durch die Top-Bewertungen in der Fachpresse wurden die Preise zügig erhöht. Extrem langlebige Ports. Alle großen Namen, aber auch kleinere Hersteller wie Vista Allegre (19) (Überraschungs-Sieger bei der IVDP Blindverkostung von 56 verschiedenen Vintage Ports), Alves de Sousa (18), Quevedo (18) oder Vieira de Sousa (18). Erster generell deklarierter Jahrgang im Douro, in dem sich gleichzeitig die Douro DOC Weine von atemberaubender Qualität zeigen. Leider haben auch Wein-Fonds den Vintage Port 2011 als Investitionsobjekt entdeckt, was zum ersten Mal dazu geführt hat, dass die Nachfrage nicht komplett bedient wurde und die Preise entsprechend stiegen. Favoriten: Quinta do Noval Nacional (20), Taylors Vargellas Vinhas Velhas (19), Quinta do Vesuvio (19), Vista Allegre (19), Niepoort Bioma (18+), Taylor (18+).

2010 * – Ein für Portwein unterdurchschnittliches Jahr. Großflächig schwierige Erntebedingungen. Im Winter regnete es sehr viel, was zu großen Schäden in den Weinbergen führte. Sollte man nur kaufen, wenn man die Vintage Ports (für Jubiläen oder Geburtstage) benötigt. Allerdings gute, frische Douro DOC Qualitäten. Favoriten: Keine.

2009 **** – Sonderbare Deklarationslogik. Wenn es einen benachbarten großen Jahrgang gegeben hätte, könnte man von einem „split-declaration"-Jahrgang sprechen, doch weder 2008 noch 2010 wurden von einer großen Zahl der Hersteller deklariert. Die Fladgate Partnership hat in allen drei großen Marken einen Vintage Port deklariert, die Symingtons nur eine geringe Anzahl Warre Vintage Port, zu Ehren des 200. Jubiläums von William Warre. Favoriten: Taylor Vargellas Vinhas Velhas (18+), Taylor (18), Niepoort Bioma (18), Fonseca (18), Croft (18), Warre (18).

2008 ** – Ein klassisches Single Quinta Vintage Port Jahr. Das eher kühle Jahr führte zu geringen Mengen mit soliden Qualitäten. Auf jeden Fall selektieren. Favoriten: Niepoort Bioma (17+), Quinta do Noval (17).

2007 **** – Generelle Deklaration. Von Anfang an wurde 2007 von vielen ins Herz geschlossen. Von mir nicht! Zwar haben sich viele Ports direkt fruchtig schmeichelnd gezeigt, aber das ist oft nicht das Frühstadium, das einen Port gut und lange reifen lässt. Ein sehr langer und kühler Sommer hat wenig tanninhaltige, fruchtige Trauben hervorgebracht. Obwohl generell deklariert wurde, sollte man hier stark selektieren. Es gibt sehr gute Vintage Ports, aber nicht alle großen Marken halten, was sie sonst oft versprechen. Es werden bis auf wenige Hersteller eher früh-reifende Portweine werden. Favoriten: Taylors Vargellas Vinhas Velhas (19), Quinta do Noval (18+), Warre (18), Quarles Harris (18), Niepoort Pisca (17+), Dow (17+).

2006 * – Nur einige Single Quinta Vintage Ports. Der kühle Jahrgang 2006 produzierte eher elegante, fruchtige Vintage Ports. Ähnlich 2010 nur dann kaufen/trinken, wenn man eine besondere Beziehung zum Jahrgang hat, wie Jubiläen, Geburtsjahre etc. Favoriten: Keine.

2005 *** – Ein klassisches Single Quinta Vintage Port Jahr mit soliden, fruchtbetonten Vintage Ports. Obwohl sich die Ports schon früh sehr fruchtig zeigen, werden die meisten von ihnen mit einer ausgewogenen Tanninstruktur sehr gut heranreifen. Da es keine generelle Deklaration war, werden die meisten Ports auch in Zukunft recht günstig zu haben sein. Aufgrund der großen Hitze und Trockenheit im Sommer eine der frühesten Ernten am Douro seit Jahrzehnten. Favoriten: Niepoort (18), Quinta do Vesuvio (17), Taylor Quinta da Vargellas (17), Croft Quinta da Roeda (17).

2004 *** – Wurde von wenigen Herstellern deklariert, hat Ports in recht geringer Menge mit guten, z.T. sehr guten Qualitäten hervorgebracht. Favoriten: Quinta do Noval Nacional (18), Quinta do Noval (17), Quinta do Vale Meão (17).

2003 ***** – Generelle Deklaration. Klassisch, groß und unendlich lange haltbar. Bei den Fassproben dieses Jahrgangs benötigte man Messer und Gabel, so dicht und kompakt waren diese Vintage Ports im frühen Stadium. Durch das sehr heiße Wetter besitzen die meisten Portweine des Jahrgangs kantige Tanningerüste. Sie brauchen sehr lange, um das optimale Trinkfenster zu erreichen. Alle großen Häuser haben sehr gute Vintage Ports hergestellt. Favoriten: Quinta do Noval Nacional (19), Taylor (19), Croft (19), Cockburn (19), Niepoort (18), Fonseca (18), Quinta do Noval (18), Graham (18), Sandeman (18).

2002 * – Zum Glück ist 2002 ein großes Jahr in der Champagne, da man sonst Probleme hätte, große Gewächse für Jubiläen oder die nächste Generation einzulagern. Das Wetter hätte perfekter nicht sein können, bis dann kurz vor der Ernte lang anhaltender Regen am Freitag, den 13.(!) September einsetzte und einen großen Teil der Trauben am Rebstock verfaulen lies. Eher leichte, kurzlebige Vintage Ports, allerdings zum Teil mit einer gewissen Finesse. Am besten waren die Trauben im Douro Superior. Favoriten: Keine.

2001 *** – Eingeklemmt zwischen den Jahrgängen 2000 und 2003, hätte man 2001 eventuell generell deklarieren können. Die Portweine haben eine solide Tannin-Frucht-Säure-Struktur, die sie sehr gut altern lassen wird. Favoriten: Quinta do Noval Nacional (17+), Quinta do Vale Meão (17), Quinta do Vesuvio (17), Fonseca Guimaraens (17), Taylor Terra Feita (17), Taylor Vargellas (17).

2000 ***** – Generelle Deklaration. Die 2000er Vintage Ports zeigen eine unglaubliche Balance und Finesse. Sie waren nie Tannin-Monster noch brillierten Sie mit übertriebener Frucht, waren aber von Anfang an perfekt balanciert. Einige, hauptsächlich kleinere Hersteller, haben eindimensionale, unspektakuläre Ports hergestellt. Generell sind die 2000er Vintage Ports langlebig und werden überdies ein langes Genussfenster haben.

Favoriten: Quinta do Noval Nacional (19), Niepoort (19), Fonseca (18+), Ramos Pinto (18), Graham (18), Dow (18), Warre (18), Taylor (18).

1999 ** – Die Vintage Ports des Jahrgangs 1999 sind allesamt Bilderbuchbeispiele eines Single Quinta Vintage Port Jahrgangs. Mit allen notwendigen Faktoren ausgestattet, aber alles nur bei etwa 75% Intensität eines großen Jahres. Sie reifen schneller, aber nicht schlechter. Favoriten: Quinta do Vesuvio (17), Quinta do Portal (17), Taylor Quinta de Terra Feita (17), Dow Quinta Senhora da Ribeira (17).

1998 ** – Aufgrund der sehr ungewöhnlichen Witterungsverhältnisse war 1998 ein Kellerjahr. Viel Fäule aufgrund hoher Niederschlagsmengen und kleine Erträge bestimmten den Jahrgang. Hier musste am Sortierband und im Keller alles aus den Trauben herausgeholt werden. Nicht spektakulär, aber bei vielen auch nicht schlecht. Favoriten: Fonseca Quinta do Panascal (17), Graham Quinta dos Malvedos (17).

1997 ***** – Generelle Deklaration. 1997 stand lange im Schatten des Jahrgangs 1994. Anfänglich zeigten sich auch viele der 97er kantiger und nicht so attraktiv wie die 1994er Vintage Ports des gleichen Hauses. Diese Tendenz hat sich allerdings seit ungefähr fünf Jahren gedreht. Beide Jahrgänge haben ein ähnliches Potential, in Würde zu Altern, jedoch zeigen die 1997er bei einigen Produzenten mehr Finesse. Die Hersteller hatten bei Markteinführung die Preise um bis zu 30% erhöht, was zunächst zu einer sehr vorsichtigen Nachfrage führte. Favoriten: Quinta do Noval Nacional (20), Quinta do Noval (19), Ramos Pinto (18+), Ferreira (18), Quinta do Vesuvio (18), Sandeman (18).

1996 ** – Eine extrem trockene Wachstumsperiode führte 1996 zu einer sehr späten Ernte. Der Mitte September einsetzende Regen beeinträchtigte die Trauben positiv. Einige Hersteller haben zu früh geerntet und unreife, eindimensionale Vintage Ports produziert. Die geringe Menge an Branntwein aus dem Beneficio System führte zu einer stark ansteigenden Produktion der Douro DOC Weine. 1996er Vintage Ports haben mich nie nachhaltig beeindruckt. Favoriten: Quinta do Vesuvio (17), Fonseca Guimaraens (17), Taylor Quinta de Vargellas (17), Graham Malvedos (17), Dow Quinta do Bomfim (17).

1995 **** – 1995 hätte ganz klar ein generell deklariertes Jahr werden können. Da aber schon 1991 und/oder 1992 und 1994 deklariert war und auch 1997 schon heranreifte, gab es nur Single Quinta Vintage Ports, diese aber in höchstmöglicher Qualität. Bei einigen Herstellern wurde allerdings überreifes Traubengut verwendet, welches dann zu marmeladigen Noten führt. Favoriten: Warre Quinta da Cavadinha (17+), Taylor Quinta de Vargellas (17+), Quinta do Noval (17).

1994 ***** – Generelle Deklaration. Ein ganz klassischer Jahrgang mit allen notwendigen Komponenten. Während die Jahrgänge 1991/1992 bekanntlich die Lager teilten, war man sich im Douro-Tal einig wie nie. 1994 hat jeder einen Vintage Port produziert, der eine Erlaubnis hat. In den Verkostungen der letzten Jahre haben sich die 94er Vintage Ports allerdings etwas schneller entwickelt, als ich ursprünglich angenommen hatte. Favoriten: Quinta do Noval Nacional (20), Taylor (19), Fonseca (19), Quinta do Vesuvio (19), Dow (18), Graham (18).

1993 ohne Sterne – Der schlimmste Jahrgang des Jahrhunderts. Ein feuchter Frühling, ein kühler Sommer und eine stark verzögerte Ernte. Zum Zeitpunkt der Ernte regnete es dann stark, so dass die immer noch nicht komplett ausgereiften Trauben auch noch von Fäulnis bedroht waren. Letztlich beruhigend war dann nur, dass die Zuckerwerte sowieso nicht für die Produktion einigermaßen ansprechender Portweine ausgereicht hätten. Es gibt mit der Quinta das Liceiras (Zweitlabel von Romaneira) tatsächlich einen Hersteller, der 1993 einen Vintage Port hergestellt hat, seitdem aber nur selten. Favoriten: Keine.

1992 **** – Split Declaration mit 1991. Ungefähr die Hälfte der Hersteller hat 1992 deklariert, die andere Hälfte hat sich für 1991 entschieden. Einige (z.B. Niepoort) haben beide Jahrgänge abgefüllt. Meiner Ansicht nach wäre 1992 die bessere Entscheidung gewesen. Eine sehr trockene Blütephase und ein noch trockenerer Sommer mit einem einzigen Schauer im August ließen sehr gutes Traubengut heranwachsen. Es wurden die Mutigen belohnt, die mit der Lese lange warteten. Favoriten: Delaforce (17+), Taylor (17), Fonseca (17), Quinta do Vesuvio (17).

1991 *** – Split Declaration mit 1992. Selten war eine Deklaration nötiger als 1991, lag doch der letzte große Jahrgang 1985 bereits sechs Jahre zurück. Viele 1991er Vintage Ports zeigen derzeit fleischige, würzige Noten, was sie nicht sonderlich attraktiv erscheinen lässt. Ich bin kein großer Fan des Jahrgangs. Leider haben sich die Symingtons dazu entschieden, 1991 voll zu deklarieren und 1992 als Single Quinta Vintage Ports. Ihr bester Vintage Port ist Warre. Favoriten: Niepoort (18), Warre (17), Graham (17).

1990 * – Dieser Jahrgang hat eher elegante, früher reifende Portweine hervorgebracht, die mich nie nachhaltig überzeugt haben. Auch hier würde ich jetzt nur noch kaufen/ öffnen, wenn ein direkter Bezug zum Jahrgang vorhanden ist. Favoriten: Keine.

1989 * – Ähnliche Situation wie 1990. Favoriten: Keine.

1988 *** – 1988 ist völlig anders als 1989/90. Die meisten Vintage Ports des Jahrgangs haben alle ein ausgezeichnetes Tannin-Frucht-Säure-Verhältnis, das sie sehr gut altern lassen wird. Favoriten: Fonseca Guimaraens (17), Graham Malvedos (17), Taylor Quinta de Terra Feita (17).

1987 **** – Auch 1987 hat sehr gut strukturierte Vintage Ports hervorgebracht. Ein Jahrgang, der eigentlich hätte deklariert werden können. Favoriten: Niepoort (18), Fonseca Guimaraens (17), Martinez (17).

1986 ** – Die 1986er Vintage Ports präsentieren sich derzeit schon voll in der Genussphase und werden diese größtenteils bald verlassen. Bis auf den Graham Malvedos alle zügig austrinken. Favoriten: Graham Malvedos (17), Niepoort Colheita (17), Warre Colheita (17).

1985 **** – Generelle Deklaration. Obwohl es in 1985 eine generelle Deklaration gegeben hat, trennt sich hier die Spreu vom Weizen. Während einige Hersteller große und langlebige Vintage Ports hergestellt haben (allen voran Fonseca, Taylor, Warre und Graham), haben die portugiesischen Häuser durch die Bank das Ende ihres Trinkfensters erreicht,

in Einzelfällen sogar bereits überschritten. Es war der zweit-ertragreichste Jahrgang im 20. Jahrhunderts – nur in 1927 haben die Hersteller mehr produziert. Allein Fonseca hat mehr als 200.000 Flaschen produziert und das in atemberaubender Qualität. In den 80er Jahren haben viele Hersteller Probleme mit flüchtiger Säure, auch Korkfehler sind bei einigen Herstellern erschreckend häufig feststellbar. Als mögliche Gründe wurden bislang vielerlei Dinge genannt: zu stark gefüllte Lagares, mangelnde Hygiene, zu wenig Schwefel im Wein. Man kann weiter spekulieren, es ist auf jeden Fall beim Kauf bestimmter Hersteller Vorsicht geboten. Niepoort und Cockburn haben erhebliche Probleme mit flüchtiger Säure bzw. zweiter Gärung in der Flasche – daher Hände weg. Favoriten: Fonseca (18+), Taylor (18), Graham (18), Warre (18).

1984 * – Die Portweine des Jahrgangs 1984 sind leichte, voll ausgereifte Vertreter ihrer Art. 1984er Vintage Port wurde nur von wenigen Herstellern produziert. Austrinken. Favoriten: Messias (17), Kopke Colheita (17).

1983 *** – Split Declaration mit 1982. Die 1983er Vintage Ports zeigten sich recht lange in einer fruchtig verführerischen Phase. Seit ungefähr drei bis fünf Jahren wandeln sie sich mehrheitlich zu eher filigranen Portweinen, die in den nächsten 10 Jahren getrunken werden sollten. Favoriten: Ramos Pinto (17+), Graham (17), Taylor (17).

1982 ** – Split Declaration mit 1983. Der Jahrgang 1982 zeigte sich schnell reifend und elegant, doch die Portweine machen auch heute noch Spaß. Allesamt gereift, wird keiner dieser Portweine – mit Ausnahme vom Ramos Pinto – in Zukunft besser werden. Innerhalb der nächsten 10 Jahre austrinken. Favoriten: Andresen Colheita (18), Ferreira (17), Sandeman (17), Ramos Pinto (17), Delaforce (17), Niepoort (17).

1981 ohne Sterne – Ich habe noch nie einen 1981er Vintage Port gesehen. Den einzigen Portwein, den ich aus diesem Jahrgang mit überraschend großer Freude verkostet habe, war ein LBV von Niepoort. Favoriten: Niepoort LBV (17).

1980 **** – Generelle Deklaration. Ein klarer Symington-Jahrgang. Überraschenderweise war Fonseca diesmal nicht in der Lage, einen guten, fruchtig-intensiven Vintage Port herzustellen, daher Hände weg. Die anderen englischen 1980er Vintage Ports sind maskuline, sehr gut strukturierte Vintage Ports. Favoriten: Dow (18), Graham (18), Ramos Pinto (18), Niepoort (18).

1979 * – Leichte, elegante Portweine. Aus der Magnum noch trinkbar, aus der Normalflasche vorbei. Austrinken. Favoriten: Keine.

1978 ** – 1978 hat definitiv bessere Vintage Ports hervorgebracht als der Nachfolgejahrgang, aber auch diese müssen zügig getrunken werden. Hier hat kein

Produzent Potential über das Jahr 2020 hinaus. Favoriten: Kopke Colheita (18), Quinta do Crasto (17), Ferreira (17), Quinta do Noval aus der Magnum (17).

1977 ***** – Generelle Deklaration. Sonderbarerweise war 1977 in Deutschland schon immer teuer, sogar oft teurer als 1970. Gerade im Vergleich zu den Nachbarländern haben die 1977er Vintage Ports auf Deutschen Auktionen immer gut 25% mehr erzielt und das schon über eine Dekade. Den Grund habe ich nie wirklich verstanden. Der Jahrgang 1977 ist sehr gut, aber nicht einheitlich. Während die großen 1977er Vintage Ports gerade im Begriff sind, in ihr optimales Trinkfenster einzusteigen, sind einige schon lange darin und andere schon fast wieder am Ende. 1977 ist ähnlich 1985 ein Jahrgang der Selektion. Obwohl man im Douro mit der Ernte insgesamt sehr zufrieden war und fast alle Hersteller einen Vintage Port deklarierten, wurde dies bei der Quinta do Noval unterlassen. Cockburn hat zu spät angemeldet und musste daher lange mit einem Crusted Port leben. Die Symingtons haben mit den verbleibenden Flaschen allerdings einen „way around" gefunden und dürfen ihn seit 2015 offiziell als Vintage Port verkaufen. Favoriten: Niepoort Garrafeira (19), Fonseca (19), Niepoort (18), Taylor (18), Smith Woodhouse (18).

1976 ** – Bis auf den Fonseca Guimaraens haben alle anderen Portweine entweder das letzte Ende ihres Trinkfensters erreicht oder sind schon darüber hinaus. Favoriten: Fonseca Guimaraens (18), Quinta do Noval Colheita (18), Krohn Colheita (18).

1975 ** – Generelle Deklaration. 1975 wurde generell deklariert. Das stand allerdings schon fest, bevor die Trauben geerntet wurden. Nicht aufgrund der Qualität, sondern vielmehr aufgrund des langen Zeitraums ohne Deklaration. Die meisten Vintage Ports haben bereits das Ende ihrer Lebenszeit erreicht, manche sind allerdings bei adäquater Lagerung und vor allem aus Großformaten sehr gut zu trinken, wenn man elegante, balancierte Vintage Ports mag. Leider bemerkt man bei vielen Herstellern eine zum Teil nicht integrierte Säure. Blind hält man die meisten für älter. Favoriten: Fonseca (17), Croft (17).

1974 * – Das vierte elegante Jahr in Folge. Leider zum Jahr der Revolution in Portugal keine Deklaration, aber gute Trauben für Tawny-Ports. Sehr gut gemachte Colheitas von Sogevinus. Favoriten: Kopke Colheita (18), Barros Colheita (18).

1973 ohne Sterne – Ein kühler Sommer führte zu Trauben, die kaum für die Portweinproduktion verwendet werden konnten. Favoriten: Keine.

1972 ohne Sterne – Die paar wenigen Vintage Ports aus dem Jahr haben alle schon ihre „prime-time" überschritten. Favoriten: Keine.

1971 ohne Sterne – Aus 1971 habe ich bisher nur sehr wenige Portweine verkostet. Der Jahrgang wurde nach dem großen 1970 und aufgrund der recht geringen Zuckerwerte in den Trauben von allen Herstellern als Vintage Port gemieden. Favoriten: Dalva Golden White Colheita (18).

1970 ***** – Generelle Deklaration. 1970 ist der Jahrgang, mit dem ich bislang die meisten Horizontalproben durchgeführt habe und dies aus zwei Gründen: erstens ist es mein Geburtsjahrgang und zweitens gibt es wenig Jahrgänge, bei denen die Qualitätsdichte so hoch ist. Es ist der letzte Jahrgang bis 1994, den man als wirklich klassischen Jahrgang bezeichnen kann. Ähnlich dem Jahrgang 1927 mochte ihn anfänglich kaum jemand. Ältere Verkoster und Produzenten teilten mir mehrfach mit, dass man erst seit ungefähr fünfzehn Jahren beginnt, diesen großen Jahrgang wirklich zu verstehen. Es war auch einer der ertragreichsten Jahrgänge überhaupt mit einer Rekordmenge von Taylor von mehr als 30.000 Zwölferkisten Vintage Port. Das führte auch zu einem bisher nicht dagewesenen Problem am Douro: Zum ersten Mal in der Geschichte gab es nicht ausreichend Arbeitskräfte am Douro, so dass einige Hersteller nicht die Mengen ernten konnten, die vorhanden waren. Die englischen Häuser sind komplett in Höchstform und einige portugiesische Produzenten wie Ramos Pinto, Cálem und Kopke haben atemberaubende Vintage Ports hergestellt. Favoriten: Niepoort (19), Graham (19), Taylor (19), Noval Nacional (19), Fonseca (18), Warre (18), Cálem (18), Quarles Harris (18).

1969 ohne Sterne – Dieser Jahrgang wurde nur als Single Quinta Vintage Port von Taylors Quinta de Vargellas deklariert, der aber auch schon seinen Zenit überschritten hat. Favoriten: Keine.

1968 * – Kurz vor der Ernte begann ein heftiger Regen, der zu massiver Fäulnis führte. Gute Bedingungen für Colheitas. Favoriten: Quinta do Noval Colheita (18), Andresen Colheita (18), Messias Colheita (18).

1967 *** – Der Jahrgang zeigt sich heute wesentlich besser als häufig angenommen. Bei einer Vergleichsprobe zwischen dem Vorjahr und 1967 zeigte sich dieser Jahrgang erstaunlich stark. Zwar werden die wenigen Vintage Ports des Jahrgangs etwas schneller das Ende ihres Genussfensters erreichen als die komplexen 1966er, dafür sind sie aber jetzt schon alle sehr gut zu trinken und meist um 1/3 günstiger. Favoriten: Quinta do Noval Nacional (19), Cockburn (17), Quinta do Noval (17), Fonseca Guimaraens (17), Sandeman (17).

1966 ***** – Generelle Deklaration. 1966 war bislang immer zwischen den großen und bekannten Jahrgängen 1963 und 1970 eingeklemmt und wurde dadurch oft übersehen. Und dies völlig zu Unrecht. Die Trauben sind unter perfekten Bedingungen herangereift. Nach einem sehr heißen Sommer regnete es exakt die benötigte Menge, so dass frische, saubere Beeren in den Lagares getreten wurden. Viele der großen 1966er, darunter fast alle englischen Häuser, beginnen gerade ihr optimales Trinkfenster zu erreichen und werden noch viele Jahrzehnte höchste Genüsse bereiten. Leider ist der Jahrgang mit Erreichen des 50. Geburtstages auch nicht mehr so günstig wie vor einigen Jahren. Favoriten: Dow (19), Fonseca (19), Quinta do Noval Nacional (19), Graham (19), Taylor (18), Warre (18), Niepoort (18), Kopke Colheita (18), Krohn Colheita (18).

1965 ** – Die Portweine des Jahrgangs 1965 sollten jetzt getrunken werden. Zwar zeigen sich einige noch gut in Form, doch läuten sie bereits jetzt ihre letzte Lebensphase ein. Favoriten: Kopke Colheita (18), Grahams Malvedos (17).

1964 ** – Wurde nur von sehr wenigen Herstellern deklariert. In 1964 gibt es nur einen sehr guten Vintage Port, aber durchaus brauchbare Colheitas. Wer also aus dem Jahrgang kommt, dem rate ich, tief in die Tasche zu greifen und einen Noval Nacional zu kaufen oder auf Colheitas auszuweichen. Favoriten: Quinta do Noval Nacional (18), Quinta do Noval Colheita (18), Niepoort Garrafeira (17), Ramos Pinto (17).

1963 ***** – Generelle Deklaration. Den Jahrgang 1963 umgibt eine ähnliche Aura wie 1961 bei Bordeaux. Innerhalb der letzten zehn Jahre sind viele dieser anfänglich so hochgelobten Vintage Ports allerdings wesentlich schneller gereift als ursprünglich angenommen. Die Jahrgänge 1966 und 1970 präsentieren sich frischer und werden länger durchhalten als die meisten 1963er. Allerdings hat auch 1963 viele hervorragende und sogar manche perfekte Vintage Port hervorgebracht, die noch ein halbes Jahrhundert vor sich haben. Favoriten: Quinta do Noval Nacional (20), Fonseca (20), Dow (19), Taylor (19), Graham (19), Warre (18).

1962 ** – Ein sehr leichtes Jahr mit wenig Deklarationen. Außer dem Noval Nacional habe ich noch keinen Vintage Port gesehen. Favoriten: Niepoort Colheita (19), Quinta do Noval Nacional (18).

1961 * – Perfekt in Bordeaux, mäßig am Douro. Einige wenige Single Quinta Vintage Ports, die allesamt das Ende ihres Lebenszyklus erreicht haben. Favoriten: Kopke Colheita (18), Krohn Colheita (18), Krohn (17).

1960 **** – Generelle Deklaration. Selbst von der Fachwelt oft übersehen, präsentieren sich die 1960er Vintage Ports derzeit ausgezeichnet. In der letzten Dekade haben diese Portweine qualitativ erheblich zugelegt. Favoriten: Niepoort (18), Graham (18), Delaforce (18), Sandeman (18), Cockburn (17), Warre (17), Dow (17), Fonseca (17).

1958 *** – Ein zunächst völlig unterbewerteter und übersehener Jahrgang. Die Ports sind heute völlig ausgereift. Einige sind noch gut trinkbar, aber weitere Lagerung lohnt sich nicht. Favoriten: Warre (17), Constantino (17), Dow (17), Sandeman (17).

1955 ***** – Generelle Deklaration. 1955 zu öffnen bereitet immer große Gaumenfreuden. Ich habe bislang noch keinen Port aus diesem großen Jahr entkorkt, der qualitativ nicht in der Lage war, die sechzig Jahre die er auf der Flasche war zu verkraften. Perfekte Trauben haben bei perfekten Wetterbedingungen den Weg in die Lagares gefunden. 1955 wurden erstaunlich wenig Mengen deklariert, obwohl die letzte große Deklaration mehr als sechs Jahre zurücklag. Die meisten Flaschen fanden nicht nur den Weg nach England, sondern wurden sogar in England abgefüllt. Die englischen Häuser präsentieren sich alle noch jugendlich frisch. Leider ist 1955 schon berechtigt teuer geworden. Favoriten: Niepoort (19), Taylor (19), Fonseca (19), Graham (19), Dow (19), Sandeman (18).

1950 * – Die wenigen Vintage Ports aus dem Jahrgang sind elegant und haben den Genuss-Höhepunkt bereits seit zehn Jahren überschritten. Favoriten: Barros Colheita (18).

1948 ***** – Ein großes Jahr am Douro. Viele große Namen haben Vintage Ports in diesen schwierigen Zeiten nach dem zweiten Weltkrieg produziert, allerdings meist in geringer Menge, da die Lager noch mit 1945er Vintage Port gefüllt waren. Alle verkosteten 1948er Vintage Ports zeigen noch eine enorme Frische und Fülle und werden die nächsten drei Dekaden ohne Probleme ähnliche Freude bereiten. Favoriten: Fonseca (19), Sandeman (19), Graham (19), Taylor (18), Niepoort Garrafeira (18).

1947 **** – Auch die 1947er Vintage Ports sind noch allesamt sehr gut zu trinken. Eingekeilt zwischen 1945 und 1948 zeigen diese eher eleganten Portweine aber bereits, dass sie das Ende ihres Genussfensters erreichen. Favoriten: Constantino (18), Dow (18), Ferreira (18), Cockburn (17).

1945 ***** – Generelle Deklaration. In 1945 hat auch wirklich alles gestimmt, bis auf die Nachfrage. Die Weltwirtschaft lag am Boden und die Hersteller hatten sogar Probleme, die notwendige Menge an Flaschen zu erhalten. Daher muss eine ungewöhnliche Flaschenform kein Indikator für eine gefälschte Flasche sein. Bei einer umfangreichen Horizontalprobe mit mehr als zwanzig Häusern im Jahr 2015 zeigten sich bis auf einen portugiesischen Hersteller alle Vintage Ports in Höchstform. Die meisten haben noch Potential, ihren 100. Geburtstag in Bestform zu erreichen. Alle großen Hersteller brillieren. Geheimtipp: Kopke und Rozés. Der Rozés Vintage Port wurde von Niepoort in den bauchigen Potta-Flaschen abgefüllt. Mittlerweile sehr teuer. Favoriten: Niepoort (20), Taylor (20), Dow (20), Croft (19), Graham (19).

1943 *** – Die wenigen 1943er Vintage Ports sind eher elegante Vertreter. Meist erreichen sie gerade das Ende ihres Genussfensters oder haben dieses bereits überschritten. Favoriten: Sandeman (17).

1942 **** – Mitten im zweiten Weltkrieg brachen die Absatzmärkte bereits ein, da der Transport über die Meere immer riskanter wurde. Wenig Hersteller haben einen Vintage Port abgefüllt, Niepoort sogar in der legendären Literflasche. Favoriten: Niepoort (19), Fonseca Guimaraens (17).

1937 **** – Soweit ich informiert bin, gibt es nur kleine Hersteller, die einen Vintage Port in 1937 abgefüllt haben. Der Jahrgang hat aber bei vielen Herstellern für atemberaubende Colheitas gesorgt, die nun 80 Jahre im Fass liegen durften. Favoriten: Warre (19), Quinta do Noval (19), Niepoort (18), Kopke (18).

1935 ***** – Generelle Deklaration. Ein ganz großer, völlig unterbewerteter Jahrgang. 1935er Vintage Ports sind – obwohl zehn Jahre älter – fast noch so frisch wie die Vintage Ports des Jahrhundertjahrgangs 1945. Der Jahrgang wartet mit großen, perfekt gereiften Vintage Ports auf, die noch zwei bis drei Dekaden Lebenserwartung vor sich haben. Favoriten: Taylor (19), Sandeman (19), Cockburn (19), Cálem (18), Ramos Pinto (18), Junco (18), Croft (18).

1934 *** – Im direkten Vergleich zum Nachfolgejahrgang zeigen sich die 1934er Vintage Ports immer eleganter und weiter gereift. Obwohl sie lange Zeit sehr gut trinkbar waren, erreichen fast alle nun das Ende ihrer Hochform. In den nächsten 10 Jahren austrinken! Favoriten: Sandeman (18), Ramos Pinto (18), Martinez (18), Warre (18).

1931 ***** – Ein großer, atemberaubender Jahrgang. Vintage Ports in Höchstform. Leider fand er durch die Weltwirtschaftskrise 1929 und die mit dem Jahrgang 1927 noch recht gefüllten Keller nur wenige Produzenten, die ihn auch abfüllten. Wenn man es getan hat, kann man heute Meisterwerke der Kategorie bewundern. Alle Vintage Ports mit noch mindesten zwei Dekaden Leben vor sich. Das erste Jahr, in dem Noval unter offiziellem Etikett produziert und gleich eine Legende erschaffen hat: den wohl seltensten Vintage Port der Welt: den Noval Nacional 1931. Favoriten: Quinta do Noval Nacional (19), Quinta do Noval (19), Niepoort Garrafeira (19), Cálem „Chierres" (19), Ramos Pinto (18).

1927 ***** – Generelle Deklaration. Vom Jahrgang 1927 wurden die bis dahin größten Mengen Vintage Port in der Geschichte des Portweins hergestellt. Perfekte Erntebedingungen ließen die Weine in den Fässern aber zunächst hart, maskulin und kantig mit satten Tanninen und einem hohen Säuregerüst aufwarten. Die Kundschaft war zunächst nicht begeistert. Seit ungefähr vier Jahrzehnten werden die 1927er Vintage Ports allerdings runder und balancierter, ohne ihren Druck und ihre Finesse einzubüßen. Ich habe noch nie einen Vintage Port aus diesem Jahr verkostet, der mich nicht in seinen Bann gezogen hat. Favoriten: Taylor (19), Dow (19), Cockburn (19), Constantino (19), Ramos Pinto (19), Croft (18), Graham (18), Martinez (18), Rebello Valente (18).

1924 **** – Ein sehr gutes Jahr am Douro. Durch die politische Instabilität in Portugal wurde nicht viel Wein abgefüllt. Die meisten 1924er zeigen sich noch frisch und nahezu jugendlich. Favoriten: Taylor (18), Ramos Pinto (17).

1922 **** – Ähnlich zum Jahrgang 1920 präsentieren sich auch die 1922er Vintage Ports sehr frisch und mit viel Druck. Nur wenige Hersteller haben abgefüllt, von denen alle aber noch ein bis zwei Jahrzehnte Lebenserwartung besitzen. Favoriten: Warre (18), Martinez (18), Sandeman (17).

1920 **** – Obwohl in 1920 nur einige wenige Hersteller einen Vintage Port abgefüllt haben, beeindrucken diese Weine ähnlich den größeren, bekannteren Jahrgängen wie 1927 oder 1935. Alle noch in Hochform. Favoriten: Fonseca (18), Sandeman (18), Taylor (18).

1912 ***** – Generelle Deklaration. Ein großes Jahr am Douro. Leider habe ich aus diesem Jahrgang nur den Cockburn Vintage Port bisher verkostet. Niepoort hat den besten Colheita hergestellt. Der hat mich aber völlig in seinen Bann gezogen. Favoriten: Cockburn (19), Niepoort Colheita (19).

1908 ***** – Generelle Deklaration. Große, langlebige Vintage Ports hat der Jahrgang 1908 hervorgebracht. Leider nur in geringen Mengen, die nahezu ausgetrunken sind. Favoriten: Constantino (19), Cockburn (18), Guedes (18).

1904 **** – Generelle Deklaration. Die Vintage Ports des Jahrgangs 1904 sind allesamt filigran und elegant und haben ihr Lebensende bereits erreicht oder sogar überschritten. Bis in die 1990er waren sie noch perfekt zu genießen. Bis auf Croft schnell austrinken. Favoriten: Croft (18).

1900 **** – Generelle Deklaration. Der Jahrgang zum Wechsel des Jahrhunderts ist einer, in dem sowohl fantastische Vintage Ports abgefüllt wurden, als auch hervorragende Colheitas heranreifen sollten. Sehr teuer, aber jeden Cent wert. Favoriten: Sandeman (19), Niepoort Colheita (19), Kopke Colheita (19), Andresen Colheita (19).

ERZEUGER VON A BIS Z

ERZEUGER

In diesem Teil des Buches sind die Hersteller alphabetisch geordnet und kurz beschrieben, anschließend folgen Verkostungsnotizen. Sind von den Herstellern nur wenig Informationen vorhanden oder die Marken inaktiv, werden sie am Ende unter „Weitere Hersteller" vermerkt.

Bei den Portwein-Herstellern existieren mehrere Gruppen, deren Bezeichnungen Sie hin und wieder hören und die mit anderslautenden Einzelmarken im Markt auftreten. Im Einzelnen sind dies:
1. Fladgate Partership mit den Hauptmarken: Taylor, Fonseca, Croft und Krohn.
2. Symington Family Estates mit den Hauptmarken Graham, Dow, Warre, Vesuvio, Cockburn, Smith Woodhouse, Gould Campbell, Quarles Harris, Martinez und Roriz.
3. Sogrape Vinhos mit den Hauptmarken Sandeman, Ferreira und Offley.
4. Sogevinus mit den Hauptmarken Barros, Burmester, Calem, Kopke, Barros und Gilberts.
5. Gran Cruz mit den Hauptmarken Porto Cruz und Dalva.

Da die Homepages der Hersteller recht aktuell und historisch meist sehr umfangreich sind, wird am Anfang des Steckbriefes auf diese verwiesen. Bei den Verkostungsnotizen ist das Jahr der Verkostung aufgeführt. Bei mehrfachen Verkostungen wird immer die aktuellste erwähnt. Verkostete Portweine nach Erscheinen des Buches können auf der Seite www.worldofport.de/Verkostungsnotizen abgerufen werden.
Es ist fast unmöglich, eine wirklich aktuelle Übersicht aller Hersteller mit ihren Quinta- und Eigentumsverhältnissen darzustellen. Sobald man mit der Übersicht fertig ist, werden Quintas komplett oder in Teilen ver- und gekauft, Besitzanteile von Firmen übertragen usw.
Die Hektarflächen der Weingüter beziehen sich immer auf die Fläche der Weinreben, nicht auf die Gesamthektarzahl der Quinta.
Bei den Verkostungsnotizen wird das 20er Punktesystem verwendet. Wenn Sie ein + hinter einer Zahl sehen, ist noch erkennbares Potential für eine höhere Punktzahl vorhanden. Die Punkte im Einzelnen:

Punkte	Beschreibung	Entspricht im 100-Punktesystem
20	Der perfekte Port, hier stimmt alles	99-100
19	Ganz nah an der Perfektion. Ausnahme-Portweine	96-98
18	Große Ports, individuell, balanciert und stimmig	93-96
17	Exzellente Portweine mit erkennbarer Stilistik	90-92
16	Sehr gute Portweine	87-89
15	Gute Portweine	80-86
< 15	Unterdurchschnittliche oder fehlerhafte Portweine	< 80
NR	„Not rated", vornehmlich wegen fehlerhafter Sensorik durch die Entwicklung des Portweins in der Flasche	-

BOB – Es gibt verschiedene sog. „buyers own brands". Hier handelt es sich um Etiketten, die von Herstellern in Abweichung ihrer Originaletiketten verwendet werden, um eine gewisse Exklusivität zu gewährleisten oder um landesspezifischen Eigenschaften gerecht zu werden.

Die bekannteste bob und die mit der längsten Tradition sind die Berry Brothers. Daher habe ich sie beispielhaft wie einen Hersteller erwähnt. Diese „Hersteller" produzieren nicht, sondern suchen sich einen Hersteller aus und haben eventuell sogar maßgeblichen Einfluss auf den Verschnitt des abzufüllenden Ports. Die Berry Brothers wechseln den Hersteller ständig und haben diverse Arten und Hierarchien Portwein unter ihrem Namen im Programm, zum Beispiel einen Berry Brothers Late Bottled Vintage Port.

Leider gibt es auch bob, die ausschließlich dazu geeignet sind, Portweine günstiger einzukaufen. Darunter fallen viele Namen der großen Discounter. Oftmals werden diese von großen Herstellern produziert, aber nicht unter ihrem Namen vertrieben. Meist handelt es sich hier um eher durchschnittliche Portweinqualitäten.

ALVES DE SOUSA

Vor 1991 hat die Familie Alves de Sousa über mehrere Generationen Portweine produziert, die sie an Taylors, Ferreira und Borges verkauft hat. Auch Trauben wurden direkt an große Hersteller verkauft. Erst 1991 hat sich Domingos Alves de Sousa aufgemacht, seine Produkte unter eigenem Etikett zu vermarkten. Da er aber weiterhin Trauben an Taylors verkauft hat, wollte Domingos anfänglich nicht im gleichen Teich fischen und produzierte zunächst ausschließlich Douro DOC Weine, diese aber schon früh auf sehr hohem Niveau. Er war mit wenigen Mitstreitern wie Ramos Pinto, Niepoort oder Quinta do Cotto einer der Ersten, die sich an das Thema Rotwein im Douro-Tal herantrauten.

Portwein unter eigenem – Gaivosa - Label haben sie zum ersten Mal mit dem Jahrgang 2003 produziert, einen Vintage Port unter dem Alves de Sousa-Label erstmalig 2009. Ein wenig verwirrend sind die unterschiedlichen Verwendungen von Alves de Sousa, Caldas und Quinta da Gaivosa Etiketten auf den Ports. Obwohl Alves de Sousa eher mit den Douro DOCs bekannt geworden ist, waren alle verkosteten Portweine auf sehr hohem Niveau. Vor allem, weil sie über umfangreiche Vorräte älterer und zu 100% im Douro gereifte Tawny-Reserven verfügen, zeigen sich der 10y und 20y old Tawny auf Höchstniveau.

Tiago und sein Vater Domingos führen eine Vorzeigefirma für generationenübergreifende Partnerschaft in der Familie. Beide extrem talentiert, zurückhaltend und fachkundig. Hier sind alle wichtigen Voraussetzungen erfüllt, um in eine goldene Zukunft zu blicken.

3 Fragen – 3 Antworten : Tiago Alves de Sousa, Eigentümer und Önologe
Was war der erste Port, den du getrunken hast?
Ein 20 Jahre alter Ramos Pinto Tawny
Was ist am Douro besonders?
Die einzigartige Landschaft, die in der Lage ist, diese Weine und Portweine herzustellen. Man kann im Wein und im Port diese Einzigartigkeit erkennen.
Welchen Port nimmst du mit auf die einsame Insel?
Auf diese Frage hat er bis heute nicht geantwortet.

Homepage: www.alvesdesousa.com
Gründungsjahr: 1991
Inhaber: Alves de Sousa Familie
Önologen: Tiago Alves de Sousa, Anselmo Mendes (Berater)
Quintas/ Rebfläche: Quinta da Gaivosa (23 ha), Quinta das Caldas (33 ha), Quinta da Aveleira (15 ha), Quinta da Estação (17 ha), Quinta da Vale Raposa (17 ha), Quinta da Oliveirinha (12 ha)
Geheimtipp:10y old White Port, 20y old Tawny
Importeur: wein-kreis.de, vinomundo.de

VINTAGE PORTS

Erst seit 2003 auf dem Markt und noch sehr wenige Jahrgänge im Portfolio, sind die Alves de Sousa/ Gaivosa Vintage Ports alle von sehr hoher Qualität. Man fühlt fast, wie sie von Jahr zu Jahr qualitativ zulegen. Das Top Label ist Alves de Sousa, das Trauben von Oliverinha und Gaivosa verwendet. Der Single Quinta Vintage Port stammt von der Quinta da Gaivosa.

VINTAGE PORT GAIVOSA 2013 - Tiefe, fast schwarze Farbe. Frische, fruchtige Nase, Kirschnoten. Eleganter, balancierter Gaumen mit weißem Pfeffer und Kirschen. Mittellanger Abgang. **16** *(2016)*

VINTAGE PORT ALVES DE SOUSA 2011 - Klassisch fruchtig-frische Nase mit ansprechender Würze im Hintergrund. Auch am Gaumen perfekt eingebundene Tannine, Frucht, würzige Frische. Langer, gut strukturierter Abgang. **18** *(2014)*

VINTAGE PORT ALVES DE SOUSA 2009 – Blickdichter, tiefschwarze Farbe mit leuchtenden violetten Reflexen. Tiefe, strukturierte Nase mit Cassis, Schokolade, hintergründig Tabak. Mächtiger, voller Gaumen, satte schwarze Johannisbeere, Schokolade. Langer Abgang. **17+** *(2016)*

VINTAGE PORT GAIVOSA 2008 – Volle Fruchtnase, viel schwarze Johannisbeere und grüne Banane. Extrem harmonischer Gaumen, voll und rund mit ausreichend Säure und Tanninen. **17** *(2011)*

VINTAGE PORT GAIVOSA 2003 - Violettrote Farbe. Verführerische Frucht-Schokoladennote in der Nase, viel Pflaume. Am Gaumen viel Schokolade, Brombeere, Pflaume, Schokolade, leichte Tannine. Mittellanger, fruchtbetonter Abgang. **17** *(2016)*

LATE BOTTLED VINTAGE PORTS (LBV)

LATE BOTTLED VINTAGE PORT 2012 (BTLD. 2016) – Tiefe, blickdichte, dunkelrote Farbe. Kaffee und Kirsche in der Nase. Leicht überreifer, balancierter Gaumen, Kirsche, Schokolade. Langer Abgang. **16** *(2016)*

LATE BOTTLED VINTAGE PORT 2010 (BTLD. 2014) – -Frische, vollrote Farbe mit violetten Reflexen. Cassis-Kirschnase, weißer Pfeffer. Leicht süßer, gut säuregestützter Gaumen mit würzigem Hintergrund. **16+** *(2014)*

LATE BOTTLED VINTAGE PORT 2004 (BTLD. 2009) – Tiefe, dunkelrote Farbe. Minimale Alterungsspuren erkennbar, sonst fruchtig frisch. Volle Cassisnoten am würzigen Gaumen. **16** *(2010)*

AGED TAWNIES

Bei den aged Tawnies gibt es noch keine Bestände, mit denen man 30 oder 40 Jahre alte Tawnies machen könnte. Die 10y und 20y old Tawnies sind aber immer ein paar Jahre älter, was sie auch durchaus zeigen.

10 YEAR OLD TAWNY – Rotbraune Farbe. Satte Malz-Honignase. Süßer, voller Gaumen mit spürbaren Karamell-Malznoten. Ansprechende Länge im Abgang. **16** *(2014)*

20 YEAR OLD TAWNY – Orangerote, volle Farbe. Satte Karamell-Nuss-Nase mit erstaunlicher Intensität für einen Portwein dieser Kategorie. Am Gaumen frisch, ausgewogen, intensiv, Honig, Orange, Datteln, Karamell, gut stützende Säure. Wirkt älter. **18** *(2016)*

WEITERE PORTWEINE

RUBY RESERVE – Tiefe, dunkelrote Farbe. Frische Schokoladen-Frucht-Nase, ganz leicht störender Amaretto. Auch am Gaumen Cassis und Schokolade.. Ansprechende Länge. **16** *(2014)*

TAWNY RESERVE – Rotbraune Farbe. Malz und Honig am Bouquet. Mitschwingende Eleganz. **15+** *(2014)*

10 YEAR OLD WHITE PORT – Dunkelgelbe Farbe. Intensives Akazienhonig-Bouquet, minimal Amaretto-Noten. Balancierter voller Gaumen mit Honig und Quitte. Eleganter Abgang. **17** *(2014)*

Andresen

Mit 19 Jahren gründete der aus Skandinavien stammende Jann Hinrich Andresen im Jahr 1845 das gleichnamige Portweinhaus. 1942 wurde die Firma an Albino Pereira dos Santos (A. P. dos Santos) verkauft, dessen Nachfahren nun Andresen leiten. Andresen hat zum ersten Mal im Jahr 1950 einen Vintage Port deklariert. Die älteren Vintages (1963 und 1966) sind gute, wenn auch typische Vintage Ports, die sich meist elegant und mit erkennbarer Süße präsentieren. Einige, vor allem ältere Vintage Ports wurden noch von McKenzie abgefüllt und später an Andresen verkauft. Seit 2005 wird qualitativ mehr Anspruch auf die Vintage Ports gelegt, die im 2011er bisher ihren Höhepunkt erreicht haben.

Der Schwerpunkt der Firma liegt ganz klar bei den fassgelagerten Tawny Ports. Die Andresen Colheitas aus dem Jahr 1900 und 1910 sind legendär. Beide liegen noch im Fass und werden „on demand" abgefüllt. Auch die erstmals 1992 ungefiltert abgefüllten LBVs sind von hoher Qualität. Bei einer Jahresproduktion von ca. 800.000 Flaschen sind die Portweine von Andresen vergleichsweise günstig und zählen zu meinen Preis-Leistungs-Siegern im Tawny-Bereich. Andresen ist einer der wenigen noch im Familienbesitz - wenn auch nicht mehr im Besitz der Familie Andresen - befindlichen Hersteller.

Eine Colheita-Verkostung mit Önologe Alvaro van Zeller und Carlos Flores ist auf jeden Fall ein Highlight im Leben eines Portweinliebhabers; zum einen wegen der hohen Qualität der Tawnies und andererseits aufgrund der sehr freundlichen, lustigen und herzlichen Art der Beiden.

Homepage: www.jhandresen.com
Gründungsjahr: 1845
Inhaber: Carlos Flores dos Santos
Önologen: Alvaro van Zeller
Quintas/ Rebfläche: Quinta das Aranhas (40 ha)
Spezialisiert auf: Aged Tawnies, Colheitas
Geheimtipp: Aged White Ports
Importeur: Diverse, Direktimport möglich

3 Fragen – 3 Antworten: Carlos Flores dos Santos, Eigentümer
Was war der erste Port, den du getrunken hast?
Der Colheita 1937 von Andresen
Was ist am Douro besonders?
Die spektakuläre Landschaft, die authentischen Personen und der faszinierende Portwein.
Welchen Port nimmst du mit auf die einsame Insel?
Quinta do Noval Nacional Vintage Port 1963.

VINTAGE PORTS

Andresen selbst hat im Jahr 1950 erstmals einen Vintage Port hergestellt. In guten Jahren produziert die Firma maximal 20.000 Flaschen eines meist leicht süßen, soliden Vintage Ports. Einige der älteren Vintage Ports wurden von Mc Kenzie abgefüllt und nachher an Andresen verkauft.

VINTAGE PORT 2011 - Dunkelrote Farbe mit violetten Reflexen. Kaffeenase, ansprechende Tiefe, Fruchtnoten, Kirsche. Sehr intensiver, astringenter Gaumen. Mittellanger, würzig-frischer Abgang. **17+** *(2013)*
VINTAGE PORT 2007 - Tiefschwarze, leicht stumpfe Farbe. Im Bouquet viel Frucht (Heidelbeere, grüne Bananen) und spürbare Säure. Komplexer Gaumen mit Brombeeren und Cassis, spürbares Tanningerüst, Säure. Gut strukturierter Abgang. **17** *(2010)*
VINTAGE PORT 2005 - Tiefes, leicht stumpfes Violett. Im Bouquet hauptsächlich Johannisbeeren und Pflaumen. Am Gaumen knackige(!) Tannine, Johannisbeere, Pflaume und eine verführerische Schokoladennote. Fruchtig-astringenter Abgang. **17** *(2010)*
VINTAGE PORT 1999 - Minimal transparente, mittelrote Farbe mit orangen Reflexen. Kaffee und Kirsche in der Nase, elegant mit würzigen Noten. Auch am Gaumen elegant, Honig, Malz und Kaffee. Mittellanger Abgang. **16** *(2015)*
VINTAGE PORT 1985 - Minimal transparente, mittelrote Farbe mit orangen Reflexen. Kaffee und Kirsche in der Nase, elegant mit würzigen Noten. Auch am Gaumen elegant, Honig, Malz und Kaffee. Mittellanger Abgang. **16** *(2015)*
VINTAGE PORT 1979 - Leuchtend mittelrote Farbe, voll transparent. Elegante, gereifte Nase. Karamell. Leichter Gaumen, weit gereift. Malz- und Karamellnoten, gerade noch stützendes Säuregerüst. Austrinken. **15** *(2013)*
VINTAGE PORT 1970 - Orangerote Farbe. Honig, Malz und Tabak im Bouquet. Balancierter, eleganter Gaumen mit einer dezenten Karamellnote. Mittellanger Abgang. Nicht mehr zu lange liegen lassen. **17** *(2012)*
VINTAGE PORT 1966 - Volltransparente, mittelrote Farbe mit braunen Reflexen. Elegante Malz-Honig Nase, hintergründig Kaffee. Frischer, integrierter Gaumen, minimale flüchtige Säure und spürbarer Süße. Mittellanger Abgang. **17** *(2016)*
VINTAGE PORT 1963 - Braunorange Farbe. Ausdrucksstark gereifte Vintage-Port-Nase mit Honig und Malztöne und viel Milchschokolade, balanciert. Langer, ausgewogener Abgang. **17** *(2014)*

LATE BOTTLED VINTAGE PORTS (LBV)

Seit 1992 stellt Andresen auch ungefilterte Late Bottled Vintage Ports von sehr guter Qualität her. Mit einigem Reifepotential sind diese Portweine sowohl früh als auch innerhalb der ersten 10-15 Jahre sehr gut trinkbar.

LATE BOTTLED VINTAGE PORT 2005 - Gut strukturierte vollrote Farbe. Im Bouquet Schokolade und ein klassischer Rotbeerenmix. Am Gaumen spürbare Tannine, satte Fruchtnoten. Gut strukturierter Abgang. **16+** *(2011)*

AGED TAWNIES

Andresen stellt sowohl 10, 20 und über 40-jährige Tawnies aus weißen und roten Trauben her, allerdings in beiden Bereichen keine 30y old Tawnies.

10 YEAR OLD TAWNY - Leicht trübe dunkelrote Farbe. Rote Restfrucht in der Nase. Eleganter Gaumen mit spürbarer Säure. Ein eher noch fruchtbetonter 10y old Tawny. **16** *(2013)*
20 YEAR OLD TAWNY - Mittelbraune, frische Farbe. Im Bouquet intensiver Nuss-Mandel-Toffee-Mix. Langer, balancierter Gaumen mit ansprechenden Kaffee-Toffee-Noten, hintergründig Nüsse. Mittellanger Abgang. **17** *(2014)*
40 YEAR OLD TAWNY - Braunrote Farbe, wenig grüngelbe Reflexe. Intensive, volle Nase, Trockenfrüchte, Nussmix und Marzipan. Voller Gaumen, sehr komplex, deutliche Süße, Kaffeenoten, Marzipan, Walnuss. Langer, aber sehr eleganter und nicht fetter Abgang. **18** *(2014)*

COLHEITAS

Die Colheitas sind die Flaggschiffe der Firma. Eher auf der süßen Seite, werden sie doch immer durch ein sehr gut balancierendes Säuregerüst stabilisiert und wirken daher nicht vordergründig süß. Neben ihrer hervorragenden Qualität verfügen die Colheitas von Andresen über ein sehr gutes Preis-Leistungs-Verhältnis.

COLHEITA 1998 (bottled 2011) - Leicht trübe, dunkelbraune Farbe. Orange, Nussmix und Marzipan in der Nase. Balancierter, säureunterstützter Gaumen mit Marzipan und Nüssen. Mittellanger Abgang. **16** *(2016)*

COLHEITA 1997 (bottled 2011) - Volle Fruchtnase, minimaler Roseschimmer in der orangen Farbe, Wasserrand. Verhaltene Nase, noch Primärfruchtnoten, leichter Marzipan-Touch. Viel stützende Säure am Gaumen, überraschend komplex. Schokoladennoten, Karamell und Toffee. Langer Abgang. **17** *(2011)*

COLHEITA 1995 (bottled 2011) - Orangerote Farbe. Gebackene Noten, frisch und komplex, hintergründig würzig. Am Gaumen ähnlich dem 97er. Erst würzig, dann setzen Karamell und Toffee ein. Der Abgang ist etwas kürzer und nicht so ausgewogen. **16** *(2011)*

COLHEITA 1992 (bottled 2011) - Mittelbraunrote Farbe. Elegante, frisch-ausgewogene Nase, Haselnuss satt. Balancierter Gaumen mit intensiven Nüsse und Mandeln. Mittellanger Abgang. **17+** *(2015)*

COLHEITA 1991 (bottled 2014) - Rotorange Farbe. Nüsse, Honig und Rosinen in der Nase, sehr balanciert. Am Gaumen ansprechende Komplexität, Nussmix, Trockenfrüchte, Datteln und Rosinen. Mittellanger Abgang. **17+** *(2015)*

COLHEITA 1982 (bottled 2016) - Volle, transparente, orangerote Farbe. Nüsse, Honig und Karamell in der Nase. Voller Gaumen, alles sehr gut integriert. Pflaume, Schokolade, Honig, minimal Minze. **18** *(2016)*

COLHEITA 1980 (bottled 2015) - Während des Portwine-Days 2025 mit Carlos Flores nach dem Mittagessen genossen: Braunrote Farbe mit erkennbarem Wasserrand. Frische Orangen-Nussnase, Mandeln, Feige. Leicht süßer, gut strukturierter Gaumen mit erkennbarer Süße, Nuss- und Mandelnoten. Langer Abgang. **18** *(2015)*

COLHEITA 1975 (bottled 2011) - Blasse orange-beige, saubere Farbe. Intensive, volle Nase mit Kaffee- und Backpflaumen, Nüsse und Trockenfrüchten. Süßer, voller Gaumen, satte Kaffee- und Toffee-Noten. Mittellanger Abgang. **17** *(2011)*

COLHEITA 1970 (bottled 2013) - Frische vollrote Farbe mit grünen Reflexen. Viel Marzipan und vegetale Noten in der Nase. Konzentrierter Gaumen mit ausgeprägten Marzipan-Honig-Toffeenoten, Haselnuss im Hintergrund. Sehr viel frischer und konzentrierter als der gleichzeitig verkostete, 1995 abgefüllte Colheita des gleichen Jahrgangs. **18** *(2013)*

COLHEITA 1968 (bottled 2013) - Transparent dunkelorange Farbe. Malz- und Kaffee in der Nase, Marzipan. Voller integrierter Gaumen. Malz, Kaffee, voll und rund. Langer, malzbetonter Abgang. **18** *(2013)*

COLHEITA 1963 (bottled 2011) - Dunkelorange Farbe, sehr dunkel, komplexe Struktur. Volle Kaffeenase, sehr komplex und lebendig, viel stützende Säure. Langer, leicht scharfer Abgang. **18** *(2011)*

COLHEITA 1937 (bottled 1995) - Genau wie Niepoort hat auch Andresen seine Colheita Vorräte des Jahrgangs 1937 im Jahr 1995 komplett abgefüllt. Hellbraune Farbe mit den leicht grünlichen Reflexen. Intensive Kaffee-Malz-Nase mit sehr ansprechender floraler Gewürznote im Hintergrund. Samtiger, voller Gaumen mit leichter Säure und viel Malz und Honignoten. Frischer Abgang. **18** *(2012)*

COLHEITA 1910 (bottled 2013) - Dunkelorange Farbe mit einem intensiven Farbkern. Frisches, volles Bouquet mit einer konzentrierten Nuss-Mix-Nase und Karamell, mitschwingende Süße. Am Gaumen scharfe Säure, Karamell, Kaffee, Toffee, Nussmix. Langer, voller, kaffeebetonter Abgang. **19** *(2013)*

COLHEITA 1900 (bottled 2011) - Tiefbraune Farbe mit orangen Reflexen (das sonst für die alten Tawnies typische Grün kommt gegen die intensive Farbe nicht an!). Konzentrierte, volle, kräftige Nase: leichte Süße, viel Kaffee und Malz. Am Gaumen intensive Honignoten, Kräuter-Karamell und Malz. Minutenlanger Abgang. **19** *(2011)*

COLHEITA 1884 (bottled ?) - In London nach dem Mittagessen bei Ottos Restaurant verkostet: Mittelorange Farbe mit einem dunklen Farbkern und erkennbarem Wasserrand. Balancierte würzig-nussige Noten in der Nase. Am Gaumen massive Schokolade und Honig mit spürbarer Säure. Eleganter, langer Abgang. **18** *(2015)*

SONSTIGE PORTWEINE

Zum 100. Jubiläum der Firma wurde ein „Century Port" abgefüllt. Laut Aussage des Eigentümers Carlos Flores soll das ein 10y old Tawny gewesen sein, den sie 1945 abgefüllt haben.

CENTURY PORT - Hellbraune Farbe mit leichtem Wasserrand. Leicht staubig wirkende Malz-Honig-Nase. Am Gaumen noch erstaunlich gut strukturiert für das, was es sein soll: Malz und Honignoten. Mittellanger Abgang. Erstaunlich. **17** Austrinken!. *(2015)*

WHITE RESERVA - Strohgelbe Farbe. Verhaltene Nase, unterschwellig Zitrusfrucht. Alkoholischer, relativ leichter Gaumen. Kurzer Abgang. Etwas über 8 Jahre gereift. **15** *(2010)*

10 YEAR OLD WHITE PORT - Leuchtend orangebraune Farbe. Satte Nuss- und Marzipannoten. Am Gaumen ansprechende Eleganz, Walnuss, spürbare Säure. Mittellanger Abgang. Hervorragender Vertreter dieser Kategorie. **16** *(2013)*

20 YEAR OLD WHITE PORT - Leuchtend dunkelorange Farbe. Balancierte Nase mit Quittenmarmelade und frischer Aprikose. Am Gaumen ansprechende Intensität, voll und komplex mit Aprikose und Honig. Langer Abgang. **17** *(2013)*

40 YEAR OLD WHITE PORT - Vollgoldene Farbe mit grünen Reflexen. Intensive, komplexe Nase, gelber Früchtekorb, Aprikose, Quitte, Pfirsich. Intensiver Gaumen, samtig. Rund und voll. Satte gelbe Früchte, Aprikosenkonfitüre. Langer, Abgang. **18** *(2013)*

BARÃO DE VILAR

Nachdem die van Zeller-Familie die Quinta do Noval 1993 an den AXA-Versicherungskonzern verkauft hatte, durften Alvaro und Fernando van Zeller vertragsbedingt fünf Jahre keine Weinfirma gründen. So kauften sie zwar in den 1990er Jahren schon die notwendigen 150.000 Liter und ließen sich 1996 beim Portweininstitut als Wein- und Portweinfirma registrieren. Mit der Produktion und dem Vertrieb fingen sie aber vertragsbedingt erst 1998 an.

Bis 2008 blieb die Produktion auf einem recht geringen Level stabil. In den letzten sieben Jahren haben die van Zellers die Produktion um ein Vielfaches gesteigert, in dem sie Portweine fassweise von kleineren Herstellern aufkauften und dann unter eigenem Etikett verkauften. Stand in den vergangenen Jahren die Quantität im Vordergrund, gibt es seit ungefähr zwei Jahren Anstrengungen, die Qualität der Weine zu verbessern. Allerdings möchte man auch in Zukunft nicht mit den Platzhirschen konkurrieren, sondern bietet dem Portweinfreund einen soliden Port zu einem günstigen Preis.

Neben Barão de Vilar gehören den van Zeller Brüdern auch die Marken Feuerheerd und Maynards. (Sie wollten auch Palmer für den Douro registrieren, doch hier hatte dann das Chateau Palmer in Bordeaux bereits den Namen in der Getränkeklasse für alle europäischen Länder schützen lassen).

Homepage: www.baraodevilar.com
Gründungsjahr: 1715 (re-launch in 1998)
Inhaber: Alvaro und Fernando van Zeller, Rui Carvalho
Önologen: Alvaro van Zeller
Quintas/Rebfläche: Quinta do Bravio (5 ha)
Spezialisiert auf: Colheitas
Geheimtipp: 1963 Colheita
Importeur: Jaques Weindepot

3 Fragen – 3 Antworten: Alvaro van Zeller, Önologe
Was war der erste Port, den du getrunken hast?
Einen Quinta do Noval Nacional Vintage Port 1955
Was ist am Douro besonders?
Die Einsamkeit, besonders im Winter. Man ist dort wie auf einem anderen Planeten, aber trotzdem mitten in der Familie.
Welchen Port nimmst du mit auf die einsame Insel?
Eine Flasche Barao de Vilar Colheita 1963

VINTAGE PORTS

Barão de Vilar hat bisher nur selten Vintage Ports hergestellt. Ein paar ältere Jahrgänge, z.B. 1989 kaufen sie am Markt von verschiedenen Herstellern aufgekauft und vertreiben sie nun unter ihrem Etikett.

VINTAGE PORT 2011 - Fruchtbetonte, elegante Nase, würziger Background. Am Gaumen balanciert. Säure, Tannine und Frucht perfekt eingebunden, Schokolade, süße Frucht. Langer ausgewogener Abgang. **17+** *(2013)*

LATE BOTTLED VINTAGE PORTS (LBV)

LATE BOTTLED VINTAGE PORT 2010 - Tiefdunkelrote Farbe. Ausreichend Frucht und Intensität in der floral-frischen Nase. Strukturierter Gaumen mit viel Cassis und Kirsche. Mittellanger Abgang. **16** *(2014)*

AGED TAWNIES

20 YEAR OLD TAWNY - Orangerote Farbe. Nussmix und Orangenschalen im Bouquet, hintergründig Tabak. Balancierter Gaumen mit viel Haselnuss, Marzipan und würzigem Hintergrund. Mittellanger Abgang. **17** *(2012)*

COLHEITAS

Da den van Zeller Brüdern sowohl die Marken Feuerheerd, Maynard als auch Barao de Vilar gehören, werden teilweise identische Portweine unter verschiedenen Marken angeboten. Auch verkaufen die van Zeller Brüder ihre Colheitas an andere Firmen, die sie dann unter ihrem Etikett anbieten.

COLHEITA 1990 (bottled 2013) - Tiefe, dunkelrot-orange Farbe, wirkt älter. Balanciertes fruchtig-florales Bouquet, Malz und Kaffee. Am Gaumen Säure, Marzipan, Nussmix und Trockenfrüchte. Mittellanger, säurebetonter Abgang. **17** *(2016)*

COLHEITA 1982 (bottled 2013) - Leuchtend transparente dunkelrote Farbe. Elegante Nussnase, intensiv aber ausgewogen. Am Gaumen leichter Acetontouch, satter Nussmix, Kaffee, Toffee, gut strukturiert. Langer voller Abgang. **17** *(2014)*

COLHEITA 1963 (bottled 2013) - Dunkelorange Farbe mit tiefem Farbkern. Elegante Gewürz-Toffee-Nase mit ausdrucksstarken Nussnoten. Am Gaumen stimmig mit ansprechendem Toffee-Nussmix. Langer Abgang. **18** *(2014)*

COLHEITA 1934 (bottled 2013) - Tiefschwarze Farbkonzentration, hellt am Rand auf. Volle konzentrierte Nase, Süße, Kaffee, Malz. Am Gaumen tiefe Konzentration mit Kaffee, Malz und Trockenfrüchten. Langer, voller Abgang. **18** *(2014)*

BARROS

Obwohl die Firma Barros erst im Jahr 1913 von Manuel Almeida gegründet wurde, gehen die Ursprünge der Familie weit in das 19. Jahrhundert zurück. Damals war die Familie allerdings eher im Weinbau als in der Produktion von Portweinen tätig. 1927 erwarb Manuel Moreira de Barros die Quinta da Enxodreiro und benannte diese nach seiner Frau „Dona Matilde" und den Firmenname in Barros Almeida um. Die Quinta Dona Matilde ist eine der ältesten Quintas im Douro.

Im 2. Weltkrieg erfuhr die Firma aufgrund von Gefahren auf den Transportwegen erhebliche Einbußen, konnte diese aber durch die Erschließung neuer Märkte in den Nachkriegsjahren zügig kompensieren. Schwerpunktmärkte wurden die portugiesisch-sprachigen Märkte Brasilien, Angola, Mosambik und der Heimatmarkt Portugal. Heute gehört Barros zur Sogevinus Gruppe, die neben Barros auch Burmester, Kopke, Calem und Gilberts besitzen und die vom dynamischen Goncalo Pedrosa geführt wird. Innerhalb der Sogevinus Gruppe wird Barros in Europa im Vergleich zu den Marken Kopke und Burmester nicht im gleichwertigen Segment promotet, sondern meist eher als „baby brand" der Firma.

Obwohl Sogevinus 2006 die Marke Barros inklusive der Quinta Dona Matilde erworben hat, kaufte die Barros Familie die Quinta zwei Jahre später zurück. Die Familie Barros produziert dort heute Douro DOC Weine und eine geringe Menge Portwein. Die Quinta Dona Matilde besitzt einen der spektakulärsten Pools im Douro-Tal.

Homepage: www.porto-barros.pt
Gründungsjahr: 1913
Inhaber: Sogevinus Fine Wines S.A.
Önologen: Carlos Alves
Quintas/Rebfläche: Neuer Teil der Quinta do Sao Luiz (Quinta da Galeira)
Geheimtipp: Alte Colheitas
Besonderheiten: Haben auch sehr alte weiße Colheitas
Importeur: Sogevinus konzentriert sich in Deutschland auf die Marken Burmester und Kopke.

3 Fragen – 3 Antworten: Goncalo Pedrosa, CEO
Was war der erste Port, den du getrunken hast?
Einen 10 Jahre alten Calem Tawny Port – da war ich noch sehr klein

Was ist am Douro besonders?
Das Douro-Tal ist aufgrund der Weine, der Menschen und der Authentizität einzigartig. Dieses sieht man folglich in den Ports und in den Weinen.

Welchen Port nimmst du mit auf die einsame Insel?
Auf jeden Fall einen Portwein mit einem T-Corc und auf jeden Fall einen Kopke Colheita 1941. Ich weiß, dass du den Wein schon probiert hast, Axel, also brauch ich nichts weiter zu erklären.

VINTAGE PORTS

Als typisch portugiesisches Haus sind die älteren Ports von Barros eher auf der eleganten, süßen Seite. Ab 2007 herrscht ein eher fruchtig-frischer Stil vor, der die Vintage Ports besser altern lassen wird. Seit 2009 heißt der Single Quinta Vintage Port von Barros „Galeira", davor gibt es keine Single Quinta Vintage Ports.

VINTAGE PORT 2012 GALEIRA - Volle, tiefschwarze Farbe mit violetten Reflexen. Viel Frucht in der Nase (mehr als beim Burmester 2012), Cassis, Schwarzkirsche. Mineralisch elegant. Mittelintensiver Gaumen, fruchtbetont. Mittellanger Abgang. **16** *(2014)*

VINTAGE PORT 2011 - Fruchtbetonte, elegante Nase, würziger Background. Am Gaumen exzellent balanciert. Säure, Tannine und Frucht perfekt eingebunden, Schokolade, süße Frucht. Langer ausgewogener Abgang. **17** *(2013)*

VINTAGE PORT 2007 - Ansprechende tiefschwarze Farbe. Satte Frucht in der Nase, Kirsche, Cassis. Balancierter Gaumen mit leichtem Tanningerüst und floralen Noten. Überraschend langer Abgang. **17** *(2010)*

VINTAGE PORT 2005 - Dunkelrote Farbe mit violetten Reflexen. Würzig-fruchtige Nase. Knackige Tannine am Gaumen, die aber von Frucht und Säure gut balanciert werden. Langer Abgang. **17** *(2010)*

VINTAGE PORT 2000 - Beim Gala Dinner der Portweinbruderschaft verkostet: Vollrote, leicht stumpfe Farbe. Rauchig, frisch-fruchtige Nase. Elegant, ansprechende Frische. **16+** *(2013)*

VINTAGE PORT 1989 - Rubinrote, relativ helle Farbe mit leichtem Wasserrand. Rauchiges Bouquet. Süßholz-Lakritz-Gaumen, zu elegant. Kurzer Abgang. Schnell austrinken. **15** *(2010)*

VINTAGE PORT 1985 - Dunkelrote Farbe mit erkennbarem Wasserrand. Intensive Rosinen-Schokolade-Nase. Leicht alkoholischer Gaumen, Toffee und medizinale Noten. Mittellanger Abgang. **16** *(2015)*

VINTAGE PORT 1974 - Vergleichsprobe 1974 Vintage und Colheita in Porto. Jugendliche Optik, fast wie ein 70er. Vollrote Farbe mit ausgeprägtem Wasserrand. Rotbraune Farbe. Gebackene Aromen in der Nase. Integrierter Gaumen mit Schokolade, viel Toffee und Honigspuren. Relativ kurzer, leicht chlorhaltiger Abgang. **16** *(2010)*

VINTAGE PORT 1970 - Direkt nach dem Dekantieren vollrote Farbe, ausdrucksstark mit geringem Wasserrand. Komplexe Nase mit eingelegten Kirschen, Teearomen, Pflaumen, Kräuter im Hintergrund. Am Gaumen viel Pflaumenmarmelade, gut strukturierte Säure und eingelegte rote Beeren. Im Abgang noch fruchtig-verführerisch. Mittellanger Abgang. **17** *(2011)*

VINTAGE PORT 1966 - Rotbraune Farbe mit intensivem Wasserrand. Honig und Kräuter im voll ausgereiften Bouquet. Cremiger, balancierter, eleganter Gaumen, Tabaknoten. Kurzer Abgang. Austrinken **16** *(2016)*

VINTAGE PORT 1955 - Transparentes Orange mit ausgeprägtem Wasserrand. Schokoladige, volle Nase, unterschwellige Komplexität. Orange und Minze, Vanilletouch. Sehr langer, voller Abgang. **18** *(2011)*

LATE BOTTLED VINTAGE PORTS (LBV)

Barros LBV werden immer gefiltert und strikt im vierten Jahr nach der Ernte abgefüllt.

LATE BOTTLED VINTAGE PORT 2007 - Tiefdunkelrote Farbe. Ansprechende Schokoladen-Frucht-Note in der Nase. Eleganter, balancierter, fruchtbetonter Gaumen. Mittellanger Abgang. **16** *(2013)*

AGED TAWNIES

Wie alle aged Tawnies der Sogevinus-Gruppe sind auch die Barros 10-40 year old Tawnies von sehr hoher Qualität. Alle aged Tawnies verfügen über eine mehr oder weniger erkennbare Rosinennote, die man mögen muss. Leider findet man sie außerhalb des französisch-portugiesisch-sprechenden Marktes recht selten.

10 YEAR OLD TAWNY - Volltransparente tiefbraune Farbe. In der Nase elegante Malz-Nuss-Noten. Auch am Gaumen sehr balanciert, cremige Textur. Kaffee, Nuss- und Toffeenoten. Der älteste verwendete Portwein ist hier wesentlich älter als 10 Jahre. **17** *(2015)*
20 YEAR OLD TAWNY - Braunrote Farbe. Elegante Malz-, Kaffee- und Nussnase. Balancierter, komplexer Gaumen mit Kaffee, Rosinen, Honig und Walnuss. Mittellanger, voller Abgang. **17** *(2015)*
30 YEAR OLD TAWNY - Tiefdunkelbraune Farbe mit intensivem Farbkern und grünem Rand. Intensives, komplexes Bouquet mit Malz- und Honignoten. Spürbar süßer Gaumen mit stützender Säure und minimalen Acetonnoten, Tabak, Honig, Malz. Langer, mehrstufiger Abgang. **18** *(2015)*
40 YEAR OLD TAWNY - Dunkelorange Farbe mit tiefem Farbkern und grünen Reflexen am Rand. Nuss-Gewürze-Malz-Mix in der Nase, mitschwingende Süße. Sehr gut integrierte Säure, die den Restzuckergehalt perfekt balanciert. Malz und Honig. Langer Abgang. **18** *(2015)*

COLHEITAS

Der unmissverständliche Schwerpunkt im Portfolio der Firma sind die Colheitas. Besonders die alten Colheitas überzeugen mit einer ansprechenden Intensität, ohne fett zu wirken. Auch halten die Barros Colheitas einige Zeit in der Flasche aus, ohne nennenswert abzubauen.

COLHEITA 1996 (bottled 2015) - Vollrote Farbe mit braunen Reflexen. Elegantes, frisches Bouquet. Am Gaumen sehr gut balancierte Nuss-Säure Noten. Mittellanger Abgang. **17** *(2015)*
COLHEITA 1983 (bottled 2013) - Rotbraune Farbe. Süße, marzipanhaltige Nase, Nussmix. Süße am Gaumen spürbar, Nüsse und Trockenfrüchte aller Art. Mittellanger Abgang. **16** *(2013)*
COLHEITA 1980 (bottled 2011) - Dunkelrote Farbe mit braunen Reflexen. Viel Säure bereits im Bouquet spürbar, dahinter Marzipan und Haselnuss. Säurehaltiger Gaumen. Insgesamt zu viel Säure. Mittellanger Abgang. **16** *(2011)*
COLHEITA 1974 (bottled 2014) - Auf der Sondereditionsflasche ist eine stilisierte Nelke abgebildet, um an die „Nelkenrevolution" in Portugal zu erinnern. Mittelrot-orange Farbe. Elegant nuss-, mandel- und honigbetonte Nase, minimale Acetonnoten. Balancierter, voller Gaumen, Tabak, Feigen, Nüsse. Mitschwingende Süße. Voller, langer Abgang. **18** *(2015)*
COLHEITA 1950 (bottled 2013) - Volle braunrote Farbe mit grünen Reflexen am Rand. Verhaltene Nase. Haselnuss, Feige. Leicht scharfer Gaumen, süß. Langer Abgang. **18** *(2013)*
COLHEITA 1947 (bottled 1976!) - Braune, leicht trübe Farbe. Nussig-intensive Nase, Trockenfrüchte, Mandeln, Datteln, Kaffee. Voller, tiefer Gaumen, Kaffee, gut stützende Säure, süß. Mittellanger Abgang. **17** *(2014)*
COLHEITA 1941 (bottled 2015) - Tiefe, braunrote Farbe. Intensive Nuss-Dattel-Nase. Voller, strukturierter und balancierter Dattel-Trockenfrucht-Gaumen. Langer, tiefer Abgang. **18** *(2015)*
COLHEITA 1935 (bottled 2008) - Volles Orangebraun mit grünen Reflexen. Satte Kaffee-Malz-Noten im Bouquet, leicht verbrannte Noten. Am Gaumen zunächst süß, dann Kaffee satt. Langer, voller Abgang. Die angebrannten Noten stören leicht (Douro Bake). **17** *(2010)*

SONSTIGE PORTWEINE

Seit 2013 stellt Barros anlässlich der Firmengründung 1913 ein besonderes Cuvee her, das aus mehreren hochwertigen Fässern verschiedener Jahrgänge stammt. Die 2013er Edition hieß 100 years, die im Jahr drauf 101 years.

100 YEARS (bottled 2013) - Saubere dunkelbraune Farbe. Leicht scharfe, intensive Nase. Schokolade. Sehr ansprechend. Am Gaumen frisch und rund, wirkt aber insgesamt nicht 100%-tig harmonisch. **17** *(2013)*
101 YEARS (bottled 2014) - Braunrote Farbe. Nüsse, Malz und Milchschokolade in der Nase, balanciert. Am Gaumen viel Säure, Nüsse, Trockenfrüchte. Mittellanger Abgang. **17** *(2014)*
VERY OLD DRY (bottled 2014) - Mittelgelborange Farbe. Elegante, volle Nase, frisch-fruchtig. Ansprechend strukturierter Gaumen, leider zu viel spürbare Säure. Langer, voller Abgang. **17** *(2014)*

BERRY BROTHERS/BERRY BROS & RUDD

Als einer der ältesten, wenn nicht sogar der älteste, altehrwürdige Hoflieferant des englischen Königshauses sind Berry Bros & Rudd nach über dreihundert Jahren immer noch in der No.3 St. James Street in London ansässig. In ihrer langen Geschichte haben sie Wein, Port und Champagner der Titanic mitgegeben, Napoleon III Unterschlupf in Ihrem Keller gewährt und die Schmuggler während der amerikanischen Prohibition mit Alkohol beliefert.

Besonders bekannt wurden die Berries in der Portwein-Szene durch ihre BOB Ports (buyers own brand), was bedeutet, dass eine spezielle Cuvée unter einem eigenen Etikett vertrieben wurde. Auf diesen Portweinen ist dann z.B. „Berry Brothers Vintage Port 1970" auf dem Etikett vermerkt. Dadurch gibt es seit dem Jahrgang 1947 einen Berry Brothers Vintage Port, der zwar immer von einem renommierten Hersteller abgefüllt wird, aber ein wenig anders verschnitten ist als der Vintage Port des Herstellers. Auch viele andere Kategorien Portwein findet man unter dem Berry-Label. Nachfolgend sehen Sie die Hersteller bei den Berry BOB-Vintage Ports: 1947 (Fonseca), 1955 (Graham), 1960 (Rebello Valente), 1963 (Taylor Fladgate), 1966 (Warre), 1970 (Warre), 1975 (Gould Campbell), 1977 (Quarles Harris), 1980 (Warre), 1983 (Warre), 1985, 1991 und 1994 (Smith Woodhouse), 1997 (Warre), 2000 (Smith Woodhouse), 2003 (Quinta de la Rosa), 2007 (Graham), 2011 (Graham)

Homepage: bbr.com
Gründungsjahr: 1698
Inhaber: Familien Berry und Rudd

BERRY BROS & RUDD
3. ST. JAMES'S STREET, LONDON
— WINE & SPIRIT MERCHANTS —

Neben den BOB-Portweinen existieren auch zahlreiche von den Berries abgefüllte Vintage Ports. Bei diesen steht dann beispielsweise „Graham Vintage Port 1970, bottled by Berry Brothers" auf dem Etikett. Bei diesen Vintage Ports haben die Berries den Portwein bis 1973 fassweise eingekauft, abgefüllt und den Abfüller auf dem Etikett vermerkt. Es handelt sich um die Original-Qualitäten des Herstellers.

VINTAGE PORTS

Buyer's own brands (BOB)-Ports sind meistens ein wenig günstiger als die Produkte der Erzeuger. Die Vintage Ports der Berry Brothers werden in der Regel von großen Häusern abgefüllt und nur über die eigenen Geschäfte vertrieben, daher sieht man sie außerhalb Englands nur selten. Stets von sehr hoher Qualität, sind die Berry Brother Vintage Ports den regulären Verschnitten der jeweiligen Erzeuger qualitativ meist ebenbürtig.

VINTAGE PORT 2007 (Graham) - Intensiv violette Reflexe in der dunkelroten Farbe, kräftige Struktur. Trockene Noten im Bouquet, Frucht, Säure. Voller, intensiver Gaumen mit viel Frucht (viel schwarze Johannisbeere), Säure und leichten Tanninen. Mittellanger, frucht- und säurebetonter Abgang. **18** *(2010)*

VINTAGE PORT 1997 (Warre) - Aus der Magnum: Kirschrote, minimal transparente Farbe und tiefe Struktur. Im Bouquet leichte Säure, unterschwellig sehr komplex mit roten Beerenfrüchten und Würze. Voller tannin- und säurehaltiger Gaumen mit einer ausgeprägten Süßholznote. Langer, derzeit verschlossener Abgang. **17+** *(2010)*

VINTAGE PORT 1970 (Warre) - Leuchtend dunkelrote, dichte Farbe. Ausgeprägt präzise Malz-Karamellnase, intensiv. Runder, frischer, eleganter Gaumen. Rotbeerige Restfrucht, florale Frische, weißer Pfeffer, Tabaknoten. Elegant frischer Abgang. **18** *(2013)*

VINTAGE PORT 1963 (Taylor) - Leider nur upper-shoulder, d.h. keine besonders gute Flasche: Dunkelrote Farbe mit orangebraunen Reflexen. Frische Kaffee-Toffee-Nase, würzig floraler Hintergrund. Leicht scharfer Gaumen, Toffee, leicht oxidiert. Gute Struktur darunter. **17** *(2013)*

VINTAGE PORT 1960 (Rebello Valente) - Dunkelrote, volle Farbe. Elegante Nase, frisch, Tabakwürze, sehr gute Struktur. Würzig frischer Gaumen, volle Schokolade. Mittellanger Abgang. Sehr solide. **17** *(2013)*

LATE BOTTLED VINTAGE PORTS (LBV)

Oft von der Quinta do Noval hergestellt, sind auch die LBVs erstklassige Vertreter ihrer Art. Auch diese sind meist etwas günstiger zu haben.

LATE BOTTLED VINTAGE PORT 2008

(Quinta do Noval) - Tiefdunkelrote Farbe. Fruchtig Frische Nase mit würzigem Hintergrund. Spürbare Tannine, Schokolade und satte Frucht am Gaumen. Mittellanger, würzig-fruchtiger Abgang. **17** *(2014)*

Blackett/Alchemy Wines Port Wine & Vineyards

Der in England geborene George Blackett war bereits Anfang des 19. Jahrhunderts als Weinhändler in Porto tätig. Über sein Handelsvolumen gibt es mehrere Annahmen, doch belegbare Aussagen konnte ich bislang nicht einsehen. Die Firma Blackett wurde 1949 übernommen.

Der Relaunch der Marke steckte zur ProWein 2016 noch völlig in den Kinderschuhen, daher bleibt abzuwarten, wohin sich die Firma entwickeln wird. Sie hat größere Tawny Port-Vorräte am Markt gekauft und verschneidet diese jetzt nach eigenen Vorstellungen. Eigene Rebflächen besitzt sie nicht, produziert auch keinen eigenen Portwein aus gekauften Trauben.

Der klare Fokus liegt auf den „special category"-Portweinen. Nach Aussage des General Managers wird es auch in Zukunft keine Entry-Level Portweine geben. Für die derzeit produzierten 10.000 Flaschen Portwein werden gegenwärtig verlässliche Partner gesucht.

3 Fragen – 3 Antworten: Pedro Carneiro, General Manager
Was war der erste Port, den du getrunken hast?
Eine Flasche Niepoort Vintage Port 2000 (ich habe früher bei Niepoort gearbeitet).
Was ist am Douro besonders?
Am meisten fasziniert mich in der Portweinbranche, das die Zeit hier die Werte generiert. Man muss den Tawny-Port würdig altern lassen, dann wird er mehr Wert.
Welchen Port nimmst du mit auf die einsame Insel?
Eine Flasche Grahams Vintage Port 1966

Homepage: www.alchemywines.pt
Gründungsjahr: 2014
Inhaber: Alchemy Port Wine & Vineyard Ltd.
Önologen: Delio Mesquita
Quintas/Rebfläche: keine eigene Rebfläche
Spezialisiert auf: Tawny Ports

VINTAGE PORTS

VINTAGE PORT 2013 - Dunkelrot-violette Farbe. Fruchtnase, mitschwingend Säure, Cassis. Softe Tannine am Gaumen, Frische, Schokolade. Verhältnismäßig kurzer Abgang. **16** *(2016)*

AGED TAWNIES

Die Tawny Portweine sind alle im Douro-Tal gereift. Man bemerkt vor allem beim sehr guten 10 Jahre alten Tawny ein leichtes Douro-Bake Aroma.

10 YEAR OLD TAWNY - Orangebraune Farbe mit goldenen Reflexen. Intensive Nüsse in der Nase, Säure spürbar. Eleganter Nuss-Karamellmix am Gaumen. Mittellanger Abgang mit gut eingebundener Säure. **17** *(2016)*
20 YEAR OLD TAWNY - Intensive rotorange Farbe. Mitschwingende Süße in der Nase, Nussmix, Toffee, Milchschokolade. Vordergründig süßer Gaumen. Mittellanger Abgang. **17** *(2016)*
30 YEAR OLD TAWNY - Dunkelorange Farbe mit intensivem Farbkern. Spürbarer Aceton-Touch in der Nase, Toffee und Malznoten. Intensiver toffeebetonter Gaumen, Schokolade, Malz, Toffee. Mittellanger Abgang. Sehr eigenwilliger Stil. **18** *(2016)*

SONSTIGE PORTWEINE

EXTRA DRY WHITE - Vier Jahre gereifter White Port. Tiefgoldene Farbe. Fruchtig-frische Nase, gelbe Früchte. Spürbar trockener, gleichzeitig fruchtiger Gaumen. Mittellanger Abgang. **16** *(2016)*
TAWNY RESERVE - Braune Farbe mit erkennbarem Wasserrand. Nuss- und Marzipannase. Sehr gut eingebaute Säure am Gaumen, Nussmix. Mittellanger Abgang. **16** *(2016)*

SOCIEDADE DOS VINHOS BORGES S.A.

Borges wurde erst 1884 von Antonio Nunes Borges und seinem Bruder Francisco gegründet. Zunächst konzentrierten die beiden sich nicht auf den Export von Weinen, sondern hauptsächlich auf Lotterie- und Bankgeschäfte in Portugal. 1904 haben sie als erstes Weininvestment die Quinta da Soalheira im Douro-Tal gekauft, danach auch Gebiete in der Dão- und Vinho Verde-Region und 1918 die Firma in „Sociedade dos Vinhos Borges & Irmao Lda" umbenannt. Neben Soalheira gehörten Borges kurzzeitig auch andere Weingüter am Douro, unter anderem die Quinta do Junco.

Nachdem 1994 auf der Quinta da Soalheira nur 20 Hektar Rebfläche erschlossen waren, wurden mit viel Zeit und Geld bis 2014 zusätzlich 90 Hektar angepflanzt. Seit 1998 ist Borges in die portugiesische Investorengruppe JVM integriert. Wurde vor den 90er Jahren der Fokus stark auf die eher mengenorientierten Weine aus der Vinho Verde-Region gelegt, arbeitet Borges derzeit stark an seinem Image, um zu den Top-Produzenten aufzuschließen. Die Voraussetzungen sind vorhanden. Die jährliche Produktion der rund 400.000 Flaschen Portwein wird in kleineren Mengen in die ganze Welt exportiert.

Homepage: www.borgeswines.com
Gründungsjahr: 1884
Inhaber: Aktiengesellschaft, 100% der Anteile gehören Jose Maria Viera
Önologen: Jose Maria Machado
Quintas/Rebfläche: Quinta da Soalheira (110 ha)
Importeur: Moreno

VINTAGE PORTS

Borges ist ein typisch portugiesisches Haus. Immer eher auf der süßen und schneller reifenden Seite, aber für ihren Stil nicht schlecht und meist günstiger als die großen Marken der Vintage Ports. 2011 wurde nicht produziert.

VINTAGE PORT 2012 - Schwarzrote Farbe. Leichte Schärfe in der fruchtig-schokoladigen Nase, Cassis, sehr konzentriert. Strukturierter, balancierter Gaumen, Cassis, Schokolade, Pflaume. Mittellanger Abgang. **17** *(2015)*
VINTAGE PORT 2007 - Dunkelrote Farbe mit violetten Reflexen. Komplexe Nase: süß, mit ausgeprägter Cassis-Frucht. Auch im Mund überwiegen zunächst Süße und Frucht, dann leichte Säure und spürbare Tannine. Kurzer, fruchtiger Abgang. Definitiv kein Port für langes Einlagern. **16** *(2010)*
VINTAGE PORT 2005 - Leuchtendes Tiefrot mit violetten Reflexen und einer sehr komplexen Nase. Rote Beeren und Pflaume. Auch am Gaumen Frucht, Alkohol und Tannine bei mittellangem Abgang. **17** *(2008)*
VINTAGE PORT 1980 - Transparentes Mittelrot. Noch sehr fruchtige Nase mit einem ungewöhnlichen Bonbontouch. Einfacher und recht oberflächlicher Gaumen. Sehr süß, wirkt auch im Gaumen irgendwie parfümiert. Leichter, süßer Abgang. Austrinken. **15** *(2012)*
VINTAGE PORT 1970 - Dunkles Rotbraun mit sauberen Reflexen. In der Nase fruchtig und komplex: Honig, Toffee mit leichter Säure. Am Gaumen ein Fehlton von flüchtigen Säuren. Schade. **NR** *(2010)*
VINTAGE PORT 1963 - Transparente hellrote Farbe, ausgeprägter Wasserrand. Frischer Gaumen, Restfrucht vorhanden, überwiegend Malznoten. Am Gaumen Kräutertöne, ganz leichte Bitternote, die mit zunehmender Dekantierzeit stärker wird. Mittellanger, malzbetonter Abgang. **17** *(2013)*

LATE BOTTLED VINTAGE PORTS (LBV)

Die Late Bottled Vintage Ports von Borges werden nur minimal filtriert und nach fünf Jahren abgefüllt.

LATE BOTTLED VINTAGE PORT 2010 - Tiefdunkelrote Farbe. Würzige Schokoladennote, Cassis-Frucht. Auch am Gaumen würzig frische Schokoladen-Frucht, Himbeere. Mittellanger Abgang. **16+** *(2015)*

AGED TAWNIES

Bisher wurden nie Colheitas produziert, aber in der Zukunft sind Colheitas durchaus eine Option, da die recht umfangreichen Tawny-Vorräte der Firma immer älter werden…

10 YEAR OLD TAWNY „SOALHEIRA" - Leuchtend rote Farbe. Frische, würzig frische Nase. Balancierter, frischer Gaumen. Nussnoten. Mittellanger Abgang. **16** *(2015)*
20 YEAR OLD TAWNY „RONCÃO" - Wird in der Zukunft nicht mehr Roncão heißen, sondern auch Soalheira. Volle leuchtend hellrote Farbe mit orangen Reflexen. Nussnoten in der Nase, Schokolade im Hintergrund. Balancierter, ansprechender Schokoladen-Nussgaumen, komplex. Langer, frischer Abgang. **17** *(2015)*

SONSTIGE PORTWEINE

JUNCO VVV (bottled 1947) - Zum Abfüllzeitpunkt 1947 gehörte die Quinta do Junco zu Borges. Volle, dunkelrote Farbe. Tiefe, intensive Nase: Nüsse, Säure, Rosinen. Intensiver, voller Gaumen, Kaffee, Rosinen. Schokolade. Langer, voller Abgang. **18** *(2014)*
JUNCO VINTAGE PORT 1935 - Mittelbraune Farbe, wird zum Rand schnell heller. Tiefe Malznase mit Kräutern. Eleganter, kräuterbetonter Gaumen, spürbare Säure, Tabak. Langer, strukturierter Abgang. **18** *(2016)*
WHITE PORT COROA DRY WHITE - Zartgelbe Farbe. Frische, zitronige Nase. Fruchtig frischer Gaumen. Mittellanger Abgang. Guter Vertreter. Mit nur vier Gramm Restzucker sehr vollmundig. **15** *(2015)*
WHITE PORT - Goldgelbe Farbe. Fruchtig frische Nase. Zitrone, Aprikose. Fruchtig frischer Gaumen. Mittellanger Abgang. **15** *(2015)*
WHITE PORT RESERVE - Ca. acht Jahre alter White Port. Vollorange Farbe. Leicht holzbetonte Nase, frische Aprikose. Struktureller, vollmundiger Gaumen. Langer, strukturierter Abgang. **16** *(2015)*
10 YEAR OLD WHITE PORT - Dunkelgelbe Farbe. Frische, volle Aprikosen-Quitte-Nase, gute Balance. Strukturiere, balancierter Gaumen. Gute Säure-Süße. Mittellanger Abgang. **16+** *(2015)*

3 Fragen – 3 Antworten: Antonio Miranda, Produzktions-Manager
Was war der erste Port, den du getrunken hast?
Eine Flasche Borges Vintage Port 1963
Was ist am Douro besonders?
Der Wein, die Vielfalt und die Eindrücke, die man durch die Landschaft erhält.
Welchen Port nimmst du mit auf die einsame Insel?
Eine Flasche Borges Vintage Port 2005.

BULAS

Unmittelbar nach dem Anschluss Portugals an die Europäische Union im Jahr 1986 begann die Familie Bulas Weine und Portweine mit einem wenig ansprechenden Marketing anzubieten. 2010 gab es einen Relaunch. Seit diesem Zeitpunkt ist die gesamte Familie konzeptionell wesentlich besser organisiert und stellt Weine und Portweine mit einem hervorragenden Preis-Leistungs-Verhältnis her. Die sympathische Truppe um Isabel Vieira füllt sehr gute Qualitäten ab und wird in Zukunft in vielen Märkten präsent sein. Der Portwein von Bulas wird hauptsächlich im Heimatmarkt Portugal verkauft.

3 Fragen – 3 Antworten: Isabel Viera, CEO
Was war der erste Port, den du getrunken hast?
Das war ein sehr alter Tawny von meiner Großmutter, quasi unser Familien-Port. Ein Anteil unseres „Very old Tawny Port" ist von dieser Reserve.
Was ist am Douro besonders?
Mein Leben ist der Douro. Ich bin hier geboren und habe die meiste Zeit hier gelebt – was soll ich also schlechtes sagen. Allerdings ist es jahreszeitenabhängig sehr unterschiedlich hier.
Welchen Port nimmst du mit auf die einsame Insel?
Eine Flasche Bulas Very old Tawny Port.

VINTAGE PORTS

VINTAGE PORT 2013 - Schwarz-violette Farbe. Volle Cassis-Note, Schokolade, florale Frische. Mitschwingende Süße am Gaumen, spürbares Tanningerüst, stützende Säure, Frucht tritt derzeit ein wenig in den Hintergrund. Mittellanger Abgang. **16+** *(2016)*

VINTAGE PORT 2011 - Volle, tiefdunkelrote Farbe, verhaltene Reflexe. Frisch-fruchtige Nase mit Heidelbeeren, schwarzer Johannisbeeren und würzigem finish. Ansprechend strukturierter Gaumen mit einer Würz-Frucht-Balance. Mittellanger Abgang. **17** *(2013)*

VINTAGE PORT 2009 - Minimal stumpfe, vollrote Farbe. Schokoladen-Frucht-Nase mit stützender Säure. Am Gaumen viel Frucht, dahinter Tannine und Säure, alles sehr gut proportioniert. Mittellanger Abgang. **17** *(2014)*

Homepage: www.bulas.eu
Gründungsjahr: 1986/2010
Inhaber: Familie Bulas
Önologen: Paulo Amaral
Quintas/Rebfläche: Quinta da Costa de Baixo (30 ha), Quinta da Fozceira (7 ha) und andere, insgesamt ca. 70 ha
Importeur: www.adega24.de

Bulas
PORT | DOURO WINE

VINTAGE PORT DEMARCAÇÃO 2006 - Ein Vintage Port zum 250. Jubiläum der Douro Demarcated Region. Da Bulas als Brand noch nicht eingetragen war, durfte der Wein kein Bulas Vintage Port sein. Demarcação ist also eine eigenständige Marke. Leicht trübe, dunkelrote Farbe. Elegante, frische Nase mit eingelegten Kirschen. Gut strukturierter Gaumen, Schokofinish. Mittellanger Abgang. Kein Port für die Ewigkeit. **17** *(2016)*

LATE BOTTLED VINTAGE PORTS (LBV)

Die LBVs von Bulas werden immer nach vier Jahren minimal gefiltert abgefüllt.

LATE BOTTLED VINTAGE PORT 2011 - Frische, vollrote Farbe mit violetten Reflexen. Frische Cassis- und Schokoladennase. Strukturierter Gaumen mit rotbeeriger Frucht und Schokolade. Mittellanger Abgang. **16** *(2016)*

LATE BOTTLED VINTAGE PORT 2009 - Tiefdunkle, leicht stumpfe Farbe. Eingelegte Kirschen und Pflaume in der fruchtigen Nase, leicht teerig. Fruchtiger, leicht tanninhaltiger Gaumen, Kirsche. Kurzer, fruchtiger Abgang. **16** *(2014)*

AGED TAWNIES

10 YEAR OLD TAWNY - Dunkelorange-rote Farbe mit leuchtenden Reflexen. Minimal Restfrucht in der Nase, dahinter Nüsse satt. Am Gaumen spürbare Säure, Honig und Nussmix. Mittellanger Abgang. **16** *(2012)*

20 YEAR OLD TAWNY - Leuchtend hellrote Farbe, minimal braune Reflexe. An der Nase sehr frisch und würzig. Tabaknoten. Auch am Gaumen frisch, gut stützende Säure, leichte Acetonnoten. Mittellanger, balancierter Abgang. **17** *(2012)*

30 YEAR OLD TAWNY - Leuchtend mittelrote Farbe. Frische, intensiv kräftige Nase. Viel Kaffee, ohne die Frische zu verlieren. Auch am Gaumen intensiv und komplex, ohne wuchtig zu wirken. Kaffee, Honig und Karamellnoten. Langer, intensiver und sehr integrierter Abgang mit gut stützender Säure. **18** *(2012)*

SONSTIGE PORTWEINE

VERY OLD TAWNY PORT (bottled 2015) - Braunrote Farbe. Satte Kaffe-, Honig- und Malzaromen im Bouquet. Toffee. Tief und konzentriert am Gaumen, balanciert, Malz und Honig. Langer, voller Abgang. **18** *(2014)*

COLHEITA 1996 (bottled 2015) - Der erste Colheita der Firma. Tiefe, braunrote Farbe. Frische, karamellbetonte Nase, komplex. Balancierter, komplexer Gaumen mit Nüssen, Karamell und Trockenfrüchten. Mittellanger Abgang. **17** *(2016)*

BURMESTER

1730 gründeten John Nash und der aus Mölln stammende Henry Burmester „Burmester & Nash" mit Sitz in London. Ursprünglich konzentrierte sich die Firma auf Weizen, nahmen aber nach Gründung einer Dependance in Vila Nova de Gaia 1750 sofort den Weinhandel in ihr Portfolio auf. Während der napoleonischen Kriege Anfang des 19. Jahrhunderts war über mehrere Jahre kein Burmester in Portugal ansässig, so dass erst im Jahr 1834 der in Hamburg lebende Johann Wilhelm Burmester die Portweinaktivitäten der Firma übernahm und den Namen 1861 in „J. W. Burmester & Co." änderte. Alle sechs Söhne von Johann Wilhelm blieben direkt oder indirekt der Firma verbunden und arbeiteten im Bereich Portwein, Bankwesen, Flaschenproduktion, Versicherungen und Spedition. Diese Generation Burmester, allen voran Otto und Gustav Adolf konzentrierten sich verstärkt auf den Verkauf in die europäischen Märkte und vervielfachten den Umsatz. Nach den negativen Auswirkungen der beiden Weltkriege übernahm 1952 der Burmester-Gilbert Strang der Familie die Kontrolle der Firma. Burmester verblieb bis 1999 im Familienbesitz, bis sie an die Amorim-Gruppe verkauft wurde. Nur sechs Jahre später verkaufte die Amorim Burmester an die Sogevinus Gruppe, behielt aber deren Vorzeige-Quinta Nova Nossa Senhora do Carmo und produziert seitdem eigene Port- und Rotweine.

Die Marke Burmester ist eine der Kronjuwelen der Sogevinus Gruppe. Mit einem umfangreichen Vorrat alter Tawny-Ports hat Burmester allen Grund, optimistisch

Homepage: www.burmester.pt
Gründungsjahr: 1730
Inhaber: Sogevinus Fine Wines S.A.
Önologen: Carlos Alves, Carla Tiago (Master blend: Fernando Oliveira)
Quintas/Rebfläche: Quinta do Arnozelo (100 ha)
Spezialisiert auf: Colheitas und alte Tawnies
Geheimtipp: 40y old Tawny „Tordiz"
Importeur: www.luso-weinimport.de

in die Zukunft zu blicken. Häufig verfügen Burmester Ports über ein exzellentes Preis-Leistungs-Verhältnis, d.h. Top Qualitäten zu moderaten Preisen.

3 Fragen – 3 Antworten: Fernando Oliveira, Master-Blend
Was war der erste Port, den du getrunken hast?
Das war ein Barros Vintage Port 1966. Da haben mein Zwillingsbruder und ich eine Kiste von meinem Vater bekommen. Die nächste mach ich zu meinem 50. Geburtstag auf.
Was ist am Douro besonders?
Der Douro ist der schönste Weinfluss der Welt. Vor 2000 Jahren gab es hier schon Weinbau. Im Weiteren begeistern mich das wechselhafte Klima, die Rebsortenvielfalt und die immer noch betonte Tradition. Das Douro-Tal bringt einen der besten Weine der Welt hervor: Den Portwein.
Welchen Port nimmst du mit auf die einsame Insel?
Kopke Colheita 1957. Der Beste in der Colheita-Kategorie.

VINTAGE PORTS

Auch die neueren Burmester Vintage Ports sind eher auf der eleganten, als auf der maskulinen Seite. Viele frühere Autoren schreiben, dass die Burmester Vintage Ports in den 80ern auf der Höhe von Taylor und Graham waren. Das konnte ich bislang nicht feststellen. Man merkt einfach, dass der Schwerpunkt der Firma nicht auf den Vintage Ports liegt, auch nie gelegen hat. Da sie aber eher im unteren Preis-Segment zu finden sind, gibt es hier einige Schnäppchen. Die alten „Novidade" Ports sind ein sehr gut gelungener Kompromiss zwischen einem Vintage Port und einem Colheita. Da diese mehrere Jahrzehnte im Fass lagen und dann minimal gefiltert auf die Flasche abgefüllt wurden, ähneln sie eher den Garrafeiras als Vintage Ports.

VINTAGE PORT 2011 - Tiefdunkelrote Farbe. Vollflorales Bouquet, leichte Säure, massive Frucht. Am Gaumen fruchtig, Kaffee und Schokolade, viel Säure, schwarze Johannisbeere. Langer, komplexer Abgang. **18** *(2013)*
VINTAGE PORT 2009 ARNOZELO - Leicht matte, dunkelrote, fast schwarze Farbe. Veilchen und schwarze Johannisbeere in der Nase, hintergründig spürbare Säure und unreife Bananen. Dem Kopke 2009 nicht unähnlich. Floraler Gaumen, massive Tannine und gut stützende Säure. Mittellanger Abgang. **17** *(2011)*
VINTAGE PORT 2007 - Tiefdunkelrote Farbe mit violetten Reflexen. Komplex-fruchtige Nase mit würzigem Hintergrund Im Gaumen zunächst vordergründige Frucht mit gut stützendem Säure-Tannin-Gerüst. Langer Abgang. **17+** *(2009)*
VINTAGE PORT 2005 - Tiefrote, frische Farbe. Weiniges Bouquet, viel Cassis, wenig Struktur. Am Gaumen elegant mit mittlerer Säure und präsenten Tanninen. Für den baldigen Verbrauch. **16** *(2008)*
VINTAGE PORT 2003 - Dunkelviolette Farbe. Frisch-florale Nase mit Lakritze, Himbeere und Cassis. Am Gaumen wenig Tannin und eher elegant in der Struktur, aber durchaus Potential für ein mittellanges Leben. **17** *(2005)*
VINTAGE PORT 2000 - Elegant-rauchige Nase, weit entwickelt. Eleganter Gaumen, zu elegant für einen Vintage Port. Kurzer Abgang. Eher auf gutem LBV-Niveau. **16** *(2013)*
VINTAGE PORT 1989 - Volltransparente, dunkelrote Farbe. Elegantes Bouquet, schon weit gereift. Balancierter, eleganter Gaumen. Kurzer Abgang. Kein weiteres Potential. **16** *(2014)*
VINTAGE PORT 1985 - Mittelrote Farbe. Frische, elegante Nase mit Himbeeren und Malz, hintergründig Schokolade. Am Gaumen weit gereift, elegant mit roten Beeren und Milchschokolade. Mittellanger Abgang. **16** *(2014)*
VINTAGE PORT 1977 - Dunkelrote, volltransparente Farbe. Würzig-malzige Nase, spürbare Säure. Am Gaumen strukturiert, Säure spürbar, Malz, Schokoladentouch. Mittellanger, kräuterig-würziger Abgang. **17** *(2014)*
VINTAGE PORT 1970 - Intensive, mittelrote Farbe. Malz-Honig-Bouquet, gut gereifter Vintage Port. Leichte Schärfe im Gaumen, ausgeprägte Malznoten. Karamell. Gut strukturierter Abgang. Jetzt auf der Höhe. **17** *(2014)*
VINTAGE PORT 1963 - Mittelorangebraune Farbe. Gereifte Vintage Port-Nase. Frische Noten, Malz, Honig. Ausgewogener Gaumen, Honig, Malz, elegant. Austrinken. **16** *(2013)*
VINTAGE PORT 1934 - Von Dirk Niepoort freundlicherweise gesponsert und mit ihm auf seiner Quinta de Napoles getrunken: Tiefrote Farbe mit minimal braunen Reflexen. Kaffee und Malz an der balancierten, sehr gut gereiften Nase. Auch am Gaumen sehr gut balanciert mit viel Malz, Milchschokolade und Kaffee. Langer, perfekt ausgewogener Abgang. **18** *(2015)*

LATE BOTTLED VINTAGE PORTS (LBV)

LATE BOTTLED VINTAGE PORT 2009 - Tiefdunkelrote Farbe. Fruchtig-frisches Bouquet mit Teernoten im Hintergrund. Fruchtiger Gaumen mit ansprechender Struktur. Fruchtbetonter Abgang. **16+** *(2014)*

AGED TAWNIES

Ein klarer Schwerpunkt Burmesters sind die aged Tawnies. Sie sind sehr gute Vertreter dieser Gattung. Burmester stellt als einer der wenigen Hersteller komplett alle roten und weißen fassgelagerten Portweine dieser Kategorie her. Da die weißen Portweine definitionsgemäß keine Tawnies sein können, finden sie diese Verkostungsnotizen weiter hinten.

10 YEAR OLD TAWNY - Braunrote Farbe mit ausgeprägten Reflexen. Sehr sauber. Gute Struktur. In der Nase Frucht und Säure. Im Gaumen sehr sanft. Mittellanger Abgang **16** *(2014)*

20 YEAR OLD TAWNY - Leuchtend orange-rote Farbe. Marzipan, Tabak und Nüsse in der eleganten Nase. Am Gaumen intensive Karamell-Marzipan-Note, hintergründig würzig. Mittellanger Abgang. **17** *(2016)*

30 YEAR OLD TAWNY - Starke Reflexe in der braunroten Farbe. Elegante Malz-Karamell-Nase. Massive Toffee-Honignoten, extrem balanciert und komplexer Gaumen. Langer, sehr langer Abgang. **18** *(2011)*

40 YEAR OLD TAWNY TORDIZ - Tordiz ist ein Kunstwort und wird aus den beiden Flüssen Torto und Mendiz zusammengesetzt. Leuchtend volle orange Farbe. Nüsse und Marzipan in der Nase. Voller, ausdrucksstarker Gaumen mit ausgeprägten Nuss- und Marzipannoten. Langer, ausgewogener Abgang. **18+** *(2014)*

COLHEITAS

Sowohl die alten als auch die jungen Burmester Colheitas gehören zu den Top-Qualitäten dieser Kategorie. Burmester ist auch einer der Hersteller, deren Colheitas auch eine längere Flaschenlagerung (bottle age) gut durchleben. Wann immer man an einen Tisch kommt, wo eine Flasche Burmester Colheita steht, rate ich zu verweilen.

COLHEITA 1990 (bottled 2007) - Hellrote Farbe mit orangen Reflexen. Mittlere Konsistenz. Intensive Marzipannote im Bouquet: Datteln, gebackene Pflaumen und alle Arten von Nüssen. Ausgewogener Gaumen, Einzelaromen gem. der Nase: hauptsächlich Nüsse und Trockenfrüchte. Langer, nussiger Abgang. **17** *(2010)*

COLHEITA 1989 (bottled 2012) - Dunkelorange Farbe. Frisch-florales Bouquet mit Toffee. Süßer, ansprechender Gaumen mit Nüssen und Butterscotch. Mittellanger Abgang. **17** *(2013)*

COLHEITA 1963 (bottled 2012) - Braunorange Farbe, ausdrucksstarke, aber trotzdem elegante Nase mit viel Pflaume. Säure unterstützt den Gaumen perfekt, ansprechende Konzentration, volle Kaffee- und Honignoten. Sehr langer, voller Abgang. **18** *(2012)*

COLHEITA 1960 (bottled 2014) - Frische, orangerote Farbe, tiefdunkler Farbkern. Frisches, volles Bouquet mit Orange, Kaffee, Schokolade und Aceton. Voller, intensiver Gaumen, Schokolade, Nüsse, süß. Intensiver, komplexer Abgang. **18** *(2014)*

COLHEITA 1955 (bottled 1982) - Beige-braune Farbe. In der Nase Rumrosinen und Pflaumen. Am Gaumen eleganter, aber auch ausgeprägte Rumrosinen. Kurzer Abgang. **17** *(2010)*

COLHEITA 1944 (bottled 2008) - Tiefe rotorange Farbe und eine tolle Konzentration. Vitale, komplexe Nase mit Rosinen und Datteln. Am Gaumen getrocknete Feigen, Honig und Rosinen. Langer Abgang. **18** *(2008)*

COLHEITA 1941 (bottled 2013) - Leicht trübe, mittelbraune Farbe. Süße, frische Nase, massive Nussnoten, Trockenfruchtmix im Gaumen, Datteln. Samtig bei vollem Körper, intensiv. Honig, Datteln. Langer, voller, ausgewogener Abgang. **19** *(2013)*

COLHEITA 1940 (bottled 2014) - Tiefdunkelrote Farbe, gleichmäßig. Kaffee, Aceton und Trockenfrüchte in der Nase, intensiv. Voller, tiefer Gaumen mit Feige, Orange und Kaffee. Langer, voller, balancierter Abgang. **19** *(2014)*

COLHEITA 1937 (bottled 2008) - Bräunlich-orange Farbe und deutlich erkennbarer Wasserrand. Komplexe Nase mit getrockneten Früchten und Honig. Am Gaumen intensiv mit sehr gut stützender Säure. Langer, komplexer Abgang. **18** *(2008)*

COLHEITA 1934 - Voraussichtlich viel bottle age. Wohl in den späten 60ern abgefüllt. Volle dunkelorange Farbe, viel Malz und süßen Honig in der Nase, voller frischer Gaumen. **17** *(2011)*

COLHEITA 1900 (bottled 2011) - Dunkelbraune, extrem konzentrierte Farbe, leicht stumpf. In der Nase frische Haselnuss, stützende Säure. Konzentrierter, aber leicht ausgezehrter Gaumen mit ausgeprägten Nuss-, Pflaumen- und Dattelnoten. Extrem intensiver, langer Abgang mit mehrstufigem Aromenspiel. **19** *(2011)*

NOVIDADE PORT

Die Novidades liegen irgendwo zwischen den Vintage Ports und den Colheitas. Es sind sehr alte, zwischen 1861 und 1934 hergestellte Portweine, die schon aufgrund ihres Alters interessant sind. Im Jahr 2012 habe ich 20 Flaschen 1863er Novidade erwerben können, von denen leider nur noch eine Flasche übrig ist.

Novidade 1934 - Zusammen mit dem Colheita 1934 auf Quinta Nova verkostet. Braunrote Farbe mit grünen Reflexen. Viel Malz und Honig in Nase und Gaumen. Komplett eingebundene Säure und Tannine. Ansprechende Würznote am Gaumen. Langer, eleganter Abgang. **18** *(2011)*

Novidade 1920 - Braunrote Farbe mit goldenen Reflexen. Haselnuss- und Marzipannase, sehr intensiv. Florale Noten, Honig. Zunächst eleganter, dann intensiver Gaumen, leichte Schärfe, viel Honig. Leichter als erwartet. **17** *(2012)*

Novidade 1890 - Dunkelorange Farbe mit fast schwarzem Kern. Grüne Reflexe erkennbar. Mandel- und minimale Acetonnoten, die mit zunehmender Zeit an der Luft geringer werden, Malz und Honig, Kaffee. Sehr frisch, mit gut unterstützender Säure. Minutenlanger, voller Abgang. **19** *(2010)*

Novidade 1863 - Hellorange, leicht trübe Farbe, ausgeprägter Wasserrand. Volle, tiefe Nase, leichte Schärfe, Akazienhonig und Zitronenschalen in der Nase, Malz, sehr vital. Leichte Acetonnote, die schnell verfliegt. Am Gaumen viel Malz, Honig und Toffee. Langer, eleganter Abgang. **18** *(2013)*

AGED WHITE PORTS

10 YEAR OLD WHITE PORT - Rotorange Farbe. Elegante, frische Nase. Unterstützende Säure an Gaumen und Bouquet, sehr elegant und balanciert. Kurzer Abgang. **16** *(2014)*

20 YEAR OLD WHITE PORT - Dunkelorange Farbe. Frische, intensive Nase. Ansprechender, balancierter Gaumen mit Orangen und Quitte. Voller, ausgewogener Abgang. **17** *(2012)*

30 YEAR OLD WHITE PORT - Rotorange Farbe. Aromatisch-elegante Honig-Marzipan-Nase mit Trockenfrüchten. Säuregestützter Gaumen mit Malz, Honig und Amaretto-Noten. Langer, strukturierter Abgang. **18** *(2012)*

40 YEAR OLD WHITE PORT - Intensive, dunkelorange Farbe. Intensive balancierte Nase, mit viel Frucht. Voller, intensiver Gaumen. Langer Abgang. **18** *(2011)*

BUTLER & NEPHEW

Im Jahr 1730 gründeten Henry Burmester und John Nash die Firma „Burmester, Nash & Co", den Vorläufer der Firmen Burmester und Butler & Nephew. Durch die Aufnahme von James Butler und John Tyndale im späten 18. Jahrhundert firmierte man ab diesem Zeitpunkt unter „Butler, Tyndale & Co". 1829 übernahm James Butler die Firma und firmierte mit seinem Neffen Robert unter „Butler, Nephew & Co". Nach dem Tod aller Gesellschafter übernahm Samuel Dixon die Leitung, die dann für mehrere Generationen mit unverändertem Namen in der Dixon-Dynastie verblieb. Der in Jerez ansässige Sherry-Produzent Gonzales Byass übernahm nach dem 2. Weltkrieg Butler & Nephew, investierte aber nur halbherzig in die Marke. Mit dem Kauf des portugiesischen Geschäftsanteils von Gonzales Byass kaufte Steven Christie im Jahr 1979 die Marken Vasconcellos und Butler & Nephew. 2009 startete die „Christie's Port Wine Producer & Shipper Lda" einen Relaunch der Marke. Heute ist sie ein kleiner, aber feiner Produzent von alten Tawnies. Qualitativ hochwertig, überzeugen die Butler & Nephew Ports im Weiteren durch ein sehr gutes Preis-Leistungs-Verhältnis. Die Marke „Vasconcellos" wird für den Heimatmarkt verwendet, Butler & Nephew für alle internationalen Märkte. Hauptabsatzländer der ca. 40.000 Flaschen Jahresproduktion sind das Vereinigte Königreich, Dänemark und die Niederlande.

Homepage: www.christieswines.com
Gründungsjahr: 1829, Relaunch in 2009
Inhaber: Steven Christie
Önologen: Marisa Ribeiro
Quintas/Rebfläche: Quinta Dona Mafalda (7 ha)
Spezialisiert auf: aged Tawnies
Geheimtipp: 10y old White

VINTAGE PORTS

Mit dem Fokus auf die Tawny Ports hat Steven Christie seit der Übernahme der Firma nur den Vintage Port 2003 hergestellt.

VINTAGE PORT 2003 - Tiefe, dunkelrote Farbe mit vollen Reflexen. Leicht scharfe, intensiv würzig-florale Nase, Schokoladennoten. Strukturierter Gaumen mit perfekt stützender Säure, Schokolade und Pflaume. Mittellanger Abgang. **17+** (2015)

VINTAGE PORT 1970 - Sauberes Dunkelrot mit mittlerer Struktur. Ansprechend fruchtige Nase mit Karamelltönen. Im Mund sehr elegant mit Schokolade und Malz. Überraschend langer, fruchtbetonter Abgang. Zügig austrinken. **16** (2009)

3 Fragen – 3 Antworten: Steven Christie, Eigentümer
Was war der erste Port, den du getrunken hast?
Ein furchtbarer eleganter, alter Vintage Port, den ich nicht ausstehen konnte. Leider habe ich mir nicht gemerkt, welcher dies war.
Was ist am Douro besonders?
Die einzigartige Landschaft und die Personen. Was wir hier in Kombination mit dem Klima und den Rahmenbedingungen im Boden haben, ist unvergleichlich. Allerdings ist der Schlüssel zum Erfolg unserer Ports, dass die Trauben leiden, so dass die Weinstöcke stärker werden und durch natürliche Selektion konzentriertere Trauben produzieren.
Welchen Port nimmst du mit auf die einsame Insel?
Eine Flasche Grahams Vintage Port 2011

LATE BOTTLED VINTAGE PORTS (LBV)

LATE BOTTLED VINTAGE PORT 2007 - Dunkelviolett-rote Farbe. Fleischig-vegetale Nase mit ansprechender Brombeer-Cassis-Frucht. Leicht gereifter, würzig-frischer Gaumen. Mittellanger Abgang. **16** (2015)

AGED TAWNIES

Die 10 bis 40 Jahre alten Tawnies bilden die „Premium-Range". Da keine Colheitas hergestellt werden, verwendet man die Topweine ausschließlich für die aged Tawnies.

10 YEAR OLD TAWNY - Volltransparente, dunkelrote Farbe. Sehr gut strukturierte, malzige Nase, frisch. Am Gaumen minimale Restfrucht, Malz, Toffee mit spürbarer Säure. Mittellang. **16+** (2014)
20 YEAR OLD TAWNY - Volle dunkelrot-braune Farbe. Frische, komplexe Nase, balanciert, Nussmix. Frische Malz- und Honigaromen, hintergründig nussig. Mittellanger Abgang. **17** (2014)
30 YEAR OLD TAWNY - Rotbraune Farbe mit grünen Reflexen. Komplexe, volle Nase mit satten Toffee-, Trockenfrucht und Honigaromen. Komplexer Gaumen mit Toffee und Malz, ausgewogen, ausgeprägterSüße. Langer, voller Abgang. **18** (2014)
40YEAR OLD TAWNY - Mittelorange-rote Farbe, minimal grüner Rand. Süße, tiefe, volle Nase, Trockenfrucht-Mix, Datteln, Feigen. Balancierter, aber komplexer Gaumen. Mitschwingende Süße, Rosinen, Nussnoten, Mandeln, Toffee. Langer, voller Abgang. **18** (2014)

SONSTIGE PORTS

10Y OLD WHITE PORT - Goldorange Farbe. Elegante Honig-Malz-Quitten-Nase. Voller, cremig-süßer Gaumen, Honig, voll und rund. Mittellanger, gut strukturierter Abgang. **17** (2014)

CÁLEM

Die Firma Cálem hat eine sehr bewegte Geschichte hinter sich. Gerade in letzter Zeit wurde sie häufig übernommen und wieder verkauft. Seit der Übernahme durch die spanische Sogevinus Gruppe ist wieder Ruhe eingekehrt und man hat sich auf die Kernkompetenz konzentriert, die Herstellung von hochwertigen Portweinen. Gegründet wurde Cálem 1859 von Antonio Alves Cálem, der knapp drei Jahrzehnte später auch die Quinta do Foz bei Pinhão erwarb. Obwohl die Cálem-Portweine damals fast ausschließlich in Portugal getrunken wurden, entdeckte man Brasilien früh als Absatzland. Mit Brasilien wurde der Port gegen hochwertige Tropenhölzer „getauscht", so dass - ähnlich dem Handel mit England – Leerfahrten vermieden wurden. Nach der Übergabe an seinen Sohn Antonio Cálem Jr. im Jahr 1909 wurden die Cálem Portweine in der dritten Generation von 1920 bis 1974 von Joaquim Manuel Cálem betreut. Auch danach führten Familienmitglieder die Firma weiter, bis sie 1998 an die spanische Sogevinus-Gruppe verkauft wurde. Der Geschäftsführer von Sogevinus war vormals Direktor bei Cálem und konnte den Stil der Cálem Portweine nach der Übernahme perfekt fortführen. Die Quintas da Foz und Sagrado wurden nicht mitverkauft sondern blieben zunächst im Besitz der Familie. Da Foz wurde später an einen angolanischen Investor verkauft und aus den Trauben von Sagrado füllen die Cálems wieder Portweine unter eigenem Etikett ab. Als mögliches Single-Quinta-Vintage-Port-Label ist die Quinta do Meio für die Marke Cálem eine Option.

Homepage:	www.calem.pt
Gründungsjahr:	1859
Inhaber:	Sogevinus Fine Wines S.A.
Önologen:	Carlos Alves, Carla Tiago
Quintas/Rebfläche:	Sogevinus-Gruppe (Teile von São Luiz)
Spezialisiert auf:	Tawnies, Colheitas
Geheimtipp:	Vintage Ports

Cálem wurde seit der Gründung als hochqualitative Marke wahrgenommen. Alte Vintage Ports sind seit der Erstabfüllung des Jahrgangs 1870 beständig von hoher Qualität, was bei portugiesischen Häusern eher die Ausnahme ist. Als einer der Ersten begann man in der ersten Hälfte des 20. Jahrhunderts Single Quinta Vintage Ports der Quinta do Foz abzufüllen, wobei in der Anfangsphase unklar ist, ob es sich tatsächlich ausschließlich um Portweine handelt, die mit den Trauben der Quinta da Foz hergestellt wurden.

Obwohl Cálem seine knapp 4 Mio. Flaschen Portwein in dreißig Länder exportiert, ist der brasilianische Markt mit knapp 40% Exportanteil der Wichtigste. Da Sogevinus mehrere Top – Marken betreut, ist Cálem in Deutschland nicht prominent vertreten. Hier konzentriert man sich mehr auf die Marke Burmester.

3 Fragen – 3 Antworten: Carla Tiago, Önologin (rechts im Bild)
Was war der erste Port, den du getrunken hast?
Das war bei einer Verkostung bei Sogevinus ein 1955er Burmester Colheita.
Was ist am Douro besonders?
Das Douro-Tal zeigt einem unmissverständlich und schonungslos die Gewalt der Natur. Um der Natur hier etwas abzugewinnen, muss man mit sehr hohem Einsatz arbeiten, Tag für Tag – Jahr für Jahr. Man fühlt diese Arbeit in jedem Schluck Portwein.
Welchen Port nimmst du mit auf die einsame Insel?
Es ist auf jeden Fall ein old White Colheita. Der Kopke White Colheita 1935

VINTAGE PORTS

Wie bereits erwähnt, sind Vintage Ports von Cálem stets von sehr hoher Qualität. Obwohl eine durch und durch portugiesische Familie bis 1998 das Ruder in der Hand hielt, ähneln die älteren Vintage Ports eher dem englischen als dem portugiesischen Stil, sind weniger süß und besitzen oft herausragendes Alterungspotential.

VINTAGE PORT 2012 - Tiefe, dunkelrote Farbe. Würzig, fruchtig-frische Nase. Vordergründig spürbare Säure am Gaumen, mineralisch, dominierende Kirschnoten. Mittellanger Abgang. **16** *(2015)*
VINTAGE PORT 2011 - Schwarzrote Farbe, intensive violette Reflexe. Betont fruchtiges Bouquet, Säure, würziger Hintergrund. Tanninhaltiger, säurebetonter Gaumen. Voller, langer Abgang. **17** *(2013)*
VINTAGE PORT 2007 - Ansprechende Reflexe in der tiefschwarzen Farbe. In der Nase spürbare Säure, Brombeere und schwarze Johannisbeere. Im spübare Tannine, wenig Frucht, Milchschokolade. Derzeit kantig mit hohem Lagerpotential. **17** *(2010)*
VINTAGE PORT 2005 - Sogevinus hat im Jahrgang 2005 fünf Vintage Ports hergestellt. Dunkelviolett, leicht stumpfe Farbe. In der Nase vordergründig Säure, dahinter Cassis. Am Gaumen spürbare Säure und eine komplexe Würze, softe Tanninstruktur. Langer Abgang. **16+** *(2008)*
VINTAGE PORT 2000 - Minimal transparente, dunkelrote Farbe. Verschlossene, sehr reduktive Nase, Rauch. Am Gaumen ansprechend, floral-fruchtig mit würzigem Finish. Mittellanger Abgang. **17** *(2015)*
VINTAGE PORT 1997 - Gegen den Cálem Colheita des gleichen Jahrgangs verkostet: Leicht trübe, dunkelrote Farbe mit erkennbarem Wasserrand. Komplexe Nase mit massiver Schokolade. Derzeit verhaltener Gaumen Komplexität erkennbar. Mittellanger Abgang. **17** *(2012)*

VINTAGE PORT 1989 - Ziegelrote Farbe, die in der Dekantierkaraffe zügig nachdunkelt. In der Nase verhalten, floral mit schokoladigem Hintergrund. Eleganter, säurebetonter Gaumen mit Veilchen und Schokolade. Kurzer, floraler Abgang, auch leicht säurebetont. **16** *(2011)*

VINTAGE PORT QUINTA DA FOZ 1987 - Transparent dunkelrote Farbe. Minimale Benzolnote in der Nase, sonst ausgeprägt Kirsche und Brombeere. Würdig gereifter Gaumen, viel eingelegte Frucht und Schokolade. Mittellanger Abgang. **17** *(2011)*

VINTAGE PORT 1985 - Volle, tiefrote Farbe. Würzige Frucht in der Nase, leicht marmeladig, Säure. Voller, strukturierter Gaumen mit rotbeeriger Frucht, Säure und Tanninen. Deutliche Schokoladennote. **17** *(2010)*

VINTAGE PORT 1980 - Dunkelrote Farbe, die nach dem Dekantieren zunehmend nachdunkelt. Das Bouquet ist derzeit sehr verschlossen. Satte rote Beeren und stützende Säure am Gaumen, Schokolade und stützenden Tannine. Mittellanger Abgang. **17** *(2012)*

VINTAGE PORT 1975 - Mittelrote, vitale Farbe mit erkennbarem Wasserrand. Noch Restfrucht in der Nase, dahinter Milchschokolade. Süß-fruchtiger Gaumen mit stützender Säure und Schokoladenfinish. **16** *(2015)*

VINTAGE PORT 1970 - Auf der 70er Horizontale war das der dunkelste Vintage Port von allen. Viel frische Frucht, Malz, Toffee, Minze. Tiefer, komplexer Gaumen mit ausgeprägten Malz- und Honignoten, sehr konzentriert. Voller, tiefer Abgang. **18** *(2011)*

VINTAGE PORT QUINTA DA FOZ 1970 - Die Single Quinta-Abfüllung konnte mit dem großen Bruder fast mithalten. Bereits optisch Zwilling, war auch die Nase ähnlich komplex mit einer ausgeprägten Fruchtnote. Am Gaumen samtig. Durch den erkennbaren Alkohol nicht ganz so ausgeglichen. Mittellanger, fruchtbetonter Abgang. **17** *(2011)*

VINTAGE PORT QUINTA DA FOZ 1966 - Dunkelrote, jugendliche Farbe. Milchschokolade im frischen, eleganten Bouquet. Am Gaumen viel Druck, Pfeffer, Schokolade. Langer, voller Abgang. **18** *(2016)*

VINTAGE PORT 1963 - Transparente dunkelrote Farbe mit erkennbarem Wasserrand. Intensive, gut strukturierte Nase. Sehr ansprechend, gut stützende Säure. Voller, komplexer Gaumen, vielschichtig und komplex mit Schokolade und Würznoten. Langer, voller Abgang. **18** *(2013)*

VINTAGE PORT QUINTA DA FOZ 1963 - Tiefdunkelrote, fast schwarze, blickdichte Farbe. Frische volle Nase mit Kaffee- und Schokoladennoten. Voller Gaumen mit viel Schokolade und Kaffee und einem langen, komplexen Abgang. **18** *(2013)*

VINTAGE PORT QUINTA DA FOZ 1960 - Dunkelorange Farbe. In der Nase Rumrosinen, Honig und Malz. Am Gaumen viel Honig mit gut stützende Säure. Voll auf dem Höhepunkt, ohne weiteres Entwicklungspotential. Mittellanger Abgang. In den nächsten zehn Jahren austrinken. **17** *(2010)*

VINTAGE PORT 1935 - Dunkelrote Farbe mit ausgeprägtem Wasserrand. Optisch habe ich ihn auf einen Endsechziger getippt. Intensive Schokolade in Nase und Gaumen. Immer noch hintergründig rotbeerige Frucht vorhanden, dahinter Malz und Honig. Voll integrierter Port; immer noch jugendlich. Langer, komplexer Abgang. **18** *(2010)*

VINTAGE PORT „CHIERES" 1931 - Direkt nach dem Öffnen: Mittelorange Farbe. Elegante Nase mit verbranntem Zucker. Schöne Länge. Nach 5h dekantieren: Dunkelorange Farbe, saubere Struktur. In der Nase viel Honig und Toffee, Malznoten. Am Gaumen elegant. Toffee, Malz und Kaffee, sehr integriert, minimal Menthol. Lange, perfekte Struktur. **19** *(2014)*

LATE BOTTLED VINTAGE PORTS (LBV)

LATE BOTTLED VINTAGE PORT 2009 - Violettrote Farbe, violette Reflexe. Am Gaumen gut strukturiert, viel Druck im Hintergrund. Jung nicht zugänglich, profitiert aber von zusätzlicher Lagerung. **16+** *(2014)*

AGED TAWNIES

10 YEAR OLD TAWNY - Transparente, braunorange Farbe. Malz-Kaffee-Nase, sehr ansprechend. Leicht säurehaltiger Gaumen mit frisch gemahlenem Kaffee und Karamellnoten. Mittellanger Abgang. **16** *(2015)*

20 YEAR OLD TAWNY - Tiefe, rotbraune Farbe. Intensive Kaffee-Nase, Toffee- und Nussnoten. Komplexe, leicht säurehaltige Kaffee-Karamell-Aromen am Gaumen. Mittellanger Abgang. **17** *(2015)*

30 YEAR OLD TAWNY - Intensive, dunkelorange, volltransparente Farbe. Satte Kaffeenase, Trockenfruchtmix, würzige Tabaknoten, mitschwingende Süße. Balancierter Gaumen, tiefe Nussmix-Toffee-Struktur. Langer Abgang. **17** *(2015)*

40 YEAR OLD TAWNY - Volltransparente, tieforange Farbe mit intensive Farbkern. Süße am Gaumen spürbar, Malz und Toffeenoten. Balanciert. Langer, komplexer Abgang. **18** *(2015)*

COLHEITAS

Nicht nur sind die alten Vintage Ports von herausragender Qualität, auch die Colheitas sind Top-Level. Dabei besitzen sie zusätzlich noch den Charme, dass sie auch mit vielen Jahren Flaschenlagerung wenig Frische einbüßen.

COLHEITA 2000 (bottled 2016) - Leuchtend mittelrote Farbe. Frische Nase mit Nüssen, Trockenfrüchten und rotbeeriger Restfrucht. Auch am Gaumen ist die Fruchtnote noch spürbar, viel Säure, Nüsse. Mittellanger Abgang. **16** *(2016)*

COLHEITA 1997 (bottled 2011) - Direkt gegen den 1997er Vintage Port verkostet: Rotbraune Farbe, gute Struktur. Frische Früchte in der Nase. Samtiger Gaumen, Frucht im Hintergrund, schon ausgeprägte Trockenfruchtaromen. Langer, gut strukturierter Abgang. **17** *(2011)*

COLHEITA 1961 (bottled 2013) - Mittelbraune Farbe, dünnt zum Rand hin aus. Intensiv bissige Nase, voll und rund. Intensiver, frischer Gaumen. Haselnuss und Feigennoten. Voller, langer Abgang. **18** *(2013)*

COLHEITA 1958 (bottled 2014) - Mittelrote Farbe mit grünen Reflexen am Rand und einem intensiven Farbkern. Komplexe, frische Nase, satte Nuss-Schokolade-Noten. Voller, sehr gut balancierter Gaumen mit Kaffee, Trockenfrüchten und Honig. Langer, komplexer Abgang. **18** *(2014)*

COLHEITA 1957 (bottled 1987) - Trübe, rotbraune Farbe. Rosinennoten in der Nase, sehr gut, hintergründig Kaffee und Rosinen. Eleganter, balancierter Gaumen mit einer sehr guten Struktur und gut stützender Säure. Langer nussig-rosiniger Abgang. **18** *(2014)*

COLHEITA 1957 (bottled 2008) - Dunkelorange, leicht stumpfe Farbe. In der Nase Säure, Malz und intensive Karamellnote. Cremig, strukturiert, mit spürbarer Säure. Mittellanger Abgang. **17** *(2008)*

Caves Santa Marta

Caves Santa Marta ist eine typische Kooperative im Douro mit allen Vor- aber auch Nachteilen einer solchen Unternehmensform. Vor gut fünf Jahrzehnten schloss sich eine Gruppe von Winzern zusammen und stellt seitdem gemeinsam Portwein her. Eine Kooperative im Douro-Tal ist eine quasi kommunistische Weingesellschaft, die von Ihren Mitgliedern zu vorab festgelegten Preisen die Trauben annehmen muss. Wäre da nicht der in Santa Marta geborene Jorge Dias, würden die Caves de Santa Marta in dieser Unternehmensform nicht mehr produzieren. Jorge Dias nimmt als CEO des Mengenweltmeisters Gran Cruz rund 95% der jährlich produzierten zwei Millionen Liter Portwein ab und verwendet diese für die Entry-Level Ports von Gran Cruz.
Bei einem Besuch der Caves Santa Marta stellt man auch sofort fest, dass die Kooperative auf Besucher nicht eingestellt ist. Der Empfang war freundlich, aber die zur Verkostung angebotenen Portweine waren eher dürftig.

VINTAGE PORTS

Eine Kooperative mit eigenartiger Deklarationsphilosophie. Bisher wurden nur die Jahre 1998, 1999, 2000, 2002 und 2004. Derzeit haben sie rund 200.000 Flaschen Vintage Port auf Lager, so dass eine weitere Produktion von Vintage Port zunächst nicht vorgesehen ist.

VINTAGE PORT 2004 - Tiefes Rot mit ausgeprägten Reflexen und einer mittleren Struktur. In der Nase eine würzige Süße. Am Gaumen Alkohol, Tannine, Säure, Frucht, Himbeeren und Kirsche. Mittellanger, fruchtbetonter Abgang. **16** *(2010)*

LATE BOTTLED VINTAGE PORTS (LBV)

Auch vom LBV wurden bislang nur zwei Jahrgänge abgefüllt, im Jahrgang 1997 und 2000.

LATE BOTTLED VINTAGE PORT 2000 - Ungefiltert bereits 2004 abgefüllt mit eleganter Struktur. In der Nase überraschend kräftig, mit viel Frucht. Am Gaumen eher ein Leichtgewicht mit präsentem Alkohol und hintergründiger Frucht. **15** *(2010)*

Homepage: www.cavessantamarta.pt
Gründungsjahr: 1959
Inhaber: 1.400 Genossen der Kooperative
Önologen: Ana Rola
Quintas/Rebfläche: Quinta de Santa Marta (2 ha), gesamte Fläche der Genossenschaft rund 1.900 Hektar
Spezialisiert auf: Tawny Ports

AGED TAWNIES

10 YEAR OLD TAWNY - Dunkelrote Farbe mit orangen Reflexen. Satte Acetonnoten, minimale Teernoten. Scharfer, minimal acetonhaltiger Gaumen, Schokolade. Überraschend langer Abgang. **16** *(2010)*

ANDERE PORTWEINE DER FIRMA

WHITE PORT - Ca. drei Jahre in großen Fässern. Gelb-orange Farbe. Ansprechende Aprikosen-Fruchtnote, Frisch, Säure spürbar. Samtig runder Gaumen, Frisch und fruchtig. Fruchtiger Abgang. **16** *(2015)*
10 YEAR OLD WHITE PORT - Orange Farbe. Holzaromen in der Nase. Ungewöhnlich, aber nicht schlecht. Am Gaumen ein bisschen zu viel Holz. Wird laut Aussage der Önologin in Zukunft weniger Holznoten beinhalten. Mittellanger Abgang. **16** *(2015)*
ROSE PORT - Hellrosa in der Farbe. Süße, frische Nase. Am Gaumen ansprechende Komplexität, minimale Milchschokolade. **16** *(2015)*

Champalimaud/Quinta do Côtto

Bereits im Jahr 1824 entstand der Nachname Montez Champalimaud durch die Hochzeit von João Cabral Montez und der Tochter des Generals Joaquim Champalimaud de Sousa, doch erst 1922, fast ein Jahrhundert später, wurde aus dem Namen auch die Firma „Montez Champalimaud".

Anfänglich nicht im Weinbereich tätig, kaufte Champalimaud einige, von der Reblaus verwüstete Hektar Weinberg und bepflanzte diese nach und nach mit jungen Reben. Als einer der ersten Hersteller nach dem legendären Barca Velha produzierte Champalimaud unter dem Etikett Quinta do Côtto bereits 1960 Rotwein, 1980 den ersten Grande Escolha (Große Auslese) und seit 1985 auch Weißwein. Mit Portugals Eintritt in die Europäische Union 1986 begann Côtto die Weine in das europäische Ausland zu exportieren. Der derzeitige Eigentümer Miguel Champalimaud lässt sich wenig von seinen Konkurrenten beeinflussen, deklariert einen Vintage Port in eher ungewöhnlichen Jahren und hat als einziger Hersteller seine gesamte Wein- und Portweinproduktion seit 2006 auf Schraubverschluss umgestellt. Nur rund ein Drittel der knapp 300.000 Flaschen Gesamtproduktion verlassen Portugal.

3 Fragen – 3 Antworten: Mafalda Machado, ehemalige Önologin
Was war der erste Port, den du getrunken hast?
Einen 10 Jahre alten Tawny der Quinta do Pisco. Diesen Port hat mein Großvater hergestellt.

Homepage: www.quintadocotto.pt
Gründungsjahr: 1922 (Montez Champalimaud)
Inhaber: Miguel Champalimaud & Familie
Önologen: bis 2016 Mafalda Machado
Quintas/Rebfläche: Quinta do Côtto (70 ha), Paço de Texeiró (10 ha)
Portweinangebot: Nur in wenigen Jahren Vintage Ports
Spezialisiert auf: Rotweine

Mein Vater hat damit immer meine Lippen benetzt, seit ich zehn Jahre alt war und immer probieren wollte.
Was ist am Douro besonders?
Die unglaubliche Arbeit der Leute, beeindruckend schöne Landschaften und die überragenden Weine und Portweine, die dieses Gebiet hervorbringt.
Welchen Port nimmst du mit auf die einsame Insel?
Eine Flasche Fonseca Vintage Port 1994

VINTAGE PORTS

Miguel Champalimaud entscheidet sich zu Vintage Ports, wenn andere keine abfüllen. So sind in ganzen fünf Jahrzehnten nur fünf Vintage Ports entstanden, von denen einer schließlich doch nicht abgefüllt wurde. In keinem dieser fünf Jahre wurde etwa ein Vintage Port von Fonseca oder Graham hergestellt. In der Verkostungsliste fehlt noch der Vintage Port 1982, der besonders von Fonsecas ehemaligem Önologen Bruce Guimaraens hoch gelobt wurde.

VINTAGE PORT 2005 - Der Cotto/Champalimaud Vintage Port 2005 zeigt eine dunkelrote Farbe mit violetten Reflexen. In der Nase ausgeprägte Frucht mit Kirschen und Johannisbeeren, hintergründig würzig. Am Gaumen zeigt der Port erste Reifenoten, Frucht, Lakritze und ein mittelintensives Tanningerüst. Kurzer Abgang. Wurde nie vermarktet. **16** *(2007)*

VINTAGE PORT 2001 - Ausdrucksstarkes Bouquet mit viel Brombeere und süßen Kirschen, hintergründig grüne Paprika. Spürbare Süße am Gaumen, vielschichte rote Beeren, Tannine und Säure im Hintergrund. Mittellanger Abgang. **16** *(2012)*

VINTAGE PORT 1995 - Aus der halben Flasche: Dunkelrote Farbe ohne erkennbaren Wasserrand. Würzig-frische Nase, Kirsche, Cassis, Pfeffer. Am Gaumen noch Restfrucht spürbar, starke Säure, Schießpulver. Mittellanger, fruchtbetonter Abgang. **16** *(2016)*

VINTAGE PORT 1989 - Aus der halben Flasche: Volltransparente, dunkelrote Farbe. Gereifte Nase mit Pflaumen und Kirsche, hintergründig Kaffee. Süßer, fast cremiger Gaumen, Kaffee, Pflaume. Säure spürbar. Mittellanger Abgang. Der beste 89er bisher. **17** *(2016)*

CHURCHILL

Als direkter Nachkomme der Grahams-Port-Dynastie, die 1970 an die Symingtons verkauft wurde, war John Graham bedingt durch die Familie immer an Port interessiert. Als die Firma zum 150. Firmenjubiläum im Jahr 1970 an die Symingtons verkauft wurde, war Johnny 18 Jahre alt. Zwei Jahre später kam er nach der Ausbildung in England zurück nach Portugal. Zunächst orientierungslos begann Johnny seine Ausbildung bei Cockburn. Sein erster Vintage Jahrgang bei Cockburn war 1973, den er am liebsten vergessen würde, doch der ihn immer wieder zur Einsicht bringt, dass auch die hochgelobtesten Portweine von der Qualität des Ursprungsprodukts Weintraube abhängen.

1981 wurde mit Churchill seit über 50 Jahren erstmals wieder eine Portweingesellschaft gegründet. Johnny benötigte allerdings knapp zwei Jahre, um die Firma als Porthersteller registrieren zu lassen. Da sein Nachname Graham schon besetzt war, stand Johnnys Frau Caroline Churchill als Namenspatin zur Verfügung. Im Jahrgang 1982 produzierten sie ihren ersten Vintage Port. Obwohl Churchill nie die Quinta da Agua Alta besaß, hatten sie immer die Vorkaufsrechte an deren Trauben. In den Anfangsjahren hat Johnny eng mit Taylors zusammen gearbeitet, war lange Jahre dort als Berater tätig.

1999 erwarb Churchill die Quinta da Gricha und produziert seit dem die Single Quinta Vintage Ports nicht mehr unter dem Agua Alta label (bis 1998) sondern unter „Quinta da Gricha" oder in wenigen Jahren unter „Quinta do Rio". Die Philosophie der Firma besteht in der Konzentration auf die special category-Portweine. Ihre Portweine sind qualitativ sehr gut und das Fehlen der „Entry-level"-Ports ist eine logische Konsequenz dazu. Mit einer Produktion von jährlich rund 250.000 Flaschen Portwein haben Sie in England, USA, Portugal, Kanada und Schweden ihre Nische gefunden.

Homepage: www.churchills-port.com
Gründungsjahr: 1981
Inhaber: Partnerschaft der Graham und Phips Familien (seit 2007) Klubstruktur mit Freunden, die als Gesellschafter in Wein und Zinsen bezahlt werden.
Önologen: Ricardo Nunes
Quintas/Rebfläche: Quinta da Gricha (40 ha)
Spezialisiert auf: Ruby-Style Portweine
Geheimtipp: Late Bottled Vintage Ports
Besonderheiten: Hochwertiges Portweinsortiment, macht keine „entry-level" Portweine
Importeur: www.weinkontor-freund.de

3 Fragen – 3 Antworten: Johnny Graham, Miteigentümer
Was war der erste Port, den du getrunken hast?
Einen Cockburn Vintage Port 1947
Was ist am Douro besonders?
Die attraktive Primitivität so nah an der Zivilisation. Man reist in das Dourotal zurück in der Zeit. Man ist in zwei Stunden von Europa in Porto, in weiteren zwei Stunden im Douro und sieht dort die Magie der Weinbereitung, die in Teilen immer noch wie aus einem anderen Zeitalter wirkt.
Welchen Port nimmst du mit auf die einsame Insel?
Eine Flasche Churchill Vintage Port 1985

VINTAGE PORTS

Die Churchill Vintage Ports sind recht eigensinnig. Oft mit viel, sehr viel, manchmal auch zu viel Säure hergestellt, ist es fraglich, ob sich da ein Port entwickeln wird, der nach 20-30 Jahren noch Spaß macht. 2011 ist hervorragend. Single Quinta Vintage Ports gibt es als Quinta da Gricha (seit 1999), Quinta da Agua Alta (Jahrgänge 1983, 1987, 1990, 1992, 1995, 1996 und 1998), Quinta do Rio (nur 2002) und Quinta do Fojo (1984, 1986 und 1989). Churchill stellt auch Single Vintage Ports zusammen mit Churchill Vintage Ports in gleichen Jahren her.

VINTAGE PORT QUINTA DA GRICHA 2012 - Dunkelrot-violette Farbe. Eleganter, Himbeere, Schokolade in der Nase. Kantige Tannine in der Nase, Kaffee. Leichter in der Struktur mit massiven Tanninen. **16** *(2015)*
VINTAGE PORT 2011 - Tiefe, dunkelrote Farbe mit violetten Reflexen. Komplexe, tiefe Nase, Schokolade, Cassis. Ansprechende Tanninstruktur am Gaumen, Frucht, Säure, sehr präzise, mineralisch. Langer, fruchtbetonter Abgang. **17+** *(2015)*
VINTAGE PORT 2007 - Violette Farbe mit ausgeprägten Reflexen. Im Bouquet hauptsächlich Frucht (schwarze Johannisbeere), hintergründig Säure und spürbarer Alkohol. Voller Gaumen mit viel Frucht und Säure, hintergründig würzige Noten. Mittellanger Abgang. **16+** *(2010)*
VINTAGE PORT QUINTA DA GRICHA 2007 - Optisch ist der Single Quinta Vintage Port der Quinta da Gricha nicht vom Churchill Vintage Port zu unterscheiden. Auch die Nase zeigt eine sehr ähnliche Frucht, allerdings mit weniger Säure. Der Gaumen ist etwas eleganter als der des größeren Bruders mit viel Brombeere und Cassis. Tanninbetonter Abgang. **16+** *(2010)*
VINTAGE PORT QUINTA DA GRICHA 2005 - Rot-violette Farbe, mittlere Reflexe, das Bouquet wird jedoch von einer alles überragenden Säure geprägt, hintergründig leichte Noten von Würze und Süßholz. Auch im Mund ist die Säure vordergründig und überlagert alle anderen Aromen. Der Abgang ist stechend, wobei sich in der 2. Hälfte des Abgangs eine schöne Lakriznote entwickelt. Bei allen drei in Deutschland verkosteten Flaschen habe ich diese starke Säure feststellen müssen, so dass ein Fehler fast ausgeschlossen werden kann. Ich glaube nicht, dass sich diese Säure jemals

vollständig integriert. **NR** (2008)
VINTAGE PORT 1994 - Volltransparente, dunkelrote Farbe. Schokolade in der sehr fruchtig-frischen Nase, florale Noten und Säure. Eleganter würziger Gaumen, Minze. Mittellanger Abgang. **17** (2014)
VINTAGE PORT 1991 - Satter, dunkler Farbkern. Ausdrucksstarke Nase mit ansprechenden Kaffee und Fruchtnoten, unterschwellig grüner Tee und vegetaler Touch. Am Gaumen zu viel Säure, rotbeerige Fruchtnoten, Kaffee. Langer, gut strukturierter Abgang. **16** (2013)
VINTAGE PORT QUINTA DA AGUA ALTA 1987 - Rotschwarze Farbe, wirkt noch sehr jugendlich. Gute Struktur. In der Nase sehr individuell: viel Feige, Kaffee. Im Gaumen sehr gut eingebundene Säure. Strukturierter Abgang. **17** (2010)
VINTAGE PORT 1985 - Volle, dunkelrote Farbe. Frischer Kaffee und rotbeerige Noten in der Nase, balanciert. Derzeit leicht reduktiver Gaumen, hintergründig Schokolade und Kirschen. Mittellanger Abgang. Ist gerade in der reduktiven Phase, wird sich aber wieder erholen. **17** (2015)
VINTAGE PORT QUINTA DA AGUA ALTA 1983 - Transparent vollrote Farbe, gereifte VP-Nase. Viel Rosine, Malz und Honig. Ausgewogener Gaumen, Brombeer- und Kirschnoten, recht weit entwickelt. Kurzer Abgang. **16** (2013)

LATE BOTTLED VINTAGE PORTS (LBV)

Die Late Bottled Vintage Ports der Firma sind der Geheimtipp. Da der gesamte Produktionsprozess zunächst auf Vintage Port abgestimmt ist, werden die LBVs erst kurz vor dem Ende als solche (de)klassiert und dann nicht als Vintage Ports abgefüllt. Sie reifen zwar ein wenig schneller als die großen Brüder, aber auch sehr gut.

LATE BOTTLED VINTAGE PORT 2007 - Dunkelrote, volle Farbe. Frische, fruchtig-volle Nase mit Pflaume und Schokolade. Schokoladig-frischer Gaumen, säurehaltig. Mittellanger, voller Abgang, spürbare Säure. **17** (2016)
LATE BOTTLED VINTAGE PORT 1997 - Unfiltered. Dunkelrote, transparente Farbe. Fruchtig frische Nase, eingelegte Himbeeren, Schokolade. Balancierter, fruchtiger Gaumen mit Schokofinish. Langer Abgang. **17** (2015)

AGED TAWNIES

Dass Johnny Graham nur 10 und 20 Jahre alte Tawnies produziert, verdankt er seiner Zeit bei Cockburn, die sich als traditioneller Lieferant für den englischen Markt immer nur zu diesen beiden Tawnies bekannt haben. Für Cockburns früheren Direktor Miguel Corte-Real waren auch Colheitas nie eine wirkliche Alternative.

10 YEAR OLD TAWNY - Rotbraune Farbe. Frische, fruchtig volle Nase, Schokolade. Fruchtig, nussiger Gaumen, Mandeln., Langer, strukturierter Abgang. **16** (2015)
20 YEAR OLD TAWNY - Mittelbraunrote Farbe, dünnt zum Rand hin aus. Nussige, fruchtig volle Nase. Ansprechender Nussmix, Mandeln, Toffee, Milchschokolade. Eleganter, präziser Abgang. **17** (2015)

SONSTIGE PORTWEINE

Churchill ist die einzige Portweinfirma mit zwei Ruby Reserves auf dem Markt.

RUBY RESERVE - Mittelrote Farbe. Fruchtig-frische Nase. Auch am Gaumen leicht und fruchtig. 3 Jahre gealtert. **15** (2015)
RUBY FINEST RESERVE (mehr Selektion über Trauben etc.) - Dunkelrote Farbe. Ansprechendes Pflaumenbouquet, Schokolade, frisch. Struktur und Tannine am Gaumen, gute Frucht, aber auch viel Säure. Mittellanger, fruchtbetonter Abgang. **16** (2015)
WHITE PORT APERITIF - Goldgelbe Farbe. Satte, volle Nase, Quitte, Aprikose. Frischer, aber gehaltvoller Gaumen, ansprechende Komplexität mit trockenen Noten. Mittellanger, präziser, fruchtbetonter Abgang. Nach eigenen Angaben 10y gereift. **16** (2015)
CRUSTED (Bottled in 2004) - Mittelrote Farbe, zeigt bereits deutliche Reifungsnoten. In der Nase Pflaume und Kirsche. Eleganter, balancierter Gaumen. In den nächsten fünf Jahren austrinken. **16** (2014)
CRUSTED (bottled 2001) - Fast blickdichte, tiefdunkelrote Farbe. Frische Kirschnase, Kaffee. Süßer, fruchtiger, komplexer Gaumen, Kaffee. Mittellanger Abgang. **17** (2015)

COCKBURN

Während des Krieges mit Napoleon wurde der junge Schotte Robert Cockburn Anfang des 19. Jahrhunderts aus der Heimat zum alliierten Portugal versetzt. 1815 verließ er die Armee und machte sich mit exzellenten Beziehungen zum Herzog von Wellington im Portweinhandel selbständig. Trotz mehrfachem Besitzerwechsel zieren sein Name und sein Familienwappen bis heute die Cockburn Portweinflaschen.

Bereits 1930 eröffnete Cockburn ein Büro in London. Das Vereinigte Königreich ist bis heute der wichtigste Absatzmarkt der Firma. Henry und John Smithes, die 1854 in die Firma eintraten, haben schnell erkannt, dass die Zusammensetzung der Port-Cuvées als wesentliche Voraussetzung für die Unverwechselbarkeit von immenser Bedeutung war. John entwickelte dafür ein geordnetes Aufzeichnungssystem der Verschnitt-Technik, auf dessen Basis noch heute das „Blending" der Cockburns-Ports beruht. Auch erkannte man schon sehr früh die Bedeutung von erstklassigem Traubengut und setzte auf langfristige Zusammenarbeit mit unabhängigen Weinbauern, die ihre Reben nach den Vorstellungen der Firma anbauten.

Nach und nach erwarb Cockburn einige Quintas, zuletzt 1989 als „jewel in the crown" für 2,6 Mio USD seine Vorzeige-Quinta dos Canais. Canais wurde nach den Kanälen (port. Canais) benannt, die das Wasser von den Wasserfällen im Hinterland in Richtung Douro transportieren. Das mehrheitlich in Südrichtung ausgerichtete Anwesen kann mit seinen fast 100 Hektar

Homepage:	www.cockburns.com
Gründungsjahr:	1815
Inhaber:	Symington Family Estates
Önologen:	Charles Symington
Quintas/Rebfläche:	Quinta dos Canais (ca. 100 ha), Quinta Vale Coelho (13 ha)
Spezialisiert auf:	Vintage Port
Geheimtipp:	Special Reserve

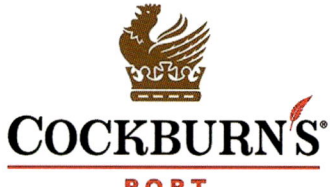

Weinanbaufläche jährlich bis zu 500 Pipas (Pipa = 550 Liter) Portwein herstellen. Bedauernswerterweise begann bereits in den 40er Jahren ein erkennbares Missmanagement der Cockburn-Firmenleitung, das sich bis in die 1980er Jahre leider konsequent fortsetzte und dazu führte, dass mehrere klassische Portweinjahrgänge nicht als Vintage Ports deklariert wurden, hauptsächlich die Jahrgänge 1945, 1966, 1977 und 1980. Die Flaschen wurden teilweise zwar in nicht unbeacht-

lichen Mengen abgefüllt, aber nicht beim Portweininstitut als Vintage Port deklariert. Daher kann man diese Jahrgänge nur beim Hersteller unter der Bezeichnung „Crusted Ports" oder „Vintage Ports – not officially declared" als Testmuster beziehen. Bei den Jahrgängen 1983 und 1985 wurde leider so unsauber gearbeitet, dass man bis zu 6 Flaschen öffnen muss, um eine fehlerfreie Flasche zu erhalten. Lediglich beim Jahrgang 1977 konnten die Symingtons kürzlich durchsetzen, dass die Flaschen als Vintage Port des Jahrgangs angeboten werden können.

In der Folge führten diese Fehlentscheidungen dazu, dass die Kunden das Vertrauen in die Marke fast gänzlich verloren und Cockburn seine einstmals starke Position im Portweinmarkt zu einem großen Prozentsatz einbüßte. Im Jahr 2006 traten dann die Symingtons als eine der größten Eigentümerfamilien im Douro (u.a. Graham, Dow, Vesuvio und Warre) mit der Beam-Holding als Eigentümer Cockburns in Verhandlung und übernahmen die Marke schrittweise, vollständig dann zum 01.01.2011.

Wie auch bei früheren Übernahmen hat die Familie Symington auch hier großen Wert darauf gelegt, die Charakteristik der Cockburn Portweine beizubehalten. Dieses ist ihnen direkt mit dem Vintage Port 2011 gelungen, der neben der hohen Qualität über ein außergewöhnlich gutes Preis-Leistungs-Verhältnis verfügt. Die Trauben für die Cockburn Ports stammen auch heute noch mehrheitlich von der Quinta dos Canais und der Quinta Vale Coelho mit ungefähr 13 ha.

3 Fragen – 3 Antworten: Miguel Corte-Real, langjähriger CEO
Was war der erste Port, den du getrunken hast?
Ein alter Colheita, der extra für den Ostersonntag 1965 aus dem Keller geholt wurde und rund 50 Jahre alt war. Ich war damals 12 Jahre alt und habe von diesem Port definitiv zu viel getrunken, so dass es mir am nächsten Morgen nicht so gut ging. Vielleicht war das der Grund, warum wir bei Cockburn nie Colheitas hergestellt haben.
Was ist am Douro besonders?
Der portugiesische Schriftsteller Miguel Torga hat einmal gesagt: „Das Douro-Tal ist der einzige Ort auf der Welt, den Gott nicht alleine formen wollte". Dieser Satz sagt alles. Ich habe tiefen Respekt vor den Generationen harter Arbeit, die notwendig waren, um in dieser unfassbar schönen aber auch ebenso rauen Welt Wein anzubauen.
Welchen Port nimmst du mit auf die einsame Insel?
Eine Flasche Cockburn Vintage Port 1912 und zwar genau die Flasche, die wir (der Autor und er) in 2007 zusammen getrunken haben.

VINTAGE PORTS

Cockburn produziert seit 2000 in sehr guten Jahren nicht nur den klassischen Cockburn Vintage Port sondern auch den Cockburn Quinta dos Canais Single Quinta Vintage Port, ein sehr typischer Single Quinta Vintage Port.

VINTAGE PORT 2011 - Tiefschwarz-rote Farbe mit leuchtenden, violetten Reflexen. Florale Frische im Bouquet, viel Cassis und Schokonoten. Sehr gut strukturierter und balancierter Gaumen, spürbares Tanningerüst, viel rotbeerige Frucht und gut stützende Säure. Langer, kantiger Abgang. Ein Port mit viel Lagerpotential. **18** *(2013)*

VINTAGE PORT 2009 CANAIS - Von diesem Port wurden nur 100 Kisten für den Eigenge- und –verbrauch der Symingtons produziert: Satte Fruchtnase mit viel Brombeeren und schwarzen Johannisbeeren, leichte Schärfe. Im Mund überlagernde Frucht mit ausgesprochen wenig Tanninen. Eher für den kurzfristigen Verbrauch. **16** *(2011)*

VINTAGE PORT 2007 - Blickdichte, tiefe dunkelviolette Farbe, volle Reflexe. Kaffee, Frucht, Schokolade. Fruchtig frischer Gaumen, ausgewogen. Offen und derzeit sehr zugänglich. Für den kurzfristigen Verbrauch. **17** *(2010)*

VINTAGE PORT 2007 CANAIS - Dunkelrote Farbe mit violetten Reflexen. Frischfruchtiges Bouquet, Cassis, Kirsche. Auch am Gaumen satte Frucht. Eleganter als das klassische Cuvee. **16** *(2010)*

VINTAGE PORT 2006 CANAIS - Volle, dunkelviolette Farbe. Fruchtig-frische Nase. Brombeeren, Kirsche. Kurzer, fruchtiger Abgang. Zu elegant für einen Vintage Port. **15** *(2011)*

VINTAGE PORT 2003 - Tiefrote, blickdichte Farbe. Tiefe, schokoladig-fruchtige Nase, komplex. Voller, kantiger Gaumen, Tannine, Säure, Frucht. Schwarzkirsche und Cranberries. Langer, voller Abgang. Derzeit in der Verschlussphase, aber langfristig ein großer Port. **19** *(2014)*

VINTAGE PORT 2000 - Blickdichte dunkelrote Farbe mit ausgeprägten Reflexen. Fruchtig komplexe Nase, Schokolade, Würznoten. Voller mineralisch-fruchtiger Gaumen, Kirsche, Schokolade, softe Tanninstruktur. Mittellanger, strukturierter Abgang. Derzeit verschlossen. **18** *(2014)*

VINTAGE PORT 2000 CANAIS - Farblich unterscheidet sich der Canais nicht vom klassischen Cockburn Vintage Port, doch die Gegenüberstellung ist ein Bilderbuchbeispiel des Vergleichs eines Single Quinta Vintage Ports mit einem klassischen Vintage Port. Während der klassische 2000er Cockburn alle notwendigen „Zutaten" eines komplexen Vintage Ports besitzt, wirkt der Canais doch eher elegant fruchtig. Kurzer Abgang. **16** *(2013)*

VINTAGE PORT 1997 - Blickdichte, dunkelrote Farbe. Frische schokoladige Nase, würzig. Voller Gaumen mit satter Kirsch-Himbeer-Fruchtnote und Schokolade. Relativ kurzer Abgang. **17** *(2013)*

VINTAGE PORT 1995 CANAIS - Gereifte, saubere Struktur in der roten Farbe. Säurebetonte, gereifte Nase mit intensiven Pflaumenaromen. Verhaltener Gaumen, rote Beerenfrucht. Recht weit fortgeschritten. Mittellanger Abgang. **16** *(2013)*

VINTAGE PORT 1994 - Tiefdunkelrote Farbe. Softes, aber komplexes Bouquet, Schokoladennoten, Pflaume. Am Gaumen spürbares Tanningerüst, Milchschokolade, rotbeerige Früchte. Langer Abgang. **18** *(2013)*

VINTAGE PORT 1991 - Dunkelrote, leicht bräunliche Farbe. Fleischig-vegetale Nase, florale Noten, Tee. Fruchtig-vegetaler Gaumen, würzig. Eleganter Abgang. **16** *(2013)*

VINTAGE PORT 1985 - Ein sehr guter Vertreter des Jahrgangs, der leider von flüchtigen Säuren überlagert wird. Von den ca. 12 bislang geöff-

neten Flaschen war noch keine fehlerfrei. Man merkt jedoch, dass unter dem Säuremantel ein anständiger Port schlummert. **NR** *(2014)*

VINTAGE PORT 1983 - Der Cockburn 1983 hat die höchste Korkquote, die ich jemals bei einem (Port-)Wein festgestellt habe. Und wenn er keinen Kork hat, wird er von flüchtigen Säuren überlagert. Ich habe ihn erst einmal in guter Verfassung verkostet. Dann ist es ein sehr guter Port (18). Doch leider muss die Empfehlung sein: Hände weg. **NR** *(2013)*

VINTAGE/CRUSTED PORT 1977 - Diesen Port hat die Cockburn-Führung zu spät deklariert, daher durften sie ihn lange Zeit nicht als Vintage Port verkaufen. Als die Symingtons die Geschäfte übernahmen, haben sie Rücksprache mit dem Portweininstitut gehalten und dürfen ihn nun als Cockburn Vintage Port 1977 verkaufen – von der Qualität war das in jedem Fall ein Vintage. Jugendliche, dunkelrote Farbe. Würzig-frische Nase, Tabak, florale Frische. Intensiv minerali-

scher Gaumen, Schokoladennoten. Mittellanger, frischer Abgang. **17** *(2013)*

VINTAGE PORT 1975 - Dunkelrote Farbe. Elegante, würzige Nase, Tabak. Würzig-frischer Gaumen, Balance, Toffee Säure spürbar. Mittellanger Abgang. Neben Fonseca, Croft und Quarles Harris einer der Besten dieses sonst eher schwachen Jahrgangs. **16** *(2015)*

VINTAGE PORT 1970 - Bemerkenswert jugendliche, vollrote Farbe. Leicht süße, komplexe Nase, frische Gewürznoten, Malz. Runder, voller Gaumen, Honig, Minze. Eleganter voller Abgang. **17** *(2013)*

VINTAGE PORT 1967 - Die 67er sind allesamt besser, als der Jahrgang ursprünglich vermuten ließ. Volltransparente, mittelrote Farbe. Verhaltenes, florales Bouquet. Ausgewogener langer Gaumen, leicht alkoholisch. Mittellanger Abgang. **17** *(2013)*

VINTAGE PORT 1966 - Der zweite nicht angemeldete Vintage Port eines sonst voll-deklarierten Jahrgangs. Dunkelrote Farbe mit ausgeprägten Reflexen. Tiefe Malznoten, Kaffee und Toffee in der Nase. Malz- und toffeebetonter Gaumen, balanciert. Schokolade. Langer, voller Abgang. **18** *(2013)*

VINTAGE PORT 1963 - Dunkelrote, transparente Farbe, erkennbarer Wasserrand. Fruchtig volles Bouquet, Akazienhonig, Malz. Intensiver, komplexer Gaumen, honigbetont. Mittellanger, komplexer Abgang. **18** *(2014)*

VINTAGE PORT 1960 - Mittelrote, transparente Farbe. Elegante, balancierte, honigbetonte Nase. Süßer, eleganter Gaumen mit Toffee und Karamell. Mittellanger Abgang. **17** *(2013)*

VINTAGE PORT 1955 - Dunkelrote, transparente Farbe. Intensive, frische Nase, Honig und Sahnekaramell. Samtiger, tiefgründiger Gaumen, balanciert. Malz, Honig, Gewürznoten. Langer, komplexer, toffeebetonter Abgang. **18** *(2013)*

VINTAGE PORT 1950 - Transparentes Hellrot mit braunen Reflexen. Verhaltenes, vordergründig süßes Bouquet, dahinter Feigen und Minze. Auch im Mund elegant, mit Minznoten und Toffee. Austrinken. **16** *(2010)*

VINTAGE PORT 1947 - Nur in geringen Mengen für die Familie hergestellt: Braunrote Farbe mit ausgeprägten Reflexen. In der Nase eine ungewöhnliche Rauchnote, dahinter rote Beeren und süße Würze. Am Gaumen viel Frucht (Erdbeermarmelade), Pfeffer & Gewürze. Überraschend kurzer Abgang. **17** *(2013)*

VINTAGE PORT 1945 - Nicht offiziell deklariert, aber trotzdem existieren Flaschen mit einem normalen „Cockburn 1945 Vintage Port"-Etikett: Tiefe dunkelrote Farbe. Fruchtig, volle Nase. Himbeeren und Milchschokolade.

Süßer, fruchtig-voller Gaumen. Schokolade. Langer, frischer Abgang. **18** *(2015)*

VINTAGE PORT 1935 - „One of Cockburn's best wines" wurde schon oft über diesen Portwein geschrieben. Intensive dunkelrote Farbe mit orangen Reflexen. Frische(!) intensive Nase mit Malz- und Orangennoten, Süße spürbar. Am Gaumen Teenoten, Toffee und Malz. Mehrstufiger, langer und komplexer Abgang. **19** *(2013)*

VINTAGE PORT 1927 - Der 1927er Vintage Port von Cockburn hat eine sonderbare Historie. Laut firmeninternen Aufzeichnungen wurde er anfänglich von den Weinhändlern in London als Leichtgewicht betrachtet und nicht gut verkauft. In den 1950ern änderte sich diese Meinung und heute präsentiert sich der 1927er Cockburn als großer Port: Volle rotbraune Farbe. Eleganz und Tiefgründigkeit in der Nase, Karamell, Toffee, Malz. Intensiver, voller Gaumen, Sahnetoffee, Malznoten. Säuregerüst spürbar. Langer, toffeebetonter Abgang. **19** *(2013)*

VINTAGE PORT 1912 - Erstaunlich frische, braunrote Farbe, ausgeprägte Reflexe und eine tiefe Konzentration. Typisch-trockene Cockburn-Nase mit Toffee, Kaffee, Minze und scharfen Gewürzen. Eleganter, komplexer und voll integrierter Gaumen mit Malz-, Kaffee- und hintergründigen Rosinennoten. Langer, leicht säurebetonter Abgang, der mich dazu erwogen hat, nicht die Höchstpunktzahl zu vergeben. Ein Spitzenport, noch ungefähr 20 Jahre in Höchstform **19** *(2007)*

VINTAGE PORT 1908 - Rotbraune Farbe bei mittlerer Struktur. Kaffeenase, hintergründig Trockenfrüchte. Sehr vital für sein Alter. Walnüsse und Menthol im Gaumen, dazu Kaffee und Trockenfrüchte im Mund. Sehr langer, ganz leicht alkoholbetonter Abgang, Toffee. Hält sich noch eine Weile auf diesem Niveau. **18** *(2007)*

VINTAGE PORT 1896 - Mittelorange, volltransparente Farbe, ausgezeichnete Textur. Im Bouquet Honig und Säure, auf jeden Fall noch lebendig. Leichte Toffeenote. Im Mund Säure, Trockenfrüchte, säurebetonter Abgang. **17** *(2007)*

LATE BOTTLED VINTAGE PORTS (LBV)

LATE BOTTLED VINTAGE PORT 2007 - Dunkelrote Farbe, leicht trüb. Verhaltene, aber ansprechende Nase, fruchtbetont. Am Gaumen sehr harmonisch. Recht kurzer, frischer Abgang. **16** *(2012)*

LATE BOTTLED VINTAGE PORT 2003 - Tiefrote Farbe, sehr fruchtig und frisch. Gute Struktur. Viel Primärfrucht: Kirsche und Johannisbeere, minimal grüne Bananen. Voller Gaumen, Säure leicht Tannine. Mittellanger Abgang. **17** *(2010)*

AGED TAWNIES

Cockburns langjähriger Direktor Miguel Corte-Real war immer der Ansicht, dass ein 20 Jahre alter Tawny diese Kategorie in Höchstform präsentiert. Daher gab es nie einen 30 oder gar 40 Jahre alten Tawny und auch nie Colheitas.

10 YEAR OLD TAWNY - Transparente, dunkelrote Farbe. Trockenfrüchte und eingelegte Kirschen im Bouquet. Am Gaumen leicht medizinale Noten, Nussmix mit ansprechender Komplexität. Mittellanger Abgang. **16** *(2016)*

20Y OLD TAWNY - Orange, transparente Farbe. Viel Nuss und Mandel in der Nase. Intensiver, voller Gaumen, ansprechend und ausgewogen. Langer, nussbetonter Abgang. **17** *(2013)*

SPECIALS

Als traditionell englischer Lieferant hat Cockburn in einigen Jahren Crusted Ports hergestellt. Da die Jahrgänge 1945 und 1977 nicht deklariert wurden, dürfen sie – obwohl es sehr gute Jahrgangs-Port-Vertreter sind – nur als Crusted und nicht als Vintage Port verkauft werden.

CRUSTED (Bottled 1928) - Ein Crusted Port ist ein Verschnitt mehrerer Jahrgänge, der ungefiltert abgefüllt wird. Saubere orangerote Farbe. Frische, volle Nase, Gewürze und Honig, verführerisch. Auch am vollen, runden Gaumen sehr gut. Gewürze im Hintergrund. Leicht bittere Noten im Abgang. Sehr gut. Austrinken. **18**

SPECIAL RESERVE - Der Ruby in der Reserve Qualität ist Cockburns „cash-cow". Seit 1967 wird er hauptsächlich für den englischen Markt mit mehr als einer Million Flaschen hergestellt. Rotschwarze Farbe. Frische Frucht im Bouquet, Schokolade. Balancierter Gaumen mit Cassis, Kirsche, Milchschokolade. Mittellanger Abgang. **16** *(2014)*

Conceito Vinhos Lda.

Homepage: www.conceito.com.pt
Gründungsjahr: 1997
Önologe: Rita Marques
Quintas: Quinta de Vale Cavalos (23ha), Quinta do Menir (10ha), Quinta da Veiga (23ha), Quinta Chão do Pereiro (20ha) and others, total of 83 ha.
Inhaber: Rita Marques und Carla Ferreira
Importeur: www.zeter-wein.de

3 Fragen – 3 Antworten: Rita Marques, Önologin
Was war der erste Port, den du getrunken hast?
Einen Quinta do Noval Nacional 1963
Was ist am Douro besonders?
Die Vielfalt der Weine, der Rebsorten, der Weinstile, der Terroirs und der Landschaft. Was mich am Douro am meisten antreibt, ist die ständige Entdeckung von Teilen des Gesamtpotentials. Es gibt derzeit keine Grenzen.
Welchen Port nimmst du mit auf die einsame Insel?
Einen Graham Ne Oublie.

VINTAGE PORT

VINTAGE PORT 2005 - Leicht stumpfe, tiefdunkelrote Farbe. Satte Pflaumen-Kirsch-Nase mit ansprechender Tiefe. Am Gaumen spürbare Tannine, Schwarzkirsche und Schokolade. Gut stützende Säure. Mittellanger, tanninbetonter Abgang. **17** *(2015)*

LATE BOTTLED VINTAGE PORTS (LBV)

Erstmals im Jahrgang 2009 hergestellt, werden die Conceito LBVs immer ungefiltert nach 4 Jahren abgefüllt.

LATE BOTTLED VINTAGE PORT 2009 - Minimal transparente, vollrote Farbe mit violetten Reflexen. Fruchtig-würzige, frische Nase mit Cassis-, Kirsch- und Schokonoten. Mitschwingende Süße am Gaumen, strukturiert mit ansprechendem Tiefgang. Viel Frucht, minimal spürbare Tannine. Mittellanger Abgang. **16** *(2015)*

1970 kaufte die Familie Marques einige Hektar Weinberge am Douro, allen voran im Gebiet Vale da Teja im Douro Superior. Zunächst wurden die Trauben an Portweinproduzenten oder fertige Portweine in der Kooperative „Vale da Teja" verkauft. Der Präsident der Kooperative war zu dieser Zeit Jose Costa Ferreira, der Großonkel der heutigen Önologin Rita Marques.
Erst 1997 gründete Ritas Mutter Conceito Lda. und kurze Zeit später entschied sich Tochter Rita für das Önologiestudium. Nach Aufenthalten in Vila Real, Bordeaux, Neuseeland, Kalifornien und Südafrika, hat sie 2003 ihren ersten Wein gemacht, 2005 ihren ersten Vintage Port. Neben dem Conceito-Label (port. für Konzept) hat Rita dann in 2007 den Contraste als Rot- und Weißwein produziert.

SOCIEDADE DOS VINHOS DO PORTO CONSTANTINO LDA.

Constantino de Almeida erwarb kurz vor der Firmengründung im Jahr 1877 die beiden Quintas Crasto und Sobreira. Er übernahm mit den Quintas auch das komplette Team der Quintas und war somit in der Lage, sofort das Potential der Weinberge nahezu vollständig zu nutzen. Sein erster unter eigenem Etikett hergestellter Vintage Port wurde im Jahrgang 1887 hergestellt, die ersten Colheitas dann in den 1890ern. Als der Gründer 1922 nach einer überaus erfolgreichen Karriere starb, übernahmen seine drei Söhne die Firmenleitung, Constantino de Almeida Jr., Antonio Moreira de Almeida und Fernando Moreira de Almeida, die jedoch nicht die gleichen Geschicke in der Firmenleitung besaßen. Mit der Übernahme der Firma durch Sogrape Vinhos im Jahr 1958 wurden nur noch vereinzelt Vintage Ports hergestellt. Derzeit konzentriert sich Sogrape auf seine Flaggschiffmarken Sandeman, Ferreira und Offley, Constantino wird nur noch auf Nischenmärkten und für Brandy verwendet.

3 Fragen – 3 Antworten: Miguel Roquette, Urenkel von Constantino
Was war der erste Port, den du getrunken hast?
Eine Flasche Quinta do Crasto Vintage Port 1955 mit meinem Großvater auf Crasto.
Was ist am Douro besonders?
Die Gerüche am Douro. Sie sind genauso häufig wechselnd, wie die optischen Eindrücke. Es gibt hier die lebendige Geschichte. Man sieht so viele Dinge, die seit Dekaden unverändert sind.
Welchen Port nimmst du mit auf die einsame Insel?
Einen Crasto Colheita 1970 (wurde nie offiziell verkauft), weil ich mir den besser über ein paar Tage einteilen kann als einen Vintage Port.

VINTAGE PORTS

Alle Vintage Ports, die ich bisher von Constantino verkostet habe, begeisterten mich. Angefangen hat alles mit einem überragenden 1941er Vintage Port auf der Quinta do Crasto. Constantino macht auch in mäßig guten Jahren hervorragende Vintage Ports. Soweit mir bekannt ist, gibt es als letzten produzierten Jahrgang einen 1985er Constantino, den ich nie probiert habe.

VINTAGE PORT 1966 - Mittelrotbraune Farbe. Minimal Aceton im Bouquet, Teernoten. Eleganter, rauchiger Gaumen. Zu leicht am Abgang. Fehlerhafte Flasche? **16** *(2014)*
VINTAGE PORT 1963 - Sehr dunkle, vollrote Farbe, transparent. Würzig frische Nase. Kräutertöne, Schokolade, sehr jung und fruchtig. Voller fruchtiger Gaumen, sehr gut gereift. Milchschokolade und Malz, in der Mitte trocken. Langer voller Abgang. **18** *(2013)*

Homepage: www.sograpevinhos.com
Gründungsjahr: 1877
Quintas: Quinta do Crasto, Quinta da Sobreira
Inhaber: Sogrape Vinhos

VINTAGE PORT 1958 - Dunkelrote Farbe. Elegante, balancierte Nase mit satten Würznoten. Am Gaumen balancierte Kaffee und Würznoten. Mittellanger Abgang. **17** *(2013)*
VINTAGE PORT 1947 - Unglaublich dunkle Farbe. Tiefe, komplexe und gealterte Nase mit frischen Aromen. Frischer, ansprechender Gaumen, sehr komplex. Mehrschichtiger Abgang. **18** *(2014)*
VINTAGE PORT 1945 - Minimal transparente, vollrote Farbe. Leider ein leichter Fehlgeruch in der Flasche, der auch mit mehreren Stunden dekantieren nicht verflog. Darunter ein kräftiger, voller, fast noch jugendlicher Portwein. Ein Top 1945er. **NR** *(2015)*
VINTAGE PORT 1941 - Sehr dunkles Rotorange mit leichten Brauntönen. Tiefe Malz- und Toffeenase, sogar noch Frucht spürbar. Tiefer, komplexer Gaumen, konzentrierte Kaffee- und Toffeearomen. Sehr langer Abgang mit Malz-, Toffee- und Honignoten. Aromenspiel im Abgang. Nahezu perfekt. **19** *(2011)*
VINTAGE PORT 1935 - Volle, dunkelrote Farbe, minimale Brauntöne. Malzige Noten, elegant, leicht mineralisch. Intensive Struktur. Malz, Honignoten, Toffee. Langer, voller Gaumen. **17** *(2015)*
VINTAGE PORT 1927 - Frische, rotbraune Farbe. Im Bouquet vegetale Noten, Basilikum, Kaffee, sehr frisch. Viel stützende Säure am Gaumen. Auch hier wieder die vegetale Noten, auch floral-frische Noten. Pfeffer, Basilikum. Langer, voller und runder Abgang. Beeindruckend. **19** *(2011)*

VINTAGE PORT 1921 - Der 21er wurde am Verkostungstag der großen Constantino Vertikale im Jahr 2011 auf Crasto durch Zufall von Dirk Niepoort in seinem Keller gefunden. Mittelbeige, noch leicht rötliche Farbe, optisch mehr ein Tawny. Acetonnoten in der Nase, dahinter Honig und Pflaume. Auch im Mund fehlerhaft: Aceton überlagert leider fast alles. Mittellanger, runder und integrierter Abgang. **NR** *(2011)*
VINTAGE PORT 1908 - Dunkelorange Farbe. Frisch-komplexe Minznoten. Ansprechende Komplexität, frische florale Noten, sehr ausgewogen. Sehr intensiver, aber gleichzeitig ausgeglichener Gaumen, Minze, Toffee, Malz, sehr elegant und ausgewogen. Mittellanger, perfekt integrierter Abgang. **19** *(2012)*
VINTAGE PORT 1887 - Ganz besonders an diesem Port war nicht nur das Alter, sondern auch die Tatsache, dass diese Flasche die Quinta nie verlassen hat – eine bessere „provenance" kann man sich wohl kaum vorstellen. Volle rotbraune Farbe, sehr konzentriert. In der Nase, Kaffee, Honig und Malz. Vitaler Gaumen, frisch mit viel Honig, Malz und Minze. Mittellanger, lebendiger Abgang, Kräuter im Hintergrund. Ein Erlebnis **18** *(2011)*

LATE BOTTLED VINTAGE PORTS (LBV)

Durch Zufall habe ich einige Constantino LBVs in Irland in einem Tankstellensupermarkt entdeckt.

LATE BOTTLED VINTAGE PORT 2003
- Schwarzrote Farbe mit ausgeprägten Reflexen. In der Nase schwarze Johannisbeere satt, Himbeere, Teernoten. Vanille und viel Säure am Gaumen. Ungefiltert abgefüllt. **16** *(2011)*

COLHEITAS

Die Colheitas von Constantino stehen den Vintage Ports in nichts nach und haben – ähnlich den Colheitas von Noval und Niepoort – die Eigenschaft, sich in der Flasche bestens weiter zu entwickeln. Leider steht nie ein Abfülldatum auf dem Etikett.

COLHEITA 1935 - Dunkle, minimal trübe Farbe. Volle, tiefkonzentrierte Nase, sehr lebendig mit Mokka und Malznoten. Auch am Gaumen sehr vital und frisch, viel Kaffee und Karamell. Mittellanger, ganz leicht bitterer Abgang. **18** *(2011)*
COLHEITA 1910 - Frische, orangerote Farbe. Volles, frisches Bouquet mit ausgeprägt floralen Noten und frischer Säure. Samtiger Gaumen, viel Malz, Toffee und Tabaknoten. Langer, konzentrierter Abgang. **19** *(2011)*
COLHEITA 1896 - Dunkelrote Farbe, wenig Wasserrand. Würzig, frische Nase, viel Würze. Etwas leichter im Mund, als die Nase verspricht. Kaffeebetonter Abgang mit sehr gut stützender Säure. **17** *(2011)*

Quinta de Cottas

Die Familie Carmo hat über Generationen im Douro Trauben angebaut und an große Hersteller oder Genossenschaften verkauft. Als im Jahr 2006 jedoch alle Familienanteile verkauft wurden, entschloss sich Pedro Carmo, einen zehn Hektar großen Teil der Quinta da Romaneira, die Quinta de Cottas zu kaufen. Ähnlich Romaneira war auch die Quinta de Cottas zu diesem Zeitpunkt in einem eher bescheidenen Zustand. Die gut 1,5 Hektar „vinhas velhas" wurden nur geringfügig neu bepflanzt, doch die verbleibenden Weinreben wurden nach und nach vollständig ersetzt. Im ersten Produktionsjahr 2008 wurden hauptsächlich Douro DOCs hergestellt. Pedro Carmo übernahm beim Kauf einen Grundstock alter Tawny-Portweinvorräte, kauft aber derzeit noch dazu. In Zukunft möchte er als großer Colheita-Fan selbst einige Jahrgänge am Markt anbieten. Die derzeitige Jahresproduktion von rund 10.000 Liter wird hauptsächlich nach China, Großbritannien und Belgien exportiert.

3 Fragen – 3 Antworten: Pedro Carmo, CEO
Was war der erste Port, den du getrunken hast?
Taylors CAMO 30y old Tawny. Der hat damals diesen Namenszusatz gehabt.

Homepage: www.quintadecottas.pt
Gründungsjahr: 2006
Inhaber: Pedro Carmo
Önologen: Manuel Vieira
Quintas/Rebfläche: Quinta de Cottas (10 ha)

Was ist am Douro besonders?
Das Douro-Tal ist der Inbegriff an Passion. Alles fängt mit einer Passion an und am Ende lebt man dort. Immer wenn ich wieder zurück nach Porto reise, suche ich nach Gründen, doch noch länger im Douro-Tal zu bleiben.
Welchen Port nimmst du mit auf die einsame Insel?
Eine Flasche Krohn Colheita 1863

VINTAGE PORTS

VINTAGE PORT 2012 - Tiefdunkelrote Farbe mit violetten Reflexen. Kompakte frische, komplexe Nase, Cassis. Intensiver, balancierter Gaumen mit satter Schokolade. Langer Abgang. **17** *(2016)*

AGED TAWNIES

Cottas produziert 10, 20 und 30 Jahre alten Tawny. Die Tawnies werden alle im Douro gelagert.

10 YEAR OLD TAWNY - Dunkelorange Farbe mit rotem Farbkern. Toffee, Kaffee und hintergründig Nüssen. Am Gaumen Nussmix, Schokolade, gut stützende Säure. Mittellanger Abgang. **16** *(2016)*
20 YEAR OLD TAWNY - Volltransparente mittelorange Farbe. Kaffee, Schokolade und Malznoten am Gaumen, sehr gut stützende aber spürbare Gaumen. Mittellanger Abgang. **17** *(2016)*
30 YEAR OLD TAWNY - Dunkelorange, volltransparente Farbe. Tiefe, konzentrierte Nase mit viel Kaffee, minimale Acetonnoten. Konzentrierter, balancierter Gaumen mit viel Kaffee, Aceton und Nussmix. Langer, komplexer Abgang. **18** *(2016)*

SONSTIGE PORTWEINE

RUBY RESERVE - Tiefrote Farbe. Fruchtbetonte Nase, satte Kirschen und Schokolade. Süßer, fruchtbetonter Gaumen. Kurzer fruchtbetonter Abgang. **15** *(2016)*
TAWNY RESERVE - Transparente, mittelrote Farbe. Nussmix in der Nase, hintergründig Mandel. Nüsse am Gaumen, Restfrucht. **16** *(2016)*
10 YEAR OLD WHITE PORT - Mittelgoldene Farbe. Honigbetonte Nase, Orange. Am Gaumen frische balancierte Orangenschale, gut stützende Säure. Mittellanger Abgang. **17** *(2016)*

Quinta do Crasto

Die Ursprünge der Quinta do Crasto reichen zurück bis in das Jahr 1615, allerdings diente das Gebiet der Quinta zu diesem Zeitpunkt nicht als Weingut, sondern als befestigte Unterkunft. Nachdem der Voreigentümer Constantino de Almeida 1923 starb (siehe Constantino), vererbte er die Quinta seinen Sohn Fernando, der die Port-Produktion weiterführte. 1981 übernahmen Fernandos Tochter Leonor Roquette und ihr Mann Jorge die Quinta.

Die Roquettes erneuerten die Gebäude und ersetzten einen Großteil der Weinreben. Sie waren unter den ersten Douro DOC Produzenten und produzierten bereits 1998 ihre Top-Einzellagen-Cuvees Maria Teresa und Vinha do Ponte. Der Schwerpunkt liegt auch heute auf dem Rotwein, doch auch ihre Portweine werden immer besser. Besonders alte Late Bottled Vintage Ports sind ein Geheimtipp. Stets ungefiltert abgefüllt, altern diese würdig und sind zwei bis drei Dekaden nach der Ernte fast auf Vintage Port Qualität.

Die Quinta do Crasto ist nicht nur aufgrund der Weine und Portweine einen Besuch wert – das Gebäude und die Gastfreundschaft der Familie sind fantastisch und der Pool besitzt den spektakulärsten Blick am Douro.

3 Fragen – 3 Antworten: Tomas Roquette, Eigentümer
Was war der erste Port, den du getrunken hast?
Das war ein Crasto Vintage Port 1927. Diesen

Homepage: www.quintadocrasto.pt
Gründungsjahr: 1923 (ging aus Constantino hervor)
Inhaber: Familie Roquette (Jorge, Tomas und Miguel)
Önologen: Tomas Roquette, Manuel Lobo
Quintas/Rebfläche: Quinta do Crasto (70 ha), Quinta do Querindelo (10 ha), Quinta da Cabreira (114 ha)
Geheimtipp: LBV
Importeur: www.luso-wein.de

haben mein Onkel Manuel und mein Vater oft aus dem Keller geholt und nach dem Essen genossen.
Was ist am Douro besonders?
Hauptsächlich die einzigartigen Traubensorten, die es in dieser Fülle sonst nirgendwo gibt. Aber auch die Landschaft und das Terroir am Douro sind absolut einzigartig.
Welchen Port nimmst du mit auf die einsame Insel?
Eine Flasche Vintage Port 1970. Alles, was ich bisher von diesem Jahrgang getrunken habe, war so gut, dass der Produzent nicht so wichtig ist.

VINTAGE PORTS

Die kommerziellen Crasto Vintage Ports haben eine recht kurze Geschichte, ihr erster Vintage Port stammt aus dem Jahrgang 1978, und mit der ernsthaften Produktion begannen sie erst in den 1990er Jahren. Seitdem werden sie von Jahrgang zu Jahrgang besser.

VINTAGE PORT 2011 - Tiefdunkle, violettrote Farbe. Komplexes, sehr ausgewogenes Bouquet, Kirsche und Cassis. Komplexer, balancierter Gaumen. Satte Würznoten. Ausgewogener, langer Abgang. **18** *(2013)*

VINTAGE PORT 2009 - Tiefschwarze Farbe ohne jeglichen Wasserrand. Ansprechende Nase, viel Veilchen und schwarze Johannisbeere, frische Kirsche und Himbeeren. Am Gaumen Tannine, Säure, viel Frucht. Mittellanger Abgang. **17+** *(2011)*

VINTAGE PORT 2007 - Stumpfe, dunkelrote, blickdichte Farbe. Klassische, junge Vintage Port-Nase mit viel Kirsche und Cassis und Säure. Voller, tanninhaltiger Gaumen mit ausreichend Frucht und mittellangem Abgang. Ähnlich dem Calem ist der Crasto des Jahres 2007 in diesem Stadium nicht so verführerisch wie Ports anderer Hersteller, zeigt aber ein sehr gutes Alterungspotential. **17+** *(2009)*

VINTAGE PORT 2005 - Violette Reflexe in der tiefdunkelroten Farbe. Pflaumennase, ein wenig zu elegant. Verhaltener Gaumen mit filigranen Tanninen. Fruchtig, aber ein wenig zu eindimensional. Mittellanger, fruchtbetonter Abgang. **16** *(2009)*

VINTAGE PORT 2004 - Tiefschwarze Farbe, gute Reflexe, mittlere Struktur. Tiefe Nase, vordergründige Frucht. Am Gaumen Brombeere, Kirsche, Tannine, leichte Säure. Derzeit leicht reduktiver Abgang. **17** *(2009)*

VINTAGE PORT 2003 - Volle dunkelrote Farbe, gute Reflexe. Viel Säure in der komplexen Nase, gut strukturiert, Himbeere, Pflaume. Am Gaumen Tannine, Säure und rückläufige Frucht. Lakritz- und säurebetonter Abgang. **17+** *(2011*

VINTAGE PORT 2001 - Blickdichte, schwarze Farbe. Minimal fleischige Nase, viel Tabakwürze, Brombeerfrucht, Säure. Softe Tannine. Derzeit noch mit Ecken und Kanten. Mittellanger Abgang. **16** *(2012)*

VINTAGE PORT 2000 - Minimaler Wasserrand in der minimal transparenten Farbe. Sehr offene Nase mit viel Frucht: Kirsche und Brombeere. Voller, fruchtiger Gaumen. Softe Tannine und Säure, daher eher ein 2000er für den mittelfristigen Verbrauch. Mittellanger Abgang. **17** *(2016)*

VINTAGE PORT 1994 - Volle dunkelrote Farbe, blickdicht. Frisch-fruchtige, ganz leicht überreife Nase, Gewürznoten. Am Gaumen Lakritze, florale Frische, roter Beerenmix. Mittellanger Abgang. **17** *(2013)*

VINTAGE PORT 1987 - Dunkelrote, leicht transparente Farbe. Tabak- und Fruchtnoten vordergründig. Sehr sauber und ansprechende Komplexität. Wird besser mit mehr Luft. Mittellanger Abgang. Dies war der letzte Jahrgang, den Miguels Opa gemacht hat. **17** *(2011)*

VINTAGE PORT 1978 - Volltransparente, hellrote Farbe. Gereifte, kompakte Nase mit viel Toffee, Honig und mitschwingender Frische. Cremiger Gaumen mit spürbarer Säure, Kaffee, Honig und floralen Noten. Mittellanger Abgang. Definitiv kein Port für die Ewigkeit, jetzt aber sehr schön zu trinken. Einer der besten aus diesem Jahrgang. **17** *(2015)*

LATE BOTTLED VINTAGE PORTS (LBV)

Die Crasto LBVs bleiben bilderbuchmäßig zwischen 4-6 Jahre im Fass und werden immer ungefiltert abgefüllt. Anfangs sind sie oft ein wenig rau, besitzen aber sehr gutes Alterungspotential.

LATE BOTTLED VINTAGE PORT 2008 - Violette Reflexe in der gut strukturierten Farbe. Viel Struktur in der Nase, Schokolade, Frucht. Intensiver, gut strukturierter Gaumen, Schokolade, hervorragend strukturiert. **17** *(2014)*

LATE BOTTLED VINTAGE PORT 2005 - Schwarze Farbe, Reflexe. Frische Frucht in der Nase, florale Noten. Süßer Gaumen mit leichter Frucht. Mittellanger, fruchtiger Abgang. **16** *(2010)*

LATE BOTTLED VINTAGE PORT 1996 - Transparent dunkelrote Farbe. Gealterte Kirschnase, elegant. Leichter, aber ansprechender Gaumen mit viel eingelegter Kirsche. Mittellanger Abgang. **16** *(2011)*

LATE BOTTLED VINTAGE PORT 1993 - Dunkelrote, leicht müde Farbe. Frische, volle florale Noten im Bouquet, marmeladig. Auch am Gaumen floral, leicht gebacken Frucht. Fruchtiger Abgang. Der beste Port, den ich aus 93 bisher hatte. Auch wesentlich besser als der einzige in 1993 hergestellte Vintage Port. **17** *(2012)*

LATE BOTTLED VINTAGE PORT 1991 - Leicht transparente trüb-dunkelrote Farbe. Sehr elegantes, fruchtbetontes Bouquet. Am Gaumen elegant, Frucht und Säure sehr gut integriert. Tolle Himbeernoten. Mittellanger, ausgewogener Abgang. **17** *(2013)*

LATE BOTTLED VINTAGE PORT 1990 - Rotorange Farbe. Malz- und Honignoten in der Nase. Voller ausgeglichener Gaumen. Schön gereift. Leichter, voll integrierter Abgang. Hab ich auf einen VP aus den 70ern getippt. **16** *(2010)*

COLHEITAS

Auf der Quinta gibt es eine alte Family-Reserve aus dem Jahr 1970, die von Zeit zu Zeit in geringem Umfang für die Familie abgefüllt wird. Auch experimentieren die Roquettes derzeit mit dem Jahrgang 1997 als neuen Colheita herum, das finale Produkt habe ich aber noch nicht verkostet.

COLHEITA 1970 (bottled 07) - Rotbraune Farbe, wenig Wasserrand. Malz- und Honig, Toffee, Nussnote, Kaffee, sehr ansprechend. Voller Gaumen, Säure, komplex. Noten entsprechend dem Bouquet. Langer, voller und integrierter Abgang. **18** *(2010)*

CROFT

Wenn die Fladgate Partnership mit ihren Marken Taylor, Fonseca und Croft ein Autokonzern mit den Marken Mercedes, Audi und VW wäre, dann wäre Croft eher auf der Volkswagen-Ebene positioniert (vor dem Abgas-Skandal). Solide, gut gemacht, in manchen Bereichen sehr gut, soll Croft doch die Platzhirsche nicht direkt attackieren. Croft gehört erst seit September 2001 zur Fladgate Partnership.

Gerade auf dem deutschsprachigen Markt erfährt Croft sehr wenig – zu wenig Beachtung. Croft Ports sucht man hier fast vergeblich und ältere Vintage Ports reifen daher überall im westeuropäischen, hauptsächlich englischen Ausland heran, leider nur sehr selten in Deutschland.

Croft ist aus einer Firma entstanden, die bereits 1588 gegründet wurde, worauf die Firma auch mit Stolz in ihrem Etikett hinweist. Ursprünglich wurde die Firma von der Thompson Familie aus York gegründet. Mit dem Eintritt von John Croft im Jahr 1736 erhielt die Firma den heutigen Namen. John Croft hat den Portweinhandel zum Kerngeschäft der Firma ausgebaut.

Im 19. Jahrhundert kehrte die Familie nach England zurück, hielt jedoch direkten Kontakt zur Portweinszene. Ein Nachfahre von John, Percy Croft, hat bei einer Verkostung in England im letzten Jahrhundert das bekannte Zitat geprägt: „Any time not drinking Port is a waste of time".

Die Fladgate Partnership ist eine der ganz wenigen Firmen, die keinen Douro DOC-Wein, sondern ausschließlich Port herstellen. Damit erledigt sich die Frage, welche Trauben für den besten Wein und welche für den besten Port verwendet werden. Besonders dadurch sichert die Firma nach Aussage ihres Chef-Önologen David

Homepage: www.croftport.com
Gründungsjahr: 1588
Inhaber: Fladgate Partnership (andere Marken u.a. Taylor und Fonseca)
Önologen: David Guimaraens
Quintas/Rebfläche: Quinta da Roeda (76 ha)
Geheimtipp: Croft Vintage Port 1945

Guimaraens in der Zukunft das hohe Niveau der Croft Ports. Obwohl die Fladgate Partnership das Haupt-PR-Augenmerk auf ihre „leading brands" Taylor und Fonseca legt, sind gereifte Croft Vintage Ports, aber auch viele der neueren Jahrgänge wahre Meisterwerke der Weinkunst. In den späten 1970er Jahren gibt es leider einen qualitativen Einbruch, der bis Ende der 1990er Jahre anhält. Mit den Vintage Ports der Jahrgänge 2000, 2003, 2009 und 2011 knüpft Croft wieder an alte Traditionen an und konkurriert mit den großen Häusern um die vorderen Plätze.

Bereits im späten 19. Jahrhundert schrieb der portugiesische Schriftsteller Vega Cabral: „Wenn der Douro der goldene Ring Portugals ist, dann ist die Quinta da Roêda der Diamant an diesem Ring". Bereits im Jahr 1889 erwarb Croft die Quinta und verwendet seitdem ihr Traubengut für die Croft Vintage Ports. Einen kurzen Fußmarsch östlich von Pinhão gelegen, kann man diese Quinta seit 2015 in einem neuen Besucherzentrum besichtigen. Von den insgesamt 76 Hektar werden jährlich rund 5 ha neu bepflanzt. Hauptsächlich werden hier die Rebsorten Touriga Francesa, Touriga Nacional, Tinta Barroca und in kleineren Anteilen Tinta Roriz und Tinta Cão angepflanzt. Der komplette Weinbestand ist in der höchsten Qualitätsstufe im Dourotal - Kategorie A - klassifiziert, die nach Höhe, Ort, Ertrag, Bodentyp und anderen Faktoren in einem recht komplizierten Verfahren vergeben wird.

Traditionell wird viel Croft Port nach England verkauft. Auch im portugiesischen Heimatmarkt ist Croft häufig zu finden. Von den fast zwei Millionen Flaschen jährlich finden aber auch immer mehr ihren Weg in die USA, Frankreich und Brasilien. Wenn Croft einen Vintage Port produziert, macht dieser nur rund drei Prozent des Gesamtvolumens aus, wobei der Löwenanteil hiervon traditionell in englische Keller wandert.

3 Fragen – 3 Antworten: Antonio Magalhaes, Önologe

Was war der erste Port, den du getrunken hast?
Ich wurde im Douro-Tal geboren und da gibt es bei der Geburt ein Ritual, bei dem die Füße des Kindes in einem Lagar mit dem Traubensaft bedeckt werden und danach beim Gottesdienst den Finger eines Erwachsenen mit Port ablecken dürfen/müssen. Das war wohl mein erster Port. Der erste, an den ich mich wirklich erinnere, war ein alter Tawny. Ich saß auf dem Schoß meines Großvaters und durfte mal probieren.

Was ist am Douro besonders?
Das Douro-Tal ist die perfekte Symbiose aus Weinanbau in Steillagen (Mountain Viticulture) und warmem Mittelmeerklima. Hier reifen die Trauben mit minimaler menschlicher Beeinflussung, müssen sich aber permanent Sorgen um ihr Überleben machen, da die Natur hier selten milde ist. Dieses Zusammenspiel lässt intensive, strukturierte Trauben und dadurch große Portweine entstehen.

Welchen Port nimmst du mit auf die einsame Insel?
Eine Flasche Quinta da Eira Velha 2011 Vintage Port. Mein Großvater mütterlicherseits war zwischen 1922 und 1955 der verantwortliche Farmer für Eira Velha. Seit 2008 bin ich nun in seine Fußstapfen getreten und der Jahrgang 2011 ist ein perfektes Zusammenspiel von allen günstigen Faktoren dort.

VINTAGE PORTS

VINTAGE PORT 2011 - Massive violette Reflexe in der schwarzroten Farbe. Frische, komplex florale, fruchtige Nase. Balancierter, intensiver, tiefer Gaumen mit einem ausgewogenen Säure-Tanningerüst, das diesen Port perfekt altern lassen wird. Schokolade, Himbeeren, Schwarzkirsche, hintergründig florale Frische. Langer, komplexer Abgang. **18** *(2013)*

VINTAGE PORT 2009 - Leuchtende, fast schwarze Farbe mit violetten Reflexen. Frische, florale und komplexe Nase mit intensiven Cassisnoten. Am Gaumen Tannine, Säure und ansprechende Fruchtnoten (Kirsche, Cassis) und Schokolade. Mittellanger Abgang. **17+** *(2011)*

VINTAGE PORT 2007 - Der 2007er Croft war von Anfang an ein Leichtgewicht. Nach dem wunderbaren 2003er war dann bis zur Deklaration des Jahrgangs 2009 doch nicht so wirklich klar, wo die Reise mit der Marke Croft gehen sollte. Vollrote Farbe mit violetten Reflexen. Elegante mineralisch-fruchtige Nase. Softer, eleganter Gaumen mit Cassis und Kirschnoten. Mittellanger Abgang. **16** *(2010)*

VINTAGE PORT QUINTA DA ROEDA 2005 - Dunkelrote Farbe mit violetten Reflexen. Frisch-fruchtiges Bouquet mit Cassis und Milchschokolade. Balancierter Gaumen mit Schokolade, Cassis und Schwarzkirsche. Mittellanger, schokoladiger Abgang. **17** (2012)

VINTAGE PORT 2003 - Blickdichte, violette Farbe. Komplexe, schokoladig-würzige Nase. Mineralischer, druckvoller Gaumen mit knackigen Tanninen, viel Schokolade und einer derzeit verschlossenen, aber massiven Fruchtstruktur. Langer, tanninhaltiger Abgang. **19** (2012)

VINTAGE PORT 2000 - Fast blickdichte, dunkelrote Farbe. Verschlossene fruchtig-schokoladige Nase. Tiefer, komplexer, mineralischer Gaumen mit viel Schokolade. Langer, mineralischer Abgang mit spürbarem Tanningerüst. **18** (2012)

VINTAGE PORT QUINTA DA ROEDA 1997 - Croft ist einer der wenigen Hersteller, der 1997 nicht voll, sondern als Single Quinta Vintage Port deklariert hat. Tiefrote, blickdichte Farbe. Fruchtig-frische Nase mit spürbarer Säure, Schokolade und frischen rotbeerigen Fruchtnoten. Derzeit verschlossener, komplexer Gaumen, Schokolade, Tannine, Säure. Langer Abgang. Da die Single Quinta Vintage Ports in der Regel günstiger zu haben sind, gibt es hier ein ausgezeichnetes Preis-Leistungs-Verhältnis. **17+** (2012)

VINTAGE PORT 1994 - Tiefe, nahezu blickdichte, dunkelrote Farbe. Leicht scharfe, säurebetonte Nase, würzig frisch. Unstrukturierter, würziger Gaumen, spürbare Säure, Marmeladennoten. Mittellanger Abgang. **16** (2012)

VINTAGE PORT 1991 - Vollrote, minimal transparente Farbe. Leicht stumpfe, fleischig-frische Nase, würzig. Stumpfer Gaumen, trocken und vegetal. Kurzer Abgang. **15** (2012)

VINTAGE PORT 1985 - Dunkelrote, komplett transparente Farbe mit erkennbarem Wasserrand. Fruchtig-frische Nase mit rotem Beerenmix und Schokolade. Am Gaumen schon sehr weit gereift, balanciert. Mittellanger Abgang. In den nächsten fünf Jahren austrinken. **16** (2012)

VINTAGE PORT QUINTA DA ROEDA 1983 - Volltransparente Farbe. Tiefe Kräuter-Himbeer-Minz-Nase mit hintergründiger Schokolade. Ausgeprägte Fruchtnoten am Gaumen (Himbeer und Kirsche). Kurzer Abgang. **16** (2012)

VINTAGE PORT 1982 - In den „split-declaration" Jahren 1982/83 hat Croft seinen 1982er voll deklariert, obwohl die meisten anderen Hersteller auf 1983 gesetzt haben. Mittelrote, volltransparente Farbe. Elegantes, mineralisch-malziges Bouquet. Balancierte Honig-, Malz- und Minznoten. Mittellanger Abgang. **16** (2012)

VINTAGE PORT QUINTA DA ROEDA 1980 - Ein Single Quinta Vintage Port in einem generell deklarierten Jahr ist eher selten. Transparente, mittelrote Farbe. Elegante, fast zu elegante Nase. Auch am Gaumen ein sehr eleganter Port. Gut gereift, aber zu leicht, um nachhaltig zu beeindrucken. Kurzer Abgang. Zügig austrinken. **15** (2012)

VINTAGE PORT QUINTA DA ROEDA 1978 - Vollrote, transparente Farbe. Tiefe Kaffeeröstnote und hintergründige Frucht in der Nase. Spürbare Säure, elegante Schokoladennoten, leicht bitter. Mittellanger Abgang. Austrinken **16** (2012)

VINTAGE PORT 1977 - Transparent rotbraune Farbe. Malz, Honig und Toffee in der Nase. Auch am Gaumen stimmige Toffee-, Schokoladen- und Kaffeenoten, balanciert. Mittellanger Abgang. Eher ein 1977er Vintage Port für den mittelfristigen Verbrauch. **17** (2012)

VINTAGE PORT 1975 - Vollrote Farbe. Fruchtig florale Nase mit Himbeeren und Schokolade. Cremiger, säurebetonter Gaumen, hintergründig Malz. Mittellanger Abgang. Einer der besten 1975er, der aber gerade sein optimales Genussfenster verlässt. **17** (2015)

VINTAGE PORT 1970 - Dunkelrote, frische Farbe mit sehr tiefem Farbkern. Fruchtig-frische Nase mit Himbeere und Schokoladennoten. Auch am Gaumen eine unerwartete Frische, leicht cremig mit Himbeeren, Malz und Schokolade. Langer, voller Abgang. **18** (2015)

VINTAGE PORT QUINTA DA ROEDA 1970 - Das einzige Jahr in der Firmengeschichte von Croft, in dem sowohl der Croft Vintage Port als auch den Single Quinta Vintage Port da Roeda hergestellt wurde. Bei Direktvergleichen der beiden Portweine konnte ich aber nur so geringe Unterschiede feststellen, dass ich diese eher den Flaschenvariationen zuschreiben würde als das es sich wirklich um einen anderen Portwein handelt. **18** (2014)

VINTAGE PORT QUINTA DA ROEDA 1967 - Frische, dunkelrote Farbe. Elegantes Bouquet mit Fruchtnoten und Malz, sehr weit gereift. Auch der Gaumen ist elegant, zu elegant. Zusätzlich sind viele Flaschen mit flüchtiger Säure überlagert. Hände weg. **NR** (2012)

VINTAGE PORT 1966 - Orange Reflexe in der tiefdunkelroten Farbe. Mineralisch-komplexe Nase mit frischen Kaffee- und Toffeenoten, dahinter Orangenschalen. Voller, intensiver, samtiger Gaumen. Kaffee, Toffee. Langer, mineralischer Abgang. **18** (2016)

VINTAGE PORT 1963 - Bei diesem für mich sehr guten Vertreter des sehr guten Jahrgangs habe ich 2015 eine portugiesische und eine englische Abfüllung direkt mit einander verglichen: Englische Abfüllung: Tiefe, dunkelrote Farbe. In der Nase anfänglich verhalten, dann Kaffee und rotbeerige Frucht. Würziger, strukturierter Gaumen. Langer, voller Abgang. Die portugiesische Abfüllung zeigt eine ziegelrote Farbe und ein eleganteres Bouquet mit Kaffee und Malznoten. Am Gaumen viel weiter gereift, Malz und Honig. Langer, komplexer Abgang. **18** (2015)

VINTAGE PORT 1960 - Tiefdunkelrote Farbe. Volle Kaffee-Frucht-Nase, hintergründig Toffee. Tiefer, komplexer Gaumen mit spürbarer Säure und Kaffeenoten. Mittellanger Abgang. **17** (2015)

VINTAGE PORT 1955 - Braunrote Farbe mit erkennbarem Farbkern, der zum Rand hin ausdünnt. Mineralische Nase mit Toffee, Säure und Toastnoten. Voller, mineralischer Gaumen, leicht trocken. Mittellanger, gut strukturierter Abgang. **17** (2012)

VINTAGE PORT 1945 - Volle, tiefdunkelrote Farbe mit minimalem Wasserrand. Elegantes, balanciertes Bouquet mit Kaffee, Honig- und Orangennoten, Minze und Basilikum. Satte Honig und Orangentöne und volle Kräuternoten am Gaumen, Malz. Sehr gut integrierte Säure. Extrem langer und beeindruckender, mehrstufiger Abgang. Ein großer Port – ganz nahe an der Perfektion. **19** (2015)

VINTAGE PORT 1935 - Rotbraune, leicht trübe Farbe, dünnt zum Rand hin aus. Mineralische Malz-Honig-Nase. Samtiger, komplexer Gaumen mit satten Malz- und Akazienhonignoten. Langer, perfekt balancierter Abgang. **18** (2014)

VINTAGE PORT 1927 - Transparente, mittelrote Farbe. Tiefe, komplex-gereifte Nase, Honignoten, Toffee, Orangenschalen. Am voll ausgereiften Gaumen zeigt sich eine perfekt integrierte Säure. Butterscotch und Honig, Minze und Orange. Langer, vielschichtiger Abgang. **18** *(2012)*

VINTAGE PORT 1917 - Volltransparente, hellrote Farbe mit orangen Reflexen mit erkennbarem Wasserrand. Ansprechende mineralisch-würzige Nase mit Honig, Tabak und Bleistift. Cremiger, voller Gaumen, Honig, Toffee, mineralische Noten. Langer, voller Abgang. **18** *(2012)*

VINTAGE PORT 1904 - Geringer Wasserrand in der vollroten Farbe. Ausgeprägte, volle Schokolade und Karamellnase. Butter- und Malznoten. Voller, schokoladiger Gaumen mit viel Tiefe, hintergründig Orangenschalen. Sehr langer, komplexer Abgang. Ein Erlebnis. **18** *(2010)*

LATE BOTTLED VINTAGE PORTS (LBV)

LATE BOTTLED VINTAGE PORT 2009 - Tiefdunkelrote Farbe. Cassis und Brombeere in der Nase. Nachhaltiger, fruchtiger Gaumen, balanciert. Mittellanger, schokoladig-fruchtiger Abgang. **16** *(2015)*

AGED TAWNIES

Nach der Logik eines typischen englischen Hauses werden keine Colheitas produziert. Auch 30 und 40 Jahre alte Tawnies von Croft habe ich noch nie gesehen, auch nicht vor 2001, als Croft noch nicht zur Fladgate Partnership gehört hat.

10 YEAR OLD TAWNY - Der 10 Jahre Tawny wird aus Marketinggründen außerhalb von Portugal nicht verkauft. Dunkelrotes, sauberes Erscheinungsbild. Frucht-Nuss-Trockenfrucht-Nase. Leicht säurebetonter, alkoholischer Gaumen mit ausreichender Frucht. Auch im Abgang viel Säure. **16** *(2014)*

20 YEAR OLD TAWNY - Nach doppelter Fasslagerungszeit präsentiert sich der aged Tawny von Croft im Alter von 20 Jahren mit einer dunkelorangen Farbe. Volles, komplexes Bouquet. Rosinen, Datteln und Nüsse. Voller, samtiger Gaumen. Mittellanger, ausgewogener Abgang. **17** *(2014)*

SONSTIGE PORTWEINE

CROFT PINK PORT - Im Jahr 2007 eine absolute Sensation. Croft präsentiert einen Rose Port im doch recht verstaubten Portweinmarkt und erntet dafür Spott und Häme der Konkurrenten. Im Jahr 2016 haben so ziemlich alle Hersteller einen Rose oder Pink Port in ihrem Portfolio. Großes Lob an die Firma, die mit dem Pink Port den Staub vom Image geblasen hat. Jetzt muss nur noch jemand, der den Pink probiert hat, auch danach einen höher-qualitativen Port trinken, um tatsächlich Portwein-Fan zu werden. Vom Pink alleine wird das niemand.

PINK - David Guimaraens, Fladgates Chef-Önologe hat über das Thema „Spirits" schon viele Abhandlungen geschrieben und weiß daher exakt, worauf es ankommt: Der Branntwein für den PINK Port muss eleganter und filigraner sein. Der Croft PINK ist einer der besten Rose-Portweine, die es auf dem Markt gibt. Intensive Rose-Farbe. Saubere, süß-fruchtige Nase. Am Gaumen süß, Kirsche, Himbeere. Kurzer Abgang. **15** *(2016)*

Neuerdings hat Croft auch eine völlig neue Linie von Portweinen produziert, die ordentlich für Verwirrung sorgt. Die Haupt-Linie wird durch Triple Crown und Distinction abgebildet. Die anderen Ruby Reserve Portweine wurden semi-exklusiv für verschiedene Supermarktketten bzw. Märkte produziert:

Triple Crown- Special Ruby Port (Ruby Reserve)
Distinction - Special Ruby Port (Ruby Reserve/ 4-5 Jahre im großen Fass)
Purple Velvet - Special Ruby Port (Ruby Reserve/ 4-5 Jahre im großen Fass)
Extravagance - Special Ruby Port (Ruby Reserve/ 4-5 Jahre im großen Fass)
Indulgence - Special Ruby Port (Ruby Reserve/ 3 Jahre im großen Fass)
Platinum - Special Ruby Port (Ruby Reserve/ 3 Jahre im großen Fass)

Gran Cruz Porto

Porto Cruz wurde 1901 von Manuel R. da Assunção gegrundet, der die Marke einer Dachorganisation entnommen hat, die bereits seit 1887 tätig war. 1974 wurde Cruz von der französischen Gruppe La Martiniquaise gekauft, die unter anderem auch Inhaber der Madeira-Produzenten Justinos und Henriques & Henriques sind. Porto Cruz wurde 1975 in „Gran Cruz Porto" umfirmiert. Über zwei Drittel der Portweine werden von Genossenschaften zugekauft. Cruz verfolgt die Philosophie, gut gemachte Portweine zu möglichst günstigen Preisen zu anzubieten. Mit einer Qualitätsoffensive in der letzten Dekade haben auch die Einstiegsqualitäten der Portweine von Cruz qualitativ aufgeholt.

Cruz produziert mit höchst effektiven und automatisierten Prozessen, wo immer es geht. Wenig beachtet in den englischsprachigen Ländern, ist Cruz Marktführer beim Portweinkonsum-Weltmeister Frankreich und produziert die größten Mengen im Portweinmarkt. Zusammen mit der Marke Dalva (früher C. da Silva), die von Cruz im Jahr 2007 übernommen wurde, produziert die Firma rund 25 Millionen Flaschen pro Jahr und gehört mit den Symingtons, der Fladgate Partnership, Sogrape und Sogevinus zu den fünf größten Port-Produzenten.

3 Fragen – 3 Antworten: Jorge Dias, CEO
Was war der erste Port, den du getrunken hast?
Ein Tawny von Santa Marta. Von dem habe ich in der Universität mit sehr netten Freunden in kürzester Zeit die ganze Flasche getrunken.

Homepage: www.myportocruz.com, www.porto-cruz.com/fr
Gründungsjahr: 1887
Inhaber: La Martiniquaise, frz. Gruppe
Önologen: José Manuel Sousa Soares
Quintas/Rebfläche: Quinta do Ventozelo (200 ha)
Spezialisiert auf: Tawnies

Was ist am Douro besonders?
Der permanente Kampf der Menschen am Douro, die Gegend fruchtbar zu machen und ihr die Früchte abzugewinnen, die sie eigentlich nicht hergeben möchte. Vor den Menschen, die diesen Kampf täglich führen, habe ich tiefen Respekt.
Welchen Port nimmst du mit auf die einsame Insel?
Einen 1985er Colheita von Cruz.

VINTAGE PORTS

Cruz hat eine ganz eigensinnige und für mich nicht wirklich nachvollziehbare Deklarationsphilosophie bei den Vintage Ports. So haben sie bisher folgende Jahrgänge deklariert: 1982, 1989, 1991, 1992, 1998, 2000, 2006, 2007 und 2011. Die Vintage Ports sind solide, reifen recht schnell und sind typische Vertreter der portugiesischen Stilrichtung. 2011 haben sie bisher ihren besten Vintage Port hergestellt.

VINTAGE PORT 2011 - Violett-dunkelrote Farbe. Intensiv komplexe Nase, würzige Fruchtnoten. Süß-komplexer Gaumen, vielschichtig, aber nicht opulent. Langer, sehr ausgewogener Abgang. Balanciert. **17+** *(2013)*

VINTAGE PORT 2000 - 2000er Horizontalprobe beim Gala-Dinner der Portweinbruderschaft: Florale Nase, wirkt leicht parfümiert, würziger Hintergrund mit Tabak. Eleganter Gaumen, ein wenig zu leicht, würzig, wenig fruchtig. Kurzer Abgang. **16** *(2014)*

VINTAGE PORT 1989 - Volltransparente, ziegelrote Farbe. Elegantes, balanciertes Bouquet mit Malz, Honig und Toffee, sehr weit gereift. Auch am Gaumen elegant, balanciert mit Malz und Kaffee. Mittellanger Abgang. **16** *(2011)*

VINTAGE PORT 1982 - Dunkelrote, volltransparente Farbe mit minimal bräunlichen Reflexen. Elegante, honigbetonte Nase, hintergründig Malz. Voll ausgereifter, eleganter Gaumen. Honig- und Malznoten, weißer Pfeffer. Mittellanger Abgang. Austrinken. **16** *(2014)*

LATE BOTTLED VINTAGE PORTS (LBV)

Die Cruz LBVs werden immer mit einigen Jahren Flaschenreifung im Markt angeboten und sind immer ungefiltert.

LATE BOTTLED VINTAGE PORT 2004 - Dunkele, vollrote Farbe. Frische, florale Nase, fruchtig, frisch. Würziger Background. Am Gaumen mittelintensiv, rotbeerige Frucht. Mittellanger Abgang. **16** *(2013)*

AGED TAWNIES

10 YEAR OLD TAWNY - Dunkelrote, frische Farbe. Elegante Nase mit Trockenfrüchten und Restfrucht. Am Gaumen balanciert mit Nüssen und Rosinen. Mittellanger Abgang. **16** *(2011)*
20 YEAR OLD TAWNY - Rotorange Farbe. Elegant nussige, frische Nase, tief. Am Gaumen spürbare Säure und Alkohol, Rosinen, Datteln. Mittellanger Abgang. **17** *(2014)*

COLHEITAS

COLHEITA 1992 (bottled 2013) - Dunkelorangerote Farbe. Frische, kräuterbetonte Nase, Thymian, Balsamico, außergewöhnlich, aber gut. In Hintergrund Honig. Am Gaumen viel Honig und Nussmix, hintergründig Schokolade. Mittellanger, haselnussbetonter Abgang. **17** *(2014)*

DALVA (C. DA SILVA)/PRESIDENTIAL

Der Vorläufer des Portweinhauses Dalva wurde 1862 als Corrêa Ribeiro e Filhos gegründet. Als der Brasilianer Clemente da Silva nach langen Jahren im europäischen und amerikanischen Ausland 1933 die Firma erbte, gab er ihr seinen Namen C. da Silva. Da Silva wusste durch seine langen Aufenthalte in vielen Ländern um die Portwein-Vorlieben der jeweiligen Kundschaft. Bis zu 700 Farmer lieferten die Trauben an C. da Silva, der nie eine eigene Quinta bzw. eigene Weinberge besaß.

Bis 1980 verblieb C. da Silva komplett im Familienbesitz, wurde aber nach dem Tod von da Silva zunächst an Nueva Rumasa, dann 2007 von Gran Cruz und damit von der französischen Gruppe La Martiniquaise übernommen. Der Name wurde dann von C. da Silva in (C.) da (Si)lva = Dalva geändert, um den Namen aus Marketinggründen zu vereinfachen. Der CEO Jorge Dias ist der sehr empathische Vertreter der Marke. Ein ruhiger, besonnener Chef, der es stets schafft, das junge und dynamische Dalva-Team zu besonderen Leistungen zu motivieren. Dalva war einer der ersten Produzenten, der die mittlerweile sehr beliebten Old White Ports umfangreich kommerziell herstellt. So bietet die Firma nicht nur die komplette Bandbreite der zehn bis vierzig Jahre alten White Ports an, sondern auch extrem gut gemachte White Colheitas der Jahre 1952, 1963 und 1971. Von diesen werden besondere Fässer nur eines besonderen Jahrgangs pro Dekade von Dalvas Chef-Önologen José Manuel Sousa Soares ausgewählt.

Homepage: www.cdasilva.pt
Gründungsjahr: 1933 (1862)
Inhaber: La Martiniquaise, frz. Gruppe
Önologen: José Manuel Sousa Soares
Quintas/Rebfläche: keine eigene Rebfläche
Spezialisiert auf: Colheitas (weiß und rot)
Geheimtipp: Golden White Colheita 1952, Colheita 1985
Besonderheiten: Limited Edition Colheitas, z.B. Rui Paula Colheita 1967
Importeur: Max Piehl

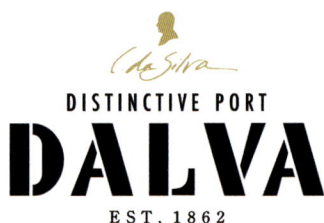

Als nächster Jahrgang steht bereits 1982 in den Startlöchern. Je nach Markt bzw. um eine Exklusivität zu sichern, bietet Dalva die identischen Qualitäten auch unter anderen Marken wie zum Beispiel Presidential oder Don Pablo an.
Dalva produziert sehr gute Qualitäten zu teilweise extrem günstigen Preisen. Die jährlich produzierten 250.000 Flaschen Port werden neben Portugal hauptsächlich in Belgien, Holland, der Schweiz und Dänemark verkauft. Derzeit wird Dalva als eine Art „Premium Marke" innerhalb des Gran Cruz-Konzerns aufgebaut. Dalva verwendet auch Zweit –und BOB-Marken. Presidential ist eine klassische Zweitmarke, die das komplette Portfolio mit identischen Portweinen anbietet. Don Pablo wird als BOB-Marke von Dalva verwendet. In Deutschland ist die Marke recht populär, man sieht sie vor allem in größeren Supermarkt-Ketten, z.B. bei der Metro.

3 Fragen – 3 Antworten Elsa Couto, Sales-Managerin

Was war der erste Port, den du getrunken hast?
Einen Dalva Golden White 1952, von dem wir leider fast keine Flasche mehr haben.
Was ist am Douro besonders?
Die Schlacht des Menschen gegen die Natur und die Gerüche, die man hier erlebt.
Welchen Port nimmst du mit auf die einsame Insel?
Eine Flasche Dalva Colheita 1985

VINTAGE PORTS

Ältere Dalva Vintage Ports reifen schnell und sind tendenziell süßer. Die neueren Vintage Ports ab 2007 nähern sich den englischen Stilen an und sind auch aufgrund des Preis-Leistungs-Verhältnisses eine Kaufempfehlung.

VINTAGE PORT 2011 - Fast schwarze Farbe mit violettem Rand. Komplexe Nase, würzige Fruchtnoten. Süß-komplexer Gaumen, vielschichtig, aber nicht opulent. Langer, sehr ausgewogener Abgang. **17+** *(2013)*

VINTAGE PORT 2009 - Tiefdunkelrote Farbe mit violetten Reflexen. Pflaume und massive Würze in der Nase. Pfeffer und schwarze Beeren am Gaumen, Pflaume. Tannine spürbar, leichte Süße. Langer Abgang. **17** *(2013)*

VINTAGE PORT 2007 - Dunkelrot-violette Farbe mit ausgeprägten Reflexen. Fruchtbetonte Nase mit intensiver schwarzer Johannisbeere und Brombeeren. Am Gaumen Säure, wenig Tannine und volle Frucht. Mittellanger, fruchtbetonter Abgang. **16+** *(2012)*

VINTAGE PORT 2005 - Tiefe violett-rote Farbe. Elegante, frische schwarze Johannisbeere und Himbeernoten im Bouquet. Balancierter Gaumen mit spürbaren Tanninen, Frucht und Lakritze. Mittellanger Abgang. **16+** *(2013)*

VINTAGE PORT DON PABLO 2003 - Tiefschwarze Farbe mit violetten Reflexen. Schon gereiftes Bouquet mit Rosinen- und Cassisnoten. Am Gaumen spürbares Tanningerüst, viel Frucht und stützende Säure. Mittellanger Abgang. **16** *(2013)*

VINTAGE PORT 2000 - Transparentrote, leicht stumpfe Farbe. Verhaltenes Minz-Schoko-Pflaumenbouquet, Teenoten. Auch am Gaumen elegant, hauptsächlich Pflaume. Eher auf sehr gutem LBV-Niveau. **16** *(2012)*

VINTAGE PORT 1970 - Dunkelrote, leuchtende Farbe. Rauchige Aromen in der Nase, Toffee. Voll integrierter Gaumen. Oxidationsspuren. Kurzer Abgang. Austrinken. **16** *(2010)*

VINTAGE PORT 1963 - Transparente, blassrote Farbe. Elegante, würzige, florale Nase, ungewöhnlich. Im Gaumen sehr ungewöhnlich, leicht seifig. Im Hintergrund stark oxidiert. **NR** *(2013)*

LATE BOTTLED VINTAGE PORTS (LBV)

Dalvas LBVs sind sehr gute Vertreter ihrer Stilrichtung. Wie auch bei den Vintage Ports begeistern sie in der Regel neben ihrer Qualität durch ein sehr gutes Preis-Leistungs-Verhältnis.

LATE BOTTLED VINTAGE PORT 2008 - Würzig-frische Nase mit einer leicht vegetalen Note. Am Gaumen Schokolade und Frucht, gut stützende Säure. Mittellanger Abgang. **16** *(2014)*

LATE BOTTLED VINTAGE PORT 2007 – Violettrote Farbe. Verführerische Cassis-Himbeer-Nase. Fruchtig-schokoladiger Gaumen mit noch minimal spürbarem Tanningerüst, balanciert. Mittellanger Abgang. **17** *(2016)*

LATE BOTTLED VINTAGE PORT DON PABLO 2004 - Würzig-frische Nase mit einer leicht vegetalen Note. Am Gaumen Schokolade und Frucht, gut stützende Säure. Mittellanger Abgang. **16** *(2013)*

AGED TAWNIES

10 YEAR OLD TAWNY – Der 10y old Tawny wird aus Marketinggründen außerhalb von Portugal nicht verkauft. Dunkelrotes, sauberes Erscheinungsbild. Frucht-Nuss-Trockenfrucht-Nase. Leicht säurebetonter, alkoholischer Gaumen mit ausreichender Frucht. Säurebetonter Abgang. **16** *(2010)*

20 YEAR OLD TAWNY – Dunkelrot-orange Farbe. In der Nase Trockenfruchtaromen, Nüsse und Toffee. Am Gaumen spürbare Säure, Rosinen, Nussmix und Karamell. Mittellanger Abgang. **17** *(2016)*

30 YEAR OLD TAWNY – Leuchtendes rotorange mit grünen Reflexen. Sattes Marzipankuchen in der Nase, sehr intensiv. Am Gaumen Hasel- und Walnuss, Marzipan, sehr frisch und ausgewogen. Langer, sehr gut strukturierter Abgang, primär nussig. **18** *(2014)*

COLHEITAS

COLHEITA 1995 (bottled 2011) – Volltransparente, dunkelorange Farbe. Elegante Nase, sehr verhalten, Nüsse und Marzipan. Auch am Gaumen sehr elegant, wenig Komplexität, balanciert. Marzipan im mittellangen Finish. **16** *(2011)*

COLHEITA 1985 (bottled 2012) - Braunorange Farbe. Intensive, frische Nase mit viel Honig und Marzipan. Mundfüllender Gaumen, voll und rund, Marzipan und Nüsse. Ausgeglichener Abgang. **18** *(2014)*

COLHEITA 1975 (bottled 2015) - Volltransparente, mittelrote Farbe. Merkliche Acetonnote im Bouquet, dahinter frische Nüsse, Honig. Auch am Gaumen spürbar Aceton, Vanille, minimal mitschwingende Süße. Mittellanger Abgang. **17** *(2015)*

COLHEITA 1967 "Rui Paula" (bottled 2009) - Nur 500 Flaschen wurden von einem besonderen Fass zu Ehren des Star-Kochs Rui Paula hergestellt. Braunorange Farbe mit grünen Reflexen. Integrierte, holzbetonte Nase mit Toffee, Rosinen und rauchigen Noten. Am Gaumen viel Trockenfrüchte und Karamell. **17** *(2011)*

COLHEITA 1963 (bottled 2013) - Tiefgoldende Farbe mit orangen Reflexen. Leicht scharfe, komplexe Nase mit Honig und weißem Pfeffer. Balancierter, ausdrucksstarker und komplexer Gaumen, cremig. Nussmix und Honig. Langer Abgang. **18** *(2014)*

COLHEITA 1940 (bottled 1978) - Rotbraune Farbe mit ausgeprägten grünen Reflexen. Ansprechende Honig- und Malznase. Leichte Bitternote im Gaumen, insgesamt nicht konzentriert genug. Eleganter Abgang. Zu lange in der Flasche. **17** *(2011)*

COLHEITA 1934 (bottled 2001) - Zum 80. Geburtstag meines Vaters neben dem Niepoort und dem Feuerheerd Colheita des gleichen Jahres verkostet. Trübe, braunorange Farbe. Viel Nussnuance, Marzipan und Orangen und Zitronat im Bouquet. Am Gaumen ähnlich, zusätzlich Kaffeenoten, elegante Süße, sehr ausgewogen. Mittellanger, eleganter und integrierter Abgang. **18** *(2014)*

SONSTIGE PORTS

WHITE RESERVE - Gelb goldene Farbe. Frisches, sehr elegantes, säurehaltiges Bouquet. Am Gaumen „crisp", frisch, gut stützende Säure. **16** *(2014)*

10 YEAR OLD DRY WHITE - Hellgoldene Farbe mit ausgeprägten Reflexen. Honig und Quittenmarmelade in der fruchtigen Nase. Trockener, fruchtig-frischer Gaumen mit spürbarer Säure. Mittellanger Abgang. **16** *(2015)*

20 YEAR OLD WHITE - Vollgoldene, sehr transparente Farbe. Intensive Honig-Orange-Nase. Tiefgründiger Gaumen, Orangenschalen, Nussnoten, Mandeln, Bienenwachs. Langer, zitrusbetonter Abgang. **17** *(2014)*

40 YEAR OLD WHITE - Tiefgoldene Farbe mit satten orangen Reflexen. Komplexe, volle Nase mit einem ausdrucksstarken Honig-Nuss-Mix. Langer, komplexer Gaumen. **18** *(2014)*

GOLDEN WHITE COLHEITA 1971 (bottled 2014) - Goldorange Farbe. Elegantes Bouquet, sehr rund und komplex. Nüsse, Honig. Am Gaumen der identische Nuss-Honig-Mix der Nase, alles sehr elegant und perfekt strukturiert. Langer Abgang. **18** *(2016)*

GOLDEN WHITE COLHEITA 1963 (bottled 2011) - Vollgoldende Farbe mit orangen Reflexen. Leicht scharfe, komplexe Nase mit Honig und weißem Pfeffer. Eleganter, aber ausdrucksstarker und komplexer Gaumen, schmelzig. Honig. Langer Abgang. **18** *(2014)*

GOLDEN WHITE COLHEITA 1952 (bottled 2008) - Dunkelorange Farbe mit intensivem Farbkern. Balancierte, komplexe Nase mit Orange, Honig und Trockenfrüchten, minimal überreif. Am Gaumen eine perfekte Symbiose von Eleganz und Komplexität. Intensive Toffee und Orangennoten, hintergründig Akazienhonig. Langer, balancierter Abgang. **19** *(2015)*

DELAFORCE

Nachdem Frankreich in den ersten Jahrzehnten des 19. Jahrhunderts für Hugenotten und andere „Nicht-Gläubige" immer unsicherer wurde, flohen die meisten in die Nachbarländer. So auch John Fleuriet Delaforce, der über London nach Portugal floh und sich ab 1834 bei Martinez Gassiot in Porto verdingte. Sein Sohn George Henry Delaforce gründete dann 1868 das Portweinhaus Delaforce, das schnell zu einem der angesehensten Produzenten aufstieg. Regelmäßige Ausfuhren nach Deutschland, England, Irland und Russland und Ende des 19. Jahrhunderts sogar die Exklusiv-Lieferung an das portugiesische Königshaus erzeugten einen exzellenten Ruf.
Bereits 1930 versah Delaforce seine 10 und 20 Jahre alten Tawny-Ports als einer der ersten Hersteller mit einer zusätzlichen Bezeichnung, die auch heute noch unter „His eminence's choice" für den 10 Jahre alten und mit „Curious and ancious" für den 20 Jahre alten Tawny die Etiketten zieren. Bis 1968 verblieb Delaforce komplett im Familienbesitz, wurde dann aber an die IDV Gruppe verkauft. Seit 2001 ist Delaforce Teil des Real Companhia Velha-Imperiums und gehört damit der Familie Silva-Reis. Das Portfolio ist heute klassisch und qualitativ sehr gut aufgestellt.

3 Fragen – 3 Antworten: Jorge Morreira, Önologe
Was war der erste Port, den du getrunken hast?
Ein 1927er Vintage Port von Niepoort. Von dessen Komplexität, Eleganz und Jugendlichkeit war ich nachhaltig beeindruckt.
Was ist am Douro besonders?
Der Douro bringt reife und überaus konzentrierte Weine und Portweine hervor, stattet die Trauben aber auch mit der notwendigen Säure aus, die die Weine hervorragend reifen lässt. Diese Kombination findet man sonst auf der Welt nur selten.
Welchen Port nimmst du mit auf die einsame Insel?
Eine Flasche Real Companhia Velha Memórias do Seculo XIX (Erinnerungen an das 19. Jahrhundert.

Homepage: www.delaforce.pt
Gründungsjahr: 1868
Inhaber: Familie Silva Reis
Önologen: Jorge Morreira
Quintas/ Rebfläche: Quinta das Carvalhas (120 ha.)
Spezialisiert auf: Vintage Port
Importeur: www.borco.com

VINTAGE PORTS

Die Delaforce Vintage Ports sind meist klassisch und wenig süß. Gerade in den 70er und 80er Jahren sind die Jahrgangsports voll auf der Höhe, allerdings immer auf der eleganten Seite. Die Trauben für die Vintage Ports wurden in früheren Zeiten von der Quinta do Corte angeliefert, heute stammen sie größtenteils von der Quinta das Carvalhas. Seit den 1990er Jahren müssen die Corte-Vintage Ports nicht ausschließlich Trauben von der Quinta do Corte enthalten, da auf dem Etikett nicht mehr „Quinta do Corte" sondern nur noch „Corte" vermerkt ist.

VINTAGE PORT 2011 - Tiefschwarze Farbe. Elegante, fruchtbetonte Nase, Himbeere, Schwarzkirsche. Süßer, fruchtig-frischer Gaumen, softe Tannine, sehr gut balanciert. Himbeere, Cassis. Mittellanger, strukturierter Abgang. **17+** *(2013)*
VINTAGE PORT 2009 - Tiefschwarze Farbe. Intensiver roter Beerenmix mit überwiegend schwarzer Johannisbeere und Brombeere im Bouquet. Am Gaumen elegante schwarze Johannisbeere in gut eingebundener Tannin- und Säurestruktur. Einer der eleganteren 2009er. **16+** *(2013)*
VINTAGE PORT 2007 - Tiefdunkle Farbe mit intensiven violetten Reflexen. Volle Fruchtnase, viel Cassis, verhaltene vegetale Noten. Voller, tanninhaltiger und süß-fruchtiger Gaumen. Mittellanger Abgang. **17** *(2011)*
VINTAGE PORT 2003 - Dunkelrote, blickdicht Farbe, Volle säureunterstützte Nase, viel Frucht, hauptsächlich Brombeere und schwarze Johannisbeere. Der Gaumen wirkt nicht sauber strukturiert. Fruchtig, aber nicht balanciert. **16** *(2012)*
VINTAGE PORT 2000 - Stumpfe, dunkelrote Farbe, typisch für 2000 derzeit. Elegante vegetale Noten in der Nase, derzeit verschlossen und zwar in einer Weise, die mir keine wirkliche Beurteilung ermöglicht. Leider habe ich diesen Vintage Port auch erstmals verkostet, als er bereits in der Reduktionsphase war. Daher. **NR** *(2014)*
VINTAGE PORT 1997 CORTE - Neben Croft einer der wenigen Hersteller, der sich 1997 für einen Single Quinta Vintage Port bzw. Zweitlabel entschieden hat. Am Vorabend während der Feier um São João in Porto aus der Magnum: Frischflorale Nase, Schokolade und Minznoten. Nase schon entwickelt. Süßer Gaumen, Schokoladenoten, Toffee und rotbeerige Frucht. Mittellanger Abgang. **17** *(2013)*
VINTAGE PORT 1994 - Dunkelrote Farbe, wenig Wasserrand. Schokoladenkuchen und Pfefferminze in der Nase. Am Gaumen viel Säure, sehr softe Tannine. Derzeit verschlossen, daher auch ein relativ kurzer Abgang. **17** *(2012)*
VINTAGE PORT 1992 - Fast blickdichte, dunkelrote Farbe. In der Nase klassisch, viel rote Beeren und leichter Kaffee. Am Gaumen komplex mit satten Tanninen. Rotbeerige Frucht. Mittellanger, sehr gut strukturierter Abgang. **17+** *(2012)*
VINTAGE PORT 1991 CORTE - Altersentsprechende dunkle Farbe, minimaler Wasserrand. Ausgeprägte Himbeernote in der Nase, verführerisch. Spürbare Säure am Gaumen, fast vollständig integrierte Tannine, mittelintensiv, Schokolade. Mittellanger Abgang. **17** *(2012)*
VINTAGE PORT 1987 QUINTA DO CORTE - Für einen 87er eine erstaunlich weit entwickelte, rotbraune Farbe. Vanille und Malz in der Nase, sehr leicht. Kaffee Malz, insgesamt leicht. Kurzer Abgang. Austrinken. **16** *(2012)*
VINTAGE PORT 1985 - Volltransparente, mittelrote Farbe. Erkennbarer Wasserrand. Elegante, strukturierte Nase mit floralen Noten, Malz und Gewürzen. Am Gaumen elegant, gut stützende Säure, Malz, Honig. Mittellanger Abgang. **17** *(2015)*
VINTAGE PORT 1984 QUINTA DO CORTE - Transparent braunrote Farbe, Wasserrand. Orange und Karamell. Sehr leichter kaffeebetonter Gaumen. Auch im Abgang sehr leicht. Austrinken. **15** *(2012)*
VINTAGE PORT 1982 - Transparent hellrote Farbe, erkennbarer Wasserrand. Sehr elegante, florale Nase mit dominanten frisch gemahlenen Kaffeebohnen. Am Gaumen sehr elegant. Auch im Abgang kurz, aber trotzdem nicht uninteressant. Austrinken! **16** *(2012)*
VINTAGE PORT 1980 QUINTA DO CORTE - Mittelorangebraune Farbe, wenig Wasserrand. Elegante, minzhaltige Nase, zeigt Noten des Abbaus. Ausgewogener Gaumen, auch im Abbau. Die Grundqualität war für die dreißig Jahre Flaschenreifung nicht ausreichend. **NR** *(2012)*

VINTAGE PORT 1977 - Mittelrote, voll transparente Farbe mit einem minimalen Wasserrand. Würziges, ausdrucksstarkes Bouquet mit Schwarzkirschen, Honig und Malznoten. Am Gaumen noch ein Säure spürbar, ansonsten viel Malz, Karamell, Koriander und florale Noten. Mittellanger, leicht von Säure überlagerter Abgang. **17** *(2012)*

VINTAGE PORT 1975 - Mittelrote, strukturierte Farbe. Elegant kräuterbetonte Nase, hintergründig Malz. Cremiger, eleganter Gaumen mit stützender Säure, Malz und Akazienhonig. Mittellanger Abgang. In den nächsten fünf Jahren austrinken. **16** *(2015)*

VINTAGE PORT 1974 QUINTA DO CORTE - Dieser Port ist nie verkauft worden und fand den Weg über USA in dieses Tasting. Helle, fast vollständig transparente Farbe. Überreife Rosinen und Honignoten in der Nase. Alkoholhaltiger Gaumen, verbrannte Noten, Säure. Baut schon ab. **14** *(2012)*

VINTAGE PORT 1970 - Volle frischrote Farbe, mit orangen Reflexen. Honig und floral-frische Noten, Toffee und Akazienhonig. Voller, intensiv schokoladiger Gaumen, Pflaume. Langer Abgang **17** *(2012)*

VINTAGE PORT 1966 - Braunrote Farbe. Elegante voll ausgereifte Nase. In der Nase frisches Sahnekaramell, Malz. Samtiger, voller Gaumen, mitschwingende Süße. Mittellanger Abgang.
17 *(2014)*

VINTAGE PORT 1963 - Dunkelorange, volle Farbe. Orange, Kaffee und Rosinen in der Nase, ausgewogen, intensiv und sehr gut entwickelt. Am Gaumen viel Schokolade, Rosinen und Säure. Langer Abgang. **18** *(2013)*

VINTAGE PORT 1960 - Dunkelorange Farbe, minimaler Wasserrand. Volle, balancierte, gut strukturierte Nase mit frischen Orangen, Mokka und Malz Am Gaumen voll und rund, viel Mokka und ausgezeichnet stützende Säure. Mittellanger, ausgewogener Abgang. **18** *(2012)*

VINTAGE PORT 1935 - Leider hatte diese Flasche nur einen „mid-shoulder" - Füllstand: Dunkelrot-orange Farbe. Karamellisierte Nase, Marzipan und Rauchnoten. Flacher eleganter Gaumen. Kurzer Abgang. Ist bei besserem Füllstand sicherlich noch ein hervorragender Portwein. **16** *(2014)*

LATE BOTTLED VINTAGE PORTS (LBV)

LATE BOTTLED VINTAGE PORT 2008 - Tiefdunkelrote Farbe. Fruchtig-frische Nase mit tiefen Schokoladennoten. Am Gaumen minimales Tanningerüst und satte rote Beeren. Mittellanger Abgang. **16** *(2014)*

AGED TAWNIES

Delaforce stellt nur die ersten beiden Alterungsstufen dieser Kategorie her. Einen 30 oder 40 Jahre alten Delaforce Tawny Port oder Colheitas hat es nie gegeben. Eine recht typische Produktionslogik für einen englischen Hersteller.

10 YEAR OLD TAWNY "HIS EMINENCE'S CHOICE" - Vollrote Farbe mit minimal bräunlichen Reflexen. Haselnuss- und Kaffeenoten am Gaumen. Mittellanger Abgang **16** *(2013)*

20 YEAR OLD TAWNY "CURIOUS AND ANCIOUS" - Mittelorange Farbe. Ansprechende Nuss- und Marzipannoten im Bouquet. Strukturierter Gaumen, Nussmix, minimale Acetonnoten, Kaffee. Mittellanger Abgang. **17** *(2012)*

QUINTA DA DEVESA – SOC. AGR. DA DEVESA

Quinta da Devesa wurde 1941 von dem Großvater der derzeitigen Besitzerin Jose Fortunato Junior und seinen beiden Brüdern gegründet. Die derzeit 34 Hektar, die die Familie insgesamt besitzt, wurden nach und nach erworben. 1987 wurde der Besitz einer Familiengesellschaft übertragen. Das letzte verbleibende Gründungsmitglied der Gesellschaft, Antonio Fortunato, starb 2000. Heute leiten die Erben von Jose Fortunato die Geschicke der Firma.

Seit der Gründung wurden alle Portweine aus eigenen Trauben hergestellt, der erste Colheita des Jahrgangs 1944 reift immer noch im Fass. 2014 produzierte Quinta da Devesa 12.000 Liter Portwein und 46.000 Liter Douro DOC, die andere Hälfte der Trauben wurde verkauft. 65% der Produktion werden exportiert – hauptsächlich in die USA und die Niederlande.

3 Fragen – 3 Antworten: Joao Macedo Cunha, Sales Manager
Was war der erste Port, den du getrunken hast?
Vor ungefähr vierzig Jahren hat mir meine Schwiegermutter in spe ein Glas 1944er Colheita angeboten. Ein zusätzlicher Pluspunkt, um meine Frau zu ehelichen.
Was ist am Douro besonders?
Die natürliche Schönheit der Landschaft, die Ruhe, die einzigartigen Gerüche und Geschmacksrichtungen sowie die durch den Douro geformte Landschaft. Nur etwa eine Autostunde von Porto entfernt kann man hier Geschichte erleben.

Homepage: www.quintadadevesa.pt
Gründungsjahr: 1941
Inhaber: Familie Fortunato
Quintas/Rebfläche: Quinta da Devesa (zusammen mit anderen Gebieten 34 ha)
Portweinangebot: Aged Tawny, White Aged Port
Spezialisiert auf: Tawnies

Welchen Port nimmst du mit auf die einsame Insel?
Ich bin ja Sales manager, daher eine Flasche Devesa 30 Jahre alten Tawny.

AGED TAWNIES

Die derzeitige Portweinpalette umfasst einen 10, 20, 30 und 40 jährigen Tawny und einen 20 und 30 Jahre alten White Port.

10 YEAR OLD TAWNY - Mittelbraune Farbe. Frische pflaumig-nussige Nase. Am Gaumen ausgeprägter Nussmix. Nussig-frischer Abgang. **16** *(2016)*

20 YEAR OLD TAWNY - Dunkelbraun-orange Farbe. An der Nase merkt man sofort, dass dieser Tawny im Douro reift. Leichte Douro-Bake Aromen, Säure, Nussmix. Balancierter Abgang. **17** *(2016)*

30 YEAR OLD TAWNY - Ganz leicht trübe, vollrote Farbe mit orangen Reflexen. Floral-würzige Noten in der Nase. Getrocknete Pflaume, Schokolade, Toffee. Mittellanger Abgang. **17** *(2015)*

40 YEAR OLD TAWNY - Leuchtend intensive, dunkelrote Farbe mit grünen Reflexen am Rand. Schokolade-Toffee-Honignoten in der Nase. Strukturierter Gaumen, ölig. Honig und Schokolade am Gaumen, süß. Langer, Toffeebetonter Abgang. **17** *(2015)*

SONSTIGE PORTWEINE

20 YEAR OLD WHITE PORT - Mittelgoldene Farbe. Honig, Anis, Aprikose in der Nase. Intensiv frisches Bouquet mit balancierten Honig-Aprikosen-Noten. Minimal störende Branntwein-Note. Mittellanger, fruchtiger Abgang. **17** *(2015)*

30 YEAR OLD WHITE PORT - Mittelgoldene Farbe. Balancierte, komplexe Nase mit satten Honignoten und gelbem Frucht-Mix, Quitte. Spürbare Säure am Gaumen, der Körper tritt leicht dahinter zurück. Mittellanger Abgang. **17** *(2016)*

Dona Matilde

Die Geschichte der Quinta geht zurück bis in das 18. Jahrhundert, in dem die Quinta unter dem Namen Enxodreiro bereits ein Teil der „vinhas de Feitoria" war, ein namhafter Zusammenschluss mehrerer Weinbauern. 1927 erwarb Manoel Moreira de Barros die Quinta aus dem Hutcheson-Nachlass und änderte den Namen in den 50er Jahren in den seiner Frau "Dona Matilde". 1952 erwarb Manuel Barros auch die Marke Kopke samt Quinta mit sehr umfangreichen Portweinbeständen. Kurze Zeit später wurde die „Winery" nach Sao Luiz verlagert und Dona Matilde wurde nur noch als Zwischenlager verwendet.

2006 verkaufte die Familie Barros die Quinta und das "Barros"-Label an Sogevinus, erwarb aber zwei Jahre später die Quinta wieder zurück. Seit 2008 hat man sich dort auf Top-Qualitäten sowohl im Port als auch im Weingeschäft konzentriert. Von den rund 3.000 Flaschen Vintage Port werden die meisten in die U.S.A. exportiert. Des Weiteren werden Trauben an die Fladgate Partnership verkauft.

3 Fragen – 3 Antworten: Angelo und Filipe Barros, Eigentümer

Was war der erste Port, den ihr getrunken habt?
Angelo: 1898 Port (Geburtsjahr seines Großvaters), davon haben wir viele Flaschen getrunken.
Filipe: Einen 1934 Kopke Colheita auf der Quinta Sao Luiz, dort im Keller.

Was ist am Douro besonders?
Filipe (geb. 1977): Der Douro war für mich wie eine andere, geheimnisvolle Welt, da die Anreise damals ungefähr drei Stunden dauerte. Es gab auch nur 2 Boote auf dem Douro, eins hatten die Roquettes und eines hatten wir.
Angelo: (geb 1944): Das Douro-Tal ist einzigartig. Ich mag die Einsamkeit in dieser atemberaubenden Landschaft.

Welchen Port nehmt ihr mit auf die einsame Insel?
Angelo: Eine Flasche Ramos Pinto Colheita 1937
Filipe: Eine Flasche Kopke 1977 Vintage Port – von denen müsste ich noch 11 Flaschen haben. Wo sind die eigentlich, Papi?

Homepage: www.donamatilde.pt
Gründungsjahr: 1875/ 1927 re-launch der Barros Familie
Inhaber: Manuel Barros und seine direkte Familie
Önologen: Jose Maria Machado
Quintas/Rebfläche: Quinta Dona Matilde (28 ha)
Portweinangebot: Nur Vintage Port und Colheita

VINTAGE PORTS

VINTAGE PORT 2011 - Würzig-frische Nase, mitschwingende süße Noten, Himbeere, Cassis. Komplexer, tiefer Gaumen, Tabakblätter, knackige Tannine. Mittellanger, komplexer Abgang. **17** *(2015)*

VINTAGE PORT 2009 - Beim Abendessen auf der Quinta Dona Matilde mit der Familie verkostet: Tiefe, violettrote Farbe. Schokoladig-fruchtige Nase. Frischer, voller Gaumen. Schokolade, Mittellanger, frischer Abgang. **17** *(2015)*

VINTAGE PORT 2007 - Hellrote Reflexe in der dunkelroten Farbe. Süßes Bouquet, Marmeladentöne mit intensiven roten Beeren und Kirsche. Voller Gaumen mit gut stützender Säure und süßen Fruchtnoten, hauptsächlich Himbeeren. Mittellanger, süßer, fruchtbetonter Abgang. **17** *(2010)*

COLHEITAS

COLHEITA 2008 (bottled 2016) - Dunkelrote Farbe. Fruchtig-frische Nase. Am Gaumen spürbare Säure und Süße, wenig Tawny-like, aber trotzdem ein frischer, fruchtiger, gut gemachter Portwein. Mittellanger Abgang. **16** *(2016)*

COLHEITA 1991 (bottled 2009) - Leuchtend rotbraune Farbe. Klassische Trockenfruchtnase, komplex. Voller Gaumen, Trockenfrüchte (Datteln, Rosinen), leider zu viel Säure. Mittellanger Abgang. **16** *(2010)*

Douro Boys

Die Douro Boys sind in aller erster Linie nicht wirklich Douro Boys sondern eher Douro „men and women", was sich aber definitiv nicht so knackig anhört. Im Jahr 2003 schlossen sich fünf sehr namhafte Winzer zusammen und gründeten diese sehr lose, eher auf gemeinsame PR-Aktionen abzielende Gemeinschaft, die aber aufgrund des sehr guten Marketings und der beeindruckenden Qualitäten der fünf Winzer ihres Gleichen sucht. Auch hat man das Gefühl, dass diese fünf sehr namhaften Produzenten sich perfekt ergänzen. Weder ist ein Hersteller hinzugefügt worden, noch ist in den mehr als 10 Jahren einer gegangen. Die fünf Gesellschaften der Douro Boys sind:

- Quinta do Crasto
- Quinta do Vallado
- Quinta do Vale Meão
- Niepoort
- Quinta do Vale D. Maria

Da jeder „Douro Boy" einzeln Douro Rotweine und Portwein herstellt, kann es nur in besonderen Jahren eine „Douro Boys Cuvée" geben, bisher in den Jahrgängen 2005 und 2011 für Rotwein und 2011 einen Vintage Port.

3 Fragen – 3 Antworten Dorli Muhr, PR Chefin der Douro-Boys

Was war der erste Port, den du getrunken hast?
Eine Fassprobe, die mir Dirk (Niepoort) blind serviert hat. Wir waren 1999 bei einer Hochzeit von Freunden und der Port kühlte im Lech, während wir einen Spaziergang machten. Nach dem Spaziergang habe ich dann den Port aus einem Pappbecher getrunken und ihn auf die 1960er Jahre getippt. War es auch, nur 1863, ein Jahrhundert älter, als ich dachte. Kein ganz schlechter Start.
Was ist am Douro besonders?
Der Douro ist für mich nach wie vor die schönste Weinlandschaft der Welt. Im Douro verbindet sich majestätische Schönheit mit unglaublicher Stille, das unfassbare Werk der unendlichen Terrassen mit der atemraubenden Steilheit der Lagen, die florale Frische im Aroma der Weine mit ihrem eigenwilligen Säure/Tanningerüst.

Homepage: www.douroboys.com
Gründungsjahr: 2003
Portweinangebot: Nur Vintage Port 2011, nur in Magnums

Viel Frucht mit viel Tiefe. Portwein ist eines der schönsten und herzerwämendsten Getränke der Welt.
Welchen Port nimmst du mit auf die einsame Insel?
Auf die Insel muss ich hoffentlich nie, denn ich trinke nicht gerne alleine. Wenn es doch sein muss, dann würde ich gerne einen wirklich alten Tawny mitnehmen. Den 1863er Colheita, von dem man jeden Abend ein klitzekleines Schlückchen nimmt und der einen so langen Abgang hat, dass er bis zum nächsten Tag anhält. So könnte man die Einsamkeit auf der Insel etwas besser ertragen, denke ich.

VINTAGE PORTS

Aus dem Granaten-Jahrgang 2011 wurden lediglich 750 Magnums abgefüllt und am 13.09.2013 in Regua versteigert. Die sehr hohen Preise für den Port wurden aber nicht nur durch die Seltenheit sondern auch durch die hervorragende Qualität gerechtfertigt. Glücklicherweise gab es für ein paar ausgewählte Journalisten auch Proben.

VINTAGE PORT 2011 - Blickdichte, tiefschwarze Farbe mit violetten Reflexen. Rassiges, würzig-fruchtiges Bouquet, intensiver roter Beerenmix, floraler Hintergrund. Auch am Gaumen viel Druck. Softe Tannine und mineralische Noten, sattes Cassis. Langer, fruchtbetonter Abgang. Langer, komplexer Abgang. **18+** *(2013)*

Dow

Wenn es um die Portweine der Firma Dow geht, schlagen die Herzen der Portweinfans immer einen Schlag schneller. Die große Beliebtheit der Dow Ports liegt vor allem an der geringeren Restsüße, die bei anderen Herstellern den ein oder anderen Fehler im Wein überlagern kann. Dow Portweine müssen aufgrund dieses geringeren Restzuckergehaltes immer präziser und sauberer hergestellt werden, um ähnlich zu gefallen.

Der portugiesische Kaufmann Bruno da Silva gelangte durch seine englische Frau in intensiven Kontakt zur englischen „upper class". Nachdem er viel über die Weinvorlieben dieses sehr solventen Kundenkreises in Erfahrung bringen konnte, begann er 1798 mit Portweinlieferungen nach Großbritannien. Zu Beginn der napoleonischen Kriege war da Silva einer der wenigen Kaufleute, die mit Genehmigung seiner Admiralität seine Handelsschiffe mit Kanonen ausrüstete. Während viele seiner Konkurrenten in den Jahren 1806 bis 1815 durch die Bedrohung auf dem Seetransport große Einbußen hinnehmen mussten, überstand da Silva diese Phase recht unbeschadet.

Sein Sohn John folgte da Silva nach und

brachte Frederick William Consens als Partner mit in die Firma ein, die dann unter „Silva & Consens" firmierte. Über die nächsten Dekaden steigerte die Firma ihre Umsätze von Jahr zu Jahr und wurde so zu einer stetigen Größe im Portweinhandel. 1868 stieß als dritter Partner George Warre dazu und knapp zehn Jahre später im Jahr 1877 verschmolz „Silva & Consens" mit Dow & Co. zu einem der damals größten und wichtigsten Portweinhäuser. Obwohl die Firma Dow damals umsatzschwächer war als Silva & Consens, genossen deren Portweine einen fantastischen Ruf, so dass seit 1877 Dow als gemeinsame Marke weiter geführt wurde.

Als erster Symington trat Andrew James 1912 der Partnerschaft bei und seine drei Söhne brachten Dow's Port durch

---

Homepage: www.dows-port.com
Gründungsjahr: 1798
Inhaber: Symington Family Estates
Önologen: Charles Symington
Quintas/Rebfläche: Quinta do Bomfim (77 ha), Quinta da Senhora da Ribeira (25 ha), Quinta da Cerdeira (10 ha), Quinta do Santinho (8 ha).
Spezialisiert auf: Vintage Port
Geheimtipp: Vintage Port 1980, manche Jahrgänge wie 1975 und 1977 wurden auch in Tappit Hen-Formaten hergestellt.
Importeur: www.smart-wines.de

die harte Zeit der zwei Weltkriege. In den 1960er und 1970er Jahren errichteten die dritte Generation der Symingtons moderne Fermentationstanks mit Autovinifikatoren, allerdings hauptsächlich, weil die Erntehelfer beim Top-Jahrgang 1970 knapp wurden und die Weinbauern erstmals nicht alles ernten konnten, was sie gerne wollten.

Bereits 1896 erwarb George Warre die Quinta do Bomfim in der Nähe von Pinhão, in der die Symingtons 2015 ein beeindruckendes Besucherzentrum eröffnet haben. 1978 wurde der erste Single Quinta Vintage Port von Bomfim produziert. Die zweite Dow Quinta, Senhora da Ribeira, direkt gegenüber von der Quinta do Vesuvio, wurde zwar auch in 1890 erworben, musste aber 1954 im wirtschaftlichen Tiefpunkt des Portweinhandels wieder verkauft werden. Erst im Jahr 1998 wurde Senhora da Ribeira wieder Teil der Firma. Allerdings wurden auch während der Zeit zwischen dem Verkauf 1954 und dem Wiedererwerb 1998 die Trauben der Quinta für die Portweine von Dow verwendet. Dow wird derzeit in Deutschland nicht offiziell repräsentiert, es gibt aber die Möglichkeit über die Firma Smart Wines, den deutschen Importeur von Graham und Vesuvio, die Portweine von Dow zu importieren.

---

3 Fragen – 3 Antworten: Paul Symington, CEO Symington Family Estates

Was war der erste Port, den du getrunken hast?
Ich denke, dass viele andere in diesem Fall über ihren Geburtsjahrgang sprechen. Da ich 1953 geboren bin, ist das für mich nicht wirklich eine Option. Als ich aber zum ersten Mal alt genug war, Wein zu trinken, gab mir mein Vater einen Dow Vintage Port 1955, der mich nicht nur zu diesem Zeitpunkt sondern zu sehr vielen erinnerungswürdigen Stunden meines Lebens begleitet hat. Er ist immer noch in perfektem Zustand und das nach über sechzig Jahren.

Was ist am Douro besonders?
Der Douro ist herausfordernd, wild und wenig zugänglich. Es ist keine einfache Weinregion, wenn man sie mit vielen anderen Gebieten mit einer guten Infrastruktur und geringen Gefällen vergleicht. Aber genau diese Herausforderungen sind es, was den Douro so speziell macht und diese besonderen Portweine und Weine hervorbringt.

Welchen Port nimmst du mit auf die einsame Insel?
Auf jeden Fall eine Flasche Grahams Vintage Port 1948.

VINTAGE PORTS

Dows Vintage Ports sind bei Blindverkostungen verhältnismäßig einfach zu erkennen. Sie enthalten in der Regel den geringsten Restzuckergehalt und zeigen sich sensorisch daher weniger süß und eher auf der trockenen Seite.

VINTAGE PORT 2013 QUINTA DA SENHORA DA RIBEIRA - Tiefschwarze Farbe mit violetten Reflexen. Frisches, komplexes Bouquet mit viel Druck, Cassis, Milchschokolade und eingelegten Kirschen. Spürbares Tanningerüst, volle, intensive Frucht und Schokolade am Gaumen. Mittellanger Abgang. Einer der Besten des Jahrgangs. **17** *(2016)*

VINTAGE PORT 2012 QUINTA DA SENHORA DA RIBEIRA - Tiefdunkeles Rot mit 20% Sousão, einer der farbintensivsten Rebsorten im Douro-Tal. Ansprechend strukturierte Nase, Cassis. Süßer, komplexer Gaumen, würzig. Schokolade, Tannine spürbar, Säure, Frische. Braucht noch lange. **17** *(2014)*

VINTAGE PORT 2011 - Schwarzrote Farbe mit violetten Reflexen. Mächtige Fruchtnase, sattes Säuregerüst. Schwarzkirsche, Cassis, ansprechende Frische. Trockener, ausbalancierter Gaumen, satte Frucht, Säure, softe Tannine. Langer, strukturierter Abgang. **18+** *(2013)*

VINTAGE PORT 2009 QUINTA DO BOMFIM - Würzige Frucht in der Nase, viel Brombeeren und schwarze Johannisbeere, Lakritze und Vanille. Ausgewogen auch im Mund mit eleganten floralen Noten; Brombeere und Himbeeren. Ausgewogener Abgang. Jetzt bereits überraschend verführerisch. **17** *(2011)*

VINTAGE PORT 2009 QUINTA DA SENHORA DA RIBEIRA - Tiefdunkelrote Farbe. Floral-frisches Bouquet. Voller, frisch-fruchtiger Gaumen, Cassis, minimale Vanillenoten, marmeladige Frucht. Mittellanger Abgang. **17** (2011)

VINTAGE PORT 2008 QUINTA DO BOMFIM - Dunkelrote Farbe mit violetten Reflexen. Verhaltene Nase mit Erdbeeren und schwarzer Johannisbeere. Klassischer Gaumen mit Säure, Frucht und Tanninen. Eleganter Abgang. **16** (2011)

VINTAGE PORT 2008 QUINTA DA SENHORA DA RIBEIRA - Violett-rote Farbe. Fruchtiges Bouquet mit würzigem Hintergrund, leicht grüne Banane. Ähnlicher, verführerischer Gaumen mit Säure, Frucht und Alkohol, sehr gute Balance. Spürbare Säure im Abgang. **17** (2010)

VINTAGE PORT 2007 - Tiefdunkelrote Farbe. Verhaltene, trockene Nase mit fruchtigem Hintergrund. Am Gaumen tiefe Struktur, Schokolade, florale Noten. Langer, sehr gut strukturierter Abgang. **17+** (2010)

VINTAGE PORT 2006 QUINTA DA SENHORA DA RIBEIRA - Tiefschwarze Farbe, mittlere Struktur, violette Reflexe. In der Nase überraschend süß, balanciert, Tabak, Gewürze. Fruchtiger Gaumen mit erkennbaren Fruchtnoten und Tabakblättern. Mittellanger Abgang. **16** (2008)

VINTAGE PORT 2005 QUINTA DO BOMFIM - Schwarz-rote; leicht trübe Farbe. In der Nase Kaffee, Frucht und Würze. Am Gaumen reiht sich dieser Dow hervorragend in den Stil des Hauses ein: trockene Würze mit schwarzen Johannisbeeren und einer Tabaknote, spürbares Tanningerüst. Mittellanger Abgang. **17** (2008)

VINTAGE PORT 2005 QUINTA DA SENHORA DA RIBEIRA - Tiefdunkles Rot mit violetten Reflexen. In der Nase Pflaume, Cassis und hintergründig Würznoten. Strukturierter Gaumen, Cassis, Schokolade. Mittellanger Abgang. **17** (2008)

VINTAGE PORT 2003 - Leicht stumpfe, blickdichte, dunkelrote Farbe. Volle, komplexe Nase mit viel Druck, Pfeffer und roten Beeren. Tiefer, strukturierter Gaumen, derzeit aber verschlossen. Unterschwellig komplexer Portwein mit viel Potential. Langer Abgang. **18+** (2016)

VINTAGE PORT 2001 QUINTA DO BOMFIM - Minimal transparente, vollrote Farbe. Intensiv fruchtige Nase mit Kirschen und Himbeeren. Mittlerer Körper, balanciert. Mittellanger Abgang. **17** (2013)

VINTAGE PORT 2001 QUINTA DA SENHORA DA RIBEIRA - Tiefdunkelrote Farbe. Kirschbetontes, elegantes Bouquet. Intensive Fruchtnoten am Gaumen, elegante Säure und Tannine. Kurzer, stark fruchtbetonter Abgang. **16** (2012)

VINTAGE PORT 2000 - Tiefdunkelrote, minimal transparente Farbe. Würzig fruchtige Nase mit intensiven Himbeeren und Tabaknoten, mitschwingende Säure. Am Gaumen komplex, trocken. Ausgeprägtes Säure- und Tanningerüst. Ansprechende Frucht. Langer, strukturierter Abgang. **18** (2011)

VINTAGE PORT 1999 QUINTA DO BOMFIM - Bereits transparente, dunkelrote Farbe. Teer, vegetale Noten, schwarze Beeren. Am Gaumen bereits sehr offen, balancier und elegant. Leichter, säurebetonter Abgang. **16** (2011)

VINTAGE PORT 1999 QUINTA DA SENHORA DA RIBEIRA - Minimal transparente, dunkelrote Farbe. Pflaumen- und Himbeernase, elegant. Schöne Frucht auch am eleganten Gaumen. Mittellanger Abgang. **16** (2012)

VINTAGE PORT 1997 - Auf der Pro-Wein 2013 aus der Magnum verkostet: Tiefdunkelrote Farbe, minimal transparent. Würzig-frisches Bouquet, voll aber elegant. Voller intensiver rassiger Gaumen mit Frucht, Alkohol und Säure. Langer, druckvoller Abgang. **18** (2013)

VINTAGE PORT 1996 QUINTA DO BOMFIM - Transparente, dunkelrote Farbe. Offene, fruchtige Nase mit Kirsche, Brombeeren. Am Gaumen Tannine, Frucht, Säure. Fruchtbetonter Abgang. **17** (2008)

VINTAGE PORT 1995 QUINTA DO BOMFIM - Fast schwarze Farbe mit violetten Reflexen. In der Nase opulent fruchtig, würzig, süß, Tabaknoten. Am Gaumen süß, Säure, Alkohol, erkennbare Würznoten. Mittellanger, leicht kräuterbetonter Abgang. **17** (2008)

VINTAGE PORT 1994 - Intensive, dunkelrote Farbe und Struktur. Volle, fruchtige Nase mit viel schwarzer Johannisbeere und leichten Schokoladennoten. Reife Früchte, Himbeeren und Pflaume. Voller, komplexer Gaumen mit viel Frucht und feiner Säure und Tanninen. Langer, eleganter Abgang. **18** (2013)

VINTAGE PORT 1992 QUINTA DO BOMFIM - Fast blickdichte, vollrote Farbe, kein Wasserrand. Ansprechende frisch-florale Nase. Pflaumen und Minze, Teenoten. Voller, fruchtiger Gaumen, leicht medizinische Noten. Mittellanger, tannin- und säurebetonter Abgang. **17** (2013)

VINTAGE PORT 1985 - Dunkelrote, nahezu blickdichte Farbe. Balancierte, frische Nase mit Minze und Malz. Eleganter, frischer Gaumen mit Frucht und Schokolade. Mittellanger Abgang. **17** (2015)

VINTAGE PORT 1983 - Transparente, dunkelrote Farbe. Kaffee und Restfrucht in der Nase, schon recht weit gereift. Eleganter, balancierter Gaumen mit Kaffee. Mittellanger Abgang. **16** (2015)

VINTAGE PORT 1980 - Der Dow 1980 gibt mir ein Rätsel auf. Wie kann ein Port immer noch so tiefschwarz sein, aber sensorisch alles zeigen, was ein über 35 Jahre gereifter Port haben muss. In die gleiche Kategorie fallen Fonseca Guimaraens 1976, Constantino 1947 und Mc Kenzie 1955. Frische, voll reflektierende Farbe, unglaublich jung (optisch mühelos ein 2003er). Frische, säureunterstütze Nase, die zwar auch noch frisch-fruchtig ist, aber enthüllt, dass man keinen 2003er vor sich haben kann. Voller, frischer Gaumen, viel florale Frische, noch wenig entwickelt mit erkennbarer Frucht und Schokolade. Mittellanger, verführerischer Abgang. **18** (2014)

VINTAGE PORT 1978 QUINTA DO BOMFIM - Transparent dunkelrote Farbe. Elegante Himbeernase, eingelegte Kirschen. Voller, ansprechender Gaumen mit erkennbarem Säuregerüst und ganz leicht spürbaren Tanninen. Allerdings setzen nach rund zwei Stunden Dekantierzeit leichte Bitternoten ein. Direkt nach dem Öffnen trinken. **16** (2012)

VINTAGE PORT 1977 - Mit Charles Symington aus der Magnum beim Abendessen getrunken: Dunkelrote, volle Farbe. Kaffee, Malz und Toffee in der Nase. Gereifter, eleganter Gaumen, Pflaume. Mittellanger Abgang. **17** (2015)

VINTAGE PORT 1975 - Ebenfalls aus der Magnum. Transparent dunkelrote Farbe mit orangen Reflexen. Malzige Nase mit Honig und einem Kräuterrückgrat. Ausgewogener Gaumen mit viel Malz und Honig. Angenehmes, mittellanges Finish. Aus der Normalflasche schon zu weit gereift (**16**), aus der Magnum **17** (2015)

VINTAGE PORT 1972 - Leuchtend rote Farbe, ganz leichter Wasserrand. Sehr elegante Nase. Auch am Gaumen weit gereift und elegant, aber voll integriert und rund. Mittellanger Abgang. Austrinken. **16** *(2010)*

VINTAGE PORT 1970 - Aus der Magnum: Dunkelorange-braune Farbe. Frischer Kaffee und intensive Toffee- und Malznoten in der Nase, hintergründig Karamell. Samtiger, komplexer, balancierter Gaumen, intensive Kaffee- und Malznoten. Langer Abgang. Aus der Normalflasche **18**. **19** *(2013)*

VINTAGE PORT 1966 - Mein Jahrgangssieger der 66er Horizontale zum 50. Geburtstag: Tiefrote, jugendlich-frische Farbe. Ausdrucksstarke, balancierte, elegante Nase mit würzigen Noten, Restfrucht und Schokolade. Präziser, mineralisch-schokoladiger Gaumen. Sehr langer, mehrstufiger Abgang. **19** *(2016)*

VINTAGE PORT 1964 - Eine Spezialabfüllung für einen dänischen Importeur, in Dänemark verkostet: Orangebraune Farbe. Milchschokolade, Kaffee und Orange in der Nase. Eleganter, balancierter Gaumen mit Kaffee und Malz. Mittellanger Abgang. Austrinken. **16** *(2016)*

VINTAGE PORT 1963 - Bei mehreren 63er Vergleichsproben der Portwein mit der dunkelsten Farbe. Komplexe Toffee-Schoko-Noten, ansprechende Komplexität. Auch am Gaumen hervorragend gereift mit satten Malz-Toffee-Honignoten. Tiefer, gut strukturierter Abgang. **19** *(2014)*

VINTAGE PORT 1960 - Im Jahr 2013 haben einige Portweinfreunde in England eine Verkostung organisiert, bei dem wir fünf Flaschen Dow Vintage Port 1960 nebeneinander geöffnet haben, um zu sehen, ob wir blind erkennen können, dass es sich um die gleichen Portweine handelt. Der Mittelwert der verkosteten Flaschen war ungefähr so: Mitteltransparente, vollrote Farbe. Schokoladig-frische Nase, Minze und Malz. Am Gaumen elegant und integriert mit ausgeprägten Honignoten. Mittellager, ausgewogener Abgang. Fazit: Die Lagerung und die Abfüllbedingungen sind extrem entscheidend. Weihnachten 2015 mal mit Dirk Niepoort aus einer Burgunder-Magnumflasche verkostet. Hier hat er sogar einen Punkt mehr erhalten. Magnum **18**, Normalflasche: **17** *(2015)*

VINTAGE PORT 1958 Mit Rupert und Dominic Symington 2011 auf der Quinta do Crasto verkostet: Frische, dunkelorange Farbe. Wasserrand. Gereifte Vintage-Nase mit Kaffee und Toffee. Samtiger, leicht trockener Gaumen, viel Toffee. Gereifter, mittellanger Abgang. **17** *(2011)*

VINTAGE PORT 1955 - Wie die Jahrgänge 1980 und 1963 ist auch der 1955er Dow Vintage Port immer der Dunkelste auf der Jahrgangsvergleichsprobe. Frische, volle Nase, viel Frucht, Toffee und Honig. Malznoten und Honig am Gaumen, Lakritze. Nicht die sonst für Dow so typisch trockenen Aromen. Extrem langer, vielschichtiger Abgang. **19** *(2015)*

VINTAGE PORT 1947 - Die Trauben für diesen Port stammen von den Quintas da Senhora da Ribeira, Zimbro und Bomfim. Dunkelorange Farbe. Gereifte Nase, intensive Toffee- und Honignoten. Würzig, Pfeffer und Honig am Gaumen, Minznoten. Langer, ausgewogener Abgang. **18** *(2011)*

VINTAGE PORT 1945 - Tiefdunkelrote, volle Farbe mit minimalem Wasserrand. Frische, komplexe Kaffee-Frucht-Nase, Säure spürbar.

Malz, Himbeeren, Kaffee am balancierten Gaumen. Langer, strukturierter Abgang. **18** *(2015)*. Eine drei Jahre ältere Notiz zeigt eine bedeutend bessere Flasche: Tiefe, dunkelorange Farbe. Fruchtig schokoladige Nase, wahnsinnig tief und verführerisch. Tiefer und komplexer Gaumen, Kaffeebohnen. Mokka, Honig, Malz. Langer, vielschichtiger Abgang. Atemberaubend. **20** *(2012)*

VINTAGE PORT 1927 - Transparent rotbraune Farbe, Satte Schokoladennote im Bouquet, Himbeeren. Viel Schokolade auch am Gaumen, perfekt integrierte und stützende Säure. Langer, voller Abgang. **19** *(2011)*

VINTAGE PORT 1896 - Hellbeige Farbe mit ziegelroten Reflexen und einem erkennbaren Wasserrand. Ansprechende Konzentration. Leicht trüb (wurde am Tag der Probe noch transportiert). In der Nase Kaffee, Alkohol, Minznoten, überreife Früchte. Voller Gaumen, samtig. Vordergründig Säure, Orangen- und Beerenmix. Kompottnoten. Mittellanger, säurebetonter Abgang. **17** *(2010)*

LATE BOTTLED VINTAGE PORTS (LBV)

LATE BOTTLED VINTAGE PORT 2011 - Tiefe, dunkelrote Farbe. Balancierte, frische, elegante Nase. Marmeladiger, leicht überreifer, elegant-fruchtiger Gaumen. Kurzer Abgang. **16** *(2016)*

LATE BOTTLED VINTAGE PORT 2008 - Frische, dunkelrote Farbe. Elegantes Bouquet, mehr Tabakwürze als Frucht. Eleganter Gaumen, leichte Schärfe, Cassis. Mittellanger Abgang. **16** *(2014)*

AGED TAWNIES

Dow stellt keinen 40y old Tawny her. Die sehr alten Vorräte der Firma wurden bisher meist jahrgangsrein als Colheita vermarktet. Seit ein paar Jahren werden die Colheitas aber unter dem Graham Etikett vermarktet.

10 YEAR OLD TAWNY - Dunkelorange Farbe. Elegante, fast verhaltene Nase. Am Gaumen trocken und noch Restfrucht vorhanden. Mittellanger Abgang. **16** *(2012)*

20 YEAR OLD TAWNY - Mittelorange Farbe. In der Nase intensiver Nussmix. Eleganter Gaumen, strukturiert und komplex mit intensiven Nüssen und Karamell. Mittellanger Abgang. **17** *(2012)*

30 YEAR OLD TAWNY - Dunkelbraune Farbe, Kaffeenase, Toffee, Crème Brulée, ansprechende Länge. Samtiger Gaumen, Kaffee. Sehr ansprechende Länge im Abgang. **18** *(2012)*

COLHEITAS

Die Symingtons dürfen mit ihren Colheita-Vorräten alle Marken bedienen. Zunächst wurden ihre Colheitas vornehmlich unter dem Dow-Etikett vertrieben, dann unter Warre und seit rund fünf Jahren ausschließlich als Graham Colheitas.

COLHEITA 1972 (bottled 2012) - Dunkelorange Farbe. Kaffee, Honig und Minze in der Nase. Ausgewogener, balancierter Kaffee und Toffee-Gaumen mit sehr gut stützender Säure. Kaffeebetonter Abgang. **17** *(2012)*

COLHEITA 1969 (bottled 2009) - Weit gereifte, volltransparente, mittelorange Farbe mit einem erkennbaren Wasserrand. Frische Nase mit Nüssen und Marzipan. Frischer, komplexer Gaumen mit Trockenfrüchten. Mittellanger Abgang. **17** *(2009)*

COLHEITA 1882 - Schwarze, tiefkonzentrierte Farbe mit einem unglaublich tiefen Farbkern. In der Nase intensiver Espresso. Voller, fast zu intensiver Gaumen mit Kaffee, Malz und Honignoten. Minutenlanger Abgang. **19** *(2011)*

DR PORT/ Agri-Roncão Vinícola Lda.

Aufgewachsen inmitten von Weinbergen, träumte der aus recht ärmlichen Verhältnissen stammende Domingos Ribeiro immer davon, einmal eine eigene Quinta zu besitzen und Wein zu produzieren. Knapp vierzig Jahre später und nach einer erfolgreichen Karriere außerhalb der Weinproduktion hat er sich diesen Traum erfüllt. Zunächst erwarb Domingos eine zwölf Hektar große Quinta in seiner Heimatstadt Penafiel in der Vinho Verde-Region. Obwohl er auch großer Vinho Verde-Fan ist, galt seine große Liebe immer dem Portwein und so erwarb er 2001 die Quinta da Levandeira do Roncão inklusive sehr alter Portwein-Vorräte. Er benötigte fünf Jahre, um die Quinta zu restaurieren und teilweise neu zu bepflanzen. Sein Ziel ist es, mit der 40 Hektar großen Quinta Top-Level Portweine herzustellen. Dazu hat er eine hochmoderne Winery oberhalb von Pinhão gebaut. Die Jahresproduktion von derzeit 150.000 Flaschen Portwein werden heute hauptsächlich nach Kanada, in die Schweiz und die Niederlande exportiert.

Homepage: www.agri-roncao.pt
Gründungsjahr: 2001
Inhaber: Domingos Ribeiro (DR)
Önologen: Luis Rodrigues
Quintas/Rebfläche: Quinta da Levandeira do Roncão (40 ha), Quinta da Serra, weitere Quintas ausserhalb des Douro-Tals
Spezialisiert auf: Tawny Ports
Importeur: www.vinothek57.de

3 Fragen – 3 Antworten Domingos Ribeiro
Was war der erste Port, den du getrunken hast?
Eine Flasche 3 Velhotes von Cálem.
Was ist am Douro besonders?
Sollte es die perfekte Landschaft überhaupt geben, kann es nur das Douro-Tal sein. Es ist beeindruckend zu sehen, wie die Menschen es über Jahrhunderte geschafft haben, der Natur hier überhaupt etwas abzuringen und darüber hinaus noch die einzigartigen Portweine hier zu produzieren.
Welchen Port nimmst du mit auf die einsame Insel?
Eine Flasche DR Port 30 Jahre alten Tawny.

VINTAGE PORTS

VINTAGE PORT 2011 – Blickdichte, dunkelrote Farbe mit intensiven Reflexen. Komplexe, intensive Nase mit Cassis, Schokolade und einem spürbaren Säure-Tannin-Gerüst. Langer, fruchtbetonter Abgang. **17+** *(2016)*

LATE BOTTLED VINTAGE PORTS

LATE BOTTLED VINTAGE PORT 2011 – Volle, tiefschwarze Farbe. Frische, fruchtig-schokoladige Nase. Leicht scharfer, voller, fruchtiger Gaumen mit intensiver rotbeeriger Frucht. Mittellanger, leicht adstringenter Abgang. **16+** *(2016)*

AGED TAWNIES

10 YEAR OLD TAWNY - Saubere, mittelrote Farbe. Frische, nussbetonte Nase mit hintergründigem Marzipan. Am Gaumen spürbare Säure, Nussmix, Karamell. Mittellanger Abgang. **16** *(2016)*

30 YEAR OLD TAWNY – Dunkelrote Farbe mit grünen Reflexen am Rand. Toffee-Trockenfruchtmix in der Nase, hintergründig Butterscotch. Cremiger, balancierter Gaumen mit stützender Säure, Nuss- und Karamellmix. Mittellanger, strukturierter Abgang. **17** *(2016)*

20 YEAR OLD TAWY – Volle, braunrote Farbe mit minimalem Wasserrand. Balancierte Karamell-Toffee-Nase. Leicht süße Nase, spürbare Säure. Malz, Kaffee, Toffee. Langer, schokoladig-nussiger Abgang. **17** *(2016)*

40 YEAR OLD TAWNY – Volltransparente, braunrote Farbe. Rosinen, Marzipan, Toffee in der Nase, Säure spürbar. Viel Säure, Süße, Schokolade, Toffee, Nussmix. Langer, voller, intensiver Abgang. **18** *(2016)*

SONSTIGE PORTS

MUITO VELHO - Der Luxus-Tawny der Firma: Blickdichte tiefschwarze Farbe mit grünen Reflexen. Intensive Noten von Karamell, Süßholz, Toffee und Malz im Bouquet. Tiefer, konzentrierter, leicht zähflüssiger Gaumen mit massiver Teer-Lakritz-Note, hintergründig Kaffee. Perfekte Säure-Süße-Kombination. Langer, strukturierter Abgang. **19** *(2016)*

Duorum

"There is a new kid in town and it is serious". Mit dem 2007er Vintage Port hat der Ex-Ferreira Önologe Jose Maria Soares Franco aus dem Stand bewiesen, dass er als neuer Produzent mit dem Namen Duorum durchaus ernst zu nehmen ist. Duorum bedeutet „von Zweien" und der zweite im Bunde ist niemand geringeres als João Portugal Ramos, ein bekannter Weinhersteller aus dem Alentejo. Gekauft haben die beiden die Quinta Castelo Melhor im Douro Superior, unweit von Ferreiras Quinta da Leda. Weitere dreißig Hektar wurden gepachtet und darüber hinaus kaufen die beiden noch Trauben hinzu. Soares Franco war für lange Zeit einer der führenden Köpfe bei der Produktion von Portugals Ikonenwein Barca Velha. Daher ist es auch zu erklären, dass Duorum einen Schwerpunkt bei den Douro DOC-Weinen hat, ohne allerdings die Portweine in irgendeiner Form zu vernachlässigen.

Homepage:	www.duorum.pt
Gründungsjahr:	2007
Inhaber:	Jose Maria Soares Franco und João Portugal Ramos
Önologen:	Jose Maria Soares Franco
Quintas/Rebfläche:	Quinta de Castelo Melhor (112 ha)
Spezialisiert auf:	LBV und Vintage Port
Geheimtipp:	LBV und Vintage Port
Geheimtipp:	Vintage Port 2007
Importeur:	www.rakuten.de

3 Fragen – 3 Antworten: Jose Maria Soares Franco, Önologe und Inhaber
Was war der erste Port, den du getrunken hast?
Ein Glas Ferreira 20 year old „Duque de Bragança".
Was ist am Douro besonders?
Am Douro findet man ein fantastisches Terroir und viele hochinteressante und ausdrucksstarke Rebsorten. Der Douro ist die Heimat von zwei hochwertigen Weinen, den Douro-DOCs und den Portweinen. Es ist die älteste D.O. der Welt.
Welchen Port nimmst du mit auf die einsame Insel?
Den Waterloo-Jahrgang 1815 von Ferreira. Als ich dort gearbeitet habe, öffneten wir alle Flaschen, verkosteten diese und haben sie neu verkorkt.

VINTAGE PORTS

VINTAGE PORT 2011 - Tiefdunkelrote Farbe mit violetten Reflexen. Würzig-scharfe Nase, Teer. Ausgewogener, komplexer Gaumen, würzig. Himbeeren, Schwarzkirsche. Langer, komplexer Abgang. **18** *(2013)*

VINTAGE PORT 2009 CASTELO MELHOR
- Schwarze Farbe mit ausgeprägten, violetten Reflexen. Würziges Bouquet intensiven Brombeeren und Kirschen, spürbarer Säure und Tannine. Im Gaumen konzentriert, mit viel Tannin und Säure, schwarzer Johannisbeere, Brombeeren und Kirschen. **17** *(2011)*

VINTAGE PORT 2008 CASTELO MELHOR
- Tiefe, volle, rote Farbe. Intensive Kaffee- und Cassis-Nase, aromatisch und vielschichtig. Süßer, sehr aromatischer Gaumen mit viel Säure und Tanninen. Mittellanger, ausgewogener Abgang. **17** *(2011)*

VINTAGE PORT 2007 - Schwarz, einfach nur schwarz! Immense Tiefe und massive Struktur. Komplexes Bouquet mit viel schwarzer Johannisbeere, leichter Säure und intensiven Würznoten. Auch der Gaumen zeigt Potential: balanciert und komplex bietet er alle Komponenten in ausgezeichnetem Verhältnis. Langer Abgang. Dieser Vintage Port weckt viel Erwartung auf die nächsten Jahrgänge. **18** *(2011)*

LATE BOTTLED VINTAGE PORT (LBV)

Immer nach 4 Jahren ungefiltert abgefüllt – das zumindest ist die jetzige Ansage, da sie derzeit erst einen LBV produziert haben.

LATE BOTTLED VINTAGE PORT 2007
- Tiefdunkelrote Farbe, würzig-scharfe Nase, sehr ansprechende florale Noten. Cassis, gut stützende Säure am Gaumen, sehr ausgewogen. Mittellanger, bekömmlicher Abgang. **16** *(2012)*

SOC. VIT. QUINTA DE SANTA EUFEMIA LDA.

1864 gründete der gleichnamige Ur-Ur-Großvater vom derzeitigen Besitzer Bernardo Carvalho die Firma. Bis 1990 wurde Portwein produziert, aber ausschließlich an andere Hersteller, vor allem Andresen, verkauft. Aufgrund unterschiedlicher Sichtweisen und Philosophien innerhalb der Familie wurde die Quinta 1990 in zwei Parzellen aufgeteilt, die eine heißt unverändert Quinta und die andere Casa de Santa Eufemia. Beide sind heute mit 50 Hektar bzw. 30 Hektar im Portwein- und Weingeschäft aktiv.

Seit 1994 stellt das Team der Quinta Santa Eufemia Weine und Portweine unter eigenem Etikett her, verkauft diese hauptsächlich im Heimatmarkt und in Brasilien. Durch Neubepflanzung und Zukäufe wurde der Weinbestand von 30 Hektar im Jahr 1994 auf über 50 Hektar erhöht. Glücklicherweise haben die Carvalhos immer Portwein recht umfangreich als Familienreserve eingekellert und können nun fast die gesamte Palette an weißen und roten fassgelagerten Ports anbieten. Quinta de Santa Eufemia ist ein reiner Produzent, der keine Trauben oder Portwein aufkauft, um diesen dann unter seinem Etikett zu verkaufen.

3 Fragen – 3 Antworten: Bernardo Carvalho, CEO
Was war der erste Port, den du getrunken hast?
Als ich ungefähr 12 Jahre alt war, holte ich für meinen Vater eine Fassprobe Portwein.

Homepage: www.qtastaeufemia.com
Gründungsjahr: 1864
Inhaber: Bernardo Carvalho
Önologen: Alzira Carvalho
Quintas/Rebfläche: Quinta de Santa Eufemia (50 ha)
Spezialisiert auf: Tanwies
Geheimtipp: 30 Jahre alte White Port

Dort durfte ich dann den Rest des Behälters austrinken, mit dem wir den Port aus dem Fass geholt haben.
Was ist am Douro besonders?
Das Douro-Tal ist ein Paradebeispiel dafür, dass jahrhundertelange menschliche Arbeit aus einer unwirtlichen Landschaft den besten Wein der Welt erzeugen kann, den Portwein.
Welchen Port nimmst du mit auf die einsame Insel?
Eine Flasche Eufemia Frasqueira. Das ist ein weißer Portwein, der rund 140 Jahre alt ist.

VINTAGE PORTS

Vintage Ports wurden bisher in teilweise ungewöhnlichen Jahren deklariert: 2007 und 2008, nicht aber in 2009 und 2011.

VINTAGE PORT 2008 – Transparentrote Farbe. Würzig-frische Nase, Kirsche, Pflaume. Schokolade, Frucht am Gaumen, würziges Finish. **17** *(2015)*

LATE BOTTLED VINTAGE PORTS (LBV)

LBV Ports stellt Quinta Santa Eufemia immer ungefiltert her und füllt nach vier Jahren ab.

LATE BOTTLED VINTAGE PORT 2010 -Tiefdunkelrote Farbe. Lakritz-Frucht-Nase, intensiv. Voller, intensiver, fruchtbetonter Gaumen. Langer, strukturierter Abgang. Ein LBV, der von weiterer Lagerung noch profitiert. **16+** *(2015)*

AGED TAWNIES

10 YEAR OLD TAWNY - Mittelrotebraune Farbe. Nuss-Trockenfruchtnase. Fruchtrest, Nüsse, Honig, Trockenfrucht, Schokolade. Langer, Abgang. **16** *(2015)*

20 YEAR OLD TAWNY - Mittelorange Farbe. Karamell und Honig in der Nase, nussig. Nussiger, voller, säureunterstützter Gaumen Langer, voller Abgang. **17** *(2015)*
30 YEAR OLD TAWNY - Grüne Reflexe in der hellroten Farbe. Spürbare Acetonnoten in der Nase, intensive Nussnoten. Auch am Gaumen intensiv nussig, perfekt eingebundene Säure-Süße, Mandeln. Langer, balancierter Abgang. **18** *(2015)*
40 YEAR OLD TAWNY - Orange, leicht trübe Farbe. Elegante, balancierte Nase. Viel Nuss, Orangenschalen. Intensiver, voller Gaumen, balanciert. Orangennoten, Säure. Langer, balancierter Abgang. **18** *(2015)*

COLHEITAS

COLHEITA 2005 (bottled 2015) – Transparente, vollrote Farbe. Schokolade und Nüsse in der Nase. Auch am Gaumen Schokolade und Fruchtnoten, erste Tawny. **16** *(2015)*
COLHEITA 2004 (bottled 2015) – Mittelrote, transparente Farbe. Honig und Nüsse in der Nase. Frischer, voller Gaumen, Schokolade. Mittellanger Abgang. **16** *(2015)*

SONSTIGE PORTWEINE

Derzeit wird ordentlich darüber nachgedacht, auch weiße Colheitas herzustellen, aber dies war zu Redaktionsschluss noch in Planung.

10 YEAR OLD WHITE PORT - Vollgoldene Farbe, Intensive Aprikosennase, leichte Acetonnoten. Samtiger, fruchtiger Gaumen. Mittellanger Abgang. **17** *(2015)*
20 YEAR OLD WHITE PORT - Vollgoldene Farbe. Frische, intensive Nase. Auch am Gaumen tiefe Fruchtnoten. Langer, balancier Abgang. **17** *(2015)*
30 YEAR OLD WHITE PORT – Mittelorangegoldene Farbe. Volle, intensive Nase. Süßer, komplexer Gaumen, satte Intensität mit Balance. Sehr langer, ausgewogener Abgang. **18** *(2015)*
FRASQUEIRA (bottled 1994) - Eine Familien-Reserve, die vor Jahren auf die Nachkommen aufgeteilt wurde. Jetzt streitet man sich immer, wer die nächste Flasche aufmacht. Hellorange Farbe, sehr sauber. Orange und Zitronennote. Am Gaumen intensive, volle Säure. Zitrone und Orange. Minutenlanger Abgang. **19** *(2015)*

Ferreira

Ferreira hat durch seine langjährige Chefin Dona Antonia Adelaide Ferreira sehr viel Anteil an der Geschichte des Portweins. Obwohl Manuel Ferreira schon seit dem Anfang des 18. Jahrhunderts Wein anbaute, gründete er die Firma A.A. Ferreira erst einige Jahre später. Letztlich waren es aber seine Enkel Jose Bernardo und Antonio Bernardo ab etwa 1780, die Ferreira kommerziell voranbrachten. Ein Cousin von Antonio Bernardo heiratete dann Antonia Adelaide, was zu einer Ausweitung der Produktpalette zu anderen Agrarprodukten führte. Dona Antonia verwitwete bereits im Jahr 1844. Obwohl sie nicht in die Firmenführung einbezogen war, übernahm sie die geschäftlichen Aktivitäten und führte diese überaus erfolgreich weiter. Sie erwarb zahlreiche Quintas und war neben ihrer wirtschaftlichen Weitsicht besonders für ihr soziales Engagement bekannt. Dona Antonia gründete zahlreiche Schulen und Krankenhäuser.

Der Weinkonzern Sogrape erwarb 1988 die Markenrechte an Ferreira und vier ihrer Quintas: da Leda, do Porto, Vesuvio und Seixo. Die Quinta do Vesuvio wurde nur ein Jahr später an die Symingtons verkauft, die seit dem wieder Top-Level Vintage Ports und Douro DOCs dort produzieren. Die drei anderen Quintas werden weiterhin von Ferreira genutzt. Auf der Quinta do Seixo wurde 2007 ein anspruchsvolles Besucherzentrum gebaut, das auch ohne Voranmeldung besichtigt werden konnte – das erste seiner Art.

3 Fragen – 3 Antworten: Luis Sottomayor, Chef-Önologe

Was war der erste Port, den du getrunken hast?
Portwein war immer ein wichtiger sozialer Begleiter in meinem familiären Umfeld. An jedem Geburtstag gingen wir in den Keller und haben ein paar aufregende Flaschen geöffnet. Die erste Flasche, an die ich mich erinnern kann, war ein Vintage Port der Quinta do Seixo 1945.

Was ist am Douro besonders?
Das Douro-Tal ist besonders und einzigartig. Für einen Önologen gibt es viele Herausforderungen, aber auch exzellente Chancen, genau die Portweine her-

Homepage: www.sograpevinhos.com
Gründungsjahr: 1751
Inhaber: Sogrape Vinhos S.A.
Önologen: Luis Sottomayor
Quintas/Rebfläche: Quinta do Porto (24 ha), Quinta da Leda (76 ha), Quinta do Seixo (71 ha)
Importeur: www.eggerssohn.com

zustellen, die man möchte. Das fängt schon durch die Steillagen an, in denen man für jede Rebsorte die perfekte Sonneneinstrahlung erzielen kann. Weiter geht es mit der atemberaubenden Menge an autochthonen Rebsorten. Im Douro wächst alles von perfekter Qualität: Obst, Gemüse – einfach alles. Und die Trauben sind der beste Beweis.

Welchen Port nimmst du mit auf die einsame Insel?
Wenn ich nur eine Flasche mitnehmen darf, dann einen Ferreira Duque de Bragança 20y old Tawny.

VINTAGE PORTS

Ferreira Vintage Ports sind stets von sehr hoher Qualität und das durch die Jahrhunderte durch. Auch in nicht voll deklarierten Jahrgängen wie 1917 sind die Portweine immer noch auf der Höhe und begeistern durch Finesse.

VINTAGE PORT 2011 - Tiefe, dunkelrote Farbe mit violetten Reflexen. Balancierte, komplexe Nase mit Cassis und Schokolade. Kompakter, dichter Gaumen, spürbare Tannine und Cassis. Frucht –und schokoladebetonter Abgang. **17+** *(2016)*

VINTAGE PORT 2007 - Tiefschwarze Farbe und immense Struktur. In der Nase würzig mit Tabakspuren. Am Gaumen Tannine, Säure, Alkohol und eine derzeit leicht reduktive Frucht (vor allem Cassis und Brombeere). Langer, strukturierter Abgang. **17+** *(2014)*

VINTAGE PORT 2003 - Vergleichsverkostung der Sogrape 2003er Vintage Ports: Blickdichte, dunkelrote Farbe. Volle, florale Nase. Eleganter, voller Gaumen, auch blumige Noten. Mittellanger Abgang. **17+** *(2012)*

VINTAGE PORT 2000 - Leuchtende, violett-reflektierende Farbe. Elegante, balancierte Nase mit viel Druck und Frucht. Tannine, Säure, Schokolade und Frucht im Gaumen. Langer Abgang. **18** *(2012)*

VINTAGE PORT 1997 - Minimal transparente, dunkelrote Farbe. Elegante, florale Nase, Himbeeren. Filigrane Tannine und Säure mit viel Pflaume und Schokolade. Langer, balancierter Abgang. **18** *(2012)*

VINTAGE PORT 1995 - Dunkelrote, leicht stumpfe Farbe, bereits Alterungsspuren in der Optik. Verhaltene Pflaumennase. Am Gaumen schon weit entwickelt. Mittellanger Abgang. **16** *(2011)*

VINTAGE PORT 1994 - Immer noch violettes Dunkelrot. Komplexe Nase mit viel Frucht und einer sehr intensiven Struktur. Am Gaumen Säure, starke Tannine, Alkohol und viel rote Beeren. Ganz leichte mineralische Noten. Öffnet sich auch nach fünf Stunden an der Luft nicht wirklich. Braucht noch viel Zeit. **18** *(2012)*

VINTAGE PORT 1991 - Transparente Farbe. Kirsche und Rumrosinen in der Nase. Eleganter, leicht vegetaler Gaumen mit spürbarer Säure. Mittellanger Abgang. **16** *(2012)*

VINTAGE PORT 1985 - Dunkelrote, transparente Farbe. Malz, Toffee und Restfrucht in der Nase, noch viel Druck. Am Gaumen Säure spürbar, strukturiert, Kaffee und Malz. Mittellanger Abgang. **17** *(2015)*

VINTAGE PORT 1983 QUINTA DO SEIXO - Neben dem 2013er Quinta do Seixo von Sandeman der einzige Single-Quinta Vintage Port von diesem Weingut. Zum Abendessen auf der Quinta do Porto mit Luis Sottomayor getrunken: Volle dunkelrote Farbe. Gereifte Nase, ansprechende Würznoten im Hintergrund, Kaffee. Auch am Gaumen satte Kaffeenoten, Rumrosinen. Eleganter Abgang. Jetzt trinken. **17** *(2013)*

VINTAGE PORT 1982 - Sehr stark im Dekanter nachgedunkelte gerade noch transparente dunkelrote Farbe, wenig Wasserrand. Frisches Bouquet, mitschwingende Süße und Karamell. Am Gaumen sehr gut stützende Säure, Toffee, ansprechende Würze. Mittellanger, frischer Abgang. **17** *(2012)*

VINTAGE PORT 1980 - Transparente, orange Farbe mit bräunlichen Reflexen. Interessante, frisch-florale Nase, sehr lebendig mit viel Honig, Malz und Orangenschalen. Am Gaumen bereits sehr weit entwickelt. Würziger Honig, Toffeenoten. Ausgewogener, leichter Abgang. **16** *(2010)*

VINTAGE PORT 1978 - Rotorange Farbe mit ansprechenden Reflexen, Elegantes Bouquet mit Mokka und Tabak. Integrierter, eleganter Gaumen mit Schokolade und Kaffee. Mittellanger Abgang. Wird im Dekanter schnell müde. Austrinken. **17** *(2012)*

VINTAGE PORT 1975 - Volltransparente, dunkelrote Farbe. In der Nase Minznoten und Tabakblätter. Eleganter, tabakwürziger Gaumen, Milchschokolade. Mittellanger, balancierter, eleganter Abgang. **16** *(2015)*

VINTAGE PORT 1970 - Volle, tiefrote Farbe. Malz-, Honig und Toffee in der Nase. Am Gaumen gut stützende Säure, Schokolade, Malz, Honig und Toffee. Mittellanger Abgang mit Finesse. **18** *(2011)*

VINTAGE PORT 1966 - Rotbraune Farbe mit Alterungsspuren bei mittlerer Struktur. Verhaltene Nase mit Toffee- und Malzaromen und leichter Würze. Am Gaumen ist der Wein komplexer als die Nase verspricht. Würznote. Erinnert mich an den 67er Noval. Mittellanger Abgang. Toffeebetonter Abgang. **17** *(2016)*

VINTAGE PORT 1963 - Der hellste der 1963er Vergleichsprobe. Hellrote, saubere Farbe. Elegantes, florales Bouquet. Am Gaumen sehr weit entwickelt, dezente Honig- und Würznoten. Wenig ausgeprägter Abgang. Kein weiteres Entwicklungspotential. **17** *(2013)*

VINTAGE PORT 1955 - Ausgeprägter Wasserrand in der sonst jugendlichen Farbe. Verhaltene Nase mit viel Minze, Schokolade und Karamell. Komplexer, integrierter Gaumen mit gut stützender Säure, Schokolade und Honig. Mittellanger, voller Abgang. **18** *(2010)*

VINTAGE PORT 1947 - In Porto aus der Magnum: Orangerote Farbe mit braunen Reflexen. Tiefe, ansprechende Struktur mit Wasserrand. In der Nase Karamell und Toffee. Medizinale Aromen. Eleganter, balancierter Gaumen mit einer ausgeprägten Toffee- und Kaffeenote. Mittellanger voll integrierter Abgang. **18** *(2008)*

VINTAGE PORT 1945 - Mittelbraune Farbe mit erkennbarem Wasserrand. Minimal süße Nase mit Butterscotch-Noten, hintergründig Kräuter. Samtiger Gaumen, Schokolade, Crème-Brûlée. Mittellanger, kräuterbetonter Abgang. **18** *(2015)*

VINTAGE PORT 1917 - Leuchtend orange Farbe. Elegante Nase mit leicht erkennbarer Säure, dahinter Rauch, würzig. Mandel- und Toffeenoten am Gaumen, medizinal. Überraschend langer Abgang. Austrinken. **16** *(2008)*

VINTAGE PORT 1863 - Diesen Portwein durfte ich bereits einige Male verkosten. Letztes Mal anlässlich Dona Antonia Ferreiras 200. Geburtstag in Porto mit Luis Sottomayor: Hellbeige Farbe, ausgeprägter Wasserrand. Intensiver Honig, Toffee und Malz in der Nase, allerdings viel integrierter und weniger einzeln erkennbar als bei jüngeren Vertretern. Am Gaumen balanciert, voll integrierte Säure und viel Honig und Anisnoten. Auch noch Frische spürbar (!). Langer, minzbetonter Abgang. Ein echtes Erlebnis. **18** *(2011)*

VINTAGE PORT 1847 - Ebenfalls im Rahmen der 200. Geburtstagsfeier von Dona Antiona: Hellbeige Farbe mit erkennbar grünlichen Reflexen am Rand (Fasslagerung länger als die heute üblichen zwei Jahre): In der Nase Eukalyptus, Bienenwachs und Honig. Samtiger, sanfter Gaumen mit intensivem Karamell, hintergründig Minze. Mittellanger, toffeebetonter Abgang. **18** *(2011)*

VINTAGE PORT 1834 - Der dritte im Bunde zum Geburtstag: Hellbeige Farbe mit hellbraunen Reflexen. Geringer Wasserrand. In der ausgewogenen Nase Akazienhonig und Minze, elegant. Runder, samtiger Abgang mit viel Toffee- und Malz und gut stützender Säure. Mittellanger Abgang. **18** *(2011)*

LATE BOTTLED VINTAGE PORTS (LBV)

LATE BOTTLED VINTAGE PORT 2009 - Tiefe, vollrote Farbe, fast schwarz mit dunkelroten Reflexen. Fruchtbetonter, voller Gaumen, sehr gut strukturiert, spürbare Tannine. **17** *(2014)*

AGED TAWNIES

10 YEAR OLD TAWNY - Volltransparente, mittelrote Farbe. Elegante Schokoladen-Nuss-Nase. Am Gaumen noch Restfrucht spürbar, gut stützende Säure, Nüsse. Mittellanger Abgang. **16** *(2016)*

20 YEAR OLD TAWNY - Dunkelorange Farbe. Volle, intensive Marzipan-Nuss-Nase. Balancierter Gaumen mit stützender Säure, Toffee und Nüssen. Langer Abgang. **17** *(2016)*

FEUERHEERD

Feuerheerd wurde 1815 von Dietrich Matthias Feuerheerd gegründet, einem der wenigen Produzenten mit deutschen Wurzeln. 1881 hat sich Feuerheerds Sohn dann ausschließlich auf den Portweinproduktion konzentriert und den Handel mit Tieren und Früchten eingestellt. Feuerheerd war einer der führenden Visionäre der Dampfschifffahrt zwischen Portugal und England, in einigen Jahren hat er 100.000 Tiere und vieles mehr mit dampfgetriebenen Schiffen transportiert. 1849 übergab Dietrich Feuerheerd die Firmengeschäfte an seine Söhne, die sie nicht nur erfolgreich weiter entwickelten sondern darüber hinaus auch erste Seminare über Portwein in England organisierten. Auch produzierte Feuerheerd weitreichend Single Quinta Vintage Ports von seinen Weingütern Quinta do Ronção, Quinta do Bom Retiro und Quinta de Zimbro.

Die nächste Generation unter Albert Feuerheerd führte die Firma bis zu seinem Tod 1933. Ein Jahr später wurde Feuerheerd von Barros Almeida übernommen. Allerdings wurde die zur Firma gehörende Quinta de La Rosa als Taufgeschenk von Claire Bergqvist aus der Firma herausgelöst. Heute ist die Quinta de la Rosa immer noch in Händen der Bergqvist-Familie mit Sophia als Eigentümerin. Die Marke Feuerheerd´s gehört heute den van Zeller Brüdern, die damit Ihre Markenvielfalt vergrößern und neben Maynard und Barão de Vilar Feuerheerd Portweine in verschiedenen Märkten anbieten.

3 Fragen – 3 Antworten: Tim Bergqvist
Was war der erste Port, den du getrunken hast?
Das war ein Verschnitt des Jahrgangs 1947 von meiner Mutter, Claire Bergqvist, heute höchstwahrscheinlich ähnlich dem Finest Reserve.
Was ist am Douro besonders?
Die Konzentration der Weine und Portweine, deren Trauben den steinigen Terrassen des Douro-Tals entnommen wurden. Die Strömung des Douro ist simple Magie auf dem Weg in den Atlantik.
Welchen Port nimmst du mit auf die einsame Insel?
Eine Flasche La Rosa 10 year old Tawny.

Homepage: derzeit keine
Gründungsjahr: 1815
Inhaber: Alvaro und Fernando van Zeller, Rui Carvalho
Önologen: Alvaro van Zeller
Quintas/Rebfläche: derzeit keine
Spezialisiert auf: Colheitas
Geheimtipp: 2004 White Colheita, 1974 Colheita

VINTAGE PORTS

VINTAGE PORT 2007 - Dunkelrote Farbe mit violettem Reflexen. Süße, fruchtbetonte Nase mit ausreichender Struktur. Eleganter Gaumen, viel primäre Rotfruchtaromen. Säure und Tannine spürbar. Recht kurzer, stark fruchtbetonter Abgang. Für den sehr kurzfristigen Verbrauch.
16 *(2010)*

VINTAGE PORT 1985 - Mittelrote Farbe mit ausgeprägten Reflexe, leichter Wasserrand. Komplexe Nase, leichte Frucht, süße Würze. Samtiger Gaumen, leichte Fruchtnoten, medizinische Note. Relativ kurzer Abgang.
16 *(2008)*

VINTAGE PORT 1963 - Mittelrote, sehr transparente Farbe. Mittelintensive Himbeer-Kaffeenoten, Toffee. Ausgewogener Gaumen, mineralische Noten, Schokolade, Kaffee, Toffee. Überraschend langer Abgang.
17 *(2013)*

VINTAGE PORT 1945 - Mit Tim und Sophia Bergqvist und David Guimaraens auf La Rosa beim Abendessen getrunken: Überraschend junge Optik: volle dunkelorange Farbe. Im Bouquet Malz, Kaffee und Toffee. Ganz leichte Bitternoten in Mund und Nase. Am Gaumen Kaffee und Schokolade. Sehr komplexer, voller Abgang. Aufgrund der Bitternoten nur
18 *(2011)*

COLHEITAS

Die alten Colheitas wurden von Barão de Vilar gekauft und unter eigenem Etikett angeboten. Daher sind einige Verkostungsnotizen identisch zu denen von Barão de Vilar.

COLHEITA 1990 (bottled 2016) - Tiefe, dunkelrot-orange Farbe, wirkt älter. Balanciertes fruchtig-florales Bouquet, Malz und Kaffee. Am Gaumen Säure, Marzipan, Nussmix und Trockenfrüchten. Mittellanger, säurebetonter Abgang. **17** *(2016)*

COLHEITA 1982 (bottled 2013) - Leuchtend transparente, dunkelrote Farbe. Balancierte Nussnase, intensiv aber ausgewogen. Am Gaumen leichter Acetontouch, satter Nussmix, Kaffee, Toffee, gut strukturiert. Langer voller Abgang. **17** *(2014)*

COLHEITA 1974 (bottled 2014) - Rotorange Farbe, minimal grüne Reflexe. Frische, minimal acetonhaltige Nase, würzig floral, elegant. Ansprechend strukturierter Gaumen, leichter Teergeschmack (Douro Bake), Trockenfrüchten. Mittellanger Abgang. Sehr gutes Preis-Leistungs-Verhältnis. **18** *(2014)*

COLHEITA 1963 (bottled 2013) - Dunkelorange Farbe mit tiefem Farbkern. Elegante Gewürz-Toffee-Nase mit ausdrucksstarken Nussnoten. Am Gaumen stimmig mit ansprechendem Toffee-Nussmix. Langer Abgang. **18** *(2014)*

COLHEITA 1934 (bottled 2013) - Tiefschwarze Farbkonzentration, hellt am Rand auf. Volle konzentrierte Nase, Süße, Kaffee, Malz. Am Gaumen tiefe Konzentration mit Kaffee, Malz und Trockenfrüchten. Langer, voller Abgang. **18** *(2014)*

SONSTIGE PORTWEINE

Erst seit der Übernahme der van-Zeller-Brüder werden auch wieder ältere White Ports hergestellt, der erste ist der 2004er White Colheita.

WHITE COLHEITA 2007 (bottled 2016) - Mittelorange Farbe. Elegante, balancierte Orangennase. Auch am Gaumen alles stimmig, viel Orange und sehr gut stützende Säure. **16** *(2016)*

WHITE COLHEITA 2004 (bottled 2014) - Mittelgoldgelbe Farbe. Satte Honignote in der Nase, wirkt älter, sehr gute Balance. Minimal spürbare Säure am Gaumen mit ansprechender Komplexität. Mittellanger Abgang. Wird mit mehr Zeit im Fass noch besser. **17** *(2014)*

Fonseca

Wenn die Fladgate Partnership mit ihren Marken Taylor, Fonseca und Croft ein Autokonzern mit den Marken Mercedes, Audi und VW wäre, dann ist Fonseca Audi. Sie wird vom Konzern nicht ganz so in den Vordergrund gestellt wie Taylor, ergänzt diese aber perfekt im Spitzensegment, überholt sie sogar qualitativ in vielen Jahren. Tatsächlich ist Fonseca der Name, den man von den Produzenten am Häufigsten hört, wenn man sie nach ihrem Lieblingshersteller fragt. Fonseca produziert verlässlich Top-Vintage Ports über die Jahrzehnte. Mit Ausnahme des 1980er Vintage Ports, einem der schwächsten Portweine aus diesem generell deklarierten Jahrgang, sind Fonseca Vintage Ports in allen deklarierten Jahrgängen auf den vorderen Plätzen. Dieses hohe und konstante Qualitäts-Niveau gibt es nirgendwo sonst. Der Jahrgang 1980 ist sehr weit gereift und nur noch aus der Magnum mit viel Spaß trinkbar. Laut Aussage von David Guimaraens hat man in diesem Jahr zu viel Vintage Port produziert, ohne ausreichend auf die Qualität zu achten. Während aber andere Hersteller oft Qualitätsprobleme über eine längere Periode hatten, war Fonseca mit seinem 1983 wieder sehr gut und mit seinem 1985er Vintage Port unbestritten auf Goldmedaillenkurs unterwegs.

Zum ersten Mal trat João dos Santos Fonseca 1815 in Erscheinung, als er zweiunddreißig Fässer Portwein kaufte. Nachdem er sich im Portweingeschäft etabliert hatte, fand Fonseca in Francisco Monteiro einen finanzkräftigen Partner und firmierte bereits fünf Jahre später unter Fonseca & Monteiro. Durch die Aufnahme von Manuel Pedro Guimaraens erhöhten sich die Liquidität und der Absatz weiter. Guimaraens musste Portugal aufgrund der politischen Spannungen bald verlassen und gründete in London zunächst eine Niederlassung, aus der er den britischen Markt für Fonseca kontrollierte. Kurze Zeit später verlagerte er auch den Hauptsitz in das Vereinigte Königreich. Seit dem Vintage 1840 verkaufte Fonseca, Monteiro & Guimaraens ihren Port unter dem Namen und stiegen damit zu einem der größten und qualitativ angesehensten Portweinproduzenten auf. Während des ersten Weltkriegs belieferte Fonseca das englische Militär, um den Verwundeten mit Portwein ihr Leid zu lindern. In dieser Zeit wurde auch der Choco Port von Fonseca berühmt, ein älterer Tawny, der zur damaligen Zeit höhere Preise als die Vintage Ports erzielt hat.

Erst 1928 verlagerten Frank Guimaraens und Harold Flower den Firmensitz wieder

Homepage: www.fonseca.pt
Gründungsjahr: 1815
Inhaber: Fladgate Partnership
Önologen: David Guimaraens
Quintas/Rebfläche: Quinta do Panascal (38 ha), Quinta do Santa Antonio (6 ha), Quinta do Cruzeiro (15 ha)
Spezialisiert auf: Vintage Port
Geheimtipp: Fonseca Guimaraens 1976
Importeur: www.cwdwein.de

nach Porto. Der Produktionseinbruch in der letzten Hälfte des zweiten Weltkriegs führte zu einer umfangreichen Fremdkapitalaufnahme und schließlich der Übernahme durch Taylor, Fladgate & Yeatman, im Jahr 1949. Finanziell stark angeschlagen, produzierte man mit den Jahrgängen 1945 und 1948 große Vintage Ports.

1956 trat mit Bruce Guimaraens ein wirklicher Charakter in die Firma ein. Obwohl die 1950er, 1960er und 1970er Jahre für das „Port-Business" nicht besonders einträglich waren, wuchs Fonsecas Reputation mit den Jahrgängen 1963, 1966 und 1970 – drei Spitzenjahrgängen in weniger als zehn Jahren. Alleinverantwortlich für alle drei Jahrgänge war Bruce Guimaraens. Seit 1992 wirkt sein Sohn David Guimaraens als verantwortlicher Önologe und lenkt die vinophilen Firmengeschicke. Damit haben von 1896 bis heute nur vier Personen die „final blends" dirigiert: von 1896 bis 1948 Frank Guimaraens, danach Dorothy Guimaraens für den Jahrgang 1955, von 1960 bis 1991 Bruce Guimaraens und seit 1992 David Guimaraens.

Die Trauben stammen seit dem Anfang des 20. Jahrhunderts von den nahe Pinhãos gelegenen Quintas Cruzeiro und Santo António, die erst in den 1970er Jahren gekauft wurden. 1978 erwarb die Firma die Quinta do Panascal, bei der man mit einem Audio-Guide die Besonderheiten des Weinanbaus im Douro-Tal erleben kann. Die am Südufer gelegene Quinta ergänzt das Portfolio perfekt, da hier ein völlig unterschiedliches Mikroklima vorherrscht.

Das einzige Problem bei Fonseca Vintage Ports ist für den Konsumenten der Preis. Sie haben aufgrund ihrer beständigen Qualität kontinuierlich zugelegt und gehören hinter Quinta do Novals Nacional und der Schwestermarke Taylor unabhängig vom Jahrgang zu den teuersten Vintage Ports überhaupt.

3 Fragen – 3 Antworten: David Guimaraens, Chef-Önologe

Was war der erste Port, den du getrunken hast?
Der erste Portwein, den ich getrunken habe, stammte aus einem Glas vor einem großen Fass. Wir waren mit Touristen bei Rei Ramiro in einem unserer Portwein-Lagerhäuser. Ich war 9 oder 10 Jahre alt und die Geschichte ging für mich nicht gut aus. Mein Vater Bruce war auch nicht besonders erfreut, da ich den Port ohne sein Wissen getrunken hatte.

Was ist am Douro besonders?
Der Douro hat steile Hänge und ein heißes Klima. In dieser Umgebung haben Generationen von Herstellern bzw. ihre Arbeiter den Boden bearbeitet, indem sie perfekt ausgewählte Rebsorten angepflanzt haben, um den besonderen und wundervollen Portwein herzustellen.

Welchen Port nimmst du mit auf die einsame Insel?
Auf jeden Fall eine Flasche Fonseca Vintage Port 1963

VINTAGE PORTS

Die Vintage Ports von Fonseca gehören bis auf den Jahrgang 1980 immer zu den absoluten Favoriten des Jahrgangs, in einigen Spitzenjahrgängen, wie 1948, 1963 oder 1985 findet man sie klar in der Pole-Position, in 1955, 1966, 1970, 1994 und 2000 sind sie auf den vorderen Rängen. Immer mit viel Druck und Finesse, sind sie oft subtiler, geschmeidiger und auch in der Jugend gefälliger als die Vintages anderer großer Häuser. Allerdings befinden sich die Vintage Ports der Firma auch lange Zeit in einer intensiven Reduktionsphase. In dieser Phase muss man über viel Erfahrung verfügen, um das wahre Potential der Weine zu erkennen. Das hindert sie aber nicht daran, perfekt zu reifen und besonders im Alter ab ungefähr fünfzig Jahre Reifezeit zu beeindrucken. Bei der Önologen-Familie Guimaraens werden Traditionen von der vorherigen auf die nächste Generation weitergegeben, so dass sich das Reifepotential auch bei den jüngeren Jahrgängen nicht ändern wird.

VINTAGE PORT GUIMARAENS 2013 - Violett-dunkelrote Farbe. Frische, fruchtige Nase, Cassis und roten Beerenmix. Fruchtig, frischer Gaumen, spürbare Tannine, viel Cassis und rote Beeren. Mittellanger Abgang. **16** *(2015)*

VINTAGE PORT 2011 - Würzige Nase, Teer und Himbeeren. Komplexer, würziger Gaumen, roter Beerenmix, Cassis Teer, perfektes Tanningerüst. Intensiver, langer, tanninhaltiger Abgang. **18** *(2013)*

VINTAGE PORT 2009 - Volle, tiefdunkelrote Farbe. Elegante, florale und fruchtige Noten im Bouquet. Auch am Gaumen elegant, mit samtigen Tanninen und ausgewogener Kirsche und Johannisbeere. Voller langer Abgang. **17+** *(2011)*

VINTAGE PORT GUIMARAENS 2008 - Tiefschwarze Farbe, volle Reflexe. Reife, fast überreife Früchte und Konfitüre-Noten in der Nase, leichte Säure. Voller, runder Gaumen, leichte Tannine, Säure und Frucht (Himbeeren und Kirsche). **16+** *(2013)*

VINTAGE PORT PANASCAL 2008 - Schwarzviolette Farbe mit mittleren Reflexen, sehr konzentriert. Heidelbeer- und Kirschmarmelade in der Nase, satte Frucht, leicht alkoholisch. Säure, Tannine, Frucht im Gaumen. Klassischer als der Guimaraens des gleichen Jahrgangs. **17** *(2011)*

VINTAGE PORT 2007 - Offene, volle johannisbeerbetonte Nase, floral. Am Gaumen leichter, verhalten fruchtig. Spürbare Säure und Tannine. Gerade noch **17** *(2012)*

VINTAGE PORT GUIMARAENS 2005 - Volle violette Reflexe in der tiefrot, fast schwarzen Farbe. Wie der 2004er schon gereifte Nase, leicht vegetal. Fruchtiger, leicht säurehaltiger Gaumen. Kurzer, fruchtbetonter Abgang. **16** *(2011)*

VINTAGE PORT PANASCAL 2005 - Tiefdunkelrote, volle Farbe mit violetten Reflexen. In der Nase sehr offen und Fruchtig mit viel schwarzer Johannisbeere, Himbeeren und Kirsche. Am Gaumen bestätigt sich die Nase: enorme Frucht. Fruchtig-komplexer Abgang. **17** *(2007)*

VINTAGE PORT GUIMARAENS 2004 - Tiefrote Farbe. Gereifte Noten im Bouquet, gebackene Früchte. Auch am Gaumen überreif mit erkennbarer Säure. Mittellanger Abgang. **16** *(2011)*

VINTAGE PORT PANASCAL 2004 - Tiefdunkelrote Farbe. Fruchtig-frisches Bouquet mit satter schwarzer Johannisbeere. Am Gaumen konzentriert, mit massiver Frucht und derzeit spürbarer Säure. Mittellanger Abgang. **17** *(2007)*

VINTAGE PORT 2003 - Extrem jugendliche Farbe mit ausgeprägten Reflexen. Heidelbeer- und Himbeeren in der Nase, Konfitüre, Tannine spürbar. Sehr tanninhaltiger Gaumen, derzeit zurücktretende Frucht, viel Säure. Langer, adstringenter Abgang. **18** *(2010)*

VINTAGE PORT GUIMARAENS 2001 - Dunkelrot, fast schwarze Farbe. Wenig Reflexe. Viel Cassis, Kirsche und Brombeere in der Nase. Leicht eindimensionaler, hauptsächlich fruchtiger Gaumen. Mittellanger, fruchtiger Abgang. **16** *(2011)*

VINTAGE PORT PANASCAL 2001 - Volle, violettrote Farbe. Spürbare Säure und Frucht in der Nase. Ausladende Himbeeren und schwarze Johannisbeere, weißer Pfeffer im Hintergrund. Massive Süße am Gaumen, Frucht und Säure, elegantes Tanningerüst. **17** *(2012)*

VINTAGE PORT 2000 - Volle, dunkelrote, leicht stumpfe Farbe. Intensive, strukturierte Nase. Schokolade, schwarze Johannisbeere und Kirsche, hintergründig würzig. Würzig-fruchtiger Gaumen, Kirsche, Zartbitterschokolade, Pfeffer, Tannine spürbar. Unterschwellig komplexer Abgang. Derzeit voll in der Reduktionsphase. **18+** *(2015)*

VINTAGE PORT GUIMARAENS 1998 - Transparente, dunkelrote Farbe, wenig Wasserrand. Elegante, fruchtige Nase mit viel Himbeeren. Auch am Gaumen elegante Frucht. Kurzer Abgang. **16** *(2011)*

VINTAGE PORT PANASCAL 1998 - Schon entwickelte, transparent rote Farbe, minimaler Wasserrand. Viel Kirsche in Mund und Nase. Mittellanger Abgang. Einer der besten 98er. **17** *(2012)*

VINTAGE PORT 1997 - Blickdichte, dunkelrote Farbe mit intensivem Farbkern. Reduktive Nase, derzeit nicht sonderlich überzeugend. Unterschwellig aber mit viel Druck. Auch am Gaumen derzeit unspektakulär, Tabak, Kirsche. Mittellanger Abgang. **17+** *(2015)*

VINTAGE PORT GUIMARAENS 1996 - Dunkelrote, minimal transparente Farbe. Würzige, ansprechende Nase. Schokonoten und Karamell am Gaumen. Schoko-toffee Abgang. Zusammen mit dem Taylors Vargellas mein Jahrgangs-Favorit. **17** *(2015)*

VINTAGE PORT GUIMARAENS 1995 - Dunkelrote, blickdichte Farbe. Kompakte, dichte Nase mit Süßholz, Lakritze und rotem Beerenkorb. Auch am Gaumen dicht, spürbare Tannine, Kirsche, Lakritze. Mittellanger Abgang. **17+** *(2015)*

VINTAGE PORT 1994 - Tiefdunkelrote Farbe mit intensivem Farbkern. Minimal reduktive, intensive Nase mit satter Schokolade und rotem Beerenkorb. Druckvoller, intensiver Gaumen mit massiven Schoko-Frucht-Noten. Langer, komplexer Abgang. **19** *(2015)*

VINTAGE PORT 1992 - Blickdichte, strukturierte, dunkelrote Farbe mit fast schwarzem Farbkern. Floral-fruchtige Nase, Himbeeren. Fruchtig-schokoladiger Gaumen mit gut stützender Säure und mittellangem Abgang. **17** *(2015)*

VINTAGE PORT GUIMARAENS 1991 - Minimal transparente, dunkelrote Farbe. Leicht gereifte, frische, schokoladige Nase, weißer Pfeffer. Balancierter, eleganter Gaumen, Schokolade, Pfeffer. Mittellanger Abgang. **17** *(2015)*

VINTAGE PORT GUIMARAENS 1988 - Blickdichte, tiefschwarze Farbe. Knackige, strukturierte Nase, minimal überreif. Komplexer, kantiger Gaumen, hat sich noch nicht wieder geöffnet, viel Säure. Mittellanger Abgang. Von der 86-87-88-Trilogie der mit der vielversprechendsten Zukunft. **17+** *(2015)*

VINTAGE PORT GUIMARAENS 1987 - Tiefe, dunkelrote Farbe. Frische, fruchtige Nase, Himbeeren, Kirsche. Fruchtbetonter Gaumen, stimmig und balanciert, Milchschokolade und Tabak. Mittellanger, schokoladiger Abgang. **17** *(2015)*

VINTAGE PORT GUIMARAENS 1986 - Eine der besten Möglichkeiten, den Unterschied zwischen einem Zeitlabel (Single Quinta Vintage Port) und einem regulären Vintage Port zu erklären, sind der Guimaraens 86 und der Fonseca 85. Während der 85er noch voll in der Fruchtblüte steht, zeigt der 86er eine transparente, mittelrote Farbe. Frische, elegante Nase mit Malz, unterschwellig Minze und Himbeeren. Relativ eindimensionaler Gaumen mit Malznoten. Kurzer Abgang. **16** *(2015)*

VINTAGE PORT 1985 - Der beste Port des Jahrgangs 1985 und der Vintage Port, der die längste Zeit von allen mir bekannten des Jahrgangs 1985 in der Reduktionsphase gewesen ist. Tiefdunkelrote, nahezu blickdichte Farbe, ohne Wasserrand. Derzeit verhaltene, aber unterschwellig druckvolle Nase, Lakritz, Kirsche, Schokolade. Intensiver, strukturierter Gaumen, stoffig. Viel Druck. Langer, lakritz- und fruchtbetonter, komplexer Abgang. Von dem 85er Fonseca wurden mehr als 200.000 Flaschen hergestellt - die bis dahin größte Menge eines Vintage Ports. Riesenpotential für die nächsten Dekaden. **18+** *(2015)*

VINTAGE PORT GUIMARAENS 1984 - Dunkelrote Farbe. Kaffee- und Tabaknase. Leichter, voll integrierter Gaumen, Kaffee und Himbeeren. Kurzer, aber voll integrierter Abgang. Austrinken. **16** *(2011)*

VINTAGE PORT 1983 - Volltransparente, mittelrote Farbe. Gebackene Noten in der Nase, vegetal, dahinter noch Frucht und Malz, Liebstöckel. Auch am Gaumen zunächst flach, hintergründig dann Malz- und Fruchtnoten. Kurzer Abgang. **16** *(2015)*

VINTAGE PORT 1980 - David Guimaraens hat mir erklärt, dass – warum auch immer – bei diesem Jahrgang die Quantität vor der Qualität stand. Während die meisten anderen Produzenten solide Jahrgangsports hergestellt haben, ist der 1980er Fonseca ein sehr eleganter, leichter Vertreter. Aus der Magnum: Transparente, dunkelrote Farbe. Elegante, malzig-frische Nase, Toffee, Minze, Schokolade. Leichter, aber aromatischer Gaumen. Elegante Butterscotch-Noten, Karamell. Mittellanger Abgang. Normalflaschen **16**, Magnum **17** *(2015)*

VINTAGE PORT GUIMARAENS 1978 - Beige Reflexe in der roten Farbe, ausgeprägter Wasserrand. Honig- und Toffeenoten im Bouquet und Gaumen, weit gereift am Gaumen. Eleganter, kurzer Abgang. Austrinken. **16** *(2011)*

VINTAGE PORT PANASCAL 1978 - Klare, rotorange Farbe mit ausgeprägtem Wasserrand. Elegantes Bouquet, Minznoten. Auch am Gaumen sehr leicht, wirkt fast wässrig. Kurzer Abgang. **14** *(2015)*

VINTAGE PORT 1977 - Tiefe, transparente voll-dunkelrote Farbe. Intensives, einladendes Bouquet mit Himbeeren und Kirschen, hintergründig Schokolade und Gewürze. Am komplexen Gaumen ausgewogene intensive Noten von Schokolade, Karamell und Gewürznoten. Langer, voller Abgang. **19** *(2016)*

VINTAGE PORT GUIMARAENS 1976 - Es gibt Vintage Ports wie den 1976er Fonseca, der sofort beim Dekantieren Fragen aufwirft. Warum ist er so tiefdunkel? Wurde hier Johannisbeer-Extrakt verwendet? Diese würde mit steigendem Alter bräunliche Reflexe verursachen. Andere Ports mit ähnlichen Phänomenen sind der Dow 1980, der McKenzie 1955 und der Constantino 1947. Volle, dunkle, sehr konzentrierte Farbe. Auch die Nase ist voll und kräftig. Viel Würze, leichte florale Noten im Hintergrund. Frischer, voller, komplexer Gaumen, mit spürbaren Tanninen. Langer Abgang. **18** *(2011)*

VINTAGE PORT 1975 - Bei der 1975er Horizontalprobe im Dezember in London der dunkelste Wein der Probe: Erstaunlich tiefrote Farbe für dieses Jahr. Elegante, fruchtig frische Nase mit Kräuterfinish. Lebendiger, säuregestützter Gaumen, Pfeffer, minimale Restfrucht, Schokolade. Mittellanger Abgang. **17** *(2015)*

VINTAGE PORT GUIMARAENS 1972 - Helles Beige mit leicht bräunlichen Reflexen. Verhaltene Nase, Minznoten. Sehr weit gereifter Port, im Mund leicht Malz und Honig. Leichter Abgang. Austrinken. Vergleichbar mit dem 86er zu einem späteren Stadium. **16** *(2013)*

VINTAGE PORT 1970 - Gleichmäßige, dunkelrote Farbe. Frisch, fruchtige, leicht säurehaltige, sehr lebendige Nase. Zunächst viel Himbeere, dann mit zunehmender Dekantierzeit massive Würznoten, sehr vielschichtig, hintergründig florale Noten. Am Gaumen noch spürbare Tannine und ein gut stützendes Säuregerüst, Tabak, erste Toffee-Noten. Langer, wärmender Gaumen. **18** *(2015)*

VINTAGE PORT GUIMARAENS 1968 - Leichter Wasserrand, sonst volles Dunkelrot. Verhaltenes Bouquet. Leichter, integrierter Gaumen, ansprechende Toffeenoten. Mittellanger, sehr gut strukturierter Abgang. **17** *(2011)*

VINTAGE PORT GUIMARAENS 1967 - Jugendliche, volle, dunkelrote Farbe. Elegante Nase, viel Minze und Schokolade. Weicher, samtiger Gaumen mit viel Milchschokolade und Karamell. Mittellanger, voller Abgang. **17** *(2011)*

VINTAGE PORT 1966 - Tiefe, dunkelrote Farbe, der man das Alter nicht ansieht. Frisches, fruchtig-volles Bouquet. Brombeeren, Kirsche, Tabaknoten, Pfeffer. Tiefer, komplexer Gaumen mit allerlei rotbeerigen Fruchtnoten, hintergründig malzig. Floral frisch. Langer, voller Abgang. **19** *(2016)*

VINTAGE PORT GUIMARAENS 1965 - Volle, dunkelrote Farbe. Verhaltene, leicht alkoholische Nase. Mittlere Malznoten am Gaumen. Angenehmer voll integrierter Abgang. Von diesem Port wurden 3.400 Kisten hergestellt. **17** *(2011)*

VINTAGE PORT GUIMARAENS 1964 - Überraschend dunkle Farbe, viel jünger als erwartet. Frische, volle Nase. Florale Noten und leichte Würze. Ähnlicher Gaumen mit zusätzlich Eukalyptus. Relativ kurzer, aber angenehmer Abgang. **17** *(2011)*

VINTAGE PORT 1963 - Dunkelrote, frische, transparente Farbe. Komplexes, tiefes Schokolade-Toffee-Frucht-Bouquet mit würzigen Noten im Hintergrund. Voller, minimal süßer Gaumen, tief und komplex, dabei mit hervorragender Balance. Langer, voller Abgang. Meine acht Wertungen bei diesem Port waren einmal NR, 3x19 und 4x 20 Punkte, daher **20** *(2015)*

VINTAGE PORT GUIMARAENS 1961 - Auffallend jugendliche, dunkelrote Farbe. Ausdrucksstarkes Bouquet mit überwiegend Honigaromen, sehr vielschichtig. Voller, runder Gaumen mit Kombinationen von Honig, Malz und Karamell, hintergründig Würznoten. Mittellanger Abgang. Von diesem Port wurden 78.000 Flaschen produziert – sehr viel für einen Single Quinta Vintage Port! **17** *(2011)*

VINTAGE PORT 1960 - Volltransparente, orangerote Farbe. Eukalyptus und Minze in der Nase, ätherisch, aber ansprechend. Am Gaumen Säure und Alkohol spürbar, dahinter ätherische Noten. Langer, leicht medizinaler Abgang. **17** *(2015)*

VINTAGE PORT GUIMARAENS 1957 - Hellrote Farbe mit braunen Reflexen. Eigenwillige Minz- und Tabaknoten im Bouquet. Viel Eukalyptus und Minze und störende Säure am Gaumen. Ein gutes Beispiel für einen Port, der bestimmt nie ausgewogen war und es auch nie sein wird. **15** *(2011)*

VINTAGE PORT 1955 - Der einzige voll deklarierte Vintage-Port, für den Dorothy Guimaraens, die Großmutter von David, verantwortlich war – und sie kann stolz auf diesen Port sein: Dunkelrote Farbe, sehr tief und jugendlich. Etwas verhaltene, aber vielschichtige und komplexe Nase mit satter Vollmilchschokolade und Pflaumen. Langer, komplexer und intensiver Gaumen, ausgewogen. Auch hier überwiegt die Schokolade, hintergründig Karamell. Langer intensiver Abgang. **19** *(2015)*

VINTAGE PORT 1948 - Intensive, volltransparente, dunkelorange Farbe. Balancierte, minimal jodhaltige, würzige Nase mit einem satten Kräuterhintergrund und Toffee. Samtiger, voller, intensiver Gaumen mit perfekt stützender Säure, Honig und allerlei Kräutern. Langer, perfekt strukturierter, mehrstufiger Abgang. **19** *(2015)*

VINTAGE PORT 1945 - Tiefdunkelrote, volle Farbe. Volle Minz-Schoko-Kräuternase, unterschwellig komplex. Eleganter Minz-Kräutergaumen, Schokolade, Malzfinish. Langer, voller Abgang. **18** *(2015)*

VINTAGE PORT GUIMARAENS 1942 - Ausgezehrte, hellbeige Farbe mit braunen Reflexen. Ausgeprägter Wasserrand – wirkt optisch sehr müde. Verhaltene Nase mit Honig und Malznoten. Überraschend intensiver Gaumen mit Karamell und Malz, hintergründig Bienenwachs. Langer, voller Abgang. Müde im Bouquet, sonst sehr gut. **17** *(2011)*

VINTAGE PORT GUIMARAENS 1933 - Dieser Port kam direkt aus dem Flaschenkeller von Fonseca. Hellbraune Farbe mit dunkelroten Reflexen. Ausgeprägter Wasserrand. Erhabene Karamellnote in der Nase, ganz leicht Minze im Hintergrund. Viel Toffee und gut stützender Alkohol am Gaumen. Austrinken **17** *(2011)*

VINTAGE PORT 1920 - Braunrote Farbe. Noch überraschend viel Rot darin. Ätherische Noten, Kaffee und Schokolade in der Nase, dahinter Honig. Samtiger, fast cremiger Gaumen mit viel Druck, Säure, Milchschokolade, Honig. Langer, sehr langer rauchig-minzbetonter Abgang. **18** *(2015)*

LATE BOTTLED VINTAGE PORTS (LBV)

Die Late Bottled Vintage Ports von Fonseca sind sehr gut gemachte Vertreter dieses Typs. Nicht zur langen Lagerung geeignet, da sie stark gefiltert werden.

LATE BOTTLED VINTAGE PORT 2009 - Volle, tiefdunkelrote Farbe. Minimal vegetale, fruchtige Nase, Cassis und Himbeeren. Viel Druck am Gaumen, würzig, mit spürbaren Tanninen, Schokolade-Kaffee-Noten. **17** *(2014)*

LATE BOTTLED VINTAGE PORT 2005 - Unfiltered! Relativ leichte Struktur. Schwarze Farbe mit roten Reflexen. In der Nase reife Früchte, Pflaumenkompott, relativ oberflächlich. Leicht alkoholischer, fruchtbetonter Gaumen mit viel Pflaume und Himbeeren, wenig Tannine. Mittellanger Abgang. **16** *(2010)*

LATE BOTTLED VINTAGE PORT 1991 - Transparent mittelrote Farbe mit braunen Reflexen. Viel Malz und Honig in der Nase, unstimmig. Leichter, sehr weit – zu weit gereifter Gaumen, flach. Kurzer Abgang. **NR** *(2014)*

AGED TAWNIES

Die Fonseca Aged Tawnies sind ähnlich den LBVs sehr solide, aber keine Spitzen-Vertreter ihrer Klasse. Allerdings gehören sie zum oberen Preissegment. Früher gab es auch mal einen 30 Jahre alten Tawny, der allerdings derzeit aufgrund des Engpasses der Tawny-Vorräte nur von Taylor produziert wird.

10 YEAR OLD TAWNY - Transparente, dunkelrote Farbe. Leicht süße, noch fruchtige Nase, im Hintergrund Nussnoten, Rosinen. Eleganter, stimmiger Gaumen, noch Restfrucht vorhanden, dahinter Nuss-Mix. Mittellanger Abgang. **16** *(2015)*

20 YEAR OLD TAWNY - Dunkelorange-rote Farbe. Malzig-nussige Nase, hintergründig Würznoten. Am Gaumen viel Nuss-Marzipan-Mix, samtig, ansprechend strukturiert. Mittellanger Abgang. **17** *(2015)*

40Y OLD TAWNY - Dunkelorange Farbe mit intensivem Farbkern. Rot mit orangen Reflexen. Satte Nuss- und Marzipannase, viel Druck. Am Gaumen balanciert und komplex. Satter Haselnuss-Trockenfrucht-Mix, Karamell. Langer Abgang. **18** *(2012)*

SONSTIGE PORTWEINE DER FIRMA

BIN 27 - Der Special Category Ruby von Fonseca. Benannt nach dem 27. Fass (BIN 27), in dem traditionell die besten Weine des Hauses lagern: Minimal transparente, saubere, mittelrote Farbe. Balancierte Frucht-Kaffee-Nase mit einem würzigen Hintergrund. Fruchtiger, strukturierter Gaumen mit spürbarer Himbeer-Brombeernote, Kaffee und soften Tanninen. Mittellanger Abgang. **16** *(2015)*

CRUSTED PORT „COMMEMORATIVE" (bottled 2008) - Mit diesem Crusted Port feiert die Firma ihr 200. Bestehen seit der Aufnahme der Handelsbeziehungen, da auch vor Eintritt des ersten Guimaraens die Vorläufer von Fonseca bereits am Markt tätig waren. Önologe David Guimaraens verwendete für diesen Crusted Port Weine aus den Jahrgängen 2005 und 2006. Dunkelrote, blickdichte Farbe. Strukturierte, fruchtig-würzige, säurebetonte Nase. Fruchtig-eleganter Gaumen, balanciert, Schokolade. Mittellanger Abgang. **16** *(2015)*

CRUSTED PORT (bottled 2004) - Dunkelrote Farbe mit intensiverem Farbkern. Frische, noch gut strukturierte, schokoladige Nase. Eleganter, schokoladig-fruchtiger Gaumen, Himbeere. Mittellanger Abgang. **16** *(2015)*

GILBERTS PORT

Die Portweinmarke Gilbert hat mir immer Rätsel aufgegeben. Zur Sogevinus Gruppe gehörend, wird sie immer stiefmütterlich behandelt und weit hinter den Hauptmarken Barrso, Burmester, Calem und Kopke positioniert.

Die Gilberts flohen ursprünglich im 18. Jahrhundert als Hugenotten von Frankreich nach Preußen. Als dann der Weinhändler und Kaufmann Karl Gilbert Nanni Burmester heiratete, war die Beziehung zu einem der führenden Portweinhäuser gefestigt. Karls Söhne Helmut und Arnold gründeten dann 1914 das Portweinhaus Gilbert. 1999 übernahm Amorim die Marke Gilberts, verkaufte sie aber 2005 an Sogevinus. Die Sogevinus Gruppe positioniert Gilberts als etwas trendigere Portweinmarke, um vor allem jüngere Konsumenten zu gewinnen. Daher wurde 2001 das Konzept „G Port by Gilberts" in sehr stylischen Flaschen entwickelt.

Homepage:	www.gilberts.pt
Gründungsjahr:	1914
Inhaber:	Sogevinus Fine Wines S.A.
Önologen:	Carlos Alves, Carla Tiago
Quintas/Rebfläche:	keine zugeordnet

3 Fragen – 3 Antworten: João Belo, Vertriebsmanager Sogevinus
Was war der erste Port, den du getrunken hast?
Das war zu Hause mit meinen Eltern, eine Flasche ohne Etikett – ein sehr alter Colheita. Das ist der große Vorteil, wenn man aus der Region stammt.
Was ist am Douro besonders?
Das Jahr am Douro wiederholt sich ständig, aber immer mit neuen Eindrücken.
Welchen Port nimmst du mit auf die einsame Insel?
Eine Flasche Delaforce Vintage Port 1960, die ich mal zusammen mit Nick (Delaforce), seinem Vater David und meiner Frau Rute (arbeitet bei der Quinta do Noval) zusammen getrunken habe. David hat diesen Wein vor 40 Jahren selbst gemacht – ein wirklich emotionaler Moment.

VINTAGE PORTS

VINTAGE PORT 2005 - Eine Vintage Port Flasche im Halbliter-Format habe ich vorab auch noch nicht gesehen. Tiefe dunkelrote Farbe mit mittelintensiven violetten Reflexen. Im Bouquet intensiv und fruchtig (Johannisbeere und einen rote-Beeren-Mix), würzig. Komplexer Gaumen, eine frische Fruchtnote, mittelintensive Tanninstruktur. Mittellanger Abgang. **17** *(2010)*
VINTAGE PORT 1999 - Dunkelrote, leicht matte Farbe. Vegetales Bouquet, stark gereift. Gealterte Noten, leichter Gaumen mit wenig Frucht. Wenig Potential. **15** *(2011)*

GOULD CAMPBELL

Gould Campbell ist eine von drei „baby brands". Neben Quarles Harris und Smith Woodhouse erfährt auch Gould Campbell relativ wenig Aufmerksamkeit von der Familie Symington, was aber auch kein Wunder ist, da sie innerbetrieblich in einer gewissen Konkurrenz zu den Flaggschiff-Marken Graham, Dow, Warre, Cockburn und Vesuvio stehen.

Die Firma wurde 1797 von Garret Gould als „Gould Brothers & Co." gegründet. Garret Gould musste Irland aus politischen Gründen verlassen und konnte auch die Jahre der Napoleonischen Kriege wirtschaftlich gut überstehen. Kurz nach dem Krieg wurde eine Partnerschaft mit der Firma James Campbell & Co. gegründet und man firmierte ab 1851 unter „Gould, Campbell, Jones & Co.". Während der ersten Hälfte des 20. Jahrhunderts stieg die Reputation der Firma in England stark an, vor allem aufgrund der exzellenten Qualität ihrer Vintage Ports.

Im Jahr 1970 übernahmen die Symingtons neben Graham auch Gould Campbell, behielten aber den Stil der Portweine weitestgehend bei. Da Gould Campbell als „second label" oder „baby brand" beworben wird, gibt es teilweise erstaunlich gute Preis-Leistungs-Verhältnisse.

Homepage: www.thevintageportsite.com, www.symington.com
Gründungsjahr: 1797
Inhaber: Familie Symington
Önologen: Charles Symington
Quintas/Rebfläche: keine zugeordnet
Spezialisiert auf: LBV, Vintage Port

VINTAGE PORTS

Gould Campbell produziert Vintage Ports in den meisten generell deklarierten Jahren. 2011 wurde nicht abgefüllt und es bleibt abzuwarten, wie Gould Campbell in Zukunft innerhalb des sehr reichhaltigen Markenportfolios der Symingtons positioniert wird.

VINTAGE PORT 2007 - Tiefe, dunkelrote Farbe. Elegantes Bouquet, hauptsächlich fruchtig: Cassis. Tanninhaltiger Gaumen, wenig integrierte Säure. Unterschwellig fruchtig. Mittellanger Abgang. **17** *(2010)*

VINTAGE PORT 2003 - Dunkelrote Farbe mit blickdichtem Farbkern. Marmeladige Nase mit leicht überreifen Noten, hintergründig Teer. Überraschend eleganter Gaumen, balanciert mit Frucht und Teer. Mittellanger Abgang. **16+** *(2016)*

VINTAGE PORT 1994 - Blickdichtes Dunkelrot. Süßes, leicht oberflächliches Bouquet. Softe Tannine am Gaumen, kaum spürbare Säure. Für einen 1994er ein wenig zu eindimensional. **16+** *(2011)*

VINTAGE PORT 1991 - Extrem dunkle Farbe, einer der dunkelsten 91er. Frisch-fruchtige Nase, intensive rote Beeren, vor allem Brombeeren und Himbeeren. Am Gaumen spürbares Tanningerüst, frische Frucht und Säure. Kurzer Abgang. Noch nicht voll entwickelt. **17** *(2011)*

VINTAGE PORT 1985 - Nahezu blickdichte, leicht stumpfe, dunkelrote Farbe. Elegant gereifte Kaffee-Frucht-Nase. Am Gaumen sehr gut stützende Säure, Himbeeren und Kaffee. Mittellanger Abgang. **17** *(2016)*

VINTAGE PORT 1983 - Bei der 1983er Horizontale im Douro bei Oscar Quevedo verkostet: Blickdichte, dunkelrote Farbe, minimaler Wasserrand. Intensive, frisch-fruchtige Nase, Kaffee, Würznoten. Am Gaumen leichter, trockene Noten, Würze. Eleganter mittellanger Abgang. **17** *(2013)*

VINTAGE PORT 1980 - Tiefrote, fast noch blickdichte Farbe. Massive Schokolade in der Nase, rote Beeren, frische Frucht. Am Gaumen elegant mit balancierter Frucht. Mittellanger, voller Abgang. **17** *(2010)*

VINTAGE PORT 1977 - Bei der „Symington baby brand Probe" in London aus der Magnum und der Normalflasche: Normalflasche: Beeindruckend dunkle Farbe. Viel Schokolade und spürbare Säure in der Nase, florale Noten. Am Gaumen komplex, viel Schokolade. Frucht und leichter Toffee-Touch. Mittellanger Abgang. **17** Aus der Magnum: noch verschlossener, massive Schokolade, in der Nase würziger, noch frischer und jugendlicher. **17+** *(2011)*

VINTAGE PORT 1975 - Volltransparente, hellrote Farbe. Intensiver, würziger Tabak in der Nase. Eleganter Gaumen mit spürbarer Säure und würzigen Noten. Mittellanger Abgang. **16** *(2015)*

VINTAGE PORT 1970 - Vom Gould Campbell 1970 habe ich eine ganze Kiste getrunken und schwankte ständig zwischen 17 und 18 Punkten. Tiefdunkelrote Farbe. Komplexe Nase mit viel Rosinen und Pflaume. Am Gaumen komplex und balanciert, Toffee und Malz. Mittellanger Abgang. Da ich mich entscheiden muss, sind es **17** *(2014)*

VINTAGE PORT 1966 - Transparente vollrote Farbe. Elegante akazienhonigbetonte Nase, hintergründig Karamell und florale Noten. Malziger, ausgewogener Gaumen. Mittellanger Abgang. **17** *(2014)*

VINTAGE PORT 1963 - 1963er Horizontale in England: Fast schwarze, leicht transparente Farbe. Komplexe, noch fruchtbetonte Nase, Zartbitterschokolade. Ausgewogener, sehr gut strukturierter Gaumen, hintergründig medizinale Noten. Langer, frischer Abgang. **18** *(2013)*

LATE BOTTLED VINTAGE PORTS (LBV)

Auch die LBV sind meist günstiger als die der großen Marken, stehen aber – wenn überhaupt – ihnen qualitativ nur wenig nach.

LATE BOTTLED VINTAGE PORT 2006

- Minimal transparente dunkelrote Farbe. Elegante Pflaumennase, hintergründig würzig. Frisch-fruchtiger Gaumen mit Schokolade und Cassis. Mittellanger Abgang. **16** *(2012)*

GRAHAM'S

Von den zahlreichen Marken, die der Familie Symington gehören, wird Graham's immer ganz weit oben positioniert. Der erste Symington in der Geschichte des Portweinhauses Graham war Andrew James Symington. Dieser trat 1882 in den Portweinhandel in Porto ein, verließ die Firma wenige Jahre später. Fast ein Jahrhundert später erwarben die Symingtons 1970 das Portweinhaus Graham's-vom Vater des Churchill-Inhabers Johnny Graham. Seit dem ist der Name Graham's zum Aushängeschild für die Symingtons geworden und heute in der Portweinwelt untrennbar mit ihnen verbunden.

Die in Glasgow ansässigen William und John Graham handelten seit 1774 mit Textilien und verfügten über umfangreiche Geschäftskontakte nach Portugal. Im frühen 19. Jahrhundert akzeptierten sie aus einer sonst uneinbringlichen Forderung 27 Pipas Portwein (ca. 15.000 Liter) und stiegen recht unfreiwillig in den Portweinhandel ein. Obwohl das portugiesische Büro bereits 1820 eröffnet wurde, begann der Portweinhandel erst sechs Jahre später, mehr oder weniger mit der Verschiffung dieser 27 Pipas zum Mutterhaus nach Glasgow. Der Portwein erfreute sich bei den Schotten ganz besonderer Beliebtheit und die Exportzahlen in die alte Heimat stiegen binnen kürzester Zeit stark an.

Von Glasgow über Schottland bis auf die ganze Insel (und wenig später sogar weltweit) verbreitete sich der gute Ruf der Portweine von Graham's und sorgte so für hervorragende Umsätze. Ab der zweiten Hälfte des 19. Jahrhunderts war Graham's

```
Homepage: www.grahams-port.com
Gründungsjahr: 1820
Inhaber: Symington Family Estates
Önologen: Charles Symington, Henry Shotton
Quintas/Rebfläche: Quinta dos Malvedos (89 ha)
Spezialisiert auf: Vintage Port
Geheimtipp: Vintage Port 1970
Importeur: www.smart-wines.de
```

einer der Top-Produzenten für hochqualitativen Portwein. 1890 erwarb Graham's eine große Lagerhalle in Vila Nova de Gaia mit umfangreichen Lagerkapazitäten und einer eigenen Küferei. Im gleichen Jahr kauften sie auch die Vorzeige-Quinta dos Malvedos bei Tua, so dass sie schon früh in allen Wertschöpfungsstufen der Portweinerzeugung unabhängig waren. 1970 übernahmen die Symingtons die Marke Graham's mit den kompletten Vorräten und der Vorzeige-Quinta dos Malvedos. Bereits seit Generationen im Portweingeschäft verstanden sie es, die Stilrichtung der sehr erfolgreichen Graham's Portweine unverändert fortzuführen.

3 Fragen – 3 Antworten: Dominic Symington, Miteigentümer

Was war der erste Port, den du getrunken hast?
Der erste erinnerungswürdige Portwein, den ich mit ungefähr zwanzig Jahren getrunken habe, war ein Dow Vintage Port 1963.

Was ist am Douro besonders?
Die Schönheit des Douro. Schau dich um, die Aussicht sagt alles (wir standen auf dem höchsten Punkt der Quinta dos Malvedos und schauten bei perfektem Wetter auf die Quinta dos Malvedos).

Welchen Port nimmst du mit auf die einsame Insel?
Da habe ich lange drüber nachgedacht. Lieber würde ich eine Pipa mitnehmen. Eigentlich würde ich lieber einen Vintage Port mitnehmen, aber den muss ich ja schnell trinken, aber einen Colheita kann ich über einen längeren Zeitraum trinken. Also wird es ein 1937 Colheita. Bei einem Vintage Port würde ich Graham's 1970 wählen.

VINTAGE PORTS

Graham's produziert in Jahren, in denen die Trauben sehr gut aber nicht außerordentlich waren, einen Malvedos Single Quinta Vintage Port. Erst seit 1998 ist „Quinta dos Malvedos" und nicht nur „Malvedos" auf dem Etikett vermerkt und damit ist dies aber auch ein wirklicher Single Quinta Vintage Port. Davor ist es per Definition ein Zweit-Label und kann auch Trauben enthalten, die von anderen Weingütern stammen. Seit dem Jahrgang 1999 halten die Symingtons den Single Quinta Vintage Port immer ein paar Jahre zurück, bevor sie ihn auf dem Markt anbieten. 2011 wurde erstmals der Graham's „The Stone Terraces" Vintage Port abgefüllt, der ähnlich dem Noval Nacional oder dem Taylors Vargellas Vinhas Velhas in die Premium-Vintage Port-Liga vorstößt.

VINTAGE PORT 2011 - Tiefschwarze Farbe. Frisch-fruchtige Nase, schwarze Johannisbeere, Kaffee, hintergründig würzig. Süß-würzig frischer Gaumen, sanfte Tannine, Kaffee und Fruchtnoten (Cassis und Brombeeren). Langer, eleganter Abgang. **17+** *(2013)*

VINTAGE PORT 2011 „THE STONE TERRACES" - Tiefdunkelrote Farbe mit violetten Reflexen. Massive mineralisch-fruchtige Nase, satte Schokolade, Cassis. Frischer, tiefer, ansprechender Gaumen, satte Schokolade, mineralisch-minzige Noten. Langer, frischer Abgang. **19** *(2013)*

VINTAGE PORT 2009 QUINTA DOS MALVEDOS - Dunkelrote, blickdichte Farbe. Klassische Frucht-Teernase mit ausgeprägter schwarzer Johannisbeere und vernehmbarer Säure. Saubere, volle Frucht im Gaumen, unterstützt von Säure und spürbaren Tanninen. Langer, ausgewogener Abgang. **17+** *(2013)*

VINTAGE PORT 2007 - Schwarzrote, blickdichte Farbe. Derzeit leicht reduktiv, Frucht in der Nase, Himbeeren, Kirsche, hintergründig Tabak. Integrierter Gaumen. Frucht beginnt, sich zu verschließen. Mittellanger Abgang. **17** *(2016)*

VINTAGE PORT 2005 QUINTA DOS MALVEDOS - Schwarzviolette Farbe. Opulente Würze in der komplexen Nase. Auch am Gaumen vielschichte Frucht, hauptsächlich Heidelbeere und Cassis, ein spürbares Tanningerüst und Säure. Fruchtbetonter Abgang. **17** *(2008)*

VINTAGE PORT 2004 QUINTA DOS MALVEDOS - Auf dem Portwine-Day 2015 letztmalig verkostet: Vollrote Farbe. Satte Himbeernase. Samtig-fruchtiger Gaumen, Himbeere, Milchschokolade, softe Tannine. Mittellanger, fruchtiger Abgang. **17** *(2015)*

VINTAGE PORT 2003 - Tiefschwarze Farbe. Satte rote Beeren im Bouquet, Brombeere, Kirsche. Kantige Tannine am Gaumen, Säure und Frucht. Langer, voller Abgang. **18** *(2014)*

VINTAGE PORT 2000 - Minimal transparente, violett-schwarze Farbe. Elegante, frische Nase, Schokolade, floral. Voller Gaumen mit knackigen Tanninen, Schokolade und Cassis. Langer, voller Abgang. **18** (2015)

VINTAGE PORT 1999 QUINTA DOS MALVEDOS Zeigt bereits Alterungsspuren in der Optik, leichter Wasserrand. Kirschrote, matte Farbe. Würzige Süße in der Nase, Frucht. Himbeeren und Brombeeren. Am Gaumen Säure, Tannine, leichte Frucht. Im Abgang viel Säure. **16+** (2010)

VINTAGE PORT 1998 QUINTA DOS MALVEDOS - Schwarze Farbe bei mittelintensiver Struktur. Frucht (Brombeere und Pflaume), Tannine und Säure in der Nase. Samtiger Gaumen, intensive rotbeerige Frucht, Säure spürbar. Im Abgang adstringent. **17** (2008)

VINTAGE PORT 1997 - Transparent mittelrote Farbe. Elegante, fruchtbetonte Nase. Satte Himbeeren, Kirsche, wenig Tannine. Mittellanger, strukturierter Abgang. **17** (2014)

VINTAGE PORT 1996 MALVEDOS - Auf der Malvedos Probe in London: Dunkelrote, fast jugendlich wirkende Farbe. Verschlossener, leicht gebackener Gaumen. Spürbare Tannine am Gaumen, unterschwellige Frucht. Kurzer Abgang. **16** (2010)

VINTAGE PORT 1995 MALVEDOS - Transparente, dunkelrote Farbe, dunkelt im Dekanter stark nach. Fruchtbetonte Nase, intensive Himbeeren. Am Gaumen integrierte Tanninstruktur, Marmeladennoten, leicht überreife Frucht. Mittellanger Abgang. **16** (2010)

VINTAGE PORT 1994 - Tiefdunkelrote, blickdichte Farbe. Intensive, jugendliche Nase, sehr komplex, aber auch noch recht verschlossen. Schwarze Johannisbeere und eingelegte Kirschen. Am Gaumen leicht gereift, intensive Schokolade, rote Beeren und hintergründig Minze. Langer Abgang. **18** (2013)

VINTAGE PORT 1992 MALVEDOS - In der Nase Kirschen und Pflaumen, schon sehr offen und zugänglich. Fruchtig, frischer Gaumen mit intensiven Himbeeren. Überraschend verhaltener Abgang. Jetzt und die nächsten zehn Jahre voll auf der Höhe. **16** (2013)

VINTAGE PORT 1991 - Dunkelrote, blickdichte Farbe. Komplexe Nase mit Schokolade und Himbeeren in der Nase. Auch am Gaumen viel Schokolade und florale Noten. Mittellanger Abgang. **17** (2012)

VINTAGE PORT 1990 MALVEDOS - Transparente, mittelrote Farbe. Karamellisierte, eingelegte Kirsche mit gut stützender Säure am Gaumen. Frischfruchtige Noten. Austrinken. **16** (2013)

VINTAGE PORT 1988 MALVEDOS - Bei der Malvedos-Vertikale 2010 mit Paul Symington in London verkostet: Tief-dunkelrote Farbe. Intensive, frische Frucht im Bouquet mit Cassis (nach 22 Jahren!). Süßer, komplexer Gaumen mit spürbarem Tannin-Säure-Gerüst. Mittellanger Abgang. **17** (2010)

VINTAGE PORT 1987 MALVEDOS - Dunkelrote Farbe, fast blickdicht. Tiefe, florale Noten, sehr intensiv. Derzeit reduktiver Gaumen mit klar erkennbaren Säure- und Tanninnoten. Recht kurzer, völlig verschlossener Abgang. **17** (2012)

VINTAGE PORT 1986 MALVEDOS - Der Überraschungs-Portwein der Malvedos-Vertikale. Junge, dunkelrote Farbe. Fruchtiges Bouquet mit Himbeere und Kirsche. Frischer, intensiver, balancierter Gaumen mit viel Frucht und weißem Pfeffer. Auf Malvedos wurde 1986 sehr spät gelesen und so perfekte Trauben im lagar getreten. **17** (2010)

VINTAGE PORT 1985 - Transparente, tiefdunkelrote Farbe. Balancierte, intensive Kräuter-Schokolade-Fruchtnase. Komplexer, balancierter, intensiver Gaumen, Kaffee, Schokolade, Kirsche, Kräuterfinish. Gerade am Beginn, die Fruchtphase zu verlassen. Langer Abgang. **18** (2015)

VINTAGE PORT 1984 MALVEDOS - Jugendlich rote Farbe mit minimalem Wasserrand und mittlerer Struktur. Frische, fruchtbetonte Nase. Voller, runder Gaumen Himbeeren im Hintergrund. Mittellanger, frischer Abgang. Am Gaumen wirkt der Wein reifer als in der Nase. **17** (2010)

VINTAGE PORT 1983 - Dunkelrote Farbe. Himbeeren und Schokolade im Bouquet, ansprechend stimmig gereift. Säure, Struktur, Schokolade und Frucht am Gaumen. Eleganter, mittellanger Abgang. In den nächsten zehn Jahren austrinken. **17** (2015)

VINTAGE PORT 1982 MALVEDOS - Überraschend dunkle, braunrote Farbe. Der farbliche Unterschied zwischen den 80er Ports und den 70er Ports ist bemerkenswert! Elegante Toffee-Noten und ein Hauch roter Beeren in der Nase. Frischer Gaumen, würzig mit Karamellnoten. Säurebetonter Abgang. Austrinken. **16** (2010)

VINTAGE PORT 1980 - Volle, dunkelrote, fast blickdichte Farbe. Tiefes, komplexes Bouquet mit floraler Frische und rotbeeriger Frucht. Verschlossener Gaumen mit soften, aber erkennbaren Tanninen und Säure. Reduktiver Abgang. Benötigt noch Zeit. **18** (2013)

VINTAGE PORT 1979 MALVEDOS - Nur noch aus der Magnum wirklich mit Genuss zu trinken: Dunkelrote Farbe, Offene Nase mit viel Kaffee und Malz, leicht Koriander. Eindimensionaler Gaumen, Schokolade. Nett, aber zu kurz. Aus der Normalflasche vorbei. Aus der Magnum **16** (2012)

VINTAGE PORT 1978 MALVEDOS - Dunkelrote, mitteltransparente Farbe mit erkennbarem Wasserrand, viel jünger als erwartet. Elegante Nase mit Karamell und Malznoten. Auch am Gaumen elegant und ausgezehrt. Kurzer Abgang. Schnell austrinken. **15** (2012)

VINTAGE PORT 1977 - Tiefdunkelrote Farbe. Frische Frucht und Schokolade in der Nase, vielschichtig und konzentriert. Eleganter, voll integrierter Gaumen mit wenig Frucht, aber intensiven Toffeenoten. Benötigt noch Zeit. **17+** (2013)

VINTAGE PORT 1975 - Aus der Magnum: Hellrote Farbe, wenig Wasserrand. Offene Nase: Kaffee, Malz und Koriander. Leichter, aber wohlschmeckender Port. Aus der Magnum noch sehr schön zu trinken. Aus der Normalflasche austrinken. **16** (2015)

VINTAGE PORT 1970 - Letztmalig beim Portwine-Day am 10.09.2015 in Porto verkostet: Tiefes Dunkelrot. Fruchtig-schokoladiges Bouquet mit intensiven Kirsch-Himbeer-Schokonoten. Am Gaumen fruchtig-schokoladig, hintergründig medizinal. Kirsche, Himbeeren, Milchschokolade, cremige Textur. Langer, fruchtbetonter Abgang. **19** (2015)

VINTAGE PORT 1968 MALVEDOS - Transparente, dunkelrote Farbe mit bräunlichen Reflexe. Elegante Nase, Mokkanoten, Honig. Eindimensionaler Gaumen mit Kaffee. Kurzer Abgang. Vorbei. **14** (2012)

VINTAGE PORT 1966 - Häufig verkostet. Die Bewertungen schwankten immer zwischen 18 und 19 Punkten. Volltransparente dunkelrote Farbe. Komplexe, schokoladig-fruchtige Nase, viel Druck. Auch am Gaumen komplex, rassig. Schokolade, Kirsche, erste Malz- und Toffeenoten. Langer, mehrstufiger Abgang. **19** (2016)

VINTAGE PORT 1965 MALVEDOS - Neuverkorkt durch die Symingtons. Dunkelrote Farbe mit erkennbarem Wasserrand. Elegante, ausgewogene Nase. Erkennbare Süße, Karamell und Honig am Gaumen, völlig integriert, rund & soft. Bis 2025. **17** (2015)

VINTAGE PORT 1964 MALVEDOS - Dunkelorange Farbe mit ausgeprägtem Wasserrand. Elegante, balancierte Nase mit Schokolade. Integrierter Gaumen mit Crème Brullée und hintergründiger Schokolade und Tabakblättern. Sanfter Abgang. **16** (*2012*)

VINTAGE PORT 1963 - Mit Charles und Paul Symington aus der Magnum im Factory House in Porto – eigentlich waren zu diesem lunch vier Magnumflaschen Graham 1963 auf den Tischen, so dass ausreichend Port zum Dessert vorhanden war: Dunkelrote, volle Farbe. Gereifte Vintage-Port-Nase mit viel Karamell und Toffee, minimal nussige Noten. Langer, voller, komplexer Gaumen, vordergründig Säure, dann intensive Karamell-, Toffee- und Schoko-Noten. Langer, voller, schokoladiger Abgang. **18** (Überraschend weit gereift aus der Magnum). Abends Nachverkostet: verliert mit mehr Dekantierzeit die Säure. **19** (*2014*)

VINTAGE PORT 1962 MALVEDOS - Volltransparente, ziegelrote Farbe. Im Bouquet schwingt eine erstaunlich intensive Malznote mit, ganz leichte Minzspuren. Voll ausgereifter, eleganter Gaumen mit Toffee und Malz. Integrierter Abgang. **17** (*2012*)

VINTAGE PORT 1960 - Transparente, mittelrote Farbe. Würzig-schokoladig-fruchtige Nase, komplex und vielschichtig, Kaffeenoten. Voller, komplexer Gaumen, Kaffee, Toffee. Sehr langer, voll komplexer, würziger Abgang. Wird aufgrund der exzellenten Säurestruktur noch lange durchhalten. **18** (*2013*)

VINTAGE PORT 1958 MALVEDOS - Orange Reflexe in der dunkelroten Farbe, ausgeprägter Wasserrand. Filigrane Nase mit eleganten Himbeernoten. Am Gaumen Schokolade, Karamellnoten, balanciert. Mittellanger, schokoladiger Abgang. **16** (*2012*)

VINTAGE PORT 1957 MALVEDOS - Ziegelrote Farbe bei mittlerer Struktur. Verhaltenes Bouquet, Säure spürbar, Karamell. Auch im Gaumen erkennbare Säure und eine dezente Toffeenote. Im Abgang zeigt er eine erstaunliche Länge. Austrinken! **16** (*2012*)

VINTAGE PORT 1955 - Anlässlich des O-PORT-UNIDADE-Önologen-Abendessens in Porto verkostet: Dunkelrote, volltransparente Farbe. Frische, volle Nase, Minze, Honig, Schokolade, Tabak. Perfekt gealterter Gaumen, voll integriert mit viel Finesse: Malz, Toffee, Honig, Minznoten. Langer, voller Abgang. **19** (*2014*)

VINTAGE PORT 1948 - In Porto auf der Symington Vertikale: Dunkelrote, transparente Farbe. Tiefe, komplexe Nase mit Tabak, Minze und Honig. Komplexer Gaumen, viel Honig, Malz, Kaffee und Milchschokolade. Langer, voller Abgang. **19** (*2014*)

VINTAGE PORT 1945 - Zur 1945er Vintage Port Probe in London: Tiefdunkelrote Farbe mit intensivem Farbkern. Volle, leicht medizinale Nase mit komplexen Schokolade-Fruchtnoten. Voller, leicht süßer, komplexer Gaumen, balanciert, Milchschokolade, Kaffee und Himbeeren. Extrem langer, voller Abgang. **19** (*2015*)

VINTAGE PORT 1933 - Dunkelrote Farbe, volltransparent. Frische, rassige Nase mit Restfrucht und weißem Pfeffer. Minimale Schokonote. Kirsche, viel Druck, weißer Pfeffer. Langer, voller Abgang. **18**. Nach Johnny Symingtons Aussage ist der 1935 sogar noch besser. (*2014*)

VINTAGE PORT 1927 - Rötliches Braun mit ausgeprägtem Wasserrand. Elegante Koriandernote in der Nase, Würze und Malznoten. Am Gaumen dezenter Alkohol. Malz und Nougat. Der Alkohol tritt mit zunehmender Dekantierzeit in den Vordergrund. Mittellang bis langer Abgang. **18** (*2008*)

LATE BOTTLED VINTAGE PORTS (LBV)

Von 1997 bis 2009 habe ich alle Graham's LBV verkostet, nein getrunken, denn im Royal Airforce Club in London war das lange Zeit der reguläre House-Port und genau das, was man nach einem oder zwei „Pints of beer" noch gut trinken kann. Graham füllt seine Late Bottled Vintage Ports immer gefiltert ab, so dass eine Aufbewahrung nicht lohnt.

LATE BOTTLED VINTAGE PORT 2009 - Volle, dunkelrote Farbe. In der Nase frisch und fruchtig. Voller Gaumen, sehr gefällig, fruchtig und frisch, leicht scharfer Abgang. **16** (*2015*)

LATE BOTTLED VINTAGE PORT 1994 - Frisches Erscheinungsbild, ausgeprägte Reflexe. Relativ leicht. In der Nase Kirschen, süße Würze. Sehr fruchtig. Schwarze Johannisbeere. Am Gaumen voll, fruchtig, mittlere Intensität & Komplexität. Relativ kurzer Abgang. **16** (*2000*)

AGED TAWNIES

10 YEAR OLD TAWNY - Rotbraune Farbe. Fruchtig-nussige Noten im Bouquet. Würzig nussiger Gaumen. Mittellanger Abgang. **16** (*2013*)

20 YEAR OLD TAWNY - Mittelrot leuchtende Farbe. Malzig nussige Nase, Honig. Voller nussig-honigbetonter, balancierter Gaumen. Langer, frischer Abgang. **17** (*2014*)

30 YEAR OLD TAWNY - Tiefer Farbkern mit grünen Reflexen in der dunkelorangen Farbe. Intensive Nussnase, Mandeln und rauchige Noten. Samtiger Gaumen, Nussmix, Mandeln. Strukturierter, langer Abgang. Der beste aged Tawny von Graham. **18** (*2014*)

40 YEAR OLD TAWNY - Hellbraune, volltransparente Farbe. Ausgewogene, komplexe Nase, leichter Acetontouch. Orangenschalen und getrocknete Aprikosen am intensiven Gaumen. Langer Abgang. **18** (*2013*)

COLHEITAS

Graham stellt erst seit recht kurzer Zeit Colheitas, her. Angefangen hat alles mit dem 1952er Colheita, der zum Jubiläum von Königin Elisabeth abgefüllt wurde. Kurz danach kamen die Jahrgänge 1961, 1969, 1982, 1972. Alle Colheitas sind von hervorragender Qualität. Die Symingtons zielen die mit der Präsentation auf den hochpreisigen Markt, so dass ihre Colheitas selten ein Schnäppchen sind.

COLHEITA 1982 (bottled 2013) - Dunkelorange, volltransparente Farbe. In der Nase Trockenfrüchte, Rosinen, Gewürze. Schokoladennoten am Gaumen, rund. **17** (*2013*)

COLHEITA 1972 (bottled 2015) - Volle, tiefbraune Farbe mit grünen Reflexen am Rand. Kräftige Nuss-Schoko-Nase, hintergründig Marzipannoten. Intensive Walnuss-Schokoladennoten, Rosinen. Balanciert. Mittellanger Abgang. **17** (*2015*)

COLHEITA 1969 (bottled 2013) - Volle, dunkelrotbraune Farbe mit grünen Reflexen am Rand. In der Nase frische, Schokolade. Am Gaumen Schokolade satt, Datteln, frische Mandeln, Haselnüsse. Gut strukturierter, langer Abgang. **18** (*2014*)

COLHEITA 1961 (bottled 2011) - Braunrote Farbe mit leicht grünlichen Reflexen. In der Nase viel Haselnuss, Rosinen, aber auch unterstützender Säure. Langer, voller Gaumen mit viel gebackener Pflaume. Langer Abgang. **18** (*2011*)

COLHEITA 1952 (bottled 2012) - Zum Krönungsjubiläum Elisabeths aufgelegt. Saubere, dunkelorange-braune Farbe, grüne Reflexe. Aceton, Kaffee und Schokolade im Bouquet, sehr intensiv. Auch am Gaumen intensiv. Malz, Kaffee, Honig und Aceton. Langer, voller Abgang. **18** (*2013*)

COLHEITA 1935 (bottled 2013) - Transparent dunkelorangerote Farbe, gelbgrüne Reflexe. Toffee, Intensive, leicht acetonbetonter Gaumen, präsente Säure. Kaffee-, Malz und Honig im Abgang. Lang und komplex. **18** (*2013*)

SONSTIGE PORTWEINE DER FIRMA

NE OUBLIE - 656 Flaschen des 1882 Colheitas wurden insgesamt hergestellt, so dass Graham's auch in der Luxus-Tawny-Categorie der Scions, Tributas, VV etc. positioniert ist. Graham's feiert und ehrt damit die Ankunft von A.J. Symington, der Name bedeutet „vergiss nicht". Schwarzer Farbkern mit goldenen Reflexen, dünnt zum Rand hin aus. Tiefer, konzentrierter Gaumen. Malz und Kaffee satt. Langer, balancierter Abgang. **19** (*2013*)

CRUSTED (Bottled in 1985) - Tiefe, dunkelrote Farbe, erkennbarer Wasserrand. Frisch-fruchtige Nase. Frisch-fruchtiger Gaumen, massive Schokolade, sehr gut stützende Säure. Mittellanger Abgang. **18** (*2012*)

CRUSTED (Bottled in 1927) - Volltransparente, hellrote Farbe. Intensive Malz-Schokonase, sehr frisch und mineralisch, Pflaumen. Minimaler bottle-stink. Langer, voller, intensiver Gaumen, Kaffee, Butterscotch. Langer, tiefer Abgang. Der älteste Crusted, den ich je getrunken habe – auf Top-Level Vintage Port Niveau. **19** (*2014*)

Quinta do Infantado

Gegründet wurde die Quinta do Infantado 1816 vom Sohn des portugiesischen Königs João VI, Prinz Pedro IV. Er verwendete für die Gründung der Quinta das Wort Infantado, da er ein Kind des Königs war, zum Gründungszeitpunkt aber voraussichtlich nie König werden konnte. Erst nach dem Tod seines Bruders wurde er König Dom Pedro IV von Portugal. 1904 erwarb João Lopes Roseira die Quinta do Infantado, verkaufte aber Trauben und Portwein fassweise an Taylor und Sandeman.

Anders als viele Hersteller hat Infantado nicht erst nach dem EU Beitritt 1986 Wein und Portwein direkt vertrieben sondern bereits 1978 als erster unabhängiger Hersteller einen Vintage Port hergestellt.

João Roseira ist ein echtes Douro-Original. Er schwimmt nicht mit dem Strom, ist ein großer Biodynamiker, allerdings nicht, weil es gerade hip ist, sondern weil er von Herzen mit der Natur verbunden ist. João ist im Douro aufgewachsen und kennt jede Rebe auf Infantado mit Vornamen. Die Rubies werden mit wenig Restzucker gemacht, so dass weniger Brandy hinzugefügt werden muss. In schlechten Jahren kommen die Trauben fast ausschließlich von den organischen Lagen. Die jährlich produzierten 70.000 Flaschen Portwein werden hauptsächlich im Heimatmarkt Portugal verkauft sowie nach Kanada, Frankreich und die U.S.A. exportiert.

Homepage: keine Homepage
Gründungsjahr: 1979
Inhaber: Familie Roseira
Önologen: Catherine Roseira
Quintas/Rebfläche: Quinta do Infantado (46 ha)
Importeur: www.gutsweine.com

Welchen Port nimmst du mit auf die einsame Insel? Wenn ich auf einer einsamen Insel wäre, ist sie ja nicht mehr einsam. Ich nehme mir einen jungen, eher trockenen Vintage Port für mein Thunfisch-Steak mit und kann mir dann hoffentlich noch einen alten Tawny für die Kokosnüsse besorgen.

VINTAGE PORTS

VINTAGE PORT 2013 - Tiefdunkelrote Farbe mit violetten Reflexen. Würzig frische Nase. Frucht im Hintergrund. Minimale Tanninstruktur, Schokolade. Kurzer Abgang. **16** *(2015)*

VINTAGE PORT 2007 - Violette Reflexe in der dunkelroten Farbe. Verschlossene Nase mit hintergründiger Frucht und Kaffeenoten. Alkoholbetonter Gaumen mit nur leichten Tanninen und viel Säure. Kurzer, säurebetonter Abgang. **16** *(2009)*

VINTAGE PORT 2004 - Nahezu blickdichte Farbe, dunkelrotes Purpur. Würzig frische Nase. Am Gaumen würzig-elegant, Schokoladenaromen, Cassis. Kurzer Abgang. **16** *(2010)*

VINTAGE PORT 1995 - Minimal transparente, dunkelrote Farbe. Himbeer-Schokoladen-Nase, hintergründig würzig. Am Gaumen spürbare Säure, Schokolade, die Frucht tritt etwas in den Hintergrund. Mittellanger Abgang. **17** *(2016)*

LATE BOTTLED VINTAGE PORTS (LBV)

Immer nach 4 Jahren abgefüllt, immer „unfiltered".

LATE BOTTLED VINTAGE PORT 2009

- Vollrote Farbe mit violetten Reflexen. Frische Kaffee-Schokoladennase. Präziser, mineralischer Gaumen. Schokolade, Himbeere. **16** *(2015)*

3 Fragen – 3 Antworten: João Roseira, Eigentümer
Was war der erste Port, den du getrunken hast?
Eine Flasche Infantado Garrafeira 1955 war der erste Portwein, aber als Vintage hat der Dow Vintage Port 1980 tatsächlich einen Eindruck hinterlassen
Was ist am Douro besonders?
Es ist unmöglich, das so kurz zu beschreiben. Die Landschaft ist atemberaubend in jedem kleinen Detail.

Quinta Do Javali

Die Quinta des Wildschweins (Javali heißt Wildschwein) liegt wirklich in einer der wildesten und am wenigsten erschlossenen Gegenden des Douro-Tals. Komplett umgeben von Wäldern gibt es nicht unwesentliche Schäden durch die Namensgeber. Früher wurde die Anlegestelle von vielen Portproduzenten zum Verladen der Pipas auf die Boote genutzt, heute dient sie nur noch den umliegenden Eigentümern. Die zehn Hektar Weinreben liegen in Nordwest-Ausrichtung, was den Weinen und Ports zu einer gewissen Frische verhilft, vor allem in sehr heißen Jahren.

Obwohl die Gesellschaft erst zur Jahrtausendwende gegründet wurde, reichen die Ursprünge der Weinproduktion auf dem Gelände zurück in das Jahr 1839, die ältesten Weinreben sind über sechzig Jahre alt. 2003 wurde der erste Douro DOC und 2004 der erste Portwein produziert.

Homepage: www.quintadojavali.com
Gründungsjahr: 2000
Inhaber: Kapitalgesellschaft „Sociedade Agricola da Quinta do Javali, Hauptgesellschafter ist A. Martins
Önologen: Antonio Mendez
Quintas/ Rebfläche: Quinta do Javali (10 ha)
Importeur: www.portwein-welt.de

3 Fragen – 3 Antworten: Antonio Mendes, Önologe
Was war der erste Port, den du getrunken hast?
Einen 1917er Vintage Port ohne Etikett
Was ist am Douro besonders?
Der Douro steht für mich für Schönheit, Glanz und Tradition
Welchen Port nimmst du mit auf die einsame Insel?
Einen Javali Late Bottled Vintage Port 2001, der erste, den wir jemals gemacht haben.

VINTAGE PORTS

VINTAGE PORT 2013 - Tiefschwarze Farbe mit violetten Reflexen. Kaffee, Schokolade und ein recht eigenwilliger Teer-Touch in der Nase. Kantige Tannine am Gaumen, dahinter Frucht und Schokolade. Mittellanger Abgang. **16+** *(2016)*

VINTAGE PORT 2012 - Blickdichte, tiefdunkelrote Farbe mit violetten Reflexen. Auslandende Teer- und florale Noten in der Nase (Douro Bake?), dahinter Struktur. Am Gaumen viel Teer und gebackene Aromen. Mittellanger Abgang. Sehr eigenwillig. **16** *(2015)*

LATE BOTTLED VINTAGE PORTS (LBV)

Die Late Bottled Vintage Ports von Javali werden immer nach vier Jahren und immer ungefiltert abgefüllt.

LATE BOTTLED VINTAGE PORT 2009 - Dunkelrote Farbe. Würzige Noten im Bouquet mit Teerspuren und Cassis. Fruchtig-komplexer Gaumen, softe Tannine, Frucht derzeit hintergründig. Mittellanger, gut strukturierter Abgang. **16** *(2015)*

LATE BOTTLED VINTAGE PORT 2007 - Tiefdunkelrote, minimal transparente Farbe. Elegante, fruchtig-würzige Nase. Himbeeren, Schokolade. Strukturierter Gaumen mit gereiften Noten, Kirsche, Frucht, sehr gutes Körper-Tannin-Säure-Verhältnis. Balancierter Abgang. **16+** *(2015)*

AGED TAWNIES

10 YEAR OLD TAWNY - Dunkelbraun-orange Farbe. Elegante Toffee-Haselnussnase, balanciert. Für einen 10 Jahre alten Tawny viel Druck und Finesse am Gaumen, gut stützende Säure. Toffee-Nussgaumen, mitschwingende Süße, leicht schokoladiger Hintergrund. Mittellanger Abgang. **17** *(2015)*

20 YEAR OLD TAWNY - Mittelrot-braune Farbe. Marzipan und satter Nussmix in der frischen Nase. Intensiver, voller, leicht süßer Gaumen, strukturierter Nussmix und Trockenfrüchte. Langer, intensiver, kaffee- und toffeebetonter Abgang. **17+** *(2015)*

30 YEAR OLD TAWNY - Dunkelrotbraune Farbe mit minimal grünem Rand. Hier ist also auch ein sehr viel älterer Port mitenthalten. Intensive, kräftige Toffee-Nussnase. Auch am Gaumen Druck und Intensität. Kaffee, Toffee, Nussmix, Rosinen, Trockenfrüchte, mitschwingende Süße, sehr gut stützende Säure: Langer, balancierter Abgang. **18** *(2015)*

KOPKE

Kopke war bis vor kurzem das älteste Portweinhaus und ist aber immer noch die älteste, von einem Ausländer in Portugal gegründete Firma. Im Jahr 1638 eröffnete Cristiano Kopke (hieß wohl eher Christian) aus Hamburg in Porto ein Handelsgeschäft. Über die Jahrhunderte und Generationen wurde das Portwein-Business vom Vater zum Sohn übergeben und die Firma verblieb lange im Familienbesitz. Der Umsatz wurde kontinuierlich gesteigert und der Name Kopke war unter den Portweinfreunden hoch geschätzt. Während die Trauben für den Kopke Vintage Port im 19. Jahrhundert vornehmlich von der Quinta de Roriz stammten, änderte sich dies mit dem Erwerb der Quinta São Luiz in 1922. Im 19. Jahrhundert wurde gar ein Kopke in den Adelsstand erhoben, indem Joaquim Kopke zum „Barão de Massarelos" ernannt wurde. Im Jahr 1870 erwarb die Familie Bohane die Geschäfte und mit dem Tod von Joaquim Kopke im Jahr 1895 schied der letzte Kopke aus einem führenden Amt innerhalb der Firma aus. 1953 wurde Kopke an die Familie Barros verkauft. Manuel Barros verlegte die Winery unmittelbar nach dem Erwerb von der Quinta Dona Matilde zur Quinta São Luiz, Kopkes Vorzeige-Quinta, vis-a-vis der Quinta do Crasto auf der Südseite des Douro.

Barros vereinte viele bekannte Portwein-Marken, neben Kopke und Barros noch Feuerheerd, Feist und Hutcheson und kaufte neben São Luiz noch die Quintas Lobata (1974), Mesquita (1972), Alegria (1982) und Galeira (1987). 2006 wurde Kopke an die Sogevinus Gruppe verkauft.

Homepage: www.kopkeport.com
Gründungsjahr: 1638
Inhaber: Sogevinus Fine Wines S.A.
Önologen: Carlos Alves, Carla Tiago, Fernando Oliveira
Quintas/Rebfläche: Quinta do São Luiz
Spezialisiert auf: Colheitas
Geheimtipp: Alte Vintage Ports
Importeur: www.weineausportugal.com

3 Fragen – 3 Antworten: Carlos Alves, Önologe
Was war der erste Port, den du getrunken hast?
Da war ich sehr jung, es war eine Velhotes von Calem
Was ist am Douro besonders?
Das Douro-Tal ist ein einzigartiges Weingebiet. Man kann den Wein jung und, sehr alt trinken. Eine der wenigen Regionen, bei denen das geht. Die Menschen am Douro sind sehr freundlich, haben aber auch ein sehr anstrengendes Leben, spiegeln so die Persönlichkeit der Region sehr gut wieder.
Welchen Port nimmst du mit auf die einsame Insel?
Eine Flasche Kopke Colheita 1957

VINTAGE PORTS

Kopke Vintage Ports sind im Portfolio der Firma völlig unterrepräsentiert. Gerade ältere Jahrgänge bis 1970 und ab 2003 zeigen sich tief, groß und klassisch. Obwohl sie in der Jugend nie verführerisch sind, verfügen die Kopke Vintage Ports neben Calem von allen portugiesischen Häusern über das größte Alterungspotential.

VINTAGE PORT 2012 QUNTA DO SÃO LUIZ
- Tiefdunkelrote Farbe mit violetten Reflexen. Elegante Nase mit viel Frucht. Mineralischer, intensiv fruchtiger Gaumen mit Cassis. Mittellanger Abgang. **16+** *(2015)*
VINTAGE PORT 2011 - Schwarzrote, tiefe Farbe. Tanninhaltige Nase, würziger Hintergrund. Subtile, intensive Nase, würziger Hintergrund. Am Gaumen massive Zartbitterschokolade, tief und komplex. Voller, konzentrierter, langer Abgang. **18** *(2014)*

VINTAGE PORT 2009 QUINTA DO SÃO LUIZ - Dieser Single-Quinta Sao Luiz zeigt eine enorme Fruchtnase mit stützender Säure. Auch am Gaumen sehr fruchtig, doch spürt man hier auch ein intensives Tannin- und Säuregerüst, die diesen Wein gut altern lassen werden. Mittellanger, brombeerbetonter Abgang. **17** *(2011)*
VINTAGE PORT 2007 - Mit Fernando Oliveira und dem ehemaligen Chef-Önologen Pedro Sa verkostet. Schöne Reflexe, tolle schwarzviolette Farbe. 60% Vinhas Velhas, 40% Touriga Nacional. Ansprechende Balance im Bouquet, florale Noten. Komplex. Am Gaumen komplex mit soften Tannine. Rote Beeren, hauptsächlich Brombeere. Mittellanger Abgang. **17** *(2010)*
VINTAGE PORT 2006 - Dunkelrote Farbe. Frische, elegante Nase, mehrheitlich fruchtig. Eleganter, fruchtbetonter Gaumen. Kurzer Abgang. **16** *(2009)*
VINTAGE PORT 2005 - Violette Reflexe in der dunkelroten Farbe. Cassis und weißer Pfeffer in der Nase. Kantige Tannine, aber in der Balance zur rotbeerigen Frucht, spürbare Säurestruktur. Mittellanger Abgang. **17** *(2008)*
VINTAGE PORT 2003 - Tiefe, fast schwarze Farbe. An der Nase spürbare Säure, Tannine und Frucht. Am Gaumen ähnlich, kantiges Tanningerüst, aber alles im sehr maskulinen Gleichgewicht. Beginnt sich, zu verschließen. **18** *(2011)*
VINTAGE PORT 1999 - Stumpfe, schwarze Farbe, strukturiert. Intensive Frucht-Nase, Schokolade, Tabak, Teer, Himbeeren, Brombeeren, Blaubeeren. Mittellanger Abgang. **17** *(2010)*
VINTAGE PORT 1997 - Auf der Pro-Wein 2009 verkostet: Transparentes Rot mit Alterungsspuren. Leider zu warm, daher alkoholische Nase. Am Gaumen spürbare Säure, Kirsche und Brombeeren. Mittellanger Abgang. **16+** *(2009)*
VINTAGE PORT 1995 - Erkennbarer Wasserrand in der transparent roten Farbe. Eingelegte Kirschen und florale Noten in der Nase, verführerisch. Viel Frucht am Gaumen, elegant. Leichte Schokoladennoten im eher kurzen Abgang. **16** *(2011)*
VINTAGE PORT 1985 - Vergleichsprobe mit dem Kopke Colheita des gleichen Jahrgangs: Auffällig reflektierendes Dunkelrot fast ohne Alterungsspuren. In der Nase intensive Schokolade, Tabakblätter und Gewürze. Samtiger Gaumen mit rotbeeriger Frucht und spürbarer Säure. Mittellanger Abgang. **17** *(2011)*
VINTAGE PORT 1983 - Braunbeige Farbe. Ansprechende Malz- und Honignoten im Bouquet. Eleganter Gaumen, sehr weit gereift. Ganz leichte Bitternote im eher kurzen Abgang. **16** *(2013)*
VINTAGE PORT 1977 - Transparente mittelrote Farbe, Frisch-florale Nase, Rosinen im Hintergrund. Am Gaumen elegant, Tabaknoten, frisch. Mittellanger, floral-frischer Abgang. **17** *(2012)*

VINTAGE PORT 1974 - Einer der wenigen Hersteller, der 1974 einen Vintage Port abgefüllt hat: Dunkelrote, ansprechend konzentrierte Farbe. In der Nase verbrannter Zucker, Tabak und Toastaromen. Eleganter Gaumen, aber noch mit Leben: Malz, Honignoten, aber auch wieder die verbrannten Noten. Kurzer Abgang. Zügig austrinken. **16** *(2012)*

VINTAGE PORT 1970 - Zweitdunkelster Port der umfangreichen 1970er Horizontale in Deutschland. Intensive frische rotbeerige Frucht mit stützender Würze und Vanillenoten in der Nase. Komplex strukturierter Gaumen, intensiv fruchtig, Schokolade und Toffee. Mittellanger Abgang eleganten medizinalen Noten. **18** *(2011)*

VINTAGE PORT 1960 - Volltransparente, hellrote Farbe mit leicht bräunlichen Reflexen. Würzig-frisches Bouquet, Tabak, Tee, Minznoten, intensiv. Eleganter, integrierter Gaumen, Würz- und Teenoten, Karamell. Mittellanger Abgang. **17** *(2013)*

VINTAGE PORT 1945 - Einer der dunkelsten der 1945er Vintage Port-Probe mit mehr als zwanzig verschiedenen Vintage Ports dieses Jahrgangs. Blickdichte, tiefdunkelrote Farbe. Konzentrierte, tiefe Nase mit Kaffee und Kirschnoten, wirkt noch sehr jugendlich. Intensiver, frischer Gaumen mit intensiven Schokolade-Kräuternoten. Mittellanger Abgang. **18** *(2015)*

LATE BOTTLED VINTAGE PORTS (LBV)

Kopkes LBV werden immer nach vier Jahren ungefiltert abgefüllt und weisen ein hervorragendes Preis-Leistungs-Verhältnis auf.

LATE BOTTLED VINTAGE PORT 2009 -Tiefdunkelrote Farbe mit violetten Reflexen. Rosinen, Teer und rote Beeren in der Nase. Am Gaumen frische Kirschen, Himbeeren und Schokolade. Mittellanger, fruchtbetonter Abgang. **16** *(2015)*

AGED TAWNIES

10 YEAR OLD TAWNY – Dunkelrote Farbe. In der Nase noch minimale Restfrucht, Malz und Nussnoten. Strukturierter Gaumen mit sattem Nussmix. Mittellanger Abgang. **16** *(2012)*

20 YEAR OLD TAWNY – Leuchtend rote Farbe. Sehr intensive Nase: intensive Mandel, hintergründig Marzipan und spürbare Säure. Komplexer Gaumen mit Nüssen, Mandeln, Datteln und Karamell. Langer Abgang. **17** *(2011)*

40 YEAR OLD TAWNY – Mittelrotbraune Farbe, keine erkennbaren Reflexe. Frisch-florale Nase, Haselnuss, getrocknete Datteln. Balancierter, intensiver Gaumen mit Trockenfruchtnoten, Rosinen. Haselnuss, Mandel. Ausgewogener langer Abgang. Tabak. **18** *(2014)*

COLHEITAS

Die Colheitas von Kopke sind super, wenn sie frisch abgefüllt werden, reifen aber nicht besonders gut in der Flasche. Müssen sie auch nicht, da Colheitas für den direkten Verbrauch abgefüllt werden.

COLHEITA 2003 (bottled 2011) – Hellrote Farbe mit dunkelroten Reflexen. Schokolade und Toffee in der Nase und am Gaumen. Gut aber viel zu jung. Potential. **17** *(2011)*

COLHEITA 1995 (bottled 2007) – Dunkelrote, transparente Farbe, ganz leichter Wasserrand. Restfrucht in der Nase, medizinale Noten. Frischer, leicht fruchtiger Gaumen, oberflächlich. **16** *(2012)*

COLHEITA 1989 (bottled 2013) – Mittelrote Farbe, wenig Wasserrand. Frisch-florale Nase, elegant und ausgewogen. Würzig. Guter Druck erkennbar. Karamell am Gaumen. Langer Abgang. **17** *(2013)*

COLHEITA 1985 (bottled 2009) – Gegen den Vintage Port des gleichen Jahrgangs verkostet: Transparente, rotbraune Farbe. Elegante, nussbetonte Nase. Tiefer, komplexer Gaumen mit viel frischer Säure, voll und komplex mit viel Mandeln, Nüssen und Rosinen. Langer, komplexer Abgang. **18** *(2010)*

COLHEITA 1984 (bottled 2013) – Mittelorange Farbe, Wasserrand, minimal Acetonnase, intensive Haselnuss, Trockenfrüchte. Säurehaltiger Gaumen, frisch. Mittellanger Abgang mit spürbarer Säure. **17** *(2013)*

COLHEITA 1982 (bottled 2012) – Mittelrote Farbe, Intensive Kaffeenase, Karamell und leichte Würze. Malz und Honig am Gaumen. Mittellanger Abgang. **17** *(2012)*

COLHEITA 1980 (bottled 2009) – Grüne Reflexe in der rotbraunen Farbe. Elegante Nase mit intensiven Nuss- und Honigaromen. Volles, frisches Bouquet. Mittellanger Abgang. **18** *(2010)*

COLHEITA 1978 (bottled 2015) – Mittelorange Farbe. Frische, strukturierte Nase mit Tabak und Schokolade. Voller Gaumen mit Toffee, Karamell und Milchschokolade. Langer Abgang. **18** *(2015)*

COLHEITA 1974 (bottled 2014) – Mittelrote, tiefe Farbe. Frische schokoladenhaltige Nase. Würziger Gaumen, mit intensiven Nuss- und Honignoten. Langer, strukturierter Abgang. **18** *(2014)*

COLHEITA 1968 (bottled 1994) – Leicht trübe, orange Farbe. Staubige, verhaltene Nase, leichte Frische und Würze im Hintergrund. Fruchtiger Gaumen, viel Würze. Gut. Sehr kurzer Abgang. Austrinken. **16** *(2012)*

COLHEITA 1967 (bottled 1992) – Volle frischorange Farbe, Aceton und Honig. Frisch und floral. Süßer, warmer Honig. Tee, Honig und viel Karamell. Langer, Abgang. Frisch abgefüllt auf jeden Fall einen Punkt mehr. **17** *(2012)*

COLHEITA 1966 (bottled 2015) – Braunrote Farbe mit grünen Reflexen am Rand. Frische, schokoladig-fruchtige Nase, intensiv aber balanciert. Frischer, komplexer Gaumen mit intensiven Nussnoten. Langer, balancierter Abgang. **18** *(2016)*

COLHEITA 1965 Edition Singapore (bottled 2015) – Zum 50. Jubiläum Singapurs aufgelegt. Tiefe, rotbraune Farbe mit intensivem Farbkern. Volle, intensive, balancierte Nussnase. Komplexer, intensiver Gaumen mit Honig und Karamell. Langer, strukturierter Abgang. **18** *(2015)*

COLHEITA 1961 (bottled 2013) – Nach der großen IVDP 2011 Vintage Port Horizontale in der Calem-Lodge nach dem Abendessen mit dem Sogevinus-Team verkostet: Leuchtend dunkelrote Farbe mit bräunlichen Reflexen. Frische ausgewogene Nase, Tabak, Würznoten. Samtiger gehaltvoller Gaumen, ausgewogene Würznoten. Mittellanger, kaffeebetonter Abgang. **18** *(2013)*

COLHEITA 1957 (bottled 2013) – Dunkelbraune, volle Farbe. Balanciertes, komplexes Bouquet. Malz, Honig, Kaffee und spürbare Säure am Gaumen. Mittellanger Abgang. **18** *(2015)*

COLHEITA 1952 (bottled 2012) – Rotbraune Farbe mit erkennbaren grünen Reflexen am Rand. Massive Malz-Toffee-Nase, Marzipan. Am Gaumen Malz-, Honig-, Haselnuss- und Toffeenoten. Voller, langer Abgang. **18** *(2013)*

COLHEITA 1947 (bottled 1990) – Orangebraune Farbe mit erkennbaren leicht grünen Reflexen. Elegante, florale Noten in der Nase, auch wieder leichte Acetonnoten. Fehlnote am Gaumen: Nagellack, kurzer Abgang. **NR** *(2012)*

COLHEITA 1941 (bottled 2009) – „Colheita Experience" auf der Messe in Porto: Leuchtendes Orange mit braunen Reflexen. In der Nase wirkt er vordergründig säurebetont mit Nüssen und Mandeln. Am Gaumen spürbare Säure mit hintergründigem Nussmix. Mittellanger, toffeebetonter Abgang. **18** *(2009)*

COLHEITA 1940 (bottled 2013) – Jubiläums-Port zum 375. Geburtstag der Firma: Dunkelorangerote Farbe, intensiv. Komplexe Nase, ausgewogener Acetontouch, Kaffee, Mokka, Röstaromen. Intensiver, balancierter und komplexer Gaumen mit Kaffee- und Karamellnoten. Langer, ausgewogener Abgang. **18** *(2013)*

COLHEITA 1938 (bottled 2013) – Mit der Önologin Carla Tiago in Porto als „sobremesa": Dunkelorangebraune Farbe, grüne Reflexe. Ausgewogene Malz-Karamellnase, Honig. Am Gaumen minimaler Acetontouch, intensive Toffeenoten und Kaffee. Voller, langer Abgang. Was für ein Nachtisch! **18** *(2013)*

COLHEITA 1937 (bottled 2010) – Colheita-Vergleichs-Tasting in Deutschland der Jahrgänge 1937 und 1995: Rotbraune Farbe mit grünen Reflexen. Intensive Karamell- und Marzipannase. Komplexer Gaumen mit ausgeprägten Kaffee- und Nussaromen. Langer, ausgewogener Abgang. **18** *(2010)*

COLHEITA 1935 (bottled 1984) – Orangebraune Farbe mit erkennbarem Wasserrand und grünen Reflexe. Vegetale Noten in der Nase, grüne Paprika, Nuss- und Trockenfrucht. Überalterter Gaumen, Branntweinnote erkennbar. Dahinter nicht viel. Der Portwein war zu lange in der Flasche - Austrinken. **15** *(2012)*

COLHEITA 1900 (bottled 2008) – In Porto verkostet: Tiefes Braun mit grünen Reflexen und ausgeprägtem Wasserrand. Komplexe Konzentration. In der Nase süß, Malznote, Karamell und Kaffee. Auch am Gaumen zunächst süß mit den fast identischen Aromen der Nase: Malz und Kaffee. Langer Abgang. Ein Opa, der bald die Augen schließen wird, aber durch die Intensität beeindruckt. **19** *(2009)*

SONSTIGE PORTWEINE

Seit 2012 füllt Kopke auch ältere White Ports ab. Sowohl alte Colheitas als auch die 10-40jährigen weißen Portweine. Wie alle weißen Ports sind auch die Kopke White Ports immer eine Spur eleganter als die gleichaltrigen Tawny Ports.

10 YEAR OLD WHITE PORT - Leuchtend mittelorange Farbe. Nüsse, Orangen und Rosinen in der Nase. Säurebetonter Gaumen mit viel Orange, Kaffee und Nüssen. Mittellanger Abgang. **17** *(2016)*

20 YEAR OLD WHITE PORT - Mittelorange Farbe. Säuregestützte, frische Nase. Am Gaumen Trockenfrüchte, Rosinen und Walnüsse. Mittellanger, voller Abgang. **17** *(2012)*

30 YEAR OLD WHITE PORT - Braun-orange Farbe mit minimal grünen Reflexen. Zitronat, frische Säure, Honig und Orangen in der Nase, balanciert und komplex. Balancierter, frischer Gaumen mit viel frischer Säure, Honig und Aprikose. Langer Abgang. **18** *(2016)*

40 YEAR OLD WHITE PORT - Grüngoldene Farbe. Elegante Marzipannase. Intensiver, konzentrierter Gaumen mit satten Mandel-, Nuss- und Marzipannoten, säurebetont. Langer, voller Abgang. **18** *(2012)*

1935 WHITE COLHEITA (bottled 2015) - Goldgelbe Farbe. Intensive Honig-Quitte-Noten im Bouquet. Langer, tiefer, fruchtiger Gaumen mit leicht störender Säure. Langer Abgang. **17** *(2015)*

Krohn/Wiese & Krohn

Wiese & Krohn wurden 1865 von den Norwegern Theodor Wiese und Dankert Krohn gegründet, die auf der Suche nach neuen Geschäftsfeldern waren. Da die norwegischen Kabeljau-Transportschiffe auf dem Rückweg mit portugiesischen Produkten aufgefüllt werden konnten, haben sich die beiden direkt für den Handel mit Portweinen entschieden.

Zunächst exportierte Wiese & Krohn Portwein hauptsächlich nach Deutschland. Da die Größe der Firma für zwei Teilhaber nicht ausreichend war, verkaufte Wiese seine Anteile 1880, führte aber Portwein nach Norwegen ein und fungierte bis zu seinem Tod als Agent. Nach mehreren personellen Wechseln übernahmen Frederic A. und Edmondo Falcão Carneiro in den 1930er Jahren die Firmenführung und besaßen ab 1937 alle Anteile. Wiese & Krohn wurden bis zum Jahr 2013 komplett von der Familie Falcão Carneiro weitergeführt und dann an die Fladgate Partnership verkauft, die vor allem die rund fünf Millionen Liter Tawny Reserven der Firma in ihrem Marken-Portfolio (Taylor, Fonseca, Croft u.a.) verwenden. Krohns Vorzeige-Quinta ist seit 1989 Quinta do Retiro Novo am Rio Torto. Über 90% der Produktion werden hauptsächlich nach Europa exportiert, kleinere Mengen nach Brasilien und in die U.S.A.

3 Fragen – 3 Antworten: Iolanda Falcão Carneiro, ehemalige Inhaberin
Was war der erste Port, den du getrunken hast?
Das war ein Krohn Colheita 1958
Was ist am Douro besonders?
Die Landschaft, die Gerüche der verschiedenen Pflanzen, die Ruhe, der Nachthimmel und natürlich die einzigartigen Rebsorten.
Welchen Port nimmst du mit auf eine einsame Insel?
Eine Flasche Krohn Colheita 1965.

VINTAGE PORTS

Krohn Vintage Ports besitzen alle Eigenschaften eines typisch portugiesischen Hauses, sie reifen relativ schnell und sind tendenziell süßer als die

Homepage:	www.krohn.pt
Gründungsjahr:	1865
Inhaber:	Fladgate Partnership
Önologen:	David Guimaraens
Quintas/Rebfläche:	Quinta do Retiro Novo
Spezialisiert auf:	Tawnies und hier vor allem Colheitas
Geheimtipp:	Colheita Branco 1964

Weine englischer Hersteller. Es ist eins der wenigen Häuser, die bisher in großen Jahren sowohl einen generellen Vintage Port als auch einen Single Quinta Vintage Port (Retiro Novo) herstellen, so geschehen in 2009, 2007 und 2005.

VINTAGE PORT 2011 - Tiefdunkle Farbe mit violetten Reflexen. Frische, vollfruchtige Nase. Blumig-rotbeeriger Gaumen, süß und sehr fruchtig mit spürbarer Säure. Schlanker Körper, eleganter Abgang. **16** *(2013)*

VINTAGE PORT 2009 - Der direkte Vergleich zwischen dem Single Quinta und dem Krohn Vintage Port war sehr spannend, kommen sie doch vom gleichen Önologen und den gleichen Produktionsmethoden. Unterschwellig komplexes Bouquet mit Würze und vielerlei roten Beeren. Viel rotbeerige Frucht und stützende Tannine und Säure am Gaumen. Mittellanger, voller Abgang. **17** *(2013)*

VINTAGE PORT 2009 QUINTA DO RETIRO NOVO - Elegante, fruchtige Nase mit ausgeprägten Veilchen, schwarzer Johannisbeere und Kirschkompott. Am Gaumen spürt man zuerst kantige Tannine, dann Säure und erst am Ende die Frucht. Mittellanger Abgang. **16** *(2013)*

VINTAGE PORT 2007 - Tiefes Schwarz-Violett mit ausgeprägten Reflexen. Strukturiertes, komplexes Bouquet: Frucht und süßer Tabak, floraler Touch. Auch im Gaumen süß, mit mehr Komplexität als der Single Quinta Vintage Port des Hauses. Langer Abgang. **17+** *(2009)*

VINTAGE PORT 2007 QUINTA DO RETIRO NOVO - Violett-rote Farbe bei mittlerer Struktur. Ausgeprägt fruchtige Nase mit Cassis und marmeladigen Noten. Auch der Gaumen ist hauptsächlich von der Frucht geprägt: Cassis und süßer Würze. Softe Tannine und Säure. Fruchtbetonter Abgang. Kein Portwein für die Ewigkeit, derzeit aber sehr verführerisch. **16+** *(2009)*

VINTAGE PORT 2005 - Leuchtendes Violettrot bei mittlerer Struktur. Pflaume und Tabak im Bouquet. Fruchtiger Gaumen mit Pflaume und roter Johannisbeere. Elegant-fruchtiger Abgang. **16** *(2007)*

VINTAGE PORT 2005 QUINTA DO RETIRO NOVO - Der Single-Quinta Vintage Port muss definitionsgemäß ausschließlich Trauben der Quinta enthalten, für den regulären Krohn Vintage Port wurden keine Trauben der Quinta do Retiro Novo verwendet. Dunkelrote Farbe mit violetten Reflexen. Schwarze Johannisbeere und Heidelbeeren in der Nase. Konzentrierter Gaumen, erkennbare Tanninstruktur und strukturierte Fruchtaromen. Mittellanger Abgang. **17** *(2008)*

VINTAGE PORT 1995 - Transparente, hellrote Farbe mit erkennbarem Wasserrand. Gebackene Nase mit viel Pflaume und Schokolade. Leider überragt am Gaumen Säure. Mittellanger, säurebetonter Abgang. **15** *(2013)*

VINTAGE PORT 1982 - Mittelrote, minimal trübe Farbe. Intensive Malz-Honig-Nase, frischer Hintergrund, Tabaknoten. Lebendiger, eleganter Gaumen. Malz, florale Noten, Akazienhonig. Recht kurzer, leicht verbrannter Abgang. Austrinken. **16** *(2013)*

VINTAGE PORT 1970 - Transparente orangerote Farbe mit erkennbarem Wasserrand. Leichter „Bottle stink" am Anfang. Unterschwellig Pflaume, Haselnuss, Honig und Malznoten. Samtiger, voller Gaumen mit Marzipan, Honig und Malznoten, Orangenschale. Warmer, mittellanger, mehrstufiger Abgang. Verliert aber leider mit mehr Zeit an der Luft und zeigt somit, dass er kein Potential mehr hat. In den nächsten fünf Jahren verbrauchen.
17 *(2011)*

VINTAGE PORT 1963 - Der klare Überraschungs-Sieger der mehr als dreißig Häuser umfassenden 1963er Probe in England: Dunkelrote Farbe mit bräunlichen Reflexen. In der Nase satte Malz- und Milchschokoladennoten, Himbeere, Kirschen, ganz leicht medizinale Noten. Langer, sehr gut strukturierter Abgang. Lässt nach zwei Stunden an der Luft aber merklich nach. Nicht lange dekantieren! Perfekte Herkunft: die Flasche wurde direkt aus dem Krohn-Keller entnommen.
18 *(2013)*

VINTAGE PORT 1961 - Alte Krohn Ports aus einem eher bordeaux- als port-lastigen Jahrgang können auch eine sehr positive Überraschung bieten: Volltransparente, dunkelbraune Farbe. Elegante, balancierte Nase mit Minze, Toffee und minimal würzigen Noten. Am Gaumen stimmig, elegant, samtig. Langer, eleganter Abgang. Diese Flasche kam bei perfekter Lagerung aus Iolandas Keller – bei anderen Lagerungsorten auf jeden Fall direkt austrinken. **17** *(2015)*

LATE BOTTLED VINTAGE PORTS (LBV)

Krohn LBVs wurden bislang immer ungefiltert abgefüllt, ohne, dass dies auf dem Etikett vermerkt ist.

LATE BOTTLED VINTAGE PORT 2004 - Minimal transparente, vollrote Farbe. Würzige Nase. Auch am Gaumen würzig mit süßem Hintergrund. Mittellanger Abgang. **16** *(2010)*

AGED TAWNIES

Die aged Tawnies von Krohn sind allesamt von sehr guter Qualität. Ähnlich wie bei Niepoort und Ramos Pinto gibt es keinen 40 Jahre alten Tawny Port.

10 YEAR OLD TAWNY - Dunkelorange Farbe, sehr tief. Malzfruchtige Nase, Karamell, Am Gaumen frisch und fruchtige Noten. Mittellanger Abgang. **16** *(2013)*

20 YEAR OLD TAWNY - Etwas heller als der 10 Jahre alte Tawny, aber trotzdem noch verhältnismäßig dunkel. Malz- und Karamellnoten in Nase und Gaumen, balanciert und komplex. Voller, langer Abgang. **17** *(2013)*

30 YEAR OLD TAWNY - Dunkelorange Farbe mit leicht grünen Reflexen, Acetontouch. Satte, volle Karamellnoten, sehr lang und intensiv. Süße, malzige Noten. Sehr langer, intensiver Abgang. **18** *(2013)*

COLHEITAS

Ähnlich wie die Aged Tawnies rangieren auch die Colheitas von Krohn im obersten Qualitätssegment. Aus dem Vollen schöpfen können sie ja bei über fünf Millionen Litern Tawny. Krohn ist der einzige Hersteller, der noch jahrgangsrein 1863 und von 1895 sogar weiß und rot im Fass hat.

COLHEITA 2003 (bottled 2012) - Volle, tiefrote Farbe, kaum Fassnoten optisch erkennbar. Am Gaumen leicht malzig, säurebetont mit erkennbarer Restfrucht. Fruchtbetonter Abgang. **16** *(2013)*

COLHEITA 1998 (bottled 2008) - Dunkelorange Farbe mit roten Reflexen. Nussigfruchtiges Bouquet. Am Gaumen zunächst Säure, hintergründig rotbeerige Frucht und Nussnoten. Mittellanger Abgang. **16** *(2010)*

COLHEITA 1996 (bottled 2012) - Transparent rotbraune Farbe. Elegante, leichte, malzbetonte Nase. Nussnoten, komplex. Integrierter Abgang. **17** *(2013)*

COLHEITA 1995 (bottled 2010) - Sehr dunkle Farbe. Verhaltene Marzipan- und Nussaromen. Ansprechender Gaumen, Schärfe und volle Nussaromen. Mandeln und Nüsse am Gaumen. Marzipanbetonter Abgang. **16** *(2011)*

COLHEITA 1987 (bottled 2010) - Mittelorange Farbe mit minimal dunklem Farbkern. Intensive Trockenfruchtnoten im Bouquet. Tiefer, komplexer Gaumen, Nussmix und Trockenfrüchte. Langer Abgang. **17** *(2010)*

COLHEITA 1983 (bottled 2013) - Transparente rotbraune Farbe. Intensives Nuss-Kräuter-Bouquet mit intensiven Haselnussnoten. Am Gaumen komplexer Nussmix, kräuterig-frischer Hintergrund, spürbare Säure. Gut strukturierter, leicht acetonhaltiger Abgang. **17** *(2013)*

COLHEITA 1976 (bottled 2015) - Volle, dunkelorange Farbe mit hellorangem Rand. Intensive, strukturierte Nase mit intensivem Nuss-Mandelmix und minimalen Acetonnoten. Kaffee und Nüsse im intensiven, balancierten Gaumen. Langer, karamell- und nussbetonter Abgang. **18** *(2016)*

COLHEITA 1968 (bottled 2012) - Dunkelbraune, transparente Farbe, tiefer Farbkern. Gut strukturierter Haselnuss- und Malznote. Voller, leicht süßer Gaumen, tiefe Malz- und Karamellnote. Langer, gut strukturierter Abgang. **18** *(2013)*

COLHEITA 1967 (bottled 2010) - Hellrote Farbe, wirkt schon sehr alt. Volle, tiefe Nase mit viel Honig und Malz. Auch viel Honig im balancierten Gaumen, Malz, Toffee. Mittellanger Abgang. **17** *(2012)*

COLHEITA 1966 (bottled 2011) - Mittelbraune Farbe mit ansprechenden grünen Reflexen. Intensive Kaffeenase, frisch. Süßer, voller Gaumen. Kaffee. Langer Abgang. **18** *(2013)*

COLHEITA 1961 (bottled 2010) – Dunkelrote Farbe mit braunen Reflexen. Floral-frische Nase mit Kaffee, Malz und Teernoten. Intensiver, komplexer Gaumen mit Malz und Kaffee. Langer, kaffeebetonter Abgang. **18** *(2010)*

COLHEITA 1863 (bottled 2013) - Wenn man einen Tawny bei 2% Verdunstung 150 Jahre im Fass liegen lässt, benötigt man für einen Liter am Anfang der 150 Jahre 20 Liter. Diesen Port haben wir gegen den Niepoort VV, Taylor Scion, Andresen Colheita 1910, Wine & Soul 5G und Vallados Tributa verkostet. Konzentrierte tiefdunkelbraune Farbe mit ausgeprägten grünen Reflexen und einem heller werdenden Rand. Im Bouquet intensive Kaffeenoten mit perfekt stützender Säure. Am Gaumen vordergründig süß mit einem massiven Säuregerüst. Leicht angebrannter Zucker, Kaffeenoten, Karamell, ganz leicht bitter. Säurebetonter, langer Abgang. 190g Zucker/l. **19** *(2013)*

SONSTIGE PORTWEINE DER FIRMA

WHITE COLHEITA 1964 - Inoffizieller Port bei der Portwein-Boot-Regatta 2013 auf dem Sandeman-Boot: Dunkelgelbe Farbe mit braunen Reflexen. Elegante, aber gut strukturierte Nase mit Orange und Toffee. Auch am Gaumen elegant mit perfekt eingebundener Säure. Mittellanger Abgang. **18** *(2013)*

Quinta de la Rosa

Die Feuerheerd Familie gründete 1815 ihr Port-Business, verkaufte die Marke jedoch 1930. Heute gehört sie zu Barão de Vilar. Im Jahr 1906 erhielt Claire Feuerheerd die Quinta de la Rosa als Taufgeschenk. Viele Jahrzehnte und zwei Generationen später ist sie immer noch in Familienbesitz, produziert aber seit 1988 Portweine und seit 1994 Douro DOCs unter eigenem Label. Nach Claires Tod führte ihr Sohn Tim Bergqvist die Geschäfte weiter, heute ist es seine Tochter Sophia. Die Quinta hieß früher da Bateiras, wurde aber schon früh in „La Rosa" umbenannt – der Name stammt von einer alten Feuerheerd-Marke, unter der sie Portwein in Spanien verkauft haben. Quinta de la Rosa Vintage Ports wurden erstmals in den 1920er Jahren hergestellt. Nach der großen Wirtschaftskrise 1929 wurde die Produktion der Weine unter dem La Rosa Etikett eingestellt und die Trauben wurden für Portweine von Croft und Sandeman verwendet. Nachdem Portugal 1986 der EU beitrat, wurden auch die Regeln des Entrepostos in Vila Nova de Gaia geändert, so dass die Quintas direkt „ab Hof" verkaufen konnten, was die Bergqvists auch direkt umsetzten. Zusammen mit ihrem Önologen Jorge Moreira, der unter anderem auch die Real Companhia Velha berät und auf der Quinta da Poeira eigene Douro DOC Weine herstellt, produziert La Rosa heute eine breite Palette an Portweinen und Douro DOC-Weinen. Während der Zeit der Traubenlieferung an Sandeman, wurden einige Flasche mit einem besonderen Sandeman-Etikett nur aus Trauben von La Rosa produziert. Diese Vintage Ports zeichnen sich durch eine besondere mineralische Note aus.

Die Quinta de la Rosa ist einer der wenigen Portweinproduzenten, auf deren Quinta man direkt Zimmer buchen und darüber hinaus noch sehr gute Weine und Portweine verkosten kann. Die Feuerheerd-Nachkommen Tim und Sophia Bergqvist führen die Quinta charmant und Douro-typisch und man erlebt die klassische Gastfreundschaft des Douro-Tals.

Homepage:	www.quintadelarosa.com
Gründungsjahr:	1906
Inhaber:	Bergqvist Familie, Sophia Bergqvist
Önologen:	Jorge Morreira
Quintas/Rebfläche:	Quinta de la Rosa (55 ha), Quinta das Bandeiras (27 ha)
Geheimtipp:	LBV
Importeur:	www.edelrausch.de

3 Fragen – 3 Antworten: Sophia Bergqvist, Eigentümerin

Was war der erste Port, den du getrunken hast?
Der Vintage Port 1960 von La Rosa (bottled by Sandeman)

Was ist am Douro besonders?
Das ganz besondere am Douro ist die unvergleichliche Schönheit der Natur, die ständig wechselt, auch wenn man sich nur ein paar Meter bewegt. Hier ist die Geschichte lebendig, da noch viele alte Rituale und Gegenstände vorhanden sind.

Welchen Port nimmst du mit auf die einsame Insel?
Eine Flasche Vintage Port 1927 von La Rosa. Den habe ich erst zwei Mal getrunken.

VINTAGE PORTS

Ältere La Rosa Vintage Ports zeigen eine unglaubliche Mineralität. Ab den 1990er Jahren ist sie nicht mehr so ausgeprägt und wird mehr durch Frucht und würzige Noten balanciert. Die Vintage Ports sind solide gemacht und besitzen meist ein sehr gutes Preis-Leistungs-Verhältnis.

VINTAGE PORT 2012 - Dunkelrote violett-reflektierende Farbe. Leicht staubige Cassis-Nase mit ansprechender Komplexität. Süßer, fruchtiger Gaumen, Säure und Tannine spürbar. Mittellanger Abgang. **16+** *(2015)*

VINTAGE PORT 2011 - Violett-schwarze Farbe. Fruchtig komplexe Nase, im Hintergrund würzig. Eleganter fruchtiger, integrierter Gaumen. Mittellanger, fruchtbetonter Abgang. **17** *(2013)*

VINTAGE PORT 2009 - Dunkelrote Farbe. In der Nase ausgeprägt floral, überwiegend Veilchen, sehr frisch. Am Gaumen Tannine, Säure und intensive Brombeer- und Himbeernoten. Eleganter Abgang. **17** *(2011)*

VINTAGE PORT 2007 - Tiefdunkelrote Farbe mit violetten Reflexen. In der Nase Schwarzkirsche und süße, schwarze Johannisbeere. Spürbare Säure und viel Frucht am Gaumen. Fruchtbetonter Abgang. **17** *(2010)*

VINTAGE PORT 1992 - Blickdichte rote Farbe. Frische, florale Nase, Kaffee und rote Beeren. Intensive Schokolade am Gaumen. Mittellanger, ausgeglichener, kaffeebetonter Abgang. **17** *(2012)*

VINTAGE PORT 1991 - Minimal transparente, dunkelrote Farbe. Frisch-fruchtige Nase, hintergründig Schokolade. Schokoladebetonter Gaumen mit mineralischen Noten und sehr gut eingebundener Säure. Mittellanger, balancierter Abgang. **17** *(2011)*

VINTAGE PORT 1972 (Sandeman Etikett) - Mittelrote Farbe mit orangen Reflexen. Kaffeenase, leichte Frucht vorhanden. Himbeere. Auch am Gaumen elegant, fruchtig, Himbeere. Mittellanger Abgang. Teenoten. **16** *(2013)*

VINTAGE PORT 1970 (Sandeman Etikett) - Transparent rote Farbe. Rund drei Stunden dekantiert. Im Bouquet mineralische Frische, eleganter Kaffeetouch, Malz. Balancierter Gaumen, perfekt integrierter Säure, Malz und Tabak. Mittellanger, ausgewogener Abgang. **18** *(2012)*

VINTAGE PORT 1963 (Sandeman Etikett) - Mit David Guimaraens und Sophia auf La Rosa zum Abendessen getrunken: Dunkelorange Farbe, voll und frisch. Mineralische Noten am Gaumen und im Bouquet. Frisches, florales Bouquet. Am Gaumen frisch und würzig. Kaffee und Tabak mit gut stützender Säure. Strukturierter Abgang. **18** *(2011)*

VINTAGE PORT 1960 (Sandeman Etikett) - Mittelorange Farbe. Elegante, frisch-florale Noten. Balancierter, eleganter Gaumen, ausgewogen. Süßholznoten. Kurzer Abgang. Austrinken. **16** *(2013)*

LATE BOTTLED VINTAGE PORTS (LBV)

Mit dem Jahrgang 2009 haben sich die Flaschenform und die Qualität geändert. Die LBVs sind hochwertiger. Traditionell werden sie ungefiltert abgefüllt.

LATE BOTTLED VINTAGE PORT 2009
- Tiefdunkelrote Farbe. Schokolade-Frucht-Noten mit weißem Pfeffer in der Nase. Fruchtig-schokoladiger Gaumen. Mittellanger Abgang. **16** *(2014)*

AGED TAWNIES

10 YEAR OLD TAWNY - Rotbraune Farbe. In der Nase spürbare Säure, Haselnüsse und Trockenfrüchte. Am Gaumen Trockenfrüchte und Restfrucht. Mittellanger Abgang. **16** *(2011)*
20 YEAR OLD TAWNY - Rotbraune Farbe. Elegante Kaffeenase, Toffee. Am Gaumen elegant, Toffee und Honig, intensive Würznoten. Mittellanger Abgang. **17** *(2013)*

COLHEITAS

COLHEITA 1997 (bottled 2010) – Volltransparente, dunkelrote Farbe. Im Bouquet volle florale Noten, angenehmer oxidativer Touch. Trockenpflaumen, Säuregerüst erkennbar. Am Gaumen süß, Nüsse. Mittellanger Abgang, Säure. **16** *(2012)*

Quinta das Lamelas

Urgroßvater David Guedes gründete 1836 Lamelas. Durch sehr glückliche Hochzeiten wurden die Rebflächen zahlreicher und größer, so dass sich die Firma verstärkt auf den Export ausrichten konnte. Ursprünglich nur auf den portugiesischen Markt präsent, exportiert Lamelas nun nach Dänemark und Holland, wobei Portugal immer noch der wichtigste Markt für die 30.000 Flaschen ist.

Der aktuelle Eigentümer José Guedes hat 1997 den elterlichen Betrieb übernommen und macht hemdsärmelige, aber ehrliche, grundsolide Portweine. In dem verwinkelten Dörchen südlich von Regua, dass gefühlt maximal 50 Personen umfasst, hat er fast in jedem Haus größere oder kleinere Fässer liegen. Hat man erst die „Language Barrier" durchbrochen, erklärt Jose, warum Touriga Nacional hier besser wächst und die kleineren Fässer auch mal wärmer liegen können und sollen. Ein echtes Douro-Original mit viel Talent.

3 Fragen – 3 Antworten: Jose, Guedes, Eigentümer
Was war der erste Port, den du getrunken hast?
Ein über 100 Jahre alter Family Reserve Port, der von meinem Urgroßvater gemacht wurde.
Was ist am Douro besonders?
Ich habe meinen Urlaub immer am Douro verbracht, daher habe ich ein besonderes Verhältnis zum Douro.
Welchen Port nimmst du mit auf die einsame Insel?
Natürlich die Guedes Family Reserve

VINTAGE PORTS

Für die Vintage Ports verwendet man bei der Quinta das Lamelas nur Touriga Nacional und Sousão und blendet nach dem Traubentreten im Lagar. Bisher wurde Vintage Port in den Jahrgängen 2006, 2007, 2009, 2010, 2012 und 2013 hergestellt.

VINTAGE PORT 2013 - Tiefe, violettrote Farbe. Schokolade-Frucht-Nase, derzeit reduktiv. Säure und Süße am Gaumen, hintergründig Kirsche und Cassis. Mittellanger Abgang. **16** *(2016)*

Gründungsjahr: 1836
Inhaber: Jose Antonio Guedes
Önologen: Luis Rodrigues
Quintas/ Rebfläche: Quinta das Lamelas (24 ha), Quinta Laranjeras (6 ha), Quinta dos Marecos (8 ha)
Geheimtipp: Ruby Reserve

QUINTA DAS LAMELAS

VINTAGE PORT 2012 - Blickdichte, tiefrote Farbe mit violetten Reflexen. Balancierte, fruchtbetonte Nase mit Kirsche und Cassis. Am Gaumen spürbares Tanningerüst mit intensiven Fruchtnoten und mitschwingender Süße. Mittellanger Abgang. **17** *(2016)*
VINTAGE PORT 2010 - Frische, vollrote Farbe. Weißer Pfeffer und Schokolade in der Nase. Frischer, minimal säure- und tanninhaltiger Gaumen, weißer Pfeffer, Schokolade. Mittellanger Abgang. **16+** *(2015)*
VINTAGE PORT 2007 - Tiefschwarze Farbe mit geringen Reflexen. Im Bouquet intensive schwarze Beeren und Säure, ansprechende Komplexität. Voller, süß-fruchtiger Gaumen, kantige Tannine, Säure. Mittellanger, komplexer Abgang. **17** *(2010)*

LATE BOTTLED VINTAGE PORTS (LBV)

Jose filtriert die Late Bottled Vintage Ports nie und füllt sie immer nach 4 Jahren ab. Meist sind große Lücken in den Jahren, so dass die beiden Verkostungsnotizen seine beiden letzten LBVs darstellen.

LATE BOTTLED VINTAGE PORT 2011
- Minimal transparente, vollrote Farbe. Spürbare Säure in der fruchtig-frischen Nase. Adstringenter Gaumen, leicht reduktiv, hintergründig Frucht und Kaffee. Mittellanger Abgang. **16** *(2015)*
LATE BOTTLED VINTAGE PORT 2005
- Tiefe, dunkle Farbe, gut strukturiert, ansprechende Reflexe. Floral-frische Nase mit Cassis und Schokolade. Frische Frucht am Gaumen, hintergründig minimal bittere Noten, viel Frucht (Brombeere, Himbeere). Mittellanger Abgang. **16** *(2011)*

AGED TAWNIES

10 YEAR OLD TAWNY - Rötlich goldgelbe Farbe. Volle, tiefe und komplexe Nase mit spürbarer Marzipan- und Fruchtnote. Komplexer Gaumen mit Mandel und Frucht. Mittellanger Abgang. **16** *(2011)*
20 YEAR OLD TAWNY - Rotbraune Farbe. Würzig-fruchtige Nase. , Samtiger, integrierter Gaumen, intensive Nüsse. Florale Noten. Mittellanger Abgang. **17** *(2011)*
30 YEAR OLD TAWNY - Dunkelbraune Farbe, Kaffee und Toffee in der Nase. Samtiger Gaumen, Kaffee, Toffee und Karamell. Mittellanger Abgang. **17** *(2011)*
40 YEAR OLD TAWNY - Dunkelbraune Farbe. Balancierte, integrierte Nase. Intensiver, samtiger Gaumen, Säure, Schokolade, Tabak, Schokolade. Langer Abgang. **18** *(2015)*

SONSTIGE PORTS

DRY WHITE RESERVE - Tiefgelbe Farbe. In der Nase Honig und Quittenmarmelade. Geradliniger, säureunterstützter Gaumen, Quitte und Honig. Mittellanger Abgang. **16** *(2016)*
10 YEAR OLD WHITE PORT - Braungelbe Farbe mit goldenen Reflexen. In der Nase intensive Orange, hintergründig Teenoten, Karamell. Süßer, voller Gaumen mit Mandel- und Marzipannoten. Mittellanger Abgang. **16** *(2016)*
20 YEAR OLD WHITE PORT - Dunkelgoldene Farbe. Balancierte, komplexe Honignase. Trockener, präziser Gaumen mit Honig, Nüssen und einer hintergründig einsetzenden Süße. Langer, geradliniger Abgang. **18** *(2016)*
80 YEAR OLD WHITE PORT - Wurde auf der Pro-Wein 2016 zusammen mit einem 100jährigen Tawny ausgeschenkt, um das 180. Jubiläum der Firma nachzufeiern. Orange-goldene Farbe. Gelber Früchtekorb und Honig in der Nase, Säure spürbar. Auch am Gaumen viel überreifer Pfirsich, Quitte, minimal medizinische Noten mit sehr gut stützender Säure. Minutenlanger, balancierter Abgang. **18** *(2016)*
100 YEAR OLD TAWNY (GUEDES FAMILY RESERVE) - Eigentlich darf dieser Wein offiziell nicht so genannt werden, da er keine IVDP-Papiere hat. Tiefer, dunkler Kern in der orangebraunen Farbe. Konzentriertes Kaffee-, Malz-, Toffee-Bouquet, verbrannte Noten. Am Gaumen ein interessantes Spiel von Süße und Säure, die sich in Wellen abwechselt, mitschwingend die identischen Noten der Nase. Langer, komplexer Abgang. **19** *(2016)*
ROSE PORT - Volltransparente, eher mittelrot als hellrote Farbe. Einer der dunkelsten Rose Ports. Frische Schokoladen-Fruchtnoten. Eleganter, schokoladiger Gaumen. Kurzer Abgang. **15** *(2016)*
RUBY RESERVE Tiefdunkelrote Farbe mit violetten Reflexen. Volle, frische Kirsch-Himbeernase. Spürbare Tannine, sehr fruchtig-frisch. Körperreich. Mittellanger Abgang. **16** *(2015)*

QUINTA DO SILVAL/MAGALHAES

Die Quinta do Silval hat eine lange Geschichte und war Ende des 19. Jahrhunderts über die Grenzen Portugals hinaus bekannt. Aufgrund vieler Parzellierungen über die Generationen gehört heute ein Teil der Quinta zu Noval, die ihren Zweitlabel Vintage Port „Silval" nennen. Um diese potentielle Verwirrung gar nicht erst entstehen zu lassen, hat Eigentümer Carlos Magalhães seine Portweine mit dem „Magalhães"-Etikett versehen und verzichtet auf die Silval-Bezeichnung. Sein erster Vintage Port stammt aus dem Jahrgang 2000.

Im Vale de Mendiz gelegen, ist Quinta do Silval heute für den Tourismus bekannter als für den Portwein. Das liegt hauptsächlich an der hemdsärmeligen Umsetzung der Weinbereitung und des Marketings. Auch hat mir Carlos mal mitgeteilt, dass er 2008 einen sortenreinen Vintage Port abfüllen wollte, was nach den Regeln des Portweininstitutes nicht erlaubt ist.

3 Fragen – 3 Antworten Carlos Magalhães, Eigentümer

Was war der erste Port, den du getrunken hast?
Das war ein alter Colheita mit meiner Familie. Das ist schon sehr lange her.

Homepage: www.quintadosilval.pt
Gründungsjahr: 1998
Inhaber: Familie Magalhães
Quintas/Rebfläche: Quinta do Silval, Quinta do Vilarinho
Importeur: www.porterra.de

Was ist am Douro besonders?
Der Douro ist ein einzigartiger Ort. Er macht das Leben langsamer, man besinnt sich wieder auf das Wesentliche. Wenn man dann noch ein anständiges Glas Portwein in der Hand hat, muss man sofort daran denken, dass alles schlimmer sein könnte.
Welchen Port nimmst du mit auf die einsame Insel?
Meinen (ersten) Vintage Port 2000 - der ist für mich sehr emotional.

VINTAGE PORTS

VINTAGE PORT CASK SAMPLE 2008 - Nur Touriga Franca: Viel Tabak und Würze im Bouquet, sehr wenig Frucht. Voller, komplexer Gaumen, viel Tannin, wenig Säure und Frucht. Wurde nie zugelassen, da reinsortige Portweine nicht erlaubt sind. **NR** *(2010)*
VINTAGE PORT 2007 - Tiefdunkelrote Farbe, fast schwarz, ausgeprägte Reflexe. Tanninhaltiges Bouquet, Säure, viel Frucht (Himbeeren, schwarze Johannisbeere). Volle, leicht oberflächliche Frucht, trotzdem gut integriert, hintergründig Kaffee. Relativ kurzer Abgang. **16** *(2010)*
VINTAGE PORT 2003 - Minimal transparente, dunkelrote Farbe. Pflaume Frucht in der Nase. Am Gaumen sehr konzentrierte süße Frucht, Tannine und Säure. Mittellanger Abgang. **17** *(2010)*
VINTAGE PORT 2000 - Dunkelrote Farbe. Schokolade und Himbeere in der Nase. Balancierte Schokolade und Kirsche am Gaumen, frisch. Mittellanger Abgang. Eher ein Vintage Port für den kurzfristigen Verbrauch. **16** *(2014)*

LATE BOTTLED VINTAGE PORTS (LBV)

LATE BOTTLED VINTAGE PORT 2001 - Transparente, dunkelrote Farbe. Würzige Nase, gute Tiefe. Säure, Alkohol. Mittellanger Abgang. **16** *(2009)*

QUINTA DE MARROCOS

Im 17. Jahrhundert war auf der Fläche der Quinta ein Convent. Die nicht ins Stadtbild von Regua passenden Franziskaner mussten dann „nach Marokko" auswandern, also außerhalb von Régua leben, daher der Name.

Urgroßvater von César Sequeira hat bereits Portwein auf dem Gebiet der Quinta hergestellt und an Ramos Pinto und Cockburn verkauft. Nach der Aufnahme Portugals in die EU im Jahr 1986 hat sich die Familie entschieden, Portweine direkt ab Hof zu verkaufen. Die Jahresproduktion von rund 70.000 Liter Portwein wird in fast alle westeuropäischen Länder verkauft.

Der Fokus liegt dabei auf solide gemachten Entry-Level Ports. Bleibt abzuwarten, wie die nächste Generation die Marke weiterentwickeln wird. Césars Töchter Rita und Catarina arbeiten bereits in der Firma.

3 Fragen – 3 Antworten: César Sequeira, Eigentümer
Was war der erste Port, den getrunken hast?
Ein Ramos Pinto Colheita von 1937
Was ist am Douro besonders?
Die Natur! Es ist schade, dass die meisten Menschen hier leider recht arm sind. Des Weiteren gibt es herausragende Weine und Port. Innerhalb der letzten zwanzig Jahre haben die Ports und Weine qualitativ extrem zugenommen.
Welchen Port nimmst du mit auf die einsame Insel?
Eine Flasche Niepoort Colheita 1900

Homepage: www.quintademarrocos.com
Gründungsjahr: 1996
Inhaber: César Sequeira
Önologen: Rita Sequeira
Quintas/Rebfläche: Quinta de Marrocos (14 ha), Quinta de Vale de Sapos (11 ha)

VINTAGE PORTS

Für die Produktion von weiteren Vintage Ports haben leider das Geld und der Platz gefehlt, daher gibt es bisher nur den 2004er Vintage Port.

VINTAGE PORT 2004 - Volltransparente, mittelorange Farbe. Orange, frische, florale Noten an der Nase, hintergründig nussig. Störender Branntwein am Gaumen. Fehlerhaft. **NR** *(2015)*

LATE BOTTLED VINTAGE PORTS (LBV)

César hatte begonnen, die LBV ungefiltert abzufüllen, sich aber kürzlich entschieden, den LBV gefiltert herzustellen. Weit oxidierte LBV, völlig unterschiedliches Konzept.

LATE BOTTLED VINTAGE PORT 2007 - Transparente, mittelrote Farbe. Pflaumig frische Nase, untypisch für einen LBV. Balancierte, weit gereifter Gaumen. Pflaume. Mittellanger Abgang. **16** *(2015)*

AGED TAWNIES

Sehr typische, weit gereifte Tawnies aus dem Douro.

10 YEAR OLD TAWNY - Braunrote Farbe. Frische, nussbetonte, kräuterbetonte Nase. Leicht scharfer, nussbetonter Gaumen. Mittellanger Abgang. **16** *(2015)*

20 YEAR OLD TAWNY – Orangebraune Farbe. Balancierte, frische Nase. Orange. Nussnote. Leicht scharfer, gewürzbetonter Gaumen. Mittellanger Gaumen. **16** *(2015)*

COLHEITAS

Für die Colheitas ist nur ein Tonel von 11.000 Litern vorgesehen. Wenn der zu Ende geht, macht César einen neuen Colheita. So hat es rund zehn Jahre gedauert, bis der Colheita 2000 zu Ende ging, um dann jetzt einen 2010 anzusetzen. César ist Ingenieur, der immer runde Zahlen bevorzugt. Daher wird er nach dem Jahrgang 2000 den Jahrgang 2010 herstellen.

COLHEITA 2000 (bottled 2009) – Dunkelorange Farbe. Kaffee und Orangen an der Nase, recht weit oxidiert. Leicht überreife Noten, viel Säure am Gaumen. **16** *(2015)*

Martha's Port

Die Familie Marta - der Familienname wird im Gegensatz zum Markennamen ohne „h" geschrieben - kann auf eine lange Tradition im Portweinanbau zurückblicken. Bereits seit dem 18. Jahrhundert pflanzt die Familie Marta auf verschiedenen kleinen Weingütern im Baixo Corgo rund um Santa Marta de Peneguãio Weintrauben an und produziert damit Portweine. Die ersten Abfüllungen unter eigenem Etikett datieren aus den 1920er Jahren, wobei der Großteil der Portweine in der langjährigen Geschichte im Fass an andere Produzenten verkauft wurde. Als Hersteller mit eigenen Etiketten stieg die Familie 1990 in das Geschäft ein und verkauft seit dem rund 500.000 Flaschen jährlich. Ein Kellerei-Neubau auf engstem Raum wurde 1998 im kleinen Ort Sao João de Lobrigos oberhalb von Peso da Règua abgeschlossen. Mitte der 2000er war der Seniorchef Pedro Marta in einen Weinskandal verwickelt. Als einer der Hauptangeklagten eines Mammutprozesses mit insgesamt 63 Beteiligten wurde er letztendlich zu einer drakonischen Freiheitsstrafe von sechs Jahren verurteilt, auch wenn er bis zuletzt seine Unschuld beteuerte.

Das Weingut, das von Pedro Marta Junior und seiner Schwester Rita Marta geleitet

Homepage: www.marthasgroup.com
Gründungsjahr: 1727, re-launch 1990
Inhaber: Familie Marta
Önologe: Manuel Pedro Marta
Quintas/Rebfläche: 10 Quintas im Baixo Corgo mit insgesamt 40 ha, u.a. Quinta Fontão Velho, Quinta de São Pedro, Quinta de Nossa Senhora da Graca und Quinta da Vinha Nova
Spezialisiert auf: Tawny Port
Importeur: www.delikatessen-berge.de

wird, scheint diesen Schock gut verkraftet zu haben. Auf dem portugiesischen Markt ist man bekannt als offizieller Abfüller eines „Merchandising Portweins" für den FC Porto und Benfica Lissabon. Martha´s produzierte früher hauptsächlich Entry-Level-Portweine. Die heutigen Stärken liegen im Wesentlichen bei den Tawnies, insbesondere bei den aged Tawny Ports. Seit einigen Jahren füllt Martha auch wieder Colheitas ab, die hauptsächlich aus jüngeren Jahrgängen stammen. Vintage Ports wurden bisher nicht abgefüllt. Hauptabsatzmärkte der jährlich 300.000 Flaschen Portwein sind China, Deutschland, die USA und Frankreich.

TAWNY PORTS

Hin und wieder findet man auf Auktionen auch alte Colheitas von Martha´s unter anderem aus den Jahren 1945, 1963 und 1970. Die Bestände dieser Weine sind allerdings aufgebraucht. In geringen Mengen ist derzeit noch ein Colheita des Jahres 1977 erhältlich. Die aged Tawnies und die weißen Portweine werden sowohl in Normalflaschen als auch in Dekanterflaschen vertrieben. Es handelt sich hierbei um identische Weine in verschiedenen Flaschenformaten.

10 YEAR OLD TAWNY - Bernsteinfarbe mit recht deutlichen Brauntönen, in der Nase angenehme nussige Noten. Am Gaumen spürt man eine deutliche Süße, hintergründig Mandeln und rauchige Aromen. Mittellanger Abgang. Ein guter Vertreter seiner Klasse. **16** (2015)

30 YEAR OLD TAWNY - Leuchtend hellrote Farbe. Frisches Nuss-Marzipan-Bouquet, hintergründig Karamell. Eleganter, leicht süßer Gaumen, cremig. Strukturierter, mittellanger Abgang. **17** (2016)

40 YEAR OLD TAWNY - der 40 Jährige ist dem 30 Jahre alten Tawny in der Farbe sehr ähnlich. Am Gaumen jedoch etwas süßer und konzentrierter, gebrannte Mandeln und eingelegte Rosinen. Sehr gut stützende Säure. Langer Abgang. **18** (2015)

COLHEITAS

COLHEITA 2006 (bottled 2015) - Bernsteinfarben, etwas heller als der 10y Tawny. Vom Stil mit deutlich mehr Säure und malzigen Aromen, einfach Strukturiert, kurzer Abgang. **15** (2016)

3 Fragen – 3 Antworten Manuel Pedro Marta, Önologe
Was war der erste Port, den du getrunken hast?
Das war unser 1931er Colheita.
Was ist am Douro besonders?
Die Familien, die hier geboren wurden, versuchen die besten Weine der Welt herzustellen – die Portweine.
Welchen Port nimmst du mit auf die einsame Insel?
Einen 1890er Colheita.

MARTINEZ

Martinez wird selbst auf dem englischen Markt von der Eigentümerfamilie Symington ein wenig stiefmütterlich behandelt, außerhalb der Insel ist die Marke kaum bekannt. Dabei wurde die 1790 von Sebastian Goncalez Martinez gegründete Firma lange als hochwertiger Importeur von Port, Sherry und Zigarren wahrgenommen. 1822 stieß John Gassiot als Partner dazu, und als sich Sebastian Martinez 1849 aus dem Geschäftsleben zurückzog, wurde Martinez der größte englische Importeur von Sherry und Port. Anfang des 20. Jahrhunderts war kein direkter Nachkomme vorhanden, so dass Martinez in eine Kapitalgesellschaft umgewandelt wurde. 1961 wurde die Firma vom englischen Weinhändler John Harvey übernommen, der ein Jahr später den Erzrivalen Cockburn ins Unternehmensportfolio integrierte. In den 1970er und 1980er Jahren wurde Cockburn als Hauptmarke von Harvey platziert, und lange Zeit dachten viele Kunden, dass Martinez die „Zweitmarke" von Cockburn sei. 2010 haben die Symingtons die Zeit der „Multi-Nationals" beendet und bieten Port von Martinez in einzelnen Märkten an.

Die Übernahme durch ein multinationales Unternehmen war in den 1980er Jahren selten vorteilhaft. Zwar ergaben sich Synergie-Effekte, jedoch wurde die Ernte bzw. die Weinverarbeitung oft nicht mit der notwendigen Sorgfalt erledigt, daher sind die End-70er und 80er Jahre für diese Unternehmen meist schwierig. In der Vergangenheit wurden für die Martinez-Portweine hauptsächlich Trauben von der Quinta do Bartol, Quinta da Adega und der Quinta do Marela bei Pinhão verwendet. Heute bedienen sich die Symingtons ihrer gut 1.000 Hektar am Douro.

3 Fragen – 3 Antworten: Henry Shotton, Önologe
Was war der erste Port, den du getrunken hast?
Ziemlich sicher ein Grahams 1977 Vintage Port
Was ist am Douro besonders?
Vor allem das Klima, der Boden, die Traubenvielfalt und die besondere Adaption der Trauben an das Klima und natürlich die Menschen, die hier leben.
Welchen Port nimmst du mit auf die einsame Insel?
Einen Cockburn 1908 Vintage Port

Homepage: www.symington.com
Gründungsjahr: 1790
Inhaber: Symington Family Estates
Önologen: Charles Symington
Quintas/Rebfläche: keine direkt zugeordneten Quintas
Spezialisiert auf: Vintage Port
Geheimtipp: Alte Vintage Ports

VINTAGE PORTS

Die älteren Martinez Vintage Ports sind große, erhabene Portweine. Durch den Verkauf an den multinationalen Konzern Ende der 70er hat sich auch die Qualität der Portweine schlagartig verschlechtert. Die Übernahme durch die Symingtons hat qualitativ eine Menge gebracht. Einen in durchgängig erkennbaren Stil der Ports kann ich allerdings nicht wahrnehmen.

VINTAGE PORT 2007 - Tiefdunkelrote Farbe. Ganz leichte Minznote im Bouquet, verhaltene Frucht. Samtiger Gaumen, komplex. Frucht und leichte Anzeichen der nötigen Komponenten, Säure, Tannine und Alkohol. Mittellager Abgang. **17** *(2014)*

VINTAGE PORT 1997 - Volltransparente, sehr weit gereifte, dunkelrote Farbe. Verschlossene, fruchtige Nase. Elegant, fruchtig , Schokolade. Mittellanger Abgang. Für einen Vintage Port zu einfach. **16** *(2014)*

VINTAGE PORT 1994 - Transparente, dunkelrote Farbe. Tiefe, würzig-frisch-fruchtige Nase. Schwarzkirsche, Cassis, Tabak. Überraschend elegant, Schoko- und Tabaknoten. Mittellanger Abgang. **17** *(2014)*

VINTAGE PORT 1987 - Minimal transparente, dunkelrote Farbe. Strukturierte, fruchtige Nase mit Himbeeren, roten Johannisbeeren und Schokolade. Intensive Fruchtnoten, Kräuter und Milchschokolade mit gut stützender Säure. Mittellanger, fruchtig-schokoladiger Abgang. **17** *(2014)*

VINTAGE PORT 1985 - Tiefdunkelrote Farbe. Kaffee, Rosinen und Fruchtmarmelade. Leicht überreifer kompottiger Gaumen mit Kirsch-und Brombeernoten. Mittellanger, fruchtbetonter Abgang. **17** *(2014)*

VINTAGE PORT 1982 - Dunkelrote, frische Farbe. Ansprechende Frucht-Kräuter-Toffee-Nase, Minze. Eleganter, frischer Gaumen mit Schwarzkirsche, Minze und Kaffee. Mittellanger Abgang. **17** *(2014)*

VINTAGE PORT 1975 - Volltransparente, dunkelorange Farbe mit intensivem Wasserrand. Elegantes würziges Bouquet mit Toffeenoten. Auch am Gaumen weit entwickelt, Toffee und ein Hauch Milchschokolade. Sehr gut gereift, ohne weiteres Potential. Kurzer Abgang. Austrinken. **16** *(2014)*

VINTAGE PORT 1970 - Tiefdunkle Farbe. Ganz leichte Minznote, verhaltene Frucht. Samtiger Gaumen, mundfüllend, komplex. Frucht Säure, Tannine und Alkohol. Mittellanger Abgang. **17** *(2014)*

VINTAGE PORT 1967 - Leuchtend dunkelrote Farbe. Intensive Himbeeren, Toffee und Schokolade in der ausgewogenen Nase. Der Gaumen ist in Balance, hintergründig medizinal. Noch viel Frucht, gut stützende Säure. Mittellanger, ausgewogener Abgang. Fällt mit zunehmender Dekantierzeit ab. **17** *(2014)*

VINTAGE PORT 1963 - Mittelrote, volltransparente Farbe, erkennbarer Wasserrand. Elegante Malz-Toffee-Nase, würziger Hintergrund. Spürbare Säure, Alkohol, Karamellnoten. Mittellanger Abgang. **17** *(2014)*

VINTAGE PORT 1960 - Volltransparente, dunkelorange Farbe. Elegante Malz-Honig-Nase. Voller, ansprechender Gaumen. Mittellang, voller Abgang. **17** *(2014)*

VINTAGE PORT 1958 - Dunkelrote Farbe mit orangen Reflexen. Elegantes Bouquet, perfekt gereift. Auch am Gaumen elegant, gut strukturiert, Malz und Toffee. Kurzer Abgang. Für den kurzfristigen Verbrauch. **17** *(2014)*

VINTAGE PORT 1955 - Mehrmals verkostet, starke Flaschenvariation. Die letzte Flasche war perfekt: Tiefdunkelrote Farbe. Schokolade, volle Fruchtnoten, weißer Pfeffer. Tiefer, voller Gaumen, Schokolade, Frucht, Malz, Honig. Langer, voller Abgang. **19** *(2014)*

VINTAGE PORT 1948 - Unterschwellig ein großer, tiefer, strukturierter Port. Leider bei der einzigen Verkostung korkig. **18** *(2014)*

VINTAGE PORT 1934 - Tiefdunkelroter Farbkern, dünnt zum Rand hin stark aus. Elegante, sehr gut gereifte Nase mit Malz und Toffee. Auch am Gaumen elegant, Honig und Malz, ansprechend gereift. Mittellanger Abgang. **18** *(2014)*

VINTAGE PORT 1927 - Transparente, mittelbraune Farbe mit orangen Reflexen. Orangenschale, Malz, Milchschokolade und Honig. Am Gaumen intensive Malz- und Honignoten und perfekt stützende Säure. Langer, honigbetonter Abgang. **18** *(2015)*

VINTAGE PORT 1922 - Volltransparente mittelrote Farbe. Kaffee, Malz und Toffee in der Nase. Eleganter, balancierter Gaumen, Tabakwürze, Toffee. Langer, voller Abgang. **18** *(2014)*

LATE BOTTLED VINTAGE PORTS (LBV)

LATE BOTTLED VINTAGE PORT 2005 - Würzige Noten, die die Frucht hervorragend ergänzen, weißer Pfeffer und spürbarer Alkohol. Mittellang. **16+** *(2010)*

CRUSTED PORTS

CRUSTED PORT BOTTLED 1989 - Dunkelrote Farbe mit erkennbarem Wasserrand, Pflaume und Kaffee in der Nase, leicht parfümiert. Am Gaumen Frucht, Schokolade. Mittellanger Abgang. **16** *(2014)*

CRUSTED PORT BOTTLED 1973 - Volltransparente hellrote Farbe. Hier reicht die Qualität nicht für diese Lagerzeit aus. Wegschütten. **NR** *(2014)*

MAYNARD

Der englische Konsument kauft nur, was er aussprechen kann. Daher entschieden sich die van-Zeller-Brüder gegen ihre Hauptmarke „Barão de Vilar" und vertreiben ihre Portweine auf der Insel unter der Marke Maynard.

Walter Maynard wurde 1652 als Vorfahre der van Zeller Familie geboren. Maynard heiratete Dorothea Kopke und war einer der ersten (Port-) Weinexporteure nach England. Aufgrund des familiären Bezuges der Familie wurde den van Zeller Brüdern die Marke Maynard vor einigen Jahren von Paul Symington geschenkt. Bis einschließlich 2012 wurden für die Marken Barão de Vilar und Maynards identische Portweine verwendet, beispielsweise für den Vintage Port 2011. Für die auch zur Gruppe gehörende Marke Feuerheerd wird ein leicht abweichender Verschnitt gewählt. Seit dem Vintage 2013 wurden bei allen drei Marken unterschiedliche „blends" verwendet. Zukünftiges Ziel ist es, Maynard als „Premium Brand" der Gruppe zu platzieren.

3 Fragen – 3 Antworten: Fernando van Zeller, CEO
Was war der erste Port, den Du getrunken hast?
Einen Quinta do Noval LB (LB ist eine Ruby-Portweinart, die leider nicht mehr hergestellt wird, ähnlich zum Crusted handelt es sich um einen Verschnitt von mehreren Jahren, der meist ungefiltert abgefüllt wird).
Was ist am Douro besonders?
Der Douro ist für mich eine perfekte Kombination widersprüchlicher Dinge: Spaß, Urlaub, harte Arbeit und Lebensfreude. Es ist sehr leicht, den Douro lieben zu lernen und eine lebenslange Passion für dieses sehr eindrucksvolle Gebiet zu entwickeln. Aufgrund der Schönheit dieser Landschaft werde ich immer mit Douro Weinen arbeiten wollen.
Welchen Port nimmst du mit auf die einsame Insel?
Eine Flasche unserer sehr alten Familienreserve.

Homepage:	www.baraodevilar.com
Inhaber:	Alvaro und Fernando van Zeller, Rui Carvalho
Önologe:	Alvaro van Zeller
Quintas/Rebfläche:	keine designierte Parzelle
Spezialisiert auf:	Tawny Ports

VINTAGE PORTS

VINTAGE PORT 2011 - Fruchtbetonte, elegante Nase, würziger Background. Am Gaumen balanciert. Säure, Tannine und Frucht perfekt eingebunden, Schokolade, süße Frucht. Langer ausgewogener Abgang. **17+** *(2013)*

COLHEITAS

Die älteren Colheitas wurden von der Mutterfirma Barão de Vilar gekauft und werden unter verschiedenen Etiketten verkauft, unter anderem auch Maynard. Daher sind die Verkostungsnotizen identisch zu denen von Barão de Vilar.

COLHEITA 1990 (bottled 2013) - Tiefe, dunkelrot-orange Farbe, wirkt älter. Balanciertes fruchtig-florales Bouquet, Malz und Kaffee. Am Gaumen Säure, Marzipan, Nussmix und Trockenfrüchte. Mittellanger, säurebetonter Abgang. **17** *(2016)*
COLHEITA 1982 (bottled 2013) - Leuchtend transparente dunkelrote Farbe. Elegante Nussnase, intensiv aber ausgewogen. Am Gaumen leichter Acetontouch, satter Nussmix, Kaffee, Toffee, gut strukturiert. Langer voller Abgang. **17** *(2014)*
COLHEITA 1963 (bottled 2013) - Dunkelorange Farbe mit tiefem Farbkern. Elegante Gewürz-Toffee-Nase mit ausdrucksstarken Nussnoten. Am Gaumen stimmig mit ansprechendem Toffee-Nussmix. Langer Abgang. **18** *(2014)*

COLHEITA PIPA 1960 (bottled 2016) - Volltransparente, dunkelorange Farbe. Elegante Nuss-Orangennoten in der Nase, sehr balanciert. Am Gaumen Orange, Kaffee und Trockenfruchtmix, gut stützende Säure. Kaffeebetonter, langer Abgang. **18** *(2016)*
COLHEITA 1934 (bottled 2013) - Tiefschwarze Farbkonzentration, hellt am Rand auf. Volle konzentrierte Nase, Süße, Kaffee, Malz. Am Gaumen tiefe Konzentration mit Kaffee, Malz und Trockenfrüchten. Langer, voller Abgang. **18** *(2014)*

Messias

Die Firma Messias wurde 1926 durch Messias Baptista gegründet und konzentrierte sich erst 1934 komplett auf den Portweinhandel. Durch den Kauf der Quinta do Cachão in den 1950er Jahren stieg Messias in die Produktion ein. Der erste kommerziell vertriebene Colheita stammt aus dem Jahr 1947 und der erste Vintage Port vom Jahrgang 1960.

Auf der Quinta do Cachão wurde erstmals 1845 Wein angebaut, da vorher ein großer Fels im Douro, der Cachão de Valeira, den Weintransport Richtung Vila Nova de Gaia stark behinderte und weiter östlich unmöglich machte. Erst nach dem Abtragen bzw. der Sprengung dieses Felsens wurde der Weg ab 1789 für die Weingüter östlich des Dörfchen Ferradosa passierbar.

Die Hauptmärkte von Messias sind neben Europa auch Zentral- und Südamerika, vor allem Brasilien. Messias produziert sehr häufig Vintage Ports und hat auch eine beachtliche Bandbreite Colheitas im Angebot. Neben Portweinen und Douro DOCs produziert Messias auch Weine im Dão und in Bairrada. Die Vintage Ports von Messias reiften in der Vergangenheit zügig, so dass die ersten Vintage Ports aus den 1960er Jahren gerade ihr Lebensende erreichen. Die Colheitas sind sehr gut und halten auch nach der Abfüllung in der Flasche noch lange durch.

Burton, Prime's und Intermares sind Portweinmarken von Messias. Sie werden als Zweitlabel verwendet (ähnlich Chateau Lafite Rothschild und Carruades de Lafite) und sind meist günstiger als die sowieso schon recht preiswerten Ports von Messias. Bei beiden Marken handelt es sich nicht um eine bob (buyers on brand). Die Weine erfahren ein komplett unterschiedliches Auswahlverfahren und werden je nach Markt eingesetzt, um einen Exklusivitätsstatus zu erhalten, wenn die Marke Messias bereits vorhanden ist. In Deutschland sieht man hauptsächlich Burton.

Homepage: www.cavesmessias.pt
Gründungsjahr: 1926/ 1934
Inhaber: Familie Baptista (83%), Fladgate Partnership (17%)
Quintas/Rebfläche: Quinta do Cachão (115 ha)
Önologen: Ana Urbano
Importeur: www.weinquelle.de

3 Fragen – 3 Antworten: Messias Baptista (bis Januar 2016 bei Messias) & Messias Vigario (MV)
Was war der erste Port, den ihr getrunken habt?
MB: Ein Messias Colheita 1943 „family reserve"
MV: Das war ein Colheita 1966. Mein Vater hat von diesem Jahrgang ein paar pipas abgefüllt, die seit dem im Douro reifen. Jedes Mal, wenn wir diesen Port probieren, schmeckt er besser als zuvor.
Was ist am Douro besonders?
MB: Das einzigartige Terroir, die Vielfalt an Rebsorten
MV: Die Freundlichkeit der Menschen am Douro und die karge, unwirtliche Landschaft.
Welchen Port nimmt ihr mit auf die einsame Insel?
MB: Einen Messias Colheita 1966
MV: Ich würde hoffen, dass man mich schnell rettet. In der Zwischenzeit würde ich einen Messias Dry White Port als Erfrischung nehmen.

VINTAGE PORTS

Für manche Märkte gibt es bei den älteren Vintage Port-Jahrgängen bis in die 1990er das Cachão Etikett, für andere das reguläre Messias Vintage Portlabel. In den Flaschen befindet sich der identische Portwein. Erst im Jahr 2009 gab es einen wirklichen Single Quinta Vintage Port der Quinta do Cachão.

VINTAGE PORT 2011 - Dunkelrote Farbe mit ausgeprägten Reflexen. Würzige Süßholz- und Lakritznase, ausgewogen, hintergründig Cassisnoten. Am Gaumen elegant und ausgeglichen. Schwarze Johannisbeere und Lakritze, softe Tannine. Mittellanger Abgang. **17** *(2013)*

VINTAGE PORT 2009 QUINTA DO CACHÃO - Dunkelrote Farbe. Leichter, fruchtiger Vintage Port mit viel Himbeere und Schokolade in der Nase. Am Gaumen balanciert, intensive, rotbeerige Frucht. Fruchtbetonter Abgang. **16** *(2012)*

VINTAGE PORT 2007 - Bei einer Fassprobe mit Messias' Önologin Ana Urbano konnte man einfach identifizieren, welche Fässer die Single-Quinta-Vintage-Ports beinhalten - diese waren präziser und nicht so gehaltvoll, wie der blend für Messias Vintages von mehreren Lagen. Der ursprüngliche Plan, bereits in 2007 beide Vintage Ports herzustellen, wurde verworfen und erst mit dem Jahrgang 2009 realisiert. Violett-schwarze Farbe. Cassis und roter Beerenmix in der komplexen Nase. Auch am Gaumen intensive Fruchtnoten, spürbare Tannine, sehr gut stützende Säure. Mittellanger Abgang. **17** *(2010)*

VINTAGE PORT 2005 - Dunkelrot mit violetten Reflexen. In der Nase Pflaumenmarmelade und Cassis. Auch am Gaumen überwiegt die Frucht, erst hintergründig Tannin- und Säurestruktur. Tanninbetonter Abgang. **16** *(2008)*

VINTAGE PORT 2003 - Tiefdunkelrote Farbe mit minimalen violetten Reflexen. Komplexe Nase mit intensiver Frucht. Am Gaumen eher softe Tannine und spürbare Säure, massive, rotbeerige Frucht. Mittellanger Abgang. **17** *(2008)*

VINTAGE PORT 1989 - Dunkelrote Farbe. Kaffee und süße Fruchtaromen im Bouquet. Süßer, offener Gaumen, Himbeere und leichte Kaffeenoten. Kurzer, fruchtbetonter Abgang. **16** *(2012)*

VINTAGE PORT 1984 - Volltransparente, mittelrote Farbe mit minimal bräunlichen Eintrübungen. Frisches, elegantes Bouquet, viel Minze und Himbeerkompott. Am Gaumen süße Erdbeeren und Himbeeren, leichter Minztouch, ansprechende Frische. Mittellanger Abgang. In den nächsten zehn Jahren austrinken. **17** *(2012)*

VINTAGE PORT BURTON 1984 - Dunkelorange Farbe. Elegante, eindimensionale Nase, Toffee, Kaffee. Am Gaumen sehr elegant, Toffee und Karamell. Kurzer Abgang. Austrinken. **15** *(2013)*

VINTAGE PORT 1983 - Leicht trübe dunkelrotbraune Farbe. Elegantes Bouquet mit Rosinen, und Trockenfrüchten, mitschwingende Süße. Am Gaumen spürbare Säure, elegante Honignoten. Mittellanger Abgang. Austrinken. **16** *(2012)*

VINTAGE PORT 1982 - Leuchtend rote Nase, komplett transparent. Direkt nach dem Öffnen florale Noten, Malz, minimale Branntweinnote. Auch am Gaumen ist der Branntwein nicht voll integriert, elegante Malznote. Mittellanger Abgang. **14** *(2012)*

VINTAGE PORT BURTON 1982 - Weit fortgeschrittene, transparent rote Farbe. Mittelintensives, Rosinen- und Teerbouquet. Eleganter, ausgewogener Gaumen mit floralen Noten und Pflaume. Kurzer Abgang. Austrinken. **16** *(2013)*

VINTAGE PORT 1980 - Hellrote, transparente Farbe. Elegante, sehr weit gereifte Nase mit Malz- und Honignoten, Rumrosine und Vanille. Balancierter, eleganter Gaumen mit Malz und Karamell. Mittellanger Abgang. Austrinken. **16** *(2012)*

VINTAGE PORT 1979 - Beim Portwein-Day 2015 in Porto verkostet: Hellrote, leuchtende Farbe. Malznoten, Toffee und Minze, elegant. Am Gaumen süß mit spürbarer Säure, hintergründig Frucht und Malznoten. Zerfällt zunehmend im Glas. **15** *(2015)*

VINTAGE PORT 1977 - Transparent dunkelrote Farbe. Frischer, fruchtiger Gaumen. Intensive Schokolade, minimale Minznoten. Auch am Gaumen

Schokolade und Himbeeren, spürbare Säure. Mittellanger, leicht schokoladig-malziger Abgang. **17** *(2012)*

VINTAGE PORT 1976 - Mittelrote Farbe mit minimalem Wasserrand. Balancierte Marzipannase mit Toffee und Honig. Auch am Gaumen elegant und balanciert, Gewürznoten im Hintergrund. Kurzer Abgang. Austrinken. **16** *(2013)*

VINTAGE PORT 1970 - Leuchtendes Rot-Braun. Ansprechende Toffeenase mit Kaffeenoten. Toffee und Karmell am eleganten Gaumen. Mittellanger Abgang. **17** *(2011)*

VINTAGE PORT 1966 - Transparent mittelrote Farbe mit leicht bräunlichen Reflexen. Eingelegte Rosinen, rauchige Noten, mitschwingende Süße. Am Gaumen süß, verbrannter Zucker, gut stützende Säure, Honignoten. In den nächsten fünf Jahren austrinken. **17** *(2016)*

VINTAGE PORT 1963 - Transparent orange Farbe. Elegante, weit entwickelte Nase. Malz und Honig, Marzipan. Eleganter, ausgewogener Gaumen, weit entwickelt, leichte Schärfe. Mittellanger, säurebetonter Abgang. **16** *(2013)*

LATE BOTTLED VINTAGE PORTS (LBV)

LATE BOTTLED VINTAGE PORT 2005 - Fast blickdichte, vollrote Farbe, erkennbarer Wasserrand. Elegante, marmeladige Aromen. Am Gaumen massive Pflaume, elegant und ausgewogen, Schokolade. Mittellanger, schokoladenhaltiger Abgang. **16** *(2011)*

LATE BOTTLED VINTAGE PORT 1988 - Transparent dunkelrote Farbe, sichtbarer Wasserrand, minimal bräunliche Reflexe. Frische rote Beeren und Backpflaume in der Nase, auch leicht verbrannte Noten im Hintergrund (Douro bake?), Teer. Am Gaumen ausgewogen, elegant. Teer und Pflaume dominieren hier. Ganz leicht bittere Note. Mittellanger Abgang. **16** *(2011)*

AGED TAWNIES

10 YEAR OLD TAWNY - Transparent dunkelrote Farbe, ansprechende Textur im Bouquet: minimal rauchig, nussig, tief. Am Gaumen elegant, Nüsse, Karamell, spürbare Säurestruktur. Mittellanger Abgang. **16** *(2013)*

20 YEAR OLD TAWNY - Transparente rotorange Farbe. Verbrannte Noten, Haselnuss, Gewürznoten, fast exotisch. Strukturierter Gaumen mit intensiven Nussaromen, sehr frisch. Mittellanger Abgang. **17** *(2013)*

30 YEAR OLD TAWNY - Hellorange-rote Farbe. Vanille und Röstnoten. Allerlei Trockenfrüchte und Nüsse. Samtiger, säurehaltiger Gaumen, ansprechend nussiger und karamellhaltiger Gaumen. Langer, säurebetonter Abgang. **17** *(2013)*

40 YEAR OLD TAWNY - Dunkelorange-rote Farbe mit grünen Reflexen. Balancierte Nase mit Kräutern und Haselnüssen. Samtiger, voller Gaumen, balanciert, mitschwingende Süße, Marzipan, Haselnuss und leichter Minztouch. Süßer, langer Abgang. **18** *(2013)*

COLHEITAS

Messias hat noch von sehr vielen Jahrgängen Colheitas im Fass. Wenn sie nicht für die sehr gute aged Tawny Linie (10-40 Jahre alte) verwendet werden, sind es eigentlich immer verlässliche Größen, die authentisch und gut gemacht sind.

COLHEITA 2000 (bottled 2012) – Leuchtend rote Farbe mit sehr sauberer Struktur. Viel Kaffee in der Nase. Eleganter, frischer Gaumen mit spürbarer Säure und Restfrucht. Mittellanger Abgang. **16** *(2012)*

COLHEITA 1991 (bottled 2011) – Rotbraune, volltransparente Farbe. Elegante Marzipannase, ganz leicht negative Bottle-stink-note. Nussmix. Gut strukturierter Gaumen mit Nüssen und Marzipan. Mittellanger Abgang. **16** *(2011)*

COLHEITA 1990 (bottled 2008) – Strahlend leuchtende dunkel-beige Farbe. Intensive Nuss-Malz-Nase. Am Gaumen spürbare Säure, Nussmix und Toffee. Mittellanger Abgang. **17** *(2008)*

COLHEITA 1963 (bottled 2012) – Tiefdunkle braunrote Farbe mit einem intensiv-dunklen Farbkern. Komplexe Walnussnoten in der Nase, Marzipan im Hintergrund. Im Gaumen vordergründig süß, dahinter komplexe Nussnoten, Marzipan und Schokolade. Langer Abgang. **18** *(2013)*

COLHEITA 1947 (bottled 2010) - Konzentriert volles Braunrot mit den typischen grünen Reflexen. Intensives Bouquet mit Malzkaffee und leichten Acetonnoten. Auch am Gaumen Aceton, intensive Nussnoten, Trockenpflaume. Langer, intensiver Abgang. **18** *(2012)*

Morgadio da Calçada

Kurz vor der Jahrtausendwende haben Manuel Villas Boas und sein Onkel Jeronimo Cunha Pimentel angefangen, Portwein zu produzieren. Vor dieser Entscheidung haben die Familien ihre Trauben an die Symingtons verkauft. Nach einer kurzen Anfrage bei Dirk Niepoort war der auch sofort mit im Boot. Niepoort hat die Weine im Vale Mendiz bearbeitet und ist für die gesamte Produktion verantwortlich.

Fast noch imposanter als die Wein- und Portweinproduktion ist das fantastische Haus, das inmitten der Weinreben steht. Es ist seit Generationen der Familiensitz und war Namensgeber für die Portweinproduktion. Aus Casa da Calçada wurde Morgadio da Calçada als ein traditionellerer Name. Morgadio ist ein Code, nach dem sich die Familienmitglieder zu richten haben. Mittlerweile produziert Morgadio da Calçdada rund 50.000 Flaschen, von denen die Portweine rund ein Drittel ausmachen. Exportiert wird hauptsächlich nach England, in die U.S.A, sowie nach Belgien und Frankreich.

3 Fragen – 3 Antworten: Manuel Villas Boas, Eigentümer
Was war der erste Port, den Du getrunken hast?
Ein alter Tanwy von unserer Familienreserve
Was ist am Douro besonders?

Homepage: www.morgadiodacalcada.com
Gründungsjahr: 1998
Inhaber: Manuel Villas Boas
Önologe: Dirk Niepoort
Quintas/Rebfläche: 5 ha um das Haus herum und weitere Flächen, insgesamt 7 ha.
Importeur: www.onwine.de

Die Natur begeistert sofort. Die Weinberge, die die Menschen am Douro der rauen Natur abverlangt haben, passen sich perfekt in die Landschaft ein.
Welchen Port nimmst du mit auf die einsame Insel?
Eine Flasche Morgadio da Calçada Dry White Port

VINTAGE PORTS

VINTAGE PORT 2011 - Leicht stumpfe, dunkelrote Farbe. Schokolade-Frucht-Bouquet mit ausladenden Cassis-Himbeernoten und floraler Frische. Kompakte Tannine am Gaumen, fruchtig-schokoladig. Mittellanger Abgang. **17** *(2016)*

LATE BOTTLED VINTAGE PORTS (LBV)

Da Dirk Niepoort für das "winemaking" verantwortlich ist, werden wie bei Niepoort auch die LBV von Morgadio weitestgehend ungefiltert nach der Minimum-Zeit von vier Jahren abgefüllt.

LATE BOTTLED VINTAGE PORT 2011 - Blickdichte, violett-rote Farbe. Im Bouquet ausladende Himbeer-, Cassis- und Schokoladennoten. Balancierter, fruchtbetonter Gaumen mit rotbeeriger Frucht. Eleganter Abgang. **16** *(2016)*

Quinta do Mourão/S. Leonardo

Nach dem Tod seines Vaters übernahm Miguel Braga die Quinta und begann mit der Marke S. Leonardo hochwertige Tawny Ports abzufüllen. Sein Vater hatte Portweine nie unter eigenem Etikett abgefüllt, sondern immer an andere Produzenten fassweise verkauft. Ein umfangreicher Schatz alter Familien-Reserven ermöglichte die sofortige Produktion der gesamten Palette hochwertiger Tawnies. Heute produziert er rund 10.000 Flaschen Portwein im Jahr und exportiert hauptsächlich in die USA, Schweden und die Schweiz.

Miguel ist ein absolutes Douro-Original, der nur das macht, was er als sinnvoll erachtet. Wer also auf der Suche nach einem authentischen Hersteller ist, dem gefallen die S. Leonardo Portweine auf Anhieb. Auf der Quinta gibt es des Weiteren die besten pasteis de nata im Douro – mit dem 40y old Tawny eine unschlagbare Kombination.

3 Fragen – 3 Antworten: Miguel Braga, Eigentümer
Was war der erste Port, den du getrunken hast?
Ich habe 1974 92 Flaschen 1927er Tawny Port gegen mein Auto eingetauscht. Das war mein erster bewusst getrunkener Portwein.
Was ist am Douro besonders?
Man muss wahnsinnig engagiert sein, um der kargen Douro-Landschaft etwas abzuringen. Dann muss man nochmal 100% drauflegen, wenn es dann noch etwas Gutes sein soll. Ist es dann etwas Gutes, dann ist es auf Augenhöhe mit dem Besten, was der Planet zu bieten hat.
Welchen Port nimmst du mit auf die einsame Insel?

Homepage: www.quintadomourao.pt/
Gründungsjahr: 1999
Inhaber: Miguel Braga
Önologe: Miguel Braga
Quintas/Rebfläche: Quinta do Morao (36 ha), Quinta do San Leonardo (32 ha) und andere, insgesamt rund 110 ha.
Spezialisiert auf: Aged Tawnies
Geheimtipp: 30y old Tawny

Ich habe einen alten Blend „Vellisimo", der rund 100 Jahre alt ist. Von dem „Mutterjahrgang" habe ich noch ein paar Flaschen. Auf jeden Fall eine von denen.

VINTAGE PORTS

VINTAGE PORT 2007 - Tiefrote Farbe. Süße Würznase, hintergründig Frucht. Kantige Tannine am Gaumen, viel Frucht: Schwarze Johannisbeere, Himbeere, Mittellanger Abgang. **17** *(2010)*
VINTAGE PORT 2000 Minimal transparente, vollrote Farbe. Balancierte Pflaumenmarmeladennase. Am Gaumen spürbare Tannine und gut stützende Säure, die Frucht ist derzeit reduktiv. Adstringenter Abgang. **16** *(2010)*

AGED TAWNIES

Die alten Tawnies sind der Schatz der Marke. Sie lagern oberhalb der Quinta in einem Lagerhaus und reifen daher immer etwas zügiger als Tawnies in Vila Nova de Gaia.

10 YEAR OLD TAWNY - Rotbraune Farbe. Frische Kräuter in der Nase, Toastaromen, Kaffee. Viel Säure am Gaumen, Honig, Kaffee, Nussmix. Langer, gut strukturierter Abgang. **17** *(2014)*
20 YEAR OLD TAWNY - Dunkelorange Farbe. Leicht trockener, wenig süßer Gaumen, intensive Malz- und Nussaromen, ausgeprägte Trockenfrüchte. Langer Abgang. **18** *(2012)*
30 YEAR OLD TAWNY - Länger und intensiver als der 20 Jahre alte Tawny. Genau der step-up, den man erwartet. Mittelorange Farbe. Volles Nuss-Kaffee-Bouquet. Balancierter, intensiver Gaumen mit sehr gut stützender Säure. Langer Abgang. **18** *(2012)*
40 YEAR OLD TAWNY - Ausgeprägte, grüne Reflexe in der tiefen, rotbraunen Farbe. Volle, komplexe Nase mit Toffee und Malznoten, getrocknete Feigen. Intensiver, komplexer Gaumen. Balancierter, langer Abgang. **18** *(2012)*

SONSTIGE PORTWEINE

VELISSIMO - Tiefdunkle, volle rotbraune Farbe mit intensivem Farbkern und einem olivgrünen Rand. Volle Kaffee- und Honignase, hintergründig Teer-aromen. Komplexer, tiefer Gaumen, sehr konzentriert und balanciert. Mit satten Malz-, Teer- und Toffeearomen. Minutenlanger, gut strukturierter Abgang. Da kann man verstehen, warum Miguel diesen Port mit auf seine einsame Insel nimmt. **19** *(2014)*
10 YEAR OLD WHITE TAWNY - Orangerote Farbe. Quitte und Aprikose in der Nase, Säure und Frucht am Gaumen. Mittellanger, fruchtiger Abgang. **16** *(2014)*

NIEPOORT

Seit 1842 produziert die ursprünglich aus den Niederlanden stammende Familie Niepoort Portweine. Ihre seit 1927 hergestellten Vintage Ports sind legendär und die Colheitas sensationell. Den Niepoorts scheinen weder die Ideen auszugehen noch versuchen sie, Markttrends hinterherzulaufen. Meist sind sie die Trendsetter und bleiben vor allem Ihrer Qualitätsphilosophie treu.

Niepoort ist einer der wenigen Hersteller, die sowohl die komplette Produktpalette (Standardqualitäten, Vintage, LBV, Colheita und aged Tawnies) in hervorragender Qualität herstellt als auch darüber hinaus noch einige zusätzliche Portweine, wie die Garrafeiras oder den VV produziert. Der einzige Port, den sie nicht in der Produktpalette haben, ist der Rose bzw. PINK Port. Des Weiteren produzieren sie auch keinen 40y old Tawny.

Der Absatzschwerpunkt der Niepoort Portweine liegt neben den deutschsprachigen Ländern in Belgien und den Niederlanden. Weltweit setzt die Firma jährlich knapp 500.000 Flaschen Portwein ab, darunter in Vintage-Jahren 20.000 – 30.000 Flaschen Vintage Port. Im direkten Vergleich mit den großen Herstellern, produziert Niepoort mit ungefähr einem Prozent Marktanteil eine geringe Mengen. Die Niepoorts haben beim Port seit jeher eine strikte Deklarationsphilosophie und lassen sich bei ihrem Vorgehen nicht von anderen Herstellern beeinflussen. Deklariert wird, wenn die Qualität stimmt! Niepoort hat in fast allen „split-declaration"-Jahren meist beide Jahre deklariert (1991/1992, 1982/83 usw.), nur 1967 wurde kein Vintage Port produziert. Trotz der erheblichen Investitionen in neue „Produktionsstätten" wie einer großen Kellerei in Vila Nova de Gaia und der Quinta de Napoles im Douro-Tal, hat Niepoort seinen traditionellen Keller in Vila Nova de Gaia erhalten. Hier lagern die legendären Vintage Ports und Colheitas bis zurück das 19. Jahrhundert. Eine Führung und Verkostung in diesen Räumen ist stets ein besonderes Vergnügen. Authentischer kann ein Weinkeller nicht sein!

Dirk Niepoort hat die Gesamtleitung von seinem Vater Rolf Anfang der 1990er Jahre übernommen. Er war einer der Douro DOC-Weinpioniere und hat früh das Potential der Rot- und Weißweine erkannt und konsequent umgesetzt. Mit beachtlichem Erfolg, denn seine Spitzen-Cuvees Robustus, Charme und Batuta sind bei allen Vergleichsproben stets weit vorne platziert. Seine Söhne Marco und Daniel stehen schon für die 6. Generation in den Startlöchern.

Petres ist eine Marke von Niepoort, die ausschließlich für den damaligen belgischen Importeur verwendet wurde. Bei den Petres-Rotweinen werden minimal andere Blends als bei Niepoort-Originalen verwendet. Aufgrund ihrer geringen Bekanntheit sind sie meist wesentlich günstiger als die Portweine von Niepoort.

Homepage: niepoort-vinhos.com
Gründungsjahr: 1842
Inhaber: Familie Niepoort
Önologen: Nick Delaforce (Port) Carlos Raposo (Wein)
Quintas/Rebfläche: Quinta de Napoles (25 ha), weitere Flächen im Douro, insgesamt rund 63 ha.
Geheimtipp: Crusted Ports
Besonderheiten: Garrafeira Ports
Importeur: www.ardau.de

3 Fragen – 3 Antworten Dirk Niepoort, CEO
Was war der erste Port, den du getrunken hast?
Ein Colheita 1937 beim Geburtstag meiner Mutter. Das ist ihr Geburtsjahrgang.
Was ist am Douro besonders?
Das Douro-Tal produziert den Portwein – einen der besten Weine der Welt mit einem unvorstellbaren Alterungspotential. Nur ein ganz besonderes Gebiet kann diese ganz besonderen, einzigartigen Weine herstellen.
Welchen Port nimmst du mit auf die einsame Insel?
Eine Flasche Vinho Verde Tinto fortified (Anm. des Autors: Gibt es nicht!)

VINTAGE PORTS

Niepoort Vintage Ports gibt es (erst) seit 1927. Da Niepoort sowohl verhältnismäßig wenig Portwein herstellt und hergestellt hat und nicht viel Menge ins Vereinigte Königreich exportiert hat, sind alte Niepoort Vintage Ports eine Rarität. Vor 1960 sind diese Flaschen fast vollständig vom Markt verschwunden. 1942 habe ich z.B. noch nie außerhalb der Niepoort-Kellereien gesehen. Wann immer Sie alte Vintages von Niepoort sehen – zuschlagen. Es gibt mit dem Secundum auch ein Zweitlabel der Niepoort Vintage Ports. Die Secundum Vintage Ports werden sowohl in einigen generell deklarierten Jahren als auch in nicht voll-deklarierten Jahren hergestellt. Das klassische Zweitlabel wird nur von Niepoort, der Quinta do Noval (Silval) und von Fonseca mit dem Fonseca Guimaraens angeboten.

VINTAGE PORT BIOMA 2013 - Schwarzrote Farbe mit leuchtend violetten Reflexen. Frische, elegante Nase mit Kirsche und Cassis. Knackige Tannin- und Säurestruktur, eingelegte Kirschen. Mittellanger Abgang. Einer der besten des Jahrgangs. **17** (2020-2060)

VINTAGE PORT 2011 - Elegante, sehr gut strukturierte Nase, Cassis und Gewürze aller Art. Fruchtbetonter, säurehaltiger Gaumen, massive schwarze Johannisbeere, Himbeeren, Erdbeeren. Mittellanger, voller Abgang. **17+** *(bis 2070)*

VINTAGE PORT BIOMA 2011 - Tiefe, komplexe, vollfruchtige Nase. Fruchtige, würzige Nase. Am Gaumen kantige Tannine, Säure und Frucht. Lässt trotz der Wucht eine Eleganz und Balance erkennen. Langer, voller Abgang.
18+ *(bis 2080)*

VINTAGE PORT 2009 - Blickdichte, schwarzrote Farbe. Balanciertes Bouquet, würzige Frucht, Cassis, Himbeere und schwarze Johannisbeere. Eleganter Gaumen mit sehr gut proportionierter Säure, Tannine und Frucht mit schwarzer Johannisbeere und Schwarzkirsche, Süßholz- und Veilchenaromen. Mittellanger Abgang.
17+ *(2011)*

VINTAGE PORT 2009 BIOMA - Im direkten Vergleich zum „klassischen Niepoort" noch intensivere florale Noten, Veilchen, Rosen und die intensive Frucht. Süßer, intensiver und komplexer Gaumen mit überwiegend Brombeere und Cassis, gut proportionierter Säure und Tannine. Langer, komplexer Abgang. **18** *(2011)*

VINTAGE PORT 2008 BIOMA - Aus rechtlichen Gründen wurde die Lage „Pisca" ab dem Jahrgang 2008 unter dem Namen „Bioma" abgefüllt: Tiefe Struktur. Würzige Nase mit vollen, fruchtigen und floralen Noten, schwarze Johannisbeere und leicht grüne Banane. Am Gaumen fruchtig mit leichter Säure und leichten Tanninen, Pfeffer und Tabakblättern. Ungemein verführerisch. **17+** *(2011)*

VINTAGE PORT 2007 - Tiefdunkelrote Farbe mit erkennbarem Wasserrand. Volle, fruchtig-komplexe Nase, intensive Fruchtnoten mit Himbeere, Kirsche und Kaffee. Am Gaumen knackige Tannine, Frucht, Kaffee, Säure. Langer, frucht- und säurebetonter Abgang. **17+** *(2016)*

VINTAGE PORT 2007 PISCA - Tiefschwarze Farbe. Würzige Nase, verhaltene Frucht. Massiver Gaumen mit Säure, Alkohol und Tanninen. Mittellanger Abgang. Nur 5.000 Flaschen abgefüllt. **17+** *(2011)*

VINTAGE PORT 2005 - Über diesen Vintage Port hatte ich mit Dirk lange Diskussionen. Aufgrund der Eleganz hatte ich ihn seit der Fassprobe eher als Leichtgewicht eingestuft. Dirk war immer schon anderer Ansicht und war fest von dem Potential dieses Portweins überzeugt. Heute gebe ich ihm Recht. Violette Reflexe in der dunkelroten Farbe. Elegantes Bouquet mit schwarzen Johannisbeeren, weißem Pfeffer und Kompottnoten und viel Druck. Voller Gaumen mit Kaffee und Cassis, softe, aber spürbare Tannine. Langer Abgang. **18** *(2015)*

VINTAGE PORT 2003 - Schwarze Farbe mit ausgeprägten Reflexen. In der Nase Kaffee und schwarze Johannisbeere, viel Primärfrucht. Kräftiger, ausdrucksstarker Gaumen, massive Tannine, Säure und Frucht, wobei die Frucht nicht mehr so offensichtlich vorhanden ist, wie in der Nase. Langer Abgang. Beginnt, sich zu verschließen. **18** *(2011)*

VINTAGE PORT 2003 SECUNDUM - Tiefdunkle blickdichte Farbe, kein Wasserrand. Leicht kräuterig-vegetale Nase, Cassis, leichter Fehlton. Volle Tanninstruktur, Würze. Langer, voller Abgang. **17** *(2013)*

VINTAGE PORT 2001 SECUNDUM - Überraschend frisch-fruchtige Nase mit ansprechender Komplexität. Ausgewogener Gaumen, noch in der Fruchtphase. Viel Himbeere und Pflaume. Mittellanger, gut strukturierter Abgang. **17** *(2013)*

VINTAGE PORT 2000 - Kurz nach dem Noval Nacional 2000 im Douro aus der Magnum verkostet. Dunkelrote Farbe mit erkennbaren Reflexen. Fruchtiges, komplexes Bouquet. Kirsche am Gaumen, komplex und tief, spürbare Säure. Langer, ausgeglichener Abgang mit Veilchenaromen. Zusammen mit dem Noval Nacional einer meiner Anwärter für den Port des Jahres! **19** *(2015)*

VINTAGE PORT 2000 SECUNDUM - Stark reflektierende, dunkelrote Farbe. Leicht vegetale Nase, sehr fruchtig. Cassis und Brombeere. Voller, vielschichtiger, fruchtiger Gaumen, ansprechende Tiefe. Mittellanger, voller Abgang. **17** *(2013)*

VINTAGE PORT 1997 - Dunkelrote Farbe, Kaffeenase, sehr schmeichelnd. Unterschwellige Komplexität. Derzeit voll in der Reduktionsphase. Voller Gaumen, Schokolade und Frucht mit viel unterschwelligem Potential. Schöne Länge. Wirkt fast überextrahiert. Leider hat in den meisten Flaschen eine zweite Gärung stattgefunden. **18** *(2009)* Aufgrund der hohen Fehlerquote: Hände weg!

VINTAGE PORT 1994 - Mittlere Struktur, kirschrote Farbe, leichter Wasserrand. Ausgeglichenes Bouquet mit ansprechender Tiefe und Johannisbeerfruchtnoten. Auch der Gaumen ist erstaunlich integriert. Schokolade und rote Beeren. Langer Abgang. **17** *(2014)*

VINTAGE PORT 1992 - Noch dunkler und voller in der Farbe als der 1991er. Fruchtige Nase mit viel Länge. Voller, fruchtiger Gaumen, Säure, Tannine, Schokolade. Mittellanger, schokoladenbetonter Abgang. **17** *(2011)*

VINTAGE PORT 1991 - Transparente, dunkelrote Farbe. Rassiges Bouquet, Pfeffer, Biss, unterschwellig rote Beeren. Erdiger Gaumen mit viel Charakter: Schokoladentöne und Finesse. Sehr gut. Langer Abgang mit Ecken und Kanten. Zeigt mehr Potential als der 92er. Diesen Port habe ich schon über 20x verkostet und war jedes Mal begeistert. Mein Jahrgangsfavorit! **18** *(2011)*

VINTAGE PORT 1987 - Der Überraschungssieger des Abends. Junge, dunkelrote Farbe mit minimalem Wasserrand. Pfeffer und viel Frische in der Nase, rassig. Sehr ausdrucksstarker, komplexer Gaumen mit viel Kaffee, Karamell, Pfeffer und Gewürzen, leichte Tannine, Säure. Langer, leicht säurebetonter Abgang. **18** *(2012)*

VINTAGE PORT 1985 - Intensive Struktur, dunkelrote Farbe. Süß-würzige Nase, ansprechende Fruchtaromen. Lakritze, Teer. Der Gaumen hält sich exakt an die Aromen, die vom Bouquet vorgegeben werden. Überraschend kurzer Abgang, würzig. **17** *(2010)* Wie auch beim 1997er hat in vielen Flaschen eine zweite Gärung stattgefunden. Hände weg!

VINTAGE PORT 1983 - Frische dunkelrote Farbe. Kräuternase, gut strukturiert. Komplexe Kräuter im Gaumen, voll, alkoholisch. Mittellanger, frischer Abgang, leicht säurebetont. **17** *(2013)*

VINTAGE PORT 1982 - Ausgeprägter Wasserrand in der eleganten Struktur. Balancierte, elegante Nase. Am Gaumen balanciert, Schokolade. Kurzer, verhaltener Abgang. In den nächsten zehn Jahren austrinken. **16** *(2009)*

VINTAGE PORT 1980 - Transparente, dunkelrote Farbe mit minimalem Wasserrand. Fruchtige, tiefe, komplexe Nase. Strukturierter Gaumen, stützendes Säure- und Tanningerüst. Derzeit in der Übergangsphase von der Frucht zu den Honig-Toffeearomen. Von beidem noch etwas, sehr komplex und vielschichtig. Tiefer, langer Abgang mit viel Schokolade. **18** *(2012)*

VINTAGE PORT 1978 - Leichter Wasserrand in der sonst sehr guten Struktur. Frucht und Toffee im Bouquet, sehr ansprechend. Am Gaumen elegante Frucht, Honig- und Karamellnoten. Schon sehr weit entwickelt. Mittellanger, ausgeglichener Abgang. **16** *(2009)*

VINTAGE PORT 1977 - Intensive Struktur in der nahezu blickdichten dunkelroten Farbe. Ansprechende Frucht-, Kaffee- und Malznoten, unterschwellig komplex. Balancierter, intensiver Gaumen mit viel Kaffee und Toffee, hintergründig reife Schärfe. Sehr langer Abgang. Viel Potential! Gleichmäßig hohes Niveau! Aus der Magnum ca. 10 Jahre zeitverzögert. **18** *(2015)*

VINTAGE PORT 1975 - Leicht trübe, rotbraune Farbe. Balanciertes Bouquet mit Malz und Honignoten. Eleganter, balancierter Gaumen, Malz und Tabak, spürbare Säure. Mittellanger Abgang. Austrinken! **16** *(2015)*

VINTAGE PORT 1970 „potta" - Der einzige Jahrgang von Niepoort, der sowohl in der bauchigen potta-Flasche als auch in Normalflaschen abgefüllt wurde. Perfekte orange-rote Farbe, sehr gut strukturiert. Volles, rundes Bouquet mit viel Pflaume und Karamell, schon jetzt balanciert, doch mit viel Druck. Komplexer, balancierter Gaumen. Die Restfrucht wandelt gerade in eine balancierte Karamell-Honig-Toffee-Note. Langer Abgang. Dieser Port wird sich perfekt in die 1927-1942-1945-1955-Reihe eingliedern. **19** *(2011)*

VINTAGE PORT 1970 „normale Flasche" – Weitaus jünger in der Optik, dunkler mit noch frischem Dunkelrot und Reflexen. In der Nase fast verschlossen, mit intensiver Himbeere und Pflaume. Volle, komplexe Frucht mit erkennbaren Primärnoten. Viel Pfeffer und Frische am Gaumen. Langer, frischer Abgang. Ein ganz großer Port, der noch viel Zukunft vor sich hat. **19** *(2011)*

VINTAGE PORT 1966 - Tiefrote Farbe mit erkennbarem Wasserrand. Tiefe, volle Struktur. Im Bouquet Pfeffer, Schokolade und allerlei Gewürze, ansprechende Frische. Voller, komplexer Gaumen mit stützender Säure und vollen Toffee-Honignoten. Langer, intensiver Abgang. **18** *(2016)*

VINTAGE PORT 1963 - Jugendlich-frische Farbe, minimaler Wasserrand. Intensives Honig- und Toffee-Bouquet. Weniger Frische als der 70er, aber doch eine ansprechende Tiefe. Voller Gaumen, komplex, aber nicht überschwänglich. Langer, leicht eindimensionaler Abgang. Der 1963er Niepoort wird den hohen Erwartungen an diesen großen Jahrgang leider nicht gerecht. **16** *(2013)*

VINTAGE PORT 1960 - Volle tiefrote Farbe. Überraschende Frische in der überwiegend floralen Nase, ansprechende Komplexität, Minze und Teearomen. Frischer Gaumen, komplex und rund. Langer, intensiver Abgang. Der beste 1960er Vintage Port. **18** *(2011)*

VINTAGE PORT 1955 - Jugendliche, volle Farbe. Frische Schokolade im Bouquet, voll und rund. Auch der Gaumen hält, was Optik und Nase versprechen: Malz, Honig, Toffee und Schokolade, perfekt stützende Säure und softe Tannine, samtig. Extrem ansprechender, langer Abgang. Nahe an der Perfektion. **19** *(2010)*

VINTAGE PORT 1945 - Trotz ausgeprägtem Wasserrand zeigt sich dieser über siebzig Jahre alte Jahrgangsport noch fast jugendlich: Volle nicht-transparente, dunkelrote Farbe. Balancierte, intensive, komplexe Nase, fruchtig, Frisch, hintergründig Kräuternoten. Lakritz, Süßholz, tiefer, balancierter Gaumen, florale Noten. Extrem langer, balancierter, vielschichtiger Abgang. Jetzt perfekt! **20** *(2015)*

VINTAGE PORT 1942 - Die Literflasche des 1942er Niepoort Vintage Port ist sicherlich einzigartig! Dirk Niepoorts Kommentar dazu: „Eine Ein-Literflasche Vintage Port ist das perfekte Format für zwei Personen, wenn der andere nicht mittrinkt!" Intensive Struktur bei ausgeprägt dunkeloranger Farbe mit ganz leichtem Wasserrand. Ansprechende, extrem komplexe Nase mit viel Malz-, Tabak- und Toffeenoten. Malziger, voller Gaumen mit viel Toffee, Kaffee und Kleehonignoten. Langer, komplexer, leicht trockener Abgang. Spitze und jetzt auf der absoluten Höhe. Mindestens drei bis vier Stunden dekantieren. **19** *(2013)*

VINTAGE PORT 1927 - Dunkle, fast jugendliche Farbe, optisch keinerlei Müdigkeit erkennbar. Überraschend frisches Bouquet mit viel Kaffee und Pfeffer. Voller, integrierter Gaumen mit viel Honig und Karamellnoten, Hintergründig Sultaninen und getrocknete Datteln. Sehr langer, voller Abgang. Hält noch zehn bis fünfzehn Jahre auf diesem Niveau durch. **18** *(2010)*

LATE BOTTLED VINTAGE PORTS (LBV)

Niepoorts LBV reifen hervorragend. In der Jugend sind sie teilweise verschlossen. Sie werden minimal gefiltert abgefüllt und weisen ab einem Alter von ungefähr fünfzehn Jahren ein Depot auf. Obwohl Dirk Niepoort eher ein Fan des eher späteren Abfüllens der Vintage Ports ist, werden die Niepoort Late Bottled Vintage Ports nach vier Jahren abgefüllt.

LATE BOTTLED VINTAGE PORT 2011 - Blickdichte, dunkelrote Farbe. Intensive, tiefe Fruchtnase, Kaffee, Kirsche. Fruchtig frischer Gaumen mit Kirsche, Himbeeren und Kaffee. Mittellanger Abgang. **16** *(2016)*

LATE BOTTLED VINTAGE PORT 2009 - Tiefdunkelrote Farbe mit violetten Reflexen. Kantige, unrunde Nase mit Cassis- und Schokoladennoten. Auch am Gaumen kantige Tannine, Schokolade und Johannisbeere. Mittellanger Abgang. Mindestens noch zwei Jahre liegen lassen. **16+** *(2014)*

LATE BOTTLED VINTAGE PORT 2007 - Würzig-frisches und fruchtiges Bouquet, sehr ansprechend. Satte Tannin- und Säurestruktur im Gaumen, der die Frucht überlagert. Noch liegen lassen. **16+** *(2011)*

LATE BOTTLED VINTAGE PORT 2005 - Der LBV 2005 zeigt neben der rotbeerigen Frucht eine würzige Nase mit Teernoten und viel Tabak. Am Gaumen voll und rund. Leichter, aber würziger als der Crusted Port, der im direkten Vergleich verkostet wurde. **16** *(2011)*

LATE BOTTLED VINTAGE PORT 2003 - Tiefrote, leicht stumpfe Farbe. Schokolade, Pfeffer und Würznoten in der Nase. Am Gaumen satte Frucht, Cassis, Himbeere, Kirsche, würzig. Mittellanger, voller Abgang. **17** *(2014)*

LATE BOTTLED VINTAGE PORT 1996 - Fast blickdichte, tiefrote Farbe. Pfeffer und Malz in der Nase. Am Gaumen unstrukturiert, kantig, alkoholisch. Mittellanger Abgang. **15** *(2014)*

LATE BOTTLED VINTAGE PORT 1992 - Vollrote, tiefe Farbe. Balancierte, fruchtig malzige Nase. Süßer, fruchtig-komplexer, schokoladiger Gaumen, Gewürze im Hintergrund. Mittellanger Abgang. **17** *(2014)*

LATE BOTTLED VINTAGE PORT 1990 - Tiefdunkle, vollrote, fast blickdichte Farbe. Schokoladig, frisch-fruchtige Nase. Eleganter, leicht säurebetonter Gaumen, frisch, Milchschokolade. Mittellanger Abgang. **16** *(2014)*

LATE BOTTLED VINTAGE PORT 1982 - Anfangs reduktiv, wird mit mehr Sauerstoff besser. Dunkelrote, volle Farbe. Malzig-fruchtige Nase, Schokolade. Samtig-fruchtiger Gaumen, leicht süß, spürbare Säure. Mittellanger Abgang. **17** *(2014)*

LATE BOTTLED VINTAGE PORT 1981 Dunkelrote, volle Farbe. Satte Schokolade, frische blumige Noten und Kaffee, am Gaumen noch Karamell. Langer, voller Abgang. Absoluter Überraschungsport. Der beste Portwein, den ich bisher aus 1981 getrunken habe. **17** *(2014)*

LATE BOTTLED VINTAGE PORT 1975 - Tiefrote, volle Farbe. Elegante, balancierte Nase, Pfeffer, Alterungsnoten, Malz. Leicht bitterer Gaumen, noch fruchtig, leicht ausgezehrt. Langer, leicht medizinaler Abgang. **16** *(2014)*

AGED TAWNIES

Bei Niepoort gibt es keinen 40 Jahre alten Tawny. Dafür wird für den 30 Jahre alten Tawny ein besonderer Verschnitt verwendet, der den meisten 40 Jahre alten Tawnies anderer Hersteller in nichts nachsteht, leider aber auch nicht im Preis.

10 YEAR OLD TAWNY - Leuchtende, dunkelrote, saubere Farbe mit leichten Holztönen und noch viel Frucht im Bouquet. Komplexer Gaumen mit Trockenfrüchten und einem Rest der Primärfrucht roter Beeren. Gut strukturierter Abgang. **16** *(2011)*

20 YEAR OLD TAWNY - Ich habe schon recht häufig bemerkt, dass die 20y old Tawnies meine Preis-Leistungs-Sieger sind. Auch bei Niepoort ist dies so: Sauberes, helles Orange mit einem ansprechenden Nuss-Trockenfrucht-Bouquet. Die Primärfrucht ist vollkommen verschwunden. Am Gaumen reich an Rosinen- und Trockenpflaumennoten, sehr ausgewogen. **17** (2011)

30 YEAR OLD TAWNY - Der 30y old Tawny präsentiert sich farblich schon viel heller als der 20y old. In der Nase extrem komplex und tief, zeigt er Honig, Malz und Toffeenoten. Im Gaumen Marzipan, Holznoten und die Honignoten des Bouquets, sehr ausgewogen und komplex. Langer, voller und runder Abgang. Jeder, der diesen Tawny verkostet, versteht, warum die Niepoorts keinen 40y old Tawny herstellen muss. **18** (2011)

COLHEITAS

Die Niepoort Colheitas reifen – entgegen aller vorherigen generellen Aussagen über Colheitas – sehr gut in der Flasche, wobei das Wort reifen erläutert werden muss. Definitionsgemäß reifen die Colheitas nur im Fass. Dort entwickeln sie ihre typischen Noten und konzentrieren ihre Aromen mit den Jahren und Jahrzehnten. Die für diesen Portweintyp atypische „bottle sickness" kann Colheitas aber hervorragend ergänzen. Hierzu benötigt man jedoch ein wenig Routine im Umgang. Kurz: bei den meisten Herstellern sollten Sie darauf achten, einen frisch abgefüllten Colheita zu erwerben, bei Niepoort muss das nicht unbedingt der Fall sein.

COLHEITA 1998 (bottled 2009) – „Weder Fisch noch Fleisch" sagt Dirk zu sehr jungen Tawnies und er hat Recht. Die Tawny Ports im Alter von 8-13 Jahren besitzen oft noch die Fruchtnoten eines Rubies und leichte Trockenfruchtnote eines gealterten Tawnies. Insgesamt ansprechend, hatte aber noch nicht die Zeit, die für einen alten Colheita typischen Noten zu entwickeln. **16** (2010)

COLHEITA 1995 (bottled 2010) – Niepoorts Colheitas sind für den „long run" gemacht. Oft schneiden sie daher bei Verkostungen in jungen Jahren nicht so gut ab, lassen aber jetzt schon ihr Potential erkennen: Dunkelbraune Farbe. Elegantes, fast verhaltenes Bouquet mit Säure und Nussnoten. Am Gaumen angenehme Schärfe und ausgeprägte Nussaromen. Leichter, recht kurzer Abgang. Braucht noch mehr Zeit im Fass. **16** (2011)

COLHEITA 1994 (bottled 2006/ 2003) – Bei diesen beiden Colheitas könnte man schon die Unterschiede einer frühen und der späteren Abfüllung erkennen. Während der 2003 abgefüllte Colheita noch mehr durch Frucht und Frische beeindruckte, wirkte der drei Jahre später abgefüllte Port eher wie ein 20y old Tawny: Sowohl Bouquet als auch Gaumen zeigten mehr Trockenfrucht- und Nussaromen. Beide sehr gut. Kaufempfehlung! **17** (2010)

COLHEITA 1988 (bottled 2008) – Rotorange Farbe, sehr klar und sauber. Mittelintensive Konsistenz. Nüsse und Trockenfrüchte im Bouquet, Datteln, Sultaninen und Nussaromen. Voller, runder Gaumen, frisch. Nussiger Gaumen mit viel Karamell und Malznoten. Langer, voller und runder Abgang. **17** (2011)

COLHEITA 1986 (bottled 2010) – Vollrote Farbe mit ausgeprägten Reflexen. Nuss-, Mandel- und Trockenfruchtnoten in Mund und Nase. Langer, ausdrucksstarker Abgang. **17** (2011)

COLHEITA 1983 (bottled 1993!) – Aus der Magnum auf der Quinta de Napoles verkostet: Transparent dunkelorange Farbe, minimaler Wasserrand. Elegante Nussnase, spürbare Säure. Am eleganten Gaumen Mandel- und Nussnoten. Leicht müde, doch für einen nur zehn Jahre im Fass gelagerten Tawny mit knapp zwanzig Jahren in der Flasche beeindruckend. **17** (2011)

COLHEITA 1975 (bottled 1989) – Mittelrotbraune Farbe. Marzipan in der Nase, hintergründig noch ein eleganter Nussmix. Balancierter, eleganter Gaumen mit spürbaren Nussnoten. Mittellanger Abgang. **17** (2015)

COLHEITA 1970 (bottled 1989) – Ziegelrote Farbe. Intensive Haselnüsse und Mandeln im komplexen Bouquet. Langer, ausgewogener Gaumen mit Trockenfrüchten aller Art und viel Mandeln. Langer, komplexer Abgang, frische Nüsse und Karamell. **18** (2010)

COLHEITA 1966 (bottled 1985) – Zur 1966 Horizontale in England verkostet: Rotorange Farbe mit guter Struktur. Viel Säure in Gaumen und Nase, frische Nüsse und Honig. Im Mund samtig und ausgewogen, Toffee und Honig spürbar. Langer, voller Abgang. **18** (2012)

PETRE'S COLHEITA 1963 (bottled 1978) - Die Colheitas von Niepoort überraschen immer wieder: Mit nur wenig Zeit im Fass und viel Zeit in der Flasche zeigt sich der Petres Colheita mit mittelbrauner Farbe. Kaffee und Honig im Bouquet. Eleganter, ausgewogener Gaumen mit filigranen Kaffee- und Milchschokoladenoten. Mittellanger Abgang. **17** (2013)

COLHEITA 1962 (bottled 2007) – In der Niepoort Lodge in Vila Nova de Gaia zur Arrivage des 2005er Vintage Ports: Sehr erhabene orange Farbe mit minimal grünen Noten. In der Nase Kaffeebohnen, Haselnuss. Nüsse und Trockenfrüchte am intensiven Gaumen. Sehr tief und komplex. Ewiger Abgang. Perfekter Colheita aus der letzten Tranche dieses Jahres. **19** (2008)

COLHEITA 1959 (bottled 1978) – Transparent orange Farbe. Walnuss, Haselnuss Kaffee und Säure in der Nase. Für diese lange Zeit in der Flasche überraschend frisch. Leicht verhaltener, säureunterstützter Gaumen mit Kaffee, Malz und Toffee im Abgang. Austrinken! **17** (2011)

COLHEITA 1957 (bottled 1977) – Trübe, mittelorange Farbe. Amaretto-Noten in der Nase, dahinter frische Walnüsse. Am Gaumen balanciert mit ansprechender Tiefe. Mittellanger Abgang. **17** (2015)

PETRE'S COLHEITA 1957 (bottled 1971) – Mittelbraune Farbe mit ausgeprägtem Wasserrand. Malz und Kaffeebohnen in der Nase. Am Gaumen elegante Malznoten mit leicht störender Säure. Mittellanger Abgang. **16** (2010)

COLHEITA 1937 (bottled 1995) – Im Jahr 1995 waren die Niepoorts der Ansicht, dass der Colheita des Jahrgangs 1937 abschließend auf die Flasche gefüllt werden sollte. Dunkelbraune Farbe mit grünen Reflexen. Tiefe, extrem komplexe Nase. Gut stützende Säure. Sehr integriert. Am Gaumen viel Mandeln, Datteln, Marzipan, Kaffee und Haselnüsse. Extrem langer Abgang. **18** (2015)

COLHEITA 1937 (bottled 1978) – Mit Dirk und Sarah Ahmed in London verkostet: Tiefdunkelrote Farbe. In der Nase viel Marzipan und Haselnüsse. Sehr gut stützendes Säuregerüst. Voller, intensiv-würziger Gaumen, Tabakblätter. Langer Abgang. Ein sehr gutes Beispiel dafür, dass Niepoort Colheitas hervorragend in der Flasche weiterreifen. Dieser Colheita war fast 40 Jahre in der Flasche. **18** (2015)

COLHEITA 1935 (bottled 1995) – Von meinem Partner Christopher Paff mitgebracht: Tiefdunkelorange Farbe mit minimal grünen Reflexen am Rand. Kaffee, Toffee und Karamell in der Nase. Intensiver, voller Gaumen mit Tabakwürze, Kaffee du Karamell. Langer, komplexer Abgang. **19** (2016)

COLHEITA 1934 (bottled 1995) – Braunrot-beige Farbe, stark konzentriert. Elegantes Bouquet, perfekt eingebunden. Am Gaumen vordergründig Malz- und Honig, dahinter Minze und Orangenschalen. Langer, frischer Abgang. **18** (2014)

COLHEITA 1912 (bottled 1974) – Transparent volle braunrote Farbe mit grün-gelben Reflexen. Volle, runde, komplexe Nase, mitschwingende Frische, leicht rauchig. Viel Karamell und Honig, Tabak, Langer, voller, runder Abgang. **19** *(2012)*

COLHEITA 1900 (bottled in den 70ern) – Bräunlich orange Farbe mit grünen Reflexen. Volle, konzentrierte Nase mit ausgeprägten Malz- und Kaffeenoten, hintergründig Karamell. Voller toffeebetonter Gaumen, konzentriert, Malz und Orangenschale. Sehr langer, voller Abgang. **19** *(2015)*

COLHEITA 1863 (bottled 2003) – Dieser Colheita ist 1972 auf Demijohns und 2003 auf die Normalflasche abgefüllt worden. Intensiv-leuchtendes Dunkel-orange mit grünen Reflexen. Unglaublich konzentriert. Konzentriertes Bouquet mit intensiven Honig-, Toffee- und Malznoten. Komplexer Gaumen, sehr ausgeprägte Honig- und Karamellnoten, hintergründig Schokolade und Kaffee. Langer, fast unendlicher Abgang mit viel Malz und Toffee. Noch sehr jugendlich. **20** *(2009)*

SONSTIGE PORTWEINE DER FIRMA

Seit dem Abfülljahr 2007 stellt Niepoort auch einen Crusted Port her und das von Anfang an mit hoher Qualität.

CRUSTED (Bottled in 2011) - Tiefschwarze Farbe mit violetten Reflexen. Intensive, komplexe Nase mit Kirsche und Cassis, Teer, würzig. Am Gaumen spürbare Säure, tiefe Frucht und softe Tannine. Mittellanger Abgang. **17** *(2014)*

CRUSTED (Bottled in 2007) - Der erste Crusted Port der Niepoorts. Dunkelviolette Farbe mit den für einen jungen Vintage Port typischen violetten Reflexen. Viel Frucht mit einer gut stützenden Säure- und Tanninnote. Langer, fruchtbetonter Abgang. Voll auf Single-Quinta-Vintage Port-Höhe. **17** *(2011)*

Garrafeiras sind eine besondere Art des Portweins. Sie werden nur noch von Niepoort und nur in besonderen Jahren hergestellt. Zunächst einige Jahre im Pipa, werden sie danach auf sogenannte Demijohn-Flaschen mit einem Volumen von 12 Litern abgefüllt. In diesen Flaschen reifen die Ports weiter und werden schließlich auf die 0,75L Flasche abgefüllt. Auf dem Etikett der Garrafeiras finden sich daher neben dem Erntejahr immer zwei Jahreszahlen: „bottled" mit Jahresangabe und „decanted" mit Jahresangabe. Bottled zeigt das Jahr an, in dem die Garrafeiras auf die Demijohn-Flaschen umgefüllt wurden, „decanted" das Jahr der Flaschenabfüllung. Obwohl das Portweininstitut mit der Sonderrolle der Garrafeiras nicht ganz glücklich ist, hat es der weiteren Produktion dieser Portweinart für die Zukunft zugestimmt. Niepoort Garrafeiras wurden in den Jahren 1931, 1933, 1938, 1940, 1948, 1950, 1952, 1964, 1967 und aktuell 1977 in einer Auflage von rund 1.000 Flaschen produziert.

GARRAFEIRA 1977 (bottled 1982, decanted 2005) – Volltransparente, mittelrote Farbe. Tiefe, komplexe Nase mit Malz-, Toffee- und Nussnoten. Voller, frisch-würziger Gaumen, balanciert. Tiefe Struktur. Langer, mehrstufiger Abgang. **19** *(2015)*

GARRAFEIRA 1964 (bottled 1971, decanted 1989) – Rotorange, leuchtende Farbe. Ausdrucksstarke, gealterte Nase mit einer sehr ansprechenden Frische. Am Gaumen viel Honig und Malznoten, Rosinen. Langer, frischer Abgang. **19** *(2010)*

GARRAFEIRA 1948 (bottled 1953, decanted 1973) – Rotbraune Farbe mit ausgeprägtem Wasserrand. Im Bouquet spürbare Säure, frischer Kaffee und Honignoten. Voller, balancierter Gaumen mit allerlei Trockenfrüchten und Akazienhonig. Komplexer, voller Abgang. **18** *(2010)*

GARRAFEIRA 1940 (Bottled 1945, decanted 1965) - Mittelrote transparente Farbe. Elegante, komplexe Nase, Marzipan mit floraler Frische, Tabaknoten. Gut stützende Säure, würziger Hintergrund am Gaumen, florale Noten, Langer, voller Abgang. **18** *(2012)*

GARRAFEIRA 1938 (Bottled 1943, decanted 1977) - Dunkelrote Farbe, transparent, ausgeprägter Wasserrand. Frische, florale Noten, weißer Pfeffer. Auch am Gaumen frisch und rund. Intensive Schokolade, Malz und Toffee. Langer, frischer Abgang. Tief beeindruckend. **19** *(2012)*

GARRAFEIRA 1931 (bottled 1938, decanted 1978) – Volltransparente rotorange Farbe. Im Bouquet elegante Fruchtnoten, Akazienhonig, Malz und ganz schwach ein roter Beerenmix, schwache Minznoten. Frischer(!) Gaumen mit Malz und Eukalyptus. Langer, vielschichtiger Abgang. Beeindruckend. **19** *(2011)*

Zum 170. Geburtstag der Firma wurde der zuletzt vor ca. 45 Jahren abgefüllte VV (Vinhas Velhas – Alte Reben) neu aufgelegt. Laut Aussage von Dirk kann man nach einem VV nur noch einen Whiskey trinken – oder einen weiteren VV.

VV Vinha Velha Alte Version (abgefüllt um 1970) - Dunkelrote, leicht transparente Farbe. Extrem ausgeprägte Kaffee- und Mokkanase, erstaunliche Konzentration. Auch im Gaumen voll und konzentriert, viel Kaffee, Marzipan und Tabak. Atemberaubende Länge, ohne die Frische vermissen zu lassen. Langer, intensiver Abgang. **19** *(2012)*

VV Vinha Velha Neue Version (abgefüllt in 2012) - Tiefbraune, fast schwarze Farbe mit einem minimalen orangen Rand. Extrem konzentrierte Nase mit satten Toffee und Honignoten, einer perfekt stützenden Säure und frischen Tabaknoten im Hintergrund. Am Gaumen ähnlich stark konzentriert, ohne zu erschlagen. Trockenfrüchte, Kaffeebohnen, Rauchige Noten, Honig, Karamell und Balsamico. Langer voller Abgang. **19** *(2013)*

RUBY FABELHAFT MAX - Floral frische, leicht würzige Nase in der transparent dunkelroten Farbe. Fruchtiger Gaumen mit allerlei roten Beeren. **15** *(2011)*

TAWNY FABELHAFT MORITZ - Transparent rot-orange Farbe. Frisches Bouquet, leicht nussig. Samtiger Gaumen mit verhaltenen Haselnussnoten. Eleganter Abgang. **15** *(2011)*

10Y OLD WHITE - Dieser White Port wird aus Portweinen hergestellt, die zwischen 6 und 19 Jahren im Fass reifen. Ölig goldene Farbe. Fruchtig und konzentriert in der Nase: Honig und florale Noten. Sehr komplexer Gaumen. Erst das zweite Lot dieser Art. Nov 2008 abgefüllt. **17** *(2011)*

WHITE COLHEITA 1917 (FASSPROBE) – Von Dirk zu unserem Weihnachts-Tasting mitgebracht: Mittelorange Farbe, trüb. Marzipan und Orangen in der Nase, balanciert. Süßer, eleganter Gaumen, elegante Marzipan-Orangen-Noten auch am Gaumen. Kurzer Abgang. **17** *(2015)*

QUINTA NOVA

Die Quinta Nova Nossa Senhora do Carmo ist nicht nur eine voll betriebsfähige Produktions-Quinta, sondern nebenbei eine der schönsten und vom Stil her authentischsten Hotel-Quintas im Douro. Nossa Senhora do Carmo ist eine Widmung an die Jungfrau Maria und das Kloster, das zu ihren Ehren auf dem Berg Karmel in Israel gebaut wurde. Gegenüber von Kopkes São Luiz und zwischen der Quinta do Crasto und der Quinta der La Rosa, verfügt sie über 85 Hektar der besten Weinlagen am Douro und somit optimale Voraussetzungen, in Zukunft große Portweine zu produzieren.

Der erste Eigentümer war zwischen 1725 und 1740 Hauptmann João Francisco Texeira, der seine auf dem Gebiet der Quinta Nova produzierten Weine sowohl nach Lissabon als auch nach Brasilien verkaufte. In diesen Jahren hat er mit insgesamt fast 4.000 Pipas eine für die damalige Zeit sehr große Menge Wein produziert. Unter dem heutigen Namen ist die Quinta erst seit dem Jahr 1910 bekannt. Im 20. Jahrhundert benötigte die Quinta Nova viel Zeit, um sich von der Reblausplage zu erholen und wieder profitabel zu werden. Nach vielen, meist erblich bedingten Besitzübergängen, kaufte gute zwei Jahrhunderte nach der ersten Erwähnung die Real Companhia Velha im Jahr 1987 die Quinta und verkaufte sie fünf Jahre später an die Familie Burmester, die die Quinta sofort neu bepflanzte und neben Portwein auch designierte Douro DOC Parzellen anpflanzte. 1999 übernahm die Amorim Gruppe als einer der weltweit größten Kork-Produzenten die Marke Burmester inklusive der Quinta Nova.

Homepage: www.quintanova.com
Gründungsjahr: erste bestätigte Aufzeichnungen 1765, 1910 unter dem Namen Quinta Nova, seit 2003 als Portweinmarke, seit 2005 Douro DOC
Inhaber: Amorim Family Holding
Önologen: Jorge Alves
Quintas/Rebfläche: Quinta Nova (85 ha)
Geheimtipp: CLA

Die Marke Burmester verkaufte sie 2005 an die Sogevinus Gruppe (heute Kopke, Barros, Calem, Burmester und Gilberts), hielt aber Quinta Nova im Besitz. Unter der Leitung von Luisa Amorim produziert die Quinta seit 2003 Portweine und seit 2005 Rot- und Weißweine. Wie auch einige andere Weinerzeuger, setzt auch Nova stark auf nichtverstärkte Weine und die zum Teil sehr guten Portweine stehen etwas abseits der Aufmerksamkeit.

3 Fragen – 3 Antworten: Luisa Amorim, CEO
Was war der erste Port, den du getrunken hast?
Ein Burmester Novidade 1890, beeindruckend und elegant
Was ist am Douro besonders?
Das einzigartige Terroir mit mehr als 130 Rebsorten und die Herausforderungen, die einem die Natur ständig auferlegt.
Welchen Port nimmst du mit auf die einsame Insel?
Eine Flasche Colheita 1937, hier ist mir der Produzent egal

VINTAGE PORTS

Eine etwas sonderbare Deklarationsphilosophie prägt die Quinta Nova. Voraussichtlich wird diese nicht unwesentlich durch die Priorisierung der DOC Weine gegenüber den Portweinen geprägt. Quinta Nova ist einer der wenigen Portweinproduzenten, die zum Beispiel im großen Jahrgang 2011 keinen Vintage Port hergestellt hat.

Vintage Port 2013 - Tiefdunkelrote Farbe. Intensive Frucht im Bouquet, Lakritze und Schokolade. Am Gaumen softe Tannine und viel rotbeerige Frucht. Mittellanger Abgang. **16+** *(2016)*

VINTAGE PORT 2009 - Tiefschwarze Farbe mit violetten Reflexen. Frische grüne Banane, schwarze Johannisbeere. Unterschwellig Schokolade, Lakritz und Säure im Bouquet. Am Gaumen leichte Tannine, Säure, viel schwarz Johannisbeere, Kirsche, gut strukturiert. Eleganter, fruchtund säurebetonter Abgang. **17+** *(2012)*

VINTAGE PORT 2008 - Tiefschwarze Farbe, volle Reflexe. Alkoholische Nase mit Tabak, Würze und Frucht. Alkohol, Säure und Tannine am Gaumen, wenig Frucht. Kurzer Abgang. **16** *(2011)*

VINTAGE PORT 2007 - Leicht stumpfes Dunkelrot. Viel Frucht, grüne Banane und Vanille im Bouquet. Volles rote Beeren mit Cassis und Vanille im Gaumen komplexe Frucht, softe Tannine und Schokolade. Mittellanger Abgang. **17** *(2010)*

VINTAGE PORT 2005 - Frisches Dunkelrot mit ausgeprägten Reflexen. In der Nase intensive Frucht, schwarze Johannisbeere, Himbeeren, Stachelbeeren. Eleganter Gaumen mit intensiven Cassis- und Himbeernoten. Mittellanger, fruchtbetonter Abgang. **16** *(2010)*

VINTAGE PORT 2000 - Klassische, tiefrote Farbe. Volles, tiefes und komplexes Bouquet, leichte Teernoten, viel Frucht: Himbeeren, Brombeeren, spürbare Säure. Komplexer, leicht säurebetonter Gaumen, ausgezeichnete Konzentration. Langer, fruchtbetonter Abgang. **17+** *(2010)*

VINTAGE PORT 1997 - Volltransparente dunkelrote Farbe mit minimal bräunlichen Reflexen. Marmeladige Frucht und Schokolade in der Nase, Am Gaumen intensive Schokolade, Pflaume und eingelegte Kirschen. Mittellanger Abgang. **17** *(2016)*

LATE BOTTLED VINTAGE PORTS (LBV)

Die Quinta Nova füllt ihre Late Bottled Vintage Ports immer ungefiltert ab, ohne das auf dem Etikett zu vermerken. Gut gemachte LBV, die ein paar Jahre Flaschenreifung ohne Probleme überstehen, in manchen Jahren sogar ein paar Reifenoten entwickeln.

LATE BOTTLED VINTAGE PORT 2005 - Jugendliche Nase, frisch und fruchtig. Vielversprechendes Bouquet mit intensiver schwarzer Johannisbeere. Fruchtiger, voller Gaumen, spürbare Säure, sehr ausgewogen. Langer, fruchtbetonter Abgang. **16** *(2010)*

LATE BOTTLED VINTAGE PORT 2003 - Dunkelrote, leicht stumpfe Farbe. Intensiv würzige Nase mit Frucht und spürbarer Säure. Balancierter, komplexer Gaumen mit Kirsche und Schokolade. Mittellanger Abgang. **16** *(2010)*

SONSTIGE PORTWEINE

Der Special Ruby der Quinta heißt CLA und wird in einer sehr edlen Flasche abgefüllt. Rund, frisch und mit allem ausgestattet, was ein Special Ruby haben muss.

CLA - Frische, tiefdunkelrote Farbe. Würzig frisches Bouquet mit satten Cassisnoten. Frisch-fruchtiger Gaumen mit ausreichend Struktur und Säure. Mittellanger, stark fruchtbetonter Abgang. **16** *(2014)*

Quinta do Noval

Die Quinta do Noval entlockt Portweinfreunden immer ein besonderes Lächeln. Zwar gab es in ihrer Geschichte Höhen und Tiefen, doch der gemeinsame Nenner findet sich stets im Heiligen Gral der Portweine, dem Quinta do Noval Nacional Vintage Port. Obwohl die Quinta erstmalig 1715 in alten Büchern erwähnt wird, wurde erst 1931 unter eigenem Namen und Etikett Vintage Port hergestellt. Es gibt auch ältere Ports der Quinta, doch nur mit handgeschriebenen Etiketten.

Die meisten Portproduzenten hatten noch mit dem Jahrhundertjahrgang 1927 (den zunächst aber keiner mochte) gefüllte Keller und potentielle Käufer waren rund um die Weltwirtschaftskrise 1929 beim Kauf hochwertiger Weine eher zurückhaltend. Während dieser schlechtmöglichsten Absatzbedingungen produzierte die Quinta do Noval mit dem Jahrgang 1931 ihren ersten Vintage Port. Wenige andere Hersteller deklarierten diesen sehr guten Jahrgang, unter anderem Calem (immer noch sehr gut zu trinken), Ramos Pinto (jetzt perfekt) und Niepoort den Garrafeira (atemberaubend).

Laut Aussage der van Zeller Familie, Inhaber der Quinta do Noval von 1963 bis 1993, war dies zu einem sehr großen Anteil dem damaligen englischen Importeur zu verdanken, der diesen Jahrgang hartnäckig einforderte. Bis in die 1960er Jahre wurden nur wenige Jahrgänge deklariert, so etwa 1945, 1947 oder 1955. In den 1960er Jahren wurden sehr gute Noval und atemberaubende Nacional Jahrgänge produziert.

Homepage: www.quintadonoval.com
Gründungsjahr: 1715
Inhaber: Axa Millesime
Önologe: Antonio Agrellos
Quintas/Rebfläche: Quinta do Noval, Roncão, Canadas, Silval (alles zusammen rund 145 ha)
Portweinangebot: Komplette Palette, kein 30y old Tawny
Geheimtipp: Colheitas
Besonderheiten: Hersteller des Noval Nacional als Premium Vintage Port
Importeur: www.jhfkavenjr.de, www.moevenpick-wein.de

Der 1963er Nacional ist meine Messlatte für Portwein, wenn es um die Vergabe von 20/20 Punkten geht. Aber auch andere Nacional Jahrgänge dieser Dekade sind Top-Vintage-Ports, allen voran 1967, aber auch 1962, 1964 und 1966.
Nach dem sehr guten 1970er Jahrgang wurde dann mehr Wert auf Quantität als auf Qualität gelegt, so dass sich die Jahrgänge bis einschließlich 1991 vom regulären Vintage Port und dem Nacional eher durchschnittlich, in manchen Jahren sogar unterdurchschnittlich präsentierten. Dazu kam eine Reihe von Fehlentscheidungen, so dass Noval den Jahrgang 1978, aber nicht 1977 deklarierte. Auch in den 1980ern setzte sich die Kombination von wenig Qualität und suboptimalen Entscheidungen weiter fort. Dadurch begann die Reputation der Quinta bedrohlich zu sinken. Erst mit der Übernahme der AXA Gruppe und mit Christian Seely als Managing Director im Jahr 1993 fand Noval wieder zur alten Größe zurück. Als ersten Jahrgang nach der Übernahme hat Novals Önologe Antonio Agrellos den sehr guten Quinta do Noval und den sensationellen Nacional des Jahrgangs 1994 produziert. Seit der Übernahme gehört Noval qualitativ wieder zu den „big playern" in der Portweinwelt und der Nacional trägt zu Recht wieder den Status des „Heiligen Grals".
Auch wenn Noval verhältnismäßig häufig Vintage Port herstellt, sind diese Portweine stets voll auf der qualitativen Höhe ihrer Klassifikation. Das beste Beispiel hieran ist die überhaupt in der Geschichte erstmalige Deklaration von vier aufeinanderfolgenden Jahrgängen 2011 bis 2014. Die ca. 400.000 Flaschen Portwein werden in die meisten weintrinkenden Länder der Welt verkauft, wichtigste Absatzmärkte sind die USA, England und Frankreich.

Quinta do Noval Nacional

Aus den 6.000 Nacional Weinstöcken auf ca. 1,7 ha. wächst der teuerste und exklusivste Portwein der Welt heran. Teuer und exklusiv aus zwei Gründen: Atemberaubende Weine und extrem geringe Produktionen. In den 1920ern wurde die gesamte Quinta do Noval neu bepflanzt. Nur die knapp zwei Hektar Nacional wurden wurzelecht eingepflanzt und seitdem von der Reblaus verschont. Wenn ein neuer Jahrgang – wie 2011 – in homöopathischen Mengen von rund 250 Kisten in den Markt kommt, ist er in Minuten ausverkauft und ein erstklassiges Investment. Der 2011 hat den Preis innerhalb der ersten zwei Monate verdreifacht.

3 Fragen – 3 Antworten: Christian Seely, CEO
Was war der erste Port, den du getrunken hast?
Eine Flasche Dow Vintage Port 1955
Was ist am Douro besonders?
Die Arbeit der vielen Generationen, um in diesem Gebiet überhaupt Weinbau zu ermöglichen. Wer die noch wenig erschlossenen Bereiche des Douro-Tals sieht, weiß wie viel Arbeit darin steckt. Zu guter Letzt natürlich die Schönheit der Region. Unvergleichlich – atemberaubend – wenig vergebend und dadurch so gegensätzlich.
Welchen Port nimmst du mit auf die einsame Insel?
Den Noval Nacional Vintage Port von meinem Geburtsjahrgang 1960

VINTAGE PORTS

Es gibt drei Arten von Noval Vintage Ports. In der qualitativen Abstufung sind dies:

1. Quinta do Noval Vintage Port Nacional
2. Quinta do Noval Vintage Port
3. Quinta do Noval Silval Vintage Port

Auf Auktionen sind den Verantwortlichen diese Unterschiede teilweise nicht bewusst, was zu großen Freuden oder Enttäuschungen führen kann, wenn man z.B. auf einen Quinta do Noval Vintage Port 1997 (Preis derzeit ca. 200 EUR) bietet und dann entweder einen Quinta do Noval Silval Vintage Port 1997 (Preis ca.60 EUR) oder einen Quinta do Noval Nacional 1997 (Preis ca. 2.000 EUR) erhält. Die Deklarationsphilosophie ist stark qualitätsgeprägt. So wird Nacional nur verkauft, wenn die Qualität kompromisslos vorhanden ist (Christian Seely: We only produce Nacional when it sings"). In einigen großen Jahrgängen gibt es alle drei Qualitätsstufen.

VINTAGE PORT 2013 - Violettrote Farbe mit ausgeprägten Reflexen. Fruchtig-würziges, komplexes Bouquet. Knackige Tanninstruktur, würzig frisch. Cassis, Schokolade. Mittellanger, frischer Abgang. **17** *(2015)*

VINTAGE PORT 2012 - Tiefdunkelrote Farbe mit violetten Reflexen. Süßholz und Lakritze in der Nase. Auch am Gaumen überwiegt die Lakritz-Note über der Frucht, Schokoladenfinish. Mittellanger Abgang. **17** *(2014)*

VINTAGE PORT NACIONAL 2011 - Intensive, komplex-fruchtige Nase, ohne zu intensiv zu wirken. Am Gaumen spürbare, aber perfekt in die Frucht- und Säurestruktur eingebundene Tannine. Komplexe Fruchtnoten, hauptsächlich schwarze Johannisbeere und Schwarzkirsche, minimale Eukalyptusnote. Langer, perfekt balancierter, mehrstufiger Abgang. **20** *(2013)*

VINTAGE PORT 2011 - Tiefe, volle Fruchtnase, sehr komplex, Schokolade. Leicht kantiger, tanninbetonter Gaumen. Frucht. Lakritze. Langer, voller Abgang. **18** *(2013)*

VINTAGE PORT 2008 - Nur 1.000 Kisten produziert! Blickdichte schwarze Farbe, Lakritz- und florale Noten. Am Gaumen neben der schwarzen Johannisbeere, Schokolade und Lakritz. Mittellanger Abgang. **17** *(2013)*

VINTAGE PORT 2007 - Immer noch die tiefe, dunkelrote Farbe mit den violetten Reflexen. Volle komplexe Frucht- und Würznote in der Nase. Fruchtbetonter Gaumen mit Cassis und Heidelbeeren, spürbarer Säure und soften Tanninen. Langer, fruchtbetonter Abgang. **18+** *(2014)*

VINTAGE PORT SILVAL 2005 - Minimal transparente, dunkelrote Farbe. Elegante, balancierte, vegetale Nase mit Kirsche, Himbeeren und Schokolade. Spürbare Säure am Gaumen, massive Schokolade, florale Noten. Mittellanger Abgang. **17** *(2016)*

VINTAGE PORT NACIONAL 2004 - Zum ersten Mal auf Chateau Pichon Baron verkostet: Violett reflektierende vollrote Farbe, blickdicht.

Elegantes, intensiv fruchtbetontes Bouquet, Schwarzkirsche, Brombeere. Komplexer, voller Gaumen, Minznoten. Langer, vollfruchtig-frischer, komplexer Abgang. **18** *(2014)*

VINTAGE PORT 2004 - Blickdichte, dunkelrote Farbe. Komplexe, volle Nase mit Frucht und Tabak. Ausgewogener, würziger Gaumen, Gewürze, Pfeffer, rassig. Mittellanger Abgang. **17** *(2013)*

VINTAGE PORT NACIONAL 2003 - Derzeit leicht stumpfe, tiefdunkle, vollrote Farbe. Intensive, komplexe, mineralisch fruchtige Nase: Himbeeren, Cassis. Mineralischer Gaumen, perfektes Frucht-Säure-Verhältnis. Schokolade, Himbeeren, erstaunlich softe Tannine. Extrem langer, fruchtbetont-mineralischer Abgang. **19** *(2014)*

VINTAGE PORT 2003 - Volle, tiefschwarze Farbe. Komplexe Fruchtnase mit Cassis- und Schokoladennoten. Spürbare Säure, softe Tannine und volle Schokoladen-Frucht-Noten am Gaumen. Langer, voller Abgang. Verschließt sich gerade. **18** *(2015)*

VINTAGE PORT SILVAL 2003 - Tiefdunkelrote Farbe. Kirschen und schwarze Johannisbeere in der Nase. Spürbare Säure und Tannine und tiefe Fruchtnoten am Gaumen. Mittellanger Abgang. Braucht noch Zeit. **17** *(2009)*

VINTAGE PORT NACIONAL 2001 - Vielschichtiges, komplexes Bouquet mit massiven Tabaknoten und gezuckerten Himbeeren. Am Gaumen frisch mit blumigen Noten, ausgeprägte Tannine und Säurenoten, Minze. Sehr langer, voller, frischer Abgang. **17+** *(2013)*

VINTAGE PORT SILVAL 2001 - Verhaltene Fruchtnase, würzig. Angenehme Süße am Gaumen, Tannine und Säure spürbar. Satte schwarze Johannisbeere und Himbeeren. Mittellanger Abgang. **16** *(2013)*

VINTAGE PORT NACIONAL 2000 - Klare, schwarzrote Farbe, leichter Wasserrand, keine Reflexe. Tiefe, fruchtige Nase mit viel Heidelbeere

und Lakritze. Unterschwellig viel Potential. Süße, volle Frucht, Säure und Alkohol. Konzentrierter, langer Abgang mit einem fast trockenen Finish. **19** *(2015)*

VINTAGE PORT 2000 - Ein Glas mit Christan Seely vor dem Medoc-Marathon ohne Dopingtest getrunken: Tiefe, vollrote Farbe. Leicht süße, fruchtig-frische Nase, Schokolade. Am Gaumen balanciert und intensiv, leichte Schärfe, weißer Pfeffer. Mittellanger, fruchtbetonter Abgang. **18** *(2015)*

VINTAGE PORT SILVAL 2000 - Tiefdunkelrote Farbe. Volle, komplexe Nase. Tabakwürze, gutes Säuregerüst, Schokolade. Softe Tannine, Schokolade, Fruchtnoten. **17** *(2013)*

VINTAGE PORT SILVAL 1999 - Minimal transparente, dunkelrote Farbe, kein Wasserrand. Viel Frucht (Kirsche und Himbeere), Schokolade in der Nase. Auch am Gaumen viel vordergründige Frucht, Tanningerüst spürbar, leichte Säure. Mittellanger Abgang. **16+** *(2014)*

VINTAGE PORT NACIONAL 1997 - Ganz leichte Alterungsspuren, mini-Wasserrand. Verhaltene, derzeit minimal reduktive Nase mit unterschwellig massiver Struktur. Komplexer, rassiger Gaumen mit viel Druck, der einen nicht mehr los lässt: Würznoten, Pfeffer, Tabak und die volle, endlos lange Frucht. Tiefer, komplexer, nicht endender Abgang. Groß! **20** *(2011)*

VINTAGE PORT 1997 - Tiefe, komplexe Fruchtnoten. Im Mund massive Kirschen und Brombeeren, jedoch auch noch sehr verhalten. Extrem komplexer und langer Abgang. Derzeit verschlossen. **19** *(2013)*

VINTAGE PORT SILVAL 1997 - Tiefdunkelrote Farbe. Medizinische Noten und Frucht in der Nase. Komplexe Struktur, jedoch medizinischer Ton überwiegend. Im Abgang mittelintensive Schokolade. **16+** *(2009)*

VINTAGE PORT NACIONAL 1996 - Violett reflektierende, dunkelrote Farbe. Elegante, komplexe Nase mit gut strukturierten Fruchtnoten, elegante Minznote spürbar. Softe Tannine am Gaumen. Brombeeren, Cassis. Mittellanger Abgang. **17** *(2013)*

VINTAGE PORT 1995 - Volle tiefrote Farbe, kein Wasserrand. Tiefes, komplexes Bouquet mit voller Frucht. Ausgewogener Gaumen mit Himbeeren und Kirsche satt. Noch verschlossener als der Silval, zeigt aber mehr Potential. **17** *(2011)*

VINTAGE PORT SILVAL 1995 - Dunkelrote Farbe. Würzige, volle Nase, leicht alkoholisch. Frucht, Würze und Tabak in der Nase. Wenig gereifter Gaumen mit Säure, Tanninen und einer ansprechenden Rotbeerennote. Benötigt noch Zeit. **16+** *(2013)*

VINTAGE PORT NACIONAL 1994 - Minimale Alterungsspuren in der tiefdunkelroten Optik: Das Bouquet wird derzeit hauptsächlich von Kaffeenoten geprägt, hintergründig komplexe Frucht. Voller komplexer Port mit massiven Tanninen und Säure. Tiefe, komplexe Noten, zeigt aber noch lange nicht, was er mal können wird. **20** *(2012)*

287

VINTAGE PORT 1994 - Viele 1994er Vintage Ports reifen schneller, als ich ursprünglich gedacht habe: Transparente, dunkelrote Farbe. Gebackene Pflaume in der Nase, hintergründig komplex. Am Gaumen minimal überreife Früchte, spürbare Tannin- und Säurestruktur. Langer, überraschend frischer Abgang. **18** *(2012)*

VINTAGE PORT 1991 - Hellorange Farbe, die sehr schnell nachdunkelt zu einem transparenten Mittelrot. Am Bouquet Schokolade, Himbeeren, zunächst bei mehreren Flaschen leicht muffig, verfliegt aber innerhalb einer Stunde. Der Gaumen ist sehr ausgeglichen, Schokolade, viel rotbeerige Frucht, Vanille und ein ganz leichter Tabakblättertouch. Mittellanger, fruchtbetonter Abgang. **17** *(2013)*

VINTAGE PORT 1987 - Transparentes Dunkelrot mit leichter Primärfrucht im Bouquet. Am Gaumen hauptsächlich Karamellcreme und Toffee. Mittellanger Abgang. Gefällt mir besser als der 85er. **17** *(2009)*

VINTAGE PORT NACIONAL 1985 - Schon weit gereifte, mittelrote Farbe. Elegantes Bouquet mit hintergründigen Kräutern. Softe Tannine, Schokoladen- und Toffeenoten am Gaumen. Mittellanger Abgang. **17** *(2010)*

VINTAGE PORT 1985 - Intensive, hellrote Farbe. Himbeere und Schokolade in der intensiven Nase. Am Gaumen spürbare Säure, Frucht und Tannine, frisch. Schokoladenfinish. **17** *(2011)*

VINTAGE PORT NACIONAL 1983 - Auch optisch besser strukturiert als der 82er Noval Nacional. Transparente, dunkelrote Farbe. Intensiver Gaumen mit dem klassischen Minzton vieler Nacionals. Langer, tiefer Abgang. **17** *(2010)*

VINTAGE PORT NACIONAL 1982 – Christian Seely musste drei Flaschen öffnen, um eine zu präsentieren, die mich auch nicht wirklich überzeugen konnte. Leicht trübe Farbe bei mäßiger Frucht und Intensität in Nase und Gaumen. Eleganter Portwein und ein nicht unbedeutendes Korkrisiko. **16** *(2010)*

VINTAGE PORT 1982 - Mittelrote Farbe. In Nase und Gaumen balanciert. Tabak, Honig und Toffee, bereits völlig integriert. Dieser Port ist seit einiger Zeit auf dem Höhepunkt und wird nicht mehr besser. In den nächsten zehn Jahren austrinken. **16** *(2010)*

VINTAGE PORT NACIONAL 1980 - Transparente, mittelrote Farbe mit einem erkennbaren Wasserrand. Leichte, elegante, voll ausgereifte Nase. Malznoten. Eleganter, samtiger Gaumen mit viel Malz und Honig, hintergründig Tabak. Langer, balancierter Abgang. **17** *(2012)*

VINTAGE PORT NACIONAL 1978 - Dunkelrote Farbe mt leichtem Wasserrand und einer insgesamt eleganten Struktur. Verhaltene Nase, die auch mit zunehmender Dekantierzeit nicht an Volumen gewinnt. Eleganter, fast oberflächlicher Gaumen mit leichten Malz- und Karamellnoten. Kurzer Abgang. Wer noch Flaschen von diesem Jahrgang im Keller hat, sollte sie schleunigst austrinken. Wie gerne würde ich mal einen Noval oder Nacional von 1977 probieren. **15** *(2011)*

VINTAGE PORT 1978 - Beim Portwine-Day 2015 aus der Magnum: Leicht stumpfe, dunkelrote Farbe. Gut strukturierte Nase mit Pfeffer und Restfrucht. Eleganter, voll gereifter Gaumen, gut stützende Säure, Himbeeren. Mittellanger Abgang. **17**. Aus der Normalflasche zügig austrinken. **16** *(2015)*

VINTAGE PORT NACIONAL 1975 - Sauberes Rot in der relativ leichten Struktur. Im Bouquet Milchschokolade und Rosinen. Eleganter Gaumen mit viel Toffee und Karamell, minimal florale Töne. Recht kurzer Abgang. **16** *(2011)*

VINTAGE PORT 1975 - Rotbraune Farbe, leicht trüb. Flaches, ausgezehrtes Bouquet, Honig. Spürbare Süße und Säure am Gaumen, sonst nicht viel. Kurzer, säurebetonter Abgang. Vorbei. **NR** *(2015)*

VINTAGE PORT NACIONAL 1970 - Tiefdunkelrote Farbe mit ganz leichtem Wasserrand. Viel Würze und eine ausgeprägte Minznote im Bouquet. Balancierter, komplexer Gaumen mit ausgeprägter Frucht, Minze und würzigen Noten. Komplexer, extrem langer Abgang. **19** *(2012)*

VINTAGE PORT 1970 Mittelbraune Farbe. Mittelintensive Kaffeenase, weit gereift. Tabakwürznoten, wenig Frucht, leicht spürbare Süße. Nicht mehr zu lange aufbewahren. **17** *(2014)*

VINTAGE PORT NACIONAL 1967 - Von Antonio Agrellos beim O-PORT-UNIDADE Önologen-Abendessen auf Noval geöffnet: Tiefrote Farbe. Gereifte, volle, komplexe Nase, mineralisch, Pflaumennote, hintergründig Kräuter. Bereits in der Nase mindestens 10 Jahre jünger. Voller, tiefer Gaumen, Schokolade, Kräuter, Pflaumen. Sehr langer, voller Abgang. **19** *(2014)*

VINTAGE PORT 1967 - Transparentes Rotorange. Verhaltenes Bouquet mit Malznoten. Mittelintensiver Gaumen: Malz, Toffee und Honig. Langer, malzbetonter Abgang. **17** *(2011)*

VINTAGE PORT NACIONAL 1966 - Dunkelrote, jugendlich-frische Farbe. Intensive Nase mit tiefer, komplexer Struktur. Tabak, Kaffee. Strukturierter, voller Gaumen, Druck, Komplexität. Malz, Honig, gut stützende Säure. Langer, komplexer Abgang. **19** *(2016)*

VINTAGE PORT 1966 - Der dunkelste Wein der Probe mit zwanzig Vintage Ports des Jahrgangs 1966. Frisches, volles Bouquet, Schokolade und Kräuter. Samtiger Gaumen mit viel Druck, Kräuter, Pfeffer, Schokolade. Langer Abgang. Perfekte Flasche. **18** *(2016)*

VINTAGE PORT NACIONAL 1964 - Transparent vollrote Farbe. Tiefe Malz- und Honignase, Menthol, Tee, Schokolade. Voller, samtiger Gaumen, Minze, Schokolade und Toffee. Sehr gut strukturierter Abgang. **18** *(2014)*

VINTAGE PORT NACIONAL 1963 - Der Portwein, den die meisten Hersteller mit auf die einsame Insel nehmen würden. Der bestbewertete Port in der Fachliteratur überhaupt. Die Messlatte für die Vergabe von Höchstpunktzahlen. Aufgrund guter Beziehungen zum Managing Direktor von Noval und Portfreunden aus dem Jahrgang durfte ich diesen Port schon acht Mal verkosten – jedes Mal ein Erlebnis: Unglaublich jugendliche, volle Farbe, kaum Wasserrand. Immens konzentrierte Kaffee- und Toffeenoten im Bouquet. Voller, komplexer, integrierter Gaumen, ein Feuerwerk von Honig-, Toffee-, Nuss- und Minznoten. Endlos langer, perfekt integrierter Abgang. Auch mein Portwein, den ich auf die einsame Insel mitnehmen würde. **20** *(2013)*

VINTAGE PORT 1963 - Tiefe, komplexe Nase mit Schokolade, Fruchtnoten und Toffee. Voller, frischer Gaumen mit satter Schokolade und eleganten Toffeenoten. Langer, voller Abgang. Leider starke Flaschenvariationen, die besten sind aber bei **18** *(2015)*

VINTAGE PORT NACIONAL 1962 - Ausgeprägte Braunrote Farbe, mittlere Struktur. Im Bouquet ausgeprägte Kaffee- und Malznoten. Auch im Mund intensive Kaffeenoten mit spürbarer Säure. Mittellanger, voll integrierter Abgang. **18** *(2009)*

VINTAGE PORT 1960 - Mittelrote, volltransparente Farbe. Malzig-frische Nase, Kaffee. Frischer, voll fruchtiger Gaumen, gut strukturiert mit Kaffee und Schokolade. **18** *(2011)*

VINTAGE PORT NACIONAL 1955 - Wenig Wasserrand in der mittelroten Farbe. Intensive Malz-Honignoten in der Nase, die sich mit zunehmender Dekantierzeit perfekt entwickeln. Balancierter, intensiver Gaumen mit rauchigen Noten, Malz und Minze. Langer, voller Abgang. **18** *(2009)*

VINTAGE PORT 1955 - Ausgeprägter Wasserrand in der beigen Farbe. Verhaltenes Bouquet, frisch und alkoholisch. Samtiger Gaumen, voll ausgereift. Malznoten. Mittellanger Abgang mit viel Malz. Bis 2020 austrinken. **17** *(2010)*

VINTAGE PORT 1945 - Rotbraune Farbe, erkennbarer Wasserrand. Oxidierte, sehr weit gereifte Nase, nicht angenehm. Überraschend lebendiger, frischer Gaumen. Lang und komplex mit intensiven Marzipan und Toastaromen. Auch der Abgang ist voll auf der Höhe. Schade um die Nase. Auch nach drei Stunden nicht besser. Insgesamt aber trotzdem. **18** *(2012)*

VINTAGE PORT NACIONAL 1931 - Der wohl seltenste hochqualitative Vintage Port der Welt. Geringe Reifungsnoten in der Farbe. Leichter Wasserrand. In der Struktur nicht so konzentriert wie der Vintage Port des gleichen Jahrgangs. Elegante Toffee-Nase, Frucht darunter. Im Gaumen Nuancen von Toffee und Malz, relativ verhalten. Der Abgang war allerdings ähnlich lang wie der des regulären Vintage Ports des gleichen Jahrgangs. Dieser Wein ist noch nicht am Ende. Schade, dass man nicht noch ein, zwei Kisten im Keller hat, um dies zu verifizieren. **19** *(2007)*

VINTAGE PORT 1931 - Volltransparente, dunkelorange Farbe. Würzig frische(!) Nase, Tabak und Röstaromen, Toffee. Am Gaumen zunächst medizinale Noten, dann Kräuter, Minze und Honig. Extrem langer, vielschichtiger, komplexer Abgang. **19** *(2012)*

LATE BOTTLED VINTAGE PORTS (LBV)

Novals LBV sind bis Ende der 1980er Jahre komplett ungefiltert abgefüllt. Von den 90ern und 2000ern gibt es oft sowohl gefilterte als auch ungefilterte Abfüllungen vom gleichen Jahrgang, wobei die ungefilterten LBV stets die anspruchsvolleren Portweine sind. Die ungefilterten haben „UNFILTERED" auf dem Etikett vermerkt, die gefilterten sind ohne Vermerk.

LATE BOTTLED VINTAGE PORT 2000 UNFILTERED - Mittlere Struktur, junge Farbe, violette Reflexe. Brombeernase, Kirschen, florale Noten, Säure. Voller Gaumen mit soften Tanninen, Säure, verhaltene Frucht und würzigem Finish. Langer Abgang. **16+** *(2009)*

LATE BOTTLED VINTAGE PORT 1997 - Tiefe, dunkelrote Farbe. Ansprechendes Bouquet mit komplexer Struktur in der Nase, Schokoladig-fruchtiger Gaumen. Mittellanger Abgang. **16** *(2007)*

AGED TAWNIES

Bei Noval gibt es keine aged White Ports und keinen 30y old Tawny. Ähnlich wie die Colheitas sind auch die aged Tawnies Spitzenvertreter ihrer Klasse.

10 YEAR OLD TAWNY - Dunkelbraunes, leuchtendes Rot. Elegante Toffee-Nase. Langer, nussbetonter Gaumen, komplex und rund. Mittellanger Abgang. **17** *(2011)*

20 YEAR OLD TAWNY - Rotorange Farbe. Nussig-schokoladige Nase. Intensiver, frischer Gaumen mit ausgeprägten Nussnoten. Komplexer, langer Abgang. Einer der besten 20 jährigen Tawnies auf dem Markt. **18** *(2011)*

40 YEAR OLD TAWNY - Rotorange Farbe mit grünen Reflexen und geringem Wasserrand. Intensives Trockenfrucht- und Nussbouquet, voll und komplex. Walnuss, Haselnüsse, Karamell und Toffee. Samtiger Gaumen, Säure und Alkohol, voll, rund und lang, frisch. Leichter Marzipantouch. Langer, voller Abgang. **18** *(2011)*

COLHEITAS

Die Colheitas von Noval stehen leider immer völlig zu Unrecht im Schatten der Vintage Ports. Abgesehen von der stets herausragenden Qualität scheint den Colheitas auch eine gewisse Zeit in der Flasche nichts auszumachen. Sie verlieren zwar geringfügig die intensiv-frischen Noten, werden aber balancierter und in sich stimmiger. Der Direktvergleich eines Colheitas des Jahrgangs 1937 mit Abfülljahr 1986, 2000 und 2013 zeigt perfekt die jeweiligen Unterschiede.

COLHEITA 2003 (bottled 2016) - Dunkelrote Farbe. Im Bouquet Restfrucht, Malz und Nussnoten. Balancierter Gaumen mit strukurierten Nussnoten und Kaffee, hintergründig noch Restfrucht. Mittellanger Abgang. **16** *(2016)*

COLHEITA 2000 (bottled 2012) - Dunkelrote Farbe. Balancierte, nussig-fruchtige Nase mit süßen Noten. Fruchtig-bissiger Gaumen mit Nüssen und Marzipan, hintergründig Moscatel-Noten. Mittellanger, ausgewogener Abgang. **17** *(2015)*

COLHEITA 1997 (bottled 2013) – Rotorange Farbe. Elegante Nase mit Nüssen und Trockenfrüchten. Spürbare Säure und Alkohol am Gaumen, dahinter minimale Restfrucht, Kaffee und Toffee. Langer Abgang. **17** *(2014)*

COLHEITA 1995 (bottled 2014) – Leuchtend rotorange Farbe. Toffee, Kaffee, Schokolade in der Nase, wirkt älter. Balancierte Honig-Kaffee-Schokoladennoten am Gaumen. Langer, ausgewogener Abgang. **17** *(2014)*

COLHEITA 1986 (bottled 2011) – Rotbraune Farbe mit minimal grünen Reflexen. Walnuss und Mandeln im balancierten Bouquet. Im Gaumen noch ausgeprägte Säure, volle Nuss- und Mandelnoten. Langer Abgang. **18** *(2011)*

COLHEITA 1982 (bottled 1995!) – Orangerote Farbe, volle Struktur. Überaus ansprechende Nase Malz- und Karamellnoten und Karamell. Am Gaumen komplett integriert. Viel Toffee und Malz, die Trockenfrucht- und Nussaromen treten hier eher in den Hintergrund. Voll und rund. Mittellangerbalancierter Abgang mit Honignoten. **17** *(2010)*

COLHEITA 1976 (bottled 2014) – Tiefdunkle, rotbraune Farbe mit intensivem Farbkern. Intensive Milchschokolade, Nussmix und Kaffee in der Nase. Auch am Gaumen voll und rund, Walnüsse, Säure, Mandeln, Kaffee, spürbare Süße. Langer, leicht süßer Abgang. **18** *(2014)*

COLHEITA 1971 (bottled 2010) – Dunkelrote Farbe mit dezent grünen Reflexen am Rand. Ansprechendes Kaffee-Toffee-Bouquet. Spürbare Säure am Gaumen, viel Nuss- und Trockenfruchtaroma. Langer, balancierter Gaumen. Wird sich noch entwickeln. **17** *(2014)*

COLHEITA 1968 (bottled 2014) – Dunkelorange Farbe mit dunklem Kern. Komplexe Honig-Nussnase, minimale Acetonnote. Voller, komplexer Gaumen, würzig, weißer Pfeffer, Walnuss- und Mandeln, Honig. Langer, komplexer Abgang. **18** *(2015)*

COLHEITA 1964 (bottled 2013) – Gleichmäßig braunorange Farbe mit minimalem Wasserrand. Frische, balancierte Nase, intensiv und komplex. Kaffee, Toffee, minimale Acetonnoten. Sehr balancierter und ausdruckstarker Port. Voller, langer Abgang. **18** *(2014)*

COLHEITA 1937 (bottled 1981!) – Transparent braunrote Farbe, wirkt leicht wässrig. Elegante Haselnussaromen, Michschokolade, Toffee, Marzipan und Rosinen im Bouquet. Auch am Gaumen elegant. Kaffee, gut stützende Säure, Nussnote, Rosinen. Mittellanger Abgang. **18** *(2012)*

COLHEITA 1937 (bottled 2010) – Tiefbrauner Farbkern, nach außen nachlassend, aber kein Wasserrand, grüne Reflexe. Tiefe, komplexe Nase, Intensive Röstaromen, Rosinen, Kaffee, minimale Acetonnoten. Voller Kaffee-Schoko-Gaumen, viel Säure. Lang und komplex. Sehr langer, voller, süßer Abgang. **19** *(2012)*

SONSTIGE PORTWEINE

Der Noval Black ist ein Special Ruby, der sowohl ein sehr guter Vertreter seiner Klasse ist, als auch perfekt zum neuen Image der Portweine beiträgt (ähnlich dem Croft Pink).

Black - Noval hat den Special Ruby unter dem Namen „BLACK" vor zwei Jahren komplett neu aufgelegt. Minimal transparente, vollrote Farbe. Frische, elegante, würzige Nase. Balancierter, würziger Gaumen mit Schokolade und Himbeeren. Kurzer, frischer Abgang. **16** *(2015)*

OFFLEY

Ursprünglich wurde die Firma Offley als Weinhandelsgesellschaft 1737 in London gegründet. Erst im frühen 19. Jahrhundert wurde zunächst Portwein aufgekauft und exportiert, um dann schließlich selbst zu produzieren. Erst 1803 trat James Offley VII. in Porto den Gesellschaftern Brooks, Campion, Cramp, Hesketh und Webber bei und firmierte dann unter Offley Forrester. Sein Neffe, Joseph James Forrester begann seine Karriere in der Firma erst 1831 und entwickelte sich zügig zu einer der bedeutendsten Persönlichkeiten in der Portweinwelt. Er war ein hervorragender Verkoster und der erste, der die Douro Region mit einer „militärischen Genauigkeit" kartographierte. Joseph James wurde 1855 aufgrund seiner Verdienste vom König zum Baron (Baron Forrester) ernannt. Leider wurde ihm seine Passion für den Douro zum Verhängnis, als er am 12. Mai 1861 bei einem Schiffsunglück bei Cachão ertrank. Die Legende erzählt, dass er aufgrund des Gewichtes seines Geldgürtels nicht in der Lage war, das rettende Ufer zu erreichen.

1962 erwarb Sandeman die Markenrechte an Offley sowie deren Ländereien und Portweinvorräte. 1983 übernahm Martini. Leider wurde die Weinqualität in der Vergangenheit selten gesteigert, wenn sich multinationale Konzerne einkauften. So ging auch bei Offley die Qualität in den 80er Jahren leider zugunsten der Quantität zurück. Offley wurde anschließend in mehreren Etappen an Ferreira verkauft. Sogrape hat schließlich als Eigentümer Ferreiras im Jahre 1997 Offley komplett übernommen. Offleys Flaggschiff-Quinta Boa Vista hat seit dem frühen 19. Jahrhundert die Trauben für die Offley-Portweine geliefert. Allerdings wurde die Quinta 2013 an zwei private Investoren verkauft, die in Zukunft mit den Trauben Douro DOC-Weine herstellen werden. Die Marke Offley steht derzeit samt den Portweinvorräten zum Verkauf.

Homepage: www.sograpevinhos.com
Gründungsjahr: 1737
Inhaber: Sogrape Vinhos S.A.
Önologen: Luis Sottomayor
Quintas/Rebfläche: keine mehr, Quinta da Boa Vista wurde 2013 verkauft
Geheimtipp: Alte Offley Vintage Ports aus deklarierten Jahrgängen
Importeur: unter anderem belvini.de

3 Fragen – 3 Antworten: Vasco Magalhaes, Sograpе Wine Educator
Was war der erste Port, den du getrunken hast?
Mein Vater war Arzt und viele Angestellte von Royal Oporto gehörten zu seinen Patienten, die seinen Weinkeller zu Weihnachten immer ordentlich aufgefüllt haben. Daher war es ein alter Tawny von Royal Oporto.
Was ist am Douro besonders?
Die einzigartige Szenerie, die einzigartige Kombination von Terroir, Klima, Rebsorten und das Schiefergestein. Diese Kombination erlaubt es auch in unterdurchschnittlichen Jahren in Einzellagen sehr gute Weine herzustellen.
Welchen Port nimmst du mit auf die einsame Insel?
Auf jeden Fall einen 2011er Vintage Port. Diese sollten ab einem Alter von 15 Jahren getrunken werden. Unter allen 2011ern: Sandeman.

VINTAGE PORTS

Die Trauben der Quinta da Boa Vista lieferten lange Zeit den Grundstock für die Vintage Ports von Offley. Auf den meisten Vintage Port-Etiketten ist neben der Marke Offley auch „Boa Vista" vermerkt, was zunächst den Verdacht nahe legen würde, dass es sich um einen Single Quinta Vintage Port handelt. Da aber nicht „Quinta da Boa Vista" sondern lediglich „Boa Vista" vermerkt ist, können auch Trauben anderer Lagen verwendet werden. Es wurden daher von der Firma Offley bislang keine Single Quinta Vintage Ports hergestellt. Der Vermerk ist eine zusätzliche Bezeichnung ohne weitere Bedeutung. Offleys Vintage Ports sind generell eher elegante Vertreter dieser Kategorie, gerade die älteren Jahrgänge begeistern.

VINTAGE PORT 2011 - Tiefdunkelrote Farbe mit violetten Reflexen. Würzig, frisch-fruchtige Nase, rote Beeren und Teenoten. Süßer, adstringenter Gaumen, schwarze Johannisbeere, schwarzer Tee. Mittellanger Abgang.
17 (2013)

VINTAGE PORT 2007 - Auffallend elegante Struktur mit ausgeprägten violetten Reflexen in der schwarzroten Farbe. Cassis-Bouquet mit grüner Banane und Säure. Fruchtig-eleganter Gaumen mit soften Tanninen und spürbarer Säure. Leicht säurebetonter Abgang. Ein eher eleganter Vintage Port, der zügig seine Genussphase erreichen wird.
16 (2010)

VINTAGE PORT 2003 - Sehr dunkle, blickdichte Farbe. Elegante Nase, florale Töne, Veilchen. Klassischer, voller Gaumen, komplex und rund, Tannine und Säure spürbar. Mittellanger, schokoladiger Abgang. **17** (2012)

VINTAGE PORT 2000 - Leuchtendes Dunkelrot mit intensiven Reflexen. Elegante, leicht oberflächliche Nase, Himbeernoten. Ansprechende Frucht im Gaumen, voll-fruchtiger Hintergrund. Mittellanger, fruchtig-schokoladiger Abgang. **17** (2013)

VINTAGE PORT 1997 - Im direkten Vergleich gegen Sandeman und Ferreira weiter gereift. Offene, pflaumige Nase mit intensiven roten Beeren, verführerisch. Balancierter, komplexer Gaumen mit Pflaume und Himbeeren. Mittellanger, eleganter Abgang. **17** (2013)

VINTAGE PORT 1994 - Minimal transparente dunkelrote Farbe. Leicht rosinenartiges Bouquet mit Kirsche und Schokolade. Fruchtiger Gaumen (Kirsche und Brombeeren) mit spürbarer Säure. Solider, fruchtbetonter Abgang. Nach ca. 5h Dekantierzeit zu Crème Brûlée verkostet: verführerisch. Leichte Schokoladennote im Gaumen. Schon recht weit entwickelt.
17+ (2010)

VINTAGE PORT 1989 - Volltransparente dunkelrote Farbe mit orangen Reflexen. Satte Pflaume, softe Tannine. Gut entwickelt. Kräuterbetonter Abgang. Jetzt und die nächsten 10 Jahre **16** (2012)

VINTAGE PORT 1985 - Dunkelrote Farbe. Frische, fruchtige Nase mit roten Beeren. Balancierter Gaumen mit Schokolade und eingelegte Kirschen, spürbare Säure. Mittellanger Abgang. **17** (2015)

VINTAGE PORT 1980 - Transparent rote Farbe. Frisch-florale Nase, sehr ansprechend und elegant. Samtiger, voller Gaumen, etwas zu elegant und schon voll entwickelt. Mittellanger Abgang. **16** (2010)

VINTAGE PORT 1975 - Mittelrote Farbe mit orangen Reflexen. Balancierte Nase mit Malz und Restfrucht. Stimmiger Gaumen mit Malz und Honig, gut stützende Säure. Mittellanger Abgang. **16** (2015)

VINTAGE PORT 1970 - Mittelrote, leuchtende Farbe, die im Dekanter schnell nachdunkelt. Frische, volle Malz-Honig-Nase, florale Noten und Kaffee. Samtig-öliger Gaumen, perfekt balanciert. Sehr gut stützendes, integriertes Säuregerüst, Malznoten. Mittellanger Abgang. Derzeit und für die nächsten zehn Jahre noch sehr gut zu trinken. **17** *(2016)*

VINTAGE PORT 1966 - Transparente vollrote Farbe. Fruchtig-frisches Bouquet, Minznoten im Hintergrund, grüner Tee. Elegant gereifter Gaumen. Toffee und Malznoten, hintergründig Minze. Mittellanger Abgang. **17** *(2016)*

VINTAGE PORT 1963 - Transparent mittelrote Farbe. Frischflorale Nase. Schokolade und Orangeschalen. Voller, intensiver Gaumen, würzig, voll und frisch. Mittellanger Abgang. **17** *(2013)*

VINTAGE PORT 1945 - Volltransparente, dunkelrote Farbe mit intensivem Farbkern. Kräuter-Kaffee-Nase mit floralem Hintergrund. Tiefer, komplexer Gaumen, marmeladige Fruchtnoten, Kaffee, Kräuter. Mittellanger, kräuterbetonter Abgang. **18** *(2015)*

VINTAGE PORT 1935 - Transparente, dunkelrote Farbe ohne Wasserrand. Elegante, aber komplexe Nase, Minztouch. Rotbeerige Frucht. Am Gaumen voll integriert. Schokolade, eingelegte Kirschen, süße Fruchtnoten, Säure. Mittellanger Abgang. **17** *(2013)*

VINTAGE PORT 1924 - Überraschend dunkelrote Farbe mit minimalem Wasserrand. Malz, Toffee, Kaffee und Honig in der Nase. Frischer, voller, aber nicht zu langer Gaumen. Wenig Länge im Abgang aber gut strukturiert. **17** *(2011)*

LATE BOTTLED VINTAGE PORTS (LBV)

Die LBVs von Offley werden immer ungefiltert nach 4 Jahren abgefüllt.

LATE BOTTLED VINTAGE PORT 2003

- Tiefschwarze Farbe, mittlere Struktur. In der Nase ein typisch junger Ruby, Cassis. Fruchtig. Schöner Gaumen: Tannine, Säure, Alkohol, Frucht im Hintergrund. Mittellanger Abgang. **16** *(2010)*

AGED TAWNIES

Offley produziert wie Niepoort und Ramos Pinto keinen 40 Jahre alten Tawny. Colheitas wurden weder von Sandeman, Ferreira oder Offley bisher hergestellt.

10 YEAR OLD TAWNY - Dunkelrote, volltransparente Farbe. Schokolade, Nussnoten und Restfrucht in der Nase. Am Gaumen Nussmix, Pflaume und spürbare Säure. Mittellanger Abgang. **16** *(2016)*

20 YEAR OLD TAWNY - Mittelrotbraune Farbe. Im Bouquet eine sehr gut erkennbare Nussnote, hintergründig Toffee und Marzipan. Recht kantiger, nussbetonter Gaumen mit gut stützender Säure. Mittellanger Abgang. **17** *(2016)*

30 YEAR OLD TAWNY - Tiefgoldene Farbe mit braunen Kern. Sattes Haselnuss-Marzipan-Bouquet. Am Gaumen komplex und intensiv. Gut stützende Säure, Marzipan und Nussmix. Ansprechende Komplexität ohne dabei süß zu wirken. Langer Abgang. **18** *(2016)*

Osborne/Duff Gordon

Bereits 1772 gründete der aus Exeter in Südengland stammende Thomas Osborne die gleichnamige Firma in Jerez, um intensiv in die Sherry-Produktion und den Handel einzusteigen. Erst 1967 startete Osborne mit der Produktion von Portweinen und gründete eine Liaison mit der hochangesehenen Quinta do Noval. Die Trauben für die Portweine von Osborne stammten aus Torre de Moncorvo im Douro Superior. Dort hat Osborne lange Jahre eine Weinproduktionsanlage gemietet. Für die Vintage Ports wurden zusätzlich Trauben aus dem Cima Corgo gekauft.

Der weltbekannte Osborne-„Bulle" wurde bereits 1956 vom Designer Manolo Prieto entworfen und gehört mit dem Sandeman Don wohl zu den bekanntesten Markenzeichen der Weinwelt. Kurz nach der Fertigstellung war er das bekannteste Markenzeichen Spaniens und zierte zahllose Plakate. Durch ein kurzfristiges Verbot der spanischen Regierung wurde der Bulle im Jahr 1988 sogar noch bekannter.

Der Eintritt in die Portweinproduktion war der erste von vielen Schritten zur Produktdiversifikation. Heute stellt Osborne neben Sherry, Brandy, Weinen und Portwein auch Schinken und andere spanische Produkte her. Die Gruppe beschäftigt weltweit knapp 1000 Mitarbeiter und vertreibt seine Produkte in über fünfzig Länder. Osborne-Portweine standen allerdings immer im Schatten der Sherries. Obwohl sie einige, sehr gute Portweine herstellen und gerade

Homepage: www.osborne.es
Gründungsjahr: 1772, 1967 für Portwein
Inhaber: Osborne-Gruppe
Önologen: früher Francisco Tovar
Quintas/Rebfläche: Keine eigenen Rebflächen
Importeur: www.egfra.de

OSBORNE
DESDE 1772

die Entry-Level Qualitäten durchaus den Vergleich zu anderen Herstellern nicht scheuen müssen, gehörte Osborne trotz seiner Größe und seines Potentials nie zu den Top-Produzenten. Osborne vertreibt Sherries und Portweine auch unter der 1768 gegründeten und 1872 von Osborne übernommenen Marke Duff Gordon.

VINTAGE PORTS

VINTAGE PORT 2003 - Tiefdunkelrote Farbe mit violetten Reflexen. Pflaume, Himbeere und Pfeffer in der Nase. Am Gaumen Kaffee, Frucht und Schokolade, gut stützende Säure, softe Tannine. Mittellanger Abgang. **17** *(2015)*
VINTAGE PORT 1991 - Tiefe, fast blickdichte Farbe. In der Nase kompottige Früchte, Schwarzkirsche, Schokolade. Am Gaumen spürbare Säure, minimal spürbare Tannine, mundfüllend, noch nicht völlig aufgewacht. Nach zwei Stunden im Dekanter zerfällt der Wein und wirkt unstrukturiert. Zu viel Säure und grüne Tannine. Definitiv keine Kaufempfehlung. **15** *(2014)*
VINTAGE PORT 1970 - Leicht trübe, braunrote Farbe. Intensives Karamell-Honig-Bouquet. Weit gereifter Gaumen, Schokolade, Toffee, Honig, spürbare Süße. Mittellanger, süßer Abgang. In den nächsten 5 Jahren austrinken. **16** *(2014)*

LATE BOTTLED VINTAGE PORT

LATE BOTTLED VINTAGE PORT 2008 - Minimal transparente, violett-rote Farbe. Elegante Kräuter-Frucht-Nase mit Pflaume und Cassis. Am Gaumen strukturierter Frucht, mitschwingende Süße. Fruchtbetonter, eleganter Abgang. **16** *(2016)*

AGED TAWNIES

Osborne stellt in der special category bei den Tawny Portweinen nur einen 10 und einen 20 Jahre alten Tawny her, auch keine Colheitas.

10 YEAR OLD TAWNY - Leuchtende, dunkelrote Farbe. In der Nase elegante Nuss-Schokoladennoten. Säurebetonter Gaumen mit Nüssen und Schokolade. Mittellanger Abgang. **16** *(2016)*
20 YEAR OLD TAWNY - Leuchtend mittelorange Farbe. Elegante, frische Nuss-Tabak-Nase. Balancierter Gaumen mit Nussmix und Orange. Mittellanger, eleganter und balancierter Abgang. **17** *(2016)*

QUINTA DA PACHECA

Schon bevor die Douro Region abgesteckt wurde, haben die Mönche rund um das heutige Gebiet der Quinta den Boden an Farmer verpachtet, um dort Wein und Obst anzubauen. Marias Urgroßvater Jose Serpa Pimentel hat die Quinta 1903 gekauft. Als Soldat in Lissabon stationiert, hat er schnell das Potential des Douro erkannt und sich nach der Pensionierung auf dem Gelände der Quinta da Pacheca zur Ruhe gesetzt und Wein angebaut.

Die folgende Generation Pimentel, Marias Großvater, war in den 1970er Jahren lange Zeit Präsident des Portweininstitutes und hat als solcher entschieden, nur Wein und keinen Portwein herzustellen, da er sonst seine unabhängige Position nicht mehr gewährleisten könnte. So hat Pacheca den ersten Vintage Port erst im Jahr 2000 hergestellt.

2014 hat die Familie Serpa Pimentels die Quinta an ein in Frankreich lebendes Paar verkauft. Die Quinta da Pacheca, die gegenüber von Regua liegt, wurde vollständig renoviert und zu einem sehr guten Hotel im oberen Preissegment ausgebaut. Der Top-Rotwein ist der Vinha da Rita, ein Cuvée, die nur in den Jahren 2000, 2003, 2004, 2010 und evtl. 2014 hergestellt wird. Rita war die Frau des Caseiros (die Caseira), der sich um die Quinta gekümmert hat. Nach seinem Tod, hießen die Weinberge rund um das Haus der Caseiros Vinha da Rita, aus denen dann die Cuvée entstand.

Homepage: www.quintadapacheca.com/
Gründungsjahr: 1976
Inhaber: Maria do Céo Gonçalves and Paulo Perreira
Önologen: Maria Serpa Pimentel
Quintas/Rebfläche: Quinta da Pacheca (37 ha)
Geheimtipp: 30y old Tawny

3 Fragen – 3 Antworten: Maria Serpa Pimentel, Önologin

Was war der erste Port, den du getrunken hast?
Jede Ernte, in der ein Kind geboren wurde, hat mein Großvater ein Portweinfass abgefüllt. Also war es in meinem Fall ein Colheita 1966, aus dem ich schon sehr früh probieren durfte.
Was ist am Douro besonders?
Ich habe fast mein ganzes Leben am Douro verbracht. Ich liebe die Ruhe und die Schönheit des Douro und die Mentalität der Leute. Die Sortenvielfalt der Trauben, der Weine und der Portweine ist begeisternd.
Welchen Port nimmst du mit auf die einsame Insel?
Einen alten Niepoort Colheita

VINTAGE PORTS

Der erste Vintage Port, den Pacheca hergestellt hat, war 2000, dann kamen 2001, 2003, 2004, 2012 und 2013. 2011 hatten sie viel Probleme mit Fäulnis und haben daher keinen Vintage Port hergestellt.

VINTAGE PORT 2012 - Violett-rote Farbe mit ausgeprägten Reflexen. Frische, schwarze Johannisbeere in der Nase. Am Gaumen spürbare Tanninstruktur, Schokolade, Frucht, Mittellanger Abgang.
16+ *(2015)*

LATE BOTTLED VINTAGE PORTS (LBV)

Die LBV von Pacheca werden gefiltert nach vier Jahren abgefüllt.

LATE BOTTLED VINTAGE PORT 2009
- Tiefdunkelrote Farbe. Leicht scharfe Cassis-Nase, weißer Pfeffer. Auch am Gaumen guter Druck und gut stützende Säure, Frucht. Mittellanger Abgang.
16+ *(2015)*

AGED TAWNIES

Pacheca hat einen recht umfangreichen Tawny-Vorrat, so dass sie alle Qualitäten produzieren können.

10 YEAR OLD TAWNY - Dunkelorange-rote Farbe. Schokoladig-fruchtige Nase, minimale Nussnoten, .Auch am Gaumen frische Schokoladennoten, Karamell. Mittellanger Abgang
16 *(2015)*
20 YEAR OLD TAWNY - Tiefdunkelorange Farbe. Nuss-Bouquet, strukturierte Trockenfruchtnoten, minimaler Acetontouch, Karamell. Süßer, voller Gaumen, leicht acetonhaltig, gute Säure. Langer, karamellbetonter Abgang.
17 *(2015)*
30 YEAR OLD TAWNY - Tiefrotbraune Farbe mit dunklem Farbkern. Kaffee, Mandeln und Haselnüsse in der Nase, sehr frisch. Am Gaumen gut stützende Säure, voller Kaffee-Nussmix, hervorragende Balance. Langer Abgang. **18** *(2015)*
40 YEAR OLD TAWNY - Grenzt sich zum 30y old farblich nicht mehr stark ab. Ausgeprägte Aceton-Noten an der Nase, intensiver Honig, viel Kaffee. Süßer, intensiver Gaumen mit einem Kaffee-Karamell-Mix. Langer Abgang.
18 *(2015)*

COLHEITAS

Die älteren Colheitas wurden von Barão de Vilar gekauft und werden unter eigenem Etikett verkauft, daher sind die Verkostungsnotizen identisch zu denen von Barão de Vilar.

COLHEITA 1990 (bottled 2013) – Tiefe, dunkelrot-orange Farbe, wirkt älter. Balanciertes fruchtig-florales Bouquet, Malz und Kaffee. Am Gaumen Säure, Marzipan, Nussmix und Trockenfrüchte. Mittellanger, säurebetonter Abgang. **17** *(2016)*
COLHEITA 1982 (bottled 2013) – Leuchtend transparente dunkelrote Farbe. Elegante Nussnase, intensiv aber ausgewogen. Am Gaumen leichter Acetontouch, satter Nussmix, Kaffee, Toffee, gut strukturiert. Langer voller Abgang.
17 *(2014)*
COLHEITA 1963 (bottled 2013) – Dunkelorange Farbe mit tiefem Farbkern. Elegante Gewürz-Toffee-Nase mit ausdrucksstarken Nussnoten. Am Gaumen stimmig mit ansprechendem Toffee-Nussmix. Langer Abgang.
18 *(2014)*
COLHEITA 1934 (bottled 2013) – Tiefschwarze Farbkonzentration, hellt am Rand auf. Volle konzentrierte Nase, Süße, Kaffee, Malz. Am Gaumen tiefe Konzentration mit Kaffee, Malz und Trockenfrüchten. Langer, voller Abgang.
18 *(2014)*

QUINTA DO PASSADOURO

Schon ab 1871 wurden auf dem Gebiet der Quinta do Passadouro Trauben angebaut, die komplett von Sandeman zur Herstellung hochwertiger Portweine verwendet wurden. Als der Pachtvertrag durch Sandeman nicht verlängert wurde, wurde Passadouro 1991 an Dieter Bohrmann verkauft. Die Familie Bohrmann renovierte das Gebiet der Quinta und die zugehörigen Gebäude und eröffnete eine der ersten Hotel-Quintas.
Die acht Hektar Weinreben waren zu Kaufzeitpunkt in mäßigem Zustand. Zügig wurden zusätzliche Parzellen zugekauft und die alten Reben gegen Neupflanzungen ersetzt.
Die ersten Vintage Ports hat Dieter Bohrmann mit Dirk Niepoort abgefüllt, von dem er auch Trauben zugekauft hat. Kurze Zeit später übernahm Jorge Borges die önologische Leitung in Dirks Namen. Als Jorge Borges bei Niepoort aufgehört, engagierte ihn Dieter Bohrmann 2004 als Önologe bei Passadouro. 2011 verstarb Dieter Bohrmann und nun führt seine Tochter Ans die Quinta.
In 2015 wurde der touristische Zweig Passadouros geschlossen, so dass man ab jetzt nur noch auf Einladung die Quinta besuchen kann. Die Portweine werden von Jahr zu Jahr besser und auch die Douro DOCs sind schon seit längerer Zeit auf einem exzellenten qualitativen Niveau.

3 Fragen – 3 Antworten: Jorge Borges, Önologe
Was war der erste Port, den du getrunken hast?
Ein alter Port von der Quinta do Sibio, ein Colheita 1937
Was ist am Douro besonders?
Die Identität der beeindruckenden Region sowie die einzigartigen Geschichten von den Personen.
Welchen Port nimmst du mit auf die einsame Insel?
Wenn es gefühlsbetont ist, dann der Pintas Vintage Port 2001. Sonst Noval Vintage Port Nacional 1931

Homepage: www.quintadopassadouro.com
Gründungsjahr: 1991
Inhaber: Familie Bohrmann
Önologen: Jorge Borges, Rita Mendes
Importeur: mehrere kleine Importeure

VINTAGE PORTS

Die Vintage Ports von Passadouro sind generell frühreifend und elegant. Die meisten Vintage Ports der 90er Jahre erreichen bereits das Ende ihres Genussfensters. 1992 wurde der erste Vintage Port von Dirk Niepoort und Dieter Borhmann produziert.

VINTAGE PORT 2011 - Rotschwarze Farbe. Tiefe Schokolade in der Nase, Cassis, gut stützende Säure am Gaumen, softe Tannine, strukturierte Frucht. Mittellanger Abgang. **17+** *(2011)*
VINTAGE PORT 2009 - Leicht stumpfe tiefschwarze Farbe. Im Bouquet Backpflaume, Veilchen und Cassis, leichte Säure. Am Gaumen Tannine, Säure, Cassis und grüne Banane. Ausgewogener Abgang. **16** *(2013)*
VINTAGE PORT 2007 - Pechschwarze Farbe mit violetten Reflexe bei mittlerer Struktur. Frische Frucht in der Nase: schwarze Johannisbeere und Blaubeeren, Säure und Tannine spürbar. Samtiger, komplexer Gaumen, spürbare Säure, Roter-Beeren-Fruchtmix. Mittellanger Abgang. Der beste Passadouro bisher! **17** *(2010)*
VINTAGE PORT 2005 - Violettrote Farbe. Florale, volle Nase, Cassis. Süße Würze am Gaumen, spürbare Tannine, sehr gut einbaute Säure, wenig Alkohol. Viel Frucht. Mittellanger Abgang. **17** *(2015)*
VINTAGE PORT 2004 - Dunkelrote Farbe, ausgeprägte Reflexe. Rauchige Nase, hintergründig fruchtig. Mittellanger Abgang. Eher frühreifend. Weiniges Erscheinungsbild. **16** *(2010)*
VINTAGE PORT 1997 - Mit Ans Bohrmanns aus der Magnum verkostet: Tiefschwarze Farbe. In der Nase Cassis und roter Beerenmix. Am Gaumen elegant, jetzt sehr schön zu trinken. Mittellanger Abgang. **16** *(2014)*
VINTAGE PORT 1992 - Volltransparente mittelrote Farbe. Im Bouquet Himbeere und Pflaume. Gut stützende Säure am Gaumen, Himbeere. Mittellanger Abgang. In den nächsten fünf bis zehn Jahren austrinken. **17** *(2011)*

LATE BOTTLED VINTAGE PORTS (LBV)

LATE BOTTLED VINTAGE PORT 2010
- Tiefdunkelrote Farbe. Fruchtig-würzige Nase mit Cassis und Kirsche. Frischer, strukturierter Gaumen mit sehr gut eingebundener Säure und Frucht. Mittellanger Abgang. **17** *(2016)*
LATE BOTTLED VINTAGE PORT 2004
- Tiefdunkelrote Farbe. Frisch-fruchtige Nase, leicht gereift. Eingelegte Kirschen am Gaumen. Unfiltered. Erster LBV der Quinta in 2004. **16** *(2014)*

QUINTA DO PEGO

Das Beste, das einer Quinta am Douro passieren kann, ist jemanden zu finden, der sich als passionierter Investor engagiert. So geschehen bei der Quinta do Pego. Karsten Sondergaard war ein Kunde bei Rozes, der bei einer Rundreise im Douro-Tal sofort das Potential der Region erkannt hat und kurz danach mit einem Investor der Calem Familie die Quinta do Pego kaufte. Die Weinberge waren ursprünglich nicht in bestem Zustand und wurden sowohl qualitativ als auch quantitativ vom Rozes Team um Antonio Saraiva und Manuel Silva betreut. Heute pachtet Rozes die Weinberge von Pego und verwendet einen großen Teil der 33 Hektar für ihre Portweine und Douro DOCs. Seit 2002 ist Karsten Sondergaard alleiniger Eigentümer der Quinta do Pego. Karsten Sondergaard vertreibt die ca. 30.000 Flaschen Portwein von Pego über seine Firma AMKA weltweit. Die Quinta do Pego ist – wie die Quinta Nova – ein Hotel Rural und eine der schönsten Quintas, die man als Tourist buchen kann und beinhaltet einen der spektakulärsten Swimmingpools am Douro. Pego ist wie die Quinta do Vesuvio oder die Quinta do Porto eine ehemalige Quinta der Dona Antonia Ferreira. Als kleines Detail ist die Quinta do Pego wohl auch der einzige Ort im Douro, wo man die dänische Flagge jederzeit wehen sieht.

Homepage: www.quintadopego.pt
Gründungsjahr: 2000
Inhaber: AMKA (Karsten Sondergaard)
Önologen: Manuel Silva
Quintas/Rebfläche: Quinta do Pego (33 ha)
Spezialisiert auf: LBV und Vintage Port, erster Colheita 2003
Importeur: www.amka-deutschland.de

Was ist am Douro besonders?
Das Terroir, die Landschaft, die verschiedenen Rebsorten und die Bevölkerung am Douro produzieren einen der einzigartigsten Weine dieser Welt, den Portwein.
Welchen Port nimmst du mit auf die einsame Insel?
Wahrscheinlich einen Pego Colheita 2003, den ich aber irgendwie gekühlt halten müsste.

VINTAGE PORTS

Die Weinproduktion der Quinta hat eine recht übersichtliche Geschichte, da die Trauben vor der Jahrtausendwende an andere Produzenten verkauft wurden. Pego Vintage Ports werden in den meisten Jahren hergestellt, allerdings in leichteren Jahren in deutlich reduzierter Menge.

VINTAGE PORT 2013 - Tiefschwarze Farbe mit violetten Reflexen. Volle Cassisnase mit Schokolade. Am eleganten Gaumen minimal unreife Noten, schwarze Johannisbeere und Schokolade. Kurzer, fruchtiger Abgang. Für den kurzfristigeren Verbrauch. **16** *(2016)*
VINTAGE PORT 2011 - Dunkelrote Farbe mit violetten Reflexen. Intensive, würzig-frische Nase, Kirsche und Cassis. Tiefer, komplex-würziger Gaumen. Balancierter, komplexer, langer Abgang. **18** *(2013)*
VINTAGE PORT 2007 - Dunkelrote Farbe mit violetten Reflexen. Cassisnase, fruchtig und ansprechend. Spürbares Tanningerüst am Gaumen, Frucht und Schokolade. Mittellanger Abgang. **17** *(2015)*
VINTAGE PORT 2003 - Minimal stumpfe, tiefschwarze Farbe. Cassis, Lakritze und Rosinen in der Nase, mitschwingende Frische. Am Gaumen Süßholz, spürbare Säure, Lakritze und Cassis, Milchschokolade. Langer, leicht säurebetonter Abgang. **17** *(2016)*

3 Fragen – 3 Antworten: Karsten Sondergaard, Eigentümer
Was war der erste Port, den du getrunken hast?
Ein regulärer Tawny, von Coop in Dänemark abgefüllt. Dort habe ich 1966 gearbeitet.

VINTAGE PORT 2000 - Tiefe, dunkelrote Farbe. Balancierte, intensive Himbeer-Würznase, fruchtig und komplex. Derzeit leicht verschlossener Gaumen, Tabak, Frucht und Schokolade. Mittellanger Abgang. **17** *(2015)*

LATE BOTTLED VINTAGE PORTS (LBV)

Die LBVs von Pego werden immer ungefiltert und meist 4 Jahre nach der Ernte abgefüllt.

LATE BOTTLED VINTAGE PORT 2009 - Tiefdunkelrote Farbe mit minimalem Wasserrand. Fruchtig-frische Nase mit schwarzer Johannisbeere und Kirsche. Balancierter Gaumen mit ansprechenden Fruchtnoten und gut stützender Säure. Mittellanger Abgang. **16** *(2015)*

COLHEITAS

2014 wurde der erste Colheita auf Pego abgefüllt - aus dem sehr heißen Jahrgang 2003.

COLHEITA 2003 (bottled 2014) – Der erste Colheita von Pego aus einer der letzten Flaschen mit Antonio Saraiva auf Pego verkostet: Dunkelorangerote Farbe. Kaffee und Nüsse in der Nase. Unterstützende Säure am Gaumen, Schokolade. Mittellanger Abgang. **16+** *(2015)*

Manoel D. Poças Junior – Vinhos S.A.

Das größte Problem hat man als Nicht-Portugiese, wenn man zum ersten Mal versucht, den Firmennamen auszusprechen. Poças wird POßASCH und nicht Pouhkas ausgesprochen, wie es manch Engländer gerne tut. Hat man diese Hürde genommen, öffnen sich einem dann aber würdig gereifte Colheitas und gut strukturierte, junge Vintage Ports.
Poças wurde 1918 vom gerade 30jährigen Manoel Domingues Poças Junior gegründet. Seine Familie hat schon vor der Firmengründung Trauben angebaut, die stets an die großen Port-Häuser verkauft wurden. Ursprünglich begann die Firma mit der Herstellung von Branntwein in den 1930ern und die Firmenbezeichnung lautete „Poças & Comandita". Bereits 1943 wurde sie in „Manoel Poças Junior" umfirmiert. Ziel war es stets, alle Familienmitglieder mit in den Herstellungs- und Vertriebsprozess einzubauen. Dies ist der Familie Poças bis heute gelungen. Sie ist eine der wenigen großen Herstellerfirmen, die sich noch komplett im Familienbesitz befindet und bei der zahlreiche Familienmitglieder mitarbeiten.
Die drei Haupt-Quintas verfolgen recht unterschiedliche Ziele. Während die Quinta das Quartas eher für die Produktion, die Lagerung und als Museum genutzt wird, liefert Carvalos die Trauben für die Douro DOC-Weine und Santa Barbara die Trauben für den Port. Die jährliche Produktion von rund zwei Millionen Liter Portwein wird zu 90 Prozent exportiert, hauptsächlich nach Belgien, Frankreich und die USA. Der Sitz der Firma in Vila Nova de Gaia ist seit Gründung unverändert. Poças verfolgt den typisch portugiesischen Portwein-Stil, auf der leicht süßen Seite, reifen die Vintage Ports tendenziell schneller und die Tawnies und Colheitas können sich durch die Lagerung im Douro-Tal sehr gut entwickeln. Des Weiteren verfügen die Portweine oft über ein sehr gutes Preis-Leistungs-Verhältnis. Der erste Vintage Port wurde 1960 hergestellt. Poças verwendet eine Anzahl an „Zweit-

> Homepage: www.pocas.pt
> Gründungsjahr: 1918
> Inhaber: Jorge Manuel Pintão
> Önologen: Jorge Manuel Pintão, Maria Manuel Maia, Luis Rodrigues
> Quintas/Rebfläche: Quinta de Vale de Cavalos (60 ha), Quinta das Quartas (2,7 ha), Quinta Santa Barbara (40 ha)
> Spezialisiert auf: Colheitas
> Geheimtipp: Colheita 1967
> Importeur: www.heinz-hein.de

marken" für bestimmte Märkte. Porto Almiro und Pousada sind Portweinmarken von Poças, die in einzelnen Märkten verwendet werden, um eine gewisse Exklusivität herzustellen. Meist sind es die identischen Verschnitte, die auch von der Mutterfirma Poças verwendet werden.

3 Fragen – 3 Antworten: Jorge Manuel Pintão, CEO
Was war der erste Port, den du getrunken hast?
Der lange und intensive Abgang des Poças Colheita 1937 ist fest in meiner Erinnerung verankert. Das war mein erstes intensives Portwein-Erlebnis.
Was ist am Douro besonders?
Der Douro garantiert mir, dass ich meine Träume als Weinproduzent realisieren kann. Die bergige Landschaft mit ihren Mikro-Klimata begünstigt die vielen verschiedenen Rebsorten hier im Douro-Tal. Die Kraft des Bodens ist unglaublich.
Welchen Port nimmst du mit auf die einsame Insel?
Einen Poças Colheita 1985.

VINTAGE PORTS

VINTAGE PORT 2013 - Tiefschwarze Farbe. Fruchtbetonte Nase mit viel schwarzer Johannisbeere und floraler Frische. Softes Tanningerüst, dahinter rotbeerige Frucht. Mittellanger Abgang. **16** *(2016)*
VINTAGE PORT 2011 - Stark violett reflektierende, fast schwarze Farbe. Lakritze, Zimt, florale Noten in der Nase. Voller, tanninhaltiger Gaumen, Vanille. Gut strukturierter Abgang. **17** *(2016)*
VINTAGE PORT 2007 - Tiefdunkelrote Farbe. Schwarze Johannisbeere mit floraler Frische der Nase. Eleganter Gaumen mit spürbaren Tanninen und Säure. Die Frucht tritt derzeit eher in den Hintergrund. Mittellanger Abgang. **16** *(2010)*
VINTAGE PORT 2000 - Auf dem Gala Dinner der Confraria verkostet: Elegant-florale Nase. Frischer, ansprechender, strukturierter Gaumen. Tannine spürbar. Mittellanger, frischer Abgang. **17** *(2013)*
VINTAGE PORT 1996 - Transparente, dunkelrote Farbe. Kaffee- und Malznoten im Bouquet, Restfrucht und Himbeere. Eleganter, recht weit gereifter Gaumen mit Milchschokolade und Malz. Mittellanger Abgang. **16** *(2016)*
VINTAGE PORT 1991 - Volltransparente mittelrote Farbe. In der Nase süße Pflaume, Kirsche und Kaffee. Am Gaumen intensive Schokolade, Pflaume und mitschwingende Süße. Mittellanger Abgang. **16** *(2016)*
VINTAGE PORT 1970 - Transparentes Braun-Orange. Minimal verbrannte Noten im elegant-nussigen Bouquet. Am Gaumen balanciert, elegant, voll ausgereift. Kurzer Abgang mit Malz und Honig. Austrinken. **16** *(2013)*
VINTAGE PORT ALMIRO 1970 - Diese Flasche habe ich zusammen mit einem Vintage Port von Poças verkostet. Braunorange Farbe. Minimal verbrannte Noten, Toast und nussige Aromen. Voll ausgereifter Gaumen, der eigentlich zeigt, dass dieser Port von ca. zehn Jahren auf dem Höhepunkt war. Kurzer Abgang. Austrinken. **16** *(2013)*
VINTAGE PORT POUSADA 1970 - Transparentes, leicht trübes Braun-Orange. Perfekte Flasche, aber die Grundqualität des Portweins ist für die lange Flaschenlagerung nicht ausreichend. Orangenschalen, Kaffee und Honig in der Nase. Eleganter Gaumen, zu elegant. Nur noch Spuren von Malz, Honig und Kräutern. Zu wenig Säure. Kurzer Abgang. Vorbei! **15** *(2014)*
VINTAGE PORT 1963 - Transparent hellbraune Farbe. Florales, elegantes, oberflächliches Bouquet, wenig Rückhalt. Am Gaumen auch leicht und eindimensional. Mittellanger Abgang. Sollte ausgetrunken sein. **15** *(2013)*

LATE BOTTLED VINTAGE PORTS (LBV)

Die Late Bottled Vintage Ports von Poças sind immer ungefiltert nach 5 Jahren abgefüllt.

LATE BOTTLED VINTAGE PORT 2010
- Blickdichte, schwarzrote Farbe. Kirsche und Schokolade in der eleganten Nase. Strukturierter, frischer, eleganter Gaumen. Mittellanger Abgang. **16** *(2016)*

LATE BOTTLED VINTAGE PORT 2004 -
Vollrote, intensive Farbe. Frischflorale Nase, Lakritze. Verhaltener Gaumen, Süßholz, softe

Tannine. Gut strukturierter, mittellanger Abgang. **16** *(2013)*
LATE BOTTLED VINTAGE PORT 1999 - Ganz leichte Reifenoten in der Farbe. Fruchtig frische Nase, Himbeerkompott, minimal überreif. Frucht, Säure, Frische, Himbeeren. Gut strukturierter Abgang. **16** *(2013)*

AGED TAWNIES

10 YEAR OLD TAWNY - Mittelorange Farbe. Strukturierte Nussnase mit hintergründigem Marzipan. Voller Gaumen mit minimaler Restfrucht. Eleganter, balancierter Abgang. **16** *(2015)*
20 YEAR OLD TAWNY - Orangebraune Farbe. Balanciertes Toffee-Nuss-Bouquet, hintergründig Milchschokolade. Balancierter, integrierter Gaumen mit Walnüssen, Feigen und Orange. Mittellanger Abgang. **17** *(2016)*

COLHEITAS

Die Tawny Ports lagern allesamt im Douro-Tal. Durch die höhere Temperatur verdunstet mehr Volumen und die Aromen konzentrieren sich stärker. Poças produziert hervorragende Colheitas, die Colheitas aus den 80ern enthalten aber teilweise zu wenig Säure und wirken daher leider manchmal vordergründig süß.

COLHEITA 1994 (bottled 2013) - Helle, orangebraune Farbe. Intensive Orange und Nussaromen in der Nase, leicht Aceton. Süßer, balancierter Gaumen, Säure, kantig, interessant. Langer, voller Abgang. **17** *(2014)*
COLHEITA 1992 (bottled 2015) - Mittelrote Farbe. Balancierter Nussmix im Bouquet, Marzipan. Am Gaumen samtig, strukturiert mit spürbarer Säure, Marzipan und Nüssen. Mittellanger Abgang. **17** *(2016)*
COLHEITA POUSADA 1991 (bottled 2009) - Hellbraune Farbe. Noch rotbeerige Restfrucht in der Nase, Trockenfrucht-Mix. Am Gaumen zusätzlich nussig, stützende Säure. Mittellanger Abgang. **17** *(2010)*
COLHEITA 1986 (bottled 2009) - Sehr helle, rotorange Farbe mit schwachen braunen Tönen. In der Nase Marzipan, Mandeln, elegant. Alterungsspuren optisch und in der Nase erkennbar. Hintergründig Melonennoten. Am Gaumen elegant und balanciert mit Rosinen und Feigen. Mittellanger Abgang. **17** *(2010)*
COLHEITA 1985 (bottled 2012) - Minimal trube orange-braune Farbe. Balanciertes Bouquet mit intensiver Haselnuss und floralen Noten. Eleganter, frischer Gaumen, Nussmix, Mandel und Trockenfrüchte. Mittellanger Abgang. **17** *(2012)*
COLHEITA 1976 (bottled 2015) - Volltransparente, mittelrote Farbe. Intensive, tabakwürzige Nase. Minimale Acetonnoten, spürbare Süße, Tabakwürze auch am Gaumen Mittellanger, leicht süßer Abgang. **17** *(2015)*
COLHEITA 1967 (bottled 2014) - Tiefgoldene Farbe, dunkler Farbkern. Volle Kaffee-Toffeenase. Komplexer, voller Gaumen, frisch. Kaffee, Toffee, Nussmix und eine minimale Acetonnote. Langer, komplexer Abgang. **18** *(2014)*
COLHEITA 1964 (bottled 2009) - Hellbraunorange Farbe. Nussmix in der Nase. Gewürze und Orangenschale. Säurebetonter, würziger Gaumen, Haselnuss- und Walnüsse, Kaffee. Mittellanger Abgang. **17** *(2014)*

QUINTA DO PORTAL

Die Vorfahren der heutigen Eigentümerfamilie Mansilha Branco produzierten schon seit über einem Jahrhundert Trauben für den Portwein, die sie allerdings größtenteils verkauften. Angefangen haben sie auf dem Familienstammsitz, der Quinta dos Muros, kauften aber über die Jahrzehnte weitere Weingüter dazu, 1979 die Quinta da Abelheira, und 1991 die Quinta do Portal.

Die Quinta do Portal ist heute nicht nur Namensgeber der Weine und Portweine, sondern beherbergt auch eins der schönsten Hotels im Douro-Tal. Leider nicht mit direktem Blick auf den Douro, kann man an diesem Pool doch sehr schöne Stunden verbringen. Der Weinkeller ist vom portugiesischen Star-Architekten Alvaro Siza Vieira konzipiert, der nicht nur funktional sondern auch optisch ansprechend gestaltet ist.

Der General Manager und Eigentümer Paulo Mansilio Branco schafft den Spagat zwischen Hotelmanagement und Weinproduktion spielend und wird im Weinbereich von Paulo Coutinho unterstützt, der seit 1994 für die Weine verantwortlich ist. Portal hat einen „Garagenwein"-Status. Relativ kleine Mengen werden in sehr guter Qualität abgefüllt und zu fairen Preisen angeboten. Im Rotweinbereich erzeugen sie eine Auru genannte Spitzencuvee, die sie nur in besonderen Jahren herstellen.

3 Fragen – 3 Antworten: Paulo Coutinho, Önologe
Was war der erste Port, den du getrunken hast?
Ein junger Tawny von Sandeman
Was ist am Douro besonders?
Die unglaubliche Vielfalt der Landschaft, der Rebsorten und der Weine. Wir haben den Titel „Master of blends" tatsächlich verdient, da wir mit diesen unglaublich vielfältigen Rebsorten atemberaubende Portweine herstellen.
Welchen Port nimmst du mit auf die einsame Insel?
Einen Portal Colheita 1994. Für mich ein sehr emotionaler Portwein, da es meine erste Ernte bei Portal war.

VINTAGE PORTS

Die Trauben für die Vintage Ports der Quinta do Portal entstammen hauptsächlich von der Quinta dos

Homepage: www.quintadoportal.com
Gründungsjahr: 1989
Inhaber: Familie Branco
Önologen: Paulo Coutinho
Quintas/Rebfläche: Quinta do Portal (15 ha), Quinta do Confradeiro (7 ha), Quinta dos Muros (30 ha), Quinta da Abelheira (17 ha)
Spezialisiert auf: Vintage Ports
Geheimtipp: Vintage Port 1999
Importeur: mehrere

QUINTA DO PORTAL
ENÓLOGOS DISTINTOS
FINE WINEMAKERS

Muros und der Quinta do Portal. In 2003 haben sie einen Vintage Port Portal+ hergestellt, der zum früheren Konsum hergestellt wurde und mehr Touriga Nacional von jungen Rebstöcken enthält.

VINTAGE PORT 2013 QUINTA DOS MUROS - Tiefschwarze Farbe mit wenig Reflexen. Frische Cassisnase mit hintergründiger Milchschokolade. Elegant fruchtbetonter Gaumen, Schokolade, Cassis und Kaffee. Mittellanger Abgang. **16** *(2016)*

VINTAGE PORT 2011 - Dunkelviolette Farbe, opulente, süße Nase, gebackene, leicht verbrannte Noten. Teer. Balancierter, eleganter Gaumen, spürbare Tannine und Frucht. Mittellange. **16+** *(2013)*

VINTAGE PORT 2009 - Tiefdunkle, fast schwarze Farbe mit violetten Reflexen. Schokolade und Cassis in der komplexen Nase. Spürbares Tanningerüst, Himbeere und Cassis am Gaumen. Mittellanger Abgang. **17** *(2016)*

VINTAGE PORT 2008 - Leicht stumpfe, dunkelrote Farbe. Elegante, frische Schokoladennase, hintergründig fruchtig. Am Gaumen verhaltene Frucht und Schokolade. Mittellanger Abgang. **16** *(2016)*

VINTAGE PORT 2007 - Blickdichte, violettschwarze Farbe. Überreife Frucht in der Nase, dahinter Tabakblätter und Teer. Würziger, leicht scharfer Gaumen mit gut integrierter Säure. Mittellanger Abgang. **16+** *(2016)*

VINTAGE PORT 2006 - Auf Portal ticken die mikroklimatischen Uhren ein wenig anders als in vielen anderen Quintas. Daher konnte man hier einen soliden 2006er herstellen: Schwarzrote, blickdichte Farbe. Fruchtig-frisches Bouquet, Heidelbeermarmelade, Schokolade. Auch im Mund sehr fruchtig, marmeladige Noten mit spürbarer Säure. Mittellanger Abgang. **16** *(2016)*

VINTAGE PORT 2005 - Blickdichte, tiefrote Farbe. Marmeladige Nase mit viel Frucht. Eleganter Gaumen mit überreifer Frucht und Schokolade. Mittellanger Abgang. **16** *(2016)*

VINTAGE PORT 2004 - Junge, dunkelrote Farbe. Tiefe, komplexe Nase, Schokolade und Fruchtnoten. Am Gaumen komplex, mit intensiven Schokoladennoten, hintergründig floral. Mittellanger Abgang. **17** *(2013)*

VINTAGE PORT PLUS (+) 2003 - Der einzige Jahrgang bislang, in dem Portal den Vintage Port+ hergestellt hat. 40% is Touriga Nacional, 30% Tinta Roriz und 30% Touriga Franca und Tinta Barroca. Während der Erstverkostung des Jahrgangs 2003 waren Managing Direktor Pedro Branco und sein Önologe Paulo Coutinho von den jungen Touriga Nacional Proben der Quinta dos Muros derart begeistert, dass sie das „Vintage Port zum früheren Genuss-Konzept" sofort umsetzten: Dunkelrote, blickdichte Farbe. Frische, floral-fruchtige Nase mit verführerischen Cassis-Noten. Balancierter, fruchtbetonter Gaumen mit soften Tanninen. Mittellanger Abgang. **16** *(2016)*

VINTAGE PORT 2000 - Aus der Magnum: Leicht stumpfe, dunkelrote Farbe. Derzeit verschlossenes Bouquet, balancierte Schokolade-Frucht. Auch am Gaumen nur unterschwellig Potential erkennbar. Elegante Milchschokolade und Himbeeren am Gaumen. Mittellanger Abgang. **17** *(2014)*

VINTAGE PORT 1999 - Mit Paulo zum Mittagessen auf Portal verkostet: Leicht transparente, dunkelrote Farbe. Entwickelte, gereifte Nase. Schokolade-Frucht-Noten. Softe Tannine, sehr gute Fruchtstruktur. Langer Abgang. **17** *(2013)*

LATE BOTTLED VINTAGE PORTS (LBV)

Die LBV der Quinta do Portal sind immer ungefiltert abgefüllt. Eine weitere Flaschenreifung von 2-5 Jahren ist durchaus sinnvoll.

LATE BOTTLED VINTAGE PORT 2007 - Tiefdunkelrote Farbe mit leichtem Wasserrand. Fruchtig-frische Nase mit schwarzer Johannisbeere und Kirsche. Balancierter Gaumen mit ansprechenden Fruchtnoten und gut stützender Säure. Mittellanger Abgang. **16** *(2014)*

AGED TAWNIES

10 YEAR OLD TAWNY - Dunkelorange-rote Farbe. In der Nase Restfrucht, Nüsse und medizinische Noten. Leicht süßer, schokoladiger Gaumen mit hintergründigen Nüssen und einer perfekt integrierten Säure. Mittellanger Abgang. **17** *(2016)*

20 YEAR OLD TAWNY - Leuchtende rote Farbe, sehr intensiv. In der Nase viel Pflaume und trockene Rosinen, süßlich. Voller Gaumen mit Haselnüssen und Rosinen. Mittellanger Abgang. **17** *(2014)*

COLHEITAS

COLHEITA 2000 - Frische, vollrote Farbe. Elegante Haselnussnoten, frisch. Leicht süßer, balancierter Gaumen mit Nüssen. Mittellanger Abgang. **16** *(2016)*

QUARLES HARRIS

Thomas Dawson gründete Quarles Harris 1680, firmierte allerdings nach der Hochzeit mit Dorothea Dawson unter Dawson & Harris. 1791 wurde die Firma für ein Jahr in „Stafford & Sons" umgetauft, um dann ab 1792 wieder „Quarles Harris & Co." zu heißen. 1917 wurde Quarles Harris von A.J. Symington erworben.

Ab dem Ende des 18. Jahrhunderts verfügte Quarles Harris aufgrund der sehr guten Portweinqualitäten über eine fantastische Reputation und war einer der größten Hersteller von hochqualitativem Portwein, den sie schon früh unter ihrem Firmennamen verkauften. 1791 war Quarles Harris mit 3.391 Pipas (knapp 1,9 Mio. Liter) der am zweithäufigsten produzierte Portwein.

Ähnlich wie Gould Campbell und Smith Woodhouse ist auch Quarles Harris ein Zweit-Label, eine so genannte „baby brand" der Symingtons. Außerhalb Englands trifft man die Portweine selten an, da man sich sonst „in-house" Konkurrenz machen würde. Mit den Premium-Marken Grahams, Dow, Warre, Vesuvio und Cockburn ist man auf den meisten Märkten schon ausreichend vertreten. Gerade ältere Quarles Harris Portweine können – wie alle baby brands – aufgrund ihrer derzeit geringeren Bekanntheit über fantastische Preis-Leistungs-Verhältnisse verfügen.

Homepage: www.thevintageportsite.com, www.symington.com
Gründungsjahr: 1680
Inhaber: Symington Family Estates
Önologen: Charles Symington
Quintas/Rebfläche: keine Quinta zugeordnet
Geheimtipp: Quarles Harris Vintage Port 2007

QUARLES HARRIS PORT

VINTAGE PORTS

VINTAGE PORT 2007 - Konzentriertes, tiefdunkles Rot mit intensiven Reflexen. In der Nase komplexe Frucht, schwarze Johannisbeere, Schokolade. Balancierte, intensive Frucht am Gaumen und erkennbares Säure-Tanningerüst. Langer Abgang. **18** *(2010)*

VINTAGE PORT 1994 - Blickdichte, schwarzrote Farbe, minimaler Wasserrand. Vielschichtige, noch nicht komplett entwickelte Nase. Viel Schokolade, Himbeeren und Erdbeeren. Komplexer Gaumen mit massiver Schokolade am Gaumen. Komplex, aber derzeit noch verschlossen. **17+** *(2011)*

VINTAGE PORT 1991 - Transparent rote Farbe. Ganz leicht entwickeltes Bouquet, karamellisiert. Eleganter Gaumen mit Toffee und Kaffee. Kurzer Abgang. **16** *(2011)*

VINTAGE PORT 1985 - Transparent rote Farbe. Leicht vegetale Nase, dahinter Toffee und Karamellnoten. Würziger, ausgeglichener Gaumen. Kaffeebetonter Abgang. **16** *(2015)*

VINTAGE PORT 1983 - Tiefe, dunkelrote Farbe. Noch leicht verschlossen. Frische Schokoladennase mit floralen Noten. Schokoladiger Gaumen, gut strukturierter Abgang. **17** *(2013)*

VINTAGE PORT 1980 - Tiefrote, blickdichte Farbe, wenig Wasserrand. Feine, kaffeebetonte Nase, elegant und vielschichtig. Balancierter, komplexer Gaumen mit vorhandener Restfrucht und viel Kaffee. Mittellanger, eleganter Abgang. **17** *(2012)*

VINTAGE PORT 1977 - Dieser Vintage Port ist in den letzten zehn Jahren sehr weit gereift. Es gibt sogar Gerüchte, dass es zwei Lots gibt, wovon das eine noch fruchtig-schokoladig ist. Die letzten drei Verkostungsnotizen waren aber bei mir weder fruchtig noch schokoladig: Mittelrote, volltransparente Farbe. Sehr weit gereifte, elegante Nase mit Malz und Tabak. Am eleganten Gaumen würzig. Mittellanger Abgang. Bald austrinken. **16** *(2016)*

VINTAGE PORT 1975 - Transparent mittelrote Farbe. Im Bouquet viel Pflaume und gut stützende Schärfe. Am Gaumen viel Karamell, Honig und Gewürze aller Art. Leicht scharf im Abgang. In den nächsten fünf Jahren austrinken. **16** *(2015)*

VINTAGE PORT 1970 - Ausgeprägter Wasserrand in der dunkelroten Farbe. Elegante, malzbetonter Nase. Voll entwickelter, balancierter Gaumen mit überwiegend Tabaknoten. Auch im Abgang viel Tabakwürze, minimal verbrannter Zucker im Hintergrund. **17** *(2012)*

VINTAGE PORT 1966 - Volltransparente mittelrote Farbe. Florale Noten in der Nase. Schokolade und Minze. Samtiger, voller, gereifter Gaumen. Schokolade, Kirsche, Brombeere. Mittellanger Abgang **17** *(2013)*

VINTAGE PORT 1963 - Transparent dunkelrote Farbe mit bräunlichen Reflexen. Frisches Bouquet mit Malz, Honig, leicht oxidiert. Samtiger, voller Gaumen, Alkohol, Malz, Schokolade, Kräuternoten. Mittellanger Abgang. **18** *(2013)*

QUEVEDO

Quevedo Port ist der Inbegriff der „New Generation" am Douro. Beide Oscars (Vater und Sohn) und Tochter Claudia respektieren die alten Traditionen, nutzen aber auch die neuen Medien, um das doch recht verstaubte Portwein-Image jünger und frischer zu präsentieren.

Antonio Abel da Costa hat Mitte des 19. Jahrhunderts auf dem Gelände der heutigen Quevedo-Weingüter angefangen, Portwein herzustellen. Sein Sohn hat unter dem Label „Santo Antonia" das Geschäft fortgeführt. Oscar Quevedo Sr. hat ein Jahr nach der Revolution seinen ersten Portwein unter eigenem Label produziert, da der langjährige Vertragspartner Taylor in diesem Jahr die Trauben nicht mehr abnehmen wollte. Allerdings hat sich Taylor dann kurz später wieder überlegt, die kompletten Vorräte von Quevedo aufzukaufen. 1983 hat die Familie Quevedo die Quinta Vale d'Agodinho gekauft und sich 1991 beim Portweininstitut als Hersteller registrieren lassen. Im Jahr 2014 hat Quevedo auch in Vila Nova de Gaia eine „Lodge" eröffnet, in der man sehr zwanglos die komplette Wein- und Portweinbandbreite verkosten kann.

Homepage:	www.quevedoportwine.com
Gründungsjahr:	1991
Inhaber:	Familie Quevedo
Önologen:	Claudia Quevedo
Quintas/Rebfläche:	Quinta Senhora do Rosario (12 ha), Quinta da Valeira (10 ha), Quinta do Vale d'Agodinho (20 ha) und andere, insgesamt über 100 Hektar
Geheimtipp:	Late Bottled Vintage Port

3 Fragen – 3 Antworten: Oscar Quevedo Jr., Eigentümer, Claudia Quevedo: Eigentümerin und Önologin

Was war der erste Port, den ihr getrunken habt?
Oscar: Bei meinem Großvater João einen kleinen Schluck von seiner Tawny-Haus-Reserve. Ich muss so ca. 8-9 Jahre alt gewesen sein.
Claudia: Nach einem Mittagessen bei meinen Großeltern habe ich, nachdem alle Gäste den Raum verlassen haben, die fast leeren Portweingläser zusammengeschüttet und den Rest getrunken. Das war mein erstes Portweinerlebnis.

Was ist am Douro besonders?
Oscar: Man findet nirgendwo sonst eine solche Land und Leute-Kombination wie am Douro. Für mich ist der Douro alles, vor allem meine Heimat.
Claudia: Die wunderbaren Menschen, die unvergleichliche Schönheit der Region und die atemberaubenden Weine. Ich lebe am Douro, ich atme Douro, ich fühle Douro – ich bin ein Teil vom Douro.

Welchen Port nehmt ihr mit auf die einsame Insel?
Oscar: Eine Flasche von dem ersten Port, den meine Familie produziert hat. Der ist rund 120 Jahre alt.
Claudia: Einen Quevedo 40y old Tawny.

VINTAGE PORTS

Quevedo produziert seit 2008 auch Single Quinta Vintage Ports unter dem Vale D'Agodinho-Label.

VINTAGE PORT QUINTA VALE D' AGODINHO 2013 - Dunkelrote, blickdichte Farbe mit violetten Reflexen. Würzig frische, balancierte Nase mit Cassis und Kräutern. Softe Tannine am Gaumen, Frucht tritt derzeit hinter den eher medizinal-kräuterbetonten Gaumen zurück. Eleganter, frischer Abgang. **16** *(2016)*

VINTAGE PORT 2011 - Tiefdunkelrote Farbe mit violetten Reflexen. Frisch-florale Nase, mitschwingende Süße, Kräuter, mineralisch. Kantige Tannine, Fruchtnoten, Kräuternoten. Voller, langer Abgang. **17+** *(2013)*

VINTAGE PORT 2007 - Dunkelrote Farbe mit intensiven Reflexen. Im Bouquet Veilchen und Pflaumen, Alkohol. Am Gaumen spürbare Säure und Alkohol. Süße Cassisnoten. Mittellanger, leicht tanninbetonter Abgang. **16** *(2012)*

VINTAGE PORT 2005 - Tiefdunkelrote Farbe mit violetten Reflexen. Blaubeernase, tiefer Körper. Frucht geht leicht zurück im Gaumen. Beginnt gerade, sich zu verschließen. Mittellanger Abgang. **17** *(2013)*

LATE BOTTLED VINTAGE PORTS (LBV)

Oscar Quevedo hat vor ein paar Jahren ein „blind-tasting" für eine Gruppe von Portweinfreunden organisiert. Insgesamt sechs Hersteller hat Oscar verdeckt serviert – alles LBV. Und Quevedo war keine Nuance schlechter als selbst die renommiertesten Hersteller dieser Kategorie.

LATE BOTTLED VINTAGE PORT 2011 - Tiefdunkelrote Farbe mit violetten Reflexen. Süße Cassis-Himbeernase, hintergründig Tabak. Kompaktes Tannine-Säuregerüst am Gaumen, schwarze Johannisbeere, Milchschokolade. Mittellanger Abgang. **17** *(2016)*

LATE BOTTLED VINTAGE PORT 2007 - Dunkelrot-transparente Farbe. Fruchtig-würzige Nase, rote Beeren. Voller, fruchtiger Gaumen, ansprechende Frische. Mittellanger Abgang. **16** *(2012)*

LATE BOTTLED VINTAGE PORT 2000 - Minimal stumpfe, dunkelrote Farbe. Leicht gereifte Nase, Pflaume, Schokolade. Balancierter, gereifter Gaumen. Kurzer Abgang. **16** *(2009)*

COLHEITAS

Die Colheitas von Quevedo sind alles andere als geschliffen. Komplett im Douro gereift, besitzen sie ordentlich Ecken und Kanten.

COLHEITA 1996 (bottled 2009) – Braunrote Farbe. Elegant gereifter Colheita, voll und rund. Am Gaumen gut strukturierte Nuss-Mandel-Noten. Mittellanger Abgang. **16** *(2010)*

COLHEITA 1994 (bottled 2009) – Dunkelorange Farbe. Dieser Colheita zeigt ordentlich Potential mit intensiven Nuss- und Honignoten. Mittellanger Abgang. **17** *(2009)*

COLHEITA 1975 (bottled 2015) – Beim Portwine-Day 2015 verkostet. Mittelorange-beige Farbe. Tabakwürze und frische Nussnoten in der Nase. Minimal süßer, komplexer Gaumen mit Tabak, Malz und Gewürzfinish. Langer, tabakbetonter Abgang. **18** *(2015)*

COLHEITA 1970 (bottled 2012) – Dieses Fass wurde seit zehn Jahren nicht mehr aufgefüllt, daher stark oxidiert: Braunrote Farbe, wenig Wasserrand. Volle Marzipannote, Honig, Aceton. Süßer, langer Gaumen, sehr intensiv, Haselnuss, Marzipan. Mittellanger, voller Abgang. **17** *(2012)*

SONSTIGE PORTS

Als die Rose-Ports im Jahr 2007 erstmals in den Markt eingeführt wurden, war Quevedo direkt dabei, hat sehr viel Wert auf die Verwendung des Branntweins gelegt. Erstaunlicherweise altert der Rose Port sogar sehr gut und gewinnt auch an Volumen mit 3-4 Jahren Flaschenlagerung.

ROSE PORT - Transparente, leuchtend dunkelrot-pinke Farbe. Frische Kirsche am überraschend komplexen Bouquet. Fruchtigfrischer Gaumen mit Kirsche und Schokoladennoten. Mittellanger Abgang. Ein sehr guter Vertreter seiner Art. **16** *(2015)*

Ramos Pinto

Bereits früh erkannte der Gründer Adriano Ramos Pinto, dass er nur über die Kombination Qualität und Provokation gegen die „Großen", meist englisch dominierten Firmen eine Chance hat. So scheute er von Anfang an keine Werbemittel, um zu provozieren und dies mit für die damalige Zeit sehr unkonventionellen Mitteln. Zunächst setzte er auf die Verführung und porträtierte stets wenig bekleidete Damen, die wahlweise dem Teufel oder religiösen Amtsträgern (s)einen Port anboten. Heutzutage würden voraussichtlich weniger Personen an dieser Art Werbung Anstoß nehmen, vor gut einem Jahrhundert im erzkatholischen Portugal waren solche Bilder skandalös, machten aber die Firma auch außerhalb von Portugal schnell bekannt.

Völlig gegen den Trend, hochwertige Vintage Portweine nach England zu exportieren, setzte Ramos Pinto direkt auf fassgereifte Tawnies und den Heimatmarkt Portugal sowie die ehemalige Kolonien Brasilien und Angola. In Brasilien ist Ramos Pinto immer noch so bekannt, dass man in Teilen des Landes einen „Adriano" als Synonym für einen Portwein bestellt. Obwohl weder die Portugiesen noch die Brasilianer viel Vintage Port trinken, ist die Qualität derselben von Ramos Pinto erstaunlich. Von 1880 bis 2011 gibt es – abgesehen von den eher früh-reifenden 1960ern – keine qualitativen Aussetzer. Bis in die heutige Zeit teilen sich die rund 1,1 Millionen Portweinflaschen Jahresproduktion im Wesentlichen auf Portugal, Brasilien, Frankreich und die USA auf, jedoch kommen ständig neue Märkte hinzu. Ramos Pinto ist derzeit in 60 Ländern präsent und gehört seit 1990 zur Roederer-Gruppe. Ebenfalls seit 1990 produziert Ramos Pinto als einer der Ersten am Douro den Duas Quintas Rotwein, desen 25-jähriges Bestehen 2015 gefeiert wurde. Bereits im Gründungsjahr wurden davon 80.000 Flaschen hergestellt. Obwohl dieser Rotwein von Ramos Pinto den Namen DUAS QUINTAS trägt (port. für zwei Weingüter), sind mehr als zwei Quintas für die Qualität der Ports und Weine von Ramos Pinto verantwortlich. Quinta do Bom Retiro, zwischen Regua und Pinhão auf der Südseite gelegen, ist Ramos Pintos Vorzeigequinta. Hier stehen neben einem hochherrschaftlichen Herrenhaus 62 Hektar unter Wein, die einen sehr klassischen Mix der damals gültigen „famous four" Rebsorten Touriga Nacional, Touriga Franca, Tinta Roriz und Tinta Barroca darstellen. Die an Bom Retiro angrenzende Quinta da Urtiga (port. für Brennnessel) wurde von Ramos Pinto im Jahr 1933 erworben und ist trotz der geringen Größe mit nur 4 Hektar für die Spitzenklasse der Ramos Pinto Ports immens wichtig. Mit einem Durchschnittsalter von über siebzig Jahren und der sog. „old vines – vinhas velhas" besitzt die kleine Ernte der Trauben von Urtiga eine Komplexität und Aromendichte, die man im Douro sonst sehr lange suchen muss.

Während auf der Quinta Bons Ares die Weinreben in einer Höhe angebaut werden, die zu hoch ist für die Portweinproduktion, blickt die Quinta de Ervamoira auf eine der interessantesten Geschichten zurück, die diese Region zu bieten hat: Im Jahr 1974 war José António Ramos Pinto auf der Suche nach einem neuen Anbaugebiet, welches eine teilweise mechanische Bearbeitung zulassen würde. Vor allem bei der Ernte des hervorragenden Jahres 1970 wurde offensichtlich, dass die steigende Nachfrage nach Arbeitern in den Spitzenzeiten zur Ernte nicht mehr ausreichend gedeckt werden konnte. Mit alten Militärkarten „bewaffnet" wurde nach jahrelanger Recherche ein abgeschiedenes Areal nahe an der spanischen Grenze ausgemacht, gekauft und mit Hilfe von João Nicolau de Almeida, dem heutigen Direktor von Ramos Pinto und Urenkel von Adriano, bepflanzt. Die fast 150 Hektar Wein dürfen – anders als in den beiden anderen Subregionen des Douro-Tals – aufgrund der wüstenähnlichen Temperaturen bewässert werden. Mit 90% roten Trauben liefert die Quinta da Ervamoira einen erheblichen Anteil der Trauben für die Rot- und Portweinproduktion von Ramos Pinto.

Anlässlich des ersten Direktfluges von Portugal nach Brasilien im Jahr 1922 übergab Adriano den Piloten Gago Coutinho und Sacadura Cabral eine Flasche Portwein mit dem Auftrag, diese nach der Ankunft dem brasilianischen Staatsoberhaupt zu überreichen. Das Wasserflugzeug musste wegen eines Motorschadens im Atlantik notwassern. Während der Wartezeit erinnerten sich die Piloten an ihre Fracht und verkürzten sich die Zeit bis zur Ankunft der Ersatzteile mit ein paar Gläschen Port. Die Flasche wurde dann von den beiden Piloten auf dem Etikett mit Namen und Datum versehen, unterschrieben und an Ramos Pinto zurückgegeben.

3 Fragen – 3 Antworten: João Nicolau de Almeida, ehemaliger Direktor Ramos Pinto
Was war der erste Port, den du getrunken hast?
Einen 1893er Tawny
Was ist am Douro besonders?
Das Douro-Tal ist unbegreiflich schön und groß. Man findet viele Dinge im Douro-Tal, die nach heutigen Maßstäben nicht zusammenpassen. Es ist ein wirkliches Privileg, hier zu leben.
Welchen Port nimmst du mit auf die einsame Insel?
Einen Quinta do Noval Nacional 1963

VINTAGE PORTS

Deklariert werden Vintage Ports bei Ramos Pinto auch, wenn andere Portweinhäuser nicht abfüllen. Nur so ist beispielsweise der Vintage Port 1909 oder 1910 zu erklären. Hierunter leidet jedoch in keiner Weise die Qualität, was eine Verkostung dieser Ports selbst schwächerer Jahrgänge ein Jahrhundert nach der Ernte bewies. Fast alle Ramos Pinto Vintage Ports verschließen sich klassisch, so dass eine Bewertung zwischen fünf und zwanzig Jahren nach der Ernte viel Erfahrung voraus setzt.

Infobox:
- Homepage: www.ramospinto.pt
- Gründungsjahr: 1880
- Inhaber: Roederer Gruppe
- Önologen: João Nicolau de Almeida, Ana Rosas (Portwein), Theresa Amestoy (Douro –DOC)
- Quintas/Rebfläche: Quinta do Bom Retiro (62 ha), Quinta do Urtiga (4 ha), Quinta da Ervamoira (150 ha)
- Geheimtipp: 1997 Vintage Port
- Importeur: www.schlumberger.de

VINTAGE PORT 2011 - Schwarzrote Farbe mit violetten Reflexen. Fruchtig-würzige Nase, komplex und ausgewogen. Tiefer, intensiver Gaumen mit Cassis und schwarzer Johannisbeere. Mittellanger Abgang. **18** *(2013)*

VINTAGE PORT 2009 QUINTA DA ERVA-MOIRA - Dunkelrote Farbe. Elegantes Bouquet, Würznoten und die typische junge schwarze Johannisbeere. Am Gaumen elegante Fruchtnoten, eingelegte Kirschen und Brombeeren, spürbare Tannine. Kurzer Abgang. **16** *(2013)*

VINTAGE PORT 2007 - Leuchtend blickdichte, dunkelrote Farbe. Intensive Cassis- und Heidelbeernase mit würzigen Tabaknoten. Softe Tannine am Gaumen mit rotbeeriger Frucht im Hintergrund. **17** *(2013)*

VINTAGE PORT 2007 QUINTA DA ERVA-MOIRA - Konzentrierte, tiefschwarze Farbe. Fruchtnase (Waldbeermarmelade), dezente Süße. Auch im Gaumen Marmeladennoten, Tannine, Säure, Alkohol. Die Marmeladennoten halten sich auch im Abgang. Etwas leichter als der klassische Vintage Port. **16** *(2013)*

VINTAGE PORT 2005 QUINTA DA ERVA-MOIRA - Ansprechende violettrote Farbe mit erkennbaren Reflexen. Würziges Bouquet, komplex, mit Kirsch-Heidelbeernoten. Am Gaumen intensive Kirsche und spürbare Tannine. Fruchtbetonter Abgang. **16** *(2013)*

VINTAGE PORT 2003 - Tiefdunkelrote Farbe mit violetten Reflexen. Verhaltene Nase, viel schwarze Johannisbeere. Satte Frucht am Gaumen. Pflaume und schwarze Johannisbeere. Knackige Tannine. **17** *(2013)*

VINTAGE PORT 2002 QUINTA DA ERVA-MOIRA - Blickdichte, dunkelrote Farbe. Frucht und Schokolade in der Nase. Am Gaumen spürbare Säure und balancierte, rotbeerige Frucht. **16** *(2013)*

VINTAGE PORT 2000 - Wenig transparentes Dunkelrot. In der noch verschlossenen Nase schwarze Johannisbeere und Kirsche. Sanfter Gaumen, elegant und rund, viel Frucht. Mittellanger, eleganter Abgang mit unterschwellig viel Druck. Derzeit verschlossen. **18** *(2013)*

VINTAGE PORT 1997 - Tiefes Dunkelrot mit leuchtenden Reflexen. Schwarze Johannisbeere und Schokolade im Bouquet. Massive Tannine und Säure am Gaumen, vielschichtig. Langer Abgang, braucht noch viel Zeit. **18+** *(2014)*

VINTAGE PORT 1995 - Dunkle, leicht transparente Farbe. Vegetale, entwickelte Nase, Teer, gut stützende Säure. Eleganter Gaumen, ansprechende Teer- und Gewürznoten. Braucht noch zehn Jahre. **16** *(2013)*

VINTAGE PORT 1994 - Tiefdunkle, fast schwarze Farbe. Stark fruchtdominierte Nase, würzbetonter Hintergrund. Sanfte Tannine, fruchtbetonter Gaumen, derzeit noch verschlossen. Schokolade und viel unterschwellige Komplexität. Mittellanger Abgang. **18** *(2014)*

VINTAGE PORT 1994 QUINTA DA ERVA-MOIRA - Dunkelrote, blickdichte Farbe. Leicht gereifte Nase, intensive Brombeere, vegetale Noten. Satte Frucht am Gaumen, Säure und Tannine spürbar. Mittellanger Abgang. **17** *(2014)*

VINTAGE PORT 1991 - Tiefrot-transparente Farbe, ohne jeden Wasserrand. Elegantes, florales Bouquet, Minze im Hintergrund. Samtiger, mit unterstützender Säure spielender Gaumen, frisch-fruchtig, mit Himbeere und Teearomen. Mittellanger Abgang. **16** *(2014)*

VINTAGE PORT 1985 - Dunkelrote, fast schwarze Farbe, minimaler Wasserrand. In der Nase Brombeere, frisch-florale Noten und Schokolade. Frischer, voller Gaumen mit allerlei roten Beeren. Langer, säureunterstützter Abgang. **17** *(2015)*

VINTAGE PORT 1983 - Der finale Verschnitt enthält 50% Tinta Barroca, 15% Tinta Roriz, 20% Touriga Nacional und 15% Touriga Franca. Transparentes Dunkelrot. Würzige Nase mit intensiven rotbeerigen Noten in Nase und Gaumen, Lakritz. Balancierter Gaumen mit viel Druck, Süßholz und Restfrucht. Mittellanger, strukturierter Abgang. **17+** *(2014)*

VINTAGE PORT 1983 SINGLE VARIETALS - Ramos Pinto ist einer der sehr wenigen Hersteller, der bereits früh Vintage Ports sortenrein zu Schulungszwecken abgefüllt hat, um die Einflüsse der jeweiligen Rebsorten auf das spätere Produkt zu ergründen. Tinta Barroca präsentierte sich als der Dunkelste, der noch wirklich ein leuchtendes Dunkelrot besitzt und neben der Farbe ausgeglichene Aromen zum Verschnitt beiträgt. Touriga Nacional zeigt sich floral-fruchtig und steuert softe Tannine bei. Bei Touriga Franca überwiegt transparentes Mittelrot mit würzigen Noten und viel Druck am Gaumen. Tinta Roriz besitzt die transparenteste Farbe der sortenreinen Vintages und eine ansprechende pfefferige Schärfe. Die Einzelverkostung zeigt, dass der Verschnitt („blend") immer mehr als die Summe der Einzelpositionen darstellt. **NR**

VINTAGE PORT 1982 - Aus vier verschiedenen Flaschen während der ProWein 2016 verkostet: Tiefschwarze, leicht stumpfe, nahezu blickdichte Farbe. Satte Himbeernase, hintergründig Milchschokolade. Am balancierten Gaumen gut stützende Säure, Milchschokolade und Frucht. Langer, schokoladiger Abgang. **17** *(2016)*

VINTAGE PORT 1980 - Der 1980er Ramos Pinto ist ein klarer Bruch in den Vintage Ports. Während die Ports bis 1980 eher den „normalen" Alterungsprozessen unterliegen, präsentieren sich die Ports nach 1980 extrem jugendlich und langlebig. Tiefdunkle Farbe, die sogar noch frische Reflexe aufzeigt. Intensiv rotbeerige Nase, hintergründig Lakritz. Intensiver, frischer Gaumen, wenig entwickelt. Süßholz, und Restfrucht. Langer, intensiver Abgang. **18** *(2014)*

VINTAGE PORT 1970 - Letztmalig beim Port-wine-day 2015 verkostet: Vollrote, transparente Farbe. Elegante, strukturierte und komplexe Nase mit Milchschokolade, Rosinen und geringen Malznoten. Cremiger, voller Gaumen mit Rosinen, Tabak und getrockneten Erdbeeren. Langer, komplexer Abgang. **18** *(2015)*

VINTAGE PORT 1964 - Volltransparente, dunkelrote Farbe. Elegante Honig-Butterscotch-Noten im Bouquet. Gereifter und balancierter Gaumen mit ansprechenden Honig-Toffee-Noten. Mittellanger Abgang. **17** *(2014)*

VINTAGE PORT 1960 - Der einzig wirklich enttäuschende Vintage Port von Ramos Pinto. Hellbraune, stark gealterte Farbe. Müde Nase, hauptsächlich Sojanoten. Am Gaumen oberflächlich und eindimensional. Kurzer Abgang mit intensiven Marzipannoten. **15** *(2013)*

VINTAGE PORT 1945 - Transparente mittelrote Farbe. Viel Druck im Bouquet, Tabak und Akazienhonig, leichte Schärfe, weißer Pfeffer. Wirkt im Moment am Gaumen leicht desintegriert, unterschwellig ein großer Port. Ist in zehn Jahren wieder auf der Höhe. **18** *(2013)*

VINTAGE PORT 1935 - Mittelrote, transparente Farbe, Wasserrand. Sehr elegantes, ausgeglichenes Bouquet, Vanille und Würznoten, frisch-florale Noten. Sanfter, ausgeglichener Gaumen. Langer Abgang. **18** *(2013)*

VINTAGE PORT 1934 - Transparente mittelrote Farbe. Karamell, Rosinen und Malz in der Nase, hintergründig würzige Tabakblätter. Kräftiger Gaumen mit gut stützender Säure und voll integrierten Tanninen. Im Mund intensive Malznoten, Himbeeren. Langer, voll integrierter und säureunterstützter Abgang. **18** *(2014)*

VINTAGE PORT 1931 - Orangebraune Farbe. Gewürze an der verführerisch-eleganten Nase, grüner Tee. Auch am Gaumen komplex, intensiv und perfekt gereift. Marzipan und Teenoten. Mittellanger, eleganter Abgang. **18** *(2014)*

VINTAGE PORT 1927 - Unglaublich junge Farbe für einen über 85 Jahre alten Portwein. Dunkelorange, intensive Farbe. Im Bouquet intensiv und komplex mit Malznoten, karamellisierten Rosinen und einem Hauch Minze. Auch am Gaumen ein perfekt gereifter Vintage Port, vordergründig Malz und Akazienhonig, Rosinennoten. Sehr langer, vielschichtiger Abgang. **19** *(2013)*

VINTAGE PORT 1924 - Dunkelrote Farbe mit braunen Reflexen, dunkler Farbkern mit ausgeprägtem Wasserrand. Rosinen, Karamell und Tabakblätter in der Nase. Kräftiger, integrierter Gaumen mit Rosinen und verbranntem Zucker. Mittellanger, gut strukturierter Abgang. **17** *(2014)*

VINTAGE PORT 1910 - Tiefschwarze Farbe mit gelbgrünen Reflexen. Immense Konzentration. In der Nase eingelegte Kirschen, sehr intensive Würznoten. Am Gaumen intensive Gewürze, Currynoten, Salz. **16** *(2013)*

VINTAGE PORT 1909 - Mittelrotbraune Farbe. Honig, Malz und rauchige Noten in der Nase. Eleganter Gaumen, ätherische Öle, Minze, Säure. Langer, leicht säurebetonter Abgang. **17** *(2014)*

VINTAGE PORT 1880 - Braunorange Farbe, ausgeprägter Wasserrand. Leicht verbrannte Noten in der Nase, Karamell und Toast, hintergründig Akazienhonig. Am Gaumen sehr stabil und vital, stützende Säure. Langer, karamellhaltiger Abgang. Hält bis zu vier Stunden an der Luft gut durch. **17** *(2013)*

LATE BOTTLED VINTAGE PORTS (LBV)

Ungefiltert nach vier Jahren abgefüllt, zählen die Late Bottled Vintage Ports von Ramos Pinto definitiv zu den hochklassigeren Produzenten dieser Kategorie.

LBV 2008 – Elegante Cassis- und Kirschnote, hintergründig Würznoten. Am Gaumen wirkt er noch verschlossen, viel Brombeere und Kirschmarmelade, sehr rund und wohlproportioniert. **16** *(2013)*

LBV 2004 - Violett-schwarze Farbe mit ansprechenden Reflexen. In der Nase ausgezeichnete Blaubeer- und Johannisbeernoten, sehr fruchtig. Auch im Mund extrem fruchtig, leichte Säure, softe Tannine. Mittellanger, leicht säurebetonter Abgang. **16** *(2009)*

AGED TAWNIES

Mit dem Jahrgang 1937 hat Ramos Pinto die Herstellung der jahrgangsreinen Tawnies (Colheitas) aufgegeben und konzentriert sich seitdem voll auf die Herstellung der aged Tawnies mit 10, 20 und 30 Jahren Alter. Wie bei Niepoort sucht man einen 40 jährigen Ramos Pinto Tawny vergeblich.

10 YEAR OLD TAWNY - Transparente, dunkelrote Farbe. Trockenfrüchte und eingelegte Kirschen im Bouquet. Am Gaumen leicht medizinale Noten, ansprechende Komplexität. **16** *(2014)*

20 YEAR OLD TAWNY - Orange, transparente Farbe. Intensive Nuss und Mandel in der Nase. Intensiver, voller Gaumen, ansprechend und ausgewogen. Langer, nussbetonter Abgang. **17** *(2014)*

30 YEAR OLD TAWNY - Dunkler Kern in der sonst dunkelorange-roten Farbe. Volle, sehr konzentrierte Nase, viel Trockenfrucht und sattes Marzipan. Voller, tiefer Gaumen, gut stützende Säure und ansprechende Süße. Voller, langer Abgang. **18** *(2016)*

COLHEITAS

COLHEITA 1937 (bottled 1986) - Mittelrote, hellorange Farbe. Intensive Nuss und Marzipannoten in der Nase. Runder, voller Gaumen. Alkohol und Säure spürbar. **17** Der bereits 1968 abgefüllte Colheita des gleichen Jahres war nicht mehr auf der Höhe. Austrinken. *(2012)*

SONSTIGE PORTWEINE

WHITE PORT - Hellgoldgelbe Farbe. Satter Zitrusfrüchte-Korb in der Nase, elegante Honignoten. Sehr frischer Gaumen, viel Quitte. Mittellanger Abgang **15** *(2012)*

WHITE PORT RESERVA - Mittelorange Farbe, Quitte, Aprikosenkonfitüre und Honig in Nase und Gaumen, balanciert, ansprechende Intensität, erinnert an Sauternes. **16** *(2012)*

RUBY PORT COLLECTORS RESERVA - Intensiver als der Ruby Port mit mehr Zeit im großen Holzfass und von älteren Rebstöcken. Satte Cassis- und Himbeernoten, gut stützende Säurestruktur. **15** *(2012)*

Real Companhia Velha

Die Real Companhia Velha (RCV), die „alte königliche Gesellschaft" ist innerhalb und außerhalb Portugals eine der bekanntesten Portweinfirmen und die Geschichte dieser Firma ist besonders eng mit der Geschichte des Portweins verbunden. Während der Gründungsvereinbarungen der RCV wurden bereits 1756 als Kernaufgaben der Organisation die Kultivierung der Weinreben und die Sicherstellung der Reinheit und der natürlichen Produktionsweise verfasst. Die Firma besaß stets umfangreiche Privilegien, die ihr eine gleichbleibend hohe Produktionsmenge erlaubten. Allerdings wurde erst in den 1960er Jahren mit der Übernahme durch Pedro Silva Reis Sr. die Produktion erheblich gesteigert. Der für den Verschnitt der Tawnies verantwortliche Master Blender Camillo hat eine klassische Tellerwäscher-Karriere bei RCV hingelegt. Nachdem er zunächst mit Resten anfing, Portweine zu verschneiden, wurde er dann nach knapp vierzig Jahren Firmenzugehörigkeit der Chef der Verkostungsgruppe.

Die Real Companhia Velha besitzt mehrere Marken, neben dem Originalmarke RCV unter anderem Royal Oporto, Sibio, Carvalhas und Real Vinicola. In fast allen Fällen handelt es sich um identische Weine. Seit der Jahrtausendwende werden die Portweine, gerade die Vintage Ports für die jeweiligen Etiketten teilweise unterschiedlich verschnitten. Während RCV hauptsächlich für den Inlandsmarkt verwendet wird, sieht man Quinta das Carvalhas hauptsächlich in Nordamerika und Royal Oporto überall im Ausland mit Ausnahme Nordamerikas.

Die Geschicke der Firma sind voll in der Hand von Pedro Silva Reis Sr., doch die nächste Generation mit Pedro Silva Reis Jr. steht schon bereit. Die jährliche Gesamtproduktionsmenge von 4,5 Millionen Flaschen setzen sich aus 60% Portwein und 40% Douro DOC zusammen. Zwei Drittel der Produktion werden in rund 45 Länder exportiert. Die Real Companhia Velha ist zusammen mit ihrer

Homepage: www.realcompanhiavelha.pt
Gründungsjahr: 1756
Inhaber: 75% Silva Reis Familie, 25% Casa do Douro
Önologen: Jorge Morreira, Camillo
Quintas/Rebfläche: Quinta das Carvalhas (120 ha), Quinta do Cidro (140 ha), Quinta do Aciprestes (100 ha), Quinta do Casal da Granja (170 ha), Quinta do Síbio (10 ha)
Spezialisiert auf: Tawnies
Importeur: www.borco.com

2007 übernommenen Marke Delaforce Marktführer in Deutschland. Seit Jorge Morreira 2010 die önologische Leitung bei der RCV übernommen hat, ist die Qualität bei den Weinen und Portweinen hervorragend.

3 Fragen – 3 Antworten: Pedro Silva Reis Jr
Was war der erste Port, den du getrunken hast?
Das was ein Royal Oporto 20y old Tawny, als ich 9 Jahre alt war.
Was ist am Douro besonders?
Die Magie am Douro begeistert und ist meine emotionale Heimat.
Welchen Port nimmst du mit auf die einsame Insel?
Einen Royal Oporto Vintage Port 1971

VINTAGE PORTS

Seit Jorge Morreira 2010 für die Herstellung der Vintage Ports verantwortlich zeichnet, sind diese von hervorragender Qualität. In der Vergangenheit war dies leider nicht immer so und hat mir viele Rätsel aufgegeben. Perfekte Lagen, talentierte Önologen und hervorragende Erntebedingungen müssten mindestens durchschnittliche Vintage Ports ergeben.

REAL COMPANHIA VELHA VINTAGE PORT 2012 - Tiefe, dunkelrote Farbe. Derzeit recht reduktive Nase, Teer, Kaffee. Süßfruchtiger Gaumen, spürbare Säure, Cassis und Kaffee. Mittellanger Abgang. **17** *(2016)*
ROYAL OPORTO VINTAGE PORT 2011 - Tiefschwarze Farbe mit violetten Reflexen. Intensive Cassis-Schokoladennoten in der Nase, hintergründig würzig. Am Gaumen spürbare Tannine, balancierte Frucht und gut stützende Säure. Mittellanger Abgang. **17** *(2013)*
ROYAL OPORTO VINTAGE PORT 2007 - Dunkelviolette Farbe mit ausgeprägten Reflexen. Intensiv fruchtige Nase mit schwarzen Johannisbeeren und Würze. Bereits harmonisch, Säure und Tannine gut eingebunden. Fruchtiger Gaumen mit ausgeprägten Teernoten. Mittellanger Abgang. **17** *(2010)*
ROYAL OPORTO VINTAGE PORT 2005 - Tiefviolett-dunkelrote Farbe. Elegante Pflaume-Cassis-Nase. Spürbare Säure-Tannin-Struktur, Frucht derzeit im Hintergrund. Adstringenter, mittellanger Abgang. **16** *(2010)*
REAL COMPANHIA VELHA VINTAGE PORT 2003 - Auf der Quinta do Cidro zum Abendessen verkostet: Noch Reflexe in der violetten Farbe. Fruchtige Pflaumennase. Brombeere, Säure und trockene Noten am Gaumen, leicht destrukturiert. Das heiße Jahr ist hier spürbar. **16** *(2013)*
REAL COMPANHIA VELHA VINTAGE PORT 2000 - Während des Gala Dinners der Confraria verkostet: Dunkelrote Farbe. Rauchige Nase, Specknoten, keine Frucht. Eleganter Gaumen, wirkt eindimensional. Kurzer Abgang. **15** *(2013)*
ROYAL OPORTO VINTAGE PORT 1987 - Aus der halben Flasche: Mittelrote Farbe mit erkennbarem Wasserrand. Frisches, elegantes Bouquet, eingelegte Kirschen, Rosinen. Auch am Gaumen intensive Rosinen, elegant, voll integriert, leider kommt die Branntweinnote nach ca. 15 Min. an der Luft stark zum Vorschein und ruiniert den Gesamteindruck. Mittellanger Abgang. Wirkt fehlerhaft. **NR** *(2013)*
REAL COMPANHIA VELHA VINTAGE PORT 1983 - Während der 83er Horizontale auf Quevedo verkostet: Trübe orange Farbe. Acetonnoten, unterschwellig würzig in der Nase. Am Gaumen leer, flach, erledigt. Vorbei. **NR** *(2013)*
ROYAL OPORTO VINTAGE PORT 1980 - Bei der 1980er Horizontale in Leverkusen verkostet: Die hellste Farbe aller 15 Vintage Ports. Sehr alte, fast müden Noten in der Nase, oberflächlich. Auch im Gaumen zunächst die alten und dumpfen Noten des Bouquets, dann überraschend frische und süße Eindrücke. Mittellanger, nicht harmonischer Abgang. Vorbei. **NR** *(2010)*
REAL COMPANHIA VELHA VINTAGE PORT 1977 - Mittelrote, volltransparente Farbe. Minimale Acetonnoten, darunter Minze, Schokolade und Toffee im Bouquet. Gereifter Gaumen, leicht staubig, Kaffee, Säure, rote Johannisbeeren. Mittellanger Abgang. **16** *(2014)*

ROYAL OPORTO VINTAGE PORT 1970 - Dunkelrote Farbe mit sauberen Reflexen. Komplexe Nase mit Frucht, Alkohol und Kaffee. Voller, fruchtiger Gaumen. Leichter Alkohol, Rosinen. Balancierter, mittellanger Abgang. **17** *(2010)*

REAL COMPANHIA VELHA VINTAGE PORT 1963 - Alle 3 63er Vintage Ports (Royal Oporto, RCV und Real Vinicola) während der 63er Horizontale in England verkostet: Leicht trübe, vollorange Farbe. Oxidierte, sehr weit entwickelte Nase, Sahnetoffee. Leicht bitterer, säurebestimmter Gaumen, dezente Toffeenoten. Mittellanger Abgang. Zügig austrinken. **15** *(2015)*

REAL VINICOLA VINTAGE PORT 1963 - Transparent orangerote Farbe, erkennbarer Wasserrand. Süße Nase, Toffee, oberflächlich. Süßer, flacher Gaumen, Zuckerwasser. Kurzer Abgang. Vorbei. **NR** *(2013)*

ROYAL OPORTO VINTAGE PORT 1963 - Ziegelrote Farbe. Elegant-würziges Bouquet mit Tabak und Himbeeren. Balancierter, eleganter Gaumen mit spürbarer Säure und Himbeeren. Mittellanger Abgang. **17** *(2015)*

QUINTA DO SIBIO 1963 - Vollrote fast dunkelrote Farbe, Wasserrand. Frische, fruchtige Nase, Schokolade, leichte Minznoten. Am Gaumen Himbeeren, Schokolade, leichte Minznoten. Frischer voller Abgang. **18** *(2013)*

REAL COMPANHIA VELHA VINTAGE PORT 1960 - Braunrote Farbe, frische, volle Nase. Würziger Gaumen, ganz leichte Bitternote spürbar. Kurzer, unspektakulärer Abgang. **16** *(2012)*

ROYAL OPORTO VINTAGE PORT 1945 - Transparent mittelrote Farbe, Wasserrand erkennbar. Elegante Nase, leicht Karamellnote. Sehr weit gereifter Gaumen, Karamellnoten, Toffee. Mittellanger Abgang. **16** *(2015)*

REAL VINICOLA VINTAGE PORT „SIBIO" 1938 - Mit Dirk Niepoort aus der potta im Restaurant Gaveto verkostet: Hellorange-rote Farbe. Leicht bräunliche Reflexe. Zunächst nussige Noten, erinnern an einen Colheita aus den 70ern. Voller, tiefer Gaumen mit Nüssen und Mandeln, leichte gut stützende Schärfe, Pfeffer, Kaffee. Langer, voller Abgang. **18** *(2011)*

LATE BOTTLED VINTAGE PORTS (LBV)

ROYAL OPORTO LATE BOTTLED VINTAGE PORT 2011 - Blickdichte schwarzrote Farbe. Süße Lakritze in der Nase, dahinter rote Johannisbeere und dezente Teernoten. Fruchtiger, komplexer Gaumen mit gut stützender Säure. Balancierter, strukturierter Abgang. **17** *(2016)*

ROYAL OPORTO LATE BOTTLED VINTAGE PORT 2008 - Tiefes, blickdichtes Schwarz. Ansprechende Nase mit Schokolade und Tabak. Am Gaumen spürbare Tannine. Kurzer, fruchtbetonter Abgang. **16** *(2013)*

REAL COMPANHIA VELHA LATE BOTTLED VINTAGE PORT 1967 - Perfekte Flasche. Mittelorange Farbe. Malz- und Honignoten in der Nase, elegant, sehr entwickelt. Balancierter, gereifter Gaumen, Honig, Malz. Mittellanger Abgang. **16** *(2015)*

AGED TAWNIES

Die aged Tawnies der Real Companhia Velha werden in außergewöhnlichen Flaschen abgefüllt.

10 YEAR OLD TAWNY - Dunkelrote Farbe. Verhaltene Nase, eher Frucht als Trockenfrucht. Gaumen primäre Früchte, rote Beeren, Karamell. Säurebetonter Abgang. **15** *(2013)*

20 YEAR OLD TAWNY - Volltransparente, dunkelrote Farbe. Frische Malz-Kräuternase. Samtiger, eleganter Kräuter-Toffee-Gaumen mit spürbarer Säure. Mittellanger, frischer Abgang. **17** *(2016)*

40 YEAR OLD TAWNY - Leuchtend mittelrote Farbe mit grünen Reflexen. Balancierte Nuss-Tabak-Nase. Würziger Gaumen, Trockenfrüchte, Nüsse, gut stützende Säure. Mittellanger Abgang. **17** *(2016)*

COLHEITAS

ROYAL OPORTO COLHEITA 1977 (bottled 2006) - Dunkelrote Farbe. Nussnase, mitschwingende Süße im Bouquet. Am Gaumen präzise, ausgewogen, Haselnussnoten. Mittellanger Abgang. **17** *(2013)*

COLHEITA 1890 (bottled 1958) – Dunkelorange Farbe mit grünem Rand. Tiefes Malzaroma in der Nase. Am Gaumen zunächst mineralisch, Marzipan, balanciert, hintergründig Malz-Toffee-Aromen. Mittellanger, balancierter Abgang. **18** *(2010)*

SONSTIGE PORTWEINE

REAL COMPANHIA VELHA RESERVA 250 YEARS - Der Jubiläumsportwein zum 250. Geburtstag 2006 war ein Verschnitt einiger sehr alter Tawny-Ports. Dunkelrote Farbe mit ansprechendem Farbkern und leicht grünen Reflexen, leicht exotische Noten. Satte Malz-Kaffee-Karamellnase, sehr intensiv. Voller, runder Gaumen, viel Kaffee und Malz. Sehr langer voller Abgang. **19** *(2014)*

REAL COMPANHIA VELHA MEMORIAS SECULO XIX – „Erinnerungen aus dem 19. Jahrhundert" ist ein ebenfalls Verschnitt aus mehreren, sehr alten Jahrgängen. Tiefe, dunkelorange Farbe mit intensivem Farbkern und erkennbarem Wasserrand. Intensive Malz-Kaffee-Nase, Acetonnote. Voller, komplexer, intensiver Gaumen mit Kaffee, Malz, Aceton. Sehr lebendig. Langer, malzig-schokoladiger Abgang. **19** *(2015)*

Porto Réccua Vinhos S.A.

Die gegenwärtige Unternehmensform Porto Réccua Vinhos S.A. wurde 2013 als Nachfolger der Caves Vale do Rodo gegründet. Die Muttergesellschaft existiert seit den 1950er Jahren. Die Mitglieder bzw. Anteilseigner von Porto Réccua produzieren seit vielen Generation Weintrauben bzw. stellen Portwein her. In der Vergangenheit wurden diese hauptsächlich an größere Häuser verkauft. Nahezu alle Trauben stammen aus dem Baixo Corgo. Der Hauptanteilseigner der Aktiengesellschaft Porto Réccua ist António Lencastre, dessen Familie seit dem 17. Jahrhundert Portwein herstellt.

Porto Réccua ist eine recht typische Genossenschaft, obwohl sie handelsrechtlich als AG eingetragen ist. Die Mitglieder liefern die Trauben und stellen daraus Portwein her. Rund 1,5 Millionen Liter Portwein werden direkt an große Portweinhäuser verkauft. Die verbleibenden 700.000 Flaschen Jahresproduktion exportiert Porto Réccua unter eigenem Etikett hauptsächlich nach Frankreich, Brasilien, die USA und China.

3 Fragen – 3 Antworten Paulo Osorio, Board Member und ehemaliger Vizepräsident des Portweininstitutes
Was war der erste Port, den du getrunken hast?
Ein sehr alter Portwein, eine private Tawny-Reserve zu Ostern. Der war ungefähr 70 Jahre alt.
Was ist am Douro besonders?
Die Landschaft, die sich täglich ändert und die Herausforderung, in dieser rauen und kargen Landschaft Weine zu produzieren.
Welchen Port nimmst du mit auf die einsame Insel?
Eine Flasche einer Familienreserve 1956 aus Porais.

Homepage: www.portoRéccuavinhos.com
Gründungsjahr: 2013
Inhaber: Rund 200 Aktionäre, hauptsächlich Weinbauern und Angestellte der Aktiengesellschaft
Önologen: Maria Antónia Gomes
Quintas/Rebfläche: Keine direkte Quinta zugeordnet
Spezialisiert auf: Tawny Port

VINTAGE PORTS

Vintage Ports wurden im Jahr 2003 und 2004 vom Vorgänger Caves Vale do Rodo produziert und werden jetzt unter dem Réccua Label vertrieben.

VINTAGE PORT 2004 - Leicht stumpfe, dunkelrote Farbe. Kaffee und Schokolade in der Nase. Am Gaumen Schokolade, knackige Tannine, frisch gemahlener Kaffee. Mittellanger Abgang. **17** *(2016)*

VINTAGE PORT 2003 - Volle, tiefrote Farbe, minimal transparent. Strukturierte Schokoladen-Frucht-Nase. Am Gaumen minimal spürbare Tannine, Schokolade, Himbeeren, Kirsche. Mittellanger, leicht säurebetonter Abgang. **17** *(2016)*

LATE BOTTLED VINTAGE PORTS (LBV)

Réccuas Late Bottled Vintage Ports werden immer nach vier Jahren und nur geringfügig gefiltert.

LATE BOTTLED VINTAGE PORT 2007 - Blickdichte, leicht trübe Farbe. Tiefe Schokoladennote, Kirsche. Am Gaumen ist der Port entwickelt mit Kirsch und Schokoladennoten. Mittellanger Abgang **16** *(2016)*

AGED TAWNIES

10 YEAR OLD TAWNY - Orangerote Farbe. In der Nase volle Orangennoten, Karamell. Balancierter Gaumen mit gut stützender Säure und Orange-Toffee-Noten. Mittellanger Abgang. **17** *(2016)*
20 YEAR OLD TAWNY - Volltransparente orange Farbe. Frische, intensive Nase mit Nüssen und Quittenmarmelade. Am Gaumen Säure, Nuss-mix. Frische Noten. Mittellanger Abgang. **17** *(2016)*
30 YEAR OLD TAWNY - Dunkelbeige Farbe. In der Nase Zartbitterschokolade, minimal Aceton. Komplexer, strukturierter Gaumen, Säure perfekt integriert. Karamell, Honig. Langer, gut stützender Abgang. **18** *(2016)*
40 YEAR OLD TAWNY - Dunkelorange Farbe. Tabak und Orange in der Nase, hintergründig Toastnoten. Am Gaumen komplex, Honig und Karamell, sehr tiefe Honignoten. Langer, leicht süßer Abgang. **18** *(2016)*

Quinta da Romaneira / Quinta da Liceiras

Leider existieren keine Aufzeichnungen von den ganz alten Zeiten, aber der Name legt die Vermutung nahe, dass schon während der römischen Besatzungszeit auf dem Gebiet der Quinta Wein angebaut wurde. Dokumentiert sind der Anbau von Trauben im 17. und 18. Jahrhundert und die Weinproduktion ab Mitte des 19. Jahrhunderts. Bevor eine Investorengruppe um Christian Seely die Quinta im Jahr 2004 erwarb, war diese über Jahrzehnte im Besitz der Familie Vinagre, die sich nur sehr stiefmütterlich um das Anwesen und die Weinproduktion kümmerte. Nach der Übernahme war das Ziel der Investorengruppe, Romaneira wieder im alten Glanz erstrahlen zu lassen. Immerhin wurden bereits Ende des 19. Jahrhunderts die (immer Single Quinta) Vintage Ports von Romaneira beim englischen Auktionshaus Christies zu Höchstpreisen versteigert. Zunächst wurden nach 2004 die Gebäude in ein Luxus-Hotel umgebaut und die Weinberge unter Anleitung von Antonio Agrellos restauriert und in wesentlichem Umfang neu bepflanzt. Von den heute vorhandenen 86 Hektar wurden 50 Hektar mit erheblichem Aufwand neu bestockt.
Das luxuriöse Hotel wurde 2009 von der Weinproduktion getrennt und danach von der Immobilieninvestment-Gesellschaft IDI übernommen, die es dann 2011 an den Brasilianer Andre Esteves verkaufte. Heute sind der Generaldirektor Christian Seely und Andre Esteves die beiden Eigentümer der Quinta, die an einem langfristigen Ziel arbeiten: Auf Romaneira wieder die Weine und Portweine zu produzieren, die das Terroir und das Mikroklima hergeben. Jedes Jahr kommen sie ihrem Ziel ein Stück näher.

3 Fragen – 3 Antworten: Antonio Agrellos, Önologe
Was war der erste Port, den du getrunken hast?
Eine Portwein-Reserve von meiner Familie aus dem Jahrgang 1870.

Homepage: www.quintadaromaneira.pt
Gründungsjahr: 1813
Inhaber: Andre Esteves und Christian Seely
Önologen: Antonio Agrellos
Quintas/Rebfläche: Quinta da Romaneira (86 ha)
Spezialisiert auf: Vintage Port
Geheimtipp: Colheita 1988
Importeur: mehrere kleine Importeure

Was ist am Douro besonders?
Das Douro-Tal ist eine atemberaubende Landschaft. In dieser Landschaft steckt mehr Arbeit als in den ägyptischen Pyramiden. Im Douro kann man alles auf höchstem qualitativen Niveau herstellen; Portwein, Wein, eigentlich alle Agrarprodukte.
Welchen Port nimmst du mit auf die einsame Insel?
Eine Flasche Taylor 1948. Es ist mein Geburtsjahrgang.

VINTAGE PORTS

Die Vintage Ports von Romaneira waren in den 1980ern noch eher auf der eleganten, früh-reifenden Seite. Seit 2003/2004 hat sich ihr Stil grundlegend geändert. In 2011 haben sie ihren besten Vintage Port bisher gemacht. 1992 und 1993 (!) wurde ein Quinta das Liceiras Vintage Port hergestellt, in 2000 ein Liceiras Vintage Port.

VINTAGE PORT 2011 - Volle, tiefdunkelrote Farbe mit violetten Reflexen. Tiefe, fruchtig-komplexe Nase mit Cassis und Schwarzkirsche. Spürbare Tannine, stimmige Fruchtstruktur, Schokolade. Langer Abgang. **17+** *(2015)*
VINTAGE PORT 2007 - Violett-rote Farbe. Fruchtige, elegante Cassis-Nase. Leicht säurehaltig, balancierte Frucht am Gaumen. Mittellanger, fruchtiger Abgang. **16** *(2010)*
VINTAGE PORT 2005 - Leuchtend mittelrote Farbe. Satte Frucht im Bouquet, hauptsächlich Cassis, im Hintergrund Tabak. Am Gaumen Tannine, balancierte Frucht. Mittellanger Abgang. **16** *(2010)*

VINTAGE PORT 2004 - Tiefdunkelrote Farbe. Im Bouquet vordergründig fruchtig. Am Gaumen strukturierte Säure-Tannin-Frucht-Noten, ansprechende Komplexität. Derzeit adstringenter Abgang. Legt sich aber noch. Liegen lassen. **16+** *(2010)*
VINTAGE PORT 1997 - Minimal trübe, dunkelrote Farbe. Florale frische Noten im Bouquet, Lakritz. Am Gaumen derzeit verschlossen. Satte Süßholz-Lakritz-Noten, Brombeere. Mittellanger Abgang. **16+** *(2010)*
VINTAGE PORT QUINTA DAS LICEIRAS 1993 - Mit diesem Portwein kann man eine Komplett-Horizontale des Jahrgangs vornehmen, da nur Liceiras in diesem Jahrgang als Vintage Port abgefüllt wurde. Fast blickdichte, dunkelrote Farbe. In der Nase viel Lakritze, Kirsche und Cassis. Dichter Gaumen, wirkt fast überextrahiert mit Süßholz und Lakritze. Sehr ungewöhnlich für einen Vintage Port. Ihm fehlt die Eleganz. Austrinken. **15** *(2016)*

LATE BOTTLED VINTAGE PORTS (LBV)

LATE BOTTLED VINTAGE PORT 2007 - Tiefes, blickdichtes Schwarz. Ansprechende Nase mit Schokolade und Tabak. Am Gaumen spürbare Tannine. Kurzer, fruchtbetonter Abgang. **16** *(2014)*

COLHEITAS

Bisher wurde nur ein einziger Colheita auf und von Romaneira produziert – der 88er. Die Logik dahinter ist in der Komplexität der Colheitas begründet. Jünger machen sie nach Ansicht des Chef-Önologen Antonio Agrellos keinen Sinn. Da Romaneira über ausreichend alte Tawny-Reserven verfügt, können wir uns in Zukunft auf weitere Jahrgänge freuen.

COLHEITA 1988 (bottled 13) - Mit Antonio Agrellos auf Romaneira zum Mittagessen verkostet: Rotgoldene Farbe. Marzipan satt in Nase und Mund. Haselnuss- und Mandelnoten. Sehr ausgewogener, gut strukturierter Colheita. Mittellanger Abgang. **17+** *(2013)*

ROMARIZ

Manoel da Rocha Romariz gründete 1850 das Portweinhaus Romariz. Kurze Zeit später nahm er seinen Sohn Augusto mit in die Gesellschaft auf, der wiederum an seine Schwiegersöhne Claudino da Rocha Romariz und D. Silva Miranda Romariz vererbte. In den 1950er Jahren verschlechterte sich die Situation der Firma, so dass sie 1966 vom Portweinhaus Guimaraens & Co. übernommen wurde, die 1987 wiederrum in die Fladgate Partnership überging.
Zunächst wurden die Romariz, gesprochen [ROMARISCH], Portweine nur in Portugal und den portugiesischen Kolonien verkauft. Mit der Übernahme der Fladgate Partnership und der Produktion von Vintage Ports findet man die Romariz Ports nun auch in England. Romariz hat keine direkt zugeordnete Quinta sondern verwendet zugekauften Portwein und Trauben, sowie Trauben von den übrigen Fladgate Quintas. In generell deklarierten Jahren werden geringe Mengen Vintage Port produziert. Von der Fladgate Partnership wird die Marke ähnlich Skeffington stiefmütterlich behandelt und aus Exklusivitätsgründen in nur wenigen Märkten eingesetzt.

Homepage: keine Homepage
Gründungsjahr: 1850
Inhaber: The Fladgate Partnership
Önologen: David Guimaraens
Quintas/Rebfläche: keine zugeordnete Quinta
Geheimtipp: Colheita 1944
Importeur: www.graeger.de

VINTAGE PORTS

VINTAGE PORT 2007 - Blickdichte, dunkelrote Farbe. Fruchtiges Bouquet mit intensiven Kirschen und Cassis. Am Gaumen elegant mit balancierter Säure und Tanninen. Eleganter Abgang. Eher für den kurzfristigen Verbrauch. **16** *(2010)*
VINTAGE PORT 2003 - Stumpfe, fast blickdichte dunkelrote Farbe. Derzeit reduktive, schokoladig-fruchtige Nase. Spürbares Säure- und Tanningerüst am Gaumen, viel Frucht (Cassis und Kirsche) und Schokolade. Mittellanger Abgang. **17** *(2016)*
VINTAGE PORT 1997 - Transparente, dunkelrote Farbe. Schokolade und Himbeere in der Nase. Eleganter, gereifter Gaumen mit Milchschokolade und eingelegten Kirschen. Eleganter Abgang. **16** *(2016)*
VINTAGE PORT 1994 - Da David Guimaraens, der die beiden hervorragenden Vintage Ports von Taylor und Fonseca dieses Jahrgangs gemacht hat, auch für den Romariz 94 verantwortlich ist, waren meine Erwartungen sehr hoch. Volltransparente, rotschwarze, leicht stumpfe Farbe, die direkt nach dem Kontakt zur Luft stark nachdunkelt. Elegante Nase mit Pflaume und Himbeernoten. Auch am Gaumen elegant. Spürbare Säure, Pflaumennoten, Schokolade, alles sehr oberflächlich. Eleganter, balancierter Abgang. **16** *(2016)*

COLHEITAS

COLHEITA 1994 (bottled 2007) – Minimal trübe, dunkelorange Farbe. Elegante Nussnase und Milchschokolade. Balancierter Trockenfrucht-Gaumen, Nüsse, sehr gut stützendes Säuregerüst. Mittellanger, nussbetonter Abgang. **17** *(2016)*
COLHEITA 1944 (bottled 2001) – Sehr eigenwillige drei-eckige Flasche. Dunkelroter, tiefer Farbkern wird nach außen heller. Tiefe Honig-Karamellnoten mit spürbarem Aceton-Touch in der Nase. Am Gaumen gut stützende Säure, Karamell und Teer. Langer, komplexer Abgang. **18** *(2010)*

Quinta de Roriz

Quinta de Roriz liegt wunderschön auf der Südseite des Douro, zwischen Pinhão und Tua. Die Quinta wurde 1784 von Robert Archibald mit Weinreben bepflanzt. Archibald verkaufte die Quinta bereits 1760 an die Familie Kopke. Über mehrere Hochzeiten übernahm die van Zeller-Familie die Quinta do Roriz im Jahr 1815 und produzierte mit den Trauben von Roriz den ersten Single-Quinta-Vintage Port überhaupt.

Aufgrund der Verbindung zu Gonzales Byass wurden auch deren Vintage Ports anfänglich komplett mit Trauben der Quinta de Roriz produziert. 2000 begannen die Symingtons sich für die Quinta zu interessieren und führten die Quinta zusammen mit João van Zeller. Letzterer kaufte die Quinta 2008 zurück und verkaufte sie im Frühjahr 2009 an Bruno Prats und die Familie Symington.

Seit dem werden aus den Trauben der Quinta hauptsächlich der Top-Rotwein Chryseia sowie sein Zweitlabel Post Scriptum und der Prazo de Roriz hergestellt. Nur in Spitzenjahren werden knapp 5.000 Flaschen Quinta de Roriz Vintage Port produziert, letztmalig in 2011 mit 4.200 Flaschen.

3 Fragen – 3 Antworten: Johnny Symington, Miteigentümer Symington Family Estates
Was war der erste Port, den du getrunken hast?
Als ich 10 Jahre alt war, feierten wir im Factory House den 70. Geburtstag meines Vaters und öffneten dabei viele Flaschen seines Geburtsjahrgangs 1900 von Warre. Das waren historische Weine, die mir mein Leben lang in Erinnerung geblieben sind.
Was ist am Douro besonders?
Da ich am Douro viel Zeit mit meiner Familie verbracht habe und verbringe, ist Douro für mich immer gleichbedeutend mit Familie. Ich liebe die Idylle am Douro mit seiner vielfältigen Tierwelt und seiner unbeschreiblichen Pflanzenvielfalt. Mit seinen beeindruckenden Landschaften und seinen einzigartigen Weinen und Portweinen ist das Douro-Tal mein siebter Himmel.

Homepage: www.chryseia.com
Gründungsjahr: 1784
Inhaber: Prats & Symington
Önologen: Luiz Coelho, Charles Symington, Bruno Prats
Quintas/Rebfläche: Quinta de Roriz (42 ha)
Spezialisiert auf: Vintage Port

Welchen Port nimmst du mit auf die einsame Insel?
Eine Flasche Warre 1960. Mit diesem Port bin ich nicht alleine, zumindest fühle ich mich nicht alleine.

VINTAGE PORTS

VINTAGE PORT 2011 - Tiefe dunkelviolette Farbe. Fruchtig, süß-scharfe Nase, fruchtiger Körper. Ansprechender, fruchtiger Gaumen mit einer intensiven Pflaumennote und ausbalancierte Tannine. Mittellanger Abgang. **17** *(2013)*
VINTAGE PORT 2007 - Dunkelrote Farbe mit violetten Reflexen. Frisch-florale Nase. Strukturierter, kompakter Gaumen mit Kirsche und Schokolade. Mittellanger Abgang. **17** *(2012)*
VINTAGE PORT 2006 - Tiefe violettrote Farbe. In der Nase ein Mix aus Frucht und Würze, schwarze Johannisbeeren. Tannine und Frucht am Gaumen, spürbare Säure. Kurzer Abgang. **16** *(2010)*

VINTAGE PORT 2003 - Tiefdunkelrote, leicht stumpfe Farbe. Fruchtig-komplexe Nase mit intensiven Cassisnoten. Am Gaumen bereits erstaunlich zugänglich, samtig, kompakte Tanninstruktur. Mittellanger Abgang. **17** *(2010)*
VINTAGE PORT 2001 - Während der 2001er Horizontale: zusammen mit dem Noval Nacional der Dunkelste der Probe. Ansprechendes Bouquet mit Himbeeren, Teernoten und weißem Pfeffer. Ausgewogener Gaumen mit sehr gut stützender Säure und einem Fruchtspiel von vielerlei roten Beeren. Mittellanger, fruchtbetonter Abgang. **17** *(2012)*
VINTAGE PORT 1999 - Minimal transparente, dunkelrote Farbe. Ansprechende Würznoten im Bouquet, hintergründig fruchtig. Am Gaumen elegant, schon recht weit gereift. Mittellanger Abgang. **16** *(2010)*
VINTAGE PORT 1995 - Während der 1995er Horizontale verkostet: Erkennbarer Wasserrand in der sonst vollen, dunkelroten Farbe. Strukturierte Beerennase, mitschwingende Süße, dem Vesuvio des gleichen Jahrgangs nicht unähnlich. Gaumen mit mehr Ecken und Kanten, als die Nase verspricht. Derzeit überwiegen Alkohol und Säure. Noch nicht integriert, Frucht unterschwellig erkennbar. Noch zehn Jahre liegen lassen. **16+** *(2011)*
VINTAGE PORT 1991 - Hellrote Farbe direkt nach dem Öffnen, dunkelt geringfügig im Dekanter nach. Elegante Himbeersirup-Nase. Auch am Gaumen elegant mit roten Beeren und spürbaren Tanninen. Mittellanger, leicht säurebetonter Abgang. **16** *(2012)*
VINTAGE PORT 1970 - Privatabfüllung mit Francisco Ferreira auf der Quinta do Vallado verkostet. Dunkelrote, transparente Farbe. Kräuter und Minze im Bouquet, elegant und frisch. Intensiver, frischer Gaumen mit floralen Noten. Mittellanger Abgang. **17** *(2012)*

ROZÈS

Rozès wurde 1855 gegründet, doch erst die zweite Generation unter Edmund Rozès füllte unter dem Rozès Etikett Portweine ab. Sein Vater Ostende Rozès verkaufte den Portwein nur fassweise an Privatleute und an andere Hersteller. Um im Markt unverwechselbar zu sein, füllte Edmund seine Portweine in sehr bauchige Flaschen, sogenannte pottas ab, wickelte sie in Wachspapier ein und versiegelte sie. Das gab der Firma ein Alleinstellungsmerkmal, wodurch Rozès bekannt wurde und die Preise der Portweine stark anstieg.

Nach der portugiesischen Revolution 1974/75 teilte die Familie Rozès die Anteile hälftig an Pedro Domecq und Taylor auf. Moet & Chandon übernahm 1977/78 die Anteile von Domecq und 1999 die andere Hälfte von Taylor, um sie im gleichen Jahr an die Vranken-Pommery-Gruppe zu verkaufen. Die Gesellschaft wurde als eine der ganz wenigen Portweinhäuser von einem Franzosen gegründet und war seit dem immer in französischer Hand. Obwohl Rozès mit der Quinta de Monsul eine der ältesten Quintas im Douro-Tal besitzt, stammen nur wenige Trauben von der nur vier Hektar Weinreben umfassenden Quinta, die Majorität liefern viele anderen Quintas mit nahezu 300 Hektar Gesamt-Rebfläche. Zur Gruppe gehört auch die Marke Terras do Grifo und São Pedro das Aguias.

3 Fragen – 3 Antworten: Antonio Saraiva, President of the Board

Was war der erste Port, den du getrunken hast?
Ein alter Family Reserve von meinem Großvater. Aber der erste Portgeschmack, den ich hatte, war eher ein Honig-Port, ein sehr alter Port, der nicht mehr flüssig war.
Was ist am Douro besonders?
Es ist unmöglich, den Douro nicht zu mögen.
Welchen Port nimmst du mit auf die einsame Insel?
Einen 1880 Rozès Colheita, der älteste Wein, den wir im Stock haben. Er wird nicht mehr verkauft.

Homepage: www.rozes.com.pt
Gründungsjahr: 1855
Inhaber: Vranken Pommery
Önologen: Manuel Henrique und Luciano Madueira
Quintas/Rebfläche: Quinta do Grifo (31 ha), Quinta de Monsul (4 ha) und zahlreiche andere Quintas mit insgesamt über 300 Hektar
Geheimtipp: Alte Vintage Ports, LBV, White Reserve
Importeur: www.vrankenpommery.com/de/

VINTAGE PORTS

Ältere Rozès Vintage Ports sind sehr gute Vertreter ihrer Art. Bei einigen der neueren Vintage Ports bis zum Jahrgang 2007 haben sie teilweise wenig Unterschied zu ihren sehr guten LBVs, die ungefiltert abgefüllt werden. Ab dem Jahrgang 2009 hat sich die Qualität der Vintage Ports aber enorm verbessert und gipfelt wieder in dem sensationellen Jahrgang 2011. Rozès produziert neben dem klassischen Vintage Port auch einen Terras do Grifo Vintage Port, erstmalig in 2011, und einen Quinta do Grifo Vintage Port (in den Jahren 2003, 2009 und 2011). Nur bei dem letzteren müssen die Trauben exklusiv von der Quinta do Grifo stammen, der Begriff Terras do Grifo würde auch Trauben anderer Weingüter zulassen. Bei den zwei bislang produzierten Terras do Grifo Vintage Ports der Jahre 2011 und 2012 stammen sie aber ausschließlich von Grifo.

VINTAGE PORT 2011 - Violette Reflexe in der fast schwarzen Farbe. Würzig-fruchtiges Bouquet, florale Noten. Komplexer, voller Gaumen, vielschichtig, Tannine und Säure perfekt eingebunden. Florale Noten. Langer, würziger Abgang. **18** *(2013)*
VINTAGE PORT QUINTA DO GRIFO 2011 - Vollfruchtige Nase, würzig-frisch, Schokolade. Tannin- und fruchtbetonter Gaumen, Säure, leichte Kaffeenoten. Mittellanger Abgang. **17** *(2013)*
VINTAGE PORT 2009 - Tiefdunkelrote Farbe. Elegante Nase mit Lakritze, Würze und einer ansprechenden Tiefe. Klassischer Gaumen mit massiven Tanninen, viel Säure und einer verführerischen Brombeer-Kirschnote. Langer, tanninbetonter Abgang. **17+** *(2011)*
VINTAGE PORT 2008 - Minimal stumpfe, tiefschwarze Farbe. Frische, fruchtig-elegante Nase. Softe Tanninstruktur spürbar, Schokolade, Kirsche. Mittellanger Abgang. **16** *(2016)*
VINTAGE PORT 2007 - Dunkelrote Farbe mit violetten Reflexen. Im Bouquet Tabak und florale Noten, leichte Säure. Am Gaumen ein elegantes Tanningerüst und intensive schwarze Johannisbeere. Mittellanger Abgang. **16+** *(2010)*
VINTAGE PORT 2005 - Tiefrote Farbe bei mittlerer Struktur. Anfänglich verhaltene Nase, nach sechs Stunden im Dekanter öffnet sie sich: Pflaume und Johannisbeere, eleganter Kaffee--Touch. Im Mund sehr elegant. Säure und Tannine vorhanden. Recht kurzer Abgang. In 5-10 Jahren schön zu trinken. **16** *(2010)*
VINTAGE PORT 2003 - Leicht stumpfe, tiefschwarze Farbe. Balanciertes, intensives Schokolade-Cassis-Bouquet. Spürbare Tannine am Gaumen, schwarze Johannisbeere und Schokolade, hintergründig Teer und Tabak. Mittellanger Abgang. **17+** *(2016)*
VINTAGE PORT 2000 - Beim Gala Dinner der Portweinbruderschaft verkostet: Elegante, florale Nase. Lakritze. Auch am Gaumen elegant, balanciert und stimmig. Ein typischer Rozès. **16** *(2014)*
VINTAGE PORT 1997 - Schon weit gereifter optischer Eindruck für einen 1997er Vintage Port. Nase und Gaumen weit gereift. Eleganter Abgang. Bei einer direkten Gegenüberstellung mit dem LBV hatte ich erhebliche Probleme, den Vintage Port zu erkennen. **16** *(2011)*
VINTAGE PORT 1982 - Ansprechender, gereifter Vintage Port, leicht, aber sehr schön jetzt zu trinken. Hellbeige Farbe. Malz-Honig-Noten in der Nase und am Gaumen. Nicht mehr länger liegen lassen, wie fast alle 1982er. **17** *(2012)*
VINTAGE PORT 1977 - Beim Portwine-Day 2015 in Porto verkostet: Dunkelorange Farbe. Frische Nase mit Kräutern, Tabak und Nussmix. Samtiger, sehr gut strukturierter Gaumen, Tabak, Rosinen. Langer, säureunterstützter Abgang. **17** *(2015)*
VINTAGE PORT 1945 - Der Überraschungsportwein der 1945-Horizontale: Volle, tiefdunkelrote Farbe. Florale Kräuternase mit Kaffeenoten. Intensiver, tiefer, komplexer, aber balancierter Gaumen, Kräuter, Fruchtnoten, Lakritze. Langer, komplexer Abgang. **18** *(2015)*

LATE BOTTLED VINTAGE PORTS (LBV)

LATE BOTTLED VINTAGE PORT 2000 - In der Nase frisch mit eingelegten Pflaumen und Heidelbeeren, hintergründig weißer Pfeffer. Am Gaumen balanciert und fruchtig mit reifen Noten rotbeeriger Früchte. Softe Tannine, wenig spürbare Säure. Kirsche und florale Noten, Kaffee. Langer, fruchtbetonter Abgang. **16+** *(2010)*

LATE BOTTLED VINTAGE PORT 1997 - Klare, tiefrote Farbe ohne Wasserrand mit intensiven Reflexen. Ansprechende Struktur. Am Bouquet intensive Gewürznoten und süße Würze, Süßholz und Kaffee. Mittellanger Abgang. **16+** *(2014)*

AGED TAWNIES

Rozès hat nie einen 30y old Tawny hergestellt. Mit den alten Tawny-Reserven wurden immer nur die (über) 40y old Tawnies produziert. Auch Colheitas wurden bislang nicht abgefüllt.

10 YEAR OLD TAWNY
Infanta Isabel
- Dunkelrot-orange Farbe. Balancierte Nuss-Frucht-Nase. Auch am Gaumen stimmige Nussnoten und Restfrucht. Mittellanger Abgang. **16** *(2011)*

20 YEAR OLD TAWNY
- Orangerote Farbe. Nussbetontes Bouquet mit hintergründigem Honig und Toffee. Spürbare Säure am Gaumen mit balancierten Haselnussnoten. Mittellanger Abgang. **17** *(2013)*

40 YEAR OLD TAWNY DOM ROZÈS - Leicht trübe, rotbraune Farbe mit grünen Reflexen. Volle Karamellnoten und alte Noten, intensiv, schöne Süße, minzige Noten. Am Gaumen eleganter. Mittellanger Abgang. **18** *(2012)*

SONSTIGE PORTWEINE

WHITE RESERVE - Dunkelorange Farbe. Frische Quitte und Orange in der Nase. Am Gaumen stimmige Säure mit gelbem Früchtekorb. Mittellanger Abgang. **16** *(2013)*

10 YEAR OLD WHITE PORT MENINA
- Mittelorange Farbe. Frisches Bouquet, balancierte Orangenschalen, Haselnüsse. Eleganter, frischer Gaumen mit sehr gut eingebundener Säure, Orangen und einem hintergründigem Nussmix. Mittellang. **17** *(2014)*

Quinta do S. José

Anfang 1999 begann São José als Familienprojekt der Familie Brito e Cunha, die in direkter Linie von Dona Antonia Ferreira abstammen. Die Quinta liegt neben der Quinta de Roriz und gegenüber der Quinta da Romaneira auf der Südseite des Douro.

Die Brito e Cunhas fahren seit 2011 auf São José zweigleisig, sie bieten hochwertigen Tourismus und sehr gut gemachte Portweine und Douro DOC Weine an. In diesem abgelegenen Landstrich muss man auch eine Übernachtungsmöglichkeit haben. Unschlagbar ruhig, doch die Anreise erfordert schon ein wenig navigatorische Vorkenntnisse oder alternativ ein Boot.

3 Fragen – 3 Antworten: João Brito e Cunha, Eigentümer

Was war der erste Port, den du getrunken hast?
Einen Quinta do Noval Vintage Port Nacional 1963.

Was ist am Douro besonders?
Die unbeschreibliche Schönheit der Natur, gepaart mit spürbarer Geschichte. Die Vielfalt der Rebsorten, die solch einzigartige Weine und Portweine produzieren.

Welchen Port nimmst du mit auf die einsame Insel?

Homepage:	www.quintasjose.com
Gründungsjahr:	2001
Inhaber:	João Brito e Cunha
Önologe:	João Brito e Cunha
Quintas/Rebfläche:	Quinta do S. José (10 ha)
Besonderheiten:	Produziert nur Vintage Port

QUINTA DE S. JOSÉ

Auf jeden Fall wäre das ein alter Tawny Port, wohl der Ne Oublie von den Symingtons.

VINTAGE PORTS

Wenn Portwein hergestellt wird, dann richtig. João produziert nur Vintage Port und den mit 2.000 Flaschen noch in recht geringen Mengen.

VINTAGE PORT 2013 - Tiefrote Farbe mit violetten Reflexen. Frische Kräuternase, rote Johannisbeere und Kirsche, balanciert. Am Gaumen elegant fruchtig, die Tanninstruktur wird erst am Ende spürbar. Mittellanger Abgang. **16+** *(2016)*

VINTAGE PORT 2012 - Tiefdunkelrote Farbe mit violetten Reflexen. Volle würzig-fruchtige Nase mit strukturierter Frucht und Schokolade. Minimal spürbare Süße am Gaumen, dahinter Frucht, Säure und eine softe Tanninstruktur. Stimmiger, balancierter Abgang. **17** *(2015)*

VINTAGE PORT 2011 - Intensive, dunkelrote Farbe mit violetten Reflexen. Würzig-fruchtige Nase mit schwarzer Johannisbeere und Tabak. Kantiger, fruchtiger Gaumen mit spürbarem Tannin-Säure-Gerüst. Mittellanger Abgang. **17** *(2015)*

VINTAGE PORT 2009 - Volle Reflexe in der fast schwarzen Farbe, kein Wasserrand. Intensive Fruchtnase mit Cassis und Kirsche, Säure, wenig Tanninen. Kurzer Abgang. **16** *(2012)*

Quinta do Sagrado

Früher wurden die Trauben der Quinta do Sagrado stets für die Cálem Vintage Ports verwendet. Im Jahr 1988 wurde erstmals in geringer Stückzahl ein Single Quinta Vintage Port „Sagrado" hergestellt. Als die Familie Cálem ihre Marke 1998 verkaufte, behielt sie die beiden Quintas do Foz und Sagrado im Familienbesitz. Die Quinta do Foz (Foz bedeuted Flussmündung, da die Quinta am Zulauf des Rio Pinhão zum Rio Douro liegt) wurde 2011 an die älteste Tochter des angolanischen Präsidenten verkauft, so dass Jose Maria Cálem sich mit seinem Sohn Duarte heute darauf konzentriert, Weine und Portweine von der Quinta do Sagrado herzustellen, die sich seit über 150 Jahren im Familienbesitz befindet. Sagrado produziert jährlich rund 50.000 Flaschen, wovon 10.000 auf den Portwein entfallen. Diese werden hauptsächlich in die U.S.A., Brasilien und die Schweiz exportiert.

3 Fragen – 3 Antworten: Jose Maria Cálem
Was war der erste Port, den du getrunken hast?
Einen Cálem Vintage Port 1955.
Was ist am Douro besonders?
Das Terroir gibt uns die Möglichkeit, atemberaubende Weine und Portweine zu machen.
Welchen Port nimmst du mit auf die einsame Insel?
Eine Flasche Cálem Vintage Port 1963.

Homepage: www.quintadosagrado.pt
Gründungsjahr: 2008
Inhaber: Familie Cálem
Önologen: Jose Maria Cálem
Quintas/Rebfläche: Quinta do Sagrado (20 ha)
Spezialisiert auf: Rubies

VINTAGE PORTS

Jose Maria Cálem produziert erst seit ein paar Jahre Vintages und auch nur in Jahren, in denen er keinen Zweifel hegt, dass die Qualität ist, wie sie sein soll. Daher hat er bislang nur 2011 als Vintage hergestellt, der auch direkt vom IVDP als offizieller „IVDP Vintage Port 2011" ausgewählt wurde, um ihn unter dem IVDP Logo abzufüllen.

VINTAGE PORT 2011 - Tiefdunkelrote Farbe mit violetten Reflexen. Intensive Tabak-Fruchtnoten in der Nase. Tanninstruktur am Gaumen, komplexe Fruchtnoten, Cassis und Kirsche. Langer, voller Abgang. **17+** *(2015)*

Sandeman

Sandeman ist der Hersteller, dessen qualitative Wahrnehmung in Deutschland am wenigsten der tatsächlichen Qualität entspricht. Ein wesentlicher Faktor ist die geringe Präsenz höher- oder gar hochwertiger Gewächse in den deutschen Fachgeschäften. So findet man selten einen Late Bottled Vintage oder 20-jährigen Tawny und fast nie einen Vintage Port von Sandeman, sondern eher die Standard Rubies und Standard Tawnies.

Dabei blickt die Firma auf eine erstaunliche Geschichte zurück: Bereits 1790 hat George Sandeman I. mit einem Kredit von nur dreihundert Britischen Pfund das Unternehmen gegründet. Um den firmeneigenen Port als Marke zu etablieren, wurden schon im frühen 19. Jahrhundert die Weinfässer mit Prägungen versehen. Bereits 1880 exportierte Sandeman etikettierte Flaschen nach England und hob sich damit als erster Hersteller von der Massenware ab. Im Bestreben, die Marke stärker zu bewerben, wurde 1928 der DON zur Galionsfigur der Firma und schnell zur ersten bekannten Figur der Werbebranche. Über 150 Jahre gehörte Sandeman zu den Top-Produzenten in der Portwein-Branche, bis 1979 die Seagram Investorengruppe Sandeman übernahm. Unter deren Regentschaft wurde leider weniger Wert auf Top-Qualitäten gelegt. Als Sogrape Vinhos Sandeman im Jahr 2002 erwarb, knüpfte man schnell wieder an die alte Logik an und produziert seitdem wieder auf hohem Niveau. Zur Sogrape Gruppe gehören neben Sandeman auch die Marken Ferreira und Offley.

Um die Einheitlichkeit der Vintage Ports sowohl optisch als auch qualitativ sicherzustellen, wurde bereits 1937 angekündigt, den Vintage Port des Spitzenjahrgangs 1935 nur „in-house" abzufüllen und nicht mehr fassweise ins Ausland zu verkaufen. Sehr positiv ist auch zu erwähnen, dass Sandeman unter George Sandeman bereits seit Jahren enthusiastisch den moderaten Umgang mit alkoholischen Getränken propagiert („Wine in moderation"), heute ein hochakzeptiertes Programm, gefördert von der Europäischen Union.

Sandeman ist einer der ganz großen Port-Produzenten, ohne dass dabei die Qualität leidet.

Homepage: www.sograpevinhos.com
Gründungsjahr: 1790
Inhaber: Sogrape Vinhos S.A.
Önologen: Luis Sottomayor
Quintas/Rebfläche: Quinta do Seixo (71 ha), Quinta do Vau (63 ha)
Geheimtipp: 20y old Tawny, alte Vintage Ports

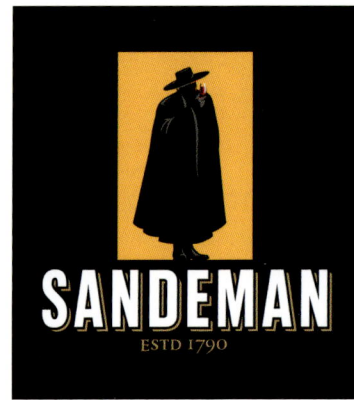

Pro Minute werden weltweit 21 Flaschen Sandeman Port verkauft. Sandeman exportiert in 55 Länder und ist eines der wenigen Portweinhäuser, das tatsächlich weltweit präsent ist. In vielen Ländern ist Sandeman eine der umsatzstärksten Portweinmarken, so z.B. in Belgien (Weltmeister des Portwein-Pro-Kopf-Konsums), Italien, USA und Italien. 70% der Menge und 80% des Umsatzes erreicht Sandeman in diesen Ländern durch seinen Portwein, den Rest durch Sherries.

3 Fragen – 3 Antworten: George Sandeman, Mitglied des Aufsichtsrates
Was war der erste Port, den du getrunken hast?
Ein Sandeman Vintage Port 1927 in dem Haus meiner Eltern.
Was ist am Douro besonders?
Was ist am Douro nicht besonders? Eigentlich ist alles besonders: Die Landschaft, die diese Weine herstellt. Die Personen, die vom Setzen der Weinreben bis zum Verschnitt an der Portweinproduktion beteiligt sind.
Welchen Port nimmst du mit auf die einsame Insel?
Eine Flasche Sandeman Vintage Port 1945

VINTAGE PORTS

Sandeman hat fast in jedem Jahr Vintage Port deklariert, allerdings in den nicht deklarierten Jahren eher homöopathischen Mengen. Alles vor und inklusive 1960 sind in generell deklarierten Jahrgängen sehr gute bis Spitzen-Vertreter der Kategorie. In den 60er Jahren wurde mit 1960, 1963, 1966, 1967 sehr viel deklariert. Ab 1970 ist die Qualität durchwachsen und wird in den 80ern eher elegant. Seit 1997 ist Sandeman qualitativ voll auf der Höhe und hat mit dem 2011er Vintage Port das Potential der Firma zurückerobert.

Das Konzept des Vau Vintage Port hat mich lange Zeit irritiert, da es auch eine Quinta do Vau gibt. Zunächst hielt ich die Vau Vintage Ports also für typische Single Quinta Vintage Ports, die es aber nicht sind. Unter dem Slogan „Vau- the Vintage for now" hat Sandeman mit dem Vau Vintage einen Port auf der höchsten Qualitätsstufe entwickelt, den man früher genießen soll und kann. Lediglich im Jahr 1988 wurde ein Sandeman Quinta do Vau hergestellt, der zusammen mit dem Quinta do Seixo 2013 die einzigen Single Quinta Vintage Ports von Sandeman sind.

VINTAGE PORT 2013 QUINTA DO SEIXO - Der erste Seixo Single Quinta Vintage Port in der Geschichte Sandemans. Volle, violettrote Farbe. Verführerisch fruchtige Nase, Cassis, Schokolade. Am Gaumen mitschwingende Süße, fruchtig-frisch, Tannine spürbar. Mittellanger Abgang. **17** *(2015)*

VINTAGE PORT 2011 - Tiefdunkelrote Farbe. Würzig klassische Nase. Pfeffer und roter Beerenmix. Großer ausdrucksvoller Gaumen, massiv, würzig. Kantige Tannine. Langer, fruchtig würziger Abgang. **18** *(2014)*

VINTAGE PORT VAU 2011 - Tiefdunkelrote, blickdichte Farbe. Teer und verbrannte Noten am Bouquet. Am Gaumen Lakritze, leicht medizinal. Mittellanger Abgang. **16** *(2014)*

VINTAGE PORT 2007 - Ausgeprägte violettrote Farbe bei mittlerer Struktur. Cassisnase, sehr konzentriert. Ansprechend frische Säure und Alkohol. Mittellanger Abgang. Die Anfangs vorhandenen unreifen Töne einiger Fassproben sind nun passe. **17+** *(2012)*

VINTAGE PORT 2003 - Auf der ProWein 2016 im Vintage Port Tasting: Frische, fruchtige Nase mit viel Druck, Kirsche und Pflaume. Voller, balancierter Gaumen, weißer Pfeffer. Langer, würziger Abgang. Sehr klassischer Port mit eine spürbaren Tanninstruktur, Säure und Frucht für ein langes Leben. **18** *(2016)*

VINTAGE PORT VAU 2003 - Leicht stumpfe, tiefrote Farbe. Verhaltene, würzig-frische Nase, hauptsächlich Süßholz und überreife Birne. Am Gaumen viel Tannine, voll und rund. Noch Primärfrucht vorhanden. Mittellanger, voller Abgang. **17** *(2012)*

VINTAGE PORT 2000 - Tiefschwarze volle Farbe. In der Nase viel Kaffee, Mokka, Himbeeren und Heidelbeeren. Voller, samtiger Gaumen, süße Heidelbeeren, intensive Kaffeenoten. Langer Abgang. Derzeit verschlossen. **18** *(2014)*

VINTAGE PORT VAU 2000 - Matte, tiefschwarze Farbe. Im Bouquet Schokolade und Frucht. Schon hier merkt man, dass dieser Port sowohl zu süßen als auch zu fruchtigen Nachspeisen hervorragend einsetzbar ist. Viel Säure, spürbare Tannine, volle Schokoladennoten und viel Himbeeren am Gaumen. Mittellanger, charmanter Abgang mit gut stützender Säure. Der beste Vau-Vintage bisher! **17** *(2015)*

VINTAGE PORT VAU 1999 - Ganz leichte Transparenz in der sonst blickdichten dunkelroten Farbe. Im Bouquet Kaffee und Veilchen. Eleganter, frisch-floraler Gaumen. Kaffee und Würznoten. Kurzer Abgang. Austrinken **16** *(2012)*

VINTAGE PORT 1997 - Tiefschwarze Farbe mit immer noch ausdrucksstarken Reflexen. Tiefes, voll-fruchtiges Kirschbouquet mit Teer und Kaffee. Am Gaumen Säure, Tannine und massive, rotbeerige Frucht. Leicht säurehaltiger Abgang. Einer der großen 1997er. **18** *(2012)*

VINTAGE PORT VAU 1997 - Transparent dunkelrote Farbe. Leicht gebackene Nase, Himbeeren und Malz. Auch im Gaumen gebackene Noten, rote Beeren und spürbare Säure. Mittellanger, angenehmer Abgang. Austrinken. **16** *(2012)*

VINTAGE PORT 1994 - Auch der 94er zeigt noch Reflexe in der dunkelroten Farbe. Schokolade, Kirschen und Himbeeren in der Nase. Nicht ganz so tief wie der 97er. Am Gaumen Tannine, Frucht, Alkohol und Säure und somit alle notwendigen Komponenten, aber nicht so rassig wie der 97er. Mittellanger Abgang. **17** *(2012)*

VINTAGE PORT QUINTA DO VAU 1988 - Der einzige wirkliche Single-Quinta-Vintage-Port der Quinta do Vau, den Sandeman je hergestellt hat. Hellrote, stark gealterte Farbe, elegante Pflaumennase. Auch am Gaumen elegant, aber jetzt sehr gut zu genießen. **16** *(2012)*

VINTAGE PORT 1985 - Die 1985er haben auch bei Sandeman ein Problem mit flüchtigen Säuren, daher hat sich die Firma entschlossen, diesen Jahrgang überhaupt nicht mehr zu verkaufen. Wenn man eine gute Flasche erwischt, ist es ein ansprechender, gealterter Vintage Port, mit einer voll fruchtigen und schokoladigen Nase. Im Mund ist noch viel Säure spürbar. Mittellanger, ausgewogener Abgang. Aufgrund der hohen Ausfallquote aber Hände weg! **17** *(2015)*

VINTAGE PORT 1982 - 1982 ist prinzipiell ein eleganter Portweinjahrgang, derzeit aber sehr schön zu genießen. Da dieser Vintage Port bei einem meiner Londoner Lieblingsrestaurants lange auf der Karte stand, habe ich diesen Port sehr oft verkostet. Volle braunrote Farbe. In der Nase viel würzige Frucht und Kaffee. Extrem balancierter, wenn auch nicht zu tiefgründiger Gaumen mit Vanille, Kaffee und Frucht. Mittellanger, ausgewogener Abgang. Jetzt und in den nächsten 5-10 Jahren. **17** *(2012)*

VINTAGE PORT 1980 - Dunkelrote, leicht transparente Farbe. Auch nach ca. 7 Stunden an der Luft wirkt er staubig an Bouquet und Gaumen. Nicht wirklich integriert. Hände weg. **14** *(2012)*

VINTAGE PORT 1977 „Jubilee" - Volle, rotorange Farbe. Ausgewogene Kirsch- und Pflaumennase mit hintergründigem Tabak. Am sehr gut gereiften Gaumen hauptsächlich Kirsche und Orangen, sehr ausgewogen. Runder, intensiver Abgang. Derzeit und für die nächsten 20 Jahre perfekt zu trinken. **18** *(2012)*

VINTAGE PORT 1975 - Ein typischer 75er: Sehr transparente hellrote Farbe mit bräunlichen Reflexen. Verhaltene, eindimensionale Nase mit hauptsächlich floralen Noten und Minze. Auch am Gaumen ein Leichtgewicht: ausgewogen und rund, aber zu oberflächlich. Kurzer, aber angenehm-runder Abgang. **16** *(2012)*

VINTAGE PORT 1967 - Volle, dunkelrote Farbe. Frisch-fruchtige Nase mit Schokolade und blumigen Noten. Würziger, schokoladiger Gaumen, insgesamt sehr rund. Ansprechende Komplexität. **17** *(2012)*

VINTAGE PORT 1966 - Volle, tiefrote Farbe. Frisch-fruchtiges Bouquet mit würzig-schokoladigem Gaumen. Voll entwickelt. Mittellanger, ausgewogener Abgang. **17** Jetzt bis 2030. *(2014)*

VINTAGE PORT 1965 - Transparent-rote, entwickelte Farbe mit braunen Reflexen. Hintergründige Frucht in der sonst eleganten Nase. Samtiger Gaumen, elegant und bereits völlig entwickelt, mit Kaffee und Honig. Mittellanger Abgang. **17** *(2012)*

VINTAGE PORT 1963 - Der 63er Sandeman Vintage Port unterliegt starken Qualitätsschwankungen (bottle variation). Bei der letzten Verkostung im Royal Airforce Club in London hatten wir viel Glück: Jugendliches Dunkelrot mit einer scharf-würzigen Nase, viel Honig und Minzschokolade. Am Gaumen frisch und aggressiv mit spürbaren Tanninen und Säure. Viel Minze und Schokonoten. Langer, ausgewogener Abgang mit viel Druck. **18** *(2012)*

VINTAGE PORT 1960 - Altersentsprechende, volle Farbe mit leichtem Wasserrand. Viel Milchschokolade im frischen Bouquet mit ansprechendem Säurerückgrat. Auch im Mund dominiert die Schokoladennote, würzig und frisch. Mittellanger, ausgewogener Abgang. **18** *(2012)*

VINTAGE PORT 1958 - Die 58er zeigen sich derzeit besser, als man es von diesem nicht generell deklarierten Jahrgang erwartet, doch der Sandeman dieses Jahrgangs überzeugt nicht: rotbraune Farbe, stark gealtert. Im Bouquet hauptsächlich Teer und verbrannter Zucker. Eindimensionaler Gaumen mit leichtem Honig und Karamell. Mittellanger, aber langweiliger Abgang. **16** *(2012)*

VINTAGE PORT 1957 - Beim ersten Treffen mit den Önologen des O-PORT-UNIDADE Projektes verkostet: Mittelbraune, volltransparente Farbe. Malz und Honig in der Nase. Sehr eleganter würziger Gaumen, alles in der Balance, Honig, Malz, gute Säurestruktur. Langer, gut strukturierter Abgang. **17** *(2014)*

VINTAGE PORT 1955 - Mit George Sandeman bei Thomas Kerns Abschiedsparty in Porto getrunken: Volle, jugendliche Optik, dunkelrote Farbe. In der Nase und im Gaumen Schokolade satt und viel Würze im Hintergrund. Am Gaumen noch eine leichte Schärfe und auch wieder viel Schokolade und Malz. Langer, voller Abgang. **18** *(2010)*

VINTAGE PORT 1950 - Geheimtipp: Die meisten 1950er Vintage Ports sind schon über ihren Zenit, doch der Sandeman Vintage Port dieses Jahrgangs besticht durch eine dunkelrote Farbe mit wenig Alterungsspuren. Blumige Nase mit viel Schokolade. Ansprechend gereifter Gaumen mit Honig- und Schokoladennoten. Mittellanger, leicht bitterer Abgang. **17** *(2012)*

VINTAGE PORT 1948 - Erkennbarer Wasserrand in der dunkelroten, intensiven Farbe. Intensive Schokolade und Pfeffer in der Nase, voll und rund. Voller, samtiger, intensiv-schokoladiger Gaumen mit würziger Süße. Ausdrucksstarker, langer und vielschichtiger Abgang. „Wine of the night" beim 2011er Sandeman-Showdown in London mit über 25 Sandeman-Vintage Ports. **19** *(2012)*

VINTAGE PORT 1947 - Rotbraune Farbe mit mittelintensivem Wasserrand. Verhaltenes Bouquet mit hintergründig süßem Karamell und Kräuternoten. Auch der Gaumen zeigt hauptsächlich Karamell und Süße. Mittellanger, säurebetonter Abgang. **17** *(2012)*

VINTAGE PORT 1946 - Mit George Sandeman auf der Quinta do Crasto getrunken: Transparente, rotorange Farbe. Ausdrucksstarke, florale Nase mit viel Malz und Honig. Ausgewogene Textur am Gaumen mit Toffee und Malz, sehr lebendig. Mittellanger Abgang. **17** *(2012)*

VINTAGE PORT 1945 - Rötlich-braune Farbe mit gut erkennbarem Wasserrand. Verhaltenes Bouquet mit viel Karamell. Am Gaumen viel Honig und Malz, nicht zu intensiv, aber ein toller gereifter Vintage Port. Intensiver mit mehr Dekantierzeit. **18** *(2012)*

VINTAGE PORT 1944 - Aus zwei Flaschen beim „V20 Tasting" in London verkostet: Volltransparent braune Farbe. Verbrannter Zucker in der Nase. Weit fortgeschritten. Würzig. Minze. Auch am Gaumen verbrannter Zucker am Gaumen, Karamell, Malz, spürbare Säure im Abgang. 16. Die zweite Flasche war besser: Volltransparente orangebraune Farbe. Malz, Toffee, Honig. Würziges Bouquet, leicht bitter. Malzig-fruchtiger Gaumen, Würznoten, Toffeefinish. Mittellanger Abgang. **17** *(2014)*

VINTAGE PORT 1943 - Mittelintensiver Wasserrand in der rötlich-braunen Farbe. Karamell in der Nase, fruchtig-würzig im Hintergrund. Samtiger Gaumen mit viel Gewürz- und Mokkanoten. Mittellanger Abgang. **17** *(2012)*

VINTAGE PORT 1935 - Volle dunkelrote Farbe mit fast gar keinen Alterungsspuren. Frisches, komplexes Bouquet mit sogar noch fruchtigen Noten (Himbeeren), Rosinen und Kaffee, hintergründig würzig. Intensiver, tiefer Gaumen mit viel Würze, Lakritze und Honig. Ausgewogener, intensiver und langer Abgang mit mehreren Stufen. **19** *(2012)*

VINTAGE PORT 1934 - 1934 wurde nur von einer Handvoll Portweinproduzenten deklariert. Tiefrote Farbe mit bräunlichen Reflexen. Karamellnoten in Nase und Gaumen, viel frisch-blumige Noten, sehr lebendig. Langer, frischer Abgang. **18** *(2012)*

VINTAGE PORT 1927 - Alle(!) 1927er überraschen durch ihren noch fast jugendlichen Charakter. Volle, dunkelrote Optik ohne erkennbaren Wasserrand. In der Nase viel verbrannter Zucker und blumige Frische. Voller, wuchtiger und integrierter Gaumen mit Malz- und Karamellnoten. Spürbare Säure im Abgang, aber lang und ausgewogen. **18** *(2012)*

VINTAGE PORT 1922 - Dunkelorange Farbe, wenig Wasserrand. An der Nase verbrannter Zucker, Karamell und Rosinen, Rauch. Komplexer, voller Gaumen, Rosinen, verbrannte Noten, Karamell. Langer balancierter Abgang. **17** *(2012)*

VINTAGE PORT 1920 - Transparent mittelrote Farbe. Volle, tiefe Nase mit Kirsche und Schokolade. Am Gaumen leicht ausgetrocknet. Medizinale Noten mit Schokolade und Kirsche. Mittellanger Abgang. **18** *(2013)*

VINTAGE PORT 1917 - Mittelrote Farbe mit orangen Reflexen. Rosinen und eine mitschwingende Süße in der Nase, Schokolade. Eleganter, minimal süßer, balancierter Gaumen mit Orange, Malz und Schokolade. Mittellanger Abgang. **18** *(2015)*

VINTAGE PORT 1911 - Der Port des Krönungsjahres König George V. ist nur von ganz wenigen Herstellern deklariert worden, u.a. von Sandeman und Ramos Pinto. Die Qualität dieses Ports hat aber ausgereicht, ein Jahrhundert zu überdauern, daher kann diese Entscheidung so schlecht nicht gewesen sein. Allerdings zeigt der 1911er Sandeman starke Altersspuren in der blass-beigen Optik. Süßes Bouquet mit verbranntem Zucker und Rosinen. Auch im Gaumen überlagern die Karamellnoten, hintergründig Orangenschalen. Mittellanger Abgang. Nach ca. 45 Minuten an der Luft beginnt der Port, sich zu desintegrieren, wird allmählich bitter. **17** *(2011)*

VINTAGE PORT 1900 - Einer der ganz großen Sandeman-Ports und noch unbeschreiblich jung. Volle, tiefrote Farbe und ein für das Alter sehr dünner Wasserrand. Volle Honig-Karamellnase mit Minze. Am voll integrierten und ausdrucksstarken Gaumen allerlei Gewürze, Honig und Karamell. Langer, voller Abgang. **19** *(2010)*

VINTAGE PORT 1884 - Orange-goldene Farbe mit sehr ausgeprägtem Wasserrand. Butterscotch und Toffee in der Nase, leichte Gewürznote (Rosmarin). Voll integrierter Gaumen, leicht müde, viel Toffee. Mittellanger ausgeglichener Abgang. **17** *(2012)*

VINTAGE PORT 1873 - Bereits beige Farbe mit einem ausgeprägten Wasserrand. Konzentrierte, volle Nase mit Karamell, Pflaume und gebackenen Noten, Malz und Honig. Direkt nach dem Dekantieren ausgewogen, wird doch der Branntweingeschmack mit steigender Dekantierzeit intensiver. Honig und Malznoten erkennbar. Mittellanger, gut strukturierter Abgang. **17** *(2012)*

LATE BOTTLED VINTAGE PORTS (LBV)

LATE BOTTLED VINTAGE PORT 2007
- Volle, tiefrote Farbe. Frische, aber verhaltene Nase, Würze und Tabak. Der Gaumen ist intensiver als die Nase verspricht: volle schwarze Johannisbeere, Würznoten, Tannine und Säure. **16** *(2012)*

LATE BOTTLED VINTAGE PORT 2000
- Mittlere Struktur, saubere Reflexe, tiefdunkle, rote Farbe, merklicher Wasserrand. In der Nase Brombeeren, Cassis, sehr fruchtig. Leichte Alkoholnote, hintergründig Tabak und Lakritze. Am Gaumen mittleres Gewicht, Frucht, Waldbeeren, elegante Säure und gut integrierte Tannine. Mittellanger, leicht alkoholischer Abgang. **16** *(2011)*

AGED TAWNIES

10 YEAR OLD TAWNY - Dunkelrote, transparente Farbe, gut strukturiert. In der Nase eine gute Mischung aus frischer Frucht und verhaltenen Trockenfrüchten, leicht schokoladig. Am Gaumen noch fruchtig, zu wenig Tawnynoten. Mittellanger Abgang. **16** *(2015)*

20 YEAR OLD TAWNY - Saubere, orangerote Farbe. Nussige Nase mit Marzipan und Dattelnoten. Süßer, voller, samtiger Gaumen mit intensiven Haselnussaromen, Marzipan und einer sehr ansprechenden Frische. Sehr ausgewogener, langer Abgang. **18** *(2014)*

30 YEAR OLD TAWNY - Braunrote Farbe. Im Bouquet intensive Malz- und Kaffeenoten. Ansprechende Säure und viel Honig am Gaumen, Frucht und verbrannter Zucker. Langer, säureunterstützter Abgang. **18** *(2012)*

40 YEAR OLD TAWNY - Dunkelgold-rote Farbe mit grünen Reflexen. Intensive vielschichtige, frische Nase mit Mokka, Malz und Honig. Voll integrierter, sehr konzentrierter Gaumen, leicht cremig. Ausgeprägte Kaffee- und Honignoten, Minze. Langer konzentrierter Abgang. **18** *(2013)*

SPECIALS

Cask 33 - ist ein besonderes Fass, dass der Chef-Önologe Luis Sottomayor als Geburtstagsport für die 225. Jahresfeier ausgewählt hat. Die Gesamtproduktion umfasst lediglich 685 Flaschen. Sandeman versucht allerdings nicht, mit Wucht und Aromenkonzentration zu punkten, sondern setzt auf Finesse: Volltransparente, frische, hellrote Farbe mit tiefem Farbkern. Elegantes, frisch-würziges Bouquet, sehr ausgewogen, hintergründig Tabaknoten. Intensiver, balancierter Gaumen, Milchschokolade, Gewürzmix, perfekt integrierte Säure. Faszinierend langer Abgang. **19** *(2014)*

São Pedro das Aguias

Kurz nachdem Portugal sich der Europäischen Gemeinschaft im Jahr 1986 anschloss, kaufte Paul Vranken von Vranken Pommery über eine Zwangsversteigerung die Quinta Convento de São Pedro das Aguias und gründete die fast gleichnamige Portweinmarke. Die Quinta wurde kurze Zeit später wieder verkauft. Heute baut eine kanadische Firma dort Wolfram ab.

São Pedro das Aguias war der erste neue Portweinhersteller, der direkt „ab Hof" und nicht über Vila Nova de Gaia die Portweine vertrieben hat. Das war anfänglich sehr schwer, da die Regelung über Vila Nova de Gaia zu versenden zwar vom Europäischen Gerichtshof aufgehoben wurde, aber die neuen Regelungen erst einmal in der Praxis umgesetzt werden mussten. So hat Antonio Saraiva damals die Inspekteure vom Portweininstitut immer in Regua vom Zug abgeholt und dann die Begehung und Verkostung mit ihnen durchgeführt. 1999 übernahm Vranken auch Rozès und die beiden Firmen Rozès und São Pedro das Aguias wurden unter einem gemeinsamen Management geleitet. São Pedro das Aguias ist eine der wenigen Hersteller, die ausschließlich Portwein und keine Weiß- und Rotweine herstellen. Erstmalig und bisher einmalig wurde 1987 auch ein Colheita produziert, doch das wird sich in naher Zukunft ändern. Die Jahresproduktion von rund 300.000 Flaschen Portwein wird hauptsächlich im Heimatland und in Frankreich getrunken.

Homepage: In Bearbeitung
Gründungsjahr: 1986
Inhaber: Vranken Pommery
Önologen: Manuel Henrique und Luciano Madueira
Quintas/Rebfläche: Diverse Weinberge, knapp 90 Hektar Gesamtfläche
Spezialisiert auf: Alte Tawnies

3 Fragen – 3 Antworten: Manuel Henrique, Önologe
Was war der erste Port, den du getrunken hast?
Das war ein Sandeman 20y old.
Was ist am Douro besonders?
Die ständige Herausforderung durch die Natur. Entweder ist es zu heiß oder es ist zu kalt.
Welchen Port nimmst du mit auf die einsame Insel?
Eine Flasche São Pedro das Aguias Vintage Port 2000

VINTAGE PORTS

VINTAGE PORT 2011 - Schwarzviolette Farbe mit ausgeprägten Reflexen. Intensive, fruchtig-strukturierte Nase. Am Gaumen spürbare Tannine und Säure mit strukturierter Frucht. Langer, tanninbetonter Abgang Derzeit eckig, mit viel Potential. **17+** *(2016)*

LATE BOTTLED VINTAGE PORTS (LBV)

LATE BOTTLED VINTAGE PORT 2011 - Tiefdunkelrote Farbe. Leicht vegetale, frisch-fruchtige Nase mit Kaffee und Schokolade. Fruchtiger Gaumen mit eleganter Frucht und Milchschokolade, sehr gut stützende Säure. Mittellanger Abgang. **16** *(2016)*

AGED TAWNIES

So wie bei der Schwesterfirma Rozès hat auch São Pedro das Aguias nie einen 30y old Tawny hergestellt. Die alten Reserven wurden ausschließlich für den (über) 40 Jahre alten Tawny verwendet.

40Y OLD TAWNY - Leicht trübe, dunkelbraune Farbe. Minimale Acetonspuren in der Nase, Karamell und Walnüsse. Am Gaumen kantige Säure, frische Walnüsse, Karamell. Mittellanger, komplexer Abgang. **18** *(2016)*

COLHEITAS

Der erste und einzige Colheita bisher ist der 1987er, den ich in zwei Abfüllungen verkosten durfte. Die erste aus den späten 90er Jahren ist fade und nicht mehr mit viel Genuss trinkbar. Die späte Abfüllung von 2010 ist solide.

COLHEITA 1987 (bottled 2010) – Hellrote Farbe mit orangen und grünen Reflexen. Elegantes, balanciertes Bouquet. Toffee- und Nussmix. Auch am Gaumen elegant, gut strukturierte, balanciert. Toffee- und Tabak. Mittellanger Abgang. **17** *(2010)*

Quinta Seara d'Ordens/Quinta dos Carqueijais

Die Familie Leite erwarb den Grundbesitz der heutigen Quinta nahe bei Poiares bereits vor 1800. Sie investierte mächtig und pflanzte Wein, Oliven- und Mandelbäume. Die nächste Generation verschlug es zum Militär. Nachdem Major Leite zum Befehlshaber der Garnison von Lamego aufgestiegen war, hinderte ihn dies nicht, viel Zeit auf der Quinta zu verbringen. Zum Teil so viel Zeit, dass sich seine Soldaten ihre Befehle (Order) auf der Quinta abholen mussten. Die Quinta wurde seit dem Quinta Seara (wegen des Ortes) d'Ordens (der Befehle) genannt. 1992 entschieden sich die Eigentümer der Quinta Seara d'Ordens, Weine und Portweine unter eigenem Etikett zu vertreiben und nicht mehr ihre Trauben und Portweine an andere Hersteller zu verkaufen. António, José und Fernando Morreira warteten das zweihundertste Jubiläum der Quinta ab, um ihre Portweine und Weine im Markt zu positionieren. Neben dem Quinta Seara d'Ordens Etikett produziert die Quinta noch Wein unter dem Quinta dos Carqueijais-label. Obwohl sie mehrheitlich „Entry-level" Portweine produzieren, verkaufen die drei Morreiras ihre 80.000 Flaschen Portwein, davon rund 5.000 Flaschen Vintage Port in über 18 Länder, hauptsächlich nach Deutschland, Frankreich und in die U.S.A.

3 Fragen – 3 Antworten: José Morreira, Önologe
Was war der erste Port, den du getrunken hast?
Das war ein Portwein aus 1971. Obwohl das kein besonders guter Jahrgang war, hat mich dieser Port nachhaltig beeindruckt.
Was ist am Douro besonders?
Die natürliche Schönheit des Douro-Tals zieht automatisch alle in ihren Bann. Für den

Homepage: www.searadordens.com
Gründungsjahr: 1792, produzieren seit 1992 unter eigenem Etikett
Inhaber: Familie Morreira
Önologen: Luís Soares Duarte António
Quintas/Rebfläche: Quinta do Seara d'Ordens (60 ha)
Importeur: www.portwein-welt.de

Önologen kommen dann noch Faktoren wie die extrem unterschiedlichen Mikroklimata, mit denen wir authentische, unverwechselbare Portweine und Weine herstellen können.
Welchen Port nimmst du mit auf die einsame Insel?
Ich hoffe, dass ich erst in 50 Jahren auf meine einsame Insel komme und dann würde ich gerne den Seara d'Ordens Vintage Port 2011 mitnehmen.

VINTAGE PORTS

VINTAGE PORT 2013 - Schwarzrote Farbe mit violetten Reflexen. Elegante, fruchtig-würzige Nase, Cassis und Tabak. Am Gaumen softe Tannine, gut stützende Säure, Schwarzkirsche und schwarze Johannisbeere. Mittellanger Abgang. **16** *(2016)*
VINTAGE PORT 2011 - Auffällig intensive violette Reflexe in der Farbe. Intensives, süß-florales Bouquet, Vanille, Veilchen. Ausgewogener, würziger Gaumen, eher elegant. Mittellanger Abgang. **17** *(2013)*

VINTAGE PORT 2010 - Dunkelrote Farbe. Fruchtig-florale Nase, derzeit sehr verführerisch. Am Gaumen elegant, leichte Tannine, Kirsche und Brombeeren. Kurzer Abgang. **16** *(2013)*
VINTAGE PORT 2009 - Schwarzrote Farbe. Fruchtig-florale Nase, sehr verführerisch. Am Gaumen elegant, leichte Tannine, Kirsche und Brombeeren. Kurzer Abgang. **16** *(2013)*
VINTAGE PORT 2007 - Dunkelrote Farbe mit ausgeprägten Reflexen. Fruchtig-frisches Bouquet mit Kirsche und Cassis. Am Gaumen softe Tannine und Spürbare Säure, Frucht und würzige Noten. Mittellanger Abgang. **17** *(2009)*
VINTAGE PORT 2005 - Schwarz-violette Farbe. Fruchtige Nase mit intensiven Himbeer- und Johannisbeernoten. Balancierter Gaumen, spürbare Tannine, rote Beeren, Pflaume. Mittellanger Abgang. **16** *(2007)*

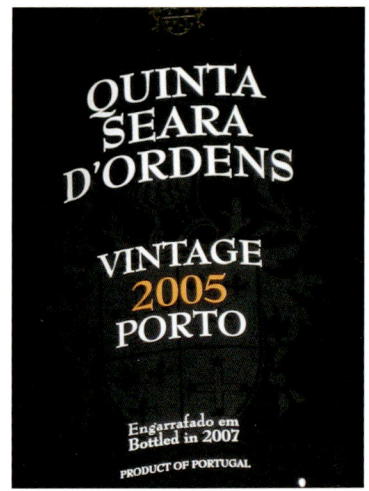

LATE BOTTLED VINTAGE PORTS (LBV)

LATE BOTTLED VINTAGE PORT 2010 - Tiefdunkelrote Farbe. Lakritz-Frucht-Nase, intensiv. Voller, schokoladig-fruchtiger Gaumen. Mittellanger, strukturierter Abgang. **16+** *(2015)*

SMITH WOODHOUSE

Smith Woodhouse wurde 1784 von Christopher Smith gegründet, der neben dem Wein-Business gleichzeitig hohe politische Ämter ausübte. So war er im Jahr 1817 mit 77 Jahren Lord Mayor in London und gleichzeitig ein Mitglied des englischen Parlaments (Member of Parliament).
In den 1890er Jahren führten Newman, Sebastian Smith sowie Wiliam und James Woodhouse die englischen Firmen und Robert Woodhouse die Firma in Portugal. Die Geschäfte liefen im 19. Jahrhundert hervorragend, doch in den Wirren des ersten und zweiten Weltkrieges brach der Umsatz fast komplett ein. 1960 kaufte W. J. Graham die Firma Smith Woodhouse. Mit der Übernahme Grahams durch die Symingtons im Jahr 1970 wurde auch Smith Woodhouse (Abgekürzt: SWC) ein Bestandteil des Symington Portfolios. Wie Gould Campbell und Quarles Harris fristet auch Smith Woodhouse das Schattendasein eines Zweitlabels bzw. einer „baby brand". In der Vergangenheit hatten die Portweine von Smith Woodhouse einen sehr guten Ruf, werden aber seit der Übernahme der Symingtons nicht mehr wirklich ins Rampenlicht gestellt. Smith Woodhouse ist die einzige der drei „baby brands" der Symingtons, die eine zugehörige Quinta und auch einen „Single Quinta Vintage Port" Madalena herstellt. Doch Vorsicht, da nicht Quinta da Madalena sondern nur Madalena auf dem Etikett vermerkt ist, müssen die Trauben per Definition nicht exklusiv von der Quinta stammen. Madalena muss vielmehr als Zweit-Label verstanden werden.

Homepage: www.thevintageportsite.com, www.symington.com
Gründungsjahr: 1784
Inhaber: Symington Family Estates
Önologen: Charles Symington
Quintas/Rebfläche: Quinta da Santa Madalena (5 ha), Quinta Val Coelho (14 ha)
Spezialisiert auf: LBV, Vintage Port
Geheimtipp: Smith Woodhouse Vintage Port 1977
Importeur: mehrere Importeure

SMITH WOODHOUSE
QUALITY PORT SINCE 1784
PORT

VINTAGE PORTS

VINTAGE PORT 2011 - Süß-fruchtige Nase, elegante Würze im Hintergrund. Tannine spürbar, eleganter Gaumen, leichte Würze, mittellanger, sehr süßer Abgang. **17** *(2013)*
VINTAGE PORT 2007 - Tiefe, dunkelrote Farbe. Mitschwingende Süße in der Nase mit einer ansprechenden Komplexität, leicht fruchtig, würzig und Cassis. Am Gaumen Säure, Tannine und gut proportionierte Frucht. Säurehaltiger Abgang. **17+** *(2009)*
VINTAGE PORT 2003 - Letztmalig auf der ProWein 2009 verkostet: Würzig volle Nase, komplex und voll. Tiefer Gaumen, Frucht, Alkohol, Tannine. Langer, komplexer Abgang. **18** *(2009)*
VINTAGE PORT MADALENA 1996 - Minimal stumpfe, dunkelrote Farbe. Elegantes, weit gereiftes Bouquet mit einer spürbaren Pflaumennote. Sehr eleganter, zu eleganter Gaumen, hintergründig Schokolade. Kurzer Abgang. **15** *(2016)*

VINTAGE PORT 1994 - Blickdichte, dunkelrote Farbe. Frische, fruchtbetonte Nase, Tabak und Würze. Ansprechender, voller Gaumen, vielschichtig, noch verschlossen. **17** *(2011)*
VINTAGE PORT 1991 - Farblich schon sehr weit entwickelt: Transparente, mittelrote Farbe. Auch am Gaumen schon sehr weit - zu weit. Karamell und überreife Noten. Mittellanger Abgang. Austrinken. **16** *(2011)*
VINTAGE PORT MADALENA 1988 - Dunkelrote Farbe mit erkennbarem Wasserrand. Ansprechende Schokoladennase, fruchtig. Eleganter Gaumen mit eleganter Schokolade. Mittellanger Abgang. **16** *(2011)*
VINTAGE PORT 1985 - Transparente rote Farbe. Elegante, frische Nase, Schokolade, leicht würzig. Ansprechender Gaumen mit viel Pflaume, Kaffee und Milchschokolade. Mittellanger Abgang. **17** *(2015)*

VINTAGE PORT 1983 - Tiefe, blickdichte Farbe. Elegante Nase, Pflaume und Beeren fruchtaromen. Auch am Gaumen verhalten, ganz leicht verbrannte Noten, Pfeffer. Kurzer Abgang. Austrinken. **16** *(2011)*
VINTAGE PORT 1980 - Sehr dunkle, fast blickdichte Farbe. Ausgewogene Nase mit ausgeprägten Kaffeenoten, hintergründig fruchtig. Lakritz und Frucht am Gaumen, Zartbitterschokolade. Mittellanger Abgang. **16** *(2016)*
VINTAGE PORT 1977 - Tiefdunkelrote, leicht transparente Farbe. Noch teilverschlossene Nase, frisch und würzig. Kaffeenoten, Pflaume, Kirsche. Am Gaumen spürbare Säure, Tanningerüst. Kaffee, satte Zartbitterschokolade, wenig Frucht, viel Würze. Mittellanger Abgang. Noch liegen lassen. **18** *(2015)*
VINTAGE PORT 1975 - Mittelrote Farbe. Leicht wässrig wirkende Struktur. Sehr elegante Nase, hintergründig Kräuter. Einfacher, eindimensionaler Gaumen. Kurzer Abgang. Vorbei. **NR** *(2015)*
VINTAGE PORT 1970 - Minimaler Wasserrand in der transparent vollroten Farbe. Frische florale Noten in der Nase, hintergründig Honig, Malz und Karamell. Minimal spürbare Süße am Gaumen, sehr gut strukturiert. Langer, komplexer Abgang. **18** *(2012)*
VINTAGE PORT 1966 - Transparent hellrote Farbe. Viel Malz und Restfrucht in der Nase. Würzige Noten im Hintergrund. Malz, Toffee und Karamell am Gaumen. Viel Schokolade in Gaumen und Nase. Hat während des Dekantierens stark nachgedunkelt. Langer, intensiver Abgang. **18** *(2012)*
VINTAGE PORT 1963 - Dieser Portwein ist unglaublich selten. Leider der einzige Eintrag von der 63er Horizontale: Auf dem Korken stand SWC Crusted btld. 1974. Transparent mittelrote Farbe, ausgeprägter Wasserrand. Metallische Noten, Fehlaromen. **NR** *(2013)*
VINTAGE PORT 1947 - Orange, volltransparente Farbe, der hellste Port beim diesjährigen Weihnachts-Tasting. Oberflächliche Nase mit leichter Frucht und viel Karamell. Am Gaumen viel Honig und Malz. Mittellanger, säurebetonter Abgang. **17** *(2010)*

Taylor, Fladgate & Yeatman

Wenn die Fladgate Partnership mit ihren Marken Taylor, Fonseca und Croft ein Autokonzern mit den Marken Mercedes, Audi und VW wäre, dann wird das Mercedes Image am besten durch Taylor repräsentiert. Die Fladgate Partnership positioniert Taylor ganz bewusst an der Spitze des Unternehmens.

Job Bearsley gründete 1692 den Vorläufer der Firma. Bearsley handelte zunächst mit vielen Waren, hauptsächlich Wolle und Agrarprodukten. Sein Sohn Peter Bearsley war einer der ersten ausländischen Händler, die im Douro-Tal Weinberge kauften. Während alle anderen ausländischen Handelsfirmen zu dieser Zeit lediglich den fertigen Portwein erwarben, konnte Bearsley nunmehr die Qualität von Anfang an stark beeinflussen. 1815 wurde nach zahlreichen Namensänderungen mit Joseph Taylor der erste Taylor in die Gesellschaft aufgenommen. 1836 folgten John Fladgate und 1844 Morgan Yeatman und firmierten seitdem unter „Taylor, Fladgate und Yeatman". Aufgrund zahlreicher Ehen und Firmennachfolgen existierten bereits im späten 19. Jahrhundert familiäre Bindungen zu Croft, Morgan, Fonseca und Offley. Eine wirkliche Kontinuität in der Firmenführung gab es allerdings erst mit Eintritt von Frank „smiler" Yeatman 1889 in die Firma. Frank Yeatman war als erster in der Portweinproduktion für fünfzig Vintages verantwortlich. Nach seinem Tod übernahm Dick Yeatman die Firmenführung. Nach dessen Tod 1966 übergab seine Witwe ihrem Neffen Alistair Robertson die Firma, der Taylor, Fladgate & Yeatman mit seinen Partnern Bruce Guimaraens und Huyshe Bower bis 2000 sehr erfolgreich ausbaute. Mit Bruce Guimaraens und Alistair Robertson

Homepage: www.taylor.pt
Gründungsjahr: 1692
Inhaber: Fladgate Partnership
Önologen: David Guimaraens
Quintas/Rebfläche: Quinta da Vargellas (69 ha), Quinta de Terra Feita (53 ha), Quinta do Junco (43 ha)
Importeur: www.wein-wolf.de

vereinte Taylor wohl zwei der charismatischsten Persönlichkeiten der damaligen Zeit in der Firmenführung. Seit 2000 führt Alistairs Schwiegersohn Adrian Bridge die Firma, Anteilseigner der Partnerschaft sind seine Frau Natasha und der Chef-Önologe David Guimaraens.

Die Taylors Quintas wurden sukzessive erworben. Als erste wurde die Flaggschiff Quinta de Vargellas im Jahr 1893 gekauft, als sie aufgrund der Zerstörung durch Phylloxera nahezu brach lag. Erst 1974 folgte die Quinta de Terra Feita und 1998 wurde Junco von der Firma Borges & Irmao gekauft.

Im 19. Jahrhundert wurden viele Vintage Ports mit den Trauben der Quinta da Roeda hergestellt, die 1844 von John Taylor gekauft wurde, doch als Mitgift seiner Tochter an die Familie Croft übergegangen ist.

3 Fragen – 3 Antworten: Adrian Bridge, CEO der Fladgate Partnership
Was war der erste Port, den du getrunken hast?
Das war ein Taylors Vargellas Vintage 1972, von dem mein Vater einige Flaschen für meinen Bruder gekauft hat.
Was ist am Douro besonders?
Am Douro sieht man viele unterschiedliche Szenarien, jedes ist besonders, jedes ist einzigartig. Ob man im feuchtkalten Winter oder im glutheißen Sommer da ist. Besonders beeindruckend sind die Gerüche im Douro. Es riecht an jeder Ecke anders.
Welchen Port nimmst du mit auf die einsame Insel?
Taylors 1963. Da es mein Geburtsjahrgang ist, trinke ich seit langer Zeit jedes Jahr eine Flasche und sehe wie der Port reift. Ich hoffe, diesen auch noch in sehr hohem Alter genießen zu können.

VINTAGE PORTS

Die Fladgate Partnership verkündet stets am 23. April im zweiten auf die Ernte folgenden Jahres an, ob sie einen Vintage Port herstellt. Eine Tradition, die Alistair Robertson, der langjährige CEO Taylors damals einführte, als er das Amt übernahm. „As it is long Taylors tradition…" begann er seine Rede und legte damit die Tradition fest.

Taylors Vintage Ports sind immer Top-Level. Es gibt neben den Single Quinta Vintage Ports Vargellas und Terra Feita auch den Vargellas Vinhas Velhas, eine besondere Cuvée, die rund doppelt so teuer wie der reguläre Vintage Ports ist. Erstmalig wurde dieser Vintage Port 1995 hergestellt. Beim Jahrgang 1970 gibt es einmalig einen Taylor Vintage Port und einen Quinta de Vargellas Vintage Port. Der letztere wurde aus Trauben einer Parzelle hergestellt, die kurz danach durch den Bau des Staudamms überflutet wurde. Die Taylor Vintage Ports sind in der Verschlussphase sehr schwer zu beurteilen. Gerade mit dem 1985er Vintage Port hatte ich lange Jahre meine Schwierigkeiten. Erst seit 2010 öffnet dieser sich und zeigt sein ganzes Potential.

VINTAGE PORT VARGELLAS VINHAS VELHAS 2011 - Tiefrote, fast schwarze Farbe. Vielschichtige, intensive, balancierte Nase mit würziger Frucht. Komplexer Gaumen mit vielen Frucht-Gewürzlagen und perfekt integrierter Säure- und Tanninstruktur. Langer, derzeit sehr kantiger Abgang. **19** *(2013)*
VINTAGE PORT 2011 - Fast schwarze Farbe mit violetten Reflexen. Elegantes, frisches Bouquet, unterschwellige Komplexität und Würznoten. Exzellent eingebundene Tanninstruktur, softe Fruchtnoten, Fruchtnoten (Brombeere, Kirsche). Langer, eleganter Abgang. **18+** *(2013)*
VINTAGE PORT VARGELLAS VINHAS VELHAS 2009 - Intensive, vielschichtige, volle Nase, sehr konzentrierte Fruchtnoten. Auch am Gaumen mehr Wucht als der reguläre Taylor mit der typischen schwarzen Johannisbeere. Langer, voller und intensiver Abgang. Ein Port für die Enkelkinder. **18+** *(2011)*

VINTAGE PORT 2009 - Privatprobe bei Fonseca mit David Guimaraens: Tiefdunkelrote Farbe. Florale, blumig volle Nase, Blaubeeren satt. Floral und würzig, aber vielschichtig. Voller, samtiger, fruchtiger Gaumen mit hintergründiger Würze. Mittellanger, strukturierter Abgang. **18** *(2011)*

VINTAGE PORT QUINTA DE TERRA FEITA 2008 - Volles, würziges Bouquet, sehr rund und intensiv. Voller, fruchtiger Gaumen, ansprechende Komplexität, Tannine und Säure. Langer Abgang. **17** *(2012)*

VINTAGE PORT QUINTA DE VARGELLAS 2008 - Tiefdunkle Farbe mit minimalem Wasserrand. Fruchtig frische Nase, roter Beerenmix. Säurehaltiger Gaumen, fruchtig. Tannine erkennbar. Kurzer Abgang. **16** *(2012)*

VINTAGE PORT VARGELLAS VINHAS VELHAS 2007 - Es wird sofort ersichtlich, dass dies der große Bruder vom regulären Taylor Vintage Port ist. Säurehaltige Nase mit intensiver Konzentration, ausgeprägt floralen Noten und Tabak. Das Bouquet wird mit längerer Zeit an der Luft immer intensiver. Hintergründige Süße mit einer überwältigenden Konzentration am Gaumen und allen notwendigen Elementen. Langer, Abgang. Der Höchstbepunktete des Jahrgangs mit dem meisten Potential! **19** *(2010)*

VINTAGE PORT 2007 - Mit David Guimaraens aus der Magnum: Tiefe, dunkelrote Farbe mit ausgeprägten Reflexen. Fast scharfe, pfeffrige Nase, blumige Noten. Verführerisch, viel rote Beeren, hauptsächlich schwarze Johannisbeeren. Tabak, leichte Teernoten. Mittellanger, strukturierter Abgang. Derzeit in der Verschlussphase. **17+** *(2015)*

VINTAGE PORT QUINTA DE TERRA FEITA 2005 - Blindverkostung der 2005er: Dunkelrote Farbe mit violetten Reflexen. Tabak und rotbeerige Frucht in der Nase. Balancierter, fruchtbetonter Gaumen mit soften Tanninen, Kirsche und Cassis. Mittellanger Abgang. **17** *(2008)*

VINTAGE PORT QUINTA DE VARGELLAS 2005 - Rotschwarze Farbe. In der Nase eine süße Würze und viel Frucht (die klassische schwarze Johannisbeere eines jungen Vintage Ports). Am Gaumen Frucht, Alkohol, Säure, integrierte Tanninstruktur. Mittellanger, fruchtbetonter Abgang. **17** *(2015)*

VINTAGE PORT VARGELLAS VINHAS VELHAS 2004 - Volle, tiefrote Farbe. Derzeit reduktive Nase, Cassis und Kirsche. Auch am Gaumen derzeit reduktiv, Schokolade, spürbare Tannine und Kirschnoten. Mittellanger Abgang. **17+** *(2014)*

VINTAGE PORT QUINTA DE VARGELLAS 2004 - Stumpfe, tiefdunkelrote Farbe. Würzige, elegant-frische Nase. Frischer, ansprechender Gaumen mit soften Tanninen und spürbarer Säure. Mittellanger, würziger, leicht adstringenter Abgang. **16** *(2010)*

VINTAGE PORT 2003 - Blickdichte, leicht stumpfe, dunkelrote Farbe. Florale und frische Noten. Vielschichtiger, vollfruchtiger und säurehaltiger Gaumen. Ausgeprägte, soft strukturierte, perfekt dosierte Tannine. Wird mal ein ganz großer. Derzeit voll in der Verschlussphase. **19** *(2015)*

VINTAGE PORT QUINTA DE TERRA FEITA 2001 - Florale Frische im Bouquet. Klassischer, strukturierter Port mit frisch-säurehaltigem Gaumen, massiven Tanninen und viel Säure. Derzeit noch recht verschlossen, ist der Terra Feita ein Port für den längerfristigen Verbrauch. **17** *(2012)*

VINTAGE PORT QUINTA DE VARGELLAS 2001 - Frische Himbeere und schwarze Johannisbeere an der Nase. Knackige Tannine und spürbare Säure am Gaumen. Mehrstufige rotbeerige Frucht, die derzeit in den Hintergrund tritt. Säurehaltiger Abgang. **17** *(2012)*

VINTAGE PORT 2000 - Beim Gala Dinner der Portweinbruderschaft letztmalig verkostet: Floral frische Nase, vegetal mit Gewürznoten. Elegante Schokolade am Gaumen, Schokofinish, unterschwellig komplex. Erinnert mich an den 1985er, der auch sehr lange in der Reduktionsphase war. Potential. **18** *(2013)*

VINTAGE PORT QUINTA DE TERRA FEITA 1999 - Dunkelrote, derzeit leicht stumpfe Farbe. Im Bouquet viel Cassis und Schokolade. Spürbare Säure am Gaumen, Himbeeren, schwarze Johannisbeere und Milchschokolade. Mittellanger Abgang. **17** *(2012)*

VINTAGE PORT 1997 - Auch der 1997er Taylor erinnert mich an den 1985er, der sich lange Zeit in der Reduktionsphase nicht attraktiv gezeigt hat. Leicht stumpfe, dunkelrote Farbe. Reduktive Nase mit Schokolade und roten Beeren. Am Gaumen verschlossen, Schokolade und rote Beeren. Mittellanger Abgang. **17+** *(2013)*

VINTAGE PORT QUINTA DE VARGELLAS 1996 - Zeigt schon Alterungsspuren. Ansprechendes Dunkelrot und erkennbare Reflexe. In der süße Würze, Pflaumen und Himbeeren. Am Gaumen spürbare Säure und erkennbare Tannine. Relativ kurzer, fruchtiger Abgang. **16** *(2010)*

VINTAGE PORT QUINTA DE VARGELLAS 1995 - Dichte, tiefschwarze Farbe ohne Wasserrand. Eingelegte Früchte in der Nase, Kirsche und Säure. Strukturierter Gaumen mit erkennbarer Säure und Tannine. Mittellanger Abgang. **17+** *(2013)*

VINTAGE PORT 1994 - Bei der Blindverkostung im Factory House mit meinem Freund Thomas Kern korrekt zugeordnet: Sehr junge, minimal transparente Farbe mit minimalem Wasserrand. Volles komplex-fruchtiges Bouquet mit Kirschnoten. Intensive, komplexe Frucht. Ein großer Port für die Ewigkeit. **19** *(2012)*

VINTAGE PORT 1992 - Tiefdunkelrote Farbe. Fruchtige, florale Noten in der Nase, recht untypisch für Taylor. Schokolade, softe Tannine und rote Frucht am Gaumen. Mittellanger Abgang. **17** *(2012)*

VINTAGE PORT QUINTA DE VARGELLAS 1991 - Minimal transparente, dunkelrote Farbe. Gut stutzende Säure, Schokolade und rotbeerige Frucht in der Nase. Am Gaumen softe Tannine, Schokolade und Himbeeren. Mittellanger Abgang. **17** *(2013)*

VINTAGE PORT QUINTA DE TERRA FEITA 1988 - Jugendlich-dunkelrote Farbe. Würzige, elegante Nase mit eleganter, rotbeeriger Frucht. Spürbare Säure, erkennbare Frucht und softe Tannine. Mittellanger, komplexer Abgang. **17** *(2010)*

VINTAGE PORT QUINTA DE TERRA FEITA 1986 - Mittelrote, transparente Farbe, minimaler Wasserrand. Spürbare Säure in der eleganten Nase. Minze, hintergründig Teenoten. Am Gaumen auch säurebetont, elegante Frucht. Mittellanger Abgang. **16** *(2013)*

VINTAGE PORT 1985 - Lange Zeit zeigte sich der Taylor Vintage Port 1985 verschlossen, doch jetzt beginnt er seine Genussphase, die lange anhalten wird. Volltransparente, rote Farbe. Tiefe, komplexe Fruchtaromen. Auch am Gaumen ansprechende Komplexität, Schokolade, rote Beerenfrucht. Langer, schokobetonter Abgang. **18** *(2016)*

VINTAGE PORT 1983 - Der „wine of the night" bei der 1983er Horizontale auf der Quinta do Quevedo (Oscars Geburtsjahrgang): Leuchtend dunkelrote Farbe. Frisch florales Bouquet. Würziger, schokoladiger Gaumen, viel Säure, wenig Tannin. Langer, leicht säurebetonter Abgang. **17** *(2013)*

VINTAGE PORT QUINTA DE VARGELLAS 1982 - Ziegelrote Farbe. Rosinen, verbrannter Zucker und ein Hauch Primärfrucht im Bouquet. Säurebetonter Gaumen, Schokolade, eingelegte Schwarzkirschen. Mittellanger, leicht säurebetonter Abgang. **16** *(2014)*

VINTAGE PORT 1980 - Dunkelrote, volltransparente Farbe. Würzige, leicht kräuterbetonte Nase. Eleganter Gaumen mit soften Tanninen und gereifter Frucht. Langer, komplexer Abgang. Noch nicht ganz aufgewacht. **17** *(2013)*

**VINTAGE PORT QUINTA DE VARGELLAS
1978** - Rotorange Farbe mit minimalem Wasserrand. Der dunkelste Port auf der 78er Horizontale. Viel Säure in der Nase, wird besser mit zunehmender Dekantierzeit. Am Gaumen fast nur noch Säure, wenig Frucht. Kurzer Abgang. Austrinken. **15** *(2010)*

VINTAGE PORT 1977 - Transparent mittelrote Farbe. Volle Fruchtnoten in der Nase, Malz und intensive Schokolade. Auch am Gaumen Schokolade, elegante Restfrucht, gut stützende Säure und Minze. Komplexer, langer Abgang. **18** *(2013)*

**VINTAGE PORT QUINTA DE VARGELLAS
1976** - Mittelrote Farbe mit erkennbarem Wasserrand. Elegante Nase, Malz, Honig, sehr elegant. Auch am Gaumen gut gereift elegant mit Toffee und Honig. Kurzer Abgang. Zügig austrinken. **16** *(2010)*

VINTAGE PORT 1975 - Dunkelrote, volltransparente Farbe. In der Nase noch Restfrucht spürbar, Schokolade. Cremiger, säurebetonter Gaumen mit Schokolade. Mittellanger Abgang. **17** *(2015)*

VINTAGE PORT 1970 - Mein Geburtstags-Port 2016: Dunkelrote Farbe. Intensives Bouquet mit Malz, Honig, Kaffee, Kirsche und Schokolade, tief und balanciert. Samtiger, komplexer Gaumen mit intensiven Kaffee- und Malznoten, sehr gut stützende Säure, Langer, komplexer Abgang. **19** *(2016)*

**VINTAGE PORT QUINTA DE VARGELLAS
1970** - Der wohl seltenste Vintage Port von Taylor. Mittelrote, transparente Farbe, dünnt zum Rand hin leicht aus. Elegantes, voll gereiftes Bouquet, Malz- und Minznoten, eleganter als der Taylors blend von mehreren Quintas. Eleganter, voll integrierter Gaumen mit Honig und Malznoten. Mittellanger Abgang. **17** *(2013)*

**VINTAGE PORT QUINTA DE VARGELLAS
1967** - Ganz leichter Wasserrand in der kirschroten Farbe. Elegantes, frisch-malziges Bouquet. Anfänglich verhaltener Gaumen, der mit mehr Zeit an der Luft deutlich zulegt. Hauptsächlich Malz und elegante Frucht. Mittellanger Abgang. **17** *(2013)*

VINTAGE PORT 1966 - Saubere, dunkelrote Farbe. Volle, komplexe Nase. Noch nicht völlig erwacht. Kaffee- und malzbetontes Bouquet. Frischer Gaumen mit viel Druck, weißer Pfeffer und würzige Noten. Langer Abgang. Nochmal 10 Jahre im Keller liegen lassen. **18** *(2016)*

**VINTAGE PORT QUINTA DE VARGELLAS
1965** - Mittelrote, transparente Farbe. Elegante Nase mit Malz und Toffee. Am Gaumen voll gereifte Malz-Honig-Kombination. Langer, gereifter Abgang. Zügig austrinken. **17** *(2013)*

VINTAGE PORT 1963 - Auf der 1963er Horizontalen in England mit über dreißig verschiedenen Vintage Ports des Jahrgangs musste sich Taylor nur dem Noval Nacional geschlagen geben: Dunkelrote, minimal transparente Farbe. Frische, intensive, volle Nase, fruchtig, Schokolade. Frischer, sehr gut strukturierter, komplexer Gaumen, mit intensiver Schokolade und Toffee. Langer, voller Abgang. **19** *(2013)*

VINTAGE PORT 1960 - Volltransparente, mittelrote Farbe. Balancierte, gereifte Nase mit Toffee, Orange und Malz, elegant. Süßer, malziger Gaumen, leicht ausgetrocknet. Mittellanger Abgang. **17** *(2013)*

VINTAGE PORT 1955 - Transparent hellrote Farbe mit minimal bräunlichen Reflexen. Ausgeprägt komplexe, floral-mineralische Nase, vielschichtig. Kaffee- und Teearomen, Schokolade. Gut stützende Säure am Gaumen, dahinter sehr intensiv, viel Honig und Malz, hat viel Druck. Hintergründig Teearomen. Langer, voller Abgang. Schwankt je nach Flasche zwischen 18 und 19. **19** *(2013)*

VINTAGE PORT 1948 - Dunkelrote, transparente Farbe. Schoko-Toffee-Nase, Minze. Am Gaumen sehr gut stützendes Säuregerüst, voller, integrierter Gaumen, elegante Süße, Honig- und Malznoten. Langer Abgang. **18** *(2013)*

VINTAGE PORT 1945 - Aufgrund englischer Nachkriegsbeschränkungen wurde der Jahrgang 1945 von Taylor komplett in Portugal abgefüllt. Gänzlich zur Regel wurde das erst 1974. Minimal transparente, tiefdunkelrote Farbe. Komplexe Nase mit satten Kräuter-, Kaffee- und Fruchtnoten. Komplexer, balancierter Gaumen mit strukturierten Kaffee-Kräuter-Fruchtnoten. Extrem langer, voller, komplexer Abgang. Nicht nur die Intensität, sondern auch die Frische und die Balance begeistern. **20** *(2015)*

VINTAGE PORT 1935 - Beim Weihnachtstreffen gleich aus zwei Flaschen: Mittelrote Farbe mit erkennbarem Wasserrand. Intensive Nase mit viel Druck, Kaffee und Kräutern. Auch am Gaumen frisch gemahlener Kaffee, Tabak und Milchschokolade. Säureunterstützter, voller Abgang. **19** *(2015)*

VINTAGE PORT 1927 - Genau acht Mal habe ich diesen großen Portwein bisher verkostet. Einmal sogar an einem Abend aus drei unterschiedlichen Flaschen, die wir aufgemacht haben und dann nur am Korken erkennen konnten, was es tatsächlich ist. Tiefdunkle, transparente Farbe. Frische, florale Nase mit Tabaknoten im Hintergrund. Frisch-fruchtiger Gaumen, perfekt stützende Säure, Würznoten. Komplex integrierter und langer Abgang. **19** *(2014)*

VINTAGE PORT 1924 - Mittelrote Farbe. Frische, volle Nase. Malznoten am balancierten Gaumen. Voller Malz und Honig-Gaumen mit spürbarer Säure. Langer, malzbetonter Abgang. **18** *(2013)*

VINTAGE PORT 1920 - Der älteste Portwein der Taylor-Vertikale 2013: Transparent dunkelrot-braune Farbe. Kantige, frische Malznase mit Karamell, Minze, Honig und rauchigen Noten. Intensiver, leicht kantiger, komplexer Gaumen mit Säure und Marzipan. Mittelanger, komplexer Abgang. **18** *(2013)*

LATE BOTTLED VINTAGE PORTS (LBV)

LATE BOTTLED VINTAGE PORT 2010 - Dunkelrote Farbe mit violetten Reflexen. Fruchtig-schokoladige Nase. Am Gaumen ansprechende Komplexität mit Schokolade und roten Beeren. Mittellanger Abgang. **16** *(2015)*

AGED TAWNIES

10 YEAR OLD TAWNY - Dunkelrote Farbe. Frische, fruchtig-nussige Nase. Am Gaumen säurebetont, dahinter Trockenfrüchte und rotbeerige Restfrucht. Mittellanger Abgang. **16** *(2012)*

20 YEAR OLD TAWNY - Rotbraune Farbe. Intensive Rosinen, Datteln und Nüsse in der Nase. Auch am Gaumen nussbetont mit hintergründigen Rosinen. Mittellanger Abgang. **17** *(2013)*

30 YEAR OLD TAWNY - Grüne Reflexe in der mittelrot-orangen Farbe. Mandel-Marzipan-Nase, minimal nussig. Voller, komplexer Gaumen, intensiver Nussmix mit Orangen und Rosinen. Langer Abgang. **18** *(2012)*

40 YEAR OLD TAWNY - Ziegelrot-orange Farbe mit grünen Reflexen. Intensives Mandel-Nuss-Bouquet. Sehr gut stützende Säure am Gaumen, Mandel, Orange und Toffee, hintergründig Honig. Langer, komplexer Abgang. **18** *(2010)*

COLHEITAS

Die Colheitas heißen bei Taylor Very old Single Harvest Port, da die Engländer nichts trinken, das sie nicht aussprechen können. Durch die Übernahme von Krohn kann Taylor auf atemberaubende alte Tawny-Portweine im Fass zurückgreifen. Derzeit haben sie die Jahrgänge 1863, 1964, 1965 und 1966 abgefüllt. Voraussichtlich wird nun jeder vorhandene Jahrgang zum fünfzigsten Geburtstag abgefüllt, um das „Jubiläumsgeschäft" mitzunehmen.

COLHEITA „VERY OLD SINGLE HARVEST PORT" 1966 (bottled 2016) - Dunkelbraune Farbe mit ansprechend orange-grünen Reflexen. Intensive Kaffeenase, frisch. Leicht süßer, voller Gaumen mit Toffee und Kaffee. Langer Abgang. **18** *(2016)*

COLHEITA „VERY OLD SINGLE HARVEST PORT" 1964 (bottled 2014) - Auf dem Big-Fortified-Tasting verkostet: Blassorange Farbe. Tiefe, balancierte Nussnase mit spürbarem Aceton. Intensiver voller Nussmix am Gaumen, Rosinen. Langer Abgang. **17** *(2016)*

COLHEITA „VERY OLD SINGLE HARVEST PORT" 1863 (bottled 2013) - Tiefdunkelbraune Farbe mit ausgeprägten orange-grünen Reflexen und minimalem Wasserrand. Komplexe Kaffeenoten, Toffee und minimaler Teer am Gaumen, sehr gut integrierte Säure. Ewig langer Abgang mit minimal bitteren Noten. **19** *(2013)*

SONSTIGE PORTWEINE

SCION - Beim Scion handelt es sich um zwei Fässer Portwein, deren Trauben bereits vor dem Reblausbefall geerntet wurden („pre-Phylloxera"). Die Fässer wurden während der gesamten Zeit im Douro-Tal gelagert und werden nun von Taylor in einem sehr exklusiven Format präsentiert. Scion bedeutet Setzling, Nachkomme oder Erbe. Wie schon beim Pink Port, war die Fladgate Partnership mit dem Scion auch bei den sehr alten und hochpreisigen Tawny-Portweinen erster am Markt. Diesem Trend folgen heute zahlreichen Hersteller. Mit David Guimaraens und Dirk Niepoort auf der Quinta da Roeda verkostet: Tiefdunkelbrauner Farbkern mit grün-goldenen Reflexen. Würzige Honignoten im Bouquet, Kaffee und Nussnoten, minimaler Vanilletouch, sehr gut balanciert. Tiefer, konzentrierter Gaumen mit allerlei Nuss- und Trockenfruchtnoten und Marzipan. Die Säure ist in perfekter Balance. Intensiver, überraschend frischer Abgang. **19** *(2011)*

Quinta das Tecedeiras

Ursprünglich als Quinta da Teixeira oder Teixeira Velha bekannt, benannten Nonnen die Quinta im 18. Jahrhundert in Tecedeiras um, da sie auf dem rund acht Kilometer oberhalb von Pinhão liegendem Gelände aufwändige Webarbeiten vornahmen - Tecedeira heißt übersetzt Weber. Nachdem Reblaus und Mehltau die Weinberge Ende des 19. Jahrhunderts komplett verwüstet hatten, stellte man auf Tecedeiras die Produktion auf Oliven und Früchte um. Durch den Dammbau am Douro Mitte des 20. Jahrhunderts verlor Tecedeiras nahezu 80% seiner ursprünglichen 150 Hektar.

Bis 2013 gehörte die Marke der Gruppe Dão Sul, die sie exklusiv für den portugiesisch-brasilianischen Markt nutzte und nur sehr geringe Mengen in andere Länder exportierte. 2013 übernahmen die Investoren Tony Smith und Marcelo Lima die Quinta. Sie produzieren derzeit einen LBV, zukünftig, in sehr guten Jahren vielleicht auch wieder einen Vintage Port. Ihre Zielgröße sind 5.000 bis 10.000 Flaschen pro Jahr. Neben den Portweinen werden auch Douro DOC-Weine auf Tecedeiras hergestellt.

Homepage: www.quintadastecedeiras.pt
Gründungsjahr: 2001, re-launch 2013
Inhaber: Lima-Smith Lda.
Önologen: Carlos Lucas
Quintas/Rebfläche: Quinta das Tecedeiras (9 ha)
Spezialisiert auf: Rubies
Geheimtipp: LBV, 3 Jahre liegen lassen

QUINTA DAS TECEDEIRAS

VINTAGE PORTS

Alle verkosteten Vintage Ports wurden noch unter der Regie von Dão Sul hergestellt. Der verantwortliche Önologe war Carlos Lucas, der weiterhin für die Portweine von Tecedeiras verantwortlich ist.

VINTAGE PORT 2008 - Volle Fruchtnote, viel schwarze Johannisbeere, Lakritz. Viel rotbeerige Frucht am Gaumen, spürbare Säure, Alkohol, Tannine. Mittellanger Abgang. **16+** *(2011)*
VINTAGE PORT 2007 - Vollrote, leicht stumpfe Farbe. Himbeere, Kirsche und Kaffee in der Nase. Tannine, Kaffee, Frucht am Gaumen, dezente Würznote, gut stützende Säure. Mittellanger Abgang. **17** *(2015)*
VINTAGE PORT 2005 - Leuchtendes Violett-Rot mit intensiven Reflexen. Balancierte, fruchtbetonte Nase mit Kirsch und Schokoladennoten. Intensive Fruchtnoten am Gaumen, Himbeere und Cassis. Spürbare Tannine im Abgang. **16** *(2010)*
VINTAGE PORT 2004 - Dunkelrote Farbe. Elegante Nase mit eingelegten Kirschen. Am Gaumen fruchtig-elegant. Kurzer Abgang. **16** *(2010)*
VINTAGE PORT 2003 - Minimal transparente, dunkelrote Farbe. Frische, fruchtige Nase, Gewürze. Tabak. Tanninhaltiger, frischer Gaumen, Säure. Schokolade, Frucht. Langer, voller Abgang. **17** *(2015)*

LATE BOTTLED VINTAGE PORTS (LBV)

Der Quinta das Tecedeiras LBV wird nach vier Jahren Lagerung in großen Fässern ungefiltert abgefüllt.

LATE BOTTLED VINTAGE PORT 2011 - Dunkelrote Farbe. Cassis- und Pflaumennase, Schokolade. Relativ verhaltener Gaumen, Schokolade, Frucht. Mittellanger Abgang. **16** *(2015)*
LATE BOTTLED VINTAGE PORT 2008 - Minimaler Wasserrand in der dunkelroten Farbe. Weißer Pfeffer, Kirsche und Pflaume in der Nase. Intensiver, leicht tanninhaltiger Schoko-Fruchtgaumen mit würziger Kirsche und Cassis. Mittellanger Abgang. **17** *(2015)*

SONSTIGE PORTWEINE

SPECIAL RESERVE OLD (TAWNY) - Vollrote Farbe. Frische, vollle Karamell-Nussnase. Frische, volle Noten, Nuss, Honig, Toffee. Mittellanger Abgang. **16+** *(2015)*
SPECIAL RESERVE - Transparente vollrote Farbe. Karamell-Schoko-Nase, sehr frisch. Fruchtbetonter Abgang. Easy Drinker mit ansprechender Komplexität. **16** *(2015)*

3 Fragen – 3 Antworten: Tony Smith, Eigentümer
Was war der erste Port, den du getrunken hast?
Ein Entry-Level Ruby in England, da mein Vater leider immer nur diesen Ruby im Haus hatte
Was ist am Douro besonders?
Alles ist besonders am Douro. Das Verhältnis der Menschen, des Flusses und der Weinberge. Für mich ist das meine „Wow"-Region.
Welchen Port nimmst du mit auf die einsame Insel?
Einen 40 Jahre alten Grahams Tawny.

QUINTA DO TEDO

Die Geschichte der Quinta geht bis in das 17. Jahrhundert zurück und umfasst mehrere Eigentümerfamilien. Tedo war über die Jahrzehnte verlässlicher Traubenlieferant für die zur Sogrape-Gruppe gehörende Marke Offley. 1992 erwarb der aus Burgund stammende Vincent Bouchard die Quinta do Tedo mit dem Ziel, Portweine unter eigener Marke zu vertreiben.

Quinta do Tedo liegt idyllisch direkt an der Mündung des Rio Tedo in den Douro, vis-a-vis von Dirk Niepoorts Quinta de Napoles, so dass man sie bei einer Flussfahrt auf dem Douro nicht übersehen kann. 1992 umfasste die Quinta ungefähr neun Hektar Weinreben die nach und nach erweitert wurden, um schließlich die heutigen 14 Hektar zu erreichen.

Seit 1995 ist der authentische und begabte Önologe Jorge Alves für die Portweine der Quinta do Tedo verantwortlich. Neben dieser Tätigkeit ist er des Weiteren auf der Quinta Nova in gleicher Funktion tätig. Im gleichen Jahr stellte Tedo seinen ersten Vintage Port her. Die rund 50.000 Flaschen Port von Tedo werden hauptsächlich in die Niederlande, die USA, Kanada und Frankreich exportiert.

Homepage: www.quintadotedo.com
Gründungsjahr: 1992
Inhaber: Vincent Bouchard
Önologen: Jorge Alves
Quintas/Rebfläche: Quinta do Tedo (14 ha) inlusive Savedra (1,4 ha)
Importeur: www.legourmetweine.de

3 Fragen – 3 Antworten: Jorge Alves, Önologe
Was war der erste Port, den du getrunken hast?
Einen 1958er Warre Vintage Port. Ein nicht besonders starkes Jahr, doch der Wein hat mich sofort begeistert.
Was ist am Douro besonders?
Man verliebt sich sofort in die Region. Man muss einfach alles mögen, was hier wächst und produziert wird – es ist alles von so hoher Qualität.

Welchen Port nimmst du mit auf die einsame Insel?
Einen Graham Vintage Port 1945

VINTAGE PORTS

Quinta do Tedo stellt in den Vintage Jahrgängen fast immer einen Quinta do Tedo und einen Tedo Savedra her. Mit einer Produktionsmenge von ca. 3.000 Flaschen Tedo und 800 Flaschen Savedra ist Savedra quasi ein Single-Single Quinta-Vintage Port, da Savedra eine besondere Lage innerhalb der Quinta do Tedo umfasst. Der Savedra ist der elegantere, samtigere und hochpreisigere Vintage Port.

VINTAGE PORT 2013 - Dunkelrote Farbe mit violetten Reflexen. Frische Cassis-Kaffeenase. Spürbare Tannine in der Nase. Cassis, grüne Banane. Tanninbetonter Abgang. **16+** *(2015)*
VINTAGE PORT 2011 - Schwarzviolette Farbe. Süße, fruchtbetonte Nase, Heidelbeerbonbon, Teer, Kaffee. Süßer, tanninhaltiger Gaumen, Säure spürbar. **16+** *(2015)*
VINTAGE PORT 2011 SAVEDRA - Schwarzviolette Farbe, ausgeprägte Reflexe. Balancierte, komplexe Nase, Kaffee, Cassis. Voller, tanninbetonter Gaumen, balanciert. Cassis. Mittellanger Abgang. **17** *(2015)*
VINTAGE PORT 2009 - Schwarzviolette Farbe. Fruchtig-frische Nase. Marmeladig, elegant, hintergründig Kaffee. Würzig, balancierter Gaumen. Verhaltener Abgang. **16** *(2015)*
VINTAGE PORT 2009 SAVEDRA - Tiefdunkelrote Farbe mit violetten Reflexen. Komplexe, balancierte Nase, Kirsche, Cassis. Eleganter, strukturierter Gaumen, Schokolade, Cassis. Mittellanger Abgang. **17** *(2015)*

VINTAGE PORT 2007 - Frische, dunkelrote Farbe. Intensives, leicht marmeladiges Bouquet mit intensiver Frucht und komplexen Würznoten, hintergründig Teer. Voller Gaumen mit viel Tanninen und guter Frucht. Klassisch mit gutem Alterungspotential. **17** *(2015)*
VINTAGE PORT 2007 SAVEDRA - Schwarzviolette Farbe mit ansprechenden Reflexen. Strukturierte, komplexe Nase, Kaffee, Cassis. Balancierter, aber intensiver Gaumen, Teer, Cassis. Mittellanger Abgang. **17** *(2015)*
VINTAGE PORT 2004 - Schwarzviolette Farbe. Fruchtige Nase, ansprechende Struktur. Am Gaumen spürbare Säure, Tannine und Cassis, hintergründig würzig. Langer Abgang. **16+** *(2009)*
VINTAGE PORT 2003 - Vollrote Farbe mit violetten Reflexen. Kaffee und schwarze Johannisbeere in der Nase, tiefe Struktur. Spürbare Tannine am sonst balancierten Gaumen mit Kaffee und Teernoten. Verhalten, kurzer Abgang. **17** *(2015)*
VINTAGE PORT 2003 SAVEDRA - Mit mehr Druck gepresst als der Tedo Vintage Port. Tannine, Säure und Frucht im Bouquet. Sehr ähnlicher Gaumen mit soften Tanninen und rotbeeriger Frucht. Langer Abgang. **17** *(2011)*

LATE BOTTLED VINTAGE PORTS (LBV)

Die LBV von Tedo werden immer ungefiltert abgefüllt und kommen qualitativ dem Vintage Port in vielen Jahren recht nahe. Sie werden immer nach vier Jahren Lagerung in großen Holzfässern abgefüllt, um die Frucht optimal zu erhalten.

LATE BOTTLED VINTAGE PORT 2003 - Tiefdunkelrote Farbe. Strukturierte Nase mit Biss und Druck. Ausdrucksstarke Frucht am Gaumen, und ein säureunterstützter, mittellanger Abgang. **16** *(2014)*

AGED TAWNIES

Tedos Tawny Reserven werden ausschließlich auf dem Gelände der Quinta gelagert. Das führt dazu, dass mehr Wein verdunstet, gibt ihnen aber dafür auch früh die intensiven Tawny-Noten.

10 YEAR OLD TAWNY - Dunkelrote Farbe mit orangen Reflexen. Leichte Acetonnote in der Nase, Rosinen, Schokolade. Schokoladigfrischer Gaumen, Nüsse. Mittellanger Abgang. **16** *(2015)*
20 YEAR OLD TAWNY - Derzeit eine Mischung aus den Jahrgängen 1992 und 1994. Mittelrote, leuchtende Farbe. Marzipan-Nussnase Leicht süßer Gaumen, balanciert und elegant, minimal nussig. Mittellanger Abgang. **17** *(2015)*

Quinta da Val da Figueira

Val da Figueira ist ein sehr kleiner, noch junger und daher recht wenig bekannter Portweinhersteller. Als João Cálem Hoelzers Großvater Alfredo Leopoldo sich als gebürtiger Frankfurter in Portugal niederließ, heiratete er in die Cálem-Familie ein und kaufte in den 1930er Jahren die Quinta Val da Figueira. Sein Sohn Alfredo Cálem Hoelzer war sein Leben lang bei Cálem für den Verschnitt der Tawny Portweine verantwortlich, einer der wichtigsten Aufgaben innerhalb einer Portweinfirma. Nebenbei wurden die Weinberge in den 1980er und 90er Jahren nahezu komplett neu bepflanzt. Die dritte Generation um João Cálem Hoelzer widmet sich nach langen Jahren bei Croft nun seit 2009 vollberuflich der Quinta Val da Figueira und hat erheblich in neue Produktions- und Lagerkapazitäten investiert.

Heute produziert João ein recht übersichtliches Portfolio, bestehend aus einem 10y old Tawny, einem Dry White Port und in besonderen Jahren einem Vintage Port – 2015 ruht gerade in großen Fässern. Die jährlich ca. 7.500 Flaschen Portwein werden hauptsächlich innerhalb Portugals verkauft und nach Großbritannien exportiert.

3 Fragen – 3 Antworten: Joao Hoelzer, Önologe
Was war der erste Port, den du getrunken hast?
Ein Croft 1922 Vintage Port zum Geburtstag meiner Mutter.

Homepage: www.quintadevaldafigueira.com
Gründungsjahr: 2009
Inhaber: Erbengemeinschaft Alfredo E Cálem Hoelzer
Önologen: João Cálem Hoelzer
Quintas/Rebfläche: Quinta Val da Figueira (16 ha)

Was ist am Douro besonders?
Die einzigartigen, stetig wechselnden Ausblicke, die man auf den Douro hat, auch wenn man sich nur wenig räumlich verändert. Am meisten fasziniert mich die unvorstellbare Arbeit, die die Menschen über Jahrhunderte im Douro-Tal investiert haben, um dem kargen Boden diese Meisterwerke der Landwirtschaft abzugewinnen.
Welchen Port nimmst du mit auf die einsame Insel?
Unseren 10y old Tawny Port

VINTAGE PORTS

VINTAGE PORT 2011 - Dunkelrote, blickdichte Farbe. Elegante, balancierte Cassis-Brombeernase, hintergründig würzig. Balancierter, würzig-fruchtiger Gaumen, spürbares Tanningerüst, Cassis und Schokolade. Gut säuregestützter, fruchtiger Abgang. **17** *(2016)*

VINTAGE PORT 2007 - Dunkelrote Farbe mit erkennbarem Wasserrand. Intensive Fruchtnase mit intensiven Kirsche-Cassis-Noten. Auch am Gaumen überwiegt die Frucht. Leichte Tanninstruktur, spürbare Säure, hintergründig Teernoten. Mittellanger Abgang. **16** *(2016)*

VINTAGE PORT 2000 - Volltransparente, dunkelrote Farbe. Satte Fruchtnoten in der Nase, Kirsche, Pflaume, hintergründig Schokolade. Balancierter, eleganter, recht weit gereifter Gaumen. Mittellanger Abgang. Eher für den kurzfristigen Verbrauch. **17** *(2015)*

AGED TAWNIES

10 YEAR OLD TAWNY - Dunkelrote Farbe mit orangen Reflexen. Schokolade und Trockenfrüchte in der eleganten, balancierten Nase. Am Gaumen leicht überreife Noten, Rosinen, Schokolade. Säureunterstützter, mittellanger Abgang. **16** *(2016)*

VALE D. MARIA/VZ – VAN ZELLERS CO.

Als Cristiano van Zeller die Quinta Vale D. Maria im Jahr 1996 übernahm, standen dort nur auf 19 Hektar über 50 Jahre alte Rebstöcke und die Quinta war stark renovierungsbedürftig. Van Zeller glaubte stets an das Potential von Vale D. Maria im Rio Torto-Tal und engagierte die bekannte Önologin Sandra Tavares da Silva, ihn bei der Portwein- und Weinproduktion zu unterstützen.

Vale D. Maria war im Besitz der Familie seiner Frau Joana Lemos und lieferte seit Anfang des 20. Jahrhunderts Trauben für die Portweine von Feuerheerd und Graham. Der erste Vintage Port wurde unter eigenem Etikett 1997 hergestellt. Vale D. Maria produziert häufig Vintage Ports, auch in nicht generell deklarierten Jahren. Die Portweine von Vale D. Maria sind durch die Bank solide gemacht, stehen aber immer ein wenig im Schatten der spektakulären Douro DOC-Weine. In der Winery ist ein „Robotic Lagar" vorhanden – die Vintage Ports werden allerdings weitestgehend mit den Füßen getreten. In Zukunft plant van Zeller auch Colheitas und aged Tawnies herzustellen. Heute stehen auf zweiundvierzig Hektar Weinreben, das Gebäude der Quinta ist ein Douro-typisches Familienhaus mit einem spektakulären Swimming Pool. Van Zeller (VZ) ist auch eine Gesellschaft, die Cristiano gehört. Unter diesem Etikett stellt er auch einige Portweine her. Als dritte, nur weinproduzierende Gesellschaft hat Cristiano CV gegründet.

Homepage: www.quintavaledonamaria.com
Gründungsjahr: 1996 (Douro DOCs), 1997 Port
Inhaber: Lemos & van Zellers Lda.
Önologen: Cristiano van Zeller, Sandra Tavares da Silva, Joana Pinhão
Quintas/ Rebfläche: Quinta do Vale D. Maria (42 ha)
Geheimtipp: Ruby Reserve
Besonderheiten: Schreibt auch den Abfüllmonat auf die Flasche
Importeur: mehrere Importeure

3 Fragen – 3 Antworten Cristiano van Zeller, CEO
Was war der erste Port, den du getrunken hast?
Auf der Quinta do Noval gab es immer einen 20 Jahre alten Tawny aus einem kleinen Deko-Fass mit einem Hahn. Dort habe ich immer direkt aus dem Hahn getrunken. Leider hat mich meine Mutter dabei mal erwischt.
Was ist am Douro besonders?
Die Tatsache, dass man mit den gleichen Trauben perfekte Rot- und Portweine herstellen.
Welchen Port nimmst du mit auf die einsame Insel?
Einen Noval Colheita 1941

VINTAGE PORTS

Die Vintage Ports von Vale D. Maria sind oft elegante Vertreter dieser Kategorie und bieten ein sehr gutes Preis-Leistungs-Verhältnis.

VINTAGE PORT 2011 - Violett-rote Farbe. Tabak und Würze in der Nase, komplex, minimaler Vanilletouch. Am Gaumen satte Frucht, Säure und Tannine. Langer Abgang. **17** *(2014)*
VINTAGE PORT 2009 - Dunkelrote Farbe. Macht in der Nase einen eher „weinigen Eindruck": elegante Frucht, florale Noten. Auch am Gaumen intensive Kirsche, schwarze Johannisbeere, Säure und Tannine. Leicht säurebetonter Abgang. **16** *(2014)*
VINTAGE PORT 2007 - Dunkelrote, leicht stumpfe Farbe. In der Nase Kaffee, schwarze Johannisbeeren, minimale Kompottnote. Am Gaumen marmeladige Frucht, Tannine, Alkohol spürbar. Mittellanger Abgang mit vegetalen Noten. **16+** *(2010)*
VINTAGE PORT 2005 - Tiefviolett-rote Farbe. Elegante Fruchtnoten im Bouquet, hintergründig florale Frische. Am Gaumen Säure spürbar, Heidelbeeren und Cassis, kantige Tannine. Mittellanger Abgang. **16** *(2010)*
VINTAGE PORT 2002 - Einer der wenigen Hersteller, die einen Vintage Port 2002 hergestellt haben. Ausgeprägte Reflexe in der dunkelroten Farbe. Verführerische, würzige Nase. Im Gaumen Säure, Frucht und Tannine. Mittellanger Abgang. **16** *(2010)*
VINTAGE PORT 2001 - Während der 2001er Horizontale verkostet: Dunkelrote, minimal transparente Farbe. Verhaltene Nase, in Alkohol eingelegte Kirschen. Auch am Gaumen elegant mit rotbeeriger Frucht. . Würziger, kurzer Abgang. **16** *(2012)*

LATE BOTTLED VINTAGE PORTS (LBV)

Vale D. Marias LBV werden immer nach vier Jahren ungefiltert abgefüllt und besitzen ein sehr gutes Lagerungspotential.

LATE BOTTLED VINTAGE PORT 2005 - Dunkelrote Farbe. Rotbeerige Frucht. in der Nase. Am Gaumen mitschwingende Süße, komplex, voll. Mittellanger Abgang **16** *(2010)*

AGED TAWNIES

VAN ZELLER (VZ) 20 YEAR OLD TAWNY
- Rotbraune Farbe. Verhaltene Nase mit verbrannten Noten (Douro-Bake), eingelegte Rosinen. Balancierter, intensiver Gaumen mit erkennbarer Süße. Mittellanger Abgang. **17** *(2013)*

SONSTIGE PORTWEINE

RESERVA - Frische, tiefdunkele Farbe. Würzig frisches Bouquet mit satten Cassisnoten. Frischfruchtiger Gaumen mit ausreichend Struktur und Säure. Mittellanger, stark fruchtbetonter Abgang. **16** *(2015)*

QUINTA DO VALE MEAO

1877 kaufte die „Grande Dame" des Portweins, Dona Antonia Ferreira das Gebiet um Vale Meão, pflanzte Wein an und baute ein Weingut. Dona Antionas Ur-Ur-Enkel Francisco Olazabal ist heute im Besitz der Quinta und produziert einige der besten Weine der Region. Francisco „Vito" Olazabal erkannte früh das Potential der Quinta und kaufte als langjähriger Generaldirektor Ferreiras mehr und mehr Anteile der Quinta von seinen Geschwistern. Nach dem Verkauf der Marke Ferreira an Sogrape hatte er 1994 sein Ziel erreicht und war zusammen mit seinen Kindern Francisco „Xito" und Louisa der alleinige Eigentümer. Erst vier Jahre später wurde die Entscheidung getroffen, Weine und Portweine unter eigenem Etikett herzustellen. Davor wurde der Löwenanteil der Trauben an Ferreira verkauft und bildete unter anderem das Rückgrat des Douro-Ikonen Weins Barca Velha. Obwohl der erste Vale Meão-Jahrgang 1999 kein wirklich Großer war, wurden die Weine schnell vom Fachpublikum angenommen.

Bereits in den 70ern hat Vito umfangreiche Mengen Touriga Nacional angepflanzt, so dass er nun auf einen alten reinsortigen Rebenbestand zurückgreifen kann. Vale Meão liegt am östlichen Ende der Region an der spanischen Grenze und im Sommer werden die Weine zum Teil wochenlang von Temperaturen bis zu 50 Grad Celsius herausgefordert. Touriga Nacional ist seiner Meinung nach die Rebsorte, die mit diesen Klimabedingungen sehr gut zu Recht kommt. Durch den hohen Touriga Nacional Anteil sind die Weine von Vale Meão in Blindverkostungen gut zu erkennen: Floral, frisch, fruchtig, mit einer ansprechenden Eleganz und viel Druck, ohne dabei fett oder zu intensiv zu werden. Für die Zukunft versuchen die Olazabals einige, derzeit fast in Vergessenheit geratene Rebsorten auf Vale Meão wieder heimisch zu machen, um deren Charakteristika in der Zukunft in die Ports und Weine mit einzubauen. Derzeit experimentieren sie mit Tinta Francisca, Tinta Bairrada, Cornifesto und Alicante Bouschet. Obwohl das Douro-Tal für Portwein bekannt ist, war die Versuchung für Vito groß, mit den Vale Meão Trauben Rotwein zu machen. So stehen die Portweine der Quinta stets im Schatten der Rotweine. Vale Meão produziert nur Vintage Ports.

Homepage: www.quintadovalemeao.pt
Gründungsjahr: 1877/re-launch 1998
Inhaber: Familie Olazabal (Olazabal & Filhos, Lda.)
Önologen: Francisco "Vito" Olazabal und Francisco "Xito" Olazabal
Quintas/Rebfläche: Quinta do Vale Meao (87 ha)
Portweinangebot: Vintage Port, Family Reserve Colheita
Spezialisiert auf: Vintage Port
Importeur: www.gute-weine.de

3 Fragen – 3 Antworten: Luisa Olazabal, Eigentümerin
Was war der erste Port, den du getrunken hast?
Eine Miniaturflasche Ferreira Tawny Port, ich war damals 10 Jahre alt.
Was ist am Douro besonders?
Die Region ist unbeschreiblich schön. Obwohl die Landschaft sehr wild und unberechenbar ist, entstehen hier auch die besten Weine der Welt.
Welchen Port nimmst du mit auf die einsame Insel?
Eine Flasche Taylors Scion.

VINTAGE PORTS

Auf Vale Meão wird nahezu jedes Jahr ein Vintage Port hergestellt. Aufgrund des hohen Touriga Nacional-Anteils wirken die Portweine in den schwächeren Jahrgängen elegant fruchtig.

VINTAGE PORT 2013 - Violette Reflexe in der dunkelroten Farbe. Fruchtbetonte Nase, viel Kirsche und Cassis. Fruchtig-süßer Gaumen, knackige Tannine. Schokolade. Kantige Tannine im Abgang. **16** *(2015)*

VINTAGE PORT 2012 - Tiefdunkelrote Farbe mit violetten Reflexen. Fruchtig-florale Nase, Schokolade, Süßholz. Am Gaumen Frucht, Säure, Tannine, balanciert. Kirsche, Schokoladennoten und Lakritze. Mittellanges Lakritz-Finish. **17** *(2015)*

VINTAGE PORT 2011 - Fruchtig-florale Nase, Veilchen, sehr verführerisch. Eleganter, blumig-frischer Gaumen, mitschwingende Süße. Mittellanger, balancierter Abgang. **17** *(2014)*

VINTAGE PORT 2008 - Leichtes, verhaltenes, aber würziges Bouquet mit viel Lakritze. Süßer, leicht eindimensionaler Gaumen. Kurzer Abgang **16** *(2011)*

VINTAGE PORT 2007 - Dunkelrote Farbe mit violetten Reflexen. Floral-offene Nase, Cassis und Schwarzkirsche. Leichte Säure am Gaumen spürbar, fruchtig. Auch am Abgang fruchtbetont. Kein Port zum längeren Einkellern. **16+** *(2009)*

VINTAGE PORT 2004 - Tiefschwarze Farbe mit ausgeprägten Reflexen. Fruchtige Nase mit floraler Frische und viel Cassis. Am Gaumen intensive Frucht, schwarze Johannisbeere. Mittellanger Abgang. **17** *(2007)*

VINTAGE PORT 2002 - Beim Abendessen mit Luisa und Xito auf Vale Meão zum Schokomousse und Käse. Violette Farbe mit erkennbaren Reflexen. Fruchtige, elegante Nase: Brombeere, schwarze Johannisbeere. Leichte Säure und Tannine. Am Gaumen Tannine, Frucht, Alkohol, Säure, würzige Noten. Mittellanger Abgang. **16** *(2009)*

VINTAGE PORT 2001 - Minimal transparente dunkelrote Farbe. Ausgeprägte Himbeernase mit gut stützender Säure. Voller, komplexer Gaumen. Himbeere, Säure und ein starkes Tanningerüst. Langer, vielschichtiger Abgang. Mein Preis-Leistungs-Sieger 2001. **17** *(2012)*

VINTAGE PORT 2000 - Transparent dunkelrote Farbe. Normale Entwicklung für einen 2000er. Rote Beeren, hintergründig Kaffee und Würze in der Nase. Medizinale Noten am Gaumen, die sich aber mit zunehmender Dekantierzeit völlig legen. Säure und Tannine spürbar, die Frucht ist derzeit reduktiv. Mittellanger Abgang. **17** *(2012)*

Quinta do Vallado (S.A. Lda.)

Die Ursprünge der Quinta gehen zurück bis in das Jahr 1716. Vallado wurde als eine der wenigen Quintas des Ferreira Imperiums nicht von Dona Antonia Ferreira, sondern bereits von ihrem Vater Antonio Bernardo 1818 gekauft. Seit 1818 wurden die Trauben der Quinta do Vallado für die Produktion der Ferreira Portweine verwendet. Mit der Übernahme von Ferreira durch den Sogrape-Konzern wurde die Quinta herausgelöst und verblieb bei der Familie Ferreira. Portweine wurden seit 1993 unter dem Vallado-Etikett hergestellt.

Heute ist die Quinta neben einem sehr guten Douro DOC und Portweinhersteller auch ein Luxus-Hotel mit dem Hauptsitz in der Nähe von Régua und einem 2014 neu eröffneten Hotel im Douro Superior: Casa do Rio in der Nähe von Vila Nova de Foz Côa. Die Hotels sind genau wie die Winery in moderner Schiefer-Orange Architektur gehalten und sehr hochwertig eingerichtet. In beiden erlebt man den Douro noch typisch, aber auf Fünf-Sterne-Niveau. Die Weine und Portweine sind auf sehr hohem Niveau. Die special category Portweine werden noch traditionell im Lagar getreten.

Homepage:	www.quintadovallado.com
Gründungsjahr:	1716 der Quinta, Beginn des Portweingeschäfts 1993
Inhaber:	Joao Ribeiro und Francisco Ferreira
Önologen:	Francisco Ferreira, Francisco (Xito) Olazabal
Quintas/Rebflächen:	Quinta do Vallado (67 ha), Quinta do Orgal (25 ha)
Spezialisiert auf:	Alte Tawnies
Geheimtipp:	30y old Tawny
Importeur:	mehrere Importeure

3 Fragen – 3 Antworten: Francisco Ferreira, Eigentümer

Was war der erste Port, den du getrunken hast?
Das war ein nicht etikettierter Tawny aus den 1870ern.

Was ist am Douro besonders?
Viele Dinge sind besonders, aber alles ist anders als in anderen Weinbauregionen, wie zum Beispiel die Höhe, die Steigung am Hang, die völlig unterschiedlichen Mikro-Klimata. Es ist spannend, all diese Dinge zu lernen. Ich habe vor zwanzig Jahren schlechtere Weine gemacht als heute und werde in zwanzig Jahren bessere Weine machen.

Welchen Port nimmst du mit auf die einsame Insel?
Einen Andresen Colheita 1910

VINTAGE PORTS

VINTAGE PORT 2012 - Tiefschwarze Farbe. Intensive Kirsch-Kaffee-Nase, hintergründig würzig. Zunächst Süße, dahinter knackige Säure, softe Tannine, Kirschnoten. Mittellanger Abgang. **17** *(2016)*

VINTAGE PORT 2011 - Beim großen IVDP 2011er Tasting: Klassisch fruchtige Nase, Schokolade. Intensiver, voller und voll integrierter und ausbalancierter Gaumen. Mittellanger Abgang. **17** *(2014)*

VINTAGE PORT 2009 - Violette, tiefdunkle Farbe, Grüne Banane leicht. Frische rote Früchte, Kirschmarmelade. Sehr integriert. Mittellanger Abgang. **17** *(2012)*

AGED TAWNIES

Beim Kauf Ende der 1980er Jahre wurden auch die alten Portweinvorräte übernommen. Daher besitzt Vallado einen wahren Schatz alter, im Douro gereifter Tawny-Ports.

10 YEAR OLD TAWNY - Volltransparente, mittelrote Farbe. Noch Restfrucht in der Nase, dahinter Nüsse und Mandeln. Am Gaumen nussige Noten, Restfrucht vorhanden. Mittellanger Abgang. **16** *(2016)*

20 YEAR OLD TAWNY - Mittelrotbraune Farbe. Tiefe Karamellnase, Nüsse, Mandeln. Sehr gut strukturierter Gaumen mit tiefen Nussnoten. Langer, voller Abgang. **17** *(2016)*

30 YEAR OLD TAWNY - Leuchtend mittelrote Farbe. Intensive, strukturierte, leicht süße Kaffeenase. Balancierter, voller Gaumen, sehr komplex mit Honig, Kaffee, hintergründig süß. Langer, strukturierter Abgang. **18** *(2016)*

40 YEAR OLD TAWNY - Mittelorange Farbe mit dunklem Farbkern. Kaffee, Toffee, Intensiver, balancierter Gaumen, Kaffee, Toffee, Malz, Orange, Langer, komplexer Abgang. **18** *(2016)*

SONSTIGE PORTEINE

TRIBUTA - Tributa ist ein Tribut an die große Dame des Portweins, Dona Antonia Ferreira, deren direkte Nachkommen nun die Quinta do Vallado leiten. Mit ca. 3.000 Euro Marktpreis erhält man einen perfekt verpackten, sehr authentischen, alten Colheita: Tiefe, schlierig braungrüne Farbe, intensive Struktur. Volle Tabaknase, viel Würze, sehr komplex und intensiv. Langer, tiefer Gaumen, sehr süß, gut eingebaute Säure. Langer, voller, karamellhaltiger Abgang. **19** *(2013)*

VALLEGRE VINHOS DO PORTO S.A.

Quinta do Vista Alegre wurde im 19. Jahrhundert erstmals als Portweinproduzent erwähnt. 1965 wurde sie von der Familie Cunha Barros übernommen, die sie mit samt den Vorräten und den Produktionseinrichtungen 1998 an Barros verkauft hat. Der Firmen-Name wurde nach dem Erwerb 1998 in Vallegre abgeändert – ein Kunstwort, das sich aus den Namen der zwei Haupt-Quintas Vista Alegre und Valle Longo zusammensetzt.

Seit dem Pedro Sa, der ehemalige Chef-Önologe von Sogevinus das Ruder von Vallegre übernommen hat, haben sich die Portweine qualitativ enorm verbessert. Vallegre Portweine werden derzeit in mehr als fünfundzwanzig Ländern verkauft. Für den kanadischen Markt verwendet Vallegre die Zweitmarke Cabral für die komplette Produktpalette der Tawnies und für andere Märkte die Marke Ceremony.

Homepage: www.vallegre.pt
Gründungsjahr: 1973
Inhaber: Aktiengesellschaft
Önologen: Pedro Sa
Quintas/Rebfläche: Quinta do Vista Allegre (55 ha), Quinta do Valle Longo (10 ha), Quinta de Vilharina, Quinta da Lameira
Geheimtipp: Vintage Port 2011

3 Fragen – 3 Antworten Pedro Sa, Önologe
Was war der erste Port, den du getrunken hast?
Einen Cálem Velhotes Tawny
Was ist am Douro besonders?
Eigentlich ist im Douro-Tal alles besonders, vor allem das ständig wechselnde Klima, der Boden und die Rebsortenvielfalt.
Welchen Port nimmst du mit auf die einsame Insel?
Einen Calem Colheita 1890

VINTAGE PORTS

Die Namensführung finde ich recht verwirrend: Der Firmenname lautet Vallegre, als Brand-Namen gibt es Vista Alegre und Valle Longo, wobei Valle Longo die Single Quinta Vintage Port-Linie darstellt.

VINTAGE PORT 2013 - Violett-rote Farbe. Floralfrische Nase mit Cassis und Schokolade. Am Gaumen softe Tannine, spürbare Säure, rotbeerige Frucht und Schokolade. Mittellanger Abgang. **16** *(2016)*
VINTAGE PORT 2012 - Vollrot-violette Farbe. Elegante, fruchtbetonte Nase. Ansprechende Komplexität am Gaumen, balanciert. Mittellanger Abgang. **17** *(2014)*
VINTAGE PORT 2011 - Der Überraschungssieger beim IVDP Blind-Tasting 2013 mit 56 Vintage Ports aus 2011: Schwarze Farbe. Floral-süße Nase, Veilchen, Himbeeren. Komplexer, würzig-fruchtiger Gaumen. Himbeeren, Cassis, florale Noten. Langer, komplexer Abgang. **19** *(2013)*
VINTAGE PORT 2011 QUINTA DE VALLE LONGO - Intensiv-komplexe Nase, ausladende Frucht. Himbeeren und Cassis. Überraschend eleganter Gaumen. Balanciert, spürbare Süße. Cassis. Mittellanger Abgang. **17+** *(2013)*
VINTAGE PORT 2010 - Violette Reflexe in der fast schwarzen Farbe. Elegante Nase, viel Cassis. Säure, Frucht, Alkohol, Tannine, gute Struktur. Mittellanger Abgang. **16+** *(2013)*
VINTAGE PORT 2009 - Lakritz und Süßholz in der Nase, dahinter florale Noten. Ausgewogener Gaumen, viel Frucht und gut stützende Tannine und Säure. Leichte Schärfe im Abgang. **16+** *(2011)*
VINTAGE PORT 2007 - Tiefe rot-violette Farbe. Verhaltene Nase mit viel rotbeeriger Frucht. Auch am Gaumen viel Frucht: schwarze Johannisbeere und Heidelbeere, Tannine und Säure. Tanninhaltiger Abgang. **16+** *(2009)*
VINTAGE PORT 2007 QUINTA DE VALLE LONGO - Dunkelrote Farbe mit ausgeprägt violetten Reflexen. Kirsche und schwarze Johannisbeeren. Konzentriert, Himbeere und Cassis, Säure und leichten Tanninen. Fruchtiger Abgang. **16+** *(2009)*
VINTAGE PORT 2006 - Aus der Magnum: Tiefdunkelviolette Farbe, blickdicht. Elegante, ausgewogene Nase mit satten Fruchtnoten. Ansprechend. Nicht groß, aber für das schwache Jahr gut. **16+** *(2014)*
VINTAGE PORT 2005 - Dunkelviolette Farbe mit violetten Reflexen. Fruchtig-komplexes Bouquet mit Cassis und Heidelbeeren. Am Gaumen gut stützende Säure und spürbares Tanningerüst, rotbeerige Frucht. Mittellanger Abgang. **17** *(2008)*
VINTAGE PORT 2005 QUINTA DE VALLE LONGO - Tiefrote Farbe. Säurebetonte Nase mit Pflaume und Himbeere. Auch am Gaumen viel Säure, spürbare Tannine und elegante Frucht. Säurebetonter Abgang. **16** *(2008)*

LATE BOTTLED VINTAGE PORTS (LBV)

Die LBV werden nach 4-5 Jahren wenig gefiltert abgefüllt und gehören zu den Top-Weinen der Kategorie.

LATE BOTTLED VINTAGE PORT 2009 - Volle, tiefschwarze Farbe. Würzige, leicht scharfe Fruchtnoten, Kräutertouch. Balanciert mit roten Beeren und soften Tanninen. Mittellanger Abgang. **17** *(2014)*
LATE BOTTLED VINTAGE PORT 2007 - Minimal transparente, vollrote Farbe. Scharfe, leicht kräuterige Nase. Am Gaumen spürbare Säure, Frucht, Kräuternoten. Mittellanger Abgang. **17** *(2014)*
LATE BOTTLED VINTAGE PORT 2004 - Volle, dunkelrote Farbe. Satte Kirsch-Johannisbeernote in der Nase mit stützender Säure. Fruchtbetont, Kirsche und Schokolade. Mittellanger Abgang. **16** *(2010)*

AGED TAWNIES

10 YEAR OLD TAWNY - Dunkelorange Farbe. Elegante Nussnase mit minimal spürbarer Restfrucht. Auch am Gaumen eleganter Nussmix mit spürbarer Säure. Mittellanger Abgang. **16** *(2010)*
20 YEAR OLD TAWNY - Mittelorange Farbe. Im Bouquet Mandel und Haselnuss. Balancierter Gaumen mit Marzipan, Nuss und Mandelnoten. Mittellanger Abgang. **17** *(2011)*
30 YEAR OLD TAWNY - Tiefe, braunrote Farbe. Sattes Malz- Nussaroma im Bouquet. Stützende Säure am Gaumen, Nussmix, Toffee und Karamell. Mittellanger Abgang. **17** *(2014)*
40 YEAR OLD TAWNY - Der letzte in der aged Tawny-Reihe zeigt sich intensiver mit satten Nuss-Toffee-Schokoladennoten in der Nase. Ansprechendes Süße-Säure-Spiel am Gaumen, Schokolade, Toffee, Karamell. Langer Abgang. **18** *(2012)*

COLHEITAS

COLHEITA 1997 (FASSPROBE) - Tiefe, dunkelbraunrote Farbe. Karamell und Nussmix in der Nase. Am Gaumen gute Säurestruktur. Süßer, aber gut balancierter Gaumen, Nussmix. **17** *(2014)*
COLHEITA 1996 (FASSPROBE) - Mittelrote Farbe. Elegant in der Nase. Nüsse, Honig. Eleganter, balancierter Gaumen, frisch. Mittellang. **16** *(2014)*
COLHEITA 1995 (FASSPROBE) - Tiefdunkelbraune Farbe. Ausdrucksstark, Karamell, Nüsse, Toffee. Süßer, voller, säuregestützter Gaumen. Mittellang. **17** *(2014)*
COLHEITA 1994 (FASSPROBE) - Wirkt älter von der Farbe. Tiefdunkelbraune Farbe. Gut strukturierte Nase, Nüsse, Honig, Toffee. Balancierter, intensiver Gaumen mit sehr gut stützender Säure. Lang. **18** *(2014)*

SONSTIGE PORTWEINE

VALLEGRE 40 YEAR OLD WHITE PORT - Vollgoldene Farbe. Kaffee, Toffee, Malz in der Nase. Voller, langer Gaumen, komplex, tief und samtig. Langer, tiefer Abgang. **18** *(2012)*

Vasquez de Carvalho

Die Weinberge gehören der Familie Vasquez de Carvalho seit über einhundert Jahren. Die Familie hat Portwein und Trauben seither an andere Hersteller verkauft, nie aber unter eigenem Etikett vertrieben. Das sehr junge und engagierte Team aus Regua gründete die Marke Vasques de Carvalho erst 2014. Antonio Vasquez de Carvalho erbte die Weinberge und die Loge in Regua, Luis Vale brachte das Geld für die notwendigen Investitionen mit.
Seit 2012 haben Antonio und Luis drei Mal geerntet, um die 150.000 Liter Portwein herzustellen; die Menge, die man als Portweinproduzent benötigt, wenn man Weine oder Trauben zukaufen möchte. In 2015 haben sie dann ihre fertigen Ports im Markt eingeführt. Als Önologe und „Master Blend" wurde Jamie Costa von Burmester verpflichtet. Derzeit umfasst das Portfolio lediglich einen White Reserva, die 10-40 Jahre alten Tawnies und einen Vintage Port 2013. In Zukunft wird über den release eines Velissimo nachgedacht, der Familien-Reserve aus 1880 und über die Produktion von Colheitas.
Die Produktion befindet sich im Anfangsstadiumk und kann jederzeit ausgeweitet werden. Die 5.000 Flaschen Vintage Port 2013 und die aged Tawnies werden hauptsächlich nach Deutschland, Großbritannien, China, Russland und Brasilien verkauft. Vasquez de Carvalho platziert seine Portweine im oberen Preissegment. Gerade bei den aged Tawnies werden hochwertige Flaschen verwendet, um die Qualität auch optisch darzustellen.

Homepage: www.vasquesdecarvalho.com
Gründungsjahr: 2014
Inhaber: Luis Vale und Antonio Carvalho
Önologen: Jaime Costa
Quintas/Rebfläche: 5 ha Weinberge ohne Quinta
Portweinangebot: Aged Tawnies, 10, 20, 30 and 40y, Vintage Port

3 Fragen – 3 Antworten: Antonio Vasques de Carvalho, Partner
Was war der erste Port, den du getrunken hast?
Als ich ein kleiner Junge war, haben wir unsere family reserve aus 1880 oft getrunken. Der hat einen bleibenden Eindruck hinterlassen.
Was ist am Douro besonders?
Das Douro-Tal ist unvergleichlich. Es ist sehr anstrengend, hier zu arbeiten, sehr heiß im Sommer, sehr kalt im Winter. Das Terroir und das unterschiedliche Klima sind entscheidend, genau so wie die große Anzahl autochthoner Rebsorten.
Welchen Port nimmst du mit auf die einsame Insel?
Eine Flasche Dow Vintage Port 1935

VINTAGE PORTS

VINTAGE PORT 2013 - Tiefdunkelrote Farbe mit violetten Reflexen. Elegante, fruchtbetonte Nase, Schokolade. Leichtes Tanningerüst, Schokolade, Cassis, eleganter Gaumen. Mittellanger Abgang. **16+** *(2015)*

AGED TAWNIES

10 YEAR OLD TAWNY - Dunkelrote Farbe. Intensive rotorange Farbe. Nüsse, Trockenfrüchte, sehr intensive Nase für einen zehn Jahre alten Tawny. Frischer, balancierter Gaumen, Nussmix. Mittellanger Abgang. **16** *(2015)*
20 YEAR OLD TAWNY - Mittelbraune Farbe mit orangen Reflexen. Frische, intensive Nussnase. Am Gaumen intensive Trockenfrüchte, Haselnüsse, komplex und ausgewogen. Mittellanger Abgang. **17** *(2015)*
30 YEAR OLD TAWNY - Hellorange-rote Farbe. Intensive aber balancierte Nase, satte Nussnoten, Honig. Intensiver, balancierter Gaumen, Kaffee, Malznoten. Mittellanger Abgang. **18** *(2015)*
40 YEAR OLD TAWNY - Inklusive 5% der 1880er Reserve. Dunkelorange Farbe mit olivgrünen Reflexen. Intensive, aber trotzdem balancierte Nase mit Trockenfrüchten, Datteln, Nüssen, minimaler Acetontouch. Intensiver, ausgewogener Gaumen. Nussmix, Datteln, getrocknete Feigen. Eleganter, langer Abgang. **18** *(2015)*

SONSTIGE PORTWEINE

VELHISSIMO - 880 Flaschen werden von diesem „1880er" ohne Papiere hergestellt. Dunkelbraun-orange Farbe mit intensivem Farbkern. Tiefe, intensive Nase, Intensive Nussmix, Orangenschale, minimaler Acetontouch, Rosinen, leicht verbrannte Noten. Süßer, intensive Gaumen, Rosinen, Extrem, langer, voller Abgang. **19** *(2015)*

Quinta da Ventozelo

Bevor hier kommerziell Wein angebaut wurde, gab es auf der Quinta ein Franziskaner-Kloster für Nonnen. Auf dem Etikett des Vintage Port 2000 steht „In the files of the Quinta do Ventozelo there are documents which describe the extension of the quinta in 1806". Angeblich wurden bereits im 13. Jahrhundert auf den heutigen Flächen des Weinguts Trauben angebaut.

Die Quinta ist ca. 400 Hektar groß, wovon rund die Hälfte mit Wein bestockt ist. Damit gehört die Quinta zu einer der größten im Douro-Tal und ist als Nachbar von Carvalhas und gegenüber der Croft Vorzeigequinta „da Roeda" in bester Gesellschaft.

Zwischen 1999 und 2009 gehörte die Quinta der Proinsa-Gruppe, die mit dem Erwerb ihr eigentlich auf Fischfang ausgerichtetes Gewerbe diversifizieren wollte. Bei der Übernahme 1999 existierten nur rund neunzig Hektar Weinreben, die sukzessive aufgestockt wurden. Von 2009 bis 2011 pachtete die Real Companhia Velha die Rebfläche und verarbeitet die Trauben von Ventozelo in ihrem weitreichenden Portfolio. 2011 übernahm Gran Cruz diesen Pachtvertrag und 2015 die Marke samt Quinta und Vorräten. Laut dem Verantwortlichen für die Weinberge, Tiago Maia kann man auf Ventozelo jedes Jahr einen Vintage Port herstellen.

Homepage: www.quintadoventozelo.pt
Gründungsjahr: 1596
Inhaber: Gran Cruz
Önologen: Jose Manuel Sousa Soares
Quintas/Rebfläche: Quinta do Ventozelo (200 ha)
Importeur: www.linke-weine.de

3 Fragen – 3 Antworten: Tiago Maia, Hauptverantwortlicher für die Weinberge
Was war der erste Port, den Du getrunken hast?
Ein Vintage Port aus einem Zementtank kurz vor der Abfüllung, höchstwahrscheinlich Quinta do Ventozelo 2000
Was ist am Douro besonders?
Das Douro-Tal ist eine besonders schöne Ecke, sehr heiß im Sommer, sehr kalt im Winter - ein Platz der Extreme. Ich liebe die Möglichkeiten und die Herausforderungen des steilen Weinbaus (Mountain Viticulture) und die wahnsinnig große Anzahl an Rebsorten im Douro-Tal.
Welche Flasche Port nimmst du mit auf die einsame Insel?
Dalva Colheita 1966

VINTAGE PORTS

VINTAGE PORT 2007 - Tiefe violette Farbe bei mittlerer Struktur. Frische Fruchtnase mit sattem Cassis, rotem Beerenmix und Schokolade. Am Gaumen Tannine, Säure, Frucht und Alkohol in sehr gutem Verhältnis. Mittellanger, fruchtbetonter Abgang.
17 (2010)
VINTAGE PORT 2005 - Dunkelrote Farbe mit intensiven Reflexen. Fruchtiges Bouquet mit Johannisbeermarmelade und Kirschen. Am Gaumen softe Tannine, spürbare Säure und rotbeerige Frucht. Mittellanger Abgang.
16 (2009)
VINTAGE PORT 2000 - Leuchtenddunkelrote Farbe. Fruchtig-frische, komplexe Nase mit Pflaumen und Kirschnoten und würzig-floralem Hintergrund. Spürbare Säure, mittelintensive Frucht und Schokoladennoten. Mittellanger, würzig-säurebetonter Abgang.
17 (2015)

Quinta do Vesuvio

Die Quinta do Vesuvio ist mein „happy place" im Douro-Tal. Ruhiger und besonnener wird es in Europa nicht. Wenn man dann noch den passenden Port (und seit 2007 auch Rotwein) im Glas hat, steht der Gesamtentspannung nichts mehr im Wege. Im Douro-Superior gelegen, vis-a-vis von Dows Quinta da Senhora da Ribeira und mit einer eigenen Bahnhaltestelle ausgestattet, war es wohl auch die Lieblings-Quinta der Grande Dame des Portweins, Dona Antonia Adelaide Ferreira. Die großen Letter DAAF am Eingangstor weisen auch heute noch auf die damaligen Eigentumsverhältnisse hin. Nicht nur wegen ihrer beeindruckenden Größe sondern auch wegen ihrer Eleganz und besonderen Mikroklimata wurde Vesuvio im 19. Jahrhundert vielfach als schönste Quinta am Douro erwähnt. Dona Antonio Ferreiras Schwiegervater Bernardo Ferreira kaufte die Quinta do Vesuvio im Jahr 1823. Damals hieß sie aufgrund der vielen Feigenbäume noch Quinta das Figueiras. Er investierte in den nächsten sieben Jahren seine gesamte Arbeitszeit und fast seine gesamten Ersparnisse in die Renovierung der Quinta, um dann im sensationellen Jahr 1830 eine hervorragende Ernte einzufahren und den Grundstock für die Weine von Vesuvio zu legen. Ferreira erschuf eine Quinta am Reißbrett, die größte und schönste am Douro. 1830 wurde die Quinta in Vezuvio umbenannt – ursprünglich wurde sie mit einem z geschrieben. Nachdem zunächst Bernardo, dann auch sein Sohn starb, übernahm seine Schwiegertochter Dona Antonia

Homepage: www.quintadovesuvio.com
Gründungsjahr: 1830, re-launch 1989
Inhaber: Symington Family
Önologen: Charles Symington
Quintas/Rebfläche: Quinta do Vesuvio (140 ha)
Besonderheiten: Capela da Vesuvio Vintgage Port (2007 und 2011) Produzieren ausschließlich Vintage Port (Colheita nur für den Gastausschank auf der Quinta)
Importeur: www.smart-wines.de

Ferreira, die Quinta, die sie fast 60 Jahre lang erfolgreich führte.

Unter der Führung von Dona Antonia ging es qualitativ weiter bergauf. Vesuvio wurde von der Reblaus nahezu völlig zerstört und musste ab 1880 komplett neu bepflanzt werden. Dona Antonia entließ jedoch die mehr als einhundert Arbeiter der Quinta nicht, sondern ordnete Baumpflanzungen, Gebäuderenovierungen und den Bau der Mauer an, die Vesuvio fast komplett umgibt. Im 20. Jahrhundert wurden Vesuvios Trauben für die Herstellung der Ferreira Portweine verwendet. Erst seit dem Erwerb der Symingtons 1989 werden wieder Vintage Ports ausschließlich aus Trauben der Quinta abgefüllt und dies mit einer atemberaubenden Qualitätskonstanz. Anfang der 1990er Jahre wurde ein Großteil der 385.000 Weinstöcke neugepflanzt. Auch heute wird die gesamte Produktion traditionell vorgenommen, vor allem das Ernten der Trauben von Hand und das manuelle Treten der Trauben im Lagar. Die Symingtons beschränken die Produktionsmenge der Douro DOCs und Portweine von Vesuvio erheblich und verwenden die verbleibenden Trauben für ihre anderen Marken.

3 Fragen – 3 Antworten Charles Symington, Chef-Önologe Symington Family Estates
Was war der erste Port, den du getrunken hast?
Das erste Portweinerlebnis hatte ich als ich im Alter von sechs Jahren der Ansicht war, meine Portweinminiaturflaschensammlung zu trinken – ist mir nicht gut bekommen. Den ersten ernsthaften Portwein habe ich mit 11 Jahren getrunken: einen Dow Vintage Port 1955.
Was ist am Douro besonders?
Das Douro-Tal kombiniert die schönste Landschaft der Welt mit einzigartigen Bedingungen, tolle Weine und Portweine herzustellen. Das extreme Klima und der karge Boden geben uns hochkonzentrierte Trauben, mit denen wir Weine und Portweine herstellen, die wohl zu den größten Genüssen der Welt zählen.
Welchen Port nimmst du mit auf die einsame Insel?
Eine Flasche Grahams Vintage Port 1970.

VINTAGE PORTS

Quinta do Vesuvio ist per Definition ein „Single Quinta Vintage Port", der fast in jedem Jahr hergestellt wird. Obwohl Vesuvio mit 140 Hektar sehr viel Rebfläche umfasst, wird der Vintage Port mit durchschnittlich knapp 10.000 Flaschen in verhältnismäßig kleinen Mengen hergestellt. Als die Symingtons 1989 die Quinta erwarben, gab es noch kein Kühlsystem, so dass die Portweine zunächst in zu großer Hitze lagerten. Dadurch hat man heute im 1989er Vintage Port eine erhebliche und im 1990 eine immer noch spürbare Douro bakenote. In 2007 und 2011 wurde als Top-Cuvée ein Capela de Vesuvio Vintage Port hergestellt, der ca. 30-50 % mehr kostet als der reguläre Vintage Port. Im Februar 2016 war ich zu einer Vertikale in London eingeladen, daher sind fast alle Verkostungsnotizen aus dem Jahr 2016.

VINTAGE PORT 2013 - Tiefschwarze Farbe mit violettem Rand. Leicht störender Branntwein-Touch in der Nase, viel Cassis. Spürbare Tannine am Gaumen, elegante Frucht mit Pflaume und Schokolade. Mittellanger Abgang. **16** *(2016)*
VINTAGE PORT 2012 - Tiefschwarze Farbe mit violetten Reflexen. Frische Nase mit Teer- und Cassisnoten. Frischer Gaumen mit gut stützenden Tanninen und Säure. Strukturiert. Mittellanger Abgang. **17** *(2016)*
VINTAGE PORT 2011 - Violett-dunkelrote Farbe. Intensives, fruchtig-würziges Bouquet, sehr komplex. Ausgewogener, sehr intensiver, langer und komplexer Gaumen, Frucht. Perfekt stützendes Säure- und Tanningerüst. Langer, komplexer Abgang. **19** *(2016)*
VINTAGE PORT 2011 CAPELA - Tiefdunkelrote Farbe mit violetten Reflexen. Verhaltene Fruchtnase, unterschwellig extrem komplex. Am Gaumen spürbare Tannine, satte Fruchtnoten. Trockener Abgang. **17+** *(2013)*
VINTAGE PORT 2010 - Tiefdunkelrote, blickdichte Farbe. Frische, fruchtig-elegante Nase. Eleganter, balancierter Gaumen, Schokoladennoten. Eleganter Abgang. **16** *(2016)*

VINTAGE PORT 2009 - Tiefdunkelrote Farbe mit violetten Reflexen. Knackige, leicht scharfe Nase, Cassis und Schokolade. Verhaltene Tannine, leicht unstrukturierte Säure-Frucht-Kombination. Schauen wir mal, wo er hingeht. Derzeit Potentialwertung. **16** *(2016)*

VINTAGE PORT 2008 - Dunkelrote Farbe mit minimalem Wasserrand. Frische, süße Vanille mit roten Beeren. Am Gaumen sehr ähnlich, Roter Beerenmix und Schokoladennoten. Mittellanger, zunächst säurehaltiger, dann fruchtiger Abgang. **16** *(2016)*

VINTAGE PORT 2007 - Tiefschwarze, leuchtende Farbe mit violetten Reflexen. Komplexe Nase, marmeladige Frucht mit Himbeeren und schwarzen Johannisbeeren. Auch am Gaumen ansprechende, komplexe Noten, leicht überreife Frucht. Mittellanger, schokoladiger Abgang. **17+** *(2016)*

VINTAGE PORT 2007 CAPELA - Ausgeprägte violette Reflexe im tiefen Schwarz. Florales, ausdrucksstarkes Bouquet mit süßer Würze. Im Hintergrund unreife Bananen. Im Mund komplex mit viel Würze, Tannine, Frucht (Cassis und Brombeeren). Mittellanger, minimal säurebetonter Abgang. **17+** *(2011)*

VINTAGE PORT 2006 - Tiefdunkelrote Farbe mit violetten Reflexen. Elegante, frische Nase, Cassis, Kirsche. Minimal scharfer Gaumen, Schokolade und frische Frucht. Mittellanger Abgang. **16** *(2016)*

VINTAGE PORT 2005 - Nahezu blickdichte, tiefdunkelrote Farbe. Verführerische Lakritz-Schwarzkirsche in der Nase. Fruchtbetonter, frischer, balancierter Gaumen mit ansprechenden Kirschnoten, minimal marmeladig. Mittellanger Abgang. **17** *(2016)*

VINTAGE PORT 2004 - Tiefdunkelrote Farbe, die zum Rand hin heller wird, erkennbarer Wasserrand. Elegante, balancierte Nase, Tabak- und Kaffeenoten. Auch am Gaumen elegant, Kaffee, schwarze Johannisbeere. Mittellanger Abgang. Kein Vintage Port zum langen Einlagern. **16** *(2016)*

VINTAGE PORT 2003 - Tiefdunkelrote, leicht stumpfe Farbe. Derzeit leicht verschlossene, unterschwellig komplexe, fruchtige Nase mit Kaffee und würzigem Hintergrund. Auch am Gaumen verschlossen, dichte Tannin- und Säurestruktur, Frucht tritt dahinter zurück. Langer Abgang. **18** *(2016)*

VINTAGE PORT 2001 - Tiefdunkelrote Farbe mit intensivem Farbkern. Intensive, strukturiertes Bouquet mit satten Kaffee- und Johannisbeernoten. Tannine und Säure, Frucht und das alles in ausgewogenem Verhältnis, Brombeere. Leicht säurehaltiger Abgang. **17** *(2016)*

VINTAGE PORT 2000 - Fast schwarze Farbe, ohne Alterungszeichen. Seit ca. fünf Jahren zeigt dieser Port eine verschlossene Nase, zeigt aber unterschwellig eine komplexe Struktur. Kantige Tannine am Gaumen, hier auch die unterschwellige Komplexität. Mittellanger Abgang. **17+** *(2016)*

VINTAGE PORT 1999 - Tiefdunkelrote, minimal transparente Farbe mit fast schwarzem Farbkern. Fruchtiges Bouquet, Kaffee, eingelegte Kirschen und Himbeeren. Strukturierter Gaumen mit spürbarem Tanningerüst, tiefer Frucht und gut eingebundener Säure. Schokoladennoten. Mittellager Abgang. Nicht zu lange dekantieren. **17** *(2016)*

VINTAGE PORT 1998 - Nahezu blickdichte, tiefschwarze Farbe mit violetten Reflexen. Eleganter Gaumen, rotbeerige Frucht und hintergründig Lakritze, gut stützende Säure. Mittellanger Abgang. Kein Portwein zum extrem langen Einlagern. **17** *(2016)*

VINTAGE PORT 1997 - Minimal transparenter Rand bei tiefdunkelrotem Farbkern. Intensive, volle Nase mit Lakritz, Würznoten. Am Gaumen sehr gut strukturiert, Lakritze und Fruchtnoten. Langer, komplexer Abgang. **18** *(2016)*

VINTAGE PORT 1996 - Tiefdunkelrote, minimal trübe Farbe. Elegante, balancierte Nase, minimale Fruchtnoten und hintergründige Würze. Samtiger, voller Gaumen mit hintergründigen Würznoten. Mittellanger Abgang. **17** *(2016)*

VINTAGE PORT 1995 - Minimal transparente, dunkelrote Farbe. Würzig-fruchtige, balancierte Nase mit frisch gemahlenem Kaffee im Hintergrund. Am Gaumen spürbare Säure und ansprechende Frucht, Kirschen und Cassis. Mittellanger Abgang. **17** *(2016)*

VINTAGE PORT 1994 - Minimal transparente, tiefdunkelrote Farbe. Leicht süße, fruchtig-komplexe Nase. Am Gaumen Tannine und Säure spürbar. Komplexe Frucht-Schokoladennoten, samtige Textur. Säurebetonter, langer, komplexer Abgang. Ein Port zum Einlagern, der aber jetzt schon anfängt, Spaß zu machen. **19** *(2016)*

VINTAGE PORT 1992 - Tiefe, fast schwarze Farbe mit erkennbarem Wasserrand. Balancierte, ansprechende Nase mit Pflaume- und Kräuternoten. Am Gaumen intensiver, Schokolade und Kirsche. Mittellanger Abgang. **17** *(2016)*

VINTAGE PORT 1991 - Saubere, volltransparente Farbe. Florale Frische in der Nase, würziger Background. Am Gaumen Teer, hintergründig rotbeerige Frucht. Verhaltener Abgang. **16** *(2012)*

VINTAGE PORT 1990 - Die hellste Farbe der gesamten (kompletten) Vesuvio-Vertikale. Elegante frische Nase, Tabakwürze. Auch am Gaumen sehr leicht, spürbare Säure. Kurzer, tabakbetonter Abgang. Gerade noch **16** *(2016)*

VINTAGE PORT 1989 - Ca. vier Stunden vorab dekantiert. Tiefdunkelroter Farbkern, dünnt zum Rand hin aus. Erstaunlich frische Nase mit Cassisnoten, eingelegter Kirsche und Teer-Finish. Am Gaumen viel weiter entwickelt, Branntweintouch. Mittellanger Abgang mit viel Säure. **16** *(2016)*

COLHEITAS

Nahezu jedes Jahr werden auf der Quinta do Vesuvio kleine Mengen Colheita abgefüllt, um die Gästen der Quinta damit zu bewirten. Durch die verhältnismäßig warmen und trockenen Lagerungsbedingungen im Douro Superior verdunsten von den Colheitas sicherlich mehr als 2% pro Jahr, so dass sie die Aromenintensität schneller verstärken als bei den kühler und feuchter gelagerten Tawny-Ports in Vila Nova de Gaia.

COLHEITA 1992 (bottled on the day of visit, 2013) – Rotbraune Farbe, sehr tiefer Farbkern. Frische florale Nase. Toffee-Schokonoten am Gaumen. Sehr gut strukturiert. Langer, harmonischer Abgang. **17** *(2013)*

Vieira de Sousa

Als Alcino Vieira de Souza 1925 das Unternehmen gründete, hatte er den Ruf, einer der besten Verkoster im Douro-Tal zu sein. Nach seinem Tod 1941 ruhte die Firma und die Marke lange. Die Familie verkaufte dann wieder Trauben und produzierte in sehr geringem Umfang Portwein unter eigenem Label.
Für den jetzigen Eigentümer Antonio ist die Weinproduktion nicht die Haupteinnahmequelle, daher hat er keine wirkliche Not, den Wein auch zu verkaufen. Seine Tochter Luisa sieht das allerdings völlig anders. Nach dem Önologie-Studium hat sie das Zepter auf der Quinta übernommen und führt seit dem das Unternehmen mit viel Elan. Luisa kann auf sehr alte weiße und rote fassgelagerte Portweine zurückgreifen. Luisa repräsentiert die „young generation" am Douro wie kaum eine andere und wird mit Sicherheit von Jahr zu Jahr bessere Portweine herstellen.
Neben der Eigenproduktion verkauft Vieira de Sousa heute nur noch Trauben an Croft. Die jährliche Gesamtproduktion von rund 30.000 Flaschen werden hauptsächlich ins Inland, in die Schweiz und nach Dänemark verkauft.

3 Fragen – 3 Antworten: Luisa Borges, Önologin
Was war der erste Port, den du getrunken hast?
Ein Churchills Vintage Port 1985. Luisas Vater hat den Wein 1985 an Churchill verkauft, aber eine Pipa in Flaschen zurückbehalten.
Was ist am Douro besonders?
Die Hitze und die Kälte und der Unterschied der Temperaturen. Diese beeinflussen hier mehr oder weniger alles.
Welchen Port nimmst du mit auf die einsame Insel?
Eine Flasche Fonseca Vintage Port 1994

Homepage: www.vieiradesousa.pt
Gründungsjahr: 1925, re-launch 2008
Inhaber: Antonio Eduardo Vieira de Sousa Borges
Önologen: Luisa Vieira de Sousa Borges
Quintas/Rebfläche: Quinta do Agua Alta (36 ha), verschiedene andere Rebflächen in Ronção, insgesamt rund 60 Hektar.
Geheimtipp: Vintage Port 2011
Importeur: www.ovinho.de

VINTAGE PORTS

2009 war der erste Vintage Port der neuen Vieira de Sousa Generation. Luisa produziert Vintage Port nur in sehr guten Jahren. Alte Jahrgänge sind noch unter Vieira de Sousa mit einem Z etikettiert.

VINTAGE PORT 2011 - Tiefe, violettrote Farbe. Frisch-würzige Nase, unterschwellig extrem komplex. Intensiver, voller Gaumen. Mittellanger, würziger Abgang. **17+** *(2013)*
VINTAGE PORT 2009 - Volle, tiefschwarze Farbe. Tiefe, teerhaltige, volle Nase, sehr konzentriert. Tiefer, strukturierter Gaumen, Frucht, Schokolade. Langer Abgang. Lange liegen lassen. **17+** *(2015)*
VINTAGE PORT 1963 - Transparent dunkelrote Farbe. Elegante Nase mit viel Akazienhonig, florale Frische. Am Gaumen gut strukturiert, Malz, Honig, ausgewogen. Mittellanger Abgang. Überraschend gut. **18** *(2013)*

LATE BOTTLED VINTAGE PORTS (LBV)

Luisa füllt die Late Bottled Vintage Ports immer nach vier Jahren auf die Flasche und filtert sie nur minimal.

LATE BOTTLED VINTAGE PORT 2011 - Tief-dunkelrote Farbe. Frische, fruchtig-volle Nase, Schokolade. Eleganter, balancierter Gaumen, Lakritze, Schokolade, Cassis. Mittellanger Abgang. **16** *(2015)*
LATE BOTTLED VINTAGE PORT 2008 - Volle, dunkelrote, blickdichte Farbe. Fruchtige Nase, satte Pflaumennoten. Spürbare Tannine am Gaumen, knackige Frucht, Pflaume, Schokolade. Mittellanger Abgang. **16+** *(2015)*

AGED TAWNIES

Mit den alten Vorräten des Vaters werden seit 2008 Blends vom 10- und 20- jährigen Tawny abgefüllt.

10 YEAR OLD TAWNY - Dunkelrote Farbe. Honig-Toast-Nase, würziger Hintergrund. Frischer, kräuterbetonter Gaumen, sehr balanciert, elegante Teernote. Mittellanger Abgang. Rustikal. **17** *(2015)*
20 YEAR OLD TAWNY - Mittelorange Farbe. Kräuterbetonte Nase, hintergründig gebackene Noten. Eleganter, balancierter Gaumen, Honignoten. Mittellanger Abgang. **17** *(2015)*

SONSTIGE PORTWEINE

10 YEAR OLD WHITE PORT - Mittelorange Farbe. Frische Orangennoten, minimaler Nusshintergrund. Säurehaltiger, frischer Gaumen, Aprikose. Mittellanger Abgang. **16** *(2015)*
20 YEAR OLD WHITE PORT - Vollgelbe Farbe. Sehr elegante, fast süße Nase, Quittennote, Aprikose. Viel Säure am Gaumen, Frucht im Hintergrund. Mittellanger Abgang. **16** *(2015)*
40 YEAR OLD WHITE PORT - Leicht stumpfe, dunkelorange Farbe mit grünem Rand. Balancierte, komplexe Nase mit satten Rosinen- und Orangenschalennoten. Auch am Gaumen sehr ausgewogen. Orange, minimale Aceton und Trockenfruchtmix. Mittellanger Abgang. **18** *(2015)*

WARRE

Die Familie Symington besitzt viele Quintas, viele Marken und produziert sehr viel Portwein. Aber weder Qualität noch Authentizität leiden in diesem Portfolio. So schaffen sie es seit ihrer Übernahme, die Stilistik von Warre Ports beizubehalten, präzise und elegante Portweine zu produzieren. Ursprünglich gründeten die Engländer William Burgoyne und John Jackson 1680 ihr Büro in Portugal mit dem Ziel, eine Handelsgesellschaft für die Ausfuhr von Agrarproduktion und den Import von Textilien und Kabeljau zu etablieren. Allerdings kamen bewegte Zeiten auf die junge Firma zu und kaum ein anderer Hersteller hat anfänglich so häufig neue Gesellschafter aufgenommen und seinen Firmennamen geändert wie die Gesellschaft, die heute als Warre bekannt ist:

1670: Burgoyne & Jackson
1718: John Clarc
1723: Clarc & Thornton
1729: Clarc, Thornton & Warre
1743: Warre, Newby & Bowman
1749: Warre, Leseur & Trodlope
1759: Warre, Leseur & Calvert
1762: Warre & Calvert

Und dann endlich: 1777: Warre & Sons
Seit knapp 240 Jahren besteht Warre unverändert. Der erste Gesellschafter mit dem Familiennamen Warre war der 1706 in Indien geborene William Warre, der aus einer alteingesessenen englischen Handelsfamilie stammt und 1729 der Firma beitrat. 1745 heiratete Warre Elisabeth Whitehead, die Schwester des englischen Konsuls John Whitehead, der zwischen 1785 und 1790 das Factory House in Porto plante und baute. Warre hielt knapp hundert Jahre nach der Gründung mit 2.937 produzierten Pipas (ca. 1,6 Mio. Liter) rund zehn Prozent Marktanteil in der Portweinproduktion. Der bekannteste Warre ist der 1784 geborene William Warre. Er wurde Soldat und schaffte es unter Wellington zum Generalleutnant (3-Sterne-General) für seine Errungenschaften im Krieg gegen Napoleon. Die Familie Warre war zwei Jahrhunderte aktiv in der Firma involviert. 1905 wurde Andrew James Symington als Partner aufgenom-

Homepage: www.warre.com
Gründungsjahr: 1670
Inhaber: Symington Family Estates
Önologen: Charles Symington
Quintas/Rebfläche: Quinta da Cavadinha (30 ha)
Importeur: www.smart-wines.de

men und leitete die Firma zusammen mit den Warres. 1955 übernahmen die Symingtons die komplette Geschäftsleitung, die sie noch heute innehaben.
1978 wurde Warres Vorzeige-Quinta Cavadinha erworben. In der Lodge in Vila Nova de Gaia steht auch immer noch das größte Portweinfass der Welt, dass immerhin 2,5 Millionen Gläser füllen kann. Warres Reserve Ruby „Warrior" ist einer der ältesten Marken-Portweine, die seit 1750 ununterbrochen erzeugt wird. Die Bezeichnung Warrior wurde auf die Fässer mit den hochwertigsten Portweinen eingebrannt.

3 Fragen – 3 Antworten: Rupert Symington, Eigentümer

Was war der erste Port, den du getrunken hast?
Der erste Port, an den ich mich erinnere war ein oder zwei kleine Schlucke aus einer Mini-Flasche Warres Warrior (Special Ruby) nachdem ich mit meinem Vater die Abfüllanlage besichtigt habe. Da war ich ca. 6 Jahre alt.
Was ist am Douro besonders?
Mich fasziniert am Douro am meisten, dass die Weinherstellung bis ins 17. Jahrhundert zurückreicht und die Portweine damals unter diesen widrigen Umständen hergestellt und transportiert wurden – der Transport vom Douro nach Porto hat vor dem Bau der Eisenbahn Ende des 19. Jahrhunderts Tage gedauert. Das unter diesen Umständen dann einige der besten Weine dieser Welt entstehen, ist für mich erstaunlich und spiegelt die hervorragende Qualität des Terroirs im Douro-al wieder.
Welchen Port nimmst du mit auf die einsame Insel?
Eine Flasche Grahams Vintage Port 1970 aus einer 2,25 Tappit Hen oder Tregnum Flasche. Dieser Wein wurde von meinem Vater James Symington gemacht. Die Wahl der großen Tregnum-Flasche sollte dann auch meine Zeit auf der Insel glücklicher gestalten.

VINTAGE PORTS

Die Vintage Ports von Warre sind ebenso wie ihre Geschwister von Graham und Dow typische Vertreter der englischen Stilistik, doch alle völlig unterschiedlich im Stil. Während sich Graham eher opulent und Dow eher trockener darstellen, sind die Warre Vintage Ports elegant, feminin, ohne dabei auch nur etwas von ihrem Charme einzubüßen. Neben dem Dow Bomfim und dem Graham Malvedos werden auch die Warre Cavadinha Single Quinta Vintage Port ein paar Jahre zurückbehalten, bevor sie in den Verkauf kommen.

VINTAGE PORT 2011 - IVDP Blind-Tasting: Fast schwarze Farbe mit violetten Reflexen. Elegante Nase mit schwarzen Johannisbeeren und würzigem Hintergrund. Intensiv würzige Noten am Gaumen, frisch und komplex, kantige Tannine. Langer, komplexer Abgang. **18** (2013)
VINTAGE PORT 2009 - Der einzige „volldeklarierte" Vintage Port der Symington Gruppe aus dem Jahrgang 2009. Zu Ehren von William Warres 200. Schlacht-Jubiläum wurden lediglich zweihundert Kisten hergestellt. Würzige, elegante Nase mit Pfeffer und grüner Paprika, Charakternase. Elegante Tannine, gut stützende Säure, perfekt eingebundene Kirsche und schwarze Johannisbeere. Langer, eleganter Abgang. **18** (2011)
VINTAGE PORT 2007 - Elegante, derzeit leicht verschlossene Nase, fruchtbetont. Fruchtig-eleganter Gaumen, Tannine und Säure spürbar. Vollfruchtiger Abgang. Derzeit verschlossen.
18 (2012)
VINTAGE PORT QUINTA DA CAVADINHA 2005 - Dunkelrote Farbe mit ausgeprägten Reflexen. Im Bouquet Tabak, mit zunehmender Dekantierzeit mehr rotbeerige Frucht. Samtiger, komplexer Gaumen. Mittellanger Abgang.
17 (2008)
VINTAGE PORT 2003 - Tiefschwarze Farbe, mittlere Struktur. Voller, komplexer Gaumen, intensive Cassisnoten, elegante Heidelbeere, Tabakblätter. Gut stützende Säure am Gaumen, softe Tanninstruktur, viel Frucht. Langer Abgang. **18** (2010)
VINTAGE PORT QUINTA DA CAVADINHA 2001 - Ausgeprägte violette Reflexe in der fast blickdichten dunkelroten Farbe. Elegante, leicht süße Nase mit intensiver hintergründiger Frucht, vielschichtig. Auch im Gaumen schwingt die typische Warre-Eleganz mit. Mittellanger, gut strukturierter Abgang.
17 (2012)

VINTAGE PORT 2000 - Tiefes Dunkelrot mit violetten Reflexen. Kirschnase mit hintergründigen Johannisbeeren. Am Gaumen spürbare Tannine, ausreichend Säure und strukturierter Frucht. Langer, voller Abgang. **18** *(2010)*

VINTAGE PORT 1997 - Dunkelrote, minimal transparente Farbe. Roter Beerenkorb und würzige Noten in der Nase. Am Gaumen derzeit voll in der Reduktionsphase. Viel Säure, knackige Tannine, Süßholz. Langer Abgang. **17+** *(2010)*

VINTAGE PORT QUINTA DA CAVADINHA 1996 - Gereifte transparent-rote Farbe. Viel Tabak und vegetale Noten. Am Gaumen nicht strukturiert. Kurzer, unstimmiger Abgang. **15** *(2012)*

VINTAGE PORT QUINTA DA CAVADINHA 1995 - Volle, tiefrote Farbe. Ganz wenig Alterungsspuren. Volle, komplexe Nase mit Vanille, Früchten und Würze. Sehr schön. **17+** *(2011)*

VINTAGE PORT 1994 - Die letzten drei Einträge waren auch aus der halben Flasche: Transparentes Dunkelrot. Frisches, elegantfruchtiges Bouquet mit Kirschen, schwarzer Johannisbeere und Schokolade. Am Gaumen intensiv und weniger entwickelt als in der Nase. Konzentrierte Brombeeren und Kirschen, Minze, Schokolade, erkennbare Säure. Mittellanger, konzentrierter Gaumen. **18** *(2012)*

VINTAGE PORT QUINTA DA CAVADINHA 1992 - Dieser Vintage Port war viele Jahre lang mein Haus-Port: Transparente, dunkelrote Farbe, ganz geringer Wasserrand. Schokolade, Himbeeren und süße Kirschen im Bouquet. Am Gaumen spürbare Säure, dahinter viel Frucht, hauptsächlich Himbeeren und Milchschokolade. Mittellanger, ein wenig von der Säure überlagert Abgang. Nähert sich jetzt aber langsam dem Ende seines Genussfensters. Austrinken. **16** *(2015)*

VINTAGE PORT 1991 - Kräftige, tiefdunkelrote Farbe. Sehr weit gereifte Nase, eingelegte Rosinen. Auch am Gaumen weit gereift. Kräuter und vegetale Noten. Mittellanger Abgang. **16** *(2012)*

VINTAGE PORT QUINTA DA CAVADINHA 1990 - Transparente, dunkelrote Farbe, kein Wasserrand. Gereifte Nase, anfänglich eher scharf und oberflächlich. Auch am Gaumen Schärfe, Branntwein tritt in den Vordergrund, Schokolade, wenig Tiefgang. Nicht mehr lange lagern. **16** *(2012)*

VINTAGE PORT QUINTA DA CAVADINHA 1989 - Leuchtendes Mittelrot, welches im Dekanter nachdunkelt. Schokoladennoten und würzige rote Beeren in der Nase, leichte Malz- und Toffeenoten. Spürbare Säure am Gaumen, elegante Malznoten. Mittellanger Abgang. **16** *(2011)*

VINTAGE PORT QUINTA DA CAVADINHA 1987 - Kirschrote Farbe, hat an der Luft stark nachgedunkelt. Im Bouquet intensive Frucht, Kirsche, Schokolade und rote Beeren. Integrierter Gaumen mit spürbarer Säure, Kaffee- und Minznoten, Schokolade und hintergründiger Frucht. Mittellanger, leicht säurebetonter Abgang. **17** *(2010)*

VINTAGE PORT 1985 - Dunkelrote, volltransparente Farbe. Viel Druck in der Nase mit Pfeffer und Tabakblättern. Samtiger, voller Gaumen, eingebundenes, gut stützendes Säuregerüst. Langer, strukturierter Abgang. **18** *(2015)*

VINTAGE PORT 1983 - Volle, schwarzrote, fast blickdichte Farbe. Frische, fruchtige Nase, auch noch leicht verschlossener Gaumen mit viel Frucht. Benötigt viel Dekantierzeit. Schokoladig-Fruchtig. Mittellanger Abgang. **17** *(2013)*

VINTAGE PORT 1980 - Dunkelrote, minimal transparente Farbe. Elegantes, würziges Bouquet, Schokolade und hintergründig rote Beeren. Balancierter, Gaumen mit Kirschen, Himbeeren und Milchschokolade. Mittellanger, Abgang. **18** *(2012)*

VINTAGE PORT 1977 - Meine erste Tappit Henn-Flasche (2,25 Liter): Tiefdunkelrote, minimal gereifte Farbe. Tiefe Frucht-Schokonase. Rosinen, Schokolade, satte rotbeerige Frucht, sehr intensiv. Strukturierter Abgang. Und endlich mal eine ausreichende Menge davon!. **17** *(2013)*

VINTAGE PORT 1975 - Volltransparente, mittelrote Farbe mit erkennbarem Wasserrand. Elegante, balancierte Nase mit Malz. Entwickelter Gaumen mit Tabak und Schokolade. Mittellanger Abgang. **16** *(2015)*

VINTAGE PORT 1970 - Tiefe, dunkelrote Farbe. Frisch-fruchtige Nase mit intensiven Schokolade-Kirschnoten. Voller, strukturierter Gaumen mit intensiver, komplexer Frucht und Schokolade. Mittellanger Abgang. **18** *(2015)*

VINTAGE PORT 1966 - Dunkelrote Farbe. Volle, komplexe Nase mit ausgewogenen Frucht-Malz-Noten. Komplexer Gaumen mit Schokolade und einem ansprechenden Rotbeerenmix. Mittellanger Abgang. **19** *(2016)*

VINTAGE PORT 1963 - Mittelrote, jugendlich-frische Farbe. Am Bouquet Butterscotch und Schokolade. Komplexer, präziser Gaumen, elegant mit ansprechender Länge. Milchschokolade. Langer Abgang. **18** *(2013)*

VINTAGE PORT 1960 - Intensivrote, volltransparente Farbe, Würzig frisches, leicht trockenes Bouquet, Pflaumen. Frisch-fruchtiger intensiver Gaumen, minimale Toffeenoten. Mittellanger Abgang. **17** *(2014)*

VINTAGE PORT 1958 - Leichte Brauntöne in der rotorangen Farbe verraten, dass dieser Port keine 20 mehr ist. Intensive Rosinentöne im Bouquet, Toffee. Rund und eine ansprechende Tiefe. Am Gaumen komplexe Orange-, Toffee- und Honignoten. Mittellanger Abgang. **17** *(2009)*

VINTAGE PORT 1955 - Bottled 1959! Es gibt aber auch reguläre Abfüllungen, die dann zwischen 1957 und 1958 abgefüllt wurden. Vollrote, transparente Farbe, minimaler Wasserrand. Frische, volle Nase. Schokolade, Restfrucht. Tiefer, balancierter Gaumen, Malz, Kaffee Voller, langer Abgang. **18** *(2015)*

VINTAGE PORT 1947 - Hellbraune, leicht trübe Farbe mit einer intensiven Struktur. Rosinen und Orangen in der Nase, ausgezeichnete Komplexität. Am Gaumen Alkohol, leichte Fruchtnoten und Rosinen. Mittellanger Abgang. **17** *(2009)*

VINTAGE PORT 1945 - Mit dem 45er Warre verhielt es sich so, wie mit einem Grahams Vintage Port 1948 vor einigen Jahren. Nach dem Öffnen habe ich erst Zweifel gehabt, ob dieser Port noch genießbar ist. Er zeigte zunächst vordergründig flüchtige Säuren, die alle anderen Aromen überlagert haben. Nach rund eineinhalb Stunden an der Luft fing dieser Vintage Port an, sich auf seine alte Stärke zu besinnen: Hellbeige, aber sehr konzentrierte Struktur. Im Bouquet viel Malz und Karamell, leichte Honignote. Extrem langer Abgang. Völlig integrierter, komplexer Vintage Port, der das Ende des 2. Weltkrieges würdig in Erinnerung ruft. **18** *(2013)*

VINTAGE PORT 1934 - Volle, leuchtend tiefrote Farbe. Gewürze, Malz und Karamell in der Nase, hintergründig Teer und Süßholz. Süßer, minimal bitterer Gaumen mit Zartbitterschokolade, Karamell und Rosinen. Mittellanger Abgang. **18** (2015)

VINTAGE PORT 1922 - Transparent rote Farbe, ausgeprägte Alterungsnoten. Volle Honig- und Malznase, Tabaknoten. Ausgeprägter, runder Gaumen mit spürbarem, gut stützender Säure, Honig, Malz und einer leichten salzigen Note. Langer, gut strukturierter Abgang. **18** (2011)

LATE BOTTLED VINTAGE PORTS (LBV)

Die Late Bottled Vintage Ports von Warre sind hervorragende Vertreter ihrer Kategorie. Qualitativ hochwertig, werden sie immer ungefiltert abgefüllt und in der Regel erst nach ein paar Jahren Flaschenreife verkauft.

LATE BOTTLED VINTAGE PORT 2002 - Dunkelrote Farbe mit violetten Reflexen. Frischflorale Nase mit roten Beeren. Am Gaumen spürbare Säure und softe Tannine, Schokolade. Mittellanger Abgang. **16+** (2014)

LATE BOTTLED VINTAGE PORT 2001 - Leicht transparente, dunkelrote Farbe. Intensivfrische Nase mit Fruchtkomponenten, Säure im Hintergrund, Schokolade. Mittellanger Abgang. **16+** (2012)

LATE BOTTLED VINTAGE PORT 2000 - Dunkelrote Farbe. Komplexes Bouquet, würzig und sehr gut eingebaute Fruchtnoten, hauptsächlich Himbeeren. Am Gaumen bereits integriert mit einer ansprechenden Komplexität, Frucht und Schokolade. Mittellanger Abgang. **17** (2011)

LATE BOTTLED VINTAGE PORT 1995 - Sehr dunkles Rot, fast Schwarz, minimaler Wasserrand mit relativ leichter Struktur. In der Nase sehr fruchtig: Süße Würze, Teer, Himbeeren. Am Gaumen fruchtig (Himbeere). Mittellanger Abgang. **16** (2008)

LATE BOTTLED VINTAGE PORT 1981 - Volltransparente, mittelrote Farbe. Elegant würzige Nase mit hintergründigem Tabak. Auch am Gaumen völlig ausgereift, elegant mit würziger Frische. Kurzer Abgang. Austrinken. **16** (2015)

AGED TAWNIES

Warre zielt mit ihrer aged Tawny Linie auf das jüngere Publikum ab. Als „Otima" werden nur der 10y und 20y old Tawny abgefüllt und das auch nur in sehr modischen 0,5 Liter-Flaschen. 30y und 40y old Tawnies sucht man vergebens.

10 YEAR OLD TAWNY - Dunkelrote Farbe mit orangen Reflexen. Fruchtig-würzige Nase mit minimalem Nussmix. Am Gaumen noch Restfrucht, Walnuss- und Schokoladennoten. Kurzer Abgang. **16** (2011)

20 YEAR OLD TAWNY - Mittelorange Farbe, Komplexe, nussige Nase. Mundfüllender Gaumen, leicht säurebetont. Eleganter, mittellanger Abgang. **17** (2011)

COLHEITAS

Ganz früher hat es mal Dow Colheitas gegeben, danach waren es Warre Colheitas und jetzt sind es nach meiner Annahme die Grahams Colheitas, zumindest in Teilen. Das ist aber ein völlig legales Unterfangen, solange einem alle Marken gehören.

COLHEITA 1997 (bottled 2010) - Rotbraune Farbe, gut strukturiert. Leicht medizinisches Bouquet, noch Primärfrucht vorhanden, alkoholischer Touch. Viel frische Säure am Gaumen, Alkohol. Bemerkenswerter Abgang. Zu früh abgefüllt, wird später höhere Punktwerte erzielen! **16** (2010)

COLHEITA 1995 (bottled 2010) - Beige-braune Farbe. In der Nase medizinische Noten und intensive Nüsse. Am Gaumen hauptsächlich Kaffee, relativ leicht. Kurzer Abgang. **16** (2010)

COLHEITA 1992 (bottled 2010) - Frische, braunrote Farbe. Intensives Bouquet mit frischen Früchten und Rosinennoten. Komplex. Samtiger, voll integrierter, aber ausdrucksstarker Gaumen, Malz- und Nusstöne. Langer Abgang mit viel Karamell. **17** (2010)

COLHEITA 1986 (bottled 2007) – Mittelbraune, transparente Farbe. Nuss-Marzipan-Nase, elegant. Durch die lange Flaschenlagerung nicht mehr frisch. Am Gaumen präzise, elegant mit Nüssen und Milchschokolade. Mittellanger Abgang. Austrinken, zumindest die 2007er Abfüllung. **17** (2015)

COLHEITA 1972 (bottled 2010) – Grüne Reflexe in der rotbraunen Farbe. Erhabene Nase mit intensivem Kaffee und Karamell, sehr integriert. Der Gaumen hält, was die Nase verspricht: Kaffee, Karamell. Langer Abgang. **17** (2010)

COLHEITA 1940 (bottled 1990) – Mit Nick Delaforce nach einer VDP-Verkostung im Excelsior in Köln verkostet: Tiefdunkler Farbkern, der nur leicht nach außen hin heller wird. Im Bouquet intensiver Kaffee, Malz- und Karamellnoten. Intensiver Gaumen, Kaffee, Karamell, Honig, gut stützendes Säuregerüst. Langer, toffeebetonter Abgang **18** (2013)

COLHEITA 1937 (bottled 2010) – Die 1937er Colheitas sind legendär. Fast alle Hersteller haben von diesem Jahr Colheitas auf dem Markt. Leicht trübe, braune Farbe mit kräftiger Struktur. Komplexes Bouquet mit viel Kaffee, Toffee und Malz. Integrierter Gaumen, samtig mit Kaffee-, Malz- und Honigaromen. Voller, langer und runder Abgang. **18** (2010)

COLHEITA 1935 (bottled 1992) – Volltransparente, leicht trübe Farbe. Minze und Honig in der ausgewogenen und balancierten Nase. Auch am Gaumen Minze und Honig, Toffe. Ganz leicht bitter im Abgang. **17** (2014)

COLHEITA 1882 (bottled 2012) – Dunkeloranger Kern, der nach außen hin heller wird, grüne Reflexe. Volle Kaffee-, Malz- und Honignase, beeindruckende Intensität. Konzentrierter Gaumen mit Honig, Toffee und Malz. Langer, voller Abgang. Ungeheuerlich konzentriert. **19** (2012)

Wine & Soul Lda./Pintas

Jorge Borges entstammt einer sehr alten Portweinfamilie am Douro. Der Familie Borges gehörten mehrere Quintas, doch als er mit seiner Frau Sandra Tavares da Silva das Projekt Wine & Soul gründete, hatten die beiden weder Weinreben noch alte Weinvorräte. Jorge war früher der Chef-Önologe bei Niepoort und ist außerdem für die Weine und Portweine der Quinta do Passadouro verantwortlich. Seine Frau Sandra ist die Önologin der Quinta Vale D. Maria und vieler anderer kleiner und größerer Hersteller. Da war recht klar, dass die beiden auch eigene Weine und Portweine herstellen müssen.

Seinen ersten Pintas Douro DOC Wein stellten die beiden 2001 her. Erst 2003 konnten sie kleinere Parzellen alter Weinreben im Vale Mendiz übernehmen, so dass sie in diesem Jahr den ersten Vintage Port hergestellt haben. 2009 erbte Jorge die Quinta de Manuella, ein altes Weingut mit achtzehn Hektar sehr alter Weinreben, die aber bisher ausschließlich für die Weinherstellung verwendet werden. Neben soliden Vintage Ports stellen die beiden den Guru als Top-Weißwein und den Pintas als ihren Top-Rotwein her.

3 Fragen – 3 Antworten: Sandra Tavares, Önologin
Was war der erste Port, den du getrunken hast?
Der Noval Nacional 1963 hat mich so nachhaltig beeindruckt, dass ich Port verstanden habe. Das war im ersten Jahr, als ich an den Douro gekommen bin.

Homepage: www.wineandsoul.com/pt
Gründungsjahr: 2001
Inhaber: Jorge Borges, Sandra Tavares
Önologen: Jorge Borges, Rita Mendes
Quintas/Rebfläche: Quinta de Manuella (18 ha)
Importeur: mehrere Importeure

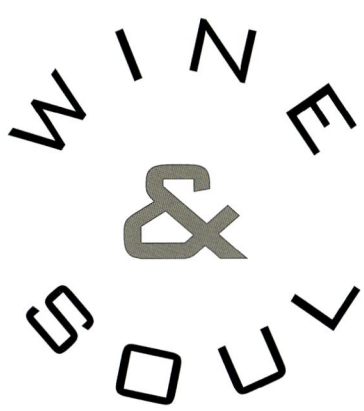

Was ist am Douro besonders?
Die Vielfalt, die Authentizität und die Einzigartigkeit der Weine.
Welchen Port nimmst du mit auf die einsame Insel?
Unseren Wine and Soul 5G.

VINTAGE PORTS

Statt den Jahrgang auf den Korken zu drucken, sind die fortlaufenden Nummern der jeweils hergestellten Weine vermerkt. Auf dem Korken des Pintas Vintage Port 2003 ist also die „1" aufgedruckt, auf dem 2004er Jahrgang die „2" usw.

VINTAGE PORT 2011 - Dunkelrote Farbe. Frische, Cassis-Nase. Intensive, frische Frucht, spürbare Säure und softe Tannine. Mittellanger Abgang. **17** *(2013)*
VINTAGE PORT 2009 - Ausgeprägte schwarze Reflexe in der dunkelroten Farbe. Florale Nase mit spürbarer Säure und schwarzer Johannisbeere. Am Gaumen Cassis, Tannine und Frucht. Eleganter, fruchtbetonter Abgang. **16+** *(2011)*
VINTAGE PORT 2007 - Dunkelrote Farbe mit violetten Reflexen. Mineralisches, trockenes Bouquet mit Cassis und Himbeeren. Frischer, fruchtiger Gaumen mit hintergründiger Schokolade. Mittellanger Abgang. **17** *(2009)*
VINTAGE PORT 2005 - Violettrote Farbe. Süß-wirkende Nase viel Frucht. Auch im Gaumen zunächst süße, rotbeerige Frucht, dahinter Säure und softe Tannine. Mittellanger Abgang. **16** *(2008)*

SONSTIGE PORTWEINE

5 G - ist ein Blend von drei Fässern aus dem 19. Jahrhundert, die die Familie Borges über fünf Generationen aufbewahrt hat. Jorge hat sich nun entschieden, aus diesen drei Fässern ein besonderes Cuvée herzustellen, wobei 5 G für die 5 Generationen steht, denen die Weine gehört haben: Goldene Reflexe in der braunorangen Farbe. Frisches Haselnussbouquet, mineralische Noten, Säure, Trockenfrüchte, Karamell, sogar ein Hauch exotische Noten, Aprikose. Auch im Mund eine überraschend frische Note, balancierte Säure, Butterscotch und Rosinen. Langer, sehr langer Abgang. **19** *(2013)*

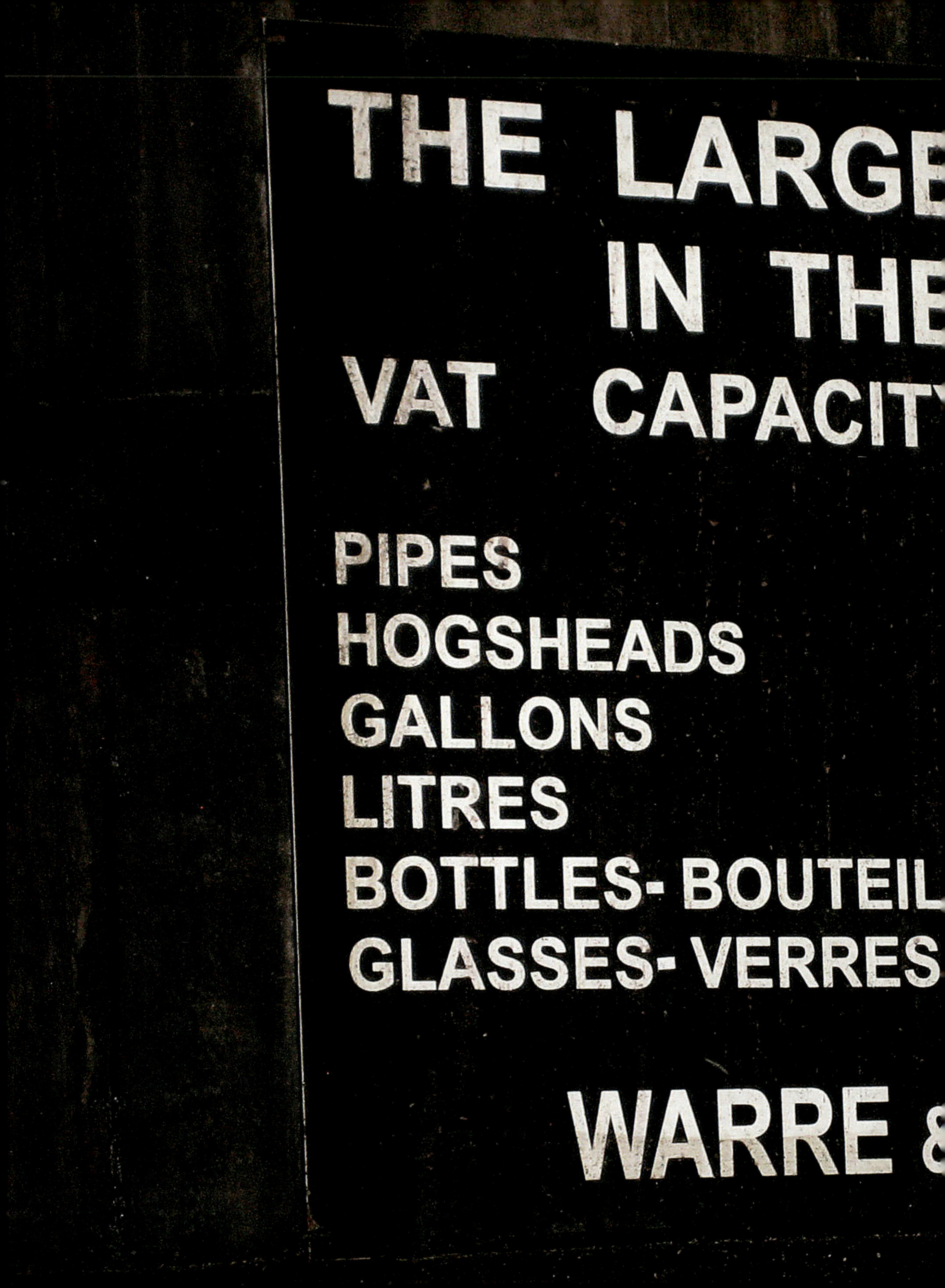

THE LARGE[ST]
IN THE

VAT   CAPACIT[Y]

PIPES
HOGSHEADS
GALLONS
LITRES
BOTTLES- BOUTEIL[LES]
GLASSES- VERRES

WARRE &

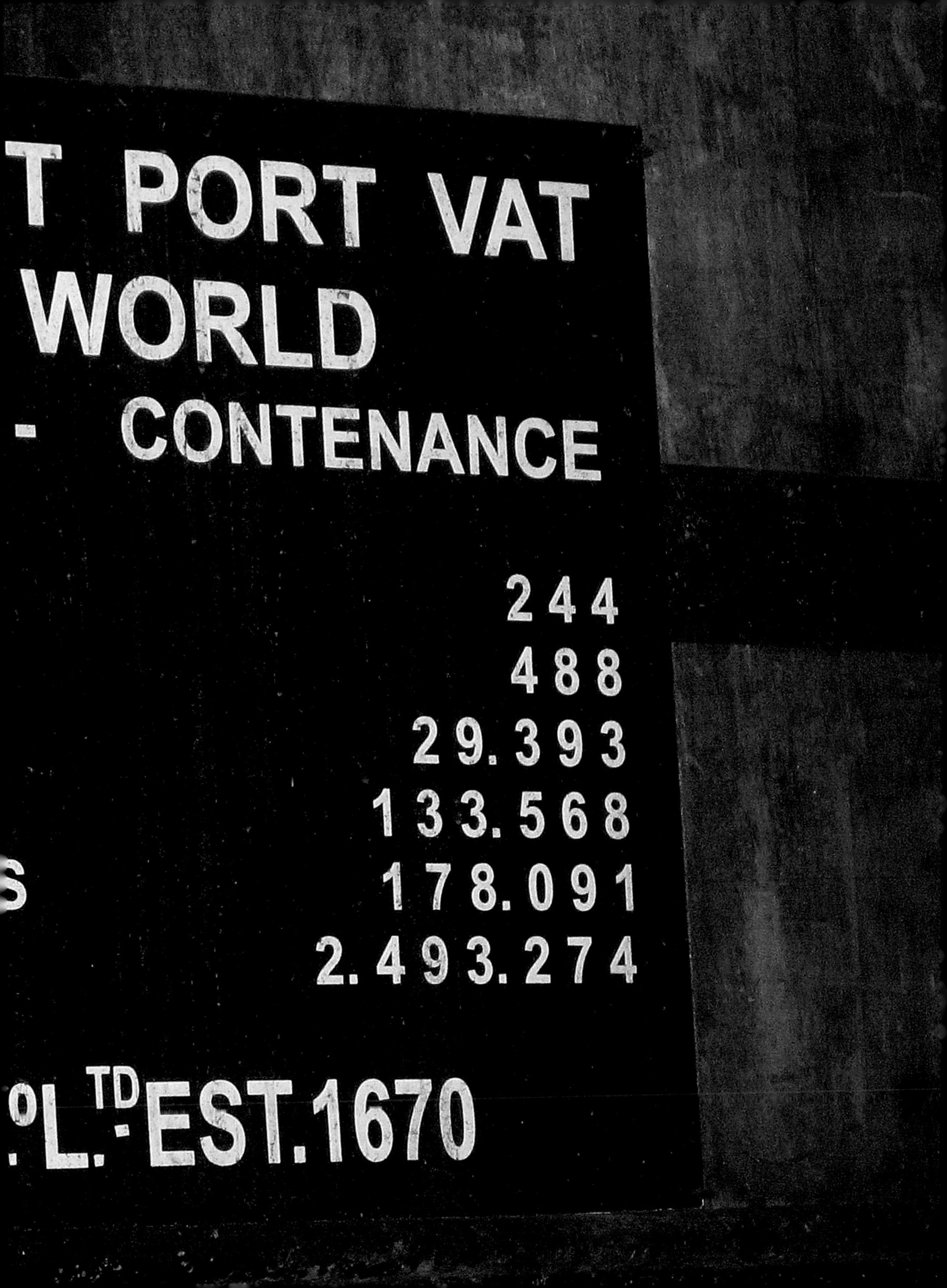

T PORT VAT
WORLD
- CONTENANCE

244
488
29.393
133.568
178.091
2.493.274

ᵒL.ᵀᴰ EST. 1670

Sonstige Erzeuger und weitere Weine

A.P. Santos & Co. Lda.

Gründungsjahr: 1927

Als die Firma A.P. Santos 1927 gegründet wurde, verfügte sie durch den Einfluss der Gesellschafter Albino Perreira dos Santos und Fiel Rodrigues zügig über beste Verbindungen zu anderen Handelshäusern und produzierte hochklassige Vintage Ports hauptsächlich für das portugiesisch- und englischsprachige Ausland.
Im Jahr 1942 hat Albino Perreira das Portweinhaus Andresen samt aller Vorräte und Produktionsstätten gekauft. Seit dem leitet die Familie dos Santos in nunmehr mit Carlos Flores dos Santos in dritter Generation die Geschicke Andresens. Die eigene Marke A.P. Santos wurde seitdem weitgehend vernachlässigt. Derzeit ruht sie völlig.

VINTAGE PORTS

VINTAGE PORT 1963 – Während der umfangreichen 1963er Horizontale in London verkostet: Dunkelrote Farbe, wenig Wasserrand. Fleischigvegetale Nase, Malz. Leicht scharfer, unsauberer Gaumen, süß. Mittellanger Abgang. **NR** *(2013)*

Quinta do Castelinho

Leider habe ich bisher noch keinen Verantwortlichen von der Quinta do Castelinho angetroffen und kann daher über die Firma keine belastbaren Aussagen treffen. Castelinho hat Colheitas aus den 1960ern im Markt, von denen ich leider noch keinen verkostet habe und zwischen 1994 und 2000 einige Vintage Ports produziert. Die zwei Vintage Ports, die ich bislang verkostet habe, haben mich nicht motiviert, mehr von der Firma zu probieren. Es hat den Anschein, dass die Qualität bei Castelinho stark zugunsten der Quantität in den Hintergrund tritt.
Laut verlässlicher Aussage wird die Produktionsstätte von Castelinho unweit von Regua in der nächsten Zeit von einem größeren Portweinhersteller übernommen, der sie als Lagerhaus nutzen wird.

VINTAGE PORTS

VINTAGE PORT 2000 - Wesentlich weiter fortgeschritten als der im Vergleich geöffnete 2000er Vale Meao: Volltransparentes Rot, wirkt optisch fast fragil. Leicht oxidierte, weit entwickelte Nase. Frucht tritt schon fast in den Hintergrund. Auch am Gaumen elegant und eher eindimensional. **15** *(2011)*

VINTAGE PORT 1999 - Volltransparente, mittelrote Farbe. Fruchtiges Bouquet mit hintergründigem Kaffee und Himbeeren. Mittellanger Abgang. Austrinken. **16** *(2010)*

Diez Hermanos Lda.

Gründungsjahr: 1875 für Sherry, 1933 für Port

Seit 1875 produzierten Don Salvador und Manuel Diez Sherry. 1933 kaufte die Gesellschaft den Portweinhersteller Manuel Misa und änderte den Namen in Diez Hermanos. Allerdings blieb der Schwerpunkt des Konzerns die Produktion von Sherry. 1929 heiratete Don Pablo Diez eine Portugiesin und verlagerte seinen Wohnsitz nach Porto. Dort blieb er bis zu seinem Tod 1966 Direktor der Gesellschaft. Zwei Jahre später kaufte Offley die Marke samt Vorräten und verschmolz sie mit ihrer eigenen. Derzeit ruht die Marke Diez für den Portwein, in Jerez ist sie noch aktiv.
Während ihrer aktiven Zeit produzierte die Gesellschaft in ihrer Quinta do Sol, nahe beim Staudamm in Regua. Quinta do Sol gehört derzeit dem Symington Port-Imperium, die die Anlage recht diskret zur Produktion von Einstiegs-Portweinen verwenden.

Douro Wine Growers and Shippers/ Flagman etc.

Inhaber: derzeit inaktiv
Quintas/Rebfläche: keine für die Marke vorbehaltenen Rebflächen
Spezialisiert auf: Vintage Port

Die Familie Barros verwendete Labels wie „Flagman" oder die „Douro Wine Growers and Shippers" vor allem für die west- und nordeuropäische Exportmärkte, um eine Quasi-Exklusivität einer Marke für gewisse Importeure zu gewährleisten. Vor allem in Märkten, auf denen sie mit ihren Premium-Marken schon aktiv waren. Flagman wurde zum Beispiel hauptsächlich nach Deutschland exportiert.
Gemäß einiger Recherche beim Portweininstitut handelt es sich um die gleichen Weine wie bei Barros, da die Nummern auf den Garantiesiegeln immer der der Firma Barros waren. Man hat also den gleichen Portwein anders beschriftet und nicht – wie etwa bei den Berry Brothers – andere Portweinverschnitte verwendet. Es gab neben den beiden oben erwähnten Marken noch Ducal, Palmeira, Pedro Lopez und andere, die aber nie in größerem Umfang den Weg nach Deutschland gefunden haben. Nach der Aussage von Manuel Barros wurde diese Markenpolitik in der Mitte der 1980er Jahre völlig aufgegeben. Viele der Markenrechte wurden mit den Akquisitionen der 1980er und 1990er Jahre an die neuen Eigentümer übergeben, die sie aber nie verwendeten. Die meisten Marken sind derzeit nicht aktiv.

VINTAGE PORTS

VINTAGE PORT 1979 - Mittelbraune Farbe. Sehr elegante Malz- und Honignoten in der Nase. Säure spürbar. Vordergründig süßer Gaumen. Malz und Honig. Wird nur noch von Alkohol und Säure getragen. **15** *(2013)*

VINTAGE PORT 1970 - Auf der Quinta da Roeda mit David Guimaraens, Nick Delaforce und Dirk Niepoort verkostet. Direkt nach dem Dekantieren vollrote Farbe, ausdrucksstark mit wenig Wasserrrand. Komplexe Nase mit eingelegten Kirschen, Teearomen, Pflaumen, Kräuter im Hintergrund. Am Gaumen viel Pflaumenmarmelade, gut strukturierte Säure und eingelegte rote Beeren. Im Abgang noch fruchtig-verführerisch. Überraschend gut, wenn auch ein klein wenig kurz im Abgang. **17** *(2011)*

VINTAGE PORT 1963 - Frische kirschrote Farbe. Verhaltene, aber fruchtige Nase, Toffee, Kaffee. Auch im Gaumen noch viel Frucht mit stützender Säure. Mittellanger Abgang. **17** *(2013)*

Quinta da Eira Velha

Gründungsjahr: 1513/ 1978
Inhaber: Fladgate Partnership
Önologen: David Guimaraens
Quintas/Rebfläche: Quinta da Eira Velha (50 ha)

Von der Quinta da Eira Velha hat man einen fantastischen Ausblick und überblickt den gesamten Bogen des Douro bis zur Quinta do Ventozelo. Erstmals erwähnt wurde die Quinta bereits im 16. Jahrhundert. Im Jahr 1582 wurde berichtet, dass die Quinta 70 Almudes Wein produziert hat, was nach damaliger Umrechnung rund 1.200 Litern entspricht.
Die Trauben von Eira Velha haben mehreren Herstellern in der weiterführenden Geschichte als Grundlage für Ihren Vintage Port gedient, so zum Beispiel Cockburn und Hunt, Roope & Co. Seit Anfang des 20. Jahrhunderts wurden die Trauben dann größtenteils an Graham und Ferreira verkauft.
1938 kaufte die Familie Newman die Quinta. Seit 1945 produziert die Quinta auch eigene Single-Quinta Vintage Ports und lieferte darüber hinaus noch Trauben und fertigen Portwein für Martinez und Cockburn. 2007 übernahm die Fladgate Partnership die Quinta de Eira Velha für etwas mehr als drei Millionen Euro. In 2011 wurde unter der Leitung von Antonio Magalhães und David Guimaraens wieder ein Quinta da Eira Velha Single Quinta Vintage Port hergestellt.

VINTAGE PORTS

VINTAGE PORT 1992 - Transparente, dunkelrote Farbe. Würzig frische, komplexe Nase mit Pflaume und Schokolade. Der Portwein befindet sich gerade in der Übergangsphase und verlässt das fruchtige Stadium. Voller, säurehaltiger Gaumen, Pflaume, Schokolade. Mittellanger Abgang. **17** *(2014)*
VINTAGE PORT 1978 - Dunkelrote Farbe, bei eleganter Struktur. Tabakspuren im Bouquet, würzig. Am Gaumen wenig flüchtige Säure, insgesamt aber flach. Austrinken. **15** *(2010)*
VINTAGE PORT 1945 - Volltransparente, mittelrote Farbe. Kräuter, Kaffee und Minze in der Nase. Samtiger Gaumen mit Schokolade, Kirsch- und Kräuternoten. Leicht süßer, mittellanger Abgang. **17** *(2015)*

H. & C.J. Feist – Vinhos S.A

Gründungsjahr: 1836
Inhaber: Sogevinus Gruppe

Das Portweinhaus Feist wurde 1836 von den Deutschen Feist-Cousins H. Feist und C. J. Feist gegründet. Mit besten Verbindungen nach Deutschland und England reisten die beiden häufig nach Skandinavien und Russland und erschlossen sich so umsatzstarke Märkte. Anders als bei vielen Konkurrenten war ihr Kerngeschäft immer der Weinhandel, was ihnen Ende des 19. Jahrhunderts mit ihrem exzellenten Ruf hohe Umsätze einbrachte.
Bereits 1870 eröffnete C. J. Feist ein Büro in Porto und die Gesellschaft konzentrierte sich voll auf den Portweinhandel.
1921 übernahm der Schwiegersohn von Carl Feist, J.H. Speich die Geschäfte und wandelte die Gesellschaftsform als eine der ersten Weinhandelsfirmen in eine Limited um. Manuel Barros erwarb Feist 1953 und wurde 2006 zusammen mit Feist von der Sogevinus Gruppe übernommen.
Alte Feist Ports findet man gelegentlich auf dem deutschen Markt, hauptsächlich als alte Colheitas auf Auktionen. Vintage Ports habe ich noch nie gesehen. Die Marke wird derzeit für spezielle Märkte aus Exklusivitätsgründen verwendet.

Gonzalez Byass/ M. Gonzales

Homepage: nur für Sherry: www.gonzalezbyass.com
Gründungsjahr: 1895 für Port, 1835 für Sherry
Quintas: Quinta da Sabordella (keine Hektarangabe), Trauben von der Quinta do Roriz

D. Manuel Gonzalez und Robert Blake Byass produzierten lange Jahre Sherry, bevor sie gegen Ende des 19. Jahrhunderts in Porto eine Firma gründeten. Zunächst waren sie lange durch die Firma Hunt, Roope & Co. vertreten, doch eine Unstimmigkeit mit Hunt, Roope & Co. führte 1896 zu der Entscheidung, unter eigenem Etikett Portweine herzustellen. Seit 1901 verbindet Goncales Byass eine sehr lange andauernde Verbundenheit mit der van Zeller Familie, deren Quinta de Roriz-Trauben sie in den ersten drei Dekaden des 20. Jahrhunderts exklusiv verarbeiteten. Die Portweinlinie stand immer im Schatten der Sherrys und wurde daher mehr oder weniger halbherzig betrieben. 1975 wurde der letzte Goncalez Byass Vintage Port Jahrgang produziert. Der letzte in Portugal ansässige Gonzalez führte die Marke noch mit der Quinta do Sabordella weiter und produzierte einen einzigen Vintage Port „M. Gonzalez Vintage Port 1985" (Hätte er besser gelassen!). Anfang der 1980er Jahre wurden die Weinberge und die Quinta do Sabordella an Vasconcellos verkauft. Sandeman übernahm 1989 die Markenrechte. Seit dem ruht die Marke im Portwein.

VINTAGE PORTS

VINTAGE PORT „M. GONZALES" 1985 - Trübe, rotbraune Farbe. Müdes Bouquet mit Ananas (?), spürbare Süße. Auch am Gaumen müde und oxidiert. Die Qualität war für die dreißig Jahre Flaschenlagerung nicht ausreichend. Vorbei. **14** *(2015)*

VINTAGE PORT 1970 - Dunkelrote Farbe und eine charakteristische Nase mit Pfeffer und Würznoten. Am Gaumen elegante Himbeere, wird ganz leicht von einer Säurenote überlagert. Mittellanger Abgang.
16 (2010)
VINTAGE PORT 1963 - Mittelorange Farbe, Wasserrand. Sehr weit entwickelte Nase. Verbrannte Noten, verbrannter Zucker. Bittere Noten am Gaumen, verbrannt, Karamell. Vorbei
14 (2013)
VINTAGE PORT 1955 - Erkennbarer Wasserrand in der vollroten Farbe. Volle, frische Nase, Honig und Toffee. Frischer Gaumen, Honig und Toffee. Sehr langer und ausgewogener Abgang. **18** (2010)

Guedes/Miguel de Sousa Guedes & Irmãos Lda.

Gründungsjahr: 1851
Inhaber: Familie Silva Reis
Quintas/Rebfläche: Quinta do Seixo (71 ha), Quinta das Carvalhas (120 ha)

Durch die Nachlassverwaltung von Baron Seixo ist Constantino do Vale Cabral Eigentümer eines recht umfangreichen Sortimentes hochwertiger Portweine geworden. Sein Sohn Miguel de Souza Guedes gründete dann mit diesem Vorrat 1851 eine Portwein-Handelsfirma. Nach und nach vergrößerte er den Umsatz und kaufte in den 1870ern die Quinta do Seixo und 1880 die gegenüber von Pinhão gelegene Quinta das Carvalhas, schon damals eine der größten Quintas im Douro-Tal. Danach kaufte er noch eine ganze Reihe von kleineren, heute unbekannteren Quintas. 1965 erwarb die Silva Reis Familie (Real Companhia Velha) die Marke mit all ihrem Grundbesitz. Die Quinta do Seixo wurde 1979 an Ferreira verkauft und ist heute im Besitz der Sogrape Gruppe. Die Marke ruht derzeit.

VINTAGE PORTS

VINTAGE PORT 1977 - Volle, tiefrote Farbe. Intensive Schokolade, Minze und leichte Malznoten am komplexen Bouquet. Am komplexen, balancierten Gaumen Honig- und Malznoten und minimale Restfrucht, Schokolade. Mittellanger, sehr gut integrierter Abgang. **17** (2015)
VINTAGE PORT 1908 - Braunrote, minimal trübe Farbe. Minze, Säure und Tabak im Bouquet. Am komplexen Gaumen spürbare Säure, Minze und viel Malz. Langer, minimal bitterer Abgang. **18** (2014)

John Harvey & Son

Gründungsjahr: 1881
Inhaber: Beam Inc.

John Harvey war ein britischer Händler, der unter der Firmierung „John Harvey & Son" im Jahr 1871 erstmals in Erscheinung trat. Die Firma hat sich hauptsächlich auf den Import der Portweine von Martinez und Cockburn konzentriert. Sie war so erfolgreich, dass sie Anfang der 1960er Jahre beide Portweinhäuser aufkaufte.
Erstmals wurde ein Harveys Vintage Port im Jahr 1962 als Geburtsjahrgang des Sohnes des ehemaligen Geschäftsführers von Harvey abgefüllt. Bei diesem Portwein handelt es sich um einen Verschnitt von Cockburn und Martinez. Bei den Jahrgängen 1983 und 1985 wurden Trauben von Martinez verwendet. Die Marke wurde hauptsächlich für den nordamerikanischen Markt verwendet.
1966 wurde Harvey von SVPW (Showerings Vine Products and Whiteways Ltd) aufgekauft, die wiederum zwei Jahre später von Allied Breweries übernommen wurde. Der Rechtsnachfolger Allied Domecq wurde dann 2005 von Pernod Ricard übernommen, die alle drei Portweinmarken Harvey, Cockburn und Martinez an die Beam Inc. verkauften. Die wiederum verkaufte Cockburn und Martinez an die Symingtons, während Harvey derzeit für Portwein inaktiv ist.

VINTAGE PORTS

VINTAGE PORT 1985 - Dunkelrote Farbe. Reduktive Nase, Gewürze und Tabak. Sehr gut stützendes Säuregerüst am Gaumen mit Tabak und weißem Pfeffer. Mittellanger Abgang. **17** (2015)

Richard Hooper & Sons

Gründungsjahr: 1771
Inhaber: Pedro Silva Reis

Der junge englische Kaufmann Richard Hooper gründete 1771 die gleichnamige Weinhandelsgesellschaft in London. Dort importierte er zahlreiche englische Portweinhersteller und Weine aus Bordeaux und Burgund. Die Geschäfte der zweiten Generation unter John Kinnersley Hooper vervielfachten sich mit der Ernennung von Hooper zum Lord Mayor of London. Hooper vertrieb die Portweine und Weine als Abfüller importierter Fässer meist unter eigenem Etikett.
In den 1950ern kaufte der Vater des heutigen Eigentümers geringe Anteile der Firma und übernahm diese 1962 komplett. Hooper besaß umfangreiche Marktanteile in England und Skandinavien, hier hauptsächlich in Dänemark. Heute wird Hoopers als Zweitmarke der Real Companhia Velha verwendet, in denen die Präsenz eines dritten Labels nach der Hauptmarke und Delaforce sinnvoll erscheint. In den deutschsprachigen Ländern konzentriert man sich auf die ersten beiden Marken, verwendet sie aber gelegentlich bei exklusiven Handelsbeziehungen mit einzelnen Handelsketten.

Hunt Vinhos S.A.

Gründungsjahr: 1650
Inhaber: Sogrape Gruppe

Die Firmen Roope, Hunt & Co. und Newman, Hunt & Co. wurden bereits um 1500 gegründet. Gründungsfamilien waren Newman, Holdsworth, Hunt und Roopes, allesamt Kaufmannsfamilien aus Dartmouth und Devon. Diese Firmen blicken auf eine der längsten und abwechslungsreichsten Geschichten innerhalb des Portweinhandels zurück.
Im 16. Jahrhundert gehörte ihnen eine stattliche Fischfangflotte, mit der sie vor Neufundland Kabeljau (port. bacalhau – das Portugiesische Nationalgericht) fingen und hauptsächlich in Europa verkauften. Zu diesen Zeiten war es nicht unüblich die Fracht gegen lokale Handelswaren einzutauschen, so dass sie aus Portugal Wein und Portwein mitbrachten. Der Legende nach soll ein mit Portwein beladenes Schiff der Flotte nach St. Johns in Kanada abgedrängt worden sein, so dass es dort überwintern musste. Als der Portwein dann letztlich in England ankam, wurde er als wesentlich gehaltvoller befunden, was dann Rückschlüsse auf die Vorteile der Fasslagerung brachte.

Im 18. Jahrhundert begann die Firma neben ihrem umfangreichen Fischhandel, Portwein nach England und Amerika zu verkaufen. Der Portwein für den US-amerikanischen und den englischen Markt überwinterte immer eine Periode in Neufundland und wurde erst ab dem Frühjahr verkauft, eine Tradition, die bis 1997 beibehalten wurde. Die Fangflotte bestand bis 1907 ausschließlich aus Segelschiffen und war eine der letzten großen firmeneigenen Flotten Europas. Obwohl Hunt, Roope & Co. zahlreiche Namensänderungen in ihrer Geschichte durchlebte, blieb letztlich der Ursprungsname hängen. Die Firma hat bereits im 19. Jahrhundert als eine der ersten Gesellschaften Single Quinta Vintage Ports von der Quinta da Eira Velha hergestellt. Obwohl sie die Quinta erst 1893 kauften, verwendeten sie ihre Trauben bereits seit Anfang des 19. Jahrhunderts.

1956 wurde die Firma an Ferreira verkauft, Eira Velha verblieb aber noch im Familienbesitz der Newmans. Nach dem Kauf von Constantino verschmolz Ferreira beide Firmen zu „Hunt Constantino S.A.". Mit der Ausnahme des Hunt Roope Vintage Port 1963 wurden alle Portweine unter dem „Tuke Holdsworth"-Etikett verkauft.

Tuke Holdsworth Vintage Port 1983 - Weit entwickelte Farbe, transparentes Mittelrot. Elegante Fruchtnase mit Malzfinish. Auch am Gaumen elegant, gute Frucht-Säure-Struktur. Mittellanger Abgang. **16** (2010)

Tuke Holdsworth Vintage Port 1955 - Volltransparente dunkelorange Farbe. Intensive Rumrosinen und Milchschokolade in der Nase. Frischer Gaumen, volle florale Noten. Langer, komplexer Abgang. Blind verkostet 2010. **18** (2010)

Tuke Holdsworth Vintage Port 1927 - Volltransparente, mittelrote Farbe. Ausgewogene Malz-Honig-Nase, ansprechende Komplexität. Am Gaumen spürbares Säuregerüst, satte Malznoten, Minzfinish. Langer, komplexer Abgang. **18** (2013)

HUTCHESON & CO. LTD.

Gründungsjahr: 1881
Inhaber: Sogevinus Gruppe

Tomas Page Hutcheson und Alexander Davidson Taylor (hat keine Gemeinsamkeiten mit der Marke Taylor) gründeten Hutcheson & Co. Ltd im Jahr 1881. Hutcheson und Taylor hatten sich von Anfang an darauf spezialisiert, qualitativ hochwertigen Portwein in größeren Mengen im Douro-Tal aufzukaufen, um ihn dann am Markt anzubieten.
1927 kaufte der Großvater von Manuel Barros (Barros, Quinta Dona Matilde) die insolvente Firma Hutcheson. Barros bezog direkt sein Hauptquartier in den großzügigen Kellereien in Vila Nova de Gaia. Ebenfalls gehörten die Quinta de Enxodreiro und Quinta de Pedra Caldeira zur Auktionsmasse. Pedra Caldeira wurde verkauft und Enxodreiro nach Manuel Barros Frau zu Quinta Dona Matilde umbenannt.
1996 wurden Feuerheerd und Hutcheson zu „Hutcheson Feuerheerd Associates" zusammengelegt, die 2006 beim Übergang von Barros zu Sogevinus mitenthalten waren. Feuerheerd wurde allerdings vor einigen Jahren an die van Zeller-Brüder Alvaro und Fernando (Barão de Vilar) verkauft, während Hutcheson heute zur Sogevinus Gruppe gehört. Der letzte mir bekannte Vintage Port von Hutcheson stammt aus dem Jahr 2000.

VINTAGE PORTS

Die Vintage Ports von Hutcheson waren durch die Bank enttäuschend: Tendenziell süß, eher elegant und nie lange lagerfähig.

VINTAGE PORT 1980 - Während der 1980er Horizontale in Deutschland verkostet: Trüb und mit sehr heller, fast oranger Farbe. Vordergründige Süße im Bouquet, die sich auch im Mund fortsetzte. Präsente Säure mit hintergründiger Frucht. Mittellanger, ausgezehrter Abgang. **15** (2010)

VINTAGE PORT 1978 - Trübe, mittelrote Farbe, leichte Struktur. Verhaltene Nase mit eleganten Malzaromen. Auch am Gaumen elegant, alkoholbetont. Kurzer Abgang. Nicht mehr genießbar. **NR** (2010)

VINTAGE PORT 1970 - Dieser Wein ist tot und trotzt jeglicher oxydativer Wiederbelebungsversuche. Bei Hutcheson ist die Qualität des zugrunde liegenden Weines für knapp vierzig Jahre Flaschenreifung nicht ausreichend. Wer 1970 keinen guten Portwein herstellen konnte, der kann es einfach nicht. **NR** (2009)

PORT 1966 - Die Flasche macht überhaupt keinen Sinn. Ein 1966er Ruby, matured in wood mit T-Cork-Stopper. Bräunlich-orange Farbe mit ausgeprägtem Wasserrand. Staubige Malz-Honig-Nase. Ausgezehrter Gaumen, Säure spürbar. Kurzer Gaumen. Vorbei.
NR

MACKENZIE & CO.

Gründungsjahr: 1852

1852 gründeten Kenneth Mackenzie und William Michin Driscoll das Handelshaus Mackenzie & Driscoll. Mackenzie war Sherry-Exporteur aus Cadiz und hatte daher hervorragende Handelsbeziehungen und sehr gute Kenntnisse im Weinhandel. Nach dem Tod der beiden Gründer wurde die Firma unter Mackenzie & Co. lange Zeit weitergeführt, bis I. K. Mackenzie kurz nach dem 2. Weltkrieg an die Andresen-Eigentümer Flores dos Santos verkauft wurde. 1970 erwarb Harvey die Marke, die aber seit dem ruht.

VINTAGE PORTS

VINTAGE PORT 1963 - Dunkelrote, transparente Farbe. Ansprechende Kaffeenoten, frisch. Auch am Gaumen frisch-floral, balanciert, blumige Noten. Langer, gut strukturierter Abgang.
17 (2013)

VINTAGE PORT 1955 - Der Mackenzie Vintage Port 1955 ist ein sehr seltener Portwein. Er ist viel zu dunkel für das Alter, aber das Bouquet passt zum Alter. Unglaublich junge, frische Farbe, frische volle Nase mit intensiver Schokolade und Pfeffer. Am Gaumen gereift, viel Schokolade. Langer Abgang. **18** (2010)

MARTINS (F. MARTINS)

Inhaber: Sogevinus

Über die Marke Martins konnte ich keine belastbaren Informationen in Erfahrung bringen. Voraussichtlich war es eine Marke, die in Zusammenhang mit Hutcheson und Feist stand. Die Vintage Ports sind mehrheitlich von Hutcheson und zuletzt im Jahrgang 2003 von Feist abgefüllt worden. Die Marke wird derzeit nicht verwendet. Da Hutcheson nicht als Vertreter hochwertiger Vintage Ports bekannt ist, würde ich vom Kauf alter Martins-Flaschen eher abraten.

MORGAN BROTHERS

Gründungsjahr: 1715
Inhaber: Fladgate Partnership
Spezialisiert auf: Vintage Port

Der englische Weinhändler Charles Haughton gründete den Vorläufer der Firma Morgan Brothers bereits 1715 in Porto. In der nächsten Generation trat der junge Charles Dixon der Firma bei und entwarf den „Dixon Double Diamond" Portwein, ein Etikett, das durch die Erwähnung in

Charles Dickens' Novelle Nicholas Nickleby 1838 große Beachtung erfuhr. ("A magnum of the Double Diamond, David; to drink the health of Mr. Linkinwater"). Erst mit dem Waliser Aaron Morgan trat der erste Namensgeber im späten 19. Jahrhundert der Firma bei und es folgte 1898 die Umfirmierung in „Morgan Brothers". 1952 wurde Morgan Brothers von der Firma Croft gekauft, die wiederum seit 2001 zur Fladgate Partnership gehört.

Außerhalb der Insel ist Morgan recht unbekannt und wird derzeit von der Fladgate Partnership nur vereinzelt zur Herstellung von Vintage Ports verwendet. Dieser wird dann aus Exklusivitätsgründen an einzelne Weinhändler in England verkauft.

VINTAGE PORTS

Alte Morgan Vintage Ports besitzen ein sehr gutes Alterungspotential. Da die Marke fast nur in England bekannt ist, aber immer wieder ältere Morgan Vintage Ports auf Auktionen in Kontinental-Europa auftauchen, liegt häufig ein fantastisches Preis-Leistungsverhältnis vor. Mein englischer Freund konnte für unseren englischen Portweinzirkel einhundert Kisten Morgan 1991 für einen atemberaubend günstigen Preis erwerben, so dass der Morgan Vintage Port 1991 lange Jahre unser „House-Port" war.

VINTAGE PORT 1991 - Dunkelrote Farbe. In der Nase komplexe Fruchtnoten, Pflaume, Heidelbeeren, Minze. Mundfüllender Gaumen mit roten Beeren, Karamell und leichten Schokoladenoten. Eleganter, mittellanger Abgang. In den nächsten 10 Jahren austrinken. **17** *(2014)*

VINTAGE PORT 1970 - Blasses Rot mit Brauntönen. Oberflächliches Bouquet mit Menthol und Würze. Gaumen identisch. Mittellanger Abgang. Nicht intensiv genug. **15** *(2009)*

VINTAGE PORT 1963 - Der Morgan 1963 war einer der 33 Teilnehmer der 1963er Horizontale in England: Volltransparente, dunkelrote Farbe. Strukturiertes Bouquet, würzig, frisch, mit erkennbaren Malznoten. Minimal bitterer Gaumen, dahinter Malz. Mittellanger Abgang. **16** *(2013)*

VINTAGE PORT 1945 - …und der Morgan 1945 war einer der 22 Teilnehmer der 1945er Horizontale in England: Dunkelrote, frische Farbe. Elegante Nase, Minze, Schokolade, Kirsche und Himbeeren. Am Gaumen spürbare Säure, sonst elegante Struktur. Mittellanger, säurebetonter Abgang. **17** *(2015)*

O-Port-Unidade

Homepage: www.o-port-unidade.com
Gründungsjahr: 2013
Inhaber: Axel Probst, Registrierung beim IVDP durch Niepoort
Önologen: Nick Delaforce (Niepoort), Ana Rosas (Ramos Pinto), Antonio Agrellos (Noval), Carlos Alves (Sogevinus), Jorge Alves (Nova), Jorge Morreira (RCV, La Rosa), Pedro Sa (Vallegre), Luis Sottomayor (Sogrape), Charles Symington (Symington), Alvaro van Zeller (Andresen, Barao de Vilar)

Ein Portwein-Joint Venture in Reinform. Das Projekt hat sich eigentlich nur durch den Wunsch entwickelt, ein Foto von allen Produzenten zusammen in einem Lagar zu erhalten. Viele hundert Gespräche und Emails später war klar, dass ein solches Projekt nur mit einem Charity-Hintergrund stattfinden kann.
Dirk Niepoort war der Erste, der von der Idee sofort begeistert war und seine Produktionsstätte dafür anbot. So haben am 22. September 2013 fünfundzwanzig der bekanntesten Portweinhäuser jeweils 750 kg (= eine Pipa) ihrer besten Trauben gespendet und diese in Dirk Niepoorts Lagar bei Vale Mendiz getreten.
Die insgesamt 5.000 Flaschen sind verkauft und 100.000 EUR an bagosdouro. com gespendet. Bagosdouro ist eine Wohltätigkeitsorganisation, die sich um Kinder und Jugendliche aus der Douro-Region kümmert.

VINTAGE PORTS

VINTAGE PORT 2013 - Tiefschwarze Farbe. Komplexe, würzige Nase, frische florale Noten. Tiefer, würziger Gaumen. Präzise Frucht, Cassis, Säure spürbar. Mittellanger Abgang. **o.B.** *(2015)*

Quinta da Peça

Homepage: www.winesandwinemakers.pt/gca/?id=91
Gründungsjahr: frühes 19. Jahrhundert
Önologen: Mois Mottale
Quintas/Rebfläche: Quinta da Peca (100 ha)
Importeur: www.bomdia-shop.de

Im 18. Jahrhundert begann die Quinta da Peca zunächst mit knapp zehn Hektar und verzehnfachte sich in den letzten Jahrzehnten auf die heutigen knapp 100 Hektar. Ursprünglich war die Quinta unter dem Namen Quinta das Pessas bekannt, was durch den Ankauf der Parzellen entstanden, Pessas bedeutet Parzellen. In der Mitte des 20. Jahrhunderts war der Landankauf mehr oder weniger abgeschlossen und es wurde dann aus dem ursprünglichen Namen die Quinta da Peça, wobei man das „ç" so ausspricht wie „ss".
Die ersten Portweine wurden auf der Quinta schon im frühen 19. Jahrhundert hergestellt, sind aber nie außerhalb von Portugal vermarktet worden. Bis vor kurzem wurde auf der Quinta da Peça Douro DOC und Portwein hergestellt. Sie wurde 2014 verkauft.

VINTAGE PORTS

VINTAGE PORT 2003 - Stumpfe, schwarzrote Farbe. Derzeit verschlossen wirkendes Lakritz-Cassis-Bouquet, süß und würzig. Konzentrierter Gaumen mit intensiver Säure, spürbarem Tanningerüst und würzig-fruchtigen Aromen. Langer, konzentrierter Abgang. **17+** *(2016)*

Quinta da Prelada

QUINTA DA PRELADA

Homepage: www.douro4u.com/?section=5
Gründungsjahr: Frühes 18. Jahrhundert, re-launch 2004
Inhaber: Familien Magalhaes und Silva
Önologen: Rui Perreira
Quintas/Rebfläche: Quinta da Prelada (50 ha)
Importeur: www.bertsweinexpress.de

Die Quinta da Prelada wurde erstmals im frühen 18. Jahrhundert erwähnt. Auf dem 60 Hektar großen Weingut wurde allerdings bis zum Jahr 2004 nie Portwein hergestellt. Stattdessen wurden die Trauben an größere Häuser verkauft. Erst die fünfte Generation der Familien Magalhães und Silva produzieren nun Portweine.
Auf dem heute 69 Hektar großen Weingut mit 50 Hektar Weinstöcken existieren immer noch zwei Parzellen mit den traditionellen Mischpflanzungen „vinhas velhas". Prelada versucht in vielen Bereichen, die traditionellen Methoden und neueste Erkenntnisse zu vereinen.

VINTAGE PORTS

Die Eigentümer haben sich erst spät entschieden, Portwein unter eigenem Etikett herzustellen. Den ersten Vintage Port haben sie 2004 produziert.

VINTAGE PORT 2011 - Während der IVDP Blindverkostung mit 55 anderen 2011er Vintage Ports verkostet: Tiefdunkelrote Farbe mit violetten Reflexen. Im Bouquet florale Noten. Süßer Gaumen mit Pfeffer- und floralen Noten. Mittellanger Abgang. **16** (2013)
VINTAGE PORT 2004 - Tiefschwarze Farbe mit ausgeprägten Reflexen. Strukturierter Gaumen mit frischer Frucht und spürbaren Tanninen und Säure. Mittellanger Abgang. **17** (2010)

REBELLO VALENTE/ ROBERTSON BROS. LTD

Gründungsjahr: 1847
Inhaber: Sogrape Vinhos S.A.
Quintas/Rebfläche: zur damaligen Zeit Quinta do Roncão, Quinta do Pocinho
Spezialisiert auf: Vintage Port

Den Anfang der Firma begründete eine Partnerschaft zwischen James Nisbet Robertson und dem Handelshaus Burdon & Gray in England. Mit dem Tod von John Gray 1855 wurde James Robertson Partner und änderte den Firmennamen in Robertson Bros. Die Markenrechte an Rebello Valente wurden 1881 vom Visconde (Burggraf) de Villar d'Allen erworben und seitdem als Portweinmarke weiter geführt. Mit der Quinta do Roncão und der Quinta do Pocinho besaßen die Robertsons zwei Top Quintas im Douro-Tal. Die älteren Vintage Ports sind zwar immer auf der eleganten Seite, doch sehr gut gemacht.
1953 erwarb Sandeman die Robertson Bros Ltd., allerdings ohne Weingüter aber inklusive der Marke Rebello Valente.

Derzeit wird unter der Marke Rebello Valente, die in den späten 1940er Jahren erst das zweite „l" in Rebello erhalten hat, nicht mehr produziert. Die Marke Robertson wird ausschließlich für „entry level" Portweine verwendet.

VINTAGE PORTS

VINTAGE PORT 1970 - „Wenn Frauen im factory house dinieren, werden Rebello Valente - Portweine geöffnet" hat mir eine bekannte Persönlichkeit aus der Portweinwelt berichtet. Die Portweine haben die Reputation, sehr elegant – zu elegant – zu sein und auch der Vintage Port des Jahres 1970 ist keine Ausnahme. Flaches Bouquet mit leichter Frucht. Unspektakulärer Abgang. Uninteressant. **14** (2009)
VINTAGE PORT 1966 - Mittelbraune Farbe. Leicht süße, ansprechend gereifte Nase, Malz, Toffee. Am Gaumen vordergründig Säure, auch süß. Toffeenoten, Butterscotch, flüchtige Säure, medizinale Noten. Mittellanger Abgang. **16** (2014)
VINTAGE PORT 1963 - Dunkelrote, volle, tiefe Farbe. Leicht Nase, Schokolade, Fruchtnoten. Bitterer Fehlgeschmack, destrukturiert, malzig. Mittellanger Abgang. Korkfehler. **NR** (2013)
VINTAGE PORT 1945 - Vollrote Farbe mit erkennbarem Wasserrand. Elegante, frische Nase mit Kräuternoten. Gut stützende Säure am Gaumen, Schokoladennoten, Himbeere. Mittellanger Abgang. **17** (2015)

VINTAGE PORT 1942 - Beim Christmas-Tasting 2012 in London verkostet: Dunkelorange Farbe, Wasserrand. Frische Nase mit satter Schokolade, Honig und Malznoten. Komplexer Gaumen, Karamell, leicht bittere Noten. Langer, komplexer Abgang. **18** (2012)
VINTAGE PORT 1927 - Berry Brothers Abfüllung: Volltransparente, mittelrote Farbe. Elegante Nase mit Finesse, floral. Auch am Gaumen elegant und frisch. Langer, balancierter Abgang. **18** (2011)

SKEFFINGTON

Gründungsjahr: Ende des 19. Jahrhunderts
Inhaber: Fladgate Partnership
Önologen: David Guimaraens
Quintas/Rebfläche: keine direkt zugeordneten Quintas
Spezialisiert auf: Vintage Port

Die Firma wurde Ende des 19. Jahrhunderts von Charles Neville Skeffington gegründet. Mir sind allerdings keine Vintage Ports vor 1977 bekannt. Skeffington war schon vor der Gründung mit der Familie Yeatman befreundet, die in den 1940er Jahren die Marke übernahmen.
Historisch wurden die Trauben der Quinta de Vales dos Muros für die Skeffington Portweine verwendet.
Heute gehört die Marke zur Fladgate Partnership, die Skeffington allerdings ein wenig stiefmütterlich behandelt. Vor allem scheut sie direkte Konkurrenz zu ihren Flaggschiff-Marken Taylor und Fonseca und bietet die Skeffington Ports nur dann an, wenn eine Konkurrenz unwahrscheinlich ist. In sehr guten Jahren werden in begrenzten Mengen von ca. 1.000 bis 1.500 12er Kisten Skeffington Vintage Ports hergestellt, letztmalig in 2011.

VINTAGE PORTS

VINTAGE PORT 2007 - Matte, tiefdunkelrote Farbe. Ausgesprochen fruchtige Nase mit Brombeeren, Himbeeren und schwarzen Johannisbeeren. Voller Gaumen mit vordergründiger Säure und sehr gut portionierten Tanninen. Die Fruchtnote tritt am Gaumen etwas in den Hintergrund. Mittellanger Abgang. **17** (2010)
VINTAGE PORT 1983 - Elegante, recht weit fortgeschrittene mittelrote Farbe. Elegante, würzig fruchtige Nase. Auch am Gaumen schon weit fortgeschritten, Restfrucht vorhanden, hauptsächlich Himbeere, Akazienhonig. Kurzer Abgang. **16** (2010)

Porto Valriz (Coimbra de Mattos)

Homepage: www.coimbrademattos.com
Gründungsjahr: 1986
Inhaber: Dr. António, Anibal und José Coimbra Aires de Mattos
Önologen: Jean Hugues Gros
Quintas/Rebflächen: Quinta dos Mattos (12,5 ha), Quinta da Laceira (10,5 ha)Quinta das Condessas (12,5 ha), Quinta dos Quintais (3 ha), Adega da Rosca (3 ha)
Spezialisiert auf: Tawny Port
Geheimtipp: 20y old Tawny

Die Portweine der Ayres de Mattos Familie wurden bereits im 19. Jahrhundert prämiert. Aufgrund rechtlicher Vorschriften durften sie ab 1931 dann keinen eigenen Wein unter ihrem Firmennamen verkaufen sondern wurden bis 1986 Traubenfarmer bzw. stellten auch Portweine her, die sie dann an die Konkurrenz verkauften. 1986 wurde die Aida Coimbra Ayres de Mattos e filhos, Lda. Gegründet, um eigene Weine und Portweine abzufüllen und wieder "ab Hof" zu verkaufen. Seit 2005 firmiert die Firma nur noch unter Coimbra Mattos Lda. Diesen Namen kennt aber kaum jemand, da der Portwein unter dem Porto Valriz-Etikett verkauft wird. Mit diversen Weingütern im Douro-Tal ist die Gesellschaft gut aufgestellt, ihren Wein und Portwein im eher günstigeren Segment hauptsächlich auf dem Heimatmarkt Portugal zu verkaufen. Die Firma hat auch very old white Ports und very old Tawnies im Angebot, die aus nicht vom Portweininstitut katalogisierten Fässern stammen und daher nicht mit ihrer wirklichen Altersangabe verkauft werden dürfen.
Weiterhin gibt es in der Nähe der Quinta dos Mattos (bei Galafura im unteren Douro) ein Weinmuseum, das Museu Adega das Giestas Negras aus dem 16. Jahrhundert. Erst in 2006 restauriert und der Öffentlichkeit zugänglich gemacht, kann man sich hier die ganz frühe Weingeschichte im Douro als Film anschauen.

3 Fragen – 3 Antworten: Rui Meireles, Produktions-Chef
Was war der erste Port, den du getrunken hast?
Ein Port mit der Familie, den wir immer nach den Mahlzeiten getrunken haben.
Was ist am Douro besonders?
Das Klima, die Temperaturschwankungen an einem einzigen Tag und die unterschiedliche Zusammensetzung des Bodens.
Welchen Port nimmst du mit auf die einsame Insel?
Einen Valriz Very old Tawny Port 1858

AGED TAWNIES

10 YEAR OLD TAWNY – Volltransparente, mittelorange Farbe. Orange, Kaffee und Nüsse im Bouquet. Frischer, säuregestützter, leicht süßer Gaumen, balanciert, elegant, hintergründig Kräuter. Mittellanger Abgang. **16** *(2016)*
20 YEAR OLD TAWNY – Mittelorange Farbe mit roten Reflexen. Tiefe, komplexe Nuss-Kräuter-Nase mit minimalen Acetonnoten. Frischer, balancierter, minimal süßer Gaumen mit eleganten Nüssen. Mittellanger Abgang. **17** *(2016)*
30 YEAR OLD TAWNY – Mittelrote Farbe mit grünen Reflexen. Mitschwingende Süße in der frischen und intensiven Nase. Nüsse, Marzipan und Honig. Komplexer, voller Gaumen. Perfekt stützende Säure, Malz, Nüsse und Kaffee. Langer Abgang. **18** *(2016)*
40 YEAR OLD TAWNY – Braunrote Farbe mit intensivem Farbkern und grünen Reflexen am Rand. Intensives, würzig-frisches Bouquet mit balancierten Tabakblättern, Honig und Nüssen. Intensiver, komplexer Gaumen mit sehr gut stützender Säure, Trockenfrüchten aller Art, Honig und Karamell. Langer Abgang. **18** *(2016)*

Vasconcellos

Homepage: www.christieswines.com
Gründungsjahr: 1879
Inhaber: Steven Christie
Önologen: Marisa Ribeiro
Quintas/Rebfläche: Quinta Dona Mafalda (7 ha)
Spezialisiert auf: aged Tawnies

1879 gründete José Texeira Pinto Vasconcellos eine Gesellschaft, die sich auf den Export hochwertiger Weine spezialisierte. Die ersten Jahrzehnte arbeitete Vasconcellos alleine im Geschäft, doch die explodierende Nachfrage hauptsächlich aus Europa zwang ihn, sich auch für Partnerschaften zu öffnen.
So wurde das Einzelunternehmen 1914 in eine Limited umgewandelt und mit fünf Gesellschaftern betrieben. Der wichtigste davon war Carlos Pinto Perreira, dessen Sohn zwischen den Weltkriegen die Firmenleitung übernahm.
1983 übernahm Vasconcellos die Firma Gonzales Byass, die ihre Zelte in Portugal komplett abgebrochen hatte, um sich wieder voll ihrem Sherry-Kerngeschäft zu widmen. Nach mehreren finanziellen Fehlentscheidungen wurde nur fünf Jahre später der Portwein-Lagervorrat an Sandeman verkauft, um eine Insolvenz abzuwenden. Heute gehört die Marke Vasconcellos zu Christie's Port Wine Producer & Shipper Lda und wird ausschließlich für den portugiesischen Heimatmarkt verwendet.

Diverse Hersteller, Blends etc.

In diesem Abschnitt werden Portweine vorgestellt, die nicht zu anderen Herstellern passen oder eine besondere Geschichte haben. Es kann sich auch um Abfüller handeln, die entweder den Produzenten nicht auf dem Etikett vermerkt haben oder einen Portwein von mehrere Produzenten verschnitten haben.

VINTAGE PORTS

ADAMS VINTAGE PORT 1955 - Sehr dunkle Farbe, ausgeprägter Wasserrand. In der Nase leicht staubig, unterschwellig komplex. Benötigte viel Zeit an der Luft, um sich vollständig zu entfalten. Am Gaumen intensives Karamell, Toffee und Pfeffer, spürbare Säure. Mittellanger, voller Abgang. **17** *(2010)*

ADAMS VINTAGE PORT 1963 - Volltransparente mittelorange Farbe mit minimalem Wasserrand. Leichte Cognacnoten und verbrannter Zucker in der Nase. Auch am Gaumen viel verbrannter Zucker, Toast. Kurzer malzhaltiger Abgang. Oxidiert. **16** *(2013)*

AVERY VINTAGE PORT 1963 - Avery ist ein alter englischer Abfüller, der häufig die gekauften Fässer verschnitten hat. Angeblich wurden bei diesem 1963er ein Fass Taylor, 2 Fässer Fonseca und drei Fässer Sandeman miteinander verschnitten. Transparent dunkelrote Farbe, erkennbarer Wasserrand, Malz, Frucht, Milchschokolade. Samtiger voller Gaumen, Schokolade, eingelegte Kirschen, softe Tannine. Langer, sehr gut strukturierter Abgang. **19** *(2013)*

BUCKINGHAM PALACE BLEND VINTAGE PORT 1955 - Leider habe ich über die Entstehung dieses Vintage Ports nichts in Erfahrung bringen können. Mutmaßlich haben die englischen Importeure ein Fass mit Teilen Ihrer Ports aufgefüllt. Volle dunkelrote Farbe. Elegantes Bouquet mit unterschwelliger Finesse. Im Gaumen intensive Honig- und Toffeenoten, allerlei Gewürze. Mittellanger Abgang. **17** *(2010)*

DEMARCAÇÃO VINTAGE PORT 2006 - Ein Vintage Port zum 250. Jubiläum der Douro Demarcated Region. Da der Hersteller Bulas als Marke noch nicht eingetragen war, durfte der Wein kein Bulas Vintage Port werden. Demarcação ist also eine eigenständige Marke. Leicht trübe, dunkelrote Farbe. Elegante, frische Nase mit eingelegten Kirschen. Gut strukturierter Gaumen, Schokofinish. Mittellanger Abgang. Kein Port für die Ewigkeit. **17** *(2016)*

DOLAMORE VINTAGE PORT 1963 - Dunkelrote Farbe. Frische, tiefe, intensive Nase. Schokolade, satte Frucht, Kaffee. Voller, fruchtiger, komplexer Gaumen, Schokolade. Tiefe, frische Frucht. Sehr langer voll strukturierter Abgang. Auf dem Etikett steht nur der Abfüller, nicht der Produzent. **19** *(2013)*

HATCH & MANSFIELD VINTAGE PORT 1858 - Transparentes Orange. Im Bouquet Orangenschalen, Rosinen und Malz, minimal verbrannte Noten. Eleganter Gaumen, leicht oxidiert, Orangenschalen und Trockenfrüchte. Mittellanger Abgang. **17** *(2013)*

IVDP VINTAGE PORT - Die Vintage Ports vom Portweininstitut werden „off the shelf" von verschiedenen Herstellern gekauft und umetikettiert. Es handelt sich hier also immer um die Original-Abfüllungen der jeweiligen Hersteller.

JUNCO VINTAGE PORT 1935 - Mittelbraune Farbe, wird zum Rand schnell heller. Tiefe Malznase mit Kräutern. Eleganter, kräuterbetonter Gaumen, spürbare Säure, Tabak. Langer, strukturierter Abgang. **18** *(2016)*

AGED TAWNIES

CONFRARIA DO VINHO DO PORTO 20 YEAR OLD TAWNY - Ähnlich dem IVDP kauft die Portweinbruderschaft aged Tawnies von anderen Herstellern und verwendet diese dann bei offiziellen Anlässen mit ihrem Etikett. Rotbraune Farbe. Nüsse und Marzipan in der Nase. Samtiger, runder Gaumen, nicht zu tief, aber sehr ansprechend. Mittellanger Abgang. Sehr rund. **17** *(2013)*

COLHEITAS

PORTO AZULEIRO 1847 - Leicht trübe, mittelbraune Farbe mit erkennbarem Wasserrand. Intensive, komplexe Malznote in der Nase, hintergründig Kaffee. Am Gaumen spürbare Säure, Orangenschale und Milchschokolade. Mittellanger Abgang. **18** *(2015)*

BORGES FAMILY RESERVE 1907 - Eine echte alte Familien-Reserve: Mit Jorge Borges und seiner Frau Sandra in Vila Real getrunken: Tiefe, dunkelbraune Farbe. Satte, volle Aceton-Nuss-Nase. Komplexer, balancierter Gaumen mit Honig und Trockenfruchtnoten. Langer, voller Abgang. **18** *(2015)*

Die Organisation Casa do Douro sitzt auf riesigen Tawny-Vorräten, die zur damaligen Zeit aufgekauft werden mussten. Teils von magerer Qualität, sind aber einige durchaus trinkbare Weine dabei. Die Colheitas werden vom Casa do Douro im Direktverkauf in Regua für 40 Euro (1963 Colheita) bzw. 35 Euro für den White Colheita 1964 verkauft.

CASA DO DOURO COLHEITA 1963 - Braunorange Farbe, minimaler Wasserrand. Mittelintensive Kaffee- und Malznase, Röstaromen. Am Gaumen viel Säure, elegante Karamell- und Toffeenoten. Mittellanger Abgang. **17** *(2013)*

QUINTA DO CORTE COLHEITA 1978 - Mit Alvaro van Zeller und Sophia zum Abendessen im Bacalhau in Porto verkostet. Die Quinta da Corte stammt aus Sophias Familien-Linie: Transparent rotbraune Farbe. Minimal erkennbarer Wasserrand. Volle Marzipannote im Bouquet, balanciert mit ansprechender Komplexität. Am Gaumen Nüsse, Schokolade, spürbare Säure. Mittellanger Abgang. Eine klassische Familien-Reserve. **17** *(2013)*

COLHEITA PORTO „XYZ" 1900 - Überraschend frische Nase mit viel Kaffee und Toffee. Auch im Gaumen überwiegen Kaffee und Mokka, ansprechend. Langer, ausgewogener Abgang. **18** *(2012)*

VINHO VELHA 1815 – Aus dem „Waterloo-Jahrgang" mit Dirk Niepoort in London zum Mittagessen: Leicht trübe, mittelbraune Farbe. Kaffee und Orange in der komplexen Nase. Langer, balancierter Gaumen, komplex und tief. Schokolade, Kaffee, Orangenschale. Langer, mehrstufiger Abgang. **19** *(2015)*

WHITHAM Colheita 1880 (bottled 2000) – Leicht trübe, dunkelrote Farbe. Kaffee, Brühwürfel, spürbare Säure. Am Gaumen macht dieser Port wenig Sinn: Solero. Angeblich 45% Niepoort Colheita 1945?. **16** *(2010)*

SPECIALS

JUNCO VVV (bottled 1947) – Obwohl er nicht de facto von Borges produziert wurde, stammen die Trauben von der Quinta do Junco, die zum Abfüllzeitpunkt zu Borges gehört hat. Intensive, dunkelrote Farbe. Tiefe, komplexe Nase: Nüsse, Säure, Rosinen. Voller Gaumen, Kaffee, Rosinen. Schokolade. Langer Abgang. **18** *(2014)*. VV steht für „vinhas velhas" (= alte Weinreben), VVV steht für „vinhas velhas velho", also eine Steigerung von VV.

GUT ZU WISSEN

Das Factory House

Homepage: www.portopatrimoniomundial.com/feitoria-inglesa.html

Das Factory House ist ein sehr traditionelles Gebäude mitten in Porto. Hier werden Riten rund um den Portwein zelebriert wie sonst fast nirgendwo. Factors sind englische Kaufleute, die im Ausland leben. Aufgrund der Jahrhunderte alten Verträge zwischen England und Portugal lebten Anfang des 18. Jahrhunderts zahlreiche englische Kaufleute in Porto und gründeten 1727 das „Porto Factory House".

Zwischen 1785 und 1790 wurde das heute immer noch als Clubhaus genutzte Gebäude in der Rua Infante Dom Henrique vom englischen Architekten und Konsul John Whiteham geplant und ausgeführt. Nach der Fertigstellung wurde der Grund und Boden, auf dem das Factory House gebaut wurde, der englischen Botschaft für unbegrenzte Dauer vermacht („from this day and forever"). So konnten die englischen Portweinhändler ungestört in englischer Club-Atmosphäre Geschäfte abwickeln und Informationen austauschen.

Die Architektur des Gebäudes ist schlicht, strahlt aber eine unaufdringliche Eleganz ab. Besonders beeindruckend ist der Ballsaal. Das Factory House verfügt auch über eine sehr umfangreiche Bibliothek, eine traditionelle, alte Küche und einen Billard-Raum.

Das Factory House hat eine bewegte Geschichte. So wurde es während des Krieges gegen Napoleon 1807 von französischen Truppen besetzt. Im Jahr 1811 wurde es als „British Association" mit neuen Statuten und einem festlichen Ball wieder eröffnet. Das Gebäude ist heute immer noch ein Symbol der englischen Portwein-Handelshäuser. So sind als Mitglieder nur Direktoren und führende Mitglieder der folgenden Häuser zugelassen: Churchill, Croft, Graham, Fonseca, Dow, Taylor und Warre. Persönliche Mitgliedschaften unterteilen sich in Vollmitgliedschaften, Vollmitgliedschaften nicht vor Ort lebender Mitglieder, Mitglieder ehrenhalber und assoziierte Mitglieder. Auch gibt es eine Aufzählung von Personen die als „visitor to the lunch-room" eingetragen sind. Der für ein Jahr gewählte Präsident (treasurer also Schatzmeister genannt) vertritt den Club in allen Belangen. In der Eingangshalle sind alle treasurers seit 1811 auf Metalltafeln vermerkt.

In deklarierten Vintage Port-Jahren müssen die Mitglieder immer eine kleine Menge Vintage Port des aktuellen Jahrgangs an den Club liefern. Des Weiteren müssen neu aufgenommene Vollmitglieder ein „compartement" im Keller des Factory Houses mit einem Vintage Port auffüllen. Das garantiert stets einen sehr gut sortierten Weinkeller, aus dem sich dann für die wöchentlichen Treffen und offizielle Feiern bedient wird. Im Keller des Factory House reifen rund 15.000 Flaschen Vintage Port. Im Jahr 1990 wurde ein Factory House Bi-Centenary Vintage Port zu Ehren des 200 jährigen Bestehens des Gebäudes abgefüllt. Jeden Mittwoch treffen sich die Mitglieder zum traditionellen „lunch" im Factory House. Nach dem Essen wird ein vom Schatzmeister ausgewählter Vintage Port blind verkostet und alle Teilnehmer versuchen, den Jahrgang und das Haus zu erraten. Die nicht-routinemäßig stattfindenden Abendessen sind wesentlich förmlicher. Darüber hinaus existieren noch das „treasurer dinner" im November, bei dem Mitglieder und Gäste vom Präsidenten eingeladen werden und der Weihnachts-Ball.

IVDP-Instituto dos Vinhos do Douro e do Porto

Der Sitz des IVDP befindet sich nicht in Vila Nova de Gaia, sondern auf der Nordseite des Douro, in Porto. Es ist eins der wenigen, wichtigen Gebäude, das sich nicht auf der Südseite des Douro befindet, sondern direkt neben dem ehemaligen Sitz der Börse, dem Palacio da Bolsa. Hier sind alle wichtigen Bereiche des Portweininstitutes beheimatet, vom Sitz des Präsidenten über die PR-Abteilung bis hin zur Verkostungsabteilung. Offiziell befindet sich der Hauptsitz des IVDP zwar in Régua. Aufgrund der Nähe zu den Herstellern werden aber Termine eher in Porto als in Régua wahrgenommen. Die komplette Kontrolle des Weinbaus, der Ernte(mengen) sowie der im Douro lagernden Portweine wird von Régua aus vorgenommen.

Neben den zwei Niederlassungen des IVDP existieren noch drei „Solares" do Vinho do Porto, in Régua, in Porto und in Lissabon. Die Solares sind in einer gemütlichen Club-Atmosphäre eingerichtet. Hier haben Besucher die Möglichkeit, Portweine glasweise unter bestmöglichen Umständen (Gläser, Temperatur etc.) zu probieren.

Obwohl das Portweininstitut mit der Jahreszahl 1756 im Wappen wirbt, besteht es in der heutigen Form als Institution erst seit 1933. 1756 muss hier eher als Gründungsjahr einer allgemeinen Kontrollinstanz innerhalb der Region gesehen werden, da die Eingrenzung der Region und die Kontrolle der Portweine in diesem Jahr begann. Das vorrangige Ziel des IVDP ist die Kontrolle der Weine der DDR (Douro Demarcated Region) und Portweine sowie die Unterstützung des Vertriebs in allen Bereichen. Darüber hinaus besteht die Aufgabe des IVDP darin, die Interessen der Weinbauern und Produzenten zu schützen und Qualitätsstandards und die Produktionsmengen festzulegen.

Aufgrund der stark gestiegenen Produktionsmengen der Douro DOC-Weine seit Beginn des 21. Jahrhunderts, firmiert das Portweininstitut seit dem Jahr 2006 nicht mehr unter dem Instituto do Vinho do Porto (IVP) sondern unter „Instituto dos Vinhos do Douro e do Porto" (IVDP). Mit dieser Änderung wird das IVDP nun nicht mehr ausschließlich zum Kontrollorgan der Portweine, sondern führt zusätzlich Qualitätskontrollen für die Douro DOC-Weine durch. Alle Garantiesiegel auf Portweinflaschen mit dem IVP-Logo müssen also vor 2006 gedruckt worden sein.

Das IVDP hat vier interne Organe:

Das Interprofessional Council – Im Interprofessional Council werden alle Differenzen oder unterschiedliche Sichtweisen innerhalb des Handels und der Produktion geregelt. Hier sind Handel und Produktion zu gleichen Teilen vertreten und setzen als wichtigste Messzahl die jährliche Produktions-Gesamtmenge für den Portwein fest. Weiterhin werden alle grundlegenden Regularien für den Weinbau in der DDR festgelegt. Wenn beispielsweise ein Hersteller mit einer Kategorisierung seiner Produkte durch das IVDP nicht einverstanden ist, hat er im Rahmen dieses Organs die Möglichkeit einer Schlichtung.

Das Board – Mitglieder des Boards sind der Präsident und der Vizepräsident des IVDP, die offiziell alle Beschlüsse verkünden.

Das Advisory Committee – Die Mitglieder des Advisory Committees werden direkt vom Landwirtschaftsministerium ernannt und setzen sich aus hochangesehenen Persönlichkeiten der Portwein- und Weinwelt zusammen. Sie beraten das Board bei allen strategischen Entscheidungen.

Das Auditing Committee - wacht über alle wirtschaftlichen Entscheidungen und prüft das Budget.

Obwohl das IVDP eine Behörde ist und dem portugiesischen Landwirtschaftsministerium untersteht, finanziert es sich nicht über das Budget des Landwirtschaftsministeriums sondern durch die Vergabe der Garantie-Siegel, die auf jeder Flasche Douro-DOC und Portwein sichtbar angebracht sein müssen. Diese befinden sich bei den Portweinen klassisch auf dem Flaschenhals, bei den Douro DOC-Weinen können sie alternativ auch auf dem Rückenetikett aufgedruckt sein.

Wenn ein registrierter Hersteller einen Douro-DOC- oder Portwein vertreiben möchte, muss er sechs Proben zum IVDP senden. Je nach angestrebter Kategorisierung der Portweine muss diese Zusendung innerhalb eines bestimmten Zeitfensters erfolgen, z.B. beim Vintage Port. Die Proben werden zunächst anonymisiert und dann sowohl chemisch als auch sensorisch analysiert.

Danach erfolgt eine Festlegung in eine Kategorie, beim Portwein zum Beispiel als Vintage Port mit mindestens 9 von 10 möglichen Punkten oder als Level 2-Douro DOC-Wein. Danach beantragt der Hersteller die Garantiesiegel für die gewünschte Produktionsmenge und bringt diese entweder am Flaschenhals an oder druckt sie beim Wein auf das Rückenetikett auf. Pro Siegel müssen 4 Cent an das IVDP bezahlt werden. Über die vergebene Nummer kann das IVDP dann den Hersteller und die Kategorisierung ermitteln. Abschließend müssen die Produzenten jeden Monat eine Bestandsliste ihrer Garantiesiegel an das IVDP senden. Neben den von den Produzenten zugesendeten Proben kauft das IVDP auch Flaschen vom Markt und vergleicht diese mit den eingesendeten Proben.

Neben den Weinen und Portweinen reguliert und kontrolliert das IVDP im Weiteren auch den Branntwein, der dem Portwein zugefügt wird. Ähnlich dem Portwein müssen auch Proben des Branntweins an das IVDP gesendet und nach einer chemischen und sensorischen Überprüfung genehmigt werden. Die Portweinproduktion wird im Weiteren von einer Vielzahl von Vorschriften reguliert. Die Bekannteste ist die Markteintrittsbarriere von 150.000 Liter für Produzenten, die nicht ausschließlich eigene Trauben verwenden. Sobald also Trauben oder Portwein zugekauft werden, muss ein Bestand von 150.000 Litern vorhanden sein, um als Portweinhersteller beim IVDP registriert zu werden. Ein weiteres, für die Produzenten sehr wichtiges Gesetz ist das Lei de Terço (Gesetz des Dritten). Nach dieser Verordnung darf man sinngemäß immer nur ein Drittel der eigenen Lagermenge pro Jahr verkaufen. Dieses Gesetz soll die Lagerung von Portweinen begünstigen und verhindern, das bei Wirtschaftskrisen oder finanziellen Engpässen einzelner Produzenten zu viel Portwein am Markt angeboten wird.

Der Weinbau und die Produktion der Port- und Douro-DOC-Weine ist einer der am besten regulierten und kontrollierten Systeme seiner Art. Nicht nur prüft das IVDP jeden Douro DOC- und Portwein, es hat auch eine detaillierte Aufstellung über die Lagermengen der Produzenten. Auch durch diese umfangreiche Regulierung und Kontrolle kann sich der Konsument der Port- und Douro DOC-Weine über höchste Qualitäten freuen.

Die Portweinbruderschaft

Die Portweinbruderschaft „Confraria do vinho do Porto" wurde im Jahr 1982 gegründet, obwohl die Traditionen und Riten rund um die Bruderschaft den Eindruck erwecken, dass sie bereits Jahrzehnte, wenn nicht Jahrhunderte älter ist.

Die Organisation rund um die Portweinbruderschaft ist klar definiert. Oben an steht der Vorstand (Chancellaria), der sich aus dem vorsitzenden Kanzler (Chanceller), dem Administrator (Almoxarife), dem Chef-Önologen (Copeiro-Mor), dem Schatzmeister (Almotacé) und dem Hüter der Regeln (Fiel das Usanças) zusammensetzt.

Für Personen, die in der Portweinherstellung arbeiten, existieren zwei Ränge. Der Rang Meister (Mestre) ist für Eigentümer und Direktoren der Hersteller reserviert, der Rang Experte (Experto) für alle anderen Personen. Die Inhaber dieser zwei Ränge sind die sogenannten aktiven Mitglieder der Bruderschaft, die die chancellaria wählen. Ihnen ist die klassische Uniform mit dem schwarzen Hut, der bordeaux-schwarzen Robe und der Verkostungsschale (tambuladeira) um den Hals vorbehalten, die sie obligatorisch bei den Treffen der Bruderschaft tragen.

Darüber hinaus werden Ränge ehrenhalber vergeben. Premierminister, Könige und ähnlich hochgestellte Persönlichkeiten erhalten den Rang des Vize-Kanzlers (cancelarió). Andere hochgestellte Persönlichkeiten des öffentlichen Lebens den Titel Usança, der einem Adelstitel entspricht. Alle anderen Personen, die sich beispielsweise als Journalist um den Portwein verdient gemacht haben, können den Titel Ritter (cavaleiro) erhalten. Die Personen dieser Rängen tragen als Zeichen ihrer Mitgliedschaft die Verkostungsschale.

COMPROMETO ME A DAR O MEU APOIO À CONFRARIA E CONTINUAR A LUTAR PELA DIGNIFICAÇÃO DO VINHO DO PORTO	ICH SCHWÖRE DASS ICH DIE CONFRARIA UNTERSTÜTZE UND KONTINUIERLICH FÜR DIE EHRE DES PORTWEINS KÄMPFEN WERDE

Bei der jährlich im ehrwürdigen Börsenpalast (palacio da bolsa) stattfindenden Inthronisierung werden die neuen Mitglieder dem Publikum vorgestellt. Nur Mitglieder im Rang Meister dürfen neue Mitglieder vorschlagen. Im Nachgang schwören die neuen Mitglieder.
Nach der Zeremonie salutieren die neuen und alten Mitglieder mit einem Glas 10 Jahre alten Tawny:

PELO VINHO DO PORTO	FÜR DEN PORTWEIN
PELA CONFRARIA	FÜR DIE CONFRARIA
PELOS CONFRARES	FÜR DIE CONFRARES

Im Anschluss organisiert die Bruderschaft einen Empfang und eine Gala im alten Zollgebäude, bei dem immer ein Vintage-Jahrgang ausgesucht wird, von dem dann jeder Hersteller seinen dekantierten Vintage Port am Tisch verkosten kann. Darüber hinaus organisiert die Bruderschaft die Regatta der Portweinboote (barcas rabelos) am 24. Juni eines jeden Jahres. Ich habe schon oft auf verschiedenen Booten teilgenommen, hatte aber noch nie den Eindruck, dass man mit diesen wenig manövrierfähigen Booten wirklich um den Sieg kämpft. Vielmehr ist diese Regatta eine Zusammenkunft der Hersteller, die nach der Regatta ein gemütliches Mittag- oder Abendessen miteinander einnehmen.

In generell deklarierten Jahren werden auch Vintage Ports von der Confraria do Vinho do Porto abgefüllt. Dazu wird ein großes Glas mit einem Fassungsvermögen von rund 100 Litern aufgestellt und jedes Mitglied entleert eine Flasche seines Vintage Ports des Jahrgangs in dieses Glas. Der Inhalt wird in Flaschen abgefüllt. Darüber hinaus kauft die Bruderschaft für offizielle Anlässe auch Portweine einzelner Kategorien von Herstellern und versieht diese mit einem „Confraria-Etikett".

Portwein als Investment

Ist Portwein als Investment sinnvoll? Generell hat das Preisniveau bei den hochwertigen Portweinen in den letzten Jahren enorm angezogen. Und es wird noch weiter steigen, da immer mehr Weinliebhaber und Investoren das Potential der gereiften Vintage Ports und Colheitas erkannt haben. Allerdings eignen sich nur die Vintage Ports als Investment, da die meisten anderen Portweine zum direkten Verbrauch abgefüllt werden. Bei der arrivage des Portwein-Jahrgangs 2011 haben erstmalig Weinfonds in nennenswertem Umfang in Vintage Ports investiert. Das hat unmittelbar dazu geführt, dass zum Beispiel der nur in homöopathischen Mengen produzierte Noval Nacional gar nicht erst auf offiziellen Listen aufgetaucht ist, Dow spätestens nach der Wine-Spectator Nominierung „No.1 of the Top 100 wines of the year 2014" vom Markt verschwunden ist, die Einzellagen- bzw. Special Cuvée Ports wie Niepoort Bioma oder Graham The Stone Terraces aufgekauft wurden und auch viele andere Marken erstmalig nicht vollständig zugeteilt wurden.

Betrachtet man die großen Jahrgänge und Preisentwicklungen genauer, dann ergibt sich folgendes Bild: Der Niepoort Vintage Port 2011 hat bei der Markteinführung ungefähr 75 Euro gekostet. Zur gleichen Zeit wurden ältere, große Jahrgänge des gleichen Herstellers, wie beispielsweise 2000 und 2003, für geringere Preise angeboten. Da Vintage Ports aus großen Jahrgängen erst nach drei bis vier Jahrzehnten ihr optimales Trinkfenster erreichen, hat diese lange Reifezeit auch Einfluss auf den Preis. Während für den 1977er Niepoort heute die Auktions-

Derzeitiges Preisniveau der Top Vintage Port Jahrgänge von Niepoort:

Jahrgang	Derzeitiger Preis (ca.)	Optimales Trinkfenster
2011	80 Euro	2030 bis 2100+
2003	65 Euro	2025 bis 2100+
2000	65 Euro	Jetzt bis 2075
1977	100 Euro	Jetzt bis 2050
1970	150 Euro	Jetzt bis 2050
1955	500 Euro	Jetzt bis 2030+
1945	1.000 Euro	Jetzt bis 2045

Zuschläge bei ungefähr 100 Euro erfolgen, muss man für den Jahrgang 1970 bereits eineinhalb Mal so viel bezahlen. Richtig teuer werden dann die älteren Jahrgänge wie 1955 (mit rund 500 Euro) oder 1945 mit bereits vierstelligen Preisen.

In den 1990ern ist die Qualität über alle Hersteller sehr viel besser als in der Dekade davor – gerade durch die zwei Spitzenjahre 1994 und 1997, aber auch durch den Doppeljahrgang 1991/1992. Jedoch ist im Jahrgang 1994 das Preisniveau bereits sehr hoch und wird erst in zehn bis zwanzig Jahren weiter anziehen. Für eine kurzfristige Gewinnmitnahme sind Investitionen in diese Jahrgänge nicht sinnvoll. Meist rücken diese Jahrgänge erst wieder in den Fokus der Weinliebhaber, wenn sie ihr optimales Trinkfenster erreichen, also bei den großen Häusern ab 2030.

Bei den jüngeren Top-Jahrgängen bin ich ein großer Fan des Jahrgangs 2000, der nicht üppig fett ist, sondern durch eine ausgeprägte Balance und Finesse überzeugt. Völlig anders vom Stil ist der Jahrgang 2003. Bei den Fassproben musste man damals „Messer und Gabel verwenden", so konzentriert und tanninhaltig zeigten sich die Vintage Ports dieses sehr heißen Jahrgangs im jungen Stadium. Für mich ist es der Jahrgang mit der höchsten Lebenserwartung. Beide Jahrgänge sind aber nur bei sehr langfristiger Investitionsabsicht eine Kaufempfehlung.

Fraglich bleibt nach den ganzen Jahrgangsempfehlungen natürlich der Hersteller. Wie überall in der Weinwelt kommen Sie um eine gewisse Detailtiefe nicht herum. Tendenziell sind die Vintage Ports großer Häuser beständiger und werthaltiger, jedoch gibt es auch einige Hersteller-Jahrgangskombinationen, von denen ich Ihnen dringend abraten muss. Für den Investor ist Vorsicht geboten, da nicht jeder große Hersteller in einem generell deklarierten Jahrgang auch große Portweine hergestellt hat.

Wein als Investment setzt immer voraus, dass man an Wertsteigerungen glaubt. Diese Wertsteigerungen sind beim Portwein durch drei Alternativen möglich:

Schnelle Gewinnmitnahme: Hier investiert man in große, vielversprechende Vintage Ports und kauft diese direkt bei der Markteinführung. Durch hohe Punktevergabe der Fachpresse steigen die Preise für diese Portweine schnell und man kann innerhalb von wenigen Monaten große Preissteigerungen mitnehmen. Zum Beispiel: Dow Vintage Port 2011 (Einführungspreis 60 Euro, nach 4 Monaten 150 Euro).

Langfristiges Investment: Man kauft große Hersteller aus großen Jahren bei der Markteinführung und legt diese über Jahrzehnte in den Weinkeller. Hier müssen evtl. Fremdlagerkosten berücksichtigt werden. Aufgrund der benötigten Zeit, lohnt sich diese Alternative nur, wenn man einen eigenen Weinkeller hat. Der

Vorteil ist allerdings, dass man Portweine mit einer perfekten „provenance" besitzt.

Kauf der Top-Jahrgänge, bevor diese 50 Jahre alt werden: Hier kauft man bereits gereifte Top-Jahrgänge, bevor diese den 50. Geburtstag erreichen. Die letzten zehn Jahre haben gezeigt, dass bei den Spitzenjahrgängen bei Erreichen des 50. Geburtstags ein beachtlicher Preissprung zu beobachten ist (Beispiel Fonseca Vintage Port 1966: 2015: 130 Euro, 2016: 250 Euro). In der Vergangenheit waren dies hauptsächlich die Jahrgänge 1955, 1963 und 1966. In Zukunft erwarte ich das Gleiche bei den Jahrgängen 1970 und 1977. Eine Investition in diese Jahrgänge ist derzeit absolut sinnvoll. Leider existieren auch bei den Portweinen gefälschte Flaschen. Derzeit ist die Anzahl noch überschaubar, doch die Zahl und die Qualität der gefälschten Flaschen steigt konstant. Da es sehr wenig Weinkenner gibt, die sich mit alten Portweinflaschen auskennen, werden auch auf angesehenen Auktionen gefälschte Flaschen versteigert. Wie bereits erwähnt wurde, werden alle Portweine seit 1974 in Portugal beim Produzenten abgefüllt. Für alle Flaschen davor kann es zum Teil sonderbare Abfüller, Flaschenformen und Etiketten geben. Auf nahezu allen Vintage Port Flaschen ist allerdings sowohl der Hersteller als auch der Jahrgang auf der Kapsel aufgedruckt. Sollte das nicht der Fall sein, seien Sie skeptisch. Beliebt ist bei den Fälschern auch die Um-Etikettierung. So habe ich schon Taylors „Vintage Port 1963" in LBV-Flaschen gesehen, bei denen dann mit dem Taylors-Kapselaufdruck als Echtheits-Zertifikat geworben wurde. Folgende grundsätzliche Eigenschaften sollten Sie bei alten Vintage Port-Flaschen beachten:

- Es kann keine englischen Abfüller mit dem Garantie-Siegel des Portwein-Institutes geben.
- Wenn Sie eine alte Vintage Port-Flasche vor sich haben und diese langsam umdrehen, müssen innerhalb kurzer Zeit Depot-Rückstände sichtbar werden.
- Alte Flaschen haben in der Regel keine sehr hohen Füllstände. Seien Sie kritisch, wenn die Füllstände ungewöhnlich hoch sind.
- Bis auf Champalimaud/Quinta do Cotto hat noch nie ein Hersteller mit einem Schraubverschluss abgefüllt.
- Achten Sie auf das Alter der Flasche. Geklebte Flaschen gibt es noch nicht so lange. Zum Beispiel kann ein Croft Vintage Port 1912 nicht in einer zweiteilig geklebten Flasche abgefüllt worden sein.
- Ein Vintage Port mit einer Kapselprägung war bisher noch nie eine Fälschung.

Grundsätzlich ist es immer hilfreich, einen Portwein zu kaufen, den man als Portweinfan auch gerne selbst trinken möchte. Wenn Sie bereits Erfahrung in der Verkostung hochwertiger Portweine haben, lassen Sie sich am besten durch Ihren Gaumen leiten. Der größte Vorteil einer Wertanlage in Wein ist, dass man bei einer Wirtschaftskrise in den Weinkeller geht und den Portwein dann eben mit viel Freude selbst trinkt.

ANHANG

Statistiken

Wenn man sich die Statistiken in den deutschsprachigen Ländern anschaut, dann wird einem schnell klar, dass in den meisten westeuropäischen Ländern besserer und mehr Portwein getrunken wird als in der Schweiz, Österreich und Deutschland. So ist Deutschland immerhin auf Platz 7 bei der Gesamtmenge und auf Platz 8 beim Umsatz, die Schweiz auf Platz 13 bei der Gesamtmenge und 11 beim Umsatz und Österreich auf Platz 21 bei der Gesamtmenge und 20 beim Umsatz. Bei den Durchschnittspreisen pro Liter liegt die Schweiz mit Platz 10 (6,38 Euro) und Österreich mit Platz 12 (5,90 Euro) noch in der vorderen Hälfte, während Deutschland abgeschlagen auf Platz 21 (4,09 Euro) liegt.

Wenn man jetzt ausgewählte Länder mal pro Kopf gegenüberstellt, bietet sich das folgende Bild:

Pro Kopf Verbrauch ausgewählter Länder (Ranking)

Land	Menge	Preis	Menge Special Category
Belgien	0,82 (2.)	3,19 (2.)	0,055 (5.)
Dänemark	0,27 (6.)	2,07 (5.)	0,131 (2.)
Deutschland	0,03 (11.)	0,14 (15.)	0,005 (16.)
Frankreich	0,34 (5.)	1,26 (6.)	0,029 (7.)
Großbritannien	0,15 (7.)	0,82 (7.)	0,097 (3.)
Schweiz	0,06 (8.)	0,43 (8.)	0,009 (13.)
Spanien	0,02 (15.)	0,10 (18.)	0,002 (19.)
Österreich	0,02 (18.)	0,13 (16.)	0,003 (17.)

(Mengen in Liter pro Jahr und Einwohner, Preis in Euro pro Jahr und Einwohner)

Bei der Menge und dem Preis pro Einwohner sinkt Deutschland mit mehr als 80 Millionen Einwohnern auf die Plätze 11 und 15 ab, während sich die Schweiz (8./8.) und Österreich (18./16.) verbessern. Bei der Menge der „Special Category Ports" tummeln sich aber alle drei deutschsprachigen Länder auf dem 16., 17. und 18. von 25 möglichen Plätzen. In den letzten fünf Jahren haben sich aber in allen drei deutschsprachigen Ländern die Importe für die Special Category Portweine erhöht.

Auf den folgenden Seiten sind Statistiken der Top 25-Märkte aufgeführt zu diesen Themen:

(1) Mengen- und Preisübersicht der Verkäufe in 2015 (per capita)
(2) Preisentwicklung der letzten Jahre
(3) Gegenüberstellung in den Entry-Level Kategorien
(4a) Gegenüberstellung der „special category Ports" – Ruby
(4b) Gegenüberstellung der „special category Ports" – Tawny
(5a) Gegenüberstellung Hauptmarken und bob (Menge)
(5b) Gegenüberstellung Hauptmarken und bob (Wert)
(5a) Gegenüberstellung Hauptmarken und bob (Durchschnittspreis)

Anmerkungen zu den Statistiken:
- Wenn nicht anders erwähnt handelt es sich um Daten aus 2015
- Die Gesamtmengen werden immer in Kisten a 9 Litern = 12er Kisten angegeben (1 Kiste = 9l)
- Durchschnittspreise werden immer in Euro/Liter angegeben
- Änderungen zu Vorjahreszeiträumen werden immer in Prozent angegeben

(1) MENGEN- UND PREISÜBERSICHT DER VERKÄUFE IN 2015 (PER CAPITA)

HAUPTMÄRKTE	EINWOHNERZA HL	MENGE			MENGE		PREIS			PREIS		DURCHSCHNITTSPREIS		
		PLATZ	KISTEN A 9l	D % 2014	PLATZ	PER CAPITA	PLATZ	EURO	D % 2014	PLATZ	PER CAPITA	PLATZ	EURO/LITER	D % 2014
BELGIEN	10.511.382	5°	967.427	-0,9	2°	0,8283	5°	33.582.382	-2,9	2°	3,19	22°	3,86	5,3
BRASILIEN	204.860.000	12°	72.074	-22,2	22°	0,0032	12°	3.108.179	-18,8	22°	0,02	18°	4,79	-2,1
DÄNEMARK	5.552.032	8°	171.527	13,1	6°	0,2780	9°	11.498.437	19,1	5°	2,07	7°	7,45	-1,0
DEUTSCHLAND	82.310.000	7°	319.223	-5,4	11°	0,0349	8°	11.704.514	-2,6	15°	0,14	21°	4,07	3,8
FINNLAND	5.279.228	23°	13.147	-12,3	17°	0,0224	23°	936.823	-8,0	13°	0,18	4°	7,92	5,2
FRANKREICH	60.656.176	1°	2.329.366	-4,0	5°	0,3456	1°	76.364.112	-2,5	6°	1,26	24°	3,64	1,6
GROSSBRITANNIEN	60.209.500	4°	1.012.239	3,6	7°	0,1513	3°	49.333.591	8,5	7°	0,82	13°	5,42	4,8
IRLAND	4.239.848	17°	27.745	28,9	9°	0,0589	16°	1.697.269	29,3	9°	0,40	8°	6,80	2,3
ITALIEN	58.883.958	14°	58.347	-8,2	21°	0,0089	13°	2.662.866	-4,7	21°	0,05	17°	5,07	0,3
JAPAN	127.110.047	20°	20.855	-1,0	23°	0,0015	17°	1.414.976	2,0	23°	0,01	6°	7,54	-0,5
KANDA	35.851.774	9°	150.499	-0,4	10°	0,0378	7°	12.161.554	-0,9	10°	0,34	1°	8,98	-2,2
LUXEMBURG	474.413	19°	21.207	-12,2	4°	0,4023	22°	1.004.760	-8,9	4°	2,12	15°	5,26	2,0
MEXIKO	120.286.655	24°	12.692	15,9	25°	0,0009	25°	758.118	12,7	25°	0,01	9°	6,64	4,9
NEUSEELAND	4.509.900	25°	11.242	-30,5	16°	0,0224	24°	775.740	-22,3	14°	0,17	5°	7,67	11,8
NIEDERLANDE	16.366.600	3°	1.189.327	-1,4	3°	0,6540	4°	41.183.439	-2,3	3°	2,52	23°	3,85	3,0
NORWEGEN	5.156.415	22°	17.779	7,6	13°	0,0310	18°	1.328.905	5,3	11°	0,26	3°	8,31	-2,6
ÖSTERREICH	8.308.906	21°	19.992	4,9	18°	0,0217	20°	1.061.717	2,2	16°	0,13	12°	5,90	-28,8
POLEN	38.536.869	11°	83.395	3,9	19°	0,0195	14°	2.545.757	9,4	20°	0,07	25°	3,39	1,4
PORTUGAL	10.945.870	2°	1.335.805	2,3	1°	1,0983	2°	62.059.792	7,7	1°	5,67	16°	5,16	5,1
RUSSLAND	146.500.000	18°	21.391	-55,7	24°	0,0013	21°	1.019.486	-56,4	24°	0,01	14°	5,30	5,3
SCHWEDEN	9.131.425	15°	33.292	1,4	12°	0,0328	15°	1.873.421	3,5	12°	0,21	11°	6,25	3,8
SCWEIZ	8.306.200	13°	62.056	-5,9	8°	0,0672	11°	3.561.325	-3,7	8°	0,43	10°	6,38	4,4
SPANIEN	45.116.894	10°	120.847	-12,3	15°	0,0241	10°	4.601.148	-11,1	18°	0,10	20°	4,23	3,1
TSCHECHIEN	10.306.700	16°	28.124	129,5	14°	0,0246	19°	1.133.288	63,4	17°	0,11	18°	4,48	-1,6
U.S.A.	322.262.226	6°	408.063	-3,4	20°	0,0114	6°	31.973.195	1,6	19°	0,10	2°	8,71	-2,8
ÜBRIGE LÄNDER			126.047	-20,0				8.548.057	-22,6				7,54	-3,2
GESAMT			8.633.708	-1,8				367.892.851	0,5				4,73	2,3

Quelle: IVDP

(2) PREISENTWICKLUNG DER LETZTEN JAHRE

HAUPTMÄRKTE	MENGE	WERT	WERT	VERÄNDERUNG ZU 2014			VERÄNDERUNG ZUM MITTEL AUS 2012-2014		
	KISTEN A 9l	EURO	EURO/LITER	MENGE	WERT	EURO/LITER	MENGE	WERT	EURO/LITER
BELGIEN	967.427	33.582.382	3,86	-0,9	-2,9	-2,1	-1,3	-1,8	-0,6
BRASILIEN	72.074	3.108.179	4,79	-22,2	-18,8	4,4	-24,8	-20,7	5,3
DÄNEMARK	171.527	11.498.437	7,45	13,1	19,1	5,2	31,9	49,3	14,0
DEUTSCHLAND	319.223	11.704.514	4,07	-5,4	-2,6	3,0	-7,2	-2,3	5,3
FINNLAND	13.147	936.823	7,92	-12,3	-8,0	4,9	-15,7	-11,4	5,0
FRANKREICH	2.329.366	76.364.112	3,64	-4,0	-2,5	1,6	-6,7	-4,1	2,7
GROSSBRITANNIEN	1.012.239	49.333.591	5,42	3,6	8,5	4,8	-4,0	4,0	8,2
IRLAND	27.745	1.697.269	6,80	28,9	29,3	0,3	8,7	14,4	4,3
ITALIEN	58.347	2.662.866	5,07	-8,2	-4,7	3,8	-3,9	2,4	6,7
JAPAN	20.855	1.414.976	7,54	-1,0	2,0	3,1	-5,5	-11,8	-6,7
KANDA	150.499	12.161.554	8,98	-0,4	-0,9	-0,5	-7,3	-12,3	-5,3
LUXEMBURG	21.207	1.004.760	5,26	-12,2	-8,9	3,8	-9,9	-2,4	8,2
MEXIKO	12.692	758.118	6,64	15,9	12,7	-2,8	-14,1	-4,9	8,9
NEUSEELAND	11.242	775.740	7,67	-30,5	-22,3	11,8	-16,9	-7,1	11,8
NIEDERLANDE	1.189.327	41.183.439	3,85	-1,4	-2,3	-1,0	-7,5	-4,0	3,5
NORWEGEN	17.779	1.328.905	8,31	7,6	5,3	-2,2	5,2	8,5	2,1
ÖSTERREICH	19.992	1.061.717	5,90	4,9	2,2	-2,6	16,0	16,4	0,4
POLEN	83.395	2.545.757	3,39	3,9	9,4	5,3	5,6	9,6	3,7
PORTUGAL	1.335.805	62.059.792	5,16	2,3	7,7	5,3	7,8	13,7	5,5
RUSSLAND	21.391	1.019.486	5,30	-55,7	-56,4	-1,6	-49,0	-53,8	-10,0
SCHWEDEN	33.292	1.873.421	6,25	1,4	3,5	2,0	-4,9	-19,9	-15,3
SCWEIZ	62.056	3.561.325	6,38	-5,9	-3,7	2,3	-9,9	-1,3	9,3
SPANIEN	120.847	4.601.148	4,23	-12,3	-11,1	1,4	-5,8	-5,0	0,8
TSCHECHIEN	28.124	1.133.288	4,48	129,5	63,4	-28,8	91,1	57,0	-18,9
U.S.A.	408.063	31.973.195	8,71	-3,4	1,6	5,1	-1,2	7,5	8,8
ÜBRIGE LÄNDER	126.047	8.548.057	7,54	-20,0	-22,6	-3,2	-17,6	-19,0	-2,2
GESAMT	8.633.708	367.892.851	4,73	-1,8	0,5	2,3	-3,3	1,0	4,5

Quelle: IVDP

(3) GEGENÜBERSTELLUNG IN DEN ENTRY-LEVEL KATEGORIEN

HAUPTMÄRKTE	WEISS		RUBY		TAWNY		ROSÉ		GESAMT		
	KISTEN A 9l	D %	KISTEN A 9l	D %	KISTEN A 9l	D %	KISTEN A 9l	D %	PLATZ	KISTEN A 9l	%
BELGIEN	213.658	-10,8	440.540	13,1	243.851	-12,9	4.762	-32,7	4°	902.811	13,6
BRASILIEN	2.441	-21,6	34.303	-22,0	26.566	-20,9	853	114,9	11°	64.163	1,0
DÄNEMARK	19.563	0,5	23.423	-1,2	45.527	20,6	2.094	45,2	9°	90.606	1,4
DEUTSCHLAND	21.353	-14,2	49.122	-20,0	201.231	-0,1	733	17,6	6°	272.439	4,1
FINNLAND	588	-28,6	3.162	-7,4	1.859	-18,2	197	-7,3	24°	5.805	0,1
FRANKREICH	357.540	3,6	170.467	-0,4	1.484.514	-5,9	35.020	-8,2	1°	2.047.542	30,7
GROßBRITANNIEN	11.561	17,4	301.009	-4,8	34.401	-4,5	3.553	16,2	5°	350.524	5,3
IRLAND	128	26,3	17.121	24,0	113	27,1	0	-100,0	20°	17.361	0,3
ITALIEN	4.083	6,9	37.353	-4,4	12.140	-25,7	4	-23,5	12°	53.580	0,8
JAPAN	2.153	1,4	17.137	0,5	451	-48,1	15	-14,3	17°	19.756	0,3
KANDA	15.732	1,1	10.204	0,8	17.469	8,2	265	-55,6	14°	43.670	0,7
LUXEMBURG	3.291	-14,7	3.684	9,4	11.633	-17,1	20	21,2	18°	18.629	0,3
MEXIKO	413	-14,2	590	155,3	9.753	27,9	118	-33,6	22°	10.873	0,2
NEUSEELAND	184	6,1	2.154	-36,9	5.204	-24,9	16	0,0	23°	7.557	0,1
NIEDERLANDE	167.793	9,8	710.410	-1,0	183.225	-5,1	11.610	-37,4	3°	1.073.038	16,1
NORWEGEN	551	-18,7	1.335	-8,7	2.377	11,9	293	0,0	25°	4.556	0,1
ÖSTERREICH	2.646	-27,1	13.030	11,3	972	87,8	231	683,1	21°	16.879	0,3
POLEN	1.220	-8,3	9.648	-18,7	64.254	-1,3	1.167	391,3	10°	76.289	1,1
PORTUGAL	266.049	3,4	150.226	3,5	675.656	0,2	10.672	-4,7	2°	1.102.603	16,6
RUSSLAND	2.827	-36,3	9.718	-63,9	5.039	-50,1	0	-100,0	19°	17.583	0,3
SCHWEDEN	2.076	-2,7	18.057	-7,0	279	958,2	130	289,5	16°	20.541	0,3
SCWEIZ	8.734	8,0	1.498	-48,2	42.870	-8,6	174	26,7	13°	53.275	0,8
SPANIEN	9.487	-36,0	29.423	-9,6	70.707	-10,0	444	-79,5	8°	110.062	1,7
TSCHECHIEN	2.447	143,2	9.326	78,3	11.486	276,8	2.089	546,9	15°	25.347	0,4
U.S.A.	9.481	3,8	86.642	0,0	79.195	-2,9	408	35,2	7°	175.726	2,6
ÜBRIGE LÄNDER	8.387	-8,4	36.717	-16,4	35.148	-33,7	765	23,8		81.017	1,2
GESAMT	1.134.385	0,1	2.186.298	-0,7	3.265.917	-5,0	75.634	-11,5		6.662.234	100,0

	EURO	D %	EURO	D %	EURO	D %	EURO	D %	EURO	D %
GESAMT	37.763.895	2,0	71.187.021	1,5	104.703.926	-2,4	2.814.276	-10,9	216.469.119	-0,5

	EURO/LITER	D %	EURO/LITER	D %	EURO/LITER	D %	EURO/LITER	D %	EURO/LITER	D %
GESAMT	3,70	2,0	3,62	2,2	3,56	2,8	4,13	0,6	3,61	2,4

Quelle: IVDP

(4a) GEGENÜBERSTELLUNG DER "SPECIAL CATEGORY PORTS" - RUBY

HAUPTMÄRKTE	VINTAGE PORT		LBV		RESERVE RUBY		CRUSTED PORT		GESAMT	GESAMT SPECIAL CATEGORY		
	KISTEN A 9l	D %	KISTEN A 9l	D %	KISTEN A 9l	D %	KISTEN A 9l	D %	KISTEN A 9l	PLATZ	KISTEN A 9l	%
BELGIEN	645	-25,9	7.024	21,8	13.725	40,7	0	0,0	21.394	8°	64.616	3,4
BRASILIEN	713	114,3	1.175	-27,2	2.008	-35,4	0	0,0	3.897	15°	7.911	0,4
DÄNEMARK	12.477	19,1	18.416	-4,7	12.737	45,1	453	0,0	44.083	7°	80.920	4,3
DEUTSCHLAND	753	-3,2	12.181	-3,3	9.176	0,3	276	1434,3	22.387	9°	46.228	2,5
FINNLAND	87	-51,5	3.040	-8,2	2.143	-31,8	89	-39,8	5.359	16°	7.342	0,4
FRANKREICH	3.467	-18,7	9.794	10,1	31.413	-4,4	57	170,2	44.731	4°	201.275	10,7
GROßBRITANNIEN	19.523	-13,2	127.654	4,5	436.531	9,5	6.999	-16,8	590.707	1°	650.167	34,6
IRLAND	180	-3,8	1.398	-1,5	1.841	46,9	18	0,0	3.435	12°	10.383	0,6
ITALIEN	147	64,6	2.204	14,2	593	-6,6	0	-100,0	2.944	18°	4.767	0,3
JAPAN	66	-65,7	128	111,9	76	66,7	0	0,0	270	25°	1.099	0,1
KANDA	1.909	-12,6	39.511	-1,5	13.633	-9,7	42	5,0	55.096	6°	106.829	5,7
LUXEMBURG	66	-19,8	75	-47,7	304	-29,3	3	0,0	447	23°	2.578	0,1
MEXIKO	12	-20,4	37	-58,2	633	0,8	0	0,0	682	24°	1.818	0,1
NEUSEELAND	174	72,5	525	-22,7	1.177	-58,8	0	-100,0	1.876	20°	3.685	0,2
NIEDERLANDE	1.098	-44,5	15.286	-13,1	28.746	-11,3	466	31,3	45.595	5°	116.289	6,2
NORWEGEN	542	84,2	5.417	-4,2	1.076	41,0	0	-100,0	7.035	10°	13.223	0,7
ÖSTERREICH	189	-29,5	605	-3,1	962	-7,9	16	0,0	1.772	21°	3.113	0,2
POLEN	66	12,7	3.335	438,5	1.846	536,6	0	0,0	5.247	17°	7.106	0,4
PORTUGAL	11.925	-16,5	39.494	4,5	37.753	16,4	595	90,7	89.767	2°	233.202	12,4
RUSSLAND	136	-44,5	829	-45,2	1.108	-33,7	0	0,0	2.073	19°	3.808	0,2
SCHWEDEN	675	-16,5	4.278	8,7	1.928	9,5	60	0,0	6.941	11°	12.751	0,7
SCWEIZ	492	-27,1	1.501	73,0	1.667	10,4	36	71,4	3.696	14°	8.781	0,5
SPANIEN	149	28,2	2.503	69,2	3.855	40,4	0	-100,0	6.507	13°	10.119	0,5
TSCHECHIEN	54	8,1	253	3,2	462	-4,3	0	0,0	770	22°	2.776	0,1
U.S.A.	3.702	-44,3	27.328	-10,6	102.867	-2,3	169	35,9	134.065	3°	232.337	12,4
ÜBRIGE LÄNDER	1.397	-41,1	11.965	22,3	14.862	-20,8	129	52,9	28.353		45.030	2,4
GESAMT	60.646	-13,4	335.957	2,2	723.117	5,5	9.406	-2,1	1.129.127		1.878.154	100,0

	EURO	D %	EURO	D %	EURO	D %	EURO	D %	EURO	EURO	D %
GESAMT	10.873.854	-20,0	22.495.096	6,1	35.568.704	9,8	732.014	3,6	69.669.668	149.291.050	2,5

	EURO/LITER	D %	EURO/LITER	D %	EURO/LITER	D %	EURO/LITER	D %	EURO/LITER	EURO/LITER	D %
GESAMT	19,92	-7,6	7,44	3,8	5,47	4,1	8,65	5,8	6,9	8,83	-1,2

Quelle: IVDP

(4b) GEGENÜBERSTELLUNG DER "SPECIAL CATEGORY PORTS" - TAWNY

HAUPTMÄRKTE	COLHEITAS		TAWNY MIT ALTERSANGABE (TAWNY WITH INDICATION OF AGE)										RESERVA TAWNY		GESAMT TAWNY		GESAMT SPECIAL CATEGORY		
			10 JAHRE		20 JAHRE		30 JAHRE		ÜBER 40 JAHRE		GESAMT 10-40 JAHRE								
	KISTEN A 9l	D %	KISTEN A 9l	D %	KISTEN A 9l	D %	KISTEN A 9l	D %	KISTEN A 9l	D %	KISTEN A 9l	D %	KISTEN A 9l	D %	KISTEN A 9l		KISTEN A 9l	%
BELGIEN	816	5,6	26.380	13,6	3.115	-10,5	166	109,9	48	-17,1	29.709	10,7	12.697	-19,2	43.222	8°	64.616	3,4
BRASILIEN	41	-58,4	2.033	-9,8	460	44,7	50	-37,3	59	-9,4	2.601	-4,2	1.371	-62,4	4.014	15°	7.911	0,4
DÄNEMARK	10.903	22,8	14.517	13,6	2.277	33,3	223	81,6	218	250,9	17.235	17,4	8.699	22,5	36.837	7°	80.920	4,3
DEUTSCHLAND	615	11,7	10.045	-21,2	2.182	39,4	104	-65,2	92	2,0	12.423	-15,5	10.803	-4,6	23.842	9°	46.228	2,5
FINNLAND	576	-3,3	1.248	79,0	134	1,4	2	-87,0	0	-100,0	1.383	63,8	24	-40,7	1.983	16°	7.342	0,4
FRANKREICH	3.611	28,4	104.401	-4,3	1.244	7,1	144	-35,0	98	2,7	105.887	-4,2	47.046	34,5	156.544	4°	201.275	10,7
GROßBRITANNIEN	7.256	188,6	41.274	36,4	5.573	12,3	526	-59,7	1.078	342,2	48.452	31,8	3.753	106,7	59.461	1°	650.167	34,6
IRLAND	19	-22,9	1.114	33,1	43	39,1	5	0,0	4	172,2	1.166	34,2	5.764	53,0	6.948	12°	10.383	0,6
ITALIEN	73	-12,3	1.108	11,7	185	0,8	62	112,0	34	81,6	1.389	13,5	361	14,1	1.823	18°	4.767	0,3
JAPAN	28	-19,0	415	12,2	122	35,4	88	23,3	30	136,0	654	20,3	147	13,1	829	25°	1.099	0,1
KANDA	2.680	15,2	28.988	-1,1	5.190	-21,7	446	-2,7	183	-23,8	34.806	-5,0	14.248	15,8	51.733	6°	106.829	5,7
LUXEMBURG	34	17,1	1.075	-4,2	157	-4,8	15	6,5	4	-42,0	1.251	-4,3	846	-4,8	2.131	23°	2.578	0,1
MEXIKO	42	-12,8	673	-43,8	315	-9,8	7	-40,6	62	-31,7	1.056	-35,9	39	667,2	1.137	24°	1.818	0,1
NEUSEELAND	16	104,2	1.240	-12,2	380	-7,6	10	118,2	7	-35,0	1.637	-11,0	156	-8,9	1.809	20°	3.685	0,2
NIEDERLANDE	4.275	-26,7	55.549	0,4	4.429	21,6	94	-39,6	51	12,3	60.123	1,6	6.295	-5,3	70.693	5°	116.289	6,2
NORWEGEN	94	-20,8	389	4,3	103	-25,0	9	-94,4	5	-71,8	506	-26,5	5.588	19,0	6.188	10°	13.223	0,7
ÖSTERREICH	110	67,9	895	7,2	88	-17,8	6	-77,0	4	-48,6	992	2,0	240	23,8	1.342	21°	3.113	0,2
POLEN	79	58,9	1.011	74,1	143	96,1	32	13,5	17	133,7	1.203	74,6	577	2334,6	1.859	17°	7.106	0,4
PORTUGAL	6.777	-6,5	66.900	0,7	10.239	23,5	1.815	31,6	1.140	17,4	80.093	3,9	56.565	14,6	143.435	2°	233.202	12,4
RUSSLAND	64	-62,1	947	-55,6	274	-22,3	50	-35,1	29	-52,1	1.300	-50,5	371	-30,1	1.735	19°	3.808	0,2
SCHWEDEN	217	96,2	2.377	41,9	242	91,3	11	-86,3	16	166,7	2.646	40,0	2.947	8,7	5.810	11°	12.751	0,7
SCWEIZ	298	59,6	2.700	-8,3	997	9,4	164	33,7	110	-24,3	3.972	-3,7	815	40,3	5.085	14°	8.781	0,5
SPANIEN	33	-29,9	2.346	-40,5	351	38,5	4	-20,8	10	49,4	2.710	-35,6	870	-8,5	3.612	13°	10.119	0,5
TSCHECHIEN	164	19,2	1.173	50,7	182	-27,0	18	-27,8	34	14,0	1.407	30,0	436	-33,0	2.007	22°	2.776	0,1
U.S.A.	1.771	-21,5	63.267	-0,4	23.821	-16,2	1.528	-5,2	943	-9,6	89.559	-5,3	6.942	34,8	98.272	3°	232.337	12,4
ÜBRIGE LÄNDER	2.166	-15,3	8.591	-16,5	2.905	24,0	220	-38,3	441	-15,8	12.157	-10,0	2.354	-37,6	16.677		45.030	2,4
GESAMT	42.757	13,8	440.655	1,3	65.151	-1,4	5.797	-13,9	4.714	22,1	516.316	0,9	189.954	13,4	749.027		1.878.154	100,0

	EURO	D %	EURO	D %	EURO	D %	EURO	D %	EURO	D %	EURO	D %	EURO	D %	EURO	D %
GESAMT	8.457.841	-10,0	39.364.520	4,2	14.024.923	3,4	2.408.451	-11,4	3.692.827	-8,4	59.490.721	2,4	11.672.819	13,1	79.621.382	149.291.050	2,5

	EURO/LITER	D %	EURO/LITER	D %	EURO/LITER	D %	EURO/LITER	D %	EURO/LITER	D %	EURO/LITER	D %	EURO/LITER	D %	EURO/LITER	D %
GESAMT	21,98	-21,0	9,93	2,9	23,92	4,9	46,17	3,0	87,05	-25,0	12,80	1,5	6,83	-0,3	11,8	8,83	-1,2

Quelle: IVDP

(5a) GEGENÜBERSTELLUNG HAUPTMARKEN UND BOB (MENGE)

PLATZ	MARKT	MARKT %	PRODUZIERT		EIGENMARKEN		BOB			ENTRY LEVEL PORTS		SPECIAL CATEGORY PORTS		
			KISTEN A 9l	D %	KISTEN A 9l	D %	KISTEN A 9l	D %	%	KISTEN A 9l	D %	KISTEN A 9l	D %	%
5°	BELGIEN	11,2	967.427	-0,9	447.005	-7,4	520.421	5,5	53,8	902.811	-1,5	64.616	8,2	6,7
12°	BRASILIEN	0,8	72.074	-22,2	54.424	-23,9	17.650	-16,2	24,5	64.163	-20,9	7.911	-31,3	11,0
8°	DÄNEMARK	2,0	171.527	13,1	163.558	15,4	7.968	-19,5	4,6	90.606	10,0	80.920	16,9	47,2
7°	DEUTSCHLAND	3,7	318.667	-5,6	115.516	-0,7	203.152	-8,1	63,6	272.439	-5,5	46.228	-5,9	14,5
23°	FINNLAND	0,2	13.147	-12,3	13.147	-12,3	0		0,0	5.805	-13,6	7.342	-11,1	55,8
1°	FRANKREICH	27,0	2.248.817	-3,3	1.443.551	5,5	805.266	-15,9	34,6	2.047.542	-3,9	201.275	3,5	8,6
4°	GROßBRITANNIEN	11,7	1.000.691	4,5	687.210	8,9	313.481	-4,1	31,0	350.524	-4,0	650.167	9,7	64,2
17°	IRLAND	0,3	27.745	28,9	26.916	31,4	829	-20,5	3,0	17.361	24,0	10.383	38,1	37,4
14°	ITALIEN	0,7	58.347	-8,2	56.004	-10,9	2.343	227,9	4,0	53.580	-9,5	4.767	10,8	8,2
20°	JAPAN	0,2	20.855	-1,0	20.797	-0,5	58	-65,7	0,3	19.756	-1,5	1.099	9,1	5,3
9°	KANDA	1,7	150.499	-0,4	129.225	-2,0	21.274	10,7	14,1	43.670	2,9	106.829	-1,7	71,0
19°	LUXEMBURG	0,2	21.207	-12,2	18.853	-9,5	2.354	-29,6	11,1	18.629	-12,5	2.578	-10,5	12,2
24°	MEXIKO	0,1	12.692	15,9	12.032	19,2	660	-23,1	5,2	10.873	27,7	1.818	-25,2	14,3
25°	NEUSEELAND	0,1	11.242	-30,5	11.242	-30,0	0	-100,0	0,0	7.557	-28,1	3.685	-34,9	32,8
3°	NIEDERLANDE	13,8	1.189.327	-1,4	586.115	-9,9	603.212	8,6	50,7	1.073.038	-0,8	116.289	-6,2	9,8
22°	NORWEGEN	0,2	17.779	7,6	12.738	0,3	5.041	31,9	28,4	4.556	6,8	13.223	7,9	74,4
21°	ÖSTERREICH	0,2	19.992	4,9	17.881	4,7	2.111	7,2	10,6	16.879	6,3	3.113	-1,8	15,6
11°	POLEN	1,0	83.395	3,9	14.469	-4,8	68.926	5,9	82,7	76.289	-2,8	7.106	310,7	8,5
2°	PORTUGAL	15,5	1.335.805	2,3	1.086.936	2,5	248.869	1,3	18,6	1.102.603	1,4	233.202	6,7	17,5
18°	RUSSLAND	0,2	21.391	-55,7	21.353	-53,9	39	-98,0	0,2	17.583	-57,6	3.808	-43,6	17,8
15°	SCHWEDEN	0,4	33.292	1,4	19.901	-1,8	13.391	6,8	40,2	20.541	-4,9	12.751	13,7	38,3
13°	SCWEIZ	0,7	62.056	-5,9	44.523	-7,6	17.533	-1,5	28,3	53.275	-8,2	8.781	10,2	14,1
10°	SPANIEN	1,4	120.181	-12,7	99.838	-8,6	20.343	-28,5	16,8	110.062	-14,1	10.119	5,9	8,4
16°	TSCHECHIEN	0,3	28.124	129,5	16.789	86,6	11.335	247,9	40,3	25.347	163,8	2.776	4,8	9,9
6°	U.S.A.	4,7	408.063	-3,4	398.456	-3,7	9.607	12,2	2,4	175.726	-1,1	232.337	-5,0	56,9
	ÜBRIGE LÄNDER	1,5	126.047	-20,0	116.695	-20,6	9.352	-12,5	7,4	81.017	-24,1	45.030	-11,5	35,7
	GESAMT	100,0	8.540.388	-1,5	5.635.174	-0,4	2.905.215	-3,5	33,6	6.662.234	-2,9	1.878.154	3,7	21,8

Quelle: IVDP

(5b) GEGENÜBERSTELLUNG HAUPTMARKEN UND BOB (WERT)

HAUPTMÄRKTE	MARKT %	PRODUZIERT EURO	D %	EIGENMARKEN EURO	D %	BOB EURO	D %	%	ENTRY LEVEL PORTS EURO	D %	SPECIAL CATEGORY PORTS EURO	D %	%
5° BELGIEN	9,1	33.582.382	-2,9	18.355.084	-9,2	15.227.298	5,8	45,3	28.578.542	-2,5	5.003.840	-5,1	14,9
12° BRASILIEN	0,8	3.108.179	-18,8	2.488.364	-20,2	619.815	-12,3	19,9	2.270.508	-19,7	837.671	-16,1	27,0
9° DÄNEMARK	3,1	11.498.437	19,1	10.946.084	20,8	552.354	-7,9	4,8	2.990.426	11,2	8.508.011	22,1	74,0
8° DEUTSCHLAND	3,2	11.688.914	-2,7	5.566.241	-3,7	6.122.673	-1,8	52,3	8.047.267	-4,1	3.641.647	0,6	31,1
23° FINNLAND	0,3	936.823	-8,0	936.823	-8,0	0			272.584	-10,8	664.239	-6,8	70,9
1° FRANKREICH	20,8	74.580.702	-1,9	51.509.744	6,6	23.070.958	-16,9	30,2	61.770.606	-2,9	12.810.095	3,1	16,8
3° GROẞBRITANNIEN	13,4	49.014.519	9,1	36.730.672	12,1	12.283.847	1,0	24,9	11.538.436	1,2	37.476.083	11,8	76,0
16° IRLAND	0,5	1.697.269	29,3	1.644.562	30,4	52.707	1,9	3,1	940.219	24,1	757.050	36,3	44,6
13° ITALIEN	0,7	2.662.866	-4,7	2.580.195	-6,9	82.671	277,6	3,1	2.144.317	-8,9	518.548	17,9	19,5
17° JAPAN	0,4	1.414.976	2,0	1.411.226	2,9	3.750	-76,7	0,3	1.233.534	2,1	181.442	1,2	12,8
7° KANDA	3,3	12.161.554	-0,9	10.423.630	-2,7	1.737.924	11,8	14,3	2.278.753	7,7	9.882.801	-2,7	81,3
22° LUXEMBURG	0,3	1.004.760	-8,9	937.212	-6,8	67.549	-30,9	6,7	708.486	-10,1	296.274	-6,0	29,5
25° MEXIKO	0,2	758.118	12,7	735.176	15,4	22.942	-35,9	3,0	486.494	49,2	271.623	-21,6	35,8
24° NEUSEELAND	0,2	775.740	-22,3	775.740	-22,0	0	-100,0	0,0	354.755	-27,1	420.985	-17,7	54,3
4° NIEDERLANDE	11,2	41.183.439	-2,3	23.885.632	-7,7	17.297.807	6,3	42,0	31.668.248	-0,5	9.515.191	-8,1	23,1
18° NORWEGEN	0,4	1.328.905	5,3	1.019.737	-1,6	309.168	36,6	23,3	253.182	7,2	1.075.722	4,8	80,9
20° ÖSTERREICH	0,3	1.061.717	2,2	990.174	2,4	71.543	-0,8	6,7	696.326	5,4	365.391	-3,5	34,4
14° POLEN	0,7	2.545.757	9,4	671.730	10,4	1.874.027	9,1	73,6	2.074.952	-3,0	470.806	151,0	18,5
2° PORTUGAL	16,9	62.059.792	7,7	54.111.314	8,9	7.948.478	0,5	12,8	38.706.285	10,3	23.353.507	3,6	37,6
21° RUSSLAND	0,3	1.019.486	-56,4	1.012.758	-55,2	6.728	-91,5	0,7	590.396	-60,5	429.090	-49,0	42,1
15° SCHWEDEN	0,5	1.873.421	3,5	1.300.860	0,9	572.561	10,0	30,6	792.586	-5,2	1.080.834	10,9	57,7
11° SCWEIZ	1,0	3.561.325	-3,7	2.961.251	-4,3	600.074	-0,6	16,8	2.166.824	-8,2	1.394.501	4,2	39,2
10° SPANIEN	1,3	4.586.548	-11,3	3.988.702	-8,3	597.846	-27,0	13,0	3.848.062	-13,4	738.486	1,7	16,1
19° TSCHECHIEN	0,3	1.133.288	63,4	800.215	36,2	333.073	213,8	29,4	817.497	113,8	315.792	1,4	27,9
6° U.S.A.	8,7	31.973.195	1,6	31.142.618	0,9	830.578	34,2	2,6	7.778.686	8,6	24.194.509	-0,5	75,7
ÜBRIGE LÄNDER	2,3	8.548.057	-22,6	8.106.120	-23,4	441.937	-4,0	5,2	3.461.147	-20,5	5.086.910	-23,9	59,5
GESAMT	100,0	365.760.169	0,7	275.031.862	1,8	90.728.306	-2,5	24,7	216.469.119	-0,5	149.291.050	2,5	40,6

Quelle: IVDP

(5c) GEGENÜBERSTELLUNG HAUPTMARKEN UND BOB (DURCHSCHNITTSPREIS)

HAUPTMÄRKTE	PRODUZIERT EURO/LITER	D %	EIGENMARKEN EURO/LITER	D %	BOB EURO/LITER	D %	ENTRY LEVEL PORTS EURO/LITER	D %	SPECIAL CATEGORY PORTS EURO/LITER	D %
BELGIEN	3,86	-2,1	4,56	-2,0	3,25	0,3	3,52	-1,1	8,60	-12,3
BRASILIEN	4,79	4,4	5,08	4,9	3,90	4,7	3,93	1,5	11,77	22,1
DÄNEMARK	7,45	5,2	7,44	4,7	7,70	14,4	3,67	1,1	11,68	4,5
DEUTSCHLAND	4,08	3,0	5,35	-3,1	3,35	6,9	3,28	1,5	8,75	6,8
FINNLAND	7,92	4,9	7,92	4,9	0,00	0,0	5,22	3,3	10,05	4,9
FRANKREICH	3,68	1,4	3,96	1,1	3,18	-1,1	3,35	1,1	7,07	-0,4
GROẞBRITANNIEN	5,44	4,4	5,94	2,9	4,35	5,2	3,66	5,4	6,40	1,9
IRLAND	6,80	0,3	6,79	-0,8	7,07	28,3	6,02	0,1	8,10	-1,3
ITALIEN	5,07	3,8	5,12	4,4	3,92	15,1	4,45	0,7	12,09	6,4
JAPAN	7,54	3,1	7,54	3,4	7,17	-32,1	6,94	3,7	18,34	-7,2
KANDA	8,98	-0,5	8,96	-0,7	9,08	1,0	5,80	4,7	10,28	-1,0
LUXEMBURG	5,26	3,8	5,52	2,9	3,19	-1,8	4,23	2,7	12,77	5,0
MEXIKO	6,64	-2,8	6,79	-3,2	3,86	-16,6	4,97	16,9	16,60	4,8
NEUSEELAND	7,67	11,8	7,67	11,5	0,00	0,0	5,22	1,5	12,69	26,4
NIEDERLANDE	3,85	-1,0	4,53	2,4	3,19	-2,1	3,28	0,4	9,09	-2,0
NORWEGEN	8,31	-2,2	8,89	-1,9	6,81	3,6	6,17	0,3	9,04	-2,8
ÖSTERREICH	5,90	-2,6	6,15	-2,2	3,77	-7,4	4,58	-0,8	13,04	-1,7
POLEN	3,39	5,3	5,16	16,0	3,02	3,0	3,02	-0,1	7,36	-38,9
PORTUGAL	5,16	5,3	5,53	6,2	3,55	-0,9	3,90	8,9	11,13	-2,9
RUSSLAND	5,30	-1,6	5,27	-2,7	19,42	325,8	3,73	-6,9	12,52	-9,6
SCHWEDEN	6,25	2,0	7,26	2,8	4,75	3,0	4,29	-0,3	9,42	-2,4
SCWEIZ	6,38	2,3	7,39	3,5	3,80	0,8	4,52	-0,1	17,65	-5,5
SPANIEN	4,24	1,6	4,44	0,2	3,27	2,2	3,88	0,8	8,11	-3,9
TSCHECHIEN	4,48	-28,8	5,30	-27,0	3,27	-9,8	3,58	-19,0	12,64	-3,2
U.S.A.	8,71	5,1	8,68	4,8	9,61	19,6	4,92	9,8	11,57	4,8
ÜBRIGE LÄNDER	7,54	-3,2	7,72	-3,6	5,25	9,4	4,75	4,7	12,55	-14,1
GESAMT	4,76	2,2	5,42	2,2	3,47	1,1	3,61	2,4	8,83	-1,2

Quelle: IVDP

Die „Port Bucket List"

Zehn Portweine, die man in seinem Leben mal getrunken haben sollte:

In diesem Kapitel nenne ich meine zehn Portweine, die meine Portweinleidenschaft wesentlich beeinflusst haben. Es sind perfekte oder nahezu perfekte Portweine, die unvergleichliche Hochgenüsse bereiten.

Das sensorische Erlebnis einer gereiften Flasche Portwein hängt wesentlich von der sogenannten „provenance" der Flasche ab, die maßgeblich durch die Lagerbedingungen beeinflusst wird. So kann z.B. ein Vintage Port der Quinta do Noval des Spitzenjahrgangs 1963 bei einer perfekten Flasche 17-18 Punkte erzielen, während er durch schlechtere Lagerung weitaus weniger Punkte erhalten kann.

Andresen Colheita 1900 – Nach der Komplett-Vertikale der Andresen Colheitas in Porto konnte ich den 1900er Colheita am nächsten Tag im Flugzeug

noch schmecken. Und das, ohne dabei zu konzentriert und intensiv zu wirken.

Croft Vintage Port 1945 – Mehrmals verkostet – mehrmals begeistert. Croft hat 1945 einen hervorragenden Vintage Port abgefüllt, der beständig auf Top-Niveau begeistert.

Constantino Colheita 1910 – Bei der einzigartigen Constantino-Vertikalprobe auf der Quinta do Crasto im Jahr 2011 mein "wine of the night" und das bei umfangreicher Konkurrenz.

Krohn Colheita 1863 – Authentischer kann ein alter Colheita kaum schmecken und man kann ihn noch direkt aus dem Fass verkosten...

Niepoort Garrafeira 1931 – Das ist ein Portwein, der mit keinem anderen vergleichbar ist. Niepoorts erster abgefüllter Garrafeira-Jahrgang kombiniert die Intensität eines alten Colheita mit der Finesse und Eleganz eines alten Vintage Ports, quasi die Quadratur des Kreises.

Quinta do Noval Nacional Vintage Port 1963 – Meine Meßlatte, wenn es um die Vergabe von Höchstpunktzahlen geht. Es gibt andere atemberaubende Portweine, doch der Nacional 63 wirkt neben der unvergleichlichen Intensität sehr verführerisch, jung und frisch.

Ramos Pinto Vintage Port 1927 – Einer der Portweine, die ungeheuer schwer aufzufinden sind, dann aber für jeden Aufwand entschädigen. Tief, balanciert, komplex mit endlos langem Abgang.

Graham Vintage Port 1955 – Natürlich kann man immer noch ältere Vintage Ports aufzählen, aber der 1955er Graham ist für mich eine Konstante auf Top-Niveau. Solide, ungeheuer tiefe Aromenvielfalt und sensationell beständig.

Sandeman Vintage Port 1935 – Mein Sieger bei der großen Sandeman-Probe vor ein paar Jahren mit George Sandeman im Royal Airforce Club in London. Neben einer unbeschreiblichen Aromenvielfalt bietet dieser Port auf seinen Etiketten auch noch geschichtliche Hintergründe.

Taylor Vintage Port 1927 – hatten wir bei einer Probe aus drei unterschiedlichen Flaschen und war drei mal Spitze. Ein Portwein zum Niederknien.

Glossar

Aged Tawnies (engl.) ... siehe → Tawnies with indication of age.

Almude [AHLMUHD] ... Alte Maßeinheit beim Portwein, die 16,8 Litern entspricht. Seit dem 19. Jahrhundert wird die Almude als 22. Teil einer → Pipa verstanden. Da die pipa 550 Liter enthält, entspricht der 22. Teil exakt 25 Litern. Eine Almude entspricht des Weiteren ca. 12 → Canadas, die früher etwas mehr als 2 Liter (2,08 Liter) umfassten.

Aguardente [AHGUARDENT] ... Wörtlich übersetzt etwa „veredeltes Wasser". Bezeichnet den Branntwein, der dem Portwein zugeführt wird.

Angel's share (engl.) ... Meint die Menge des verdunsteten Portweins während der Lagerung im Fass. Bei der in Portugal normalen Temperatur/Luftfeuchtigkeit verdunsten ca. 2-4% des Volumens pro Jahr, was zu einer natürlichen Konzentration der Aromen führt.

Armazém [ARMADZEHM] ... Gebäude, das zur Weinlagerung verwendet wird.

Arraes [AHRRA-ESCH] ... Kapitän eines → Barca Rabelo.

Artistas [ARTISCHTASCH] ... Angestellte mit besonderen Fähigkeiten, z.B. der Küfer oder der Önologe.

Aufgepfropfte Weinreben ... Die Phylloxera (Wurzelreblaus) verursachte Mitte bis Ende des 19. Jahrhunderts überall in Europa, auch im Douro-Tal, erhebliche Schäden. Sie frisst die Wurzel an und verhindert so, dass die Rebe ausreichend mit Wasser und Nährstoffen versorgt werden kann. Die Rebe stirbt ab. Als Gegenmaßnahme werden fast alle europäischen Reben heutzutage auf amerikanische Wurzeln aufgepfropft, die gegen die Reblaus resistent sind.

Back hander (engl.) ... Die Portwein-Dekantierkaraffe wird immer linksherum (im Uhrzeigersinn) weitergereicht. Wenn der gerade nachfüllende Weinfreund seinem Nachbarn zur rechten nachschenkt, nennt man dies „back hander".

Baixo Corgo [BAIKSCHO-KORGU] ... Unterer Corgo (Fluss), westlichster Teil des dreigeteilten Anbaugebietes im Douro-Tal (Baixo Corgo, Cima Corgo, Douro Superior). Im unteren Corgo fällt verhältnismäßig viel Niederschlag und es herrschen die niedrigsten Temperaturen.

Baga [BAGAH] – (port.) für Beere. Ist auch eine Rebsorte in der Region Dão. Im Portweinbereich meint man damit Holunderbeeren bzw. den Saft, der im 18. und 19. Jahrhundert zur farblichen Anreicherung den Portweinen beigesetzt wurde.

Bagaço [BAGAHSSO] ... (port.) Trester, d.h. die festen Rückstände, die nach dem Pressvorgang der Trauben übrig bleiben.

Balão [BALLAOH] ... Externer Lagerungsbehälter, meist sehr große, weiß gestrichene Behälter aus Beton, die in unmittelbarer Nähe zur Weinproduktionsanlage stehen.

Balseiro [BALLSSEROH] ... Sehr große, „sitzende" Holzfässer von ca. 8.000 bis über 100.000 Liter. Hier ruhen die Weine bis zu 6 Jahren zur Überprüfung der Qualität.

Barca Rabelho [BARKA-RABELLO] ... Kleine, flache Segelboote, mit denen früher die Portweine vom Anbaugebiet im Douro-Tal nach Vila Nova de Gaia transportiert wurden. Heute verwendet man sie nur noch als Werbeträger und einmal jährlich zur Regatta am Johannestag (24. Juni).

Beneficio [BEHNEFISCHO] ... (port.) für Nutzen. Meint die Zugabe von Branntwein in den Portwein. Gleichzeitig wird der Begriff als Synonym des Regelwerks über die Portweinzuteilungsmenge gebraucht. Man sagt zum Beispiel, dass das BENEFICIO System überarbeitet werden muss.

Bin (engl.) ... Sektion oder Bereich in einem Weinkeller. Wird hauptsächlich bei Fonseca verwendet, deren Premium Ruby „BIN 27" heißt, da die besten Portweine bei Fonseca immer in der 27. Sektion lagerten.

Bishop of Norwich (engl.) ... Wenn jemand am Tisch den Portwein nicht weiter reicht, fragt man (im englischsprachigen Raum) nicht direkt nach dem Portwein sondern fragt denjenigen, der die Dekantierkaraffe nicht weiterreicht, ob er den Bischof von Norwich kennt „Do you know the bishop of Norwich?". Die Tradition geht zurück in die Anfänge des 19. Jahrhunderts, in dem der damals aktive Bischof von Norwich, Henry Bathurst, meist nach viel Portweingenuss am Tisch eingenickt ist und den Portwein daher nicht weiter reichen konnte.

Bottle age (engl.) ... Bezeichnet bei den fassgelagerten Portweinen eine nicht frische Abfüllung. Da → Tawnies eigentlich frisch abgefüllt konsumiert werden sollten, ist ein gewisses bottle ageing für die meisten Häuser nicht von Vorteil. Einigen Tawny Ports (allen voran Tawnies von Andresen, Noval und Niepoort) schadet eine gewisse Lagerung in der Flasche nicht.

Bottle sickness (engl.) ... Ähnlich → bottle age. Bottle sickness kann man mit einer gewissen Eleganz bezeichnen, die untypisch für alte Colheitas ist. Haben diese allerdings längere Zeit im Fass und in der Flasche verbracht, sind gewisse Mischaromen zwischen alten → Colheitas und alten → Vintage Ports möglich. Siehe hierzu auch → Garrafeira.

Bottle stink (engl.) ... Durch sehr lange Flaschenlagerung können sich (flüchtige) Fehlaromen bilden, die wahrscheinlich mit zunehmender Dekantierzeit verschwinden.

Bottle variation (engl.) ... Mit diesem

Begriff meint man die geschmacklichen Unterschiede, die sich hauptsächlich aus der Lagerung ergeben.

Buyer's own brand (bob) (engl.) ... Begriff für einen Portwein, der zwar von einem registrierten Hersteller produziert wurde, aber nicht unter seinem Etikett vermarktet wird. Es kann - muss aber nicht - eine andere Cuvée sein. So gibt es z.B. einen Warre Vintage Port 1997 und einen Berry Brother Vintage Port 1997, einen bob von Warre, bei dem es sich nach Aussage des Herstellers um unterschiedliche Portweine handelt.

Cadastro [KADASCHTROH] ... Das Cadastro-System ist ein Bodenregister, in dem die gesamte Fläche der für den Portwein zugelassenen Produktion aufgenommen und in die Qualitätsstufen A bis H eingeteilt ist, wobei A die Beste und H die Schlechteste ist. Das Cadastro System ist bei der Zuteilung des → Beneficio wichtig und damit für die maximal erlaubte Produktionsmenge Portwein jedes Jahr entscheidend.

Camara de provadores [KAMARA DE PROVADORESCH] ... Verkostungsgremium des Portweininstitutes → IVDP.

Canada [KANNAHDA] ... Alte Maßeinheit beim Portwein, die 2,08 Litern entspricht, heutzutage aber als 2 Liter-Äquivalent verwendet wird. Eine Pipa (550 Liter) entspricht 22 → Almuden und eine Almude entspricht (ca.) 12 Canadas.

Canteiro [KANTEIROH] ... Eigentlich ein Begriff aus der Madeira-Produktion zur Abgrenzung des Alterungssystems (Estufagem oder Canteiro). Bezeichnet auch die Kanthölzer, die die → Pipas oder → Toneis seitlich stützen.

Cardenhos [KARDENJOSS] ... Unterkünfte der Erntehelfer

Caseiro [KASÄIHROH] ... Männliches Oberhaupt der Familie, die auf der → Quinta wohnt und sich um grundsätzliche Belange der Quinta kümmert. Caseiros sind nicht die Eigentümer der Quinta. Meist sind sie über Generationen bei dieser beschäftigt. Die am besten passende Übersetzung wäre Hausmeister. Meist sind die Frauen der Caseiros – die Caseiras - in der Küche der Quinta tätig.

Casta [KASCHTAH] ... (port.) für Rebsorte.

Cima Corgo [SSIMA KORGU] ... Oberer Corgo (Fluss), mittlerer Teil des dreigeteilten Anbaugebietes im Douro-Tal (Baixo Corgo, Cima Corgo, Douro Superior).

Colheita [KOLLYÄITAH] ... (port.) für Ernte. Bezeichnet einen Tawny Port aus einem einzigen Jahrgang, der mindestens 7 Jahre lagern muss, meist jedoch wesentlich länger in den Fässern reift. Die englischen Häuser benutzen auch den Begriff → Single Harvest Tawny.

Corte [KORRTE] ... Bezeichnet den Gleichschritt im → Lagar oder die Anpressung der Trauben im Lagar. Früher (und heute noch bei Ramos Pinto) wurden die Trauben komplett in den Lagar gegeben und dann getreten. Heute werden sie maschinell angepresst, was den Tretvorgang anfänglich erheblich vereinfacht.

Crusted Port (engl.) ... Verschnitt aus mehreren Jahrgängen, der ungefiltert abgefüllt wird. Lediglich das Abfülljahr steht auf dem Etikett. Der Crusted Port erhält seine Bezeichnung durch das ungefilterte Abfüllen, das mit längerer Lagerung zur Bildung eines Depots (engl. Crust) führt.

Crust (engl.) ... → Depot.

Cuvée (franz.) ... Ausdruck für eine spezielle Mischung aus Trauben, Lagen oder Jahrgängen, sog. Verschnitt. Das Wort hat seinen Ursprung in der Champagnerproduktion, wird aber in fast allen Weinregionen verwendet. Portweine sind immer Cuvées verschiedener Trauben, meist auch Lagen und oft – gerade im unteren Qualitätsbereich – auch verschiedener Jahrgänge.

DDR (Douro Demarcated Region) (engl.) ... Begriff für das 1756 abgesteckte Gebiet, auf dem die Trauben für den Portwein heranwachsen. Im Portugiesischen wird auch der Begriff RDD (Região Demarcada do Douro) verwendet.

Desauvinho [DESAUHVINJU] ... Gesamtbegriff für die unbefruchteten Blüten, die absterben.

Dekantieren ... Beim Dekantieren öffnet man den Wein einige Zeit vorab, um evtl. vorhandene Fehlnoten entweichen zu lassen und das → Depot vom Wein zu trennen. Über die Dekantierzeiten gibt es diverse Philosophien.

Deklarieren ... In außergewöhnlich guten Jahren, wenn die Trauben in hervorragendem Zustand sind, kann ein Portweinhaus sich dazu entscheiden, einen → Vintage Port herzustellen, die sog. Deklaration. Die englischen Häuser deklarieren gemäß einer Tradition, die auf den ehemaligen CEO von Taylor, Alistair Robertson, zurückzuführen ist, am 23. April des zweiten auf die Ernte folgenden Jahres, dem St. Georges Day. Von einem generell deklarierten Jahrgang spricht man, wenn die Mehrheit der zugelassenen Portweinhäuser einen Vintage Port herstellen. Die Deklaration kann nur nach der Zulassung und Analyse durch das Portweininstitut vorgenommen werden. Wird diese Zulassung nicht erteilt, ist eine Deklarierung nicht möglich.

Depot ... Zusammenschluss der anfänglich sehr kleinen Schwebeteilchen bei ungefilterten Portweinen, der dann mit zunehmender Lagerung immer größere Partikel entstehen lässt. Die (flaschengereiften) Portweine verlieren dadurch auch ihre blickdichte dunkelrote Farbe und werden heller. Ein Grund, warum man ältere → Vintage Ports dekantieren sollte.

Douro bake (engl.) ... Ausdruck für ein Fehlaroma, welches sich durch zu große Hitze während der Lagerung entwickelt. Dieses Aroma zeichnet sich durch (intensive) Teer- und Toastnoten aus. Da viele Lagerhallen im Douro bis in die späten 80er Jahre über nicht ausreichende Klimaanlagen verfügten, wurden die Portweine im Sommer hohen Temperaturen ausgesetzt und haben so das „Douro bake"-Aroma entwickelt. Diese Aromen sind fast ausschließlich in → Tawny Ports, selterner in → Vintage Ports zu finden, wenn diese vor der Abfüllung zu heiß gelagert wurden. Bestes (negatives) Beispiel beim Vintage Port ist hierfür der Quinta do Vesuvio Vintage Port 1989. Aufgrund der Gefahr des Douro Bakes werden fast alle Portweine klimatisiert im Douro oder in Vila Nova de Gaia gelagert bzw. Maßnahmen getroffen, dass die Temperatur bestimmte Spitzen nicht überschreitet. Ein wenig Douro Bake Aroma kann bei einem alten Tawny Port jedoch einen durchaus positiven Einfluss haben.

Douro Superior [DOUROH-SUPERIOHR] ... Östlicher Teil des dreigeteilten Anbaugebietes im Douro-Tal (Baixo Corgo, Cima Corgo, Douro Superior). Hier ist die Niederschlagsmenge die Geringste des Douro-Tals und die Temperatur ist am höchsten. Das Douro Superior grenzt an Spanien und bietet schon fast subtropische Flora.

Engarrafado [ÄHNGARRAFAHDO] ... wörtl. Übersetzung: Abgefüllt. Meist mit Jahreszahl versehen zeigt diese an, wann der Portwein, meist → Tawny Port, auf die Flasche abgefüllt wurde.

Entreposto [ÄNTREPOSCHTO] ... Gebiet, auf dem die Portweinproduzenten in Vila Nova de Gaia ihren Portwein lagern (dürfen). Bis zum Eintritt Portugals in die EU war es obligatorisch, Portweine über den Entreposto in Vila Nova de Gaia zu verkaufen. So konnte das → Portweininstitut IVDP die Quantität und Qualität kontrollieren. Auf dem Entreposto existieren zahlreiche Zollverschluss-Lager.

Escolha [ESCHKOLLJA] ... port. für Auslese, Stufe im Douro DOC-Bereich. Steigerung Grande Escolha – Große Auslese.

Estufagem [ESCHTUFAJEHM] – Verfahren, bei dem Madeira-Weine für ca. 3 Monate auf ungefähr 50 Grad Celsius künstlich erwärmt werden.

Factory House (engl.) – Gebäude der „feitoria inglesa", einem Zusammenschluss der englischen Portweinproduzenten, in dem man sich bei Clubatmosphäre jeden Mittwochmittag, einmal im Monat Mittwochabends und zusätzlich zu besonderen Anlässen trifft. Nur auf Einladung. Das Gebäude wurde durch den englischen Konsul John Whitehead 1790 fertig gestellt und dient seitdem den englischen Produzenten als „Club". Das Wort Factory entstammt dem alten englischen Wort „factor" und wurde für einen Kaufmann im Ausland verwendet.

Frasqueira [FRASCHKEIRAH] ... Spezielle Art von Portwein, obwohl Frasqueira ein vom Madeira-Weinbau stammendes Wort ist. Es wurde von dem portugiesischen Wort frasco (Flasche) abgeleitet. Vor einigen Generationen wurde das Wort als Synonym für einen Weinkeller verwendet. Es bezeichnete schon immer einen besonderen Wein, der einige Zeit im Fass gelagert wurde, bevor er in die Flasche abgefüllt wurde. Der Begriff Frasqueira wird durch das → Portweininstitut IVDP nicht reguliert. Persönlich habe ich noch nie einen Frasqueira gesehen, der nach 1950 abgefüllt wurde.

Garrafeira [GARRAFÄIHRA] ... Spezielle Art von Portwein, der eine gewisse Zeitspanne im Fass und in der Flasche gereift ist. Bekanntester und bester Garrafeira-Produzent ist Niepoort, der diesen Stil seit 1931 bis heute abfüllt. Im portugiesischen Sprachgebrauch ist ein Garrafeira ein (privater) Weinkeller.

Grande Escolha [GRANDE ESCHKOLLJA] ... siehe → Escolha.

Gigo [GIGGOH] ... großer Erntekorb, der ungefähr 40 bis 60 kg Trauben fasst.

Hoggit (engl.) – Eine nicht ebene Dekantierkaraffe, die nur auf der vorgesehenen Schale, nicht aber auf dem Tisch abgestellt werden kann. Die Schale steht meist in der Nähe vom Gastgeber, so dass der Portwein nach einer Runde um den Tisch wieder bei ihm abgestellt werden muss.

Hogshead (engl.) – Eichenfass mit der Größe einer halben → Pipa, also 267 Liter (60 Galleons).

IVDP ... Instituto dos Vinhos do Douro e do Porto – Portweininstitut. Gegründet 1933 hat es die Aufgabe, die Qualität und Quantität sowie diverse Standards während der Produktion zu überwachen. Das Portweininstitut prüft alle hergestellten Portweine und Douro DOC Weine. Vor 2006 hieß es nur IVP, da es ausschließlich für die Portweine zuständig war. Obwohl das IVDP organisatorisch durch das Landwirtschaftsministerium verwaltet wird, ist es finanziell autark und finanziert sich durch den Verkauf der → Selos (Garantie-Siegel) auf den Portwein- und Douro DOC-Weinflaschen.

Lagar (LAGAAR) ... (port.) für das Granit- oder Steinbecken, in denen die Portweine meist mit den Füßen getreten werden. Im Unterschied zu diesem manuellen Lagar gibt es den → Robotic Lagar.

Lagar com a uva inteira [LAGAAR KOMM AH UVAH INTÄIRAH] ... Bezeichnung, wenn die intakten Trauben in das Lagar gefüllt werden und nicht die angedrückten. Wird meines Wissens nur noch bei Ramos Pinto praktiziert.

Lagareiros [LAGAAREIROSCH] ... Die Personen, die den Portwein im → Lagar treten.

Lagrima [LAHKRIMA] ... (port.) für Träne. Angabe hauptsächlich auf weißen Portweinen in der süßesten Ausbaustufe. Nach dem Schwenken zeigen die Weine oft Schlieren, die an Tränen erinnern. Je süßer der Port ist, desto ausgeprägter sind in der Regel diese Tränen.

Late Bottled Vintage Port (engl.) ... Mittelklasse der Rubies. Portweine aus einem einzigen Jahrgang, die nach 4-6 Jahren gefiltert oder ungefiltert abgefüllt werden.

Lodge (engl.) ... Lagerhaus eines Portweinherstellers in Vila Nova de Gaia, heute meist auch ein Ausstellungsraum mit Besucher-, Verkaufs- und Verkostungsbereich.

Macacos [MAKAKOSCH] ... (port.) für

Affe. Meint die Holzstelzen, mit denen der → Lagar bearbeitet werden kann, ohne dass jemand darin tritt.

Marcos de feitoria [MARKOSCH DEH FÄITOHRIAH] ... Grenzsteine, die zwischen 1757 und 1758 zur Markierung des Gebietes gesetzt wurden, auf dem die Reben für den Portwein gepflanzt werden dürfen. Es wurden insgesamt 335 Grenzsteine gesetzt.

Mortorios [MORTOHRIOSCH] ... (port.) für „Verstorbene". Brachliegende Weinberge, auf denen Olivenbäume oder gar nichts angepflanzt wird. Meist durch die → Phylloxera bis Ende des 19. Jahrhunderts oder durch Erbstreitigkeiten der Eigentümer beim Generationswechsel verursacht.

Mosto [MOSCHTOH] ... Der gärende Wein bevor der Branntwein zugefügt wird.

Novidade [NOHWIEDAD] ... (port.) Neuigkeit, Neuheit. Einige Hersteller haben ihre Colheitas um die Jahrhundertwende Novidade genannt, um darauf hinzuweisen, dass es sich um eine neue Art der Portweine handelt.

Patamares [PATTAMAHRESCH] ... (port.) für die Terrassierung im Douro ohne Steinmauern. Mit Erdbewegungen werden die Terrassen so angelegt, dass ein bis zwei Rebstockreihen auf ihnen Platz haben.

Phylloxera (lat.) ... Wurzelreblaus. Während der Mitte des 19. Jahrhunderts aus Amerika eingeschleppter Schädling, der die Wurzel der Weinrebe befällt. Die Wurzelreblaus beißt die Wurzel an und nimmt der Rebe so die Möglichkeit, ausreichend Wasser und Nährstoffe zu erhalten. Als Gegenmaßnahme werden fast alle europäischen Reben heutzutage auf amerikanische Unterlagen aufgepfropft, die gegen die Reblaus resistent sind.

Pilheiro [PILLJEIHRU] ... (port.) für runde Löcher, die horizontal in die → Socalcos eingebracht werden, um zusätzliche Weinreben zupflanzen. Wird heute kaum noch angewendet.

PINK-PORT (engl.) ... Rose Portweine. Wurden erstmals von der Firma Croft im Jahr 2007 hergestellt. Ausschließlich aus roten Rebsorten hergestellt ist der Gärprozess bei PINK PORTS kürzer und wird bei kühleren Temperaturen durchgeführt. Dadurch wird weniger Farbe in den Portwein abgegeben und es bleibt eine vordergründige Frucht erhalten. Derzeit gibt es nur Einstiegs-Qualitäten bei den PINK-PORTS.

Pipa (PIHPA) ... Port. Bezeichnung für das Portweinfass, das ca. 550 Liter enthält. Aufgrund des Alters schwankt der Inhalt oft um einige Liter.

PorTonic (engl.) ... Mischgetränk, dass aus 1/3 weißem Portwein und 2/3 Tonic hergestellt wird. PorTonics werden in der Regel als Aperitif gereicht, alternativ als Longdrink. Überaus erfrischend bei heißen Temperaturen.

Portweininstitut ... → IVDP

Portweinzange ... Traditionelles Werkzeug, mit der man den Flaschenhals einer Portweinflasche durchtrennt. Meist benötigt, um bei alten Vintage Ports ohne Etikett und Kapselbeschriftung durch vorsichtiges Entfernen des Korkens diesem seine Informationen über den Hersteller und Jahrgang des Portweins zu entlocken. Die Portweinzange wird dazu ins Kaminfeuer gelegt und für ca. 20 Sekunden unterhalb des Korkens an den Flaschenhals gedrückt. Danach wischt man die Stelle mit einem kühlen, feuchten Lappen ab und kann dann den Teil oberhalb des Flaschenhalses in einem Stück abnehmen. Obwohl keine Glasstücke in die Flasche fallen, sollte der Portwein danach dekantiert werden, um jegliche Gesundheitsgefährdung auszuschließen.

Potta [POTTA] … (port.) Bezeichnung für die bauchige 0,75-Liter-Portweinflasche, wie sie beispielsweise bei Niepoort für den Senior Tawny oder den Vintage Ports der Jahrgänge 1945, 1955 oder 1970 verwendet wurde.

Pre-Phylloxera … Damit meint man Portweine, die vor der Verbreitung der Reblaus in Portugal hergestellt wurden und die somit von wurzelechten Reben produziert wurden. Damit ein Portwein Pre-Phylloxera ist, muss er vor 1860 produziert worden sein. Sensorisch erkennt man meines Erachtens nach keine Unterschiede zu Portweinen, die von → aufgepfropften Weinreben hergestellt wurden.

Ramo [RAMOH] … Port. Kranz aus Reben mit Weintrauben, der traditionell bei der Feier nach der Ernte dem Eigentümer der → Quinta übergeben wird. Danach beginnt die Feier. Ramo wird auch als Synonym für die Feier verwendet.

Ramos [RAMOHSCH] … Als die Grenzen des Portweinanbaugebietes 1756 festgelegt wurde, hat der Marques de Pombal im darauf folgenden Jahr bereits die Weine klassifiziert. Die Top-Weine, vinhos de feitoria, waren zum Export bestimmt, während die einfacheren Weine, die vinhos de ramo oder ramos, für den Heimatmarkt bestimmt waren.

RDD … Região Demarcada do Douro → DDR.

Remontage (franz.) … Verfahren bei der Rot- und Portweinherstellung, bei dem der (gärende) Saft vom Boden des Behälters an die Spitze gepumpt wird, so dass er langsam wieder zum Boden sickern kann. Das garantiert einen erhöhten Kontakt mit den Beeren und extrahiert mehr Farbe und Gerbstoffe.

Robotic lagar (engl.) … im robotic lagar erfolgt das Stampfen der Trauben maschinell.

Roga [ROGAH] … Gruppe der Erntehelfer, die auch im → Lagar die Trauben treten. Als Daumenregel benötigt man zwei Personen pro Pipa im Lagar, um diesen korrekt zu bearbeiten.

Rogador [ROGAHDOHR] … Aufsichtsperson der Gruppe im → Lagar. Eine Art „Drill Sergeant", der auf die gleichmäßige Bearbeitung des Lagar achtet und auch die Kommandos, z.B. für den Gleichschritt erteilt.

Ruby/Ruby Port (engl.) ... Oberbegriff für alle flaschengereiften Portweine, also die Standard Rubies, die Premium Rubies, die → Late Bottled Vintage Ports (LBV) und die → Vintage Ports. Ruby steht für die rubinrote Farbe der (jungen) Ruby-Portweine.

Quinta [KINTA] ... (port.) für Weingut, ähnlich dem franz. Chateau. Muss nicht unbedingt ein Gebäude beinhalten. Bitte nie [KWINTA] oder [KUINTA] sagen.

Saude [SSA-UHD] ... (port.) für „zum Wohl".

Selo (SSELOH) ... Garantiesiegel auf den Portwein- und Douro DOC-Weinflaschen, durch das sich das → Portweininstitut IVDP finanziert und die bestätigen, dass der enthaltene Wein durch das IVDP geprüft und zertifiziert wurde.

Single Harvest Tawny (engl.) ... Die englische Bezeichnung des → Colheita. Aufgrund der Ausspracheschwierigkeiten bei Colheita haben sich englische Hersteller dazu entschieden ihre Colheitas mit dieser Bezeichnung anzugeben.

Single Quinta Vintage Port (engl.) ... Der Unterschied zum → Vintage Port besteht darin, dass hier nur Trauben verwendet werden dürfen, die von der angegebenen Quinta stammen. Meist etwas früher reifender Vintage Port, der insgesamt etwas eleganter, dafür aber günstiger ist. Im Unterschied dazu werden für die Nicht-Single Quinta Vintage Ports meist Trauben verschiedener Quintas verwendet.

Socalco [SSOKALKO] ... (port.) für die Schiefer-Steinmauern, die die Terrassierung im Douro-Tal stützen.

Solar [SSOLAHR] ... (port.) traditionelles, herrschaftliches Haus. Das „Solar do Vinho do Porto" ist ein Gebäude in Porto, in Regua und in Lissabon, in dem man in gediegener Atmosphäre hochwertige Portweine glasweise probieren kann.

Special Category Port (engl.) ... sind Portweine, die keine → Standard-Portweine sind. Als Daumenregel kann man sagen, dass diese Kategorie alle Portweine umfasst, die einen Endverbraucherpreis von 20,00 EUR und mehr erzielen. Dieser Begriff ist wichtig, um das Verbraucherverhalten von Märkten statistisch präziser zu erfassen.

Standard Portweine ... Portweine, die jeweils die untere Qualitätsstufe ihrer Art darstellen. Es gibt Standard Ruby-Ports, Standard Tawny-Ports. Viele weiße Portweine und alle Rose-Ports sind Standard Ports. Eine alternative Bezeichnung dafür ist „entry-level-Port".

Tambuladeira [TAMBULADÄIHRA] ... Antike Verkostungsschale für Portwein, die heute nur noch als Teil der Uniform für Mitglieder der Portweinbruderschaft „Confraria do vinho do Porto" verwendet wird.

Tappit Hen (engl.) ... Maß- und Transportbehälter, hauptsächlich für Portwein. Die Tappit Hen enthielt historisch knapp zwei Liter Inhalt. Der Begriff hat seine Wurzeln in Schottland, die exakte Bedeutung des Wortes ist nicht geklärt. Die

Menge von circa drei regulären Flaschen sollte aber vor langer Zeit nach einem Trinkgelage dem Gast ermöglichen, eine für den Heimweg ausreichende Menge Portwein mitzuführen, so dass er nicht nüchtern ins Bett kommt. Im 19. Jahrhundert wurde der Heimweg meist hoch zu Ross vorgenommen. Daher waren die Tappit Hens der damaligen Zeit Kannen mit einem Deckel, der unbeabsichtiges verschütten verhindern, aber dennoch ein einhändiges Trinken auf dem Pferd ermöglichen sollte. Heutzutage sind Tappit Hens Tregnums, ensprechen mit 2,25 Liter also exakt drei 0,75 Liter-Flaschen und haben zum Teil eine sehr eigenwillige Form.

Tawny/Tawny Port (engl.) ... Oberbegriff für alle fassgereiften Portweine aus roten Trauben, also die Standard Tawnies, Reserve Tawnies, → Tawnies with indication of age und → Colheitas. Der Begriff Tawny steht für die bernstein-braune Farbe der Portweine.

Tawnies with indication of age (engl.) ... Sammelbegriff für → Tawnies mit den Altersangaben 10, 20, 30 und (over) 40 years of age. Andere Altersangaben sind bei den „Tawnies with indication of age" (so der offizielle Begriff) nicht zugelassen. Weiße, fassgelagerte Portweine können nach der Definition des → IVDP keine Tawnies sein, da dieser Begriff den roten Portweinen vorbehalten ist. Man spricht hier von „aged White Ports" oder „White Ports with an indication of age".

Tawnyfication (engl.) ... Kunstwort, das die Entstehung der für die Tawny-Ports typischen Aromen beschreibt, also den Übergang der anfänglichen dunklen, fruchtigen Weine hin zu braun-beige Farbe mit Trockenfrucht- und Nussnoten. Man sagt zum Beispiel: „Hier ist die Tawnyfication schon weit fortgeschritten" und meint damit, dass dieser Portwein schon intensive Tawny Aromen angenommen hat.

Tinto [TINTU] ... (port.) für rot. Kann bei den Douro DOC Weinen auch eine hierarchische Abgrenzung sein, die einen Level 1 Wein bezeichnet.

Tonel/Toneis [TONELL/TONNEISCH] ... (port.) für Fässer. Gemeint sind immer die mittelgroßen, „liegenden" Fässer, in denen alle Portweine in der ersten Zeit (bis zu ca. 6 Jahren) liegen.

Vat (engl.) ... Englische Bezeichnung für die → Toneis.

Vindima [VINDIHMAH] ... (port.) für Ernte. Meint den Erntevorgang. „Boas Vindimas" wünscht man für ein gutes Gelingen bei der Ernte.

Vinha ao alto [VINNJA AOH ALTU] ... (port.) für die rechtwinklig zum Berg verlaufenden Rebstockreihen. Kann Anwendung finden, wenn der Steilheitsgrad unterhalb von 30% liegt. Wirtschaftlichere Anbauart, da weder Steinmauern gebaut, noch größere Bodenbewegungen vorgenommen werden müssen, um die → Socalcos oder → Patamares zu bauen.

VV - Vinhas Velhas [VINJASCH VÄHL-JASCH] ... Direkt übersetzt bedeutet dies alte Weine. Ist eine vom → IVDP geschützte Bezeichnung und darf für Douro DOC-Weine nur verwendet werden, wenn die Weinreben älter als 25 Jahre sind. Im Weiteren wird der Begriff auch als Synonym für den gemischten Satz im Weinberg verwendet, bei dem bis zu 30 verschiedene Rebsorten auf einem Hektar angepflanzt werden. Beim Portwein ist diese Bezeichnung nicht geschützt.

VVV (Vinhas Velhas Velho) ... Bezeichnung auf älteren Portweinetiketten. VVV steht in Abgrenzung zu → VV für noch ältere Weine.

Vintage (engl.) ... Als Vintage wird der Jahrgang bezeichnet, nicht unbedingt → Vintage Port.

Vintage Character (engl.) ... Alter Begriff, der seit ca. 10 Jahren nicht mehr verwendet werden darf. Vintage Character waren junge Ruby-Portweine, die einem Vintage Port sehr ähnlich sein sollen, ohne Portweine aus einem Jahrgang zu sein. Der Begriff sorgte für Verwirrung und wurde vom IVDP verboten. Vintage darf nur noch für die Vintage Ports und die Late Bottled Vintage Ports verwendet werden.

Vintage Port (engl.) ... Die Königsklasse der → Ruby-Ports, eigentlich der Portweine überhaupt. Die besten 1-2% eines Jahrgangs, die nach 2-3 Jahren ungefiltert abgefüllt werden und dann noch Jahrzehnte weiter reifen. Vintage Ports werden nur in besonders guten Jahren hergestellt. Die letzten Top-Jahrgänge waren 2015, 2011, 2003 und 2000.

ERZEUGER- UND MARKENÜBERSICHT

Um einen Überblick zu erhalten, sehen Sie in den folgenden Übersichten meine Spitzenkandidaten der jeweiligen Arten ohne Wertung untereinander:

Top 12 Produzenten der Vintage Ports
Cockburn
Croft
Dow
Fonseca
Graham
Niepoort
Quinta do Noval
Ramos Pinto
Sandeman
Taylor
Quinta do Vesuvio
Warre

Top 10 Produzenten der Colheitas
Andresen
Burmester
Calem
Dalva (auch weiße Colheitas)
Graham
Kopke
Krohn
Niepoort
Noval
Poças

Top 11 Produzenten der Late Bottled Vintage Ports
Churchill
Quinta do Crasto
Niepoort
Noval
Rozes
Quinta do Portal
Quevedo
Vallegre
Van Zeller/ Quinta Vale D. Maria
Warre

Top 10 Produzenten der aged Tawnies (10-40 Jahre alt)
Burmester (auch weiße 10, 20, 30, 40)
Butler & Nephew (10, 20, 30, 40)
Graham (10, 20, 30, 40)
Kopke (auch weiße 10, 20, 30, 40)
Quinta do Mourão/San Leonardo (10, 20, 30, 40)
Niepoort (10, 20, 30)
Noval (10, 20, 40)
Ramos Pinto (10, 20, 30)
Sandeman (10, 20, 30, 40)
Vallado (10, 20, 30, 40)

Alphabetische Herstellerübersicht

Hersteller	Bemerkung	Seite
A.P. Santos	Derzeit inaktiv	352
Almiro	Marke von Poças	298
Alves de Sousa		195
Andresen		196
Barrao de Vilar		198
Barros		200
Berry Brothers		202
Blackett		203
Borges		204
Bulas		205
Burmester		206
Burton	Marke von Messias	274
Butler & Nephew		208
C. da Silva	Siehe Dalva	228
Cabral	Siehe Vallegre	338
Calem		210
Carvalhas	Siehe Real Companhia Velha	310
Castelinho	Sonstige	352
Caves St. Marta		212
Ceremony	Siehe Vallegre	338
Champalimaud		213
Churchill		214
Cockburn		216
Coimbra de Mattos	Siehe Valriz	358
Conceito		219
Constantino		220
Cottas		221
Cotto	Siehe Champalimaud	213
Crasto		222
Croft		224
Cruz		227
Dalva		228

Hersteller	Bemerkung	Seite
Delaforce		230
Devesa		232
Diez Hermanos	Sonstige Erzeuger	252
Don Pablo	Siehe Dalva	228
Dona Mathilde		233
Douro Boys		234
Douro Wine Growers	Sonstige Erzeuger	252
Dow		235
DR Port		238
Duff Gordon	Marke von Osborne	274
Duorum		239
Eira Velha		353
Eufemia Quinta		242
Feist	Sonstige Erzeuger	353
Ferreira		244
Feuerheerd		246
Flagman	Marke von Barros	200
Fonseca		248
Gaivosa	Siehe Alves de Sousa	195
Gilbert		252
Gonzales Byass	Sonstige Erzeuger	353
Gould Campbell		253
Graham		254
Guedes	Sonstige Erzeuger	354
Harvey	Sonstige Erzeuger	354
Hoopers	Sonstige Erzeuger	354
Hunt Roope	Sonstige Erzeuger	354
Hutcheson	Sonstige Erzeuger	355
Infantado		257
Javali		258
Kopke		259
Krohn		262
La Rosa		264
Lamelas		266

Hersteller	Bemerkung	Seite
Liceiras	Siehe Romaneira	313
Mackenzie	Sonstige Erzeuger	355
Magalhaes		268
Marrocos		269
Marthas		270
Martinez		271
Martins (F. Martins)	Sonstige Erzeuger	355
Maynards		272
Messias		274
Morgadio da Calcada		276
Morgan Brothers	Sonstige Erzeuger	355
Mourão		277
Niepoort		280
Nova		285
Noval		286
Offley		273
O-Port-Unidade	Sonstige Erzeuger	356
Osborne		274
Pacheca		294
Passadouro		295
Peça	Sonstige Erzeuger	356
Pego		296
Petres	BOB label Niepoort	280
Pintas	Siehe Wine & Soul	349
Pitters	Siehe Real Companhia Velha	310
Pocas		298
Portal		300
Pousada	Marke von Poças	298
Prelada	Sonstige Erzeuger	356
Presidential	Siehe Dalva	228
Primes	Siehe Messias	274
Quarles Harris		302
Quevedo		303
Ramos Pinto		306

Hersteller	Bemerkung	Seite
Rebello Valente		357
Reccua		312
Real Companhia Velha		310
Real Vinicola	Marke von Real Companhia Velha	310
Robertson	Siehe Rebello Valente	357
Romaneira		313
Romariz		314
Roriz		315
Royal Oporto	Marke von Real Companhia Velha	310
Rozes		316
S Jose		318
Sagrado		319
San Leonardo	Siehe Mourao	277
Sandeman		320
Santa Eufemia	Siehe Eufemia	242
Sao Pedro das Aguias		323
Seara d'Ordens		324
Sibio	Siehe Real Companhia Velha	310
Silval	Zweitlabel von Noval	286
Silval	Siehe Magalhaes	268
Skeffington	Sonstige Erzeuger	358
Smith Woodhouse		325
Taylor		328
Tecedeiras		331
Tedo		332
Tuke Holsworth	Siehe Hunt Roope	354
Val da Figueira		334
Vale Dona Maria		335
Vale Meao		336
Vallado		337
Valle Longo	Siehe Vallegre	338
Vallegre		338
Valriz	Diverse	358
Van Zeller	Siehe Vale D. Maria	335

Hersteller	Bemerkung	Seite
Vasconcellos	Sonstige Erzeuger	358
Vasques de Carvalho		329
Ventozelo		340
Vesuvio		342
Vieira de Sousa		344
Vista Alegre	Siehe Vallegre	338
Warre		346
Wiese & Krohn	Siehe Krohn	262
Wine & Soul		349

DANKSAGUNG – MUITO OBRIGADO!

Angefangen hat alles in England. Ein ehemaliger Offizier der Royal Airforce hat mir hochqualitativen Portwein zum ersten Mal in ansprechender Umgebung angeboten. Der Funke ist sofort übergesprungen, so dass es zügig mit den sehr gastfreundlichen Herren des Portforums (www.theportforum.com) weiterging, mit denen ich unzählige Verkostungen auf der Insel erleben durfte.

Die Portweine, die Einzigartigkeit und Schönheit der Region und die Persönlichkeiten, die hinter den Portweinen stehen, bedeuten mir sehr viel. Man wird das Douro-Tal nicht vollständig verstehen können, wenn man nicht das Glück hat, von genau diesen Persönlichkeiten in den Weinbergen herumgeführt zu werden.

Die Portweinhersteller sind eine große Familie. Das liegt natürlich zum einen daran, dass viele von Ihnen tatsächlich miteinander verwandt sind, aber hauptsächlich daran, dass sie sich alle untereinander (sehr gut) kennen und respektvoll miteinander umgehen. Allen voran habe ich Dirk Niepoort und Chirstian Seely sehr viel zu verdanken, da sie mir von Anfang an die Aufgabe zugetraut haben, Portwein in Deutschland bekannter zu machen. Sie haben mir unzählige Stunden ihrer Zeit geschenkt und mich an ihrem umfangreichen Wissen teilhaben lassen. Bei den Herstellern gilt mein ganz besonderer Dank in alphabetischer Reihenfolge zusätzlich:

Antonio Agrellos – Quinta do Noval
Joao Nicolau de Almeida – Ramos Pinto
Sophia Bergqvist – Quinta de la Rosa
Nick Delaforce – Niepoort
David Guimaraens – Fladgate Partnership
Antonio Magalhães – Fladgate Partnership
Miguel Roquette – Quinta do Crasto
George Sandeman – Sogrape Vinhos
Dominic Symington – Symington Family Estates
Alvaro van Zeller – Andresen, Barão de Vilar

Mein weiterer Dank gilt dem Portweininstitut, das mich bei meinen zahlreichen Vorhaben und Ideen bereits seit langer Zeit unterstützt. Hier vor allem beim Präsidenten Manuel Cabral, seinem Chef-Verkoster Bento Amaral und der PR-Abteilung, besonders Carla Fonseca und Maria Cabral.

Mein ganz besonderer Dank gilt meinem Freund und Partner Christopher Pfaff, der mir in der Vorbereitung und Durchführung bei diesem Buch-Projekt immer zur Seite stand. Jutta und Gerhard Eichelmann haben mit großem Interesse vor einigen Jahren meine Idee eines umfassenden deutschen Portweinbuchs aufgegriffen. Seitdem hat mich ihr Mondo-Verlag immer freundlich und professionell begleitet. Vielen Dank Euch beiden.

Langenfeld im März 2016

IMPRESSUM

Bildnachweis:

Barao de Vilar: Seite 198; Tim Begqvist: Seite 246; Burmester: Seite 122; Calem: Seite 86; Delaforce: Seite 118; Ferreira: Seite 137; Wolfgang Giehrl: Seite 269, 339, 354; Sonja Hoffmann: Seite 7, 13, 14, 31, 37, 42, 46, 47, 51, 57, 77, 95, 112, 151, 163, 198, 199, 209, 210, 227, 236, 243, 247, 248, 249, 254, 264, 265, 268, 273, 278, 280, 281, 287, 295, 296, 297, 298, 299, 300, 301, 303, 304, 306, 310, 311, 313, 316, 320, 332, 336, 337, 338, 340, 341, 344, 356, 356, 359, 362, 369, 370, 389, 392; IVDP: Seite 18, 61, 67, 127, 134,146; Manuel Luis: Seite 20, 25, 191, 223; Mondo Heidelberg: Seite 96, 103; Anne-Victoire Morozier: Seite 9; Michael Pan: Seite 86, 174, 267, 283; Christopher Pfaff: Seite 94, 194, 195, 225, 257, 308, 318, 349, 357, 374, 405; Axel Probst: Seite 2,11, 16, 26, 32, 53, 70, 76, 79, 81, 93, 99, 102, 107, 109, 154, 158, 180, 197, 201, 207, 211, 212, 213, 217, 218, 219, 220, 221, 224, 226, 229, 230, 232, 239, 250, 255, 256, 258, 260, 261, 262, 263, 275, 277, 282, 288, 290, 296, 302, 309, 312, 314, 317, 322, 323, 324, 325, 329, 334, 343, 344, 345, 347, 348, 350, 360, 352, 353, 358, 365, 367, 383, 387, 390; Real Compania: Seite 137; Sogevlnus: Seite 200, 206; Symington Family Estates: Seite 22; Vesuvio: Seite 414; Viniportugal: Seite 27. Im Herstellerverzeichnis Seite 195-359 wurden die Fotos, falls nicht anders angegeben, von den jeweiligen Weingütern zur Verfügung gestellt.

Herstellung, Satz: Frederic Eichelmann, Mondo Heidelberg
Druck & Bindung: Belvedere Print & Packaging B.V., Niederlande

Anschrift des Verlages:
Mondo Heidelberg
Gerhard Eichelmann
Bachstraße 27
69121 Heidelberg
info@mondo-heidelberg.de

© 2017 Mondo Heidelberg
Alle Rechte vorbehalten

ISBN 9783938839270

mondo Heidelberg